한국 언론운동사

한국 언론운동사

초판1쇄 펴낸 날 · 2020년 11월 24일

지은이 · 이완기
펴낸이 · 이부영
펴낸곳 · 재단법인 자유언론실천재단
주소 · 서울시 종로구 자하문로5길 37 1층
전화 · (02) 6101-1024 / 팩스 · (02) 6101-1025
홈페이지 · www.kopf.kr

제작 배급 · ㈜디자인커서
출판등록 · 2008년 2월 18일 제300-2015-122호
전화 · 02) 312-9047 / 팩스 · (02) 6101-1025

ISBN 979-11-968105-5-9 03910
책값은 뒤표지에 있습니다.

이 책은 한국언론진흥재단의 지원을 받아 출간되었습니다.

한국 언론운동사

이완기 지음

자유언론실천재단

머리말

2014년 민언련 정책위원회는 민언련 창립 30주년을 맞아 언론운동사를 편찬하자는 제안이 있었다. 정책위원들은 각자 시대별로 과제를 분담했고, 나도 한 분야를 맡게 되었다. 나는 관련 책과 자료들을 탐독하게 되었는데 그 속에서 역사의 교훈을 새삼 깨닫게 되었다. 역사는 단순한 사건의 기록이 아니라, 과거와 현재가 원인과 결과로 얽혀 짜여진 사실의 기록이며, 미래를 바라보는 망원경이다. 민언련에서 나온 제안은 과거의 언론운동을 되돌아보고 향후 언론운동의 방향을 가늠할 수 있는 의미 있는 기획이었지만 안타깝게도 몇 차례 논의되다가 중단되고 말았다.

기회는 한번으로 끝나지 않고 반복된다고 했던가. 지난해 자유언론실천재단의 이부영 이사장께서 우리나라에는 치열했던 언론운동의 역사가 있고, 나라 밖의 여러 언론단체들도 우리의 언론운동에 대해 관심이 많은 데, 그것을 일목요연하게 설명할 마땅한 자료나 책자가 없다면서 언론운동 홍보 책자를 만들자고 제안했다. 재단에는 바로 언론운동사 소책자 제작팀이 꾸려졌고, 박래부 선배를 비롯한 유숙열, 박강호, 이명재 등의 언론인들이 수차례의 논의를 거쳐 작은 책자를 완성했다. 나 또한 제작팀에 참여해 초고 작성을 떠맡게 되었는데 경험이 일천한 내가 그 역할을 감당한 것은 무리한 일이었다. 기나긴 운동의 역사를 간명하게 축약하는 것이야말로 폭넓은 지식과 높은 수준의 전문성이 아니고서는 어려운 일이었기 때문이다. 그럼에도 나는 주어진 과제를 위해 관련 서적과 자료를 열심히 들여다보지 않을 수 없었는데, 그것이 그만 내 의욕을 부풀리고 말았다.

짧은 기간 학습한 지식으로 한 세기가 넘는 언론운동의 역사를 기록한다는 것은 무모한 도전이었음을 고백하지 않을 수 없다. 앞서서 언론의 역사를 세밀하게 관찰하고 깊이 있게 탐구했던 선지자들이 피와 땀으로 일구어 놓은 업적이 없었다면 이 책은 빛을 보기 어려웠을 것이다.

책을 쓰면서 고민스러운 부분이 있었다. 역사적 사실과 인물과 그에 대한 평가의 상당 부분이 이미 결정되어 논란과 시비를 벌일일이 많지 않은 수백 년 전의 역사를 서술하는 일이었다면 마음이 편했을 지도 모른다. 하지만 불과 수십 년 전의 과거와 심지어는 최근의 일까지 역사의 범주에 넣어 서술하는 것은 어렵고 부담스러운 일이었다. 사건의 당사자들이 생존해 있고, 여러 방면의 시각이 존재할 수 있으니, 그에 대한 판단과 평가를 내리는 것이 성급할 수 있기 때문이다. 그런 점에서 이 책의 어떤 대목은 편향되어 있고,

어떤 표현은 지나치게 흥분되어 있으며, 어떤 사건은 사소한 일인데도 장황하게 설명했고, 어떤 사실은 소홀하게 다루었거나 심지어는 간과하고 빼놓았다는 비판과 지적이 있을 수 있다. 그것은 전적으로 나의 짧은 지식과 학문적 경솔함 때문으로 독자들에게 백번 양해를 구하는 바이다.

그러므로 이 책에 기록된 사실이나 서술된 표현은 논쟁의 대상이 될 수 있다. 나는 진보와 보수 그 어느 한 쪽만이 옳거나 중요하다고 생각하지 않는다. 어떤 이념이나 주장도 관점과 입장에 따라 역사적 의미는 있을 것이다. 그럼에도 불구하고 '운동적 시각'에서 역사를 바라보는 것은 '특정한 방향'을 전제로 할 수밖에 없다. 어느 역사든 그 시대의 흐름이 존재하며 그 흐름에 거스르면 배척될 수밖에 없는 것이 역사의 진리이기 때문이다.

우리나라 최초의 근대 신문인 한성순보가 탄생한 1883년부터 오늘에 이르기까지 우리 언론은 두 개의 얼굴을 가지고 있었다. 언론은 사회변혁의 주체로서 무지몽매한 민중을 교화했고, 외세의 침탈에 저항했고, 사회적 약자와 인권을 보호했고, 독재에 맞서 싸웠다. 그러나 다른 한편으로 언론은 외세에 굴복해 민족정신을 말살했고, 권력과 자본에 예속되어 민중을 유린했으며, 질곡의 시대에 편안함과 영달을 추구했고, 민주화 이후에는 스스로 오만한 권력자로 행세했다.

그런 점에서 언론운동은 중의적인 의미를 갖는다. 언론을 통해 사회변혁을 이끌어냈던 '언론행위' 그 자체로서의 언론운동과, 시대에 역행하는 언론을 바로잡기 위해 투쟁했던 언론변혁운동이 그것이다. 언론은 어느 시대에서나 운동의 주체이면서 동시에 운동의 대상이었다. 이 책은 각 시대별로 사회변혁을 위한 언론의 제반 활동, 언론의 자유와 독립, 언론 민주화, 그러한 것들이 언론과 사회에 미친 영향 등을 운동적 관점에서 기술했다. 시대적으로는 개화기, 외세의 지배 시대, 권위주의 시대, 민주화 시대 등으로 구분하였고, 그것을 14개의 장으로 나누어 서술했으며, 마지막 15장에는 언론운동 전반에 대한 요약과 향후 언론운동의 방향을 짚어보았다.

신문과 방송은 19세기 말에 도입되어 다중에게 소식과 정보와 메시지를 전파하는 대중매체로서의 역할을 수행했고, 20세기까지 주류 매체로 활약하며 여론을 주도했다. 그러나 21세기로 접어들면서 디지털 기술의 발달은 미디어 환경에 혁명적인 변화를 몰고 왔다. 신문과 방송뿐 아니라 개인 또는 소수 집단도 다중에게 정보를 전하고 자신의 주장을 효과적으로 전파할 수 있는 길이 열린 것이다. 여전히 신문과 방송의 역할은 중요하다. 하지만 변화된 현실은 언론운동의 개념과 방식에 많은 연구와 새로운 도전을 필요로 하고 있다.

이 책이 나오게 된 계기를 만들어주신 이부영 이사장님께 감사를 드린다. 언론운동 소책자를 만들면서 박래부 선배를 비롯한 유숙열, 박강호, 이명재 선후배들과의 논의 과정은 이 책을 쓰는데 커다란 도움이 되었다. 특히 책 제작 전반을 맡아준 박강호 재단 상임이사에게 고마움을 표하고 싶다.

집필을 시작하면서 전염성이 강한 바이러스가 전 세계를 감금 상태로 빠뜨렸다. 나의 의지와 무관하게 약속들이 취소되고 외부와 단절된 삶이 지속되었다. 결과적으로 바이러스는 이 책이 나오는데 크게 기여한 셈이다.

차례

4부 민주화 시대의 언론운동

9 노태우정권 시대 언론운동 · 305

10 문민정부 시대의 언론운동 · 361

11 국민의정부와 언론개혁 · 401

1부

개화기의 언론운동

1 근대 언론의 탄생과 사회변혁운동

변혁운동으로서의 언론

정체되어 있는 모든 것은 낡고 부패하기 마련이다. 수백 년 동안 낡은 제도와 이념과 습속에 빠져 있었던 조선왕조는 자력으로는 개혁이 불가능한 지경에 이르렀다. 나라 전체에 부패가 만연했고, 지도층은 그들의 주인인 인민의 고혈을 쥐어짜는데 여념이 없었다. 그런 가운데서도 자주독립과 개혁을 바라는 개화파 지식인들의 외침이 있었지만, 그 역시 나라를 이끌 통치력과 지도력의 부재로 외세에 의존하지 않고서는 아무것도 할 수 없었다. 개화파 지식인 중에도 여전히 케케묵은 반상체제와의 결별을 주저하는 부류가 있었고, 외세를 배경으로 호가호위하며 권력을 향유하는 당파분자들도 있었다.

조선왕조는 운양호 사건 이듬해인 1876년 일본과 병자수호조약(강화도조약)을 체결한 이후 잇따라 미국(1882), 영국(1883), 독일(1883), 러시아(1884) 등 세계 열강들과 국교를 맺었다. 그러나 이러한 일련의 개방정책은 개화파 인사들의 자주적이고 독립적인 의지에 의해 이루어졌다기보다는 정치적 야심을 가진 권력 기득권층과 주변 열강의 강제력이 결합되어 피동적으로 이루어진 측면이 더 컸다.

무릇 군주정체든 민주정체든 아니면 또 다른 무엇이든, 나라를 통치할 권한을 위임받은 위정자들은 권한을 위임한 인민을 돌보는 것이 첫 번째 책무일 터이지만 조선왕조는 고위직에서 말단에 이르기까지 인민을 보살필 아량도 힘도 없었다.

이러한 상황 속에서 1883년 근대 신문의 효시인 〈한성순보〉가 개혁과 개방을 단행하기 위해 정부의 주도로 창간되었으나 이듬해 김옥균, 박영효 등 친일 급진개화파가 일으킨 정변이 실패하고 한성순보의 발행처인 박문국이 민중의 방화로 소실되면서 폐간되고 말았다.

한성순보 폐간 이후 10년의 세월이 흐르는 동안 조선 지배계층의 무능과 부패는 더욱 극심해졌고, 조선 민중의 삶은 더 피폐해졌으며, 조선을 집어삼키려는 열강들의 태도는 더 거세지고 노골화되었다. 1894년 갑오농민전쟁은 조선왕조의 이러한 말기적 상황에서 인내의 한계점에 다다른 조선의 민중들이 낡아빠진 봉건체제를 혁파하고 외세의 침탈을 막아내기 위해 분연하게 일어선 자주적이고 독립적인 혁명투쟁이었다. 그러나 이를 수습할 능력도 저지할 힘도 없었던 조선왕조는 결국 외세의 힘을 빌려 이들을 무참히 짓밟았다.

외세를 끌어들인 대가는 너무도 컸다. 농민전쟁 이듬해인 1895년 10월 황후 민비가 일본의 낭인 자객에 의해 무참하게 살해되었고, 그 이듬해 2월에는 고종 황제가 일본군을 피해 러시아 공관에 몸을 의탁하는 신세가 되었다. 국부로서의 권위와 위엄은 말할 것도 없고 한 인간으로서의 품위와 체면마저 나락으로 떨어지는 상황에 오게 된 것이었다.

조선왕조의 패망은 필연이었다. 변화를 두려워하고 당파 싸움을 일삼다가 왕조의 수호를 위해 자의반 타의반 외세와 손잡은 조선왕조는 마침내 민족의 혼과 인민의 삶의 터전까지 빼앗겨버리는 운명에 처해지고 말았다.

그 소용돌이 속에서 민족의 횃불을 자처하는 민간 신문들의 출현은 혼돈에 빠진 나라의 운명을 구하려는 몸부림과도 같았다. 〈독립신문〉, 〈제국신문〉, 〈황성신문〉, 〈대한매일신보〉 등 조선의 민족지들은 외세에 의해 국권을 강탈당하고 있는 조선왕조의 무능과 무력함에 울분을 토하면서도 개혁과 개방을 통해 서구 열강의 선진화된 문물과 제도와 이념을 전파하여 무지몽매한 민중을 깨우치기 위한 사회변혁운동을 펼쳤다. 그러나 원천적으로 민중의 참여가 배제된 상층부 지식인들의 변혁운동은 한계를 노정하고 있었다.

애초에 부르주아지의 창조물인 신문은 자본주의체제의 뒷받침 없이는 생존하기 어려웠다.[1] 따라서 산업사회와 자본주의체제가 형성되기도 전인 조선왕조 시대의 열악한 경제체제에서 신문이 뿌리를 내리기는 쉽지 않은 일이었다. 게다가 생산에 종사하는 인민의 삶은 관료들의 가렴주구와 지주들의 착취로 피폐해질 대로 피폐해진 상황에서 인민이 신문을 구독할 여유란 원천적으로 어려웠다. 또한 정부 지원을 통해 어렵게 신문 발행을 시작했다 하더라도 신문을 읽을 수 있을 정도의 문해력을 갖춘 인민이 많지 않았다. 따라서 신문시장이 제대로 형성될 때까지 발행 주체들이 버티기에는 재정 능력에 한계가 있었다. 개화기에 '사회변혁'이라는 야심찬 의도로 창간되었던 민족지들이 지속되지 못하고 중도에 폐간하게 된 이유의 상당 부분이 재정난 때문이었던 것은 이를 잘 증명해주고 있다.

"펜은 칼보다 강하다"고 하지만 원천적 힘이 뒷받침되지 않는 펜들만의 시위는 종이호랑이의 헛된 구호에 불과함을 여실히 보여주었다. 그것은 민중의 참여가 배제된 상층부 지식인들만의 외침이 얼마나 허망한 것인지를 깨우쳐주었다. 그러므로 개화기 신문의 사회변혁운동은 뜻은 가상했으나 이처럼 여러 가지 여건의 부재로 성공적이지는 못했다. 그럼에도 불구하고 개화기 신문의 변혁운동은 인민의 의식 속을 알게 모르게 파고들었다. 신문이 인민을 배신하면 인민은 방화와 파괴로 응수했고 인민에 부합하고 소통하면 인민은 지지와 성원을 아끼지 않았고 연대의 몸짓으로 응답했다.

신문의 사회변혁운동

근대 신문의 효시 한성순보와 한성주보

1883년 10월 31일(음력 10월 1일) 창간된 한성순보는 우리나라 근대 신문의 효시로 정부가 발행 주체인 관영신문이었다. 이광린은 한성순보를 "이 나라를 문명개화의 단계로 이끌어 보기 위해 발간한 신문"이라고 소개했다.[2] 인민에게 선진 서구문명의 지식과 정보를 제공하고, 하의상달로 국태민안을 실현하며, 궁극적으로 침체에 빠진 조선을 개화하여 부국강병을 꾀하고 외부의 침략을 막기 위한 것이 한성순보의 창간 목적이었다. 이는 당시 조선정부가 스스로 처해 있는 시대 상황을 직시하고 그에 맞는 한성순보의 역할을 적절하게 자리매김한 것이었다.[3]

한성순보의 창간 목적은 창간사인 순보서旬報序에서 그대로 드러나 있다. 순보서는 "선박이 전 세계를 누비고 전선이 서양까지 연락되었는데다가, (…) 남북극, 열대, 한대 할 것 없이 이웃나라와 다름이 없으며 사변事變과 물류物類가 온갖 형태로 나타나고, 차복기용車服器用에 있어서도 기교가 일만 가지여서 세무世務에 마음을 둔 사람이라면 몰라서는 안 될 것"이라며 "외보外報를 폭넓게 번역하고 아울러 내사內事까지 기재하여 국중國中에 알리는 동시에 열국에까지 분포하기로 하고 이름을 〈순보〉라 하고 견문을 넓히려 한 것"이라고 창간 의도를 밝히고 있다.[4] 이를 위해 순보는 세계 각국의 제도, 문물 등을 소개하고, "지구가 둥글다"와 같은 천체 현상과 화학, 의학 등 근대 과학 이론뿐 아니라 다양한 산업정보도 제공했는데, 수준은 비록 해외의 신문이나 잡지의 내용을 옮겨다 놓은 정도로 조악한 것이었지만 당시 지배층의 관심을 잘 반영해 주고 있었다. 그러나 박문국 방화사건으로 폐간된 것에서 알 수 있듯, 한성순보가 창간 당시 계획했던 대로 하의상달을 실현했는지는 의문이다.

한성순보는 기획 단계부터 창간까지 전 과정에서 일본의 영향을 받았다. 일본의 수신사로 갔던 박영효 일행은 1883년 1월 귀국

길에 이노우에 가쿠고로井上角五郎를 비롯한 일본의 신문편집 기술자와 인쇄 기술자를 동반하고 돌아왔다. 귀국 후 한성 판윤에 임명된 박영효는 고종의 윤허를 얻어 바로 신문 창간 작업에 들어갔고 유길준에게 실무를 맡겼다.[5] 그런데 박영효가 민비를 비롯한 보수파에 밀려 판윤에서 물러나고 유길준도 통리아문 주사에서 사임하면서 신문 발간 업무는 한성부에서 통리아문 산하 기구인 동문학의 부속기구 박문국으로 이관되었다. 통리아문은 당시 개화파 인사들이 대거 몰려 있던 곳이며 동문학은 조미수호통상조약朝美修好通商條約 체결 후 외국과의 교섭이 활발해지자 묄렌도르프Mollendorff, P. G. von 穆麟德가 통역관 양성을 위해 설립한 관립 외국어 교육기관이었다.

한성순보의 책임은 동문학同文學 장교掌敎였던 협판協辦 김만식金晩植이, 실무책임은 주사 김인식金寅植이 맡았다. 김만식은 김윤식의 종형으로 1882년 영어학교 장교掌校가 되면서 신문 발간 책임을 겸하였다. 이에 따라 1883년 9월부터는 이노우에가 기거하고 있었던 저동에 박문국 사무실을 열고 신문 제작 준비에 들어갔고 그해 10월 31일 한성순보가 세상에 나왔다. 이노우에는 창간 이후에도 박문국에서 숙식을 하면서 한성순보의 편집과 인쇄를 맡는 등 본격적인 신문 발행을 주도했다. 그러나 창간 직후인 11월 김인식이 신병을 이유로 사임하자 대신 여규형呂圭亨이 실무 책임을 맡아 그 자리를 이었다.[6]

한성순보의 창간 무렵, 조선사회는 안팎으로 급격한 환경 변화가 일고 있었다. 안으로는 반상의 봉건체제가 흔들리고, 밖으로는 주변 열강들의 위협이 눈앞에 다가오는 등 조선사회는 안팎에서 변화와 위기에 몰려 이에 대응하기 위한 다양한 주의주장들이 난무했다. 화폐 유통이 활발해졌고, 정보의 증대와 문자문화의 증진 등 신문 창간에 적합한 환경이 무르익었다. 그러나 한성순보는 한문전용에 순간발행旬刊發行으로 독자층은 관청의 관리와 소수의 지식인으로 제한될 수밖에 없었다. 게다가 신문 창간의 기획부터 발행에 이르기까지 일본의 영향을 받은 것은 친청親淸 수구세력에게는 매우 못마땅한 일이었다.

고종은 복식제도와 같은 서구의 풍습과 문물을 받아들이는 등 개화파를 지지하고 성원하였는데, 한성순보의 창간이 성사된 것은 그러한 고종의 개화파에 대한 신뢰가 있었기 때문에 가능했던 것이다. 그러나 수구파의 견제로 개혁이 속도를 내지 못하고 지지부진하자 박영효와 김옥균 등 급진개화파는 조급해졌다.

갑신정변은 이를 참지 못한 급진개화파가 일본군을 등에 업고 일으킨 쿠데타였다. 개화당은 개혁정책의 지침으로 청에 대한 사대외교 폐지, 인민평등권, 능력주의 인재 등용, 지조법 개정, 국가재정 일원화, 군주권 제한 및 내각권한 확대 등을 골자로 하는 갑신혁신정강을 공포했다.[7] 이는 시대 변화에 부응하는 개혁적 요구였지만 군주권을 제한한 것은 혁명적 발상이기도 했다. 더구나 개화파들은 이를 관철하기 위해 일본군을 동원하고 환관과 내각의 관료들을 죽였다. 이 과정에서 왕에게 교시를 강제하거나 왕을 협박하기도 하고 왕의 행동을 제약하기도 했으나 결국 쿠데타는 중국군의 개입으로 수습되었다. 개화파의 이러한 행위는 명백한 반역이었다. 매천야록에는 정변과 관련하여 다음과 같이 기록되어 있다.

처음부터 박영효 등은 왜국과 서양을 다녀와서 부강을 누리자고 했으며, 예전의 나라 풍속을 모두 버리고 서양제도를 배워서 개화의 열매를 맺으려고 힘썼다. 그러나 임금이 우유부단한 데다 정책이 여러 곳에서 나와 획일적인 법을 시행할 수 없어 걱정했다. 이에 비밀스럽게 모의하여 임금을 위협하여 다른 궁으로 옮기고, 민태호 등 수구파 대신과 장병들을 모두 제거하며, 왜놈들에게 많은 이익을 주어 군대를 주둔케 하여 청나라 군사를 막으려 했다. 일이 성공하면 계획한 일을 차례로 시행하려 했다.[8]

친일 급진 개화파가 일으킨 갑신정변이 실패하면서 조선인민들의 한성순보에 대한 시각 또한 극도로 악화되었다. 한성순보는 인민의 표적이 되었고, 결국 성난 민중의 방화로 발행처인 박문국이 소실되면서 창간 1년 만에 폐간되고 말았다. 여기서 민중의 방화는 한성순보의 친일 성향에 대한 친청 세력의 불만이 크게 작용했을 것으로 짐작된다.

한성순보 폐간 후 불과 5개월여 만인 1885년 5월경부터 복간 논의가 시작되었다. 애초에 신문을 희구했던 사람들이 많았던 데다 갑신정변 후 신문 옹호론자였던 김윤식金允植이 독판督辦[9]으로 승진하면서 한성순보의 복간 여론이 비등해졌다. 게다가 정변 실패 후 일본으로 도주했던 이노우에가 "자신은 개화도 수구도 아니며 오로지 인의仁義를 종으로 삼고 식산殖産을 본으로 삼아 부국강병에 뜻을 두었다"고 밝히면서 신문 복간을 주장하는 장문의 격문을 조야에 배포했다. 그는 서구의 기술은 학교와 신문을 통해 습득할 수 있다고 강조했고, 신문 제작에 한글을 사용할 것을 제창했다.[10]

1부 개화기의 언론운동

이렇게 해서 1886년 1월 25일 한성순보의 복간 형식으로 한성주보 제1호가 나오게 되었는데, 주보는 순보에 비해 몇 가지 점에서 앞서 있었다. 우선, 발행 주기가 열흘에서 일주일로 줄어들어 소식 전달이 빨랐을 뿐 아니라 생활 단위가 음력에서 양력으로 바뀌었다. 국내 소식과 의견기사가 늘어났으며, 한글 사용으로 신문의 대중성도 높아졌다.[11]

그러나 유일상은 한성주보가 개화파의 세력 약화로 기사의 논조는 봉건군주에 충성하는 수구파 신문으로 후퇴하였다고 주장했다. 유일상에 따르면, 주보는 순보의 국민계몽사상을 이어받고 있으면서도 뚜렷한 지향이 없고, 사회경제적으로 역사를 견인해 간 흔적은 찾기 어려우며, 순보가 시민계급 의식을 대변하려고 했던 데 반해 주보는 봉건귀족들을 고집함으로써 순보에 비해 다분히 퇴영적이었다는 것이다.[12] 그러나 주보 역시 표면적으로는 백성의 교화와 백성의 견문을 넓혀 나라를 부강하게 하고 사회변혁을 표방했음은 분명했다.

이처럼 담대한 목적에도 불구하고 박문국의 운영과 신문 발간에 드는 비용 부담은 해결 난망이었다. 한성주보의 주 수입원은 순보와 마찬가지로 세금과 구독료였는데 〈주보〉 역시 순보에서처럼 구독료 징수문제로 향리들이 지방에서 행패를 부리는 등 여러 가지 폐단을 야기했다. 재정난은, 활성화되지 않은 신문산업, 세금이나 구독료 징수 과정의 부패, 신문논조로 인한 정파 간 갈등, 높은 문맹률로 인한 구독자 수의 한계 등 여러 가지로 유추해볼 수 있다. 재정난으로 한성주보는 1888년까지 발행되다가 폐간되었고 신문이 없는 시대가 한 동안 계속되었다.

사회변혁의 첨병 독립신문

19세기 말 낡을 대로 낡은 조선의 봉건체제 속에서 사회적 약자들은 경제적 착취와 사회적 멸시 속에 기본 생존권마저 박탈당했다. 그리하여 봉건 관료 및 지주와 기층 민중의 대립은 막다른 골목에 이르렀다.[13] 1894년 갑오농민전쟁은 이러한 봉건체제의 모순에서 싹튼 민중의 변혁 의지를 실천적으로 행동에 옮긴 농민혁명이었다. 이를 저지할 군사력도 수습할 통제력도 갖추지 못한 조선정부는 청과 일본에 도움을 요청하는 등 외세를 끌어들였다. 그러나 이는 한반도에 대한 제국 열강들의 침략 야욕을 더욱 증폭시켰고, 부수적으로 서구 자본주의체제가 급속도로 유입되는 결과를 가져왔다. 한편, 이에 따라 정보 욕구가 더욱 커진 개화파 지식인들은 너도나도 신문 창간에 뛰어들었다.

서구나 일본이 부강하게 된 배경이 풍요로운 물자나 넓은 국토 때문이 아니라 신문을 통해 새로운 것을 추구한 데 있다는 개화파 지식인들의 생각은 민영신문 창간에 그대로 반영되었다. 게다가 한성순보와 한성주보에 참여했던 김만식, 장박, 남정철, 여규형, 유길준 등이 이후 정부의 중책을 맡게 된 것은 민영신문을 활성화하는 데 주요 요인으로 작용했다.[14]

민영신문의 문을 처음 연 것은 〈독립신문〉이었다. 일본인들이 서울에서 국한문판 〈한성신보〉를 발간한 이듬해, 미국에서 귀국한 서재필은 갑오경장을 추진했던 온건 개화파와 합작으로 1896년 4월 7일 독립신문을 창간했다. 조선정부는 독립신문의 창간을 위해 설립자금 3,000원, 서재필의 주거구매비 1,400원을 지원하고, 정부 소유의 건물을 독립신문사 사옥으로 사용하도록 하였고, 신문 우송료를 타 인쇄물보다 훨씬 싸게 해 특혜를 주었다.[15] 애초에 독자적으로 신문을 운영할 계획이었던 서재필은 이처럼 정부로부터 사옥과 재정 지원을 받게 되었는데, 이는 개화와 국민교육에 미치는 신문의 역할을 정부도 잘 알고 있었고, 공교롭게 서재필의 신문발간 지원을 한성순보 창간의 실무 경험이 있었던 유길준이 맡았기 때문이었다.

독립신문의 사장 겸 주필은 서재필이 맡았고, 주시경을 회계 겸 국문판 조필로 삼았다. 기자는 관청과 시정市井에 각 1명씩 두었다. 인쇄인으로 약간의 고용인을 두었고 영문판 〈The Independent〉의 편집은 서재필이 책임을 맡았다.[16] 정부의 지원을 받았다고 해서 독립신문의 논조가 정부의 영향을 받지는 않았다. 독립신문은 창간사에서 "편벽되지 아니한 고로 무슨 당파에도 상관이 없고 상하귀천을 달리 대접도 아니하고…"라고 밝혔다.[17] 어떤 종류의 정파나 자본의 개입도 허용하지 않을 것임을 천명한 이러한 독립신문의 노선은 오늘날에도 절실히 요구되는 '권력과 자본으로부터의 독립'이라는 저널리즘의 핵심 원칙으로 계승되고 있는 셈이다.

독립신문은 정부가 아닌 민간인이 운영하는 최초의 민영신문으로서 자주독립과 국가의 이익을 수호하는 한편, 인민의 권리를 대변하고, 관리들의 인민수탈과 부정부패를 고발했다. 한글과 영문을 병용해 민족의 언어를 전파하고 띄어쓰기를 단행하여 국어운동사에도 획기적인 업적을 남겼다. 이 신문에 실린 사설이나 기사를 통해 국제사회에서의 한국의 위상, 세계 속에서의 인민의 권리와 의무, 독립정신과 비판정신을 체득할 수 있게 했고, 인민의 의사와 주장을 세계에 알렸다. 또한 신문의 사회적 역할과 그 중요성을 일깨워 여론과 공론으로 사회정치활동을 전개하도록 힘썼고 민간신문과 출판물을 활성화시켰다.[18] 1880년대 한성순보가 주도했던 운동이 소수의 선각자들이 개화사상을 전파하기 위한 엘리트 지배계층 중심의 운동이었다면, 그로부터 10년 뒤인 1890년대 독립신문이 주도했던 운동은 다수 인민의 적극적 호응을 기반으로 한 민중 중심의 운동이었다.

그러나 1896년 아관파천 이후 제정 러시아의 내정간섭이 극심해지자 서재필은 친러 정권에 각을 세우다가 1898년 5월 미국으로 돌아갔다. 서재필 이후 독립협회를 대표하여 독립신문을 이어온 윤치호도 만민공동회를 주도하며 자주민권운동을 벌이자 정부와 독립협회의 갈등이 격화되면서 정부는 만민공동회를 물리력으로 해산시켰다.[19] 그리하여 독립신문은 결국 1899년 12월 4일자 신문을 마지막으로 창간 3년 8개월 만에 폐간되고 말았다.

최초의 민족 일간지 <매일신문>

매일신문은 본래 배재학당 학생회가 주도하는 협성회의 주간회보였다. 이를 1898년 일간으로 바꾸면서 제호를 매일신문으로 변경했다. 4월 9일 창간호 논설에는 "일주일에 한 번씩 오는 것을 기다리기에 매우 지리한 지라…"라며 일간으로 바꾼 배경이 설명되어 있다.[20]

협성회는 매주 토요일 서재필의 지도하에 서구 민주주의 방식의 공개토론회를 개최하며 애국심과 용맹심을 키워나갔다. 특히 이 토론회는 찬성원제贊成員制를 두어 학생뿐 아니라 일반 시민도 참여할 수 있도록 했다.[21] 협성회는 학생 조직을 넘어 사회변혁을 추구하는 시민 조직의 성격을 띠었고, 따라서 거기서 발행하는 매일신문은 일반 시민에게도 판매되고 기사내용도 시민의 관심이 많은 정치 사회적 이슈를 다루었다. 노선은 신문의 제호에서 말해주듯 열강에 대한 의존적 태도에서 벗어나 자주적인 힘을 지향했다.

신문의 운영주체인 협성회의 자주적이고 독립적인 노선은 외세에 대한 저항으로 표출되었고 그 반작용으로 외세의 탄압이 돌아왔다. 파문이 컸던 사례로 러시아와 프랑스의 '외교문서 폭로 사건'이 있었다. 목포와 진남포의 조계지租界地를 매입하려는 러시아와, 평양의 석탄광 채굴권을 사려는 프랑스의 외교문서가 매일신문에 의해 폭로된 사건이었다.[22] 이 사건은 일인들이 발행하던 한성신보에도 실렸는데 일본도 같은 이해관계에 얽혀 있었기 때문이었다.

두 신문의 기사는 인민들에게 커다란 충격이었다. 독립협회는 사실 여부와 정부의 대책을 묻는 질의서를 외부대신에게 보내면서, "본국의 땅은 선왕의 강토요 인민의 생업하는 땅이라, 귀 대신의 고명하신 식견으로 마땅히 참작하야 판단하실 터이오나 본회에서도 이 일에 대하야 부득불 참예해야겠다"고 공개적으로 입장을 밝혔다.[23] 러시아와 프랑스의 이권이 알려지면서 반대여론이 비등해지자, 양국의 공사관은 외교기밀이 누설된 경위를 추궁하고 관련자 처벌을 요구하는 등 무려 한 달 넘게 항의를 계속했다. 그러나 매일신문은 이에 조금도 흔들리지 않았다. 매일신문은 양국의 항의가 거셌던 5월 19일자 논설에서 "어떤 사람은 저희 나라와 백성을 위하여 몇 만 리 타국에 와서 체면 불구하고 남의 토지를 얻어다가 저희 국기 밑에 속한배 되게 하려 하며, 어떤 사람은 국은國恩을 입어 벼슬을 하면서 인심 좋게 남의 청을 잘 들어 말로라도 허락을 하려 하였는지, 사람의 경계經界와 의리는 다 마치 한가지언마는 이같이 등분이 있다"고 개탄하면서 국익을 지키지 못한 한국 관료들을 질타했다. 그러나 열강의 언론통제 요구는 집요해서 이해 10월 7일에는 주한일본공사 가토 마사오加藤增雄가 외교문서의 신문 게재를 금지시키라는 압력을 가해왔다. 이러한 압력에 1899년 1월 전문 33조의 신문조례가 만들어졌으나 언론계의 반발로 시행되지는 못하였다. 결국 최초의 신문지법은 이보다 8년 뒤인 1907년 제정되었다.[24]

매일신문은 1898년 5월 이승만이 협성회 회장을 맡으면서 내부 분열이 극심해지자 휴간, 사옥이전, 소송 등을 반복하면서 혼란을 겪었고,[25] 이듬해인 1899년 시설 부족과 재정난으로 폐간되고 말았다. 매일신문은 비록 1년 3개월 남짓한 짧은 기간이었지만 우리나라 최초의 일간지로서 언론 발달의 기폭제가 되었고, 러시아, 프랑스, 일본 등 당시 한반도의 이권을 챙기기 위해 치열하게 다투었던 열강에 맞서 강력히 저항하는 등 자주와 개화를 앞세운 혁신 매체로서 근대사에 커다란 발자취를 남겼다.

제국신문의 활약과 황성신문의 고투苦鬪

1898년 8월 이문사以文社의 이종면, 이종문, 이종일 등과 매일신문을 나온 이승만 등이 순 국문을 사용한 일간지 뎨국신문을 창간했다가 5년 뒤인 1903년 제국신문으로 제호를 바꾸었다. 이종일은 창간부터 폐간까지 역할이 컸다. 그는 후일 3·1운동 당시 33인의 한 사람으로 보성사普成社에서 독립선언서를 인쇄한 것 때문에 3년 징역형을 선고 받았고, 출옥 후에는 조선국문연구회 회장을 맡으면서 한글 맞춤법 연구에도 공헌이 컸던 인물이었다. 이 신문은 이승만이 주필을 맡던 초기에 과감한 논조로 일본인 발행신문인 한성신보와 논쟁을 벌이는 등 반일 저항신문으로 활약했다.[26] 이승만은 독립협회 활동으로 투옥되었을 때 옥중에서 27개월 동안 제국신문의 논설을 쓰기도 했고, 석방된 후 미국 유학길을 떠나면서 두 차례의 견문기를 제국신문 논설란에 싣기도 했다. 제국신문은 서민 대중과 부녀자를 대상으로 쉽고 재미있는 기사를 많이 보도함으로써 대중의 인기를 얻었다.

그러나 제국신문은 초기부터 재정난에 허덕였다. 민중들은 이러한 제국신문을 돕기 위해 의연금을 모으는 등 언론사용자로서 제국신문 살리기 운동을 펼쳤지만 제국신문은 끝내 재정난을 극복하지 못하고 1910년 자진 폐간되었다.

제국신문 창간 한 달 뒤인 9월에는 장지연, 남궁억, 나수연, 유근 등 동도서기론東道西器論을 주장한 실학파(개신유학파) 인사들이 〈대한황성신문〉[27]의 판권을 인수받아 황성신문을 창간했다. 황성신문사는 당시 5백 고股[28]의 고표股標를 발행하여 자본금을 모아 세운 고금제股金制 합자회사였다. 이 신문은 국한문 혼용으로, 순 한글의 독립신문, 매일신문, 제국신문 등과 대조를 이루었는데, 이는 일반대중뿐 아니라 지식층인 양반과 유생까지도 독자로 끌어들여 계몽하기 위한 것이었다. 그래서 당대 독자들은 한글 전용의 제국신문을 '암雌신문', 한문을 섞어 쓰는 황성신문을 '수雄신문'이라고 불렀다.

황성신문은 실학파 인사들이 창간한 신문인만큼 당시 문호를 개방해 무작정 외국의 문물을 수용하려 했던 급진 개화파와는 입장과 노선이 매우 달랐다. 그들은 사대주의에 빠진 양반과 유생이 외국의 문물, 제도, 사상 등을 마구잡이로 받아들임으로써 조선의 기존 가치체계를 흔들고 있다고 본 것이다. 그리하여 조선의 역사, 지리, 제도를 설명하는 한편, 17·8세기에 융성했던 실학사상을 지면에 소개하기도 했다. 또한 목민심서, 흠흠신서 등 다산 정약용의 서책들을 간행하는 등 일반 민중에게 민족정신을 심어 주려고 노력했다. 그들은 서양의 문물과 제도 역시 실학의 범주에 들어간다고 생각했으며 따라서 서양 문물의 수용 또한 실학사상의 테두리 안에서 이루어져야 한다고 주장하였다.[29]

황성신문은 이처럼 실학을 강조하면서도 조선의 시대적 현실을 간과하지 않았다. 열강의 침략 행위에 대해서는 단호히 거부하는 논지를 폈으며 저항신문으로서의 태도를 분명히 해 열강의 표적이 되었다.

1900년 8월 주한 러시아공사가 일본공사에게 한반도를 양쪽에서 분할하자고 제의했으나 일본 측은 이를 거절했는데 황성신문이 이를 기사화해 사장 남궁억南宮檍이 구속되었다. 이는 정치문제를 기사화하여 정식으로 재판에 회부된 최초의 사건이었다. 그는 평리원平理院에서 무죄 판결을 받았지만 그 후 1902년 5월에도 총무 라주연과 함께 구속되었다가 석방된 뒤 사장직에서 물러났다. 창간 당시부터 4년 동안 황성신문의 사장을 했던 남궁억은 재임 중두 번이나 구속된 셈이었다.[30]

1부 개화기의 언론운동

조선은 1904년 2월 10일 러일전쟁 중에 일본과 한일의정서를 체결했는데 황성신문이 이를 보도하였다가 기사를 삭제 당했다. 이에 황성신문은 일본의 언론탄압을 간접적으로라도 전하기 위해 활자를 거꾸로 인쇄한 '벽돌신문'[31]을 발행하였다. 그해 6월 일본이 주한일본공사를 통해 한국의 황무지개간권을 요구하자 황성신문은 사설을 통해 그 부당성을 폭로하고 민족적 반대운동의 중심이 되었다. 또한 항일운동을 전개하는 보안회를 홍보하고 지지하여 애국사상을 고취시켰고, 결국 정부로 하여금 일본의 요구를 철회시키도록 하는데 성공하였다.

황성신문은 뛰어난 논설로도 명성을 얻었다. 특히 장지연을 비롯하여 유근, 박은식 등 한학에 조예가 깊은 인사들이 논설을 써 '논설의 황성'이라는 평판을 얻었다. 1905년 을사늑약을 규탄한 논설 '시일야방송대곡是日也放聲大哭'은 국권을 포기한 조약의 부당성을 조목조목 지적해 민족의 주권을 일깨웠고 을사늑약에 서명한 을사오적을 '개돼지豚犬'로 꾸짖어 민중의 공분을 일으켰다. 논설은 또한 반대한 대신들까지도 조약체결을 막지 못한 책임을 물었고, 을사늑약은 동양 삼국의 분열을 조장한 것이라며 이토 히로부미伊藤博文의 본의를 따지고 일제의 흉계를 폭로했다. 황성신문은 이 논설과 함께 을사늑약의 강제 체결 과정을 자세히 보도하고 평소 3천부였던 발행부수를 1만부로 늘려 조약의 부당성을 알리려 했으나, 일제는 새벽 신문사를 급습해 신문을 압수하고 장지연을 비롯해 직원 10여 명을 구금했다. 이후 황성신문은 무기한 정간 명령이 내려졌다. 이듬해인 1906년 1월 장지연이 석방되고 2월에는 신문도 복간되었으나 사장 장지연을 비롯한 부사장 김상연, 회계 김시영 등은 모두 사임했다. 그 후 장지연은 블라디보스톡으로 망명해 해조신문海潮新聞 주필이 되었다.

황성신문은 1907년 시작된 국채보상운동에도 적극 가담하였고, 그해 7월에는 이완용 내각이 공포한 광무신문지법에 대해 맹비난을 퍼부었다. 그러나 양반과 유생의 실학파를 중심으로 구성된 황성신문은 의병을 비류匪類로 비하하는 등 의병에 대해 비판적 태도를 견지하여 민중의 비난을 받기도 했다.

황성신문 역시 재정문제로 어려움을 겪었다. 고금제, 즉 주식제를 채택하여 운영하였으나 재정은 늘 부족하여 사옥 및 구독료 징수 등에서도 정부 지원을 받았다.[32] 그러나 이러한 정부의 지원에도 불구하고 경영난은 계속되었다. 1906년 1월 장지연이 석방되고 신문이 속간되었으나 경영난에 부딪혀 사장 장지연과 간부 사원들이 사임했다. 제3대 사장 남궁훈이 취임하였으나 경영은 여전히 힘들었고 특히 구독료가 제대로 걷히지 않아 어려움이 많았다. 이를 광고로 보충하였는데 광고 역시 도움이 되지 못했다. 황성신문은 이후 일본이 한일병탄을 단행하면서 1910년 8월 28일 강제 폐간되고 말았다.

대한매일신보의 항일운동

1904년 양기탁과 함께 대한매일신보를 창간한 베델Emest Thomas Bethell은 영국인으로 〈데일리메일〉의 특파원으로 한국에 왔다가 대한매일신보를 창간했다. 그는 을사늑약 무효를 주장하는 등 한국의 독립을 위해 싸운 공로로 건국훈장 대통령장을 추서받기도 했다.

1904년은 러일전쟁이 발발했고, 일제는 황무지개간권을 요구하며 국토 침탈을 감행하기 시작해 한반도에서는 이에 대한 반대운동과 애국계몽운동이 펼쳐지고 의병들은 무력투쟁에 나서는 등 혼란스러운 시기였다. 대한매일신보는 황무지개간권 반대에 앞장섰고, 1907년 국채보상운동이 시작되자 국채보상지원금총합소의 역할을 자임해 일제로부터 낙인이 찍혔다.

대한매일신보는 이처럼 창간 초기부터 일제의 표적이 되었지만 한편으로는 이 때문에 한국정부의 지원을 받게 되었고, 국채보상운동과 박은식, 신채호 등 민족주의자들의 헌신적 노력으로 독자가 급증하면서 최고의 발행부수를 기록했다. 1907년 4월 이전에 대략 4천부 정도였던 대한매일신보의 발행부수가 4월 이후 급격히 늘어 이듬해 4월에는 〈신보-KDN〉(Korea Daily News)의 발행부수가 1만부가 넘는 기록적인 신장을 보였다. 이는 5월의 한글판 창간의 영향도 있었지만 신보가 중심이 된 국채보상운동이 크게 작용한 때문이었다. 1908년 일본의 조사에 따르면 민족지인 제국신문, 황성신문과 친일지인 국민신보, 대한신문의 총 발행부수가 8,484부였는데 〈신보〉의 부수는 국한문판, 한글판을 합쳐 8,083부로 서울의 4개 일간지 부수를 합친 것과 비슷할 정도였다. 이토 히로부미는 "나의 수백 마디 말보다도 한 줄의 신문기사가 한국인들에게 더 큰 위력을 갖는다"고 토로했을 정도로 당시 신문의 영향력은 컸다.[33] 독립신문 한 부를 어떤 마을에서는 85명이 읽은 일까지 있었을 정도로 "읽히고 또 읽혔다"[34]는 기록이 있는 것으로 보아 오늘날의 신문 영향력과는 비교도 할 수 없을 정도였다.

대한매일신보의 논조와 보도 태도는 일본의 입장에서 눈엣가시일 수밖에 없었지만 그럼에도 일본이 신보의 저항운동을 저지하지 못했던 것은 영국 국적을 가진 베델 때문이었다. 일제는 신문 발행 금지나 베델의 추방 등을 집요하게 요구했으나 영국은 자국민에 대한 치외법권적 권리를 양보하지 않았다.

러일전쟁에서 승리한 일본은 을사늑약 이후 1906년 설치된 통감부를 통해 신문지법을 제정하게 하는 등 언론통제의 주도권을 잡아갔다. 이에 국민신보, 대한신문 등 친일신문이나 일본인 소유의 신문들은 번성한 반면, 황성신문, 제국신문 등 이른바 민족지들은 위축되었다. 그러나 그러한 통제 속에서도 대한매일신보만은 용기 있게 일본의 침탈을 비판해 일본정부의 공적公敵이 되었다. 을사보호조약, 고종의 밀서사건, 한국군 해산, 고종의 퇴위, 의병 무장항쟁, 샌프란시스코의 스티븐스 암살사건 등 굵직한 정치사건 때마다 이 신문은 반일 논조로 일관했다.[35] 이후 일본정부의 미움을 산 베델과 양기탁은 일본정부의 고소로 여러 차례에 걸친 재판을 받게 되었고, 베델은 근신, 금고, 보증금 납부 등 박해와 시련을 겪다가 1909년 5월 1일 서른여섯의 나이로 짧은 생을 마감했다. 지사적 언론인으로서 베델과 박은식의 끈끈한 우애와 높은 기개氣槪는 매천야록에 다음과 같이 기록되어 있다.

영국인 베델이 서울에 신문사를 설립하고 每日申報라 했다. 박은식을 초빙하여 주필로 삼았는데, 그는 황해도 사람으로 본래 경술을 좋아하고 신학문에도 밝았으며 논의도 자못 바탕이 있어 장지연과 백중을 다투었다.

그때 영국은 비록 왜국과 동맹관계에 있었지만 왜국의 횡포가 날로

심해지자 끼리지 않는 자가 없었다. 베델은 본국 정부에 기대 신문을 발간하여 왜놈 꾸짖는 것을 주지로 삼았다. 박은식은 붓과 혀로 쌓인 분노를 풀었으며, 돌아보거나 끼리는 것도 없이 마음대로 논평하고 공박했다. 왜놈들이 이를 걱정하여 우체사에 부탁해 신문을 지방으로 배달하지 못하게 했다. 게다가 박은식까지 구속하여 사령부에 가두니 베델이 크게 노하여 찾아가 꾸짖었다.

"천하에 개명한 나라라고 칭하면서 신문을 금하는 데가 있더냐? 너희가 박은식을 가두었으나, 나를 가둔 것이나 마찬가지다. 너희가 이처럼 나를 끼린다면 나도 마땅히 신문사를 철폐하겠다. 그러나 나는 우리 정부의 인가를 받고 자본금 삼십만 원으로 이 신문사를 세웠으며 그 기한도 삼십년이다. 너희가 내 신문사를 철폐하려면 삼십만 원을 배상하고 아울러 삼십년 간의 이자를 배상하라"

이에 왜놈들이 공손히 사과하여 박은식을 내보냈다. 베델이 또 따졌다. "신문사가 날마다 이천 원씩 수금했는데 정간 이틀분인 사천 원은 누가 보상하느냐?" 왜놈들이 옳다고 하고는 사천 원을 내주었다. 베델이 돌아와 그 사천 원을 박은식에게 주면서 말했다. "이걸로 진정하시오"

이 때 안팎에서는 왜놈들의 소행을 분하게 여겼지만 위축되어 감히 한마디도 꺼내지 못했다. 각 신문이 의병을 폭도나 비류(匪類)라고 불렀지만, 매일신문만은 당당히 '의병'이라 했다. 조금도 굽히지 않고 변론하고 왜놈들의 악독함을 들추어 모두 폭로했으므로 서로 다투어 구독했다. 이에 신문이 달려 일 년도 채 안 되어 발행부수가 칠팔천 부에 이르렀다.[36]

<국민신보>의 패악과 민족지들의 활약

친일행위로 악명이 높았던 일진회는 1906년 1월 기관지 국민신보를 창간했다. 초대 사장은 일진회 회장 이용구가 맡았다. 이 신문은 각 지방 관청에 강제로 신문을 보내 한때는 지방 발송 부수가 7천 부까지 되었다. 이 신문은 "베델과 양기탁이 국채보상금을 횡령하였다"거나, "유길준이 이완용에게 8천원을 취하여 자객을 모집하고 있다"는 등의 터무니없는 허위기사를 실어 피소되기도 했다.[37] 1907년 7월 헤이그 특사 사건을 뒤늦게 알게 된 일제는 이완용 내각에 고종의 퇴위와 사죄를 강요했다. 이에 홍재칠, 이윤용, 윤이병, 이범규 등이 세운 독립운동단체 동우회同友會는 고종에게 관련 대신들의 죄를 물어 주살誅殺할 것을 상소하고 고종의 퇴위와 사죄를 위한 일본행을 저지하는 한편 민중과 함께 투쟁할 것을 결의했다. 7월 20일 동우회는 평소 국민신보의 친일 논조에 불만을 품은 2만 여명의 민중시위를 주도해 국민신보 사옥과 시설을 파괴하고 이완용의 집을 불태웠다.[38] 친일 논조로 일본의 비호를 받았던 이 신문은 1910년 11월 여타의 신문과 다를 바 없이 경영난으로 자진 폐간되었다. 친일 신문 국민신보에 대해 매천야록에는 다음과 같이 기록되어 있다.

일진회가 국민신보를 창간했는데, 그 논조는 왜놈들의 풍속을 받아들여 서로 호응하자는 것이었다. 사람들이 기관신문이라고 했는데, 민간인들은 그들을 미워하여 사 보는 사람이 없었다. 이에 관리들에게 억지로 맡기고 신문 값을 강제로 받아갔다.[39]

한편, 민족진영에서는 1906년 천도교가 교주 손병희의 발의로 국한문 혼용의 기관지 〈만세보〉를 창간했다. 만세보는 창간사에서 "신문이란 지식을 계발하는 하나의 교육기관일 뿐만 아니라 국제 간의 평화를 유지할 수도 있고 전쟁을 도발할 수도 있으며 정치를 지도할 수도 있을 만큼 여론에 미치는 영향력이 지대하다"며 신문 의 역할을 강조하였다. 또한 설립 목적이 인민의 교육이라며 교육 중심을 다짐하였고 일진회一進會의 반민족적 행위에 대해서는 단호 히 규탄하였다. 이 신문은 신문사상 최초로 이인직의 〈혈血의 누淚〉 라는 신소설을 연재했는데 그 횟수가 50회까지 갔다. 고종도 이 신 문을 애독하여 1천원을 하사하기도 했다. 그러나 이 신문 역시 천 도교의 지원에도 불구하고 경영난을 이기지 못하여 창간 1년이 지 난 1907년 6월 종간호를 내고 말았다.[40]

이완용 내각은 만세보 폐간 직후 만세보의 사옥과 인쇄시설을 사들여 기관지 〈대한신문〉을 출범시켰다. 그러나 이 신문은 탁지 부度支部[41]로부터 매월 5백 원을 지원받았음에도 불구하고 독자가 없어 경영난에 처하자 1910년 폐간되었다. 폐간 무렵 독자는 백 명 안팎에 불과했으며 그것도 반수가 구독료를 내지 않았다.

1909년 6월 대한협회가 민족단결과 지식보급을 기치로 일간 〈대 한민보〉를 창간했다. 이 신문은 자본금도 없이 광고료 50원을 가지 고 출발하여 인쇄시설도 없어 흥사단興士團의 도움을 받아 신문을 발행하였다. 민족단결과 지식보급을 내걸었던 이 신문은 창간호부 터 제1면에 시사만화를 연재하여 일본인들의 비행을 풍자 경고하 여 인기를 끌었다. 이것은 우리나라 최초의 신문 연재만화였다. 주 로 정부의 부패와 무능을 비판하는 논설과 일진회一進會와 국시유

세단國是遊說團에 대항하는 논진을 폈으며, 국채보상운동을 적극적으로 홍보하였고 안중근安重根 의거를 상세히 보도하여 애국사상을 고취하였다. 1909년에는 일진회가 발표한 이른바 경술국치성명서를 통렬히 규탄했다. 이 신문은 1910년 8월 경술국치를 맞으며 폐간되었다.[42]

개화기에 우후죽순처럼 생겨난 신문들은 백가쟁명의 주장을 펼치면서 근대 민주주의를 도입하고 선진제국의 제도와 문물을 전파하는데 적지 않은 역할을 했다. 그러나 국제정세에 대한 명확하고 포괄적인 분석이 결여된 개화파 지식인들은 주변 열강의 침략 야욕을 간과했고 극복해내지 못했다. 그러다보니 개화파 인사들은 열강의 역학 관계에 따라 이리저리 흔들렸고 시대 흐름의 방향을 제대로 잡지 못했다. 무엇보다도 개화파 인사들은 민중 중심의 의병을 '도둑의 무리'로 폄하하는 등 민중을 도외시했고, 민중을 개화의 주체가 아닌 계몽의 대상으로만 여긴 나머지 민중의 참여를 원천적으로 배제함으로써 다중의 힘을 결집해내지 못했다.

개화기의 신문들은 대부분 몇 년 버티지 못한 채 폐간되고 말았다. 그 원인은 높은 문맹률[43]로 인한 제한적인 구독자 수, 기술적 제약, 산업 역량의 부재로 인한 광고 수익의 결핍, 외세에 취약한 무능한 조선정부 등 여러 가지 원인이 있었지만 직접적인 원인은 앞서 살펴본 바와 같이 대부분 일제에 의한 강제 폐간이거나 극심한 재정난이었다. 그러나 개화기 신문들이 실패하게 된 더 근본적인 원인은 개화기 신문들이 민중의 중심에 서서 민족을 결속시키고 여론을 모아 민중의 역량을 끌어올려 시대를 헤쳐 나가는 데 한계가 있었기 때문이었다.

2

개화기의
언론사용자운동

최초의 언론사용자운동, 박문국 방화사건

발간 배경에서부터 일본의 영향이 컸던 한성순보는 창간 과정과
그 이후의 편집, 인쇄 등 실질적인 신문제작 과정에서도 일본인의
개입이 컸다. 이는 상대적으로 중국의 입장에서는 소외감을 느끼
게 하는 일이었다. 특히 중국에 불리한 기사가 이슈화되었을 때 중
국은 민감한 반응을 보였는데, 그러한 현상이 되풀이되고 누적되
면서 중국의 불만은 필화사건으로 이어졌다.

　사실상 순보에는 중국 관련 기사가 많기는 했지만 서구 열강의
긍정적 기사와 달리 대부분 전쟁 또는 분쟁에 관한 부정적 뉴스들
뿐이었다. 이는 중국의 피해의식을 증폭시킬 수밖에 없었다.[44] 실
제로 순보의 보도 태도는 중국에 우호적이었지만 사건 자체가 중

국의 치부를 드러내는 것들이 많아 중국은 불만이었다.

하나의 사례로 1884년 4월 중국은 순보 제10호(1월 30일자)의 '화병범죄華兵犯罪'라는 기사와 제11호(2월 7일자) '화병징변華兵懲辨'이라는 기사에 대해 조선정부에 항의하는 조회照會를 보내왔다. 순보 제10호와 제11호의 기사를 종합하면, "중국병사가 약값 문제로 약국 주인과 시비를 벌이다가 약국 주인의 아들이 중국병사의 총탄에 죽었는데 중국 주둔군이 범인 3명을 잡아 참수斬首하여 효경교 입구에 매달아 놓으니 군대의 기율이 잡혀 안정되었다"는 내용이었다. 폭력적인 중국병사의 민간인 살인사건이지만 기사는 "중국군이 조치를 잘 했다"는 긍정적 결말을 내놓은 것이다. 순보는 또한 제13호(황해도수군절도사장계, 2월 27일자)에서 황해도 해변에서 표류하는 중국인을 발견하여 치료 중이고 난파된 배도 건졌다는 내용의 기사를 보도했다. 그런데 중국은 보도된 지 두 달이 넘어 이 두 가지 사건 기사에 대해 상세한 문의와 함께 항의를 보내왔다. 특히 '중국병사 살인사건' 기사에 대해 "결코 허위가 있어서는 안 되고 확실한 증거를 가지고 써야 한다"고 경계하면서, "중국과 조선은 특수 관계로 원래 한 나라"임을 강조했다. 이에 대해 조선정부는 '중국인 표류 사건'에 대해서는 "순보에 보도된 것 외에 더 상세한 것은 알 수 없어 황해도 수사에게 자세히 보고토록 지시했다"고 회답을 보냈다. 또한 '중국병사 살인사건'은 범인들의 말과 의복이 모두 중국인 같았다는 점, 중국군에서 범인 체포를 위해 노력하고 있다는 회신이 왔던 점, 범인이 무기를 휴대하고 있었던 점, 효경교 위에서 처형된 세 사람이 바로 그 범인들이라고 백성들이 전했던 점 등을 요지로 회답을 보냈다. 그러면서도 순보는 이 기사가 여담閭談

에만 의거한 것은 잘못된 일이며 박문국원들은 이를 뉘우치고 있음을 덧붙였다. 전체적인 맥락으로 보아 기사는 명확했지만 박문국은 떠도는 말만 듣고 이런 기사를 실은 것이 잘못이라고 스스로 인정하고 사과한 것이다. 필화사건은 조선정부가 중국 측의 요구에 따라 종로거리와 성문 각 곳에 범인 체포를 위한 고시를 게시했다고 중국에 알리는 것으로 일단락되었다.[45]

중국 당국이 두 달 전에 있었던 한성순보 보도에 대해 뒤늦게 문제를 삼는 등 트집을 잡고 있는 것은 순보 발행으로 양국 관계가 소원해졌음을 의미했다. 특히 중국 당국은 조선정부의 움직임에 대해 어두운 데다 황해도에 표류해 온 자국민이나 선박에 대해서도 신속한 대처를 하지 못하자 그 불만을 한성순보에 터뜨린 것이다.

한성순보에 대한 중국의 불만은 조선 내 친청親淸 인사들은 물론, 반일 정서를 가진 조선 민중들까지도 한성순보에 대한 부정적 인식을 갖게 만들었다. 민중의 반일 감정은 친일 개화파가 갑신정변으로 일본군을 앞세워 국권을 찬탈하려 하자 폭발했고 그 민중의 분노는 친일 개화파가 주도해 발간한 한성순보로 향한 것이다.

갑신정변은 실패할 수밖에 없었다. 정변의 주체들은 오랜 동안 이어져온 조선왕조와 청조의 긴밀한 유대와 역사성을 간과했으며 불과 몇 천 명에 지나지 않는 일본군만 믿고 조급하게 거사를 실행했기 때문이었다. 박영효에 대한 좋지 않은 소문이 나돌면서 거사 계획이 새나가자 급진 개화파는 치밀한 준비 없이 즉흥적으로 거사를 앞당겼다. 박영효는 국부인 고종을 앞세워 호가호위하면서도 국부를 함부로 대하고 측근 신하들을 마구잡이로 살해했다. 이런 장면이 목도되면서 박영효를 비롯한 정변의 주도 세력들은 민중의 분노를 샀다. 매천야록에는 이에 대해 다음과 같이 기록되어 있다.

어떤 사람은 "임금을 꾀어 인천까지 가서 배에 태워 왜국으로 내보낸 뒤, 서양의 민주제도를 본 떠 박영효 등이 임금을 갈아치우려 했다"고 하고, 또 어떤 사람은 "팔도를 분할해서 여러 역적들이 저마다 한 지방의 임금이 되려 했다"고도 하며, 또 어떤 사람은 "청나라와 관계를 끊고 왜국과 손을 잡으며 임금을 높여 대황제로 만들려 했다"고 한다. 그 뒤에 여러 역적들이 빠져나가 심문할 길이 끊어졌으므로 끝내 자세한 내용은 알 수가 없었다.[46]

1884년 12월 친일에 불만을 품었던 민중은 정변 마지막 날 한성순보의 발행처인 박문국을 불태웠다. 일본군이 정변에 개입한 것은 박문국 방화의 주요 원인이 되었다.[47] 중국의 심기를 건드린 여러 건의 필화사건들도 친청파들의 반감을 사면서 방화의 원인이 되었을 터였다. 창간 기획부터 일본의 입김이 작용했고, 이후 신문 발행에서도 일본인이 직접 개입했으며, 신문의 의제 등 전반적 내용이 친일로 일관했다는 점은 신문의 정체성 측면에서 취약할 수밖에 없었다. 박문국博文局의 '박문博文'이 초대 통감 이토 히로부미伊藤博文의 이름과 일치하는 것 또한 한성순보의 창간 배경에 대한 의혹을 증폭시키는 빌미가 되었다. 이와 관련해 매천야록에는 다음과 같이 기록되어 있다.

박문국을 없앴다. 갑신년에 저동에 신문국을 설치하고 전 교리 여규형을 주사로 임명하여 왜놈 이노우에 가쿠고로(井上角五郎)와 함께 일을 맡기면서 박문국이라 했다. 그러나 박문국을 설치한 지 몇 년이 지나도 실용적인 도움이 없고 국비만 낭비했으므로 폐지했다. 시작하고 없애는 데 일정한 원칙이 없어 아이들 장난 같았으니, 모든 것이 이런 식이었다. 을사년(1905년) 이후 이토 히로부미(伊藤博文)가 통감이 되어 정국을 휘어잡자 어떤 사람이 말하기를 "博文局이 그 조짐이었다"고 말했다.[48]

박문국 방화사건은 불만스런 언론에 대해 언론사용자인 민중이 집단적 행동으로 의사를 표명한 최초의 언론사용자운동이었다. 민중은 창간 배경, 발행 과정, 신문의 논조 등 모든 것에서 친일 색채를 띠었던 한성순보에 반기를 들고 '발행처 방화'라는 과격한 행동으로 분노를 표출한 것이다. 물론 당시 방화의 주체들이 친일에 반대하는 것 외에 언론의 역할과 책무에 대한 특별한 인식을 가졌거나 신문의 미래와 지향에 대해 분명한 비전을 가지고 행동한 것이라고 보기는 어려웠다. 향후 지속적으로 운동을 펼쳐나가겠다는 계획을 가진 것도 아니었다. 행위의 방식 또한 감정적이고 즉흥적이었으며 정변의 소용돌이 속에서 친청 수구파의 부추김 등 다분히 정파적 측면도 있었을 것이다. 그러나 매천야록에서 지적된 바와 같이 한성순보 발행과 관련하여 "왜놈과 함께 일을 맡겼다"는 점, "실용적 도움이 없고 국비만 낭비했다"는 점 등은 반일 감정과 더불어 민족의 장래를 걱정했던 민중의 분명한 입장을 대변한 것이었다. 이것이 신문 발행처인 박문국의 방화로 이어진 것은 당시 정변의 주체들과 일본에 대한 적대감이 그만큼 컸음을 의미하며, 민중을 배신한 신문을 격렬한 행동으로 응징했다는 점에서 박문국

방화사건은 언론사용자 차원의 강력한 저항운동이었다.

국민신보 습격 사건

개화기 언론에 대한 또 한 차례의 저항이 표출된 것은 박문국 방화
사건 이후 23년이 지나 발생한 국민신보 습격 사건이다. 을사늑약
으로 일제에 국권을 빼앗긴 상황에서 조선 민중은 '고종의 강제퇴
위'로 민족 자존심마저 짓밟히는 참담한 현실에 직면했다. 국민신
보 습격 사건은 이러한 일제의 국권유린 상황에서 일제의 충견 친
일신문에 언론사용자들이 격렬하게 민족 감정을 표출한 언론운동
이었다.

　1904년 2월 23일 대한제국과 일본 간에 체결된 한일의정서는 일
제에 의해 국권을 도둑질 당한 치욕적인 협약이었다. 내세운 명분
은 대한제국의 안전을 도모한다는 것이었지만, 깔려 있는 목적은
일제가 한반도에 일본군 주둔을 허용 받아 대한제국의 영토를 자
유롭게 이용하기 위한 것이었다. 일본군 주둔은 정치와 군사 분야
뿐 아니라, 경제, 사회, 문화 등 전 분야로 영향이 확대되었으며 특
히 언론의 자유와 독립을 결정적으로 제약하는 결과를 초래했다.
일제가 반포한 군사경찰훈령軍事警察訓令으로 한국의 신문들은 일본
군사령부의 검열을 받게 되었고, 일제는 치안유지라는 명목 하에
신문, 잡지의 정간 및 발행금지를 명할 수 있게 되었다. 이처럼 일
제의 언론통제로 반일 논조는 크게 수그러들었다. 저항하는 신문
에는 사장 또는 편집책임자의 구속, 신문의 정간 또는 폐간 조치가

뒤따랐다.

1905년 러일전쟁에서 승리한 일제는 한반도를 식민화하기 위한 계획을 차근차근 실행에 옮겼다. 일제는 7월 카츠라-테프트 비밀 협약으로 대한제국에 대한 종주권을 미국으로부터 인정받았고, 8월 영국과 제2차 영일동맹을 체결해 한국에서의 정치·경제·군사적 이익을 보장받았으며, 러시아와는 9월 포츠머스조약으로 한국에 대한 일제의 지도보호 감리조치를 승인받았다. 미국, 영국, 러시아 등 열강으로부터 차례로 한반도에 대한 독점적 지배권을 인정받은 것이다. 한반도 침략의 정지작업을 끝낸 일제는 1905년 11월 17일 대한제국정부와 을사늑약을 체결함으로써 대한제국의 외교권을 빼앗고 보호라는 이름하에 통감부를 만들어 합법적으로 내정에 간섭했다.[49] 뒤늦게나마 을사늑약이 강제로 체결된 것임을 세계만방에 알리기 위해 고종은 1907년 6월 헤이그에서 열린 만국평화회의에 이준을 비롯한 3명의 밀사를 보냈다. 그러나 만국평화회의는 회의 자체가 '도둑들의 만찬회'였을 뿐 아니라 일본과 영국의 집요한 방해에 부딪혀 헤이그 밀사는 아무런 효과를 거두지 못했고 오히려 고종이 퇴위하는 결과를 가져왔다.[50]

이런 정치 현실 속에서 1907년 7월, 일본의 강압에 의해 고종이 퇴위한다는 소식이 전해지자 분을 참지 못한 민중이 들고 일어났다. 7월 20일 고종의 양위식을 앞두고 종로를 비롯한 서울 시내 곳곳에서는 "임진의 난을 보라, 을미년의 일은 어떠했던가. 일본인의 포학은 그칠 줄 모르니 우리들의 도탄은 눈앞에 도달했다"며 비분강개하는 방들이 나붙기 시작했다.[51] 종로와 대한문 앞에는 성난 군중 수천 명이 모여 고종의 양위 반대를 외쳤다. 이처럼 민족적 분노가 표출된 것은 이완용 내각의 굴욕적 매국행위가 직접적 원인이었다. 이완용은 고종에게 을사보호조약에 도장을 찍을 것, 왕위를 이양할 것, 직접 일왕 앞에 가서 헤이그 밀사 사건에 대해 사과할 것 등 세 가지 사항을 강요했다.[52]

그 중에서도 가장 민중의 분노를 일으킨 것은 "고종이 친히 동경에 가서 사과하라"는 대목이었다. 이에 대한문 앞에 집결한 군중은 고종이 일본행을 위해 대한문을 나서면 몸으로 막기로 결의하고 결사대를 뽑아 대기했다. 종로에 모인 군중들도 합류했다.[53] 이에 일본경찰의 발포가 시작되고 군중들이 투석으로 저항하는 등 시위가 격해지면서 부상자가 속출했다.[54] 군인도 합류했다. 전동 병영에 대기하고 있던 군인 백여 명이 고종이 일본으로 가려고 인천으로 떠난다는 소문을 듣고 완전무장한 채 병영을 뛰쳐나왔다. 이들이 일본경찰 3명을 사살하고 여러 명을 부상시키자 군중들은 용기를 얻어 일본인을 공격했다.[55] 이런 상황에서 시위대가 대한문 앞에 집결해 행진을 시작하자 이에 놀란 일진회 회원들은 미동의 국민신보사 건물 안으로 도망쳤다가 시위대의 공격을 받았다. 이 과정에서 국민신보 사옥과 기계 시설 등이 모조리 파괴되었다. 시위는 대한자강회와 동우회가 주도했다.

그러나 이러한 민중의 저항에도 불구하고 일제는 끝내 고종을 폐위하고 이완용을 앞세워 한일신협약(정미 7조약)을 체결함으로써 사실상 통감이 대한제국을 통치하게 되었다. 이 협약으로 대한제국은 고위 관리의 임명 시 통감의 승인을 받고, 통감이 추천한 일본인을 관리로 써야 하는 등 실질적으로 통감이 나라를 통치하게 되었다. 경찰권 박탈, 군대 해산으로 대한제국은 사실상 일제의 식민지로 전락한데다 신문지법과 보안법까지 시행되자 해산된 군인 중 일부는 의병에 합류했다.

국민신보 습격 사건은 극에 달한 일제의 내정간섭에 분노한 민중들이 극렬한 행동으로 일제의 나팔수 국민신보를 심판한 사건이었다. 이는 박문국 방화사건과 마찬가지로 운동 주체들이 사전에 치밀하게 계획한 것은 아니었으며 지속적인 언론운동으로 이어지지도 않았지만 침묵하고 있던 언론사용자들이 민족을 배반하고 나라를 등진 언론에 대해 행동으로 항거의 의사를 표출했던 언론운동이었다.

소통과 연대, 민족지 살리기 운동

1890년대는 민영신문이 활성화되면서 신문 숫자도 늘고 발행 주체나 노선도 다양해졌다. 1895년 1월 일제의 기관지 한성신보가 가장 먼저 창간되었지만, 이어서 1896년 4월에 독립신문을 필두로 1898년 4월과 8월, 9월에는 매일신문, 제국신문, 황성신문 등의 민영 민족지들이 차례로 창간되었다. 1897년 2월에는 선교를 목적으로 한 〈조선그리스도인회보〉, 4월에는 〈그리스도신문〉이 창간되었다. 한편 민족지에 대한 대응 차원에서 1899년 1월 보수세력 황국협회가 〈시사총보〉를, 4월에는 보부상 모임인 상무사가 〈상무총보〉를 각각 창간했다.

이 당시는 또한 안팎으로 갑오농민전쟁, 청일전쟁, 갑오개혁, 을미사변 등 정치적 격변기였고 한반도에 대한 주변 열강의 침탈로 독립협회 활동도 활발해지면서 정보 욕구가 급상승했다. 갑오개혁으로 우편 및 통신제도가 도입되고 한글을 공식 문자로 채택하는 등 신문 발전을 위한 개혁조치들도 단행되었다.[56]

이와 더불어 신문 구독에 필요한 기본적인 조건들, 즉 문해력이나 재정적 여건 등으로 신문 구독이 어려운 사람들을 위해 다양한 방법들이 개발되었다. 예컨대 문맹자를 위해 신문 읽어주는 사람, 가난한 사람들을 위한 신문 돌려보기, 여러 사람들이 신문을 볼 수 있는 신문잡지종람소, 공동 구독 등의 신문 구독 방식들이 나타났다.[57] 이로써 실제 발행부수보다 훨씬 많은 사람들이 신문을 볼 수 있게 되어 신문 구독 환경은 좋아졌다. 그러나 구독 환경이 호전되었다고 해서 신문의 발행부수가 늘거나 발행부수에 따라 구독료가 제대로 걷히는 것은 아니었다.

이처럼 신문 창간의 의욕과 필요성은 넘쳐났지만 신문 발간이 지속적으로 유지되기에는 경제 사회 문화적 여건이 성숙되지 않았다. 우선 높은 문맹률로 구독자 층이 극히 제한되어 있었던 데다, 산업화 이전의 시대였으므로 광고 또한 활성화되지 않아 대부분의 신문들은 창간과 동시에 재정난을 겪지 않을 수 없었다. 이런 상황에서 민중은 유독 황성신문과 제국신문 돕기 운동에 나섰다.

1903년 2월 5일자 황성신문에는 독자들에게 구독료를 속히 납부해줄 것을 호소하는 사고가 실렸다. 이 사고에서 황성신문은 재정 및 경영 현황을 상세하게 공개했다. 이에 따르면, 황성신문은 발행부수 3천여 부, 구독료 및 광고 수입 1,050여 원, 경비 830원 등으로 매달 220원 정도 이익이 발생해야 하는데 실제로는 구독료 징수가 제대로 이루어지지 않아 미수금이 7천여 원이라는 것이었다. 황성신문은 이 미수금이 해결되면 종이, 잉크, 우편료 등 부채 2천여 원을 청산하고도 남는다는 사실을 독자들에게 알렸다. 황성신문은 이 사고가 나간 후 4일 정도를 쉬다가 9일자 발행을 지속했는데 9일자 지면은 "각지에서 정간을 비통해 한다"는 내용의 독자 투고와 의연금이 들어왔음을 알렸다. 이날치 신문에도 "수송일인이 100원, 백창산인이 20원을 보냈다"는 내용이 실려 있었다. 황성신문은 이러한 독자들의 반응에 대해 다시 신문을 발간한다는 사고를 내면서 재정난을 극복할 방안을 알려달라는 뜻을 밝혔다. 이광린의 분석에 따르면, 당시 신문에는 총 65통의 기서가 소개되었고 의연금은 2,032원 20전에 달했으며 이 금액은 황성신문이 출발 당시 모집된 자본금과 맞먹을 정도의 액수였다는 것이었다.[58]

제국신문은 1902년 9월 12일자 논설에서 "약한 나라가 권리를 찾는 힘은 군사에 있지 않고 민론에 있다"고 주장했다. 이러한 주장은 열강의 침략 야욕 속에서 주변 열강의 역학 구도에 따라 이리저리 흔들리는 무능하고 무기력한 정부에 기대하는 것보다는 외세로부터 나라를 지켜야 한다는 민중의 강력한 의지와 결속이 더 중요하다는 일종의 정신무장론에 근거한 것이었다. 이러한 제국신문의 논조에 공감한 독자들은 처음에 신문에 대해 가졌던 부정적 인식이나 무관심은 점차 줄어들고 신문에 대한 긍정적 인식과 필요성을 깨닫게 되었다.

그러나 제국신문의 재정적 상황도 황성신문과 비슷했다. 게다가 제국신문은 구독료 미수금도 문제였지만 신문지법에서 새로 규정한 발행 보증금 300원 마련이 더 시급한 문제였다. 제국신문이 보증금 300원을 마련하지 못해 납부기일 며칠을 앞두고 정간을 하자 각계에서 속간을 위한 의연금이 답지하기 시작했다. 창신사의 사원들이 62환을 모아온 것을 필두로[59] 여자교육회 장욱자 사무장이 회원들에게 절절한 편지를 보내 제국신문에 의연금을 내줄 것을 간청했다.[60] 황성신문은 이를 보도하면서 여성들이 이렇게 나서는 데 남성들이 가만히 있다면 부끄러운 줄 알아야 한다고 덧붙였다. 이 기사가 나가자 바로 뒤이어 남성단체에서도 의연금 모금에 발 벗고 나섰다.[61]

제국신문 의연금 모금에는 미주 지역의 교포들까지 참여했다. 미주 지역의 공립신보는 1907년, 10명의 발기인 명의로 '제국신문을 위하여 연조금을 모집하는 취지서'를 지면에 게재했다. 취지서에는 제국신문의 정간은 우리 동포가 신문의 소중함을 깨닫지 못한 때문이라며 의연금 모금을 천명하였다.

제국신문을 위하여 의연금 모집하기를 발기하고 의연금 모집소는 공립신보사로 정하였사오니 유지하신 참여자는 등정을 표하고 티끌을 모아 태산을 이루는 것을 생각하시와 많고 적음을 불구하고 각각 출의연조 하시되 시기가 급박하오니 연조금을 이달 30일 내로 보내시기를 절절간망 하옵네다.[62]

개화기 황성신문과 제국신문에 대한 모금운동이 양 신문의 영속적 미래를 담보하지는 못했지만 일시적이나마 재정위기에 직면한 신문을 살려내는 결과를 가져왔다는 점은 음미해볼만 한 일이었다. 이는 1975년 동아일보가 독재정권의 광고탄압으로 재정위기에 처했을 때 독자들이 의견광고를 내어 지지와 성원을 보냈던 사례와 맥을 같이하는 것이었다. 각계각층의 개인 또는 집단들이 어떤 계획을 모의하거나 약속을 하고 벌인 조직적 행동은 아니었지만, 모금과 지지광고의 목적이 독자들에게 필요하고도 유익한 신문을 살리기 위한 것이었다는 점에서 언론사용자들의 '좋은 신문 살리기 운동'의 일환이라고 할만 했다.

또한 황성신문이나 제국신문이 사고를 통해 독자들에게 신문의 어려운 상황을 소상하게 알리며 도움을 호소하고, 이에 독자들이 호응한 것은 언론공급자와 언론사용자 간에 소통과 연대가 이루어졌다는 점에서 중요한 의미를 갖고 있었다. 그것은 독자들이, 재정적 어려움 속에서도 민중의 개화에 힘쓰고 일제에 저항하는 황성신문과 제국신문의 역할에 동조와 성원을 보낸 것이며 두 신문의 필요성에 대해서도 절실하게 공감한 것이었다.

또 하나 눈여겨보아야 할 것은 제국신문이 재정난으로 신문을 내지 못하자 황성신문이 적극적으로 나서서 제국신문의 어려운 처지를 독자들에게 알려주었다는 사실이다. 일견 황성신문과 제국신문은 신문 경영의 측면에서는 상호 경쟁의 입장에 처해 있다고 볼 수 있었지만 신문의 논조와 지향 측면에서는 '항일'이라는 공감대를 가지고 있었다. 황성신문이 제국신문의 재정적 어려움을 독자들에게 적극적으로 알린 것은 신문과 신문 간의 이러한 연대의식을 보여준 것이기도 했다.

3 개화기의 언론통제와
언론운동의 특성

개화기의 언론통제

러일전쟁 이전 한반도에는 언론의 자유를 노골적으로 제약하는 법과 제도는 존재하지 않았다. 언론인들이 필화사건에 연루되어 구속되거나 유죄판결을 받음으로써 언론이 위축되는 일은 있었다. 일제나 서구 열강들이 자신들에게 불편한 기사에 대해 정정 또는 삭제를 요구하거나 신문조례를 만들라며 압력을 행사하는 일은 민영신문들이 발간되기 시작한 1890년대 후반부터 끊임없이 있어 왔지만 이런 경우에도 일정한 행정절차가 뒤따랐으며 법과 제도에 의한 일상적 통제는 러일전쟁 이전까지는 없었다. 그러나 1904년 러일전쟁 이후 일제가 한반도에 대한 독점적 지배권을 행사하기 시작한 뒤부터 일제의 언론통제는 법과 제도에 따라 시도 때도 없이 언제든 가능해졌다.

러일전쟁 발발과 함께 1904년 2월 체결된 한일의정서로 한반도
에서 일본군의 주둔이 허용되었고, 8월에는 1차 한일협약이 체결
되어 한국에 대한 내정간섭은 더욱 깊어졌다. 이때부터 한반도에
서 일본인의 신문 발행이 급격히 늘었고, 신문은 '친일지와 민족
지', '한국어 신문과 일어 신문', '한인 경영지와 일인 경영지' 등으
로 나뉘어졌다. 이들 중 일본인 발행 신문은 러일전쟁의 승리를 선
전하고 한반도 침략을 합리화하는 도구로 이용되었다. 반면에 한
국인 발행 신문에는 일제의 집요한 통제가 계속되었다. 기울어진
나라의 국권을 수호해야 한다는 민족지와, 일본과의 합방을 주장
하는 친일지는 치열하게 대립했다.[63]

일제는 한국 언론에 직접적인 검열과 탄압을 가하기 시작했다. 통
제의 대상, 종류, 방식은 매우 다양했다. 1904년 3월 주한 일본공사
임권조가 한국신문이 일본군의 움직임을 보도해 군사 기밀을 누설
하는 경우가 많았다면서 법령을 만들어 이를 금지케 하고 검열을
통해 통제할 것을 요구하자 정부는 황성신문과 데국신문에 대한 검
열을 약속했다. 이러한 일제의 조치는 언론의 자유를 완전히 말살
한 것이나 다름없었다. 국가 기밀이 누설되었다면 그 책임은 기밀
정보를 다루는 주체인 국가가 져야 할 터인데 일제는 책임을 언론
으로 돌리고 이를 명분으로 검열의 권한을 확보한 것이었다.

6월부터 일제는 한일 간 기밀 문서는 허용된 관료만 접할 수 있
게 했고, 그래도 기밀이 누설되면 그 책임자에 대한 처벌을 요구했
다. 7월부터는 외교 경로가 아닌 일본군의 직접적인 탄압이 시작됐
다. 한국 주둔 일본군사령관은 군사경찰훈령을 발표하여 치안을 방

해한 신문에 대해 발행 정지와 함께 관계자 처벌을 할 수 있도록 했으며 발행 전에 미리 일본군사령부의 검열을 받도록 했다. 이듬해인 1905년부터는 아예 일본군사령부가 서울의 치안을 담당하고, 치안유지를 해치는 신문이나 잡지에 대해서는 발행 정지를 하거나 금지하도록 했는데, 이를 어길 시 과료와 같은 경징계부터 태형, 구금, 심지어는 사형에 이르기까지 엄벌로 다스렸다. 치안방해라는 것이 코에 걸면 코걸이여서 이런 상황 속에 언론의 논조는 현저히 위축될 수밖에 없었다. '벽돌신문'을 인쇄해 발행하는 것은 사전검열에 대해 민족지들이 대응할 수 있는 유일한 방법 중의 하나였다. 황성신문은 한일의정서 조인을 기사화했다가 사전검열에서 기사가 삭제되자 '벽돌신문'을 발행해 사전검열에 저항을 표시했다.

언론통제는 1907년 7월 신문지법이 공포됨에 따라 새로운 단계로 접어들었다. 신문의 발행 허가부터 처벌에 이르는 모든 과정이 법제화되고, 체계화된 것이다. 신문지법은 조선인이 해외에서 발행하는 신문과 외국인이 한반도에서 발행하는 신문에 대한 규제 조항이 없어 이듬해인 1908년 4월 개정 보완되었고, 일본인 발행신문에 대해서는 별도로 '신문지 규칙'을 적용함으로써 한국인 신문과 일본인 신문을 차별적으로 통제하는 이원화 정책을 폈다.[64]

통감부는 한국인 발행 신문과 일인 발행 신문 및 해외에서 발행되는 교포신문 등을 효율적으로 통제하기 위해 '신문지 압수처분에 관한 내규'와 '신문지 방수에 관한 집행요령'을 제정 시행케 했다. 통감부는 외국인에 대해서는 주의를 요하도록 했는데, 이는 〈대한매일신문〉 발행인인 베델이 영국 국적의 외국인이었으므로 영국과 외교분쟁을 일으키지 않도록 배려한 것이었다. 통감부는 외국인이 소지한 신문은 압수하지 못하도록 했고 부득이 압수를 해야 할 상황이 발생하더라도 외국인의 주택이나 교회, 영업소 등에는 침입하지 못하도록 했다.[65]

일제는 한반도 식민지화를 진행하면서 치밀하고 교활한 분리통제정책을 폈다. 일제는 국내에서 발행되는 통감부 기관지, 일본인 신문, 한국인 친일신문 등은 친일 홍보매체로 적극 활용했다. 반면에 국내외의 항일 민족지에 대해서는 압수, 정간, 폐간 등 가혹한 탄압을 가했다. 이리하여 한인 발행의 반일 신문들은 점차 줄어들었고 한일병탄 무렵에는 재정난 등도 겹쳐 하나도 남김없이 폐간되고 말았다. 또한 연해주 등 해외 발행의 항일 신문들도 국내 반입 과정에서 압수되거나 일제가 러시아 정부에 압력을 가해 아예 발행이 정지되는 등 하나 둘씩 사라졌다.

개화기 언론운동의 특성

최초의 근대 신문인 한성순보와 한성주보는 관영신문으로서 사회변혁운동을 목적으로 창간되었다. 독립신문을 비롯한 제국신문, 황성신문, 대한매일신보 등 민영 신문들도 개혁개방, 해외의 문물 지식 정보의 수용 등 주로 인민을 계몽하기 위한 사회변혁운동의 성격을 띠었다. 이들 신문들은 인민에게 가급적 많은 지식과 정보를 제공하여 궁극적으로는 나라를 부강하게 하고 외세의 침탈을 막고자 하는 숭고한 목적을 가지고 있었다. 신문 발행으로 수익을 창출하거나 언론산업을 부흥시켜 상업적 목표를 달성하기 위한 신문들

은 없었으며, 개화기는 그러한 계획을 세울 만큼 사회 경제적 여건
이 갖추어지지도 않았다.

개화기의 언론 환경은 높은 문맹률, 궁핍한 국가경제, 산업자본
의 부재 등 여러 가지 제약 속에 있었다. 이는 원천적으로 신문산
업이 뿌리내리기 어려운 환경이었다. 따라서 장기간 손실을 감수
하면서 신문 발행을 지속할 수 있는 재정 능력을 갖춘 신문사주가
아니고서는 처음부터 오래 버티지 못할 환경에 처해 있었다. 개화
기에 우후죽순처럼 나왔던 신문들은 일제의 강제에 의해 폐간되기
도 했지만 대부분이 재정 악화로 폐간되었음은 이를 잘 증명해주
고 있다.

한편, 개화기 신문들의 사회변혁운동은 오늘날 민주정체에서 요
구되는 정부나 정치권력에 대한 견제와 감시라는 언론의 역할과는
거리가 있었다. 신문의 변혁운동은 군주정체의 테두리 내에서 할
수 있는 역할로 한정돼 있었으며, 새로운 정치체제에 대한 고민 등
체제를 뛰어넘는 상상력을 발휘하지는 못했다. 호시탐탐 한반도를
노리는 주변 열강들의 주도권 다툼 속에서 그럴만한 환경도 아니
었다.

개화기의 언론사용자운동은 몇 가지 사례로 나타났다. 한성순보
의 발행처인 박문국 방화사건은 갑신정변이라는 친일쿠데타가 실
패로 돌아가고 그로 인해 반일 감정이 고조된 상황에서 평소 한성
순보의 친일적 태도가 민중의 증오심에 불을 붙인 데 원인이 있었
다. 물론 친청파 인사들이 정략적으로 반일 감정을 자극했던 측면
도 없지 않다. 국민신보에 대한 민중의 저항 또한 신문사 사옥과
기물의 파손 등 방화 못지않게 극렬했다. 이는 국민신보의 단순한

친일 논조 때문만은 아니었다. 일제의 내정간섭이 도를 넘어 국권을 빼앗으려는 기도가 명백히 드러났는데도 일제에 협력하고 옹호했던 국민신보에 대해 민중의 '민족적 분노'가 폭발한 것이었다.

언론사용자운동에서 언론운동을 지속할 수 있는 조직화된 운동의 주체는 없었다. 박문국 방화사건을 주도한 사람들은, 친일 개화파에 대해 불만을 갖고 있었거나, 믿든 곱든 조선왕조에 대한 충정을 가진 민중들이었다. 이들이 신문의 역할이나 기능, 사회적 책임 등을 제고하기 위한 지속적 언론운동을 펼칠 만큼 언론에 대한 문제의식을 가진 것은 아니었다.

한성순보 방화와 국민신보 습격에는 시대 상황에 따른 차이 또한 존재했다. 한성순보가 발행되던 시기는 개화기의 시작 단계였다. 한성순보의 창간 주체들은 일제를 오로지 개화에 도움이 되는 우방으로만 여겼고, 일본제국주의에 내재되어 있는 침략적 속성을 간파하지 못했다. 반면, 국민신보의 경우는 시대적 상황이 이미 을사늑약으로 한국의 외교권이 박탈된 상태에서 일제에 의한 고종의 강제 퇴위로 민족적 자존심이 짓밟혀 반일 감정이 극도로 고조된 상태였다.[66]

한편, 황성신문과 제국신문 살리기 운동은 불특정 다수의 뜻있는 독자에 의해 개별적이고 자발적으로 이루어졌다. 일부에서 후원회 결성 등 조직화를 시도하기도 했지만 대부분은 개인의 순수한 뜻이었다. 이는 황성신문과 제국신문의 태도가 영리 추구보다는 국민계몽에 초점이 맞추어져 있었고 이러한 것들이 민중의 신뢰와 호응을 불러일으킬 수 있었기 때문이었다. 거기에 경영난에 처한 두 신문이 재정적 손실을 감수하면서까지 신문 발행을 지속하려는 의지를 보여준 것은 언론사용자들에게 순수한 사회변혁운동으로 비쳐졌으며, 이는 자연스럽게 두 신문에 대한 독자들의 연대로 승화될 수 있었다.

신문이 사회 보편적 이익이 아닌 특정 집단 또는 특정 개인의 정치 경제적 이익을 위한 수단으로 기능할 때 언론사용자들은 그 신문에 등을 돌렸고, 극심한 사회적 폐악으로 나타날 때는 한성순보나 국민신보에서처럼 방화나 기물파괴 등 극렬한 행동으로 응징했다. 이와는 반대로 신문이 사회적 역할에 충실하고 그 역할이 독자들이 원하는 방향과 일치할 때, 독자들은 그 신문에 대한 사회적 필요성을 인식하고 지원과 성원을 마다하지 않았다.

이러한 언론운동은 당시 상황에서 언론사용자가 할 수 있는 최선의 노력이었다. 구한말 조선왕조의 무기력함 속에 제국 열강들의 침략 위협이 한발 한발 다가오는 상황에서 언론사용자운동은 짧은 기간이나마 언론사 내 언론인이나 언론사주 등 언론의 공급 주체들에게 때로는 각성의 기회를 주었고 때로는 용기를 불어넣었으며 그런 운동을 통해 적어도 무엇이 옳고 그른 것인지를 민중이 깨우치도록 했다.

개화기의 조선왕조와 민족지들 사이에 특별한 갈등이 있었던 기록은 없었다. 외세에 짓눌려 있는 무력한 조선왕조를 상대로, 언론자유나 언론독립 등을 요구하는 것 자체가 무망한 일이었다. 언론사용자들이 정부와 언론의 관계, 언론의 공정성 및 객관성, 저널리즘의 원칙, 정부의 언론제도나 언론정책 등을 숙의하고 고찰하는 것은 사치스러운 일일 정도로 언론 상황은 열악했다. 을사늑약 이후부터 한일병탄까지는 제국신문에 대한 언론사용자들의 재정적

지원운동이 있기는 했지만, 언론사용자들이 일제의 언론탄압 행위에 정면으로 맞서 싸우거나, 신문과 함께 공조하여 저항하는 흔적도 찾아보기 어려웠다. 이 기간은 실질적으로는 일제가 지배하고 있었으나 명목상으로는 조선정부의 통치 하에 있어 책임을 지워야할 대상이 모호했고, 언론의 역할과 성격, 지배 권력과의 관계 등이 제대로 자리 잡을 기회도 없었다.

2부

외세 지배 속의

언론운동

4

일제 강점기의
언론운동

3·1운동과 조선 동아의 탄생

1910년 8월 29일 한일병탄을 전후해 일제는 식민통치에 필요한 기관지들만 남기고 한국인 소유의 모든 민영신문들을 폐간했다. 한일병탄 이후에도 꾸준히 일제의 침략 행위를 비판하고 의병들의 투쟁활동을 소개했던 대한매일신보는 총독부의 기관지가 되었고, 항일 논조의 황성신문은 총독부에 의해 강제 매수되어 폐간됐다. 총독부는 여기에 그치지 않고 국내에서 활동하는 모든 사회단체들을 해산하고 집회와 결사를 금지하는 등 철저한 무단통치를 단행했다.

국내 언론계가 황폐화되자 망명지 연해주에서 박은식이 제작한 〈한국통사〉가 국내에 반입되어 침략자에 맞서 싸운 조선민중의 투쟁사를 알렸고, "침략자의 통치 질서에 순종하지 말고 비합법적으로 투쟁하라"는 신채호의 논설 등이 소개되었다. 그러나 신채호가 연해주에서 발간한 〈권업신문〉은 국내에서 읽히다가 1914년 일제의 압력으로 폐간됐다.[67]

'비합법적 투쟁'이란 무엇을 의미하는가? 식민체제는 주권자인 한국 인민의 자주적 의지와는 정면으로 배치되는 것이어서 인민은 일제의 식민통치를 원천적으로 인정할 수 없었다. 그러므로 식민체제하에서 만들어진 훈령이나 법령 등 모든 통치 수단은 원천무효일 수밖에 없었다. 식민체제의 질서 아래서 합법을 요구하는 것은 "투쟁을 포기하라"는 말과 같은 것이었다. 3·1운동은 이러한 인식에서 나온 비폭력의 '비합법적 항일투쟁'이었다.

1919년 3월 1일, 우리 민족은 일제의 횡포에 맞서 분연히 일어섰다. 대한독립을 외치는 시위가 수개월 동안 계속되었고, 시위 현장과 감옥에서 수천 명이 목숨을 잃었다. 〈조선독립신문〉은 '독립선언문'과 함께 1만부가 전국에 배포되었다. 제작소 폐쇄, 발행인 검거 등 일제의 대대적인 탄압이 있었지만 조선독립신문은 3·1운동 이후에도 끊임없이 제작되었고 이를 계기로 각지에서 지하신문이 쏟아져 나와 독립의 당위성을 일깨웠다.

3·1운동은 한일병탄으로 인한 일제의 식민통치를 원천적으로 거부하고 조선의 자주독립과 민주주의 결의를 선포한 역사적 전환점이었다. 3·1운동을 계기로 식민통치는 새로운 국면을 맞게 되었다. 새로 부임한 사이토 마코토 총독은 억압과 탄압으로 일관했던 무단통치의 한계를 직시하고, 식민정책의 방향을 문화정치로 바꾸었다. 일제는 헌병경찰을 폐지하고 보통학교를 설립하였으며 언론 및

사회단체에 대한 통제를 완화했다. 이에 따라 1920년 985개의 단체가 총독부에 등록했으며, 2년 뒤인 1922년 9월경에는 총독부에 등록된 사회단체 수가 무려 5천 7백 개를 넘어섰다.[68] 그러나 이러한 문화정치는 민족정기를 말살하고 조선 인민에 대한 정신적 지배를 강화하기 위한 일제의 치밀한 전략에서 나온 것이었다.

일제는 조선인에게 민영신문의 발행을 허용했다. 이에 따라 1920년 3월 5일 조선일보가 창간되었고 4월 1일에는 동아일보와 〈시사신문〉이 창간되었다. 그러나 이 또한 일제의 기만적인 유화정책의 산물이었다. 총독부가 조선인에게 민영신문을 허가한 것은 진정한 의미에서 조선에 언론의 자유를 부여하기 위함이 아니라 신문을 통해 파악한 민중의 불만을 사전에 누그러뜨리기 위한 통치 전략이었다. 이에 대해 신채호申采浩는 1923년 1월 의열단義烈團의 독립운동 이념과 방략을 이론화해 천명한 '조선혁명선언'에서 다음과 같이 질타했다.

　　문화는 산업과 문물의 발달한 총적을 가리키는 명사니 경제약탈의 제도 하에서 생존권이 박탈된 민족은 그 종족의 보존도 의문이거든 하물며 문화발전이 가능하겠는가?

이는 독립을 위해서는 먼저 독립을 위한 역량을 갖추어야 한다는 '실력양성론'의 허구성을 지적한 것일 뿐 아니라 민중이 배제된 채 지주나 지식계급만을 주축으로 한 엘리트주의에 대해 강하게 반발한 것이었다.[69]

애초에 조일동화주의를 표방했던 대정실업친목회가 창간한 조선일보는 출발부터 친일신문으로 자리매김 되어 있어 조선인 독자들의 호응을 얻기는 어려웠다. 초창기에 조선일보가 강한 항일논조를 지향하게 된 것은 역설적으로 이러한 조선일보의 태생적 한계를 모면해야 한다는 강박감 때문이었다. 이런 배경 때문에 창간 초기 조선일보가 항일 논조로 수차례 정간을 당하고 그로 인해 극심한 경영난을 겪게 된 것은 역사의 아이러니였다. 1924년 조선일보는 월남 이상재를 사장으로 하고, 혁신계 인사들을 대거 참여시켜 지면에 큰 변화를 일으켰지만 이듬해 9월 정간을 당하자 결국 총독부에 무릎을 꿇고 혁신계 언론인들을 무더기로 해고해 본색을 드러냈다.

'이천만 민중의 표현기관'을 자처했던 동아일보는 공개적으로 주식을 모집하는 국민주 형식으로 출발했다. 국민주 형식의 동아일보가 이후 어떤 경위로 김성수 개인의 소유가 되었는지 그 자세한 내막은 아직까지 베일에 쌓여 있다. 하지만 어찌되었든 동아일보는 국민주라는 소유 형태 때문에 창간 초기부터 조선일보에 비해 상대적으로 긍정적 이미지를 구축했고, 구독자 확보도 비교적 용이해 재정적으로도 안정되었다. 창간 초기의 동아일보는 조선일보와 마찬가지로 총독부의 정책을 비판하며 반일 논조를 펴긴 했지만 1920년 창간부터 1923년까지 단 1회의 정간에 그치는 등 조선일보에 비해 시련을 덜 겪었다. 그 이유는 국민주라는 소유 구조로 조선 인민들로부터 비교 우위를 확보한 상황에서 일제에 각을 세울 필요성이 그렇게 절실하지 않았기 때문이었을 터였다. 애초부터 일제 총독부 체제를 현실로 수용한 동아일보는 1923년 말 '타협적 자치론'을 주장함으로써 친일 논조를 더욱 강화시켰다.

일제의 문화정치 초기에 민족운동의 주체로 그나마 역할을 했던 조선일보와 동아일보가 1924년 이후부터는 친일 지주 또는 친일 매판자본가로서의 정체를 드러내기 시작했는데 이 역시 일제는 이미 예측하고 있었던 바였다. 일제는 한민족의 이름으로 일제를 충실하게 대변할 매체가 필요했고, 두 신문은 그러한 일제의 의도에 부응하면서 길들여졌고 궁극에는 조선인을 향한 일제의 본격적인 선전 대변지로 바뀌어갔다.

1929년 광주학생의거를 기점으로 민족운동에 대한 일제의 탄압이 거세졌는데, 이는 신문에도 큰 영향을 미쳤다. 발행부수의 증대에 따라 문화사업과 증면경쟁 등으로 수익이 늘어난 신문들은 그 기득권을 지키기 위해 압수, 정간 등 일제의 제재를 피하기 위한 자기검열에 빠지기 시작했다. 총독부의 검열이 강화되었음에도 오히려 1930년대에 기사에 대한 압수 처분이 그 이전보다 줄어든 것은 이러한 자기검열의 결과라고 할 수 있었다.

일제 강점기 언론단체의 활동

최초의 언론인단체 무명회無名會

토호 지주들이 중심이었던 신문사의 사주들은 산업화 초기의 신흥 자본가로 변신하는 과정에서 일제의 지원이 필요했고, 일제 또한 식민통치를 위해 이들 토호들의 도움이 절실했다. 그리하여 이 두 세력은 필연적으로 상호부조의 관계를 가질 수밖에 없었다. 그러나 신문사에 소속된 기자들은 소규모 지주나 몰락한 귀족의 2세들이 주류를 이루었는데, 이들은 궁핍하지도 그렇다고 풍요롭지도 않은 중산층의 지식계층으로서 나름 식민지체제에 대한 저항의식을 가지고 있었다.

일제하 조선인 신문들이 어느 정도 정착 단계에 이르자 이들 기자들은 언론인의 친목과 권익을 도모하기 위한 조직이 필요하게 되었다. 이에 1921년 11월 중견 언론인 48명이 중심이 되어 문화보급의 촉진, 언론자유의 신장, 여론의 선도, 회원의 권익 옹호 및 친목도모 등을 목적으로 한 우리나라 최초의 언론단체 '무명회無名會'를 창립했다. 동아일보는 무명회 창립과 관련해 다음과 같이 입장을 밝혀 격려했다.

> (…) 부정한 검을 공(攻)할 자 설(舌)이며 불의한 금(金)을 벌할 자 필(筆)이니 언론의 권위를 가진 기자의 단체는 즉 부정·불의를 구축하는 선봉의 일용감(一勇敢)한 기관이 아닌가. (…) 오인은 망(望)하노니 그 목적에 거(擧)함과 여히 회원의 친목은 물론이요 권리와 명예를 옹호하야 혼란한 여론을 선도하고 민중의 소향(所向)을 지침하며 압박에 함구(緘口)한 언론을 동심동덕(同心同德)으로 찬협부조(贊協扶助)하야 자유를 신장하며 자유평등의 신문화를 동일한 논조와 공동한 이상으로 주창하여 조선사회에 주편(周遍)히 보급케 하고 과연 유종의 실(實)을 거(擧)하기로 노력할 지어다.[70]

이러한 동아의 격려 사설에서 특히 주목할 부분은 "민중의 소향을 지침하며"라는 대목과 "압박에 함구한 언론을 동심동덕同心同德

2부 외세 지배 속의 언론운동

으로 찬협부조贊協扶助하야"라는 대목이었는데, 이는 당시 언론에 대한 문제의식과 그에 대한 언론인들의 솔직한 소회와 각오를 밝힌 것이었다.

무명회는 동아일보사에 사무실을 두고 격월로 예회例會를 가졌다. 11인의 간사들로 운영되는 무명회는 장지연과 유근 등 선배언론인의 추도회, 세계기자대회의 언론실태조사를 위한 편의제공 등의 사업을 결의했다. 그러나 무명회는 그 불분명한 이름이 말해주듯, 한일병탄에 찬성했던 김윤식 사회장에 대해 논란이 일고 있는데도 조사弔辭를 보내어 조문케하는 등, 투쟁적이라기보다는 개량주의적 성격을 띠었다.[71]

일제는 3·1운동 이후 문화정책을 표방했지만 일제에 대한 비판기사나 사회주의 노선의 기사들에 대해서는 가차 없는 탄압을 가해 해당 기자나 데스크 책임자가 필화로 구속되는 일이 잦았고, 신문이나 잡지가 압수 또는 발행정지 되는 일도 종종 있었다. 1922년 11월 잡지 〈신천지〉와 〈신생활〉의 필화사건과 발행금지로 언론계와 법조계가 언론자유수호를 결의했을 때도 신천지 주간인 백대진이 회원으로 있던 무명회는 아무런 의견도 표명하지 않았다.

이런 상황에서 신문과 잡지사 대표들은 무명회를 앞세워 총독부에 언론자유 신장을 위한 진정서를 제출하고 한인과 일인 사이에 차별적으로 적용되는 법 제도의 문제점을 정식으로 제기했다. 1923년 신문사 대표, 서적 조합원, 변호사 등은 '신문지법·출판법 개정기성회'를 조직하고, 3월에 총독부를 직접 방문해 출판법개정건의서出版法改正建議書를 제출했다. 당시 출판과 관련해 한인에게는 출판규칙(1910년 5월 제정)을, 일인에게는 출판법(1909년 2월 제정)을 적용하고 있었던데 반해, 신문에서는 한인에게 신문지법(1907년 제정, 1908년 개정)을, 일인에게는 신문지규칙(1909년 제정)을 차별적으로 적용하고 있었다. 건의서는 일본인과 한인의 이러한 법 제도적 차별 요소를 없애달라는 것이었다.[72] 그러나 일제의 차별적 법 제도는 이후에도 바뀌지 않는 등 무명회 활동이 성과 없이 끝나자 무명회는 1924년 상반기까지 아무런 계획도 세우지 못했다. 언론자유 신장이나 여론선도라는 창립 당시의 결의가 무색해진 무명회는 오로지 회원 간의 친목도모를 위한 조직으로 전락했다.

1924년 상반기에는 언론계를 둘러싸고 납득하기 어려운 여러 사건들이 벌어졌다. 4월에는 동아일보의 사주 김성수와 사장 송진우가 친일단체에 의해 폭행을 당해 총독부와 친일단체에 대한 민족진영의 대규모 규탄 집회가 있었고, 6월에는 노농총동맹과 청년총동맹이 언론탄압에 항의하는 시위가 있었다. 그러나 이 엄중한 시기에 무명회는 목소리 한번 내지 못했고, 가시적인 움직임도 보이지 않은 채, 침묵으로 일관하는 무기력한 모습을 보였다. 무명회는 신문법·출판법 개정을 일제에 요구했다가 좌절된 이후 거의 활동정지 상태로 빠져버린 것이다.

힘 있는 언론단체의 필요성을 절감한 언론인 30여 명은 1924년 8월 무명회를 부활시켰다. 특히 일본인이 아니면 누구나 가입할 수 있도록 했던 회원 자격을 바꿔 '민중정신'이란 문구를 규약에 포함시켰다. 그리하여 한인이었지만 총독부 기관지 매일신보의 기자 2명을 그 자리에서 퇴장시키고 7명의 위원을 선출했다. 새로 출발한 무명회는 보름 후 조선기근대책강구회朝鮮饑饉對策講究會의 발기를 주도하면서 가뭄으로 굶주리는 참상을 보도하도록 하는데 전력을 쏟

았다.[73]

언론사용자단체 '언론집회압박탄핵회'의 활약

사회주의계열이나 혁신계 인사들이 조직한 노농총동맹과 청년총동맹은 언론인 기구는 아니었지만 언론과 집회의 정치 사회적 영향력을 잘 알고 있었다. 이들 단체들은 신문의 논조에 대해서도 분명하게 입장을 표명했고, 일제의 언론 및 집회의 탄압 실태에도 세세하게 관심을 기울여 일종의 언론사용자단체의 역할을 했다.

1923년 9월 발생한 관동 대지진은 이 두 단체가 표현의 자유와 집회 결사의 자유를 위해 집단적으로 목소리를 높이는 계기가 되었다. 대지진은 대화재大火災로 이어져 피해는 상상을 초월했다. 도쿄, 요코하마 등 관동 지역 일대는 처참하게 붕괴되었고 십 수만 명의 사망자와 수백만 명의 이재민이 나왔다. 대지진의 여파로 조선인 노동자들의 일본 입국이 금지되자 일본에 가려고 부산에 모인 한인 노동자들의 발이 묶였다. 이 문제의 해결을 위해 노농총동맹과 청년총동맹이 강연회를 개최했으나 일제의 금지로 무산되었다. 두 단체는 일제의 이러한 조치를 언론과 집회에 대한 탄압으로 규정하고 산하 단체와 언론 기관들을 규합해 행동에 나섰다.

1924년 6월 노농총동맹과 청년총동맹의 산하 단체와 몇몇 언론 기관의 대표 1백여 명은 일제의 언론집회 탄압을 규탄하기 위해 언론집회압박탄핵회言論集會壓迫彈劾會를 결성했다. 이 조직은 일본, 조선, 해외 등지에서 벌어진 언론집회압박의 실태를 조사하고 6월에 경운동 천도교당에서 대회를 개최했으나 경찰은 대회 불가를

통보하고 기마 순사까지 동원하여 대회를 무산시켰다. 이날 보고
된 일제의 탄압 사례는 그해 1월부터 6월까지 개벽 압수 3회, 〈조
선지광〉 압수 7회, 〈시대일보〉 압수 9회, 조선일보 압수 13회, 동아
일보 압수 15회였고, 집회 금지는 서울서만 3월부터 6월까지 13건
이었다. 언론집회압박탄핵회는 "우리의 언론과 집회를 압박하는 자
는 우리의 생존권을 박해하는 자이다. 우리는 생존을 위하여, 언론
을 압박하며 집회를 억제하는 총독부 당국의 횡포를 탄핵한다"는
결의문을 채택했다. 결의문에는 7월에 조선과 해외 각지에서 시위
운동을 벌이고, 언론집회압박 사실을 세계에 알리며, 언론집회의
자유를 위해 단결할 것 등의 실행 사항 등이 적시되었다. 그러나 7
월 대회 역시 일제의 봉쇄로 무산되고 말았다.[74]

전조선기자대회와 철필구락부鐵筆俱樂部의 임금투쟁

신문사의 주필, 편집국장, 일반 기자들, 그리고 영업국 고위 간부
에 이르기까지 신문사 구성원들을 총망라해 구성된 무명회는 사실
상 투쟁 단체로서의 역할이 어려운 구조였다.[75] 이에 당시 기자 사
회를 대표하는 신문사 사회부 기자 20여 명은 1924년 철필구락부
를 조직하여 1925년 신문강연회를 개최하는 등 언론계의 전위적
단체로 활동했다.

한편, 1925년 조직적 문제점을 보완해 새로 구성된 무명회는 철
필구락부와 함께 서울과 지방의 주재 기자들이 참석하는 전조선기
자대회를 주관했다. '을축乙丑기자대회'는 지방 기자들까지 상경하
여 대성황을 이루었다. "죽어가는 조선을 붓으로 그려보자!"는 구

호 아래, 4백 60여 명의 기자들은 조선일보 사장 이상재와 부사장 안재홍을 각각 의장과 부의장으로 선출하고, 언론의 권위 신장, 신문 및 출판물에 관한 법규의 개정, 언론집회 및 결사의 자유를 구속하는 법규의 철폐 등을 결의했다.

그러나 일제는 이 대회가 공산주의자와 조선일보가 결탁해 동아일보를 배척排斥할 목적으로 실행된 것이며 이 회합에 의해 제1차 조선공산당의 결성을 촉진하였다고 매도하면서 민족독립운동 전선의 분열을 획책했다.[76] 이에 대해 최민지는 이 대회가 비록 사회주의 계열에 의해 주도된 것은 사실이나 공산당 결성을 촉진한 것이라기보다는 동아일보가 일제와의 타협적 자치운동을 펼쳐나가는 등 잘못된 영향력을 확대시켜가는 것을 견제하고 비타협적 민족협동 단일전선인 신간회 조직을 촉진하였던 것으로 보고 있다.[77]

철필구락부는 언론사 노동조합의 부재 속에서 노조의 역할을 대신했다. 1925년 철필구락부는 각 언론사의 사회부 기자 임금을 80원으로 인상하도록 요구할 것을 결의하고 집단적 임금투쟁을 벌였다. 철필구락부의 임금투쟁은 몇몇 언론사들에서 수용하는 듯 했으나 동아일보에서 벽에 부딪혔다. 동아가 임금인상 요구를 거부하며 강하게 버티자 동아의 사회부 기자 8명은 출근투쟁을 벌이다가 결국 모두 사표를 내고 말았다. 이후 사회부 외의 기자들도 동정 사직을 선언했지만 동아는 꿈쩍도 하지 않았다. 결국 동아일보를 상대로 한 철필구락부의 임금투쟁은 실패했는데 가장 주된 원인은 동아의 임금이 여타의 언론사보다 월등히 높았고 철필구락부의 요구가 비현실적이었기 때문이었다.

무명회의 언론자유수호투쟁이나 철필구락부의 임금투쟁은 실패로
돌아갔으나 부활한 무명회의 활동은 1925년부터 두드러지게 나타
났다. 이해 개벽 8월호가 해외 망명 독립투사 12명에 대한 근황을
특집으로 엮어 보도하자 총독부는 개벽의 발행을 정지하고, 개벽
에 광고를 실은 동아일보를 압수했다. 이후 1개월이 넘도록 정간이
풀리지 않자 무명회는 총독부와 담판해 정간을 조속히 해제하겠다
는 약속을 받아냈다.[78]

　1925년 11월에는 함흥의 지주 김승환이 자신을 '인면수심 악지
주'라고 비판한 시대일보의 기자와 지방부장을 명예훼손으로 고소
하는 사건이 발생했다. 함흥 경찰서는 기자를 즉각 구속하고 지방
부장의 팔과 허리를 묶어 연행했다. 무명회는 이를 인권유린과 언
론탄압으로 규정하고 '경성기자유지연맹'을 결성해 지주 김승환의
비행과 경찰의 횡포를 전국 기자단에 호소하는 한편, 총독부를 찾
아가 사건의 부당함을 항의했다. 전국 각지 기자단은 함흥경찰서
에 항의와 경고문을 보내고, 함남 기자들은 함남 주요 도시에 1만
여 매의 선전지를 살포해 김승환을 성토했다. 11월 20일 함흥 동
명극장에서 열린 기자대회에는 일반인들까지 참여했다. 사태가 여
의치 않다고 판단한 김승환이 기자들에게 향응을 베풀어 무마하
려했지만 기자들은 이마저 신문에 공개해버렸다. 시대일보와 동아
일보는 김승환의 악랄한 치부 방식, 아들의 호색 패륜 행각 등을 3
회에 걸쳐 폭로했다.[79] 그러나 무명회의 노력과 전국적인 비난 여
론에도 불구하고 지배층은 아무런 제재도 받지 않았고 오히려 해

당 기자와 지방부장은 이듬해 6월 각각 50원의 벌금을 물게 되었다. 이렇게 되자 명예훼손은 고소만으로 사실여부와 무관하게 기자를 구속할 수 있는 무기가 되었고, 언론인에게는 위협적 존재로 부각되었다.

1927년 개벽에 대한 명예훼손 고소사건도 그러했다. 발행금지를 당한 개벽사는 1926년 말부터 대중오락지인 〈별건곤〉 발행을 대행하고 있었는데 연희전문과 보성전문에서 영어를 가르치는 한 교수의 복잡한 여자 관계를 보도했다가 교수의 고소로 기자들이 구속되었다.[80] 무명회는 이듬해인 1927년 4월 정기총회에서 신문·잡지에 명예훼손죄를 적용하는 악법을 반대하고 사실이나 불법 여부가 확정되지도 않은 기자를 구속부터 하는 것은 고의적인 언론유린이라는 결의문을 채택했다. 이로써 고소를 취하하는 결과를 이끌어내기는 했지만 법 제도 자체에 변화가 생긴 것은 아니었고, 시대의 악법은 여전히 건재했다.

일제 강점기에 언론자유를 침해하고 억압하는 행위는 이외에도 여러 가지 형태로 곳곳에서 나타났다. 1927년 3월 함경남도 영흥과 전남 해남에서 발생한 지역 주민들의 집단 사망 사건에서는 아예 언론의 취재를 방해하고 취재 자체를 힘으로 차단하는 사례까지 발생했다.

일제는 식민지 조선에서 조선인을 대상으로 반 인륜적인 임상시험을 많이 했는데, 함경남도 영흥군에서 경찰이 청장년 백여 명에게 에메틴 주사를 투약해 집단으로 사망한 사건도 그런 사례 중 하나였다. 피해자 가족과 주민들은 시신을 경찰서에 들어다 놓고 경찰에 돌을 던지는 등 격렬하게 항의했다.

비슷한 시기에 해남에서도 6명이 사망하는 유사한 사건이 발생했는데 해남경찰서는 기자의 현장 접근을 금지하고 사건에 대한 비판 연설도 못하게 막았다. 이에 무명회와 신간회, 기독청년회, 의사회 등 각 사회단체는 '영흥사건과 해남사건 대책강구회'를 조직해 현지에 조사단을 파견하고, 일제에 이 사건의 책임을 추궁하는 경고문을 총독부에 발송했다. 무명회는 영흥과 해남 등지에서 일어난 사회적인 문제의 취재보도에서 언론자유의 침해가 빈발함을 항의하는 결의문을 채택, 당국의 반성을 촉구했다.[81]

1927년 7월에는 경남 통영에서 전직 순사들 모임인 친일단체 삼구회가 동아일보 기자를 7시간 동안 폭행한 사건이 발생했다. 친일인사의 망언을 규탄하는 집회에서 경찰을 옹호하는 삼구회를 동아일보가 비판한 것에 앙심을 품고 삼구회가 폭력을 행사한 것이었다. 이에 마산의 기자단은 삼구회의 폭력 행위를 각 지방 기자단에 통지하고, 삼구회의 죄상 적발 등 3개항의 결의문을 채택했다. 무명회도 7월 삼구회와 경찰의 태도를 항의하는 결의문을 채택했다.[82]

이 결의문을 끝으로 이후 무명회의 활동에 대한 기록은 찾기 어렵다. 신문법·출판법 개정에 실패해 침체에 빠졌다가 1924년 다시 부활한 무명회는 3년 동안 총독부와의 담판, 진정서 제출, 규탄집회, 전국기자대회 등 다양한 투쟁을 통해 기자의 부당한 구속, 신문의 부당한 정간 등을 구제하는 등 언론인 단체의 구심체로서 노력했지만 노력에 대한 성과는 만족할만한 것은 아니었다. 일제의 폭력적 행위를 징치하거나 최소한 재발 방지를 약속하는 등의 실질적 해결책은 일구어내지 못했다. 언론자유 신장을 위한 법제의 개정 또한 이루지 못했다. 명예훼손은 여전히 언론자유를 침해하는 족쇄로 남아 있었다.

일제 강점기, 일제가 허용한 언론활동은 그렇게 한계가 그어져 있었다. 일제의 문화정책은 조선 인민의 들끓는 여론을 무마하기 위한 기만술이었고, 언론은 조선 인민의 정서와 여론을 가늠하기 위한 정보 점검 수단이었으며, 더 나아가서는 사주들과의 은밀한 거래를 통해 친일의 사상을 조선 인민에게 주입하는 일제의 선전 대변지였을 뿐이었다.

일장기 말소사건의 전말顚末, 의기투합한 동아의 언론인들

동아일보의 일장기 말소 사건은 일제의 언론탄압에 대한 동아일보사 내부 언론인들의 민족의식과 항일정신에서 비롯된 저항운동이었다. 1930년대로 접어들면서 일제와 조선 언론의 긴장 관계는 많이 해소되어 대립적인 기자대회도 사라졌고, 신문의 압수, 기사 삭제와 같은 탄압이나, 기자들에 대한 고소, 구속 따위의 필화사건이 전반적으로 줄어들었다. 이는 일제 강점기가 길어지고 신문이 식민화로 길들여져 가는 과정이기도 했다. 그러나 젊은 기자들은 신문사 사주나 임원들과 달리 여전히 뜨거운 항일정신의 기운이 가슴 한구석에 남아 있었다. 이런 상황에서 1936년 베를린올림픽 마라톤 경기가 있던 다음 날인 8월 10일 새벽, 손기정 선수의 우승 소식이 전해졌다. 손기정의 마라톤 세계 제패는 패배 속에서만 살아온 조선인들에게 형언할 수 없는 통쾌함과 희망을 심어주었다. 우승 소식은 연일 언론에 보도되고 있었는데, 〈조선중앙일보〉와 동아일보는 월계관을 쓴 손기정의 사진을 입수하여 8월 13일자에 게재하면서 인쇄의 품질이 좋지 않다는 이유로 손기정의 옷에 새겨진 일장기가 잘 보이지 않게 하여 사진을 올렸다. 조선총독부도 인쇄 상태가 좋지 않은 것으로 알고 검열에서 통과시켰다.

문제는 이길용 등 동아일보의 몇몇 기자들이 의기투합해 회사 몰래 손기정의 옷에 새겨진 일장기를 완전히 지운 사진을 8월 25일자 신문에 게재한 데서 발생했다. 조선총독부가 이 사실을 인지하게 되었고 이 사건으로 동아일보는 8월 29일자로 무기한 정간처분을 당했다. 창간 이래로 네 번째 무기 정간이었다. 이 사건으로 동아일보의 송진우宋鎭禹 사장을 비롯한 주필, 편집국장 등이 자리에서 물러났고, 사회부장 현진건玄鎭健과 이길용李吉用·장용서張龍瑞 기자, 사진부의 신낙균申樂均 부장, 백운선白雲善, 서영호徐永浩, 사진을 수정한 화가 이상범李象範 화백, 이를 동아일보 자매지인 〈신동아〉에 전재한 책임으로 최승만崔承萬 잡지부장 등 8명이 구속되었다. 조선중앙일보는 사장 여운형呂運亨이 사퇴하고 자진 휴간했다가 얼마 후 폐간되었다.

동아일보는 279일이라는 최장기 정간을 당한 후 1937년 6월 3일자로 속간되었다. 속간호를 내면서 동아일보는 사고를 통해 "금후부터 일층 근신하여 대일본제국의 언론기관으로서 공정한 사명을 다하여 조선통치의 익찬翊贊을 기하려 한다"고 약속했다. 일장기 말소 사건에 대해 동아일보는 훗날 사사社史에서 "민족의 아픈 가슴을 달래기 위하여 민족의 대변지를 자임해온 동아일보가 그냥 무심히 넘길 수 없었던 것은. (…) 거의 자연발생적인 본보의 체질에서 우러난 것이었다"고 자화자찬했다. 하지만 실제로 이 사건은 당시 동아일보 사주 김성수나 사장 송진우의 뜻과는 전혀 관계없이 동아의 몇몇 뜻 있는 언론인들의 항일정신이 기사 게재 과정에서 발로된 사건이었다. 당시 이 사건의 전말이 밝혀지자 동아일보 사주 김성수는 "몰지각한 행동"이라며 개탄했고, 사장 송진우는 "성냥개비로 고루거각을 태웠다"며 분개했다.[83]

동아일보 불매운동

김윤식 사회장 사건과 불매운동

동아일보의 '일장기 말소' 사건이 일제하 지사적 신문 기자들의 개별 행위에 의해서 일어난 '언론종사자운동'이라면, 동아일보 불매운동은 일제하 항일적 신문구독자들의 집단 행동에 의해서 일어난 '언론사용자운동'이었다. 당시 신문사 수익에서 구독료가 차지하는 비중은 절대적인 만큼 신문사를 압박하는 강력한 수단으로 불매운동만한 것도 없었다. 이러한 운동 형태는 개화기에 재정난에 빠진 황성신문이나 제국신문을 돕기 위한 언론사용자들의 의연금 모금과 대비되는 것이었다. 의연금 모금이나 불매운동이나 공히 언론사용자들이 주도하는 운동 패턴이지만, 전자가 '좋은 신문 살리기'라는 '긍정의 운동방식positive campaign'이라면, 후자는 '나쁜 신문 죽이기'라는 '부정의 운동방식negative campaign'이라는 점에서 운동의 성격은 정반대였다. 또한 황성신문, 제국신문 살리기는 개인의 선의가 자연스럽게 확산되어 이루어진 것이라면, 동아일보 불매운동은 집단의 의지가 조직적으로 펼쳐진 운동이라는 점에서 차이가 있었다.

동아일보에 대한 불매운동은 다양한 배경과 원인으로 인해 여러 차례에 걸쳐 일어났다. 그 중에서도 1922년 2월 '운양雲養 김윤식의 사회장社會葬 반대'로 결성된 동아일보 비매동맹은 언론사상 최초의 조직화된 신문불매운동단체였다. 이 불매운동은 '김윤식 사회장'에 대해 사회적 논란이 일고 있는 가운데, 동아일보가 사회장을 지지하고 나선 것이 발단이 되었다.

동아일보는 1922년 1월 23일자 '운양 선생의 장서長逝를 도悼하노라'라는 사설에서 김윤식을 '조선의 문장', '사회의 원로'라고 떠받들면서 그의 죽음을 애도했다. 보도 다음 날 각계의 인사들이 모여 '김윤식 사회장'을 결정하자 동아일보는 "사회 각 계급에서는 애도 추모하는 감회가 심히 깊어 사회장으로 치른다"는 기사를 실은 데 이어, 사설에서 "김윤식이 과실이 없었던 것은 아니지만 나름대로 우리 사회에 커다란 기여를 한 만큼 그의 장례를 성대하게 치를 필요가 있을 것"이라며 사회장을 다시 강조했다. 그러나 사회장을 반대하는 측에서는 '사회장 취소', '사회장 집행위원은 사죄', '동아일보 사장 사퇴', '이천만 민중의 표현기관 취소' 등 정반대의 주장들이 나왔다.[84] 김윤식은 한일병탄에 찬성하여 일본의 작위까지 받았다가 후일 일본 정부에 '조선독립청원서'를 내면서 작위를 박탈당한 바 있어 그의 친일 행적에 대해서는 찬반양론이 있었다.

1922년 2월 동아일보 비매동맹이 결의문을 채택했는데, 매일신문에 인용 보도된 결의문 내용을 보면 비매동맹 결성은 사회장에 대한 동아일보의 논조 때문만이 아니었다. 여기에는 귀족, 자본가,

지식 매매자와 결탁한 동아일보의 정체성과 그 동안 누적된 동아의 보도행태에 대한 불만이 배경에 깔려 있었다.

사회장 논란은 매일신보, 조선일보 등 여타의 언론들이 반대하고, 사회장위원회가 '사회장 폐지'를 결정하면서 마무리되었다. 그러나 이후 '악덕신문을 매장하라'는 의분단義憤團 명의의 유인물에는 "오인은 자칭 이천만 여론의 표현 기관이란 미명하에서 혹세무민하는 악마 동아일보의 존재를 부인하노라"면서 "정신계의 아편 같이 유해한 동아일보를 배척하며 비매동맹을 단행하여 절멸을 기도하라"는 선동적 내용이 들어 있었다.[85]

동아일보를 '혹세무민하는 악마', '정신계의 아편'으로까지 몰아세운 이 유인물의 인쇄 과정에는 매일신보 사원이 참여한 것으로 드러나 신문사 간 갈등을 일으키기도 했다. 불매운동의 배경에는 1920년대 초 개량적 타협적 민족주의와 비타협적 사회주의 양대 세력 간의 노선상의 대립적 관계가 깔려 있었다. 3·1운동 이후 사회단체들이 폭발적으로 늘자 양 세력의 통합 여론이 일었고 그에 부응해 1920년 6월 장덕수, 오상근, 박일병, 장도빈 등이 모여 '조선청년회연합기성회'를 발족했다.[86] 그러나 사회주의자들은 민족개량주의자들이 추진하는 대학건립, 물산장려 등 각종 문화운동에 대해 매우 비판적이었다. 이런 상황에서 동아일보 창간을 주도했던 장덕수가 김윤식 사회장의 주도적 인물로 떠오르자 이에 대한 불만이 더욱 증폭되었던 것이다.[87]

동아일보 불매운동은 이뿐만이 아니었다. 1923년 3월 전조선청년
당대회에서 청년단체들은 동아일보가 '이천만 민중의 표현기관'을
취소하고 그 간부들이 퇴진할 때까지 불매운동을 할 것을 결의하
였다. 비매동맹회는 견지동의 시천교당에서 8백여 명의 청중이 모
인 가운데 동아일보에 대한 불공평, 불성의 사례를 강도 높게 비판
했다. 30여 명의 비매동맹 집행위원 중에는 서울청년회 소속 인사
가 가장 많았다.[88]

　이날 전조선청년당대회는 일본경찰에 의해 강제 해산되었지만
이후에도 장소를 이동해 가면서 대회를 이어갔다. 전조선청년당대
회는 서울청년회의 좌경파 김한, 김사국 등이 '김윤식 사회장'과
'사기 공산당' 사건을 계기로 장덕수, 오상근을 축출하려다 실패하
자 조선청년회연합회를 탈퇴해 만들어진 대회였다.[89] 서울청년회
가 중심이 되어 1923년 2월부터 준비한 이 대회는 전국 90개 단체
가 참여하였는데, 결의 내용 중에는 장덕수, 오상근 등 '사기 공산
당 사건'에 관여했던 인사들은 사회사업에 관여할 수 없도록 한 것
도 있었다.[90]

　전조선청년당대회는 분과회의 결과를 토대로 3월 총회에 상정
할 예정이었으나 총회 전날 경찰에 의해 강제 해산되자 시천교당
에 모여 동아일보 비매동맹을 결의하고 집행위원 30명을 선정했
다. 이 때 표명된 비매운동의 사유에는 '김윤식 사회장', '사기공산
당 사건', '비행사 환영 및 재외동포 위문회' 등 동아일보가 벌였던
이벤트 사업들이 포함되어 있었다. 사회주의 계열은 상업주의 속

성을 띤 이 사업들에 대해 비판적이었는데 장덕수는 그 사업의 핵심 역할을 담당했다. 전조선청년당대회에 대해 당시 개벽도 "이 대회는 회색화 하고 있는 조선청년연합회를 옹호해 세력화 하려는 동아일보의 현 간부 몇 사람을 압박하는데 있었다"고 했다.[91] 그러나 김윤식 사회장으로 인한 불매운동에서도 강조되었고 이 사건에서도 언급된 동아일보의 간부 퇴진은 없었다.

'민족적 경륜' 사건

3·1운동 이후 조선의 식민화 전략을 '무력'에서 '문화'로 전환한 일제는 민족운동진영을 분열시킬 목적으로 민족개량주의 또는 실력양성론을 바탕으로 한 타협적 문화운동 세력을 양성했다. 일제 강점기가 길어지면서 조선인들 중에는 무장투쟁과 같은 비타협적 방식으로는 자주독립이 무망하며 일제하의 제도권 속에서 자치권과 참정권을 획득하여 실력을 양성하자는 개량주의가 싹트기 시작했다. 이들은 양반, 지주계급, 유학파 지식인 등 주로 일제하에서 기득권을 누렸던 세력이었다. 일제는 문화정책이라는 미명하에 협박과 회유로 이러한 수정주의자와 개량주의자들을 이용하였는데 이들 대부분은 애초부터 친일파였거나 후일 친일파로 전향했다. 1923년 말 우익 인사들이 중심이 된 연정회 결성 논의는 바로 그런 배경에서 이루어졌다. 이른바 일제와 대항하기 위한 힘 있는 민족단체를 조직하여 '타협적 자치론'을 실질적으로 구현할 실행 기구를 준비한다는 것이었다. 여기에는 동아일보의 김성수, 송진우를 비롯하여, 이승훈, 최린, 조만식, 김동원, 안재홍 등이 참여했다.

동아가 민족주의자와 사회주의 계열의 공격을 받게 된 직접적인 원인은 바로 연정회의 '타협적 자치론'에 있었다. 연정회는 1924년 새해 벽두부터 동아일보에 '민족적 경륜'이라는 논설을 5회에 걸쳐 발표토록 했다. 이는 연정회의 '타협적 자치론'를 여론화하기 위한 선전 홍보 작업이었다.

그러나 '민족적 경륜'의 논거는 분열을 야기할 뿐 결속을 다지기는 어려웠다. 조선 민족에게는 지금 정치 생활이 없는데, 그 이유 중 하나는 참정권, 자활권 등 모든 정치 활동, 심지어는 일본 정부를 적수로 하는 독립운동조차도 일본의 통치권을 인정하는 전제에서는 결코 원치 않는 절개 의식이 있어 정치운동은 비밀결사의 방식 외에는 안에서도 밖에서도 할 수 없기 때문이며, 따라서 조선 내에서 허하는 범위 안에서 정치, 산업, 교육의 3대 결사를 조직해 단결해야 한다는 것이었다. 그러나 "조선 내에서 허하는 범위 안에서"라는 주장은 임시정부 및 항일독립군의 활동과 신채호의 조선혁명선언 등이 선포된 상황에서 일제의 식민통치를 용인한 것으로 거센 반발을 부를 수밖에 없었다.[92] 따라서 민족주의자와 사회주의 청년학생들은 이를 원천적으로 수용할 수 없었고, 마침내 동아에 대한 비매동맹을 결성하기에 이르렀다. 조선일보와 천도교 구파에서도 이에 동조했다.

'민족적 경륜'의 논설이 나가자 여러 단체들이 비난 성명을 냈다. 재일본동경유학생학우회를 비롯한 10여개 단체[93]는 '굴종적 타협운동의 종용'이라며 사설의 취소와 사과, 논설 집필자 이광수의 퇴사를 요구했다. 이어서 북경한인임시선전회와 상해 독립신문도 성토문과 사설을 발표했다. 개벽 2월호도 "점점 이상해 가는 조선의

문화운동"이라며 우려를 표했다. 개벽은 그해 12월호에서도 "참정
운동이나 자치운동, 기껏 나아간 데야 일본 정부를 상대로 하는 평
화적 독립운동을 하자함에 지내지 못함"이라고 동아일보를 꾸짖었
다. 이어서 그해 4월에 발족한 조선노농총동맹도 창립총회에서 "동
아일보의 그동안 행적은 도저히 용서할 수 없는 것"이라면서 "동아
일보의 주요 간부와 그 옹호파를 이 사회에서 매장시키고, 비매동
맹을 전개하며, 국내 각지에서 성토 강연을 연다"고 발표했다.[94]

'민족적 경륜'과 관련해 상해 임시정부 기관지 독립신문은 "선善
의 승리는 폭력에 있다"는 기본 노선을 가지고 있었다. 따라서 독
립신문은 "일본의 법 테두리에서 결사운동을 하자"는 동아의 사설
은 '놀라운 불행'으로 애초부터 받아들일 수 없는 것이었다. 독립신
문은 종전에도 동아의 여러 가지 오류를 지적하면서, 민족적 경륜
사설은 주체에까지 손상을 입힌 것이라고 비판했다.[95]

이처럼 각계의 비판에 직면한 동아일보는 1월 3일자 사설이 오
해를 불러 일으켰다면 수사의 졸렬함과 논법이 불철저했던 때문이
라고 변명하며 슬그머니 꼬리를 내렸다. 그런데도 조선노농총동맹
의 강경한 행동 방침이 계속되자 4월 23일 동아는 마침내 사설을
통해 조선노농총동맹에 유감을 표하고, 사장 송진우와 취체역 김
성수 등 핵심 임원과 간부들이 사표를 제출하는 등 임원 및 간부
교체를 단행했다. 이로써 이승훈이 전무와 상무를 겸한 사장에, 홍
명희가 주필 겸 편집국장에 임명되었다.[96]

하지만 동아가 이같은 임원 교체를 단행한 것은 '민족적 경륜' 때
문만은 아니었다. 동아 개혁운동의 직접적 원인이 된 것은 '민족적
경륜' 논란이 되고 있는 와중에 터졌던 '박춘금 협박 사건'이었다.

이 사건으로 일제 강점기 동아의 지도층과 친일 세력의 음습한 뒷거래 의혹이 폭로되면서 동아의 정체가 만천하에 드러났고, 동아의 신뢰는 바닥으로 떨어졌다.

'민족적 경륜' 사건은 표면적으로는 일제 강점기 민족운동진영 간의 단순한 노선 차이에서 빚어진 갈등처럼 보였지만, 더 면밀하게 살펴보면 3·1운동 이후 일제가 무력통치에서 문화정책으로 전환하면서 은밀하게 계획하고 준비한 식민 통치 전략에 혁신 계열의 민족운동진영이 정면으로 반발한 사건이었다. 조선총독부는 '타협적 자치론'이라는 미명하에 친일 매판 세력을 육성하려 했고, 동아일보가 이러한 일제의 계략을 사전에 알았는지의 여부는 알 수 없지만 연속 5회에 걸친 사설로 이를 공식화하려 했던 것이다. 이에 대해 혁신 계열의 민족운동 세력은 반기를 들고 동아를 공격하는 양상이 벌어져 마침내 불매운동으로까지 이어진 것이다.

김성수·송진우 폭행 사건과 비매동맹

11개의 친일단체들이 발족한 친일연대단체 각파유지연맹各派有志聯盟은 1924년 3월 선언식에서 "독립사상과 사회주의를 공격하며 총독부를 원조하여 그 시정施政을 돕자"는 선언서를 발표했다. 이에 대해 동아일보는 4월 2일자 사설에서 "세인의 이목을 기만하여 일선융화를 일종의 직업으로 삼아 자신들의 배를 채우려는 짓"이라며 '관민야합의 어리운동漁利運動'으로 규정하고 "관권을 배경으로 호가호위할지라도 총명한 민중은 이를 용납하지 않을 것"이라고 통렬하게 비난했다.[97]

동아의 사설이 발표된 날 이풍재를 비롯한 각파유지연맹의 간부들이 송진우와 김성수를 식도원으로 불러 왜 인신공격을 하느냐며 폭력을 휘두르다가 민족반역자 박춘금이 권총으로 협박하며 돈 3천원을 요구하자 송진우는 "주의주장은 반대하나 인신공격한 것은 온당치 못한 줄로 인認함"이라고 서면으로 유감을 표해주었고, 김성수는 그 이튿날 박춘금이 요구한 돈 3천원을 총독부 경무국장 마루야마 쓰루기치丸山鶴吉에게 우회해서 전하려 했다. 그러나 경무국장은 돈을 거부했고, 이후 박춘금으로부터 김성수에게 전화가 걸려와 "그 돈은 그만두라"고 해 일단락되었다.[98]

이 폭행 사건은 사건 발생 3일 후에야 시대일보에 의해 세상에 알려졌다. 시대일보는 첫 보도 사흘 뒤 피해자 송진우와 김성수의 진술을 담아 사건의 전모를 상세히 보도했다. 같은 날 조선일보도 박춘금을 인터뷰해 불법적인 권총 소지 문제를 지적했는데, 박춘금은 여기서 동아일보가 재외동포위로금과 로농국 돈을 공연한 곳에 허비해 좀 때려준 것뿐이라며, 사실이 아니면 신문사 사장으로서 서약서를 왜 썼겠느냐고 주장했다. 여기서 박춘금이 말하는 재외동포위로금은 관동대지진과 대기근을 당한 재외동포를 위해 동아가 모금한 3만여 원의 의연금으로 3년이 지날 때까지 어떻게 쓰였는지 행방이 묘연해 독자들의 의혹을 샀으며, 로농국 자금은 임시정부의 총리 이동휘가 소련공산당 레닌으로부터 받은 60만 루블 중 동아일보 주간 장덕수에게 들어간 8만 루블을 가리키는 것으로 이 돈의 행방을 둘러싸고 조선청년연합회가 분열되는 사태가 발생했다.[99]

이 사건과 관련해 여론이 확대되자 각계 지도자들은 총독부를 규탄하고 각파유지연맹에 대한 응징을 주장하고 나섰다. 각파유지연맹은 '우발적인 술좌석 싸움'으로 몰아갔지만 여론의 화살은 총독부를 향했다. 그런데 이상하리만치 이 사건에 침묵하고 있던 동아는 '술좌석 싸움'이라는 주장을 의식한 듯 사건 발생 9일 만에 입을 열었다. 동아는 사설에서 "이 사건은 조선 언론계에 대한 도전일 뿐 아니라 본사의 주의주장을 옹호하는 민중에게 간접의 도전을 시試한 것"이라고 규탄했다. 동아가 침묵을 깨고 나오자 총독부 기관지 매일신보는 '후안무치한 동아자, 엄연한 사실을 부인'이라는 제목으로 "동아가 민중에게 아첨하기 위해 거짓말을 쓰고 있다"고 반격함으로써 이 사건은 동아와 총독부 기관지의 공방전으로 비화했다. 매일신보는 '술좌석 싸움'이었고 나중에는 화해하여 송진우·김성수·박춘금이 희희낙락 놀다가 헤어졌다면서 송진우가 박춘금에게 써준 '사죄문'을 실물 크기로 지면에 실었다. 또한 김성수가 박춘금에게 기부금으로 3천원을 주었는데 박춘금이 거절했다며 '주먹 몇 대에 정조를 산매散賣하는 동아자'라고 비꼬았다.[100]

조선변호사협회는 이 사건과 관련해 당국에 질문을 했는데 해당 검사정은 송진우를 박춘금이 때린 것은 분명하나 송진우도 김성수도 박 씨를 고소하거나 처벌할 의사가 없다하여 수일 전에 불기소되었다고 밝혔다. 이에 대해 한 비평가는 '쥐'의 입을 빌어 이 사건을 풍자하면서 "그 돈 3천원을 우리 쥐들에게 주면 강냉이나 조 같은 것을 한 백석 사가지고 두둑이 나눠 먹지요. 그리고 저의 담벽에 구멍이나 아니 뚫지요 가가呵呵"라고 비꼬았다.[101]

돈 문제가 불거지면서 이 사건은 진실 여부와 잘잘못을 가리기 어려운 진흙탕 싸움이 되었다. 그러나 이유야 어떻든 돈이 재외동포위문회의 깃이었다는 점, 그런데도 김성수는 그 돈을 임의로 박춘금에게 주기로 약속을 했고 또 실제로 주려고 했던 점 등은 의연금이라는 공적 자금을 사적으로 유용하려 했던 것으로, 납득하기 어려운 대목이었다. 더구나 동아가 '언론 모독과 인권유린의 중대 괴변怪變'이라고 스스로 밝혔던 이 사건에 대해 그토록 오래 침묵을 지키다가 사건 발생 9일 만에야 보도했다는 점 또한 정상이 아니었다. 결국 이 사건은 송진우와 김성수가 고소를 취하하고 박춘금이 권총을 소지했다는 증거도 없어 결국 개인 간의 분쟁으로 결론 짓고 불기소 처분되었다. 사건이 이처럼 유야무야 된 것 또한 동아를 의심하게 만드는 대목이었다.

동아일보와 매일신보가 한창 불꽃을 튀기며 논쟁을 하고 있는 상황에서 4월 20일 창립된 사회주의 계열의 조선노농총동맹은 '각파유지연맹'은 물론이고 송진우와 김성수도 사회적으로 매장되어야 한다면서 동아에 대한 비매동맹을 결의했다. 이 사건은 연정회의 '민족적 경륜' 사건과 겹쳐지면서 동아에 대한 불만을 더욱 증폭시켰다.

한편, 이 사건은 동아의 내부개혁으로 이어졌다. 친일파의 폭력에도 고소를 못하는 사주와 사장의 이상한 태도에 공분한 동아의 기자들은 사장 송진우를 포함한 5명의 간부와 논설반 기자를 불신임하면서, 송진우 사장의 사직, 새 간부진에 사원들의 의견 반영, 사내 주요 사건들에 대한 사원들과의 협의 등 세 가지를 요구하며 동아일보 개혁에 나섰다. 입이 열 개라도 할 말이 없게 된 경영진은 결국 주총을 열어 사장 송진우와 취체역 김성수의 사표를 수리했다. 그러나 김성수는 기자들의 민주화 요구를 끝내 묵살하고 임의로 간부진을 구성했다. 분개한 각 부 부장과 공장장 및 기자들은 사표를 내기에 이르렀고, 인쇄 및 영업국 직원들도 동정 휴업에 들어가 동아의 개혁운동은 전사적으로 확산되었다. 다급해진 김성수는 3·1운동 민족대표 중 한 사람인 이승훈을 사장에, 사내 신망이 두터운 홍명희를 주필겸 편집국장에 앉혀 무마작업에 나서는 한편, 각 지역의 지국장들을 불러올려 임시 편집국을 구성하고 인쇄 노동자들을 설득해 기자 없이 신문을 변칙 발행했다. 이로써 기자들의 편집국 및 사내민주화의 요구는 완전히 묵살되었고 사표를 제출한 부장들과 공장장, 영업국장 등은 동아일보를 떠나고 말았다. 이렇게 두 차례에 걸쳐 기자들의 대량 이직으로 사태가 가라앉자 김성수는 이승훈을 다시 고문으로 밀어내고 자신이 직접 사장 자리에 앉았고 이듬해 4월 송진우를 주필로 임명했다. 결국 동아의 개혁운동은 다시 원점으로 돌아간 것이다.[102]

동아의 기자들이 송진우 사장의 교체 뿐 아니라, 간부진 구성과 사내 중요 현안에 대해 사원들과 협의할 것을 요구한 것은, 그 동안 김윤식 사회장 사건, 민족적 경륜 사건, 박춘금 협박 사건 등 일련의 불미스런 사건들에 대해 내재되어 있던 기자들의 불만이 터져 나온 것이었다. 동아의 기자들은 이를 해결하기 위해 사내민주화와 편집권 독립을 공식으로 요구한 것이며 그런 점에서 동아의 개혁운동은 언론운동사적으로 큰 의미가 있는 것이었다. 그리고 동아의 기자들이 사주와 타협하지 않고 끝까지 투쟁하다가 동아일보 사를 나오게 된 것은 1975년 자유언론실천을 선언하고 거리로 나앉은 130여 명의 동아투위 언론인들과 겹쳐져 역사는 반복된다는 것을 새삼 느끼게 한다.

동아의 친일적 보도 태도와 '타협적 자치론'은 혁청단의 불매운동으로까지 이어졌다. 혁청단은 1923년 12월 서울의 전문학교, 중학교 교원들과 종교인들이 모여 발기한 단체로 남녀 간의 풍기 문제와 '공창 폐지' 등에 관심이 많았다. 그러나 조봉암, 김한경, 권태휘 등의 화요회 계열이 단체를 주도하면서 사회주의 계열의 운동단체로 성격이 바뀌었다. 1925년 4월 정기총회에서는 강령을 고쳐 사회주의 노선을 분명히 했다. 혁청단은 선언문에서 "소수 자본가 중심의 현 사회경제 조직은 반드시 붕괴하고 대중 중심의 새로운 사회 조직으로 진화할 것임을 확신한다"며 확고한 사회주의 이념을 바탕으로 행동에 나서겠다는 결의를 다졌다.[103]

동아일보는 이 단체의 출범 초기부터 관심이 있었고, 이후에도 긍정적인 논조로 여러 차례 보도했다. 출범 초에는 "뜻 있는 인사는 많이 참여해주기를 바란다더라"며 참여를 권장하고, 창립 총회 소식, 혁청단의 계획 등을 홍보해주었다. 1924년 '혁청단 몸으로써 모범이 되라'는 제목의 동아일보 논설은 이 단체의 목적과 활동에 지지를 표명하는 정도를 넘어 "실천에 옮길 것"을 촉구한 것이었다.[104]

이처럼 동아가 초기의 혁청단 활동에 적극적 입장을 보인 것은 남녀 간의 풍기나 공창폐지 등 윤리 도덕적 이슈가 보수 성향의 신문에 적절한 의제였을 뿐 아니라, 동아가 주장하는 '타협적 자치론'과도 일맥상통했기 때문이었다. 그러나 혁청단 내에 사회주의 세력이 커지고 활동 방향이 바뀌면서 동아의 관심도 소홀해졌고, 논조도 냉소적으로 변했다. 동아의 혁청단 관련 보도는 사실 관계만을 요약하거나 단신 보도가 주를 이루었다. 그러던 중 1925년 동아는 단체의 이름을 '혁신단'으로 잘못 표기하는 실수를 범했는데 이에 대한 정정 약속을 해놓고도 정정기사를 차일피일 미루고 있었다. 혁청단이 동아일보 불매운동을 벌인 표면적인 이유는 단체의 명칭 표기 오류에서 비롯된 것이었지만 더 본질적인 이유는 혁청단에 대한 동아의 보도 태도에 불만이 쌓였던 것이고 더 크게는 '타협적 자치론'을 주창했던 동아일보의 노선에도 불만이 있었기 때문이었다.

그 밖의 신문 불매운동

1923년 초 만주의 봉천재류조선인회가 조선일보 불매운동을 결의했다. 이유는 조선일보 '만주정보란' 기사 중 허위 사실이 있어 시정할 것을 요구했으나 조선일보는 약속을 하고도 차일피일 미루며 시정하지 않고 있었기 때문이었다.

1923년 초에 열린 봉천재류조선인대회에서 "봉천 시민들이 봉천조선인협회 회장인 일본인 가와모도를 옹호한다"고 한 주최자 명제태의 주장을 조선일보는 그대로 인용 보도했는데 봉천 시민들은 이 기사가 허위라며 조선일보에 시정을 수차례 요청했으나 이행되지 않자 조선일보 비매동맹을 결성했다. 그러나 이 사건은 단순한 허위기사 때문에 빚어진 것은 아니었다. 당시 만주 지역의 재해 구호금에 대해 불공정 배분과 횡령 의혹이 불거지면서 분배 주체에 대한 불신 운동이 일어났고, 홍성린이라는 봉천조선인협회의 새 회장이 추천되면서 갈등은 더 커져 구호자금 배포 주체인 아카즈카 영사에 대한 불신임안까지 결의되어 결국 법정소송으로까지 번졌다. 조선일보는 1922년 12월 이 소송 사건을 상세히 보도했으나 내분은 진정되지 않았고 협회 해산까지 논의되기에 이르렀다. 조선일보는 이듬해인 1923년 1월 3일자에서도 관련 기사를 보도하면서 기존의 조선인협회 회장인 가와모도와 집행부를 옹호하는 입장을 취하자 반대 측 조선인공민대회파가 조선일보에 수정을 요구했다가 불매운동까지 이어진 것이다.[105]

이 사건은 외관상으로 재해구호자금의 횡령 의혹을 둘러싸고 협회의 기존 집행부와 이에 불만을 품은 세력 간의 갈등에서 빚어졌다. 그러나 그 이면에는 일본인 협회장을 동조하는 사람들과 반대하는 사람들 사이에 친일과 반일이라는 뿌리 깊은 감정 싸움이 깔려 있었다. 조선일보 보도에는 "일본인의 노력은 옹호할 일"이라는 표현이 등장했고, 이에 못마땅한 조선인들의 감정이 불매운동으로까지 확대된 것이다.

1935년에는 보성전문학교 교우회가 조선일보 비매동맹을 결성했다. 비매동맹은 정원을 초과해 학생을 받은 보성전문학교에 대해 총독부가 교장 김성수를 인책 사퇴시키자 조선일보가 "학교 당국의 부당한 조치로 학생들이 억울하게 희생되었다"고 김성수를 비판한 데서 발단이 되었다. 조선일보는 사설에서도 김성수를 '사이비적 교육자'라며 강도 높게 비판했고 이후에도 3일 연속 보성학교 당국을 비판했다. 비판이 계속되자 동아일보는 방응모가 함경북도 소재의 국유림 1만 2천 정보를 대부 신청하여 8천여 주민들의 생활 근거를 위협하고 있다는 사실을 크게 보도하며 보복에 나섰다. 보성전문의 교우회도 조선일보의 사옥 신축 축하 광고금 문제를 비판하면서 간부의 사퇴를 요구하는 성명서를 채택하기 이르렀다. 축하 광고금 문제는 당시 조선일보가 신사옥 완공 기념 차 김성수에게 광고 협찬을 강요했는데 김성수가 거절한 사건이었다. 조선일보는 이에 대해 '허구적 중상에 광분', '공적 책임 버린 동아일보의 단말마적 광태' 등의 자극적 표현을 달아 동아일보와 보성전문 교우회를 공격했다. 또한 '동아일보의 광태난무'라는 선정적 제목의 사설을 실어 비매동맹 결의를 비판했다. 사설 내용 중에는 "동아의 자본금은 근근 35만원인데 대해 아사는 50만원"이라는 등의 표현이 있는데, 이를 두고 한 잡지는 '아이들의 유치한 싸움'이라고 비판했다. 이 싸움은 그 후 두 신문의 타협으로 유야무야 끝나고 말았다.[106]

1926년 7월에는 마산의 지역신문 〈남선일보〉의 마산 부윤 관련 기사의 취소와 해명 기사를 요구하는 불매운동이 벌어졌다. 불매운동에 모인 유지들은 이를 거부할 시 '월정광고 폐지', '납량전람회 임원 사임', '5천호 축하 광고금 취소', '여타 신문에 설명문 게재' 등의 행동을 할 것이라고 압박했다. 이 유지 모임에는 조선인과 일본인이 모두 포함되어 있었다. 남선일보는 발행부수가 1천여 부 정도에 불과한 일본인 대상의 일본어 신문이었다. 이 불매운동은 마산 부윤의 개발정책에 대한 남선일보 보도를 놓고 신마산과 구마산의 이해 다툼에서 빚어진 것이었다.[107] 이밖에도 1925년에는 부산의 영주구락부가 부산의 청년 단체들을 기만한 신문에 대해 불매운동을 벌였고, 1930년 1월에는 함경도의 사회 단체들이 그 지역의 〈북선일보〉가 조선 민족을 모욕해 민족 감정을 자극한 데 반발하여 비매동맹을 결성했다.

1930년 3월에는 여성 단체 근우회가 여성에 대한 부정적 내용을 담은 〈별건곤〉에 대해 비매동맹을 결의했다. 별건곤은 '대대풍자 신춘지상좌담회'라는 제목의 좌담회 기사에서 가상으로 교사, 목사, 기자, 의사, 은행두취, 변호사, 연예인, 평론가 등을 내세워 자유연애, 산아제한, 신식결혼식, 조혼, 공창폐지 등의 주제를 풍자적으로 묘사했다. 예컨대 "지금의 연애는 돈이면 그만이지요. 신성한 연애가 다 무엇임닛가"라는 식이었다. 이 외에도 별건곤은 여성 문제에 대해 보수적이면서도 풍자적이고 신랄한 기사를 여러 차례 게재했다. '신녀성 되는 비결'이라는 기사에서는 "신여성! 조~치. 수천 년 동안을 옥중 생활을 하다가 광명한 천지에 나왓스니 모든 것이 기쁨이요 모도가 자유다… 정조? 피~ 그런 케케묵은 소리가 어데잇노?"라고 풍자했다. '여자는 일종 오락물'에서는 "근일 여자를 보면 거의 다 경박부화輕薄浮華하다"는 식으로 여성을 비하했다.[108] 이러한 별건곤에 대한 불매운동은 언론의 여성 폄하에 대해 여성 단체가 정식으로 문제를 제기하고 나섰다는 점에서 언론사용자운동의 특별한 의미가 있는 것이었다.

언론비평 전문지들의 활약

일제 강점기 신문과 잡지들은 비평이 비교적 자유로웠다. 그 중에서도 천도교 세력이 운영하는 월간지 개벽의 활약은 두드러졌다.

1920년 6월 신문지법에 의해 창간한 개벽은 문화 및 사회운동에 대한 비판을 공모하여 게재하기도 했고, 직접 신문사의 인사, 조직, 사업, 논조 등에 대해 나름의 평가와 비판을 가하기도 하는 등 1920년대 언론비평을 주도했다. 이를테면 동아일보 간부가 전라도 출신 일색이라든가, 안창남 후원 사업, 재외동포위안회 등과 같은 동아일보의 이벤트 사업에서 나온 부정적인 뒷이야기 등을 비판적으로 보도했다.

조선일보에 대해서는 일선동화주의를 질타하기도 했고, 발기 주체인 대정친목회를 상기시키면서, 조선일보의 태생적인 문제를 제기하기도 했다. 개벽은 심지어 "본지를 독讀하는 독자 역시 냉정한 심회로써 본문을 열독 비판하기를 바라는 바"라면서 개벽 자체에 대한 비평을 흔쾌히 수용했다. 이러한 개벽의 태도에 호응한 한 독자는 개벽에 대한 비평문을 실어왔는데 "개벽은 그 주의를 당초 알수 업스니 대체 엇더케 하려는 수작인가"라면서 개벽의 노선이 무엇이냐고 따졌다. 또한 "정치에 대한 론평은 하나가 업다… 압수될 것을 우려하야 그러함인가. 이도 저도 아니면 정치기사를 쓸 능력을 가진 필자가 사내에 업서 그러함인가"라고 쓴 소리를 했다. 이렇듯 1920년대의 언론비평은 개벽을 중심으로 강도 높게 전개되었다.[109]

1930년대로 접어들면서 언론비평은 더욱 활발해졌다. 새로이 언론비평에 참여한 잡지들로는 〈동광〉, 〈삼천리〉, 〈별건곤〉, 〈제일선〉, 〈비판〉, 〈혜성〉 등이 있었다. 특히 혜성, 비판 등 이 시기의 몇몇 잡지들은 신문 비평 고정란을 운영하기도 했다. 혜성은 1931년 11월부터 동아, 조선, 매일 세 신문을 대상으로 '월평'이라는 난을 신설했다. 월평의 필자는 '벽상생壁上生'이라는 필명을 가진 사람이었는데, 1931년 11월 '근검저축'을 찬미하는 동아일보 지방면 기사에 대해 "기자와 편집자의 두뇌를 의심하지 안을 수 없다. 보라! 기아선상에 헤매는 조선의 대중에게 근검을 고조함이 얼마나 똥키호테식이냐"며 강하게 질타했다. 또한 김성수의 중앙학교 취임 기사에 대해서는 "세상에서 다 아는 바와 가티 중앙학교와 동아일보는 특수한 관계가 잇다. 그러나 표면으로 보아서 동아일보는 일신문으로서 민중의 공기公器이다. 김성수 씨를 내인다면 타 학교 교장이동도 다- 내이어야할 터인데 종래의 예로 보아 그러치 못하엿다. 그러치 못하였다면 이는 불공평한 것이다"고 비판하고 있다. 조선일보에 대해서는 "전체로 보아 기사의 정리가 무잡無雜하고 더욱 지방 기사의 정리는 간혹 말 안 되는 곳이 잇고… 사회면 편집에 잇어서는 '뉴-스밸류'의 측정이 부정확하다… 엇던 날 지면에는 '택시', '룸펜', '따이나마이트' 가튼 외래어 제목이 4, 5개식 잇다"라며 편집상의 문제를 세밀하게 짚었다.[110]

신문사 사주들이 자사 또는 사주 개인의 이해 관계가 있는 사안에 대해 신문 지면을 아무런 거리낌 없이 이용하고 있는 것은 예나 지금이나 변한 것이 없었다. 그러나 뼈아픈 지적과 비판조차도 찾아보기 어려운 오늘의 현실에 비한다면 당시에는 성역 없는 비판이 신랄하게 전개되었다는 점에서 되새겨볼 부분이기도 하다.

비판은 이름처럼 아예 언론비평 코너를 운영했다. 1931년 북성회의 송봉우가 창간한 비판은 신문의 상업주의에 대해 "요사이 신문의 상품화 경향은 너무도 노골적이다. 이대로 간다면 신문사에도 영업세를 부과하라는 소리가 멀지 안하 들릴 것이다"고 비판했다. 〈철필〉, 〈호외〉, 〈쩌널리즘〉과 같은 언론비평 전문 잡지도 있었다. 철필은 언론인이 주 독자인 언론 전문지였다. 철필은 창간호에서 '사천여 직업 동지에게 격함'이라는 제목으로 "본지는 조선의 신문인 다시 말하면 조선의 쩌널리스트 제군을 위하야 세상에 나온 것이다"며 비판의 대상이 언론인임을 분명하게 밝혔다. 하지만 안타깝게도 철필은 4호까지 발행되고 발행이 중단되었다. '신문의 신문'을 표방하며 1933년 창간된 〈호외〉나, 신문잡지의 과학적 지식을 보급코자 1935년 창간된 〈쩌널리즘〉 등은 일반 대중을 상대로 한 언론 비평지였으나 창간호만 내고 끝이 났다.[111]

일제 강점기, 잡지들의 신문비평은 신문이 공기公器라는 인식 하에 사회적 역할과 책무가 무엇인가를 주지시켰다. 벽아자는 신문의 본령은 영리추구가 아니라 그 사회의 공론을 공평하게 보도하는 것이라고 못 박고, 이를 망각한 신문은 매우 위험하여 사회에 생각지 못한 죄악을 제공하며 따라서 독자는 이를 감시하고 독려할 권한이 있다고 주장했다.[112] 이는 당시 언론 종사자뿐 아니라 언론 사용자들에게도 언론에 대한 권리의식과 의무를 분명히 주지시킨 것이었다. 일제 강점기 잡지들의 신문비평은 언론에 대한 독자들의 권리와 의무와 비판 능력을 일깨운 언론사용자운동이었다. 1931년 두 사람이 문답 형식으로 주고받은 〈동광〉의 다음 글은 언론비평의 의의를 잘 대변하고 있다. 이 문답에는 신문 비판의 목적이 오늘날 대안매체로 자리 잡은 〈뉴스타파〉의 창간 목적과 유사한 대목이 있어 흥미롭다.

—신문을 하늘처럼 믿고 처다보는 심리는 어쩌케해야 하나.

—그게야 물론 타파해야지. 그 타파운동은 일부에서 벌서 훌륭히 진행되고 잇네. 신문이 상품화한다는 비난이며 불주와의 기관이란 비평 등은 이 신문의 지위를 정확히 인식하야 재래식의 숭배적 신문 독자를 비판적 신문독자로 훈련하는 과정일세. 이천만 민중을 대표한다든지 민족적 표현기관 등의 문자는 신문선전을 위한 자가위대장(自家謂大將)이지 어디 문자 그대로 믿을 것인가. 조선민중도 차차 비판 眼(안)을 가지고 신문을 보게 되면 폐단이 적어질 것일세. 신문이라고 잘못하란 법이 어데잇나. 아 동아일보가 이럴 법이 잇느냐 아 조선일보가 이럴 법이 잇느냐고 떠드는 것은 신성불능오(神聖不能誤)로 알든 옛날 말이지 지금으로서야 신문도 실수할 적도 잇고 잘하는 일도 잇고 또 그 입장도 잇다는 것을 알아두면 그만이지, 그래서 민중은 잘한 것은 잘햇다 못한 것은 못햇다 하야 비판하고 그 청평가점을 합산해 가지고 일개의 단안을 내릴 것뿐일세.[113]

일제 강점기 언론사용자들의 언론에 대한 인식은 개화기 때보다 훨씬 진전되어 있었다. 일제 강점기의 언론사용자들은 언론의 사회적 역할과 사명을 제대로 알고 있었고, 따라서 언론이 공론에서 벗어나거나 이해득실에 충실하거나 언론사용자 개인 또는 집단의 이해에 반할 경우, 가차 없이 비판을 가하고 비매운동 등을 통해 압력을 행사했다. 일제 강점기 언론사용자들은 언론을 철저하게 기득권 세력으로 간주함으로써 언론에 지지를 보내거나 연대하는 움직임은 찾아보기 어려웠다. 이는 개화기 황성신문이나 제국신문이 재정난에 빠졌을 때 의연금을 모아주던 것과는 매우 대조적인 모습이었다. 그것은 개화기의 신문이 시설난, 재정난 등 신문 태동기의 여러 어려움을 무릅쓰고 인민을 계몽하기 위해 불철주야 노력했던 것과는 달리, 일제 강점기의 신문은 총독부의 법적 보호 하에 신문 시장도 어느 정도 정착된 상황에서 신문이 일종의 기득권을 누리고 있었기 때문이었다.

특히 1930년대 이후 일제 강점기 신문들은 언론 본연의 역할보다는 상업적 경쟁에 매몰된 측면이 있었고, 이에 언론사용자들의 불만이나 비판이 고조되는 것은 자연스러운 일이었다. 이는 또한 언론의 올바른 역할과 그 중요성에 대한 사회적 인식이 자리 잡고 있음을 의미한다.[114]

또한 일제 강점기 언론사용자운동의 주체는 주로 청년, 사회단체나 독립운동단체, 문필가 집단 등을 중심으로 이루어졌다. 특히 불매운동의 경우는 청년단체나 운동단체들이 중심이 되어 구독 거부 의사를 조직적으로 벌여나갔다. 독자의 권리 의식이 형성된 것도 특기할만했다. 언론을 견제하는 것이 독자의 권한이라고 당당하게 주장한 것은 독자들이 언론의 사용자적 인식을 분명히 갖고 있었음을 드러낸 것이었다.

일제 강점기 언론운동의 방식은 개화기에 비해 훨씬 다양한 모습을 보였다. 개화기에 방화나 건물 파괴 등의 과격한 방식보다 불매운동이라는 온건하면서도 효과적인 방식이 개발된 것은 개화기에 비해 일제 강점기 언론의 산업화가 상당히 증진되었고 언론사용자들의 정치 사회적 의식도 한 단계 높아졌음을 의미하는 것이다. 또한 비평이 활성화되고 비평 전문지까지 등장할 정도로 언론을 보는 시각도 다양해졌으며 언론 자체의 역할과 기능도 넓고 깊어졌음을 보여준다.

조선과 동아의 매국 행위와 사회주의 신문의 몰락

일제 강점기가 막바지로 치달을 무렵, 조선과 동아의 매국 행위는 두 신문이 창간 초기에 문화적 민족주의와 실력양성론을 주창했던 것과는 비교할 수 없을 정도로 광적이었다. 이미 1940년 조선, 동아가 모두 폐간된 상황에서 그 사주들은 일제에 대해 비이성적 집착을 보였는데 마치 눈 밖에 난 몸종이 주인에게 애걸복걸하는 것과 같은 참담한 모습이었다.

동아가 폐간 당한 뒤 김성수는 1943년 11월 매일신보에 '학도여 성전에 나서라'는 글을 써 조선의 청년학도들을 전쟁터로 내몰았다. 김성수와 일제에 대한 충성 경쟁을 벌이며 상업적 이득에 몰두했던 방응모는 공개적으로 '천황폐하에게 충성'을 맹세했다. 방응모의 매국 행위는 태평양전쟁 때 절정에 달했다. 그는 1943년 11월 '출진학도격려대회'를 연 뒤, 자신의 돈으로 일본군사령관에게 고사포를 기증했다. 이렇듯 일제에 대한 김성수와 방응모의 광기 어린 충성 경쟁은 일제의 패망이 다가오는 상황에서 어쩌면 패전 이후에 치러야 할 그들의 죄 값에 대한 불안 심리를 떨쳐내려는 행동이었는지도 모른다. 일제의 패망은 곧 그들의 죽음이었다. 따라서 그들의 광기어린 충성 경쟁은 일제의 승리에 대한 염원이 인민에게 전해져 일제의 승리로 이어지기를 고대하는 마지막 발악처럼 보였다.

조선일보가 1925년 3차 정간 때 반일 사회주의 언론인 17명을 해고하고, 동아일보가 1936년 손기정 선수의 일장기 말소를 주도한 언론인들을 강제로 쫓아낸 행위는, 문화정치라는 미명하에 두 신문이 내세운 문화적 민족주의와 실력양성론이 얼마나 허망하고 기만적인 것이었는가를 입증한 것이었다. 이후 두 신문은 1937년 일제가 중국침공(중일전쟁)에 조선청년들을 이용할 목적으로 내세운 '내선일체'를 열렬히 선동하는 등 일제의 어용지로 기능하다가 1940년에 모두 폐간됐다.

일제 강점기의 대표적인 일간신문인 동아와 조선은 "국권을 자수할 기반을 점진적으로 확립한다"는 그럴듯한 타협 명분을 내세 웠지만 사실상 이것은 일제의 힘에 굴복한 것에 다름 아니었다. 이에 대해 조선혁명선언에서 두 신문의 문화적 민족주의, 실력양성론, 점진적 평화주의를 강하게 비판한 신채호의 판단은 미래를 정확하게 예측한 지식인의 날카로운 통찰력을 보여준 것이었다. 사실상 문화적 민족주의는 민중이 배제된 채 지주 지식계급이 주도했다는 점에서도 실패할 수밖에 없었다. 일제가 식량 수탈을 위해 토지제도를 개편하지 않고 오히려 지주계급의 기득권을 보호해주고 그것을 산업자본으로 육성했다는 점에서 신문 사주들이 독점한 언론자본도 궁극적으로는 수탈의 성격을 벗어나기 어려운 것이었다.

이에 반해 기득권을 갖지 못한 사회주의는 주로 주요 일간 신문과 잡지를 통해 전파됐다. 사회주의자들은 좌익 성향의 잡지 〈신생활〉, 대중적 잡지인 개벽 등에 기고하여 보수파들의 문화주의운동을 비판하면서 사회주의 이념을 전파했다. 그러나 1920년대에 활발한 활동을 폈던 사회주의자들은 후반 들어 통제가 강화되면서 언론계에서 배척되었다. 특히 1925년 조선일보의 사회주의 기자 대량 해직 사건은 사회주의 언론 활동이 퇴조하는 중대한 전환점이 되었다.

한편, 한국의 방송은 일제의 식민통치기구라는 태생적 한계를 안고 출발했다. 1927년 조선총독부가 설립한 경성방송사는 일제의 식민 지배를 정착시키기 위한 선전도구였을 뿐 운동적 또는 사회 변혁적 관점에서는 아무런 역할을 하지 못했다. 그러한 방송의 한계는 이후 미 군정기나 독재정권 시기에도 크게 달라지지 않았다.

일제 강점기 언론운동의 특성

개화기에는 언론 스스로가 인민을 깨우치고 선도하는 주체로써 사회변혁운동을 주도했다. 언론사용자들은 잘못된 언론에 대해서는 사옥에 불을 지르고 기물을 파괴하는 등 과격한 행동까지 불사했고, 애착 언론에 대해서는 의연금을 보내는 등 지지와 성원으로 소통과 연대를 표출했다.

한일병탄 이후 3·1운동까지는 일제의 강력한 무단통치 속에서 조선인이 운영하는 언론사는 존재하지도 않았다. 3·1운동 이후 일제가 문화통치로 전환하면서 1920년대 초까지는 조선과 동아를 중심으로 민족 정서를 대변하는 언론의 모습이 비추기는 했으나 오래 가지 못했다. 1924년을 전후해 일제의 집요한 통제와 조선, 동아의 밑바탕에 태생적으로 깔려 있는 자본가와 지주의 기득권적 욕구 속에 민족정신은 설 자리를 잃어버렸다. 다만 조선, 동아 내부의 언론종사자들은 개인 또는 집단을 이루어 일제의 언론 탄압에 맞서 싸웠지만 지면으로 반영되는 데는 한계가 있었다. 잡지의 영역에서는 언론의 올바른 자세와 문제점, 개혁 방향 등을 지적하고 비평하는 역할과 기능은 있었다. 잡지의 이러한 태도와 비판적 역할은 오늘날에 비해서도 크게 손색이 없을 정도였다.

언론사용자들의 운동 방식은 주로 불매운동의 형태로 나타났다. 3·1운동 이후 등장한 동아, 조선 등 조선인들의 신문들은 광고가 활성화 되지 않은 상태에서 신문 재정의 상당 부분을 구독자에 의존하고 있었다. 따라서 당시 신문 불매운동은 가장 강력한 형태의 저항 운동이었다. 신문의 특정 기사나 보도 행태에 불만이 있을 때 제 사회 집단들은 불매운동을 통해 언론을 압박했고, 자신들의 요구를 관철했다.

1920년대 초반에는 동아일보가 주로 불매운동의 대상이었다. 지금까지 알려진 한국 언론사상 최초의 불매운동도 1922년 '김윤식 사회장'에 따른 동아일보 불매운동이었고, 1924년 초까지 4건의 불매운동 사례 중 3건이 모두 동아일보를 대상으로 한 것이었다. 그러한 경향은 동아일보의 창간 배경에 가장 큰 이유가 있었다. 동아일보는 이른바 '이천만 민중의 표현기관'이라는 사시와 함께 국민주 형태로 창간되었고, 조선일보는 대정실업친목회라는 친일매판 자본가 집단에 의해 창간되었다. 이처럼 국민주 형태의 동아일보가 비교적 독자들의 각별한 애정과 기대를 안고 창간되었지만 실제로 동아일보의 활약은 조선인 독자들의 기대에 훨씬 못 미쳤고 따라서 독자들의 비판과 반발은 자연스럽게 동아에 집중될 수밖에 없었다. 청년 단체들이 동아일보 간부 퇴진 등 인사의 문제를 거론하거나 '민중의 표현기관'이라는 창간 표어 사용을 집요하게 문제삼은 것도 동아의 이러한 태생적 배경이 오히려 역작용을 일으킨 때문이었다.

이에 반해 조선일보에 대한 불매운동은 건수 자체가 상대적으로 적었고, 불매운동의 성격도 자금 횡령 의혹이나 이권 사업을 둘러싼 조직 내부의 갈등 또는 보성전문학교 교우회 불매운동에서 보듯 경쟁지와의 마찰로부터 빚어진 불매운동 등 주로 이해관계에 따른 것이었다. 불매운동의 건수에서 조선일보가 동아일보에 비해 적었던 것은 앞서도 밝힌 바와 같이 초기 조선일보가 사회주의 계열의 언론인들을 대거 배치하는 등 논조와 보도 태도에서도 동아일보보다는 비교적 민중의 정서에 부합하려는 노력을 보여주었기 때문이었다.

신문 불매운동의 주체가 주로 사회주의 청년 단체들이었다는 점도 눈여겨 볼 특징 중의 하나였다. 당시 신문 구독자들은 글을 읽을 수 있는 독해 능력과 신문을 사볼 수 있는 구매 능력을 함께 갖춘 소수의 지식층이었다. 이러한 상황에서 청년운동 진영은 민족주의 세력과 사회주의 세력으로 양분되어 있었고, 양 진영 간의 이념적 차이는 신문의 논조나 지향에 대한 호오를 갈라놓을 수밖에 없었다. 동아일보 불매운동이 주로 사회주의 세력에 의해 주도된 것은 이러한 사회적 배경 때문이었다.

신문을 상품으로 보는 인식은 1920년대부터 시작되었는데, 박용규의 연구결과에 따르면, 신문은 1920년대 중반까지는 사회적 역할이 강조된 반면, 상품화 경향에는 매우 부정적이었다. 이러한 인식은 불매운동의 중요한 동기가 되었을 것이다. 1920년대 중반으로 접어들면서 불매운동은 더욱 활발해졌고 대상도 지방신문, 일본인신문 등으로 다양해졌다. 지역적으로도 마산, 진남포, 부강, 김

천, 부산 등 지방으로 확산되었다.[115]

겉으로 드러난 불매운동의 원인은 이념투쟁보다는 이해관계가 많았지만 역으로 이해관계가 이념투쟁에 불을 지르기도 했다. 1920년대 중반 이후에는 불매운동 원인이 대부분 신문의 보도태도에 대한 이해 집단의 불만이었다. 이는 역설적으로 언론사용자가 몇몇 지식 계층의 범위를 벗어나 더욱 다변화되었음을 의미했다. "자신들과 반대되는 의견이 신문이나 잡지에 게재되면 반드시 비매동맹을 결성하거나 최소한 성토의 목소리를 내기 때문에 언론이 해야 할 말도 제대로 하지 못할 지경"이라고 한 개벽의 지적은 음미해볼 일이었다.[116] 이는 언론이 명확한 방향을 제시하고 여론을 선도하는 운동 노선의 부재를 드러낸 것이기도 했다.

신문 불매운동은 일제 강점기 때 언론을 변화시키기 위한 언론운동의 한 방식으로 확고하게 자리를 잡았다. 물론 불매운동의 배경이나 이유가 개인이나 집단의 이해관계에서 빚어진 경우가 많았고, 운동 주체들이 언론의 사회적 역할이나 책무에 대한 지적이 미미했으며, 그 바탕 하에서 지속적인 언론운동으로 조직화되지 못한 채 단발성으로 끝났다는 점에서, 이를 언론운동으로 평가할 것인가에 대한 논란은 있을 수 있다. 그러나 동아일보 불매운동에서는 우리 민중이 보편적으로 가지고 있었던 친일에 대한 적개심이 일관되게 밑바탕에 흐르고 있었고, 불매운동의 주체들이 민중의 보편적 인식과 괴리되어 나타난 신문의 논조나 지향에 대해 불만을 토로했다는 점에서 의미를 부여할 수 있다.

일제 강점기 불매운동에서 살펴볼 수 있는 또 하나의 특징은 특정 신문에 대한 불매운동이 벌어지면 여타의 신문이 비교적 상세하게 그것을 보도했다는 사실이다. 이를테면 동아일보에 대한 불매운동은 경쟁지인 조선일보가 보도했고 그 반대인 경우도 있었다. 동아일보와 조선일보는 숙명적 경쟁지였기 때문으로 이해할 수 있다. 총독부 기관지인 매일신보도 불매운동을 빼놓지 않고 기사화 했는데 이는 일제의 식민 전략의 일환으로 치부할 수도 있지만 저널리즘의 차원에서 중요한 시사점을 던져주고 있음은 분명하다. 자사와의 이해관계를 떠나 동종업계의 문제를 자유롭게 의제화 했다는 것은 오늘날 언론이 상호 경쟁의 위치에 놓여 있어도 동종업자로서 침묵의 카르텔을 형성해 가급적 상대에 대한 치부는 건드리지 않는 습성과는 대조적이라는 점에서 눈여겨보아야 할 대목이다.

5

미 군정기의
언론운동

미 군정하의 언론

해방 이후의 정치 환경

36년간 일제의 식민통치에서 질곡의 세월을 보낸 한민족은 마침내 해방을 맞았다. 1945년 8월 15일 정오, 경성중앙방송국 라디오에 서는 떨리는 음성으로 '무조건 항복'을 선언하는 일왕 히로히또의 목소리가 흘러나왔다.

짐은 동아시아의 안정을 위해 전쟁을 선포했을 뿐, 다른 나라의 주권 을 침해하려는 생각은 추호도 없었다.

식민통치하에 고통 받은 조선 인민들과 전쟁으로 스러져간 숱한 생명들에 대해 히로히또는 단 한마디의 사과도 없었다. '항복 선언'이라고 부르기에는 너무도 메마른 음성이 직직거리는 AM 라디오의 기계음 속에 섞여 들려왔다. 그것이 전쟁에서 패배한 제국의 군주가 할 수 있는 역할이었다.

해방 정국에서 가장 먼저 활동을 시작한 것은 해방 1년 전인 1944년 8월에 결성되어 차근차근 해방을 준비해왔던 건국동맹이었다. 건국동맹은 권력 공백기에 나타날 사회적 혼란을 방지하기 위해 조선총독부와 정치·경제범 석방, 치안유지 등 5개 항에 합의하고 여운형을 중심으로 건국준비위원회(건준)를 출범시켰다.

건준은 전국 145개 지역에 지부를 설치하고 집행부를 개편했다. 이때부터 박헌영의 영향력이 강화되면서 건준은 초기의 진보적 민주주의 색채에서 점차 좌경화 되어 갔고 1945년 9월 마침내 조선인민공화국(인공) 수립을 선포했다.[117] 그러나 미군이 서울에 진주한 다음 날인 9월 9일, 미 극동군사령관 맥아더D. MacArthur는 포고령 제1호를 발표하고 "북위 38도 이남의 조선 영토와 조선인민에 대한 통치의 모든 권한은 당분간 본관의 권한 하에 시행된다"고 선언해 그날부터 38선 이남은 미 군정하에 들어갔다. 이 포고는 인공은 물론 대한민국 임시정부조차도 주권 기관으로 인정하지 않겠다는 선포였다.[118] 이러한 미군의 태도는 북한 지역 인민위원회의 행정권을 그대로 인정한 소련과는 크게 차이가 있는 것이었다.[119]

미군의 포고령이 발표되자 해방 이후 침묵으로만 일관했던 우익은 기회를 잡고 9월 16일 한국민주당(한민당)을 창당했다. 반공 우익 세력의 대표격인 한민당 안에는 동아일보 사주였던 김성수, 송진

우를 비롯한 부일 정치인, 언론인, 지주, 자본가 등이 많았다. 해방
공간에서 농지개혁과 친일파 숙청에는 매우 부정적이었던 한민당
은 '반공'을 적극적으로 이슈화했다. '반공'은 그들이 일제치하에서
벌였던 친일과 부일행위를 은폐하고 책임을 면탈해줄 유일한 무기
였다.

한민당은 대한민국 임시정부를 제외한 여타의 정치 결사체나 정
치 단체를 단호히 배격한다면서 '인공 타도' 성명서를 발표했다. 이
성명서에는 친일 집단의 권력 지향적 욕망이 물씬 배어 있었다. 한
민당은 공격의 과녁을 인공에 맞히는 한편, 임시정부에는 적절한
존중의 모습을 보이고, 미 군정에는 깍듯이 굴복하는 생존전략을
보여주었다. 인공을 비판하는 한민당의 성명 일부를 보자.

> (…) 출석도 않고 동의도 않은 국내 지명인사의 명의를 도용한 것은
> 말할 것도 없고 해외 우리 정부의 엄연한 주석, 부주석, 영수되는 제
> 영웅의 영명을 자기 어깨에 다 같이 놓아 모모 위원 운운한 것은 인민
> 을 현혹하고 질서를 교란하는 죄 실로 만사(萬死)에 해당한다.[120]

이러한 한민당의 태도가 주효했는지 10월 미 군정청은 군정 고
문 대부분을 한민당 당원으로 임명했다. 뿐만 아니라 검찰과 법원
의 요직을 비롯한 도지사, 군수 등 지방 관직에 이르기까지 다수를
한민당이 차지했다. 한민당 총무 조병옥이 치안 총책임자인 미 군
정청 경무국장에, 한민당 간부 장택상이 수도경찰청장에 임명되었
다.[121] 이처럼 한민당은 미 군정청의 대대적 지원으로 국내 지배 권
력의 주도권을 확보해 갔고 반면에 건준 세력은 미군의 철저한 배

제와 탄압 속에서 힘을 잃어갔다.

정치 동맹에 따라 갈라진 남한의 언론

이 무렵 신문은 권력을 감시 견제하거나 여론을 선도하고 시대 변화를 전파하는 저널리즘 본연의 역할보다는 오로지 정치적 프로파간다의 수단으로 정파의 선전 홍보지 성격이 강했다. 따라서 신문은 정치 이념에 따라 크게 공산주의 계열, 보수주의 계열, 진보주의 계열의 세 가지로 분류되었다.

공산주의 계열의 신문은 공산주의 정당이나 정파가 소유 운영하면서 공산주의 이념을 전파하고 인민을 선동하기 위한 도구로서 기능했다. 재원은 대부분 당비에 의존했고 광고는 없었다. 대부분의 지면이 당의 성명, 정강, 노선을 홍보하는데 할애되었고 재난이나 사건 사고는 다루지 않았다. 이 계열의 신문으로는 〈해방일보〉, 〈전선〉, 〈노력인민〉, 〈독립신보〉 등이 대표적이었고 〈서울뉴스〉, 〈건국〉, 〈해방〉, 〈대중〉도 이 계열에 속했다. 보수주의 계열의 신문은 자본가 또는 자본가와 친분 있는 명망가가 소유하거나 주식회사 형태의 소유 구조로 되어 있었고, 주로 보수우파의 정치세력을 대변했다. 재원은 공산계열의 신문과는 정반대로 구독료와 광고였다. 표면적으로는 보도나 논평의 객관성을 내세웠지만 실질적으로는 친미와 반공의 선전매체로 역할을 했다. 대표적으로 1945년 11월과 12월에 복간한 조선일보와 동아일보가 여기에 속했고, 〈한성일보〉, 〈민중일보〉, 〈대동신문〉 등도 있었다. 그밖에도 이승만계인 대한독립협회의 기관지 〈대한독립신문〉과 〈대동일보〉, 〈세계일보〉, 〈합동신문〉, 〈가정신문〉, 〈민주일보〉 등이 이 계열에 포함되었다. 진보주의 계열의 신문은 개인이 소유하거나 권리와 의무를 동시에 지는 동인제의 소유 형태를 취하면서 정치적으로는 좌우를 넘어 통일운동을 적극 지지했다. 이들 신문은 큰 틀에서 여운형 등 진보적 민주주의 정치인의 입장에 동조하였으나 그 정도에 따라 다소 차이를 보였다. 〈조선인민보〉, 〈현대일보〉 등은 급진적 노선, 〈자유신문〉 등은 점진주의 노선을 견지했다. 〈중앙신문〉은 그 중간적 위치를 고수했다. 그밖에도 〈중외신보〉, 〈신민일보〉, 〈우리신문〉이 있었고, 여운형이 이끈 인민당 기관지 〈인민〉과 〈독립신보〉, 〈조선중앙일보〉 등이 있었다.[122]

해방 초기에는 건준을 비롯한 공산주의 및 진보 계열 정치 세력들이 정치 무대를 휩쓸었던 것과 마찬가지로 언론계 또한 좌파와 진보주의 언론이 독점하다시피 했다. 건준은 해방 바로 다음 날 총독부 기관지 매일신보를 접수하여 〈해방일보〉라는 창간호를 냈으나 해방일보는 바로 다음 날 무장한 일본군에 의해 하루 만에 종간되었다. 일본군은 해방 후에도 미군이 진주하기 전까지 무장을 풀지 않은 채 전쟁 범죄의 증거를 인멸하기 위해 관련 서류와 물자 등을 소각했고, 착복, 매각, 분산 등으로 수탈 재산 처리에 전념하고 있었다.[123] 건준의 매일신보 접수가 실패로 끝난 다음 날인 8월 17일 일제의 도메이통신 경성지사에 근무하던 한국인들이 회사 시설을 이용하여 일간 2편의 〈해방통신〉을 발간했다. 이는 단파 수신기를 이용해 세계의 방송 뉴스를 공급하는 우리나라 최초의 뉴스통신이었다. 그러나 해방통신은 그달 말경 사원들이 좌우익으로 갈라지는 바람에 중단되고 말았다.[124]

미군이 서울에 진주한 뒤, 좌파 신문이나 진보주의 계열의 신문들이 잡고 있었던 여론 매체의 독점 구조는 급격하게 변화되기 시작했다. 9월 9일 하지[John R. Hodge] 미 제24군 사령관은 아베[阿部信行] 조선 총독을 비롯한 일본군 책임자들로부터 항복 문서를 받고, 다음 날 한국인 대표 50명을 초대하여 당면한 문제에 대해 미 군정의 방침을 밝혔다. 9월 11일에는 한국의 기자단에게 전반적인 미 군정의 정책을 설명하면서 '언론의 자유'를 강조했다. 그러나 하지의 말 속에는 사불여차하면 언론을 규제하겠다는 암시가 포함되어 있었다.

> (…) 미군이 한국에 들어온 이후의 언론자유는 문자 그대로의 자유가 왔다. 일본제국주의 아래에서 얼마나 한국의 언론계가 상처를 받았는지 나는 잘 알고 있다. (…) 그러나 그 반면에 신문과 언론이 치안을 방해하는 데까지 미칠 때에는 우리로선 적당한 처치를 해야 할 것이다.[125]

이후 미 군정은 10월에 법령 제11호를 공포하여 식민통치 시대의 '언론탄압법'을 모두 폐기했다. 이 중에는 악명 높은 치안유지법을 비롯해 예비검속법, 출판법, 정치범보호관찰령, 신문지법, 보안법, 명예훼손법 등이 있었다. 일제하에서 언론 활동을 위축시켰던 각종 법규와 행정 규제가 사라지자 전국적으로 신문 및 통신 등 언론 매체가 봇물 터지듯 쏟아져 나왔다.

8월 15일 일제의 항복 선언과 함께 매일신보의 사장 금천성과 중역들이 퇴진을 선언하자 매일신보의 사원들은 재빠르게 18인 자치위원회를 결성했다. 자치위원회는 9월 매일신보사 전종업원의 이름으로 "삼가 3천만 동포와 백만 독자에게 고한다"는 제목의 사과문을 발표하고 신문을 계속 발행했다.

매일신보의 자치위원회 결성은 해방 직후 전국의 공장과 회사에서 들불처럼 번졌던 '자주관리' 운동의 일환이었다. 해방과 함께 조선인 노동자들은 일본인들이 본국으로 돌아가면서 포기한 공장과 회사를 접수하여 '자주관리'라는 이름으로 운영을 지속시켰다. '자주관리'의 개념은 지금까지 땀 흘려 일해 온 공장이나 회사가 궁극적으로는 노동자들 자신의 것이라는 깨우침에 기초한 것이었다. 당장 부족한 생필품을 생산해내야 하는 것도 '자주관리'가 정착되도록 하는 요인이 되었다. 건준과 인민위원회도 '자주관리'를 촉진했다. 당시 노동자들의 '자주관리'는 당연한 권리로 인식되었고, 남한에 있는 대부분의 사업체에서 전개되었다.[126]

'매일신보 종업원 일동' 명의의 사과문에는 일제의 질곡에서 해방되었다는 것, 간부의 지배에서 벗어나 6백 종업원의 자치로 신문을 발행한다는 것, 총독정치 선전기관의 졸병으로서 저지른 죄과에 대해 동포 앞에 사죄하며 용서를 바란다는 것, 갱생의 종업원들에게 협력과 편달을 아끼지 말아달라는 것 등의 내용이 담겨 있었다.

본래는 가장 강력한 항일 민족지였던 대한매일신보, 이를 한일병탄과 함께 일제가 강탈해 매일신보로 제호를 바꾼 총독부 기관지, 그 매일신보가 36년간 한민족에게 끼친 악행은 결코 씻을 수도 망각할 수도 없었다. 특히 '내선일체'를 선동하여 조선의 청장년을 징병과 징용으로 몰아넣었던 것은 역사적으로 씻을 수 없는 반민족적 범죄 행위였다. 그랬던 매일신보 구성원들이 신속하게 자치위원회를 구성하고 '선전기관의 졸병'이라는 수식어로 자신들의 과오를 헤아려 달라고 하는 것은 받아들이기 꺼림칙하면서도 한편으로는 어쩔 수 없는 민족적 비극의 단편이 아닐 수 없었다. 문제는 이러한 사안들에 대해 옳고 그름을 가리고 향후 대책을 세워줄 주체가 존재하지 않았다는 것이었다. 한반도의 정의는 오로지 점령군인 미 군정의 판단에 맡길 수밖에 없는 운명에 처해 있었다.

매일신보는 10월에 다시 미 군정청에 의해 접수되었고, 주식 50퍼센트를 소유한 조선인 주주총회에서 오세창 사장을 비롯한 새 간부들을 임명했다. 그러나 커다란 변혁기 또는 권력 공백기의 과도기적 상황에 늘 발생하는 오류가 인사의 문제였다. 새로 임명된 사원자치위원회 출신의 간부 중에 친일 부역자들이 있어 반발에 부딪힌 것이다. 이에 아놀드^{A.V. Arnold}는 재산 조사를 구실로 일단 매일신문을 정간시켰다. 이후 사원자치위원회와 주주들이 협의 끝에 오세창을 사장으로 하고 제호를 서울신문으로 바꾸는데 합의했다. 그 과정에서 논란이 되었던 친일 부역자들은 완전히 배제되었고, 1927년 신간회에 참여했던 좌우의 민족주의 인사들이 새롭게 기용되었다. 그리하여 굴곡 많은 역사의 서울신문은 미 군정청의 기관지로 다시 출범했다.

진보 언론의 부흥과 조선 동아의 복간

일제 강점기 때부터 있었던 이념 대립은 해방 정국에서도 이어졌지만, 일제와 협력 관계를 유지하면서 기득권을 누려왔던 다수 우파 인사들과, 민중 속에 파고들어 조직적 활동을 벌이며 항일투쟁으로 고난을 겪어왔던 좌파 인사들의 대중적 기반은 크게 다를 수밖에 없었다. 이러한 현상은 언론계에서도 그대로 나타나 진보적 민주주의나 좌익을 표방한 언론이 언론계를 독점하다시피 한 것은 자연스러운 일이었다. 특히 좌파적 성향을 보이면서도 공정성과 객관성을 잃지 않는 진보적 민주주의 성향의 신문들은 일반 민중으로부터 큰 호응을 받았고 영향력 또한 컸다.

좌우 대립 속에 10월 5일 창간된 〈자유신문〉은 진보적 민주주의 성향을 대표하면서도 점진적 노선을 내세운 신문이었다. '통일정권 수립을 위한 민족 여론의 공기', '민족 진로의 지침', '문화적 신생활 건설을 위한 제반활동' 등 세 가지 과제를 사시로 표방한 자유신문은 제호가 말해주듯 좌우 어느 쪽으로도 치우치지 않고, 어떠한 정치세력에도 가담하지 않으며 통일과 민주주의를 지향한 자유로운 신문으로 언론계에서 상당한 영향력을 행사했다. 이승만과 한민당은 이 신문을 좌경신문이라 비난했지만 1947년 9월 미 군정은 조사월보에서 자유신문은 "발행부수 4만 여에 달하는 중립적 신문"이라고 기록했다. 다음은 자유신문 창간사 중 일부로, 당시 한반도가 처해 있는 고민과 지향을 정확하게 표현하고 있다.

(…) 조선의 현상은 아직도 낙관을 허용치 않는 바 크다. 외부로는 남

　　　　　　　　　　　　2부 외세 지배 속의 언론운동

북이 사상체계를 달리한 2대 군정에 의하여 분열되고, 내부로는 무수한 정치적 파벌의 대립이 그 귀추를 짐작할 능력조차 없는 대중으로 하여금 생업에 돌아갈 바를 알지 못하게 하고 있다. (…) 자유신문은 민족 진로의 지침 되기를 기한다. 조선의 자주독립이 일부 구시대의 잔존세력의 특권계급에 의하여 완성될 것도 아니요, 붕당적 모략에 의하야 수행되지 아니할 것도 명백하다. 그곳에선 무명한 대중의 열혈적 투쟁과 진실한 참여가 있지 않으면 안 될 것이다. (…)[127]

〈조선인민보〉 또한 대표적인 진보 언론으로서 영향력 있는 신문이었다. 김정도, 고재두 등 일문어 신문인 〈경성일보〉에서 나온 양심적인 젊은 기자들이 창간한 조선인민보는 해방 후 처음 창간된 국문 신문으로서 진보적 민주주의를 표방하고, 건준 및 인공을 지지했으며, 자유신문, 중앙신문과 더불어 당시 언론계의 힘 있는 정론지로 명성을 날렸다. 조선인민보의 창간호 1면 머리에는 영어로 '연합군 환영Welcome Allied Forces!!'이라는 제목의 기사가, 왼편에는 '연합군 환영함'이라는 시가 실렸다. 9월 19일 창간한 조선공산당 중앙위원회 기관지 해방일보는 창간호 1면 머리에 '조선공산당의 통일 재건 만세'를 싣고, '우리의 표어'라 하여 '조선인민공화국 만세', '연합군 환영', '전쟁범죄자 처벌', '일제세력의 완전한 구축', '조선의 완전 독립' 등 7개항의 주장을 내걸었다. 이밖에도 〈노동자신문〉 등 10여개의 신문이 나왔으나 우익지로는 영향력 있는 신문이 없어 해방 후 3개월간은 진보적 민주주의 신문의 독무대였다. 지방에는 '1도 1 신문'이라는 일제의 언론정책 때문에 해방 후 각 도에서는 주민들이 일본인 신문사를 접수하여 신문을 창간했다.[128]

한편, 1940년 8월 일제에 의해 강제 폐간되었다가 해방과 함께 11월 23일과 12월 1일 각각 복간된 조선과 동아는 여타 신문에 비해 다소 늦게 출발하기는 했지만 보수 우익 반공 언론의 선봉에 섰다. 그러나 후일 조선은 김구의 대변지로, 동아는 한민당의 기관지로 복무함으로써 보수 우파의 정치세력에 편승하는 정파적 언론의 대명사가 되었다. 또한 〈대한독립신문〉은 정치인 이승만의 선전홍보지가 되었고, 친일파 이종영이 창간한 〈대동신문〉은 공격형 반공지가 되었다. 이종영은 골수 친일파로 후일 반민특위에 의해 구속되었다.

미 군정과 언론인들의 충돌

아놀드 소장의 성명 파동과 전조선신문기자대회

미군에 앞서 해방 4일 만인 1945년 8월 19일 소련군이 먼저 원산에 상륙했다. 소련군 사령관 치스챠코프Ivan Chistiakov 대장은 상륙하자마자 바로 다음 날 '조선인민에게 주는 적군赤軍 포고문'이라는 성명서를 발표했다.

조선인민들이여! 붉은 군대와 동맹국 군대들이 조선에서 일본 약탈자들을 구축하였다. 조선은 자유국이 되었다. 그러나 이것은 오직 신조선 역사의 첫 페이지가 될 뿐이다. 화려한 과수원은 사람의 노력과 고려의 결과이다. 이와 같이 조선의 행복도 조선인민이 영웅적으로 투쟁하며 꾸준히 노력하여야만 달성한다.

일본 통치하에서 살던 고통의 시일을 기억하라! 단 위에 놓인 돌멩이까지도 괴로운 노력과 피땀에 대하여 말하지 않는가? 왜놈들이 고대 광실에서 호의호식하며 조선 사람들을 멸시하며 조선의 풍속과 문화를 굴욕한 것을 당신들은 잘 안다.

이러한 노예적 과거는 다시 돌아오지 않을 것이다. 진저리나는 악몽과 같은 그 과거는 영원히 없어져 버렸다.

조선 사람들이여 기억하라! 행복은 당신들의 수중에 있다. 당신들은 자유와 독립을 찾았다. 이제는 모든 것이 죄다 당신들에게 달렸다.

붉은 군대는 조선 인민이 자유롭게 창작적 노력에 착수할 만한 모든 조건들을 지어주었다. 조선 인민 자체가 반드시 자기의 행복을 창조하는 자로 되어야 할 것이다. 공장, 제조소 및 공장소 주인들과 상업가 또는 기업가들이여! 왜놈들이 파괴한 공장과 제조소들을 회복시키라.

새 생산 기업소들을 개시하라. 상점들을 열라. 상업 및 공영 기업소들을 새로 개설하라. 붉은 군대 사령부는 모든 조선 기업소들의 재산 보호를 담보하며 그 기업소들의 정상적 작업을 보장함에 백방으로 원조할 것이다.

조선 노동자들이여, 노력에서의 영웅심과 창작적 노력을 발휘하라. 진정한 사업으로써 조선의 경제적 및 문화적 발전에 대하여 고려하는 자라야만 모국 조선의 애국자가 되며 충실한 조선 사람이 된다.

해방된 조선인민 만세![129]

소련 당국은 36년 간 일제의 수탈과 착취로 고통 받았던 조선 인민의 처지를 구체적으로 알고 있었다. 치스챠코프의 성명은 그러한 소련 당국의 이해를 알리고, 이제 조선은 자유국이 되었으며, 모든 것이 독립된 조선 인민의 권리임을 선포하면서 조선 인민을 존중하고 있었다. 이는 점령군으로 서울에 진주한 미군과는 매우 대조적인 모습이었다.

소련보다 20여일 늦은 9월 8일 서울에 진주한 미군은 한반도를 전혀 이해하고 있지 못했다. 일제 치하의 조선 민족의 고통과 항일 투쟁에 대해서도 미군은 제대로 느끼는 바가 없었다. 미군의 한반도 진주 이전에는 건준이 각 도청 소재지의 언론기관과 시설을 손에 넣어 전국 대부분의 언론들이 진보적 민주주의 노선을 지향했다. 그러나 미군이 한반도에 진주하면서 양상은 크게 달라졌다. 미 군정은 전국의 언론 기관과 시설을 적산敵産으로 접수하고 미 군정의 통치 이념에 부합되는 사람에게 맡김으로써 언론의 좌경화 움직임을 중단시켰다. 하지만 현장의 취재 편집을 맡은 제작진은 여전히 진보적 노선을 견지하고 있었고, 언론인 대다수는 인공을 지지해 미 군정의 좌파 청산은 장기 과제로 남게 되었다. 이러한 상황에서 10월 10일 미 군정 장관 아놀드 소장의 성명 발표는 언론계에 커다란 파문과 충격을 던졌다.

한국이 일본의 기반에서 해방되었다는 것은 물론 축하식과 시위행렬과 웅변대회 등을 열어 경축할만한 일이다. 그리고 한국인에게 언론자유, 출판자유를 허한 이상 미숙한 신문편집자로 말미암아 간간 우매 경솔한 기사도 있을만한 일이다. 사회의 안녕질서를 교란치 않고 치안을 문란치 않고 한국 정부의 정연한 행정을 방해치 않는 한 이러

2부 외세 지배 속의 언론운동

한 유치한 행동이 비록 노년자의 소위라 할지라도 부운유수(浮雲流水)에 붙일 수 있을 것이다. 38 이남의 한국에는 오직 미 군정부가 있을 뿐이다. 이 정부는 맥아더 장군의 포고와 하지 중장의 발령과 군정장관의 행정령에 의하여 정당히 수립된 것이다. 이것은 군정장관과 군정관들이 엄선하고 감독하는 한국인으로 조직된 정부로서 행정 각 방면에 있어서 절대적 지배력과 권위를 가지고 있다. 자천자임(自薦自任)한 '관리'라든가 '경찰', 또는 '국민 전체'를 대표하였노라는 대소 집합이나 또는 자칭 '조선인민공화국'이라든가 자칭 '조선인민공화국 내각'은 권위와 세력과 실재가 전혀 없는 것이다. 만일 이러한 고관대직을 참칭하는 자들이 흥행의 가치조차 의심할만한 괴뢰극을 하는 배우라면 그들은 즉시 그 극을 폐막하여야 할 것이다. 만일 혹종의 보안대가 안녕질서를 유지하기 위하여 법률에 저촉치 아니하고 유치하나마 성의껏 행동을 하였다면, 이제는 해체하고 각기 직장으로 돌아가 과동(過冬)에 필요한 양식과 의복과 주택을 확보하도록 노력하여야 할 것이다. 국내에는 정당한 직업과 공정한 급료가 그들을 기다리고 있다. 만약 이러한 괴뢰극의 막후에 그 연극을 조종한 사기꾼이 있어 어리석게도 한국 정부의 정당한 행정사무의 일부분일지라도 잠행할 수 있다고 생각한다면 그들은 마땅히 크게 각성하여 현실을 파악하여야 할 것이다.

이러한 연극은 당연히 중지하여야 한다. 근자에 모 신문에 한국 민중을 기만하는 기사가 있다. 즉, 1946년 3월 1일에 전국인민대표대회를 소집하여 허위선거를 발표한 것이며 또 그 선거에 있어서 민족반역자를 제외하고는 18세 이상의 모든 남녀에게 투표권을 주겠다고 약속한 것이다. 자유민에게는 투표권 이상 신성한 것이 없다. 이 권리는 거짓 희망을 주어 가면서 대중을 유도하는 자칭 정치인의 노리개가 되기에는 너무나 신성한 것이다. 이 선거권은 한국정부가 지도한 방법과 시기에만 행사할 수 있는 것이다.

위와 같은 비법적 선거를 제안한 개인이나 단체는 미 군정에 대한 가장 중대한 방해물이요, 겸하여 미 군정과 모든 군정하 한국정부의 합법적 권위에 대한 공연한 반항적 행동이다.

만일 한국 민족이 새로 얻은 언론의 자유, 출판의 자유 및 다년간 받던 모든 구속에서 해방된 자유를 소중히 여긴다면, 민중의 도의적 지도력을 한층 분발하여 이러한 어리석고 악질의 인물들로 하여금 더 이상 자유를 유린치 못하게 할 때가 왔다. 한국 국민은 이런 무책임한 인물들로 하여금 국가의 안녕질서를 위협하는 일이 없도록 단연코 엄금하여야 할 것이다. 이렇게 한다면 이 정부가 가진 권력을 가지고 간섭할 필요조차 없을 것이다(1945년 10월 10일 발표된 아놀드 소장 성명 전문).[130]

36년 만에 갑작스럽게 주어진 자유로 인해 권력 공백기에 빚어질 혼란을 우려하지 않을 수는 없었을 터였다. 점령군으로서 미 군정이 성명을 내게 된 시점과 배경과 의도를 이해할 수 없는 것도 아니었다. 그러나 "모든 것이 죄다 당신들에게 달렸다"면서 축하와 함께 조선 인민과 조선 인민의 권리를 존중했던 치스챠코프의 성명과는 너무나 대조적으로 아놀드의 성명은 그 표현 방식에서 시종일관 고압적이고 오만방자한 언사로 한국 언론계 전체를 무시하는 투였다. 인민공화국에 퍼부어진 아놀드의 근거 없는 비난은 협박이었으며 모욕적이기까지 했다. 짐작컨대 미군은 소련군과 달리 일제 36년 한반도의 질곡의 역사에 대해 구체적으로 알지 못했으며 특히 아놀드의 성명에는 이미 친일파의 입김이 작용한 듯 보였다. 인공과 대척점에 있었던 한민당의 김병로조차 이 성명을 "하여간 유감스럽다"고 평할 정도였다.

성명 중에 나타난 "38이남의 한국에는 오직 미 군정부가 있을 뿐이다"라거나 "이 정부는 맥아더 장군의 포고와 하지 중장의 발령과 군정장관의 행정령에 의하여 정당히 수립된 것이다", "절대적 지배력과 권위를 가지고 있다" 등의 언사는 한국의 인민을 한낱 명령에 복종하는 미 군부의 졸개 정도로 인식하고 있음을 드러낸 것이며, 특히 '미숙한 신문편집자', '우매하고 경솔한 기사', '유치한 행동', '괴뢰극의 막후에 그 연극을 조종하는 사기꾼' 등의 표현은 한국의 언론 활동과 언론인, 그리고 정치 지도자를 대놓고 능멸한 것에 다름 아니었다.

분노한 언론계는 일제히 비난을 쏟아냈다. 매일신보는 사설에서 "묻거니와 인민공화국의 책임자는 여운형이다. 일전 군정부에서 그를 군정장관의 고문으로 임명했음을 발표하였다. (…) 고문으로 위촉한지 불과 수일에 괴뢰극을 조정하는 사기꾼으로 지적한 발표문의 신문 게재는 아놀드 장관 임명 하에 또 다시 조선 민중을 사기하는 기사가 되지 않을까 염려된다."고 비판했다.[131] 자유신문도 이 성명을 나무라면서 마지막에는 이념으로 갈라진 한국의 선배 정치가들에게 일치단결하라고 일침을 놓았다.

> (…) 은혜로운 내객에 대하여 모든 것을 호의로 해석하려는 우리는 몇 번이나 불쾌를 억제하고 선의로 읽어보려 하였다. (…) 말이라 하는 것

은 화협(和協)의 기관이요, 아무리 그 의사가 좋은 곳에 있다 할지라도 표현이 사회의 예의에 어그러진 것이라면 적어도 문명인 상호의 회화로 볼 수 없는 것이요, 이는 반드시 일방적 우월감에서 나오거나 그렇지 않으면 고압적 표현이 아닐 수 없다. (…) 조선의 선배 정치가 제군, 민중을 참지 못할 정신적 고통에서 구해 내기 위하여 정치 지도자 제군의 일치단결을 진심으로 빌어 마지않는 바이다.[132]

성명의 주요 표적인 인공은 담화를 발표하고 "'자칭'이니 '참칭'이니 '연극'이니 하나, 우리는 우리에게 부여된 당연한 권리를 행한 것이요, 조선인 자신이 자기 문제를 해결할 수 있다는 자치적 능력을 표현했을 뿐이다"라고 반발했다. 미 군정청 기자단은 성명문 수정을 요구했고, 인민공화국은 하지 중장을 만나 태도 변화를 기대했으나 하지는 단호했다. 이는 좌파에 대한 미 군정의 기본 자세를 보여주는 것이었지만 좌파 세력들은 미 군정에 대한 적대적 감정을 높였고 투쟁의 범위를 확대시켰다. 아놀드 성명으로 분노한 언론계는 1945년 10월 23일, 24일 양일간 8·15 이후 처음 '전조선신문기자대회'를 열었다. 24개 언론사 250여 명의 젊은 기자들이 참석한 가운데 열린 '전조선신문기자대회'는 강령 규약을 제정하는 한편 인공을 지지할 것을 결의하고 매일신보 자치위원회를 격려하는 선언문을 발표했다.[133]

반세기 동안이나 우리 동포를 야만적으로 강압하고 착취하던 일본제국주의의 철쇄는 마침내 단절되고 말았다. 그러나 일방으로 우리 동포의 살과 뼈 속에는 아직도 그 악독한 쇄편이 얼마나 남아 있는지 모르며, 타방으로 일본제국주의의 조선 사정에 대한 기만적 선전은 연합국으로 하여금 조선의 현 정세에 대한 정확한 판단을 곤란케 하고 있다. 이러한 일본제국의 잔재로서 남아 있는 흔적은 우리의 힘찬 건설로써만 퇴치될 것이요, 이에 대한 모든 지장이 완전히 배제되고서야만 씩씩한 '건국'도 있을 수 있다.

우리들 붓을 든 자 진실로 우리의 국가 건설에 대한 제 장애물을 정당히 비판하여 대중 앞에 그 정체를 밝힘으로써 민족 진로에 등화가 될 것을 그 사명으로 한다. 단순한 춘추의 필법으로서는 우리는 만족치 않는다. 때는 바야흐로 우리에게 필봉의 무장을 요구한다. 모든 민족적 건설에 한 개의 추진이 되고 다시 민중의 지향을 밝게 하는 거화(炬火)가 되지 못한다면 우리의 붓은 꺾여진 붓이며 무능한 붓이다. 민족의 갈망하는 바는 우리의 힘 있고 바르고 용감한 필봉일 것이다.

우리는 이러한 대중적 요망에 저버림이 없도록 진력한다. 민족의 진로에 대한 찬란한 거화를 이루어 한국 사정을 국제적으로 정확하게 보도하는 침로(針路)가 되기를 기도한다. 역사적으로 우리에게 부여된 이러한 목표를 수행함에는 먼저 우리들의 결속이 필요하다.

그러므로 현재에 있어 우리는 철석같이 단결된 힘을 가지려 한다. 그리고 참된 민족해방을 위한 역사적 정의를 발양하는 강력한 필봉을 가지려 한다.

진정한 언론의 자유를 확보함으로써만 민족의 완전한 독립에의 길이 열릴 것이다. 신문이 흔히 불편부당을 말하나 이것은 흑백을 흑백으로서 가리어 추호도 왜곡치 않는 것만이 진정 불편부당인 것을 확신한다. 엄정중립이라는 기회주의적 이념이 적어도 이러한 전 민족적 격동기에 있어서 존재할 수 없음을 우리는 확인한다. 우리는 용감한

전투적 언론진을 구축하기에 분투함을 선언한다.[134]

'전조선신문기자대회'의 선언문은 일제의 잔재가 엄존하고 있고, 그 기만적인 간교함이 연합국에 작동하고 있으며, 그로 인해 이념으로 분화된 국제 정세 속에서 연합국이 한국의 현실을 정확하게 보지 못하고 오판할 것을 걱정하고 있었다. 선언문은 이러한 것들이 자칫 일제 잔재를 청산하는데 걸림돌이 되고 민족의 완전 독립을 가로막을까 우려하고 있었다. 이를 막아내기 위해서는 이른바 '불편부당'이나 '엄정중립' 등으로 포장된 기회주의를 경계하고 언론의 완전한 자유를 확보할 수 있도록 단결해야 함을 강조했다.

혼란과 변혁 사이, 언론운동의 방향

해방 이후 미군의 서울 입성(9월 8일), 한민당 창당(9월 16일), 아놀드의 성명 파동(10월 10일), 이승만 귀국(10월 16일), 임시정부 요인들 귀국(11월 23일) 등 정국이 긴박하게 돌아가는 가운데 일제하에서 망명했던 피난민들도 속속 귀국하자 반공 우파 세력은 침묵을 깨고 활동을 시작했다. 이로써 정계는 임시정부를 지지하는 우파와 인공 지지의 좌파로 양분되었다.

이런 상황에서 미군은 임시정부의 정통성마저도 무시하고 오로지 미 군정의 합법성만을 강조했다. 인사에서도 업무 능력은 무시한 채 영어 잘 하는 사람만 써 '통역정치'의 틀을 벗어나지 못했다. 더 큰 문제는 친일 부역자나 민족 반역자 등을 가리지 않고 마구잡이로 채용한 것이었다.[135] 이에 대해 자유신문은 "어제까지 우리의 애국자를 악형과 고문으로 취조하던 경찰을 그대로 눌러 앉히는 것이 가한 일일 것인가. (…) 아무리 선의로 이해를 하려 해도 이해할 수 없는 일이 있으니, 그것은 관청이나 민간 사업의 중요한 자리를 다만 외국어만 능하나 그 사업과 아무런 관련도 경험도 없는 인물에게 내맡기는 일이다"라고 비판했다.[136] 〈중앙신문〉도 "민족반역자와 친일파를 옹호하는 정치 단체가 있고 군정 당국이 그들을 포용하는 흔적을 부인할 수 없다"고 지적했다.[137]

혼란스러운 것은 친일 부역 신문 조선일보조차도 "과거 일본제국주의 하에서 악질적 행위를 일삼다가 오늘날 자기의 거행에 대하여 양심의 가책은커녕 도리어 그 악행을 호도하고 애국자연하게 표면을 가리며 사태를 혼돈케 하는 자들이다"라며 그들을 처단해야 한다고 강조했던 것이다.[138] '누워서 침 뱉기'와 같은 조선의 이러한 지적은 카멜레온적 변신의 능력인지 극에 달한 후안무치인지 분별하기 어려웠다. 이러한 혼돈은, 분명하게 가려야만 할 사항들을 가릴 수 있는 주체는 권한이 없었고, 모든 권한을 독점한 미 군정청은 이를 분별할 능력이 없었을 뿐 아니라 무관심했으며, 결과적으로 권능과 권위를 갖고 흑백을 분별할 수 있는 체계가 존재하지 못했던 때문이었다. 그것은 친일파의 득세를 가져오게 된 중대한 배경이 되었다.

통역정치 문제에서 파생된 군정 내부의 사기꾼과 협잡꾼 논란은 '군정과 인민의 관계'라는 더 근본적인 의제로 발전했다. 자유신문은 사설에서 "조선은 군정에의 협력을 통하여 자주적인 결단으로 민주주의 국가를 건설할 도상에 있다. 만일에 무비판한 추종과 가면적 아유阿諛로 일관하는 군정 관계자가 있다면 이는 군정의 진의를 배반하는 행동일 것이다. (…) 대중을 희생시켜 그 결실을 빼앗으려는 모리배는 빨리 군정에서 제외되어야 한다"라고 군정 관계자의 반성을 촉구했다.[139] 조선일보도 '군정과 인민'이라는 사설에서 "조선인민은 연합국의 군정을 잠정적인 것으로 보고 있다"며 미군정의 조속한 철수와 조선 민족에 의한 자주독립을 강조하였다.[140]

한편, 해방을 맞은 민중들은 '자유'의 행동 양식에서도 갈피를 못 잡았다. 봉건군주시대부터 일제 식민 통치에 이르기까지 기나긴 속박에서 벗어나 처음으로 미국식 자유를 누리게 된 해방 공간은 혼란 속에 빠졌다. 남한 사회를 파고든 '양키이즘'과 무분별한 남녀 간의 풍속 문제가 '자유의 개념'과 '자유의 경계선'에 대한 논란을 불러일으켰다.

자유신문은 풍속 문제에 대해 '애욕의 환락가'라며 경계할 것을 촉구했다. 중앙신문도 미국에서 배워야 할 것은 '능률주의'이며 배우지 말아야 할 것은 '헐리우드 스타일'이라며 "외국 문화를 충분히 소화 못하고 표면적으로만 이식한다면 그것은 비록 독립 국가라 할지라도 정신적 식민지를 인상시키는 것이다"고 충고했다. 이에 대해 조선일보는 일제의 '자유'는 조선에게는 '구속'으로 나타난다며 "절대적 자유란 없다"고 선을 그었다.[141]

분단의 단초가 된 허위 왜곡 보도

광란의 사회 만든 언론의 허위 왜곡 보도

유사 이래 나라의 주인이 주권을 행사할 수 없는 혼란기에는 온갖
주의와 주장들이 난립했고, 그것을 담지擔持할 언론 매체 또한 급격
히 늘어났다. 일제 통감부가 지배했던 시기가 그러했던 것처럼,
1945년 해방 직후 미 군정 치하의 남한 상황이 또한 그러했다.

과다한 신문의 숫자만큼이나 신문의 정파성 또한 심각했다. 그
것은 나라의 미래에 돌이킬 수 없는 악영향을 초래했다. 특히 '모
스크바 삼상회의'에 대한 정파적 허위 왜곡 보도는 고의성 여부와
무관하게 한반도가 지금까지 통일을 이루지 못한 채 분단국가로
남아 있는 단초가 되었다. 이것이 정파적 이해에 따른 고의적 허위
왜곡이었다면 역사적 반역을 저지른 크나큰 범죄 행위에 진배없
었다.

1945년 12월 16일 미국, 영국, 소련의 외무장관은 그해 7월에 있
었던 포츠담회담의 후속으로 전후戰後의 제반 문제들을 논의하기
위해 모스크바에 모였다. 사실상 포츠담회의에서는 한반도 문제에
대한 아무런 결정 사항도 없었으며, 모스크바 삼상회의가 한반도
의 모든 운명을 최종 결정하도록 되어 있었다. 그만큼 삼상회의의
결과에 대한 해석과 판단은 이성적이고 신중해야 했으며 향후 그
에 대한 한반도의 입장은 어떤 형태로든 단일한 목소리가 절실하
게 필요한 상황이었다.

삼국의 외상들은 7개항의 모스크바협정Moskva Agreement을 발표했

는데, 그 중 한국과 관련된 사항은 "한국을 완전한 독립국으로 발전시키기 위해 임시정부를 수립하고, 이를 위해 미소공동위원회를 설치하며, 미국, 소련, 영국, 중국 4개국에 의한 최장 5년간의 신탁통치안을 협의한다"는 내용이었다. 회담 과정에서 미소 간에 신탁통치에 대한 이견이 있었지만 결국 '최장 5년간'의 신탁통치로 조정되었다.

그런데 모스크바 삼상회의에 대한 언론보도는 한국사회를 '찬탁'과 '반탁'으로 갈라 극심한 이념 갈등을 일으켰다. 제일 먼저 동아일보가 협정 결과의 공식 발표 하루 전인 1945년 12월 27일자 1면 머리에 "蘇聯은 信託統治 主張", "소련의 口實은 三八線 分割占領", "米國은 卽時 獨立 主張"이라는 제목으로 대서특필했다.[142] 미군정도 삼상회의 결과를 접하지 못한 상태였다. 이는 합동통신을 통해 12월 25일 워싱턴 발 외신으로 국내에 전해졌는데, 그 내용은 "한국의 독립문제가 모스크바 삼상회의에서 논의될 수 있다"는 것과 "소련은 한국에 대한 신탁통치를 제의한 반면 미국은 즉시 독립을 주장했다"는 것이었다. 이 외신 기사는 12월 27일자 조선일보, 신조선보, 중앙신문 등에도 일제히 보도되었다. 조선일보는 12월 27일자 1면 머리에 "신탁통치를 배격함"이라는 제목의 사설과 함께 "조선의 자유독립은 어데로", "독립, 신탁론 대립?", "미국은 즉시 독립을 주장"이라는 제목의 기사를 올렸다.[143] 신조선보도 1면에 "조·선·문·제·표·면·화"라는 제목과 함께 "소련은 신탁통치 說", "미국은 즉시 독립을 주장" 등의 표제를 달아 보도했다.[144] 중앙신문은 1면으로 같은 제목을 보도했으나 기사의 크기는 작았다.[145] 특히 동아일보는 그 핵심 내용이 소상히 알려진 이후에도 이를 무시한 채 '신탁통치'에 초점을 맞춰 '반탁운동'을 선동하였다.

그러나 그 보도들은 본말이 전도된 왜곡 보도였고 사실 관계를 뒤집어엎은 허위보도였다. 우선, 모스크바 삼상회의 결과의 주요 핵심 사항은 '임시 민주정부 수립'이었지 '신탁통치'가 아니었다. 협정문 제1항은 "한국에 미소공동위원회를 설치하고 일정 기간의 신탁통치에 관하여 협의한다"는 것으로 '미소공동위원회 구성'은 임시정부 수립을 위해 필수적이며, 신탁통치는 '결정사항'이 아니고 다음에 '협의한다'는 것으로 기간도 5년 이내로 한정되어 있었다. 더 놀라운 것은 실제 삼상회의 논의 과정에서 소련은 '즉시 독립'을, 미국은 '5년 이상 신탁통치'를 주장했다가 '5년 이내의 신탁통치를 통한 임시정부 수립'이라는 타협안에 삼국의 외무상이 합의했다는 것이 정확한 사실이었다. 소련이 부동항을 확보하기 위해 신탁통치를 주장했다는 신문 보도가 있었지만 당시 소련이 여순 및 대련항에 대한 기득권을 누리고 있어 '신탁통치'를 애써 주장할 이유는 없었다. 그런데 언론은 '신탁통치'를 부각하여 협정 결과의 의미를 왜곡시켰을 뿐 아니라, "소련은 신탁, 미국은 반탁"이라는 사실과 정반대의 허위 사실로 '반탁 감정'에 불을 지펴 극한적인 좌우대립의 빌미를 제공한 것이다.

이해관계는 이념과 사상에 불을 붙였다. 동아일보의 이 보도가 나오자마자 이승만과 한민당은 '반탁'을 주장하면서 친일부역 세력을 '독립 애국자'로 포장했다. 동아일보는 또한 이듬해인 1946년 1월 16일자 1면에 "조선공산당 당수 박헌영이 조선을 소련의 속국으로 만들기를 희망했다"는 내용의 기사를 올렸다. 이 기사는 동아일보가 미국 방송 보도를 확인도 없이 인용 보도한 오보였다. 회견에 참석했던 미군 기관지 기자와 국내 12개 신문과 통신사 기자 일동이 박헌영에 대한 동아일보 보도가 사실이 아님을 확인하는 성명을 발표했지만 고쳐지지 않았다. 동아일보는 전년의 12월 27일자 허위 보도를 그대로 밀어붙였던 것이다.[146]

1945년 12월 28일 임시정부는 경교장에서 심야 국무회의를 열고 '신탁통치 결사반대'를 결의했다. 김구는 반탁운동을 제2의 독립운동이라고 천명하며 반탁운동의 선봉에 섰다. 임시정부는 포고령을 선포했는데 포고의 대상은 미 군정청의 한인들을 포함한 전 국민이었다. 이는 임시정부가 공식 정부로서의 위상을 상징적으로 보여준 것이었다. 임시정부의 입장은 연합국이 임시정부를 과도정부로서 인정해달라는 것이었다. 임시정부의 포고령이 내려지자 서울의 경찰관 대표들이 김구의 지휘를 받겠다고 약속했고, 미 군정청의 한인들까지 김구의 지휘를 따르겠다고 나섰다. 이러한 상황은 임시정부와 미 군정을 갈라놓는 계기가 되었다. 미 군정은 임시정부가 쿠데타를 일으킨 것이라며 격노했다. 김구와 미 군정 사이는 돌이킬 수 없을 정도로 벌어졌고 미 군정은 김구를 동맹으로 인정하지 않게 되었다.

임시정부는 이미 해방 3년 전부터 한반도에 대한 어떠한 외부 개입도 허용하지 않을 것임을 천명한 바 있었다. 그러나 1945년 연말은 남북 분단의 위기가 최고조에 달했던 시점이었다는 점에서 모스크바 삼상회의의 결정은 이성적인 판단과 분석이 필요했다. 그러나 동아일보를 비롯한 언론의 광분은 차분한 논의 과정 자체를 원천적으로 봉쇄해버린 것이었다. 어떤 정파도 어떤 지도자도 신중하고 사려 깊은 분석과 판단을 할 수 없도록 만들었다. 게다가 극

우 정치 세력들은 이런 분위기를 이용해 정파적 이익을 꾀하는데
여념이 없었다.

공산당은 1946년 1월 중하순부터 3상회의 결과는 신탁통치가
아니고 후견제였다고 주장했다. 소련 정부는 한국의 독립을 보장
했고 신탁통치를 반대했으며 3상회의 결의는 '후견제'지 '신탁통
치'가 아니라는 것이었다. 실제로도 1946년 1월 소련이 발표한 3
상회의 결과 사본에는 후견guardianship이라고 명시되어 있었다.

1월 23일 건준의 조직장이었던 이강국은 "깊이 생각해 보니 3상
회의 결과가 조선독립을 원조하고 촉진시킨다는 것을 깨닫게 되
었다"고 말했다. 서울시 인민위원회 부위원장 김광수도 1월 3일 "1
개월 내로 임시 민주주의 정부가 수립된다는 것은 얼마나 반가운
소식인가. (…) 5년 안에는 꼭 우리에게 독립을 준다고 기한이 결정
된 것이다. 이를 반대한다는 것은 들어오는 복을 박차버리는 것과
같다"고 지지했다. 그러나 우익은 시종일관 반탁을 고집했다. 특히
김구를 비롯해 25년 간 법통을 지켜온 임시정부의 반탁투쟁은 치
열했다. 12월 28일 임시정부가 심야 국무회의가 끝난 뒤 '신탁통
치반대국민총동원위원회'를 결성한 것은 그런 분위기를 설명해주
고 있었다.[147]

이승만의 속셈

이승만의 고민은 다른 데 있었다. 그는 3상 결정으로 구성될 통일
임시정부가 좌익 연합정권이 될 것을 우려하고 있었다. 거기에는
이승만 개인의 사적인 경험이 크게 작용하고 있었다. 그것은 3·1운

동 당시 그가 한반도를 미국의 위임 통치하에 두자고 건의한 일 때문에 뒷날 임정에서 탄핵당한 전과 때문이었다. 좌익 연합정권을 막는 유일한 길은 남한에 단독정부를 세우는 일이었다. 1946년 3월 미소공동위원회 회담이 시작되자 4월에 샌프란시스코 통신으로 이승만 중심의 남한 단정 움직임이 보도된 것이나, 6월에 남한 단정 계획을 밝힌 '정읍선언'을 보아도 이승만의 관심사는 오로지 미 군정 이후의 자신의 권력 획득이었다. 이에 반해 초기에 반탁을 주장했던 우사 김규식은 미소공위 추진파로 바뀌었다. 그는 모스크바 3상의 결정은 궁극적으로 조선을 독립시키기 위한 것이고, 조선이 통일정부를 세우려면 모스크바 3상 결정을 수락해야 하며, 신탁문제는 통일 임시정부를 세운 뒤에 논의해도 늦지 않다는 점을 강조했다.[148]

우익은 때를 만난 듯, 찬탁을 주장하는 좌익과 중도세력을 '매국'으로 규정하고 총공세를 펼쳤다. 우익언론도 적극 가세했다. 그 중에서도 가장 흥분한 것은 조선일보였다. 조선일보는 사설에서 "신탁보다 차라리 우리에게 사死를 주는 것이 나을 것이다"라며 광분했고, "죽엄이냐 독립이냐"라는 양자택일의 구호를 외치며 충동질했다.[149] 신탁통치의 장단점에 대한 이성적 판단이나 국제 정세를 냉철하게 살피는 정치한 분석은 외면한 채 민족 감정을 자극하며 위험하고 수준 낮은 정치적 선동을 일삼은 것이다. 다음은 조선일보의 사설 일부다.

(…) 오호라! 이 나라가 또 한번 망한단 말인가. 아! 백성이 또 한번 노예가 된단 말인가. 이것이 정말인가 거짓말인가. 아! 이것이 몽환인가

현실인가. (…) 울음도 쓸데없고 탄식도 쓸데없다. 3천만이 하나로 싸우자. '독립을 다구. 그렇지 아니하면 죽엄을 다구' 이 한 마디의 표어로써 우리를 구속하는 모든 세력에 반항하여 싸우자. 피를 흘리자. 아! 3천만 형제의 최후 일전의 시기는 지금 이때다. 일어나라! 나아가자! 독립전쟁의 길로![150]

죽음을 부르는 조선일보의 이 같은 사설은 현실로 나타났다. 각 당 대표자들이 경교장에 모여 결성한 '신탁통치반대국민총동원위원회'에서 한민당의 송진우 총무(대표)는 "여기 누구라도 모스크바3상회의에서 결정된 의정서 원본을 제대로 읽어본 분 있느냐?"면서 "삼상 결정은 세 나라에 의해 합의된 것이고, 우리는 이를 받아들일 수밖에 없는 것 아니냐"며 반탁운동에 대해 신중론을 주장했다. 그러나 그는 그 다음 날인 12월 29일 자신의 자택에서 괴한에게 피살되고 말았다. 그 이틀 후에는 조선인민보의 인쇄소 직원 20명이 납치되었다.

송진우의 피살 사건은 피살 전 그의 발언과 함께 여러 가지 정치적 해석을 낳았다. 피살범 중에는 그의 경호원이 포함되어 있었지만 배후는 밝혀지지 않았다. 해를 넘겨 1월 7일 새해 벽두에 극우신문 대동신문이 습격을 당해 신문이 나오지 못했고, 그 10여일 뒤에는 조선인민보가 또 다시 반탁학생연맹 학생들의 습격을 받고 신문을 발행하지 못했다. 정동 예배당에서는 '매국노 좌익신문 성토회'가 대규모로 열리고 좌익신문 불매운동이 벌어졌다.[151] 좌우의 쟁투가 폭력 사태로까지 번진 것이며 돌아올 수 없는 강을 건넌 것이었다. 더욱 불행한 것은 이러한 민감한 상황을 조율하고 치유할 권한과 능력을 가진 주체가 조선 땅에 존재하지 않았다는 사실이었다. 이것이 미 군정기의 가장 큰 맹점이었다.

그러나 그러한 혼란은 남한 사회 안에서 일어나는 회오리일 뿐 국제 정세는 도도한 강물처럼 흘러가고 있었다. 1946년 3월 20일 미소공동위원회는 예정대로 열렸다. 미소공동위원회가 한창인 5월, 신탁통치에 대한 신문의 논조와 정파의 입장은 보수 우파는 반탁, 진보 좌파는 찬탁으로 확실하게 갈렸다. 물론 김규식처럼 반탁이었다가 찬탁으로 전향하거나 한민당처럼 2차 미소공동위원회에 참여하면서 반탁운동을 철회하는 등의 예외 사례도 있었다. 그러나 그것은 극단으로 치닫는 양 진영의 이념적 갈등을 조율하고 통합하기에는 너무도 힘이 미약했다.

삼상회의에 대한 언론의 허위 왜곡 보도, 그리고 이후 덩달아 냉정과 이성을 잃은 광분한 언론 보도는 정파의 갈등과 불신을 증폭시켰고, 이는 냉전체제로 접어든 미소의 갈등을 부채질하여 미소공동위원회 논의에도 악영향을 미쳤다. 모스크바 삼상회의의 핵심 내용이었던 '민주정부의 수립'은 물거품이 되었고, 한국의 문제는 1948년 5월 10일 유엔감시하의 남한 단독 선거로 결론이 났다. 결과적으로 신탁통치를 둘러싼 좌우익의 정파적 대립은 남북의 항구적 분단의 결과를 초래하고 말았다.

신탁통치의 문제는 한반도의 미래를 결정짓는 중대 사안이므로 당대 시대 상황이나 국제 정세에 대한 냉철하고 정밀한 분석과 합리적 논의 과정을 통해 해답을 찾아야 했다. 그러나 드러난 양상은 좌우세력이 진영을 구축하고 상호 비방과 중상, 폭력과 테러를 가하는 최악의 상황을 연출한 것이다. 권력에 눈이 먼 정치 지도자들과 진영에 갇혀 선동에 여념이 없었던 언론이 한민족에게 남긴 역사적 과오는 결코 씻을 수 없는 결과를 만들었다.

좌익 언론 탄압과 언론인들의 항거

미 군정의 언론 탄압과 언론인들의 저항

미군의 언론 정책은 애초부터 통제를 전제로 하고 있었다. 점령군으로 진주해 군정청을 발족한 미군은 표면적으로는 언론의 자유를 보장하겠다고 했지만 1946년부터 치안유지를 명분으로 사실상 언론을 엄격하게 통제했다. 미군의 언론 통제는 1945년 9월 미군의 한반도 진주 직후에 가졌던 한국 기자단과의 회견에서 이미 예고된 것이었다. 이 회견에서 하지 중장은 언론에 대한 간섭과 검열 등을 결코 하지 않을 것임을 분명히 하면서도 "신문과 언론이 치안을 방해하는 데까지 미칠 때에는 우리로선 '적당한 처치'를 해야 할 것이다"고 언급했는데, 이는 언제든 언론을 통제하겠다는 의지를 표출한 것이었다.

미 군정이 한반도에 수립하려고 했던 정치 연합의 기조는 반공주의, 자본주의, 자유민주주의 체제의 구축이었다. 그러나 냉전이 가속화되면서 미 군정의 정책은 남한을 '반공의 보루'로 기초를 다지는 데 초점이 맞추어졌다.[152] 이에 따라 우익 언론에는 과감한 지원을, 좌익 및 진보 언론에는 철저한 통제를 가함으로써 좌익과 진보 언론이 주도했던 남한을 보수 우익 환경으로 바꾸어갔다. 이 당시 미군이 실시한 언론 통제의 법제와 제반 조치들은 이후 남한의 언론들이 독재 정치의 스피커로 전락하는 근원적 배경이 되었다.

1945년 하반기 6개월 동안의 미 군정 초기에는 치안에 방해되지 않는 한 좌우 언론에 대한 특별한 차별 조치는 없었다. 그러나 1946년 초부터 이듬해 상반기 말까지 미 군정은 공산주의·진보주의 언론과 그 언론인들을 철저히 배제함으로써 공산주의·진보주의 신문 대부분을 정리했다. 그리고 1947년 하반기가 시작될 무렵부터는 미 군정 스스로 선전 활동을 통해 단독정부 수립을 지원하면서 보수 우익 언론이 주도하는 언론 환경을 완성했다.

미군은 1945년 9월 포고령 1호로 군정을 선포하기는 했으나 군정 초기의 남한 사회는 치안유지나 행정 조치를 위한 법제가 미처 마련되지 않은 상황이었다. 따라서 미군은 포고령에 의존할 수밖에 없었는데, 포고령 2호는 미국인, 기타 연합국인의 생명이나 소유물을 해치거나 적대 행위를 하거나 공공의 질서를 교란한 자는 점령군 군법회의에서 처벌한다는 내용으로 그 범위가 지나치게 추상적이고 포괄적이어서 언론인에게도 적용되는 근거로 이용되었다.[153]

미 군정은 먼저 신문 및 출판물 등록제를 실시해 좌익 언론의 실태를 파악한 다음, 1946년 5월부터 좌익 언론 척결의 마무리 작업을 단행했다. 군정법령 72호는 주둔군이 해산 또는 불법이라고 지정한 단체, 주둔군의 이익에 반하는 단체, 또는 그 단체를 지지하거나 지도하거나 그를 위해 인쇄물이나 서적을 발행 유포하고 선동하는 행위 등을 모두 불법으로 규정했다. 군정법령 88호는 신문 및 정기간행물 발행 시 군정청 허가를 받도록 했는데 이는 군정법령

19호의 등록제와는 법리적으로 배치되는 것이었다. 6월 들어서는 용지난을 이유로 신문의 신규 허가를 중단했다. 이듬해인 1947년 3월에는 공보부령 1호를 발표, 정기간행물도 신규 허가를 수시로 중지하고, 간행 정지 또는 휴간하는 정기간행물은 그 종류에 따라 자동으로 허가를 취소할 수 있도록 했다.[154] 한마디로 주둔군에 의한 주둔군을 위한 주둔군의 법령들이었으며 이 모든 조치들의 주요 목표 대상은 좌익 언론이었다.

남한에 과도 정부를 수립한 미 군정은 1947년 9월 신문 기타 정기간행물 허가법률을 통과시켰다. 군정 법령으로 규제했던 허가제를 법적 규제로 격상시킨 것이다.[155] 이에 대해 과도 정부 출입 기자단은 법문 내용의 모호성, 언론자유의 침해 등을 들어 하지 중장에게 수정을 건의했다. 담수회도 이 법안이 제한 범위가 넓고 범죄 규정이 가혹하며 허가나 폐지를 공보부장이 결정하도록 하는 등 불의한 점이 많다고 지적하고 법의 전면 철회를 요구했다.[156] 이에 입법의원은 1948년 1월 일부 수정안을 만들었으나 이 개정안 또한 언론계의 반발로 공포하지도 못하고 입법의원이 해산되자 사문화되고 말았다.[157]

미 군정의 폭정과 탄압은 좌익 언론에만 미친 것은 아니었다. 1947년 1월 호남선 열차 안에서 미군 4명이 젖먹이가 있는 가정주부 등 여자 3명을 능욕하였는데 동아일보는 "오천년 문화민족으로서 처음 당하는 천인공로할 미군의 조선부녀 능욕사건"이라고 보도했지만 미 군정의 강력한 언론통제로 이 사건은 곧 잊혀졌다. 이 사건을 취재 보도했던 호남신문의 위민환 기자는 허위 보도 혐의자로 수배되었다가 신문을 모두 압수하는 조건으로 마무리되었다.

해당 범인들은 미 군정 재판에서 증거 불충분으로 풀려났다.[158] 이 밖에도 미군의 잔인무도한 성폭행 사건은 부녀자 집단윤간, 변태 성욕자의 소년 살인 등 부지기수였다.

미 군정의 탄압은 지역 신문들에도 예외가 아니었다. 1946년 농부가 미군의 총에 맞아 죽은 사건을 광주의 〈동광신문〉, 〈조선중보〉, 〈호남신문〉 등이 합동으로 취재반을 만들어 현장을 막고 있는 미군을 제치고 현장 시신의 등에 박혀 있는 총알 흔적을 확인하고 기사를 써 넘겼는데, 군정 당국이 신문사로 몰려와 신문을 모두 압수해간 일도 있었다. 미군은 당시 신문을 배포하면 현장에 간 3사 취재기자 전부를 무기징역에 때리도록 하겠다고 협박했다.[159]

좌익 언론의 소멸 속에 출판노조의 열혈한 투쟁

미 군정의 언론 통제는 대부분 공산당 계열의 언론과 진보적 민주주의 언론에 초점이 맞추어졌다. 1946년 5월 인천시청 산업과장의 부정행위를 보도한 〈인천신문〉과 서울신문의 간부들에게 '허위보도 및 명예훼손' 혐의로 벌금형이 내려진 것이 본보기였다. 이후 같은 달에 미 군정은 이른바 '정판사 사건'에 연루된 조선공산당 기관지 해방일보를 폐간시켰다. 7월에는 콜레라 기사와 관련, 자유신문, 조선인민보, 대한독립신문 등의 관련자가 구속되었다. 8월에는 식량배급 청원 시위 보도가 선동적이라는 이유로 조선인민보의 사장과 편집국장이 군정 재판에 회부되어 징역형에 처해졌고,[160] 동광신문과 호남신문이 폐간되었다. 9월에는 미국군대의 안전을 위태롭게 했다는 이유로 조선인민보, 현대일보, 중앙신문 등 3개사

관련자 9명이 구속되고 해당 신문들은 발행이 정지되었다.[161] 같은 달, 군산의 〈남선신문〉이 미 군정 비방죄로 정간 후 폐간되었다. 10월에는 대구폭동을 호외로 보도한 부산의 〈민주중보〉를 무기정간시켰고, 이 신문의 위원장 이갑기를 구속했다. 미 군정의 이러한 일련의 조치로 당시 유력한 공산주의 노선의 신문과 진보적 민주주의를 표방한 주요 신문들이 대대적으로 정리되었다.

한편, 이 시기 신문사, 출판사, 인쇄소의 공무 직원들로 구성된 출판노조는 강력한 조직 활동을 전개하며 신문 총파업을 벌이기도 했다. 미군의 한반도 진주 이후 좌익 계열은 대중적 조직 기반을 다지기 위해 앞 다투어 노조를 조직했는데 노조 결성은 주로 일제 강점기, 지하에서 비합법적인 방법으로 투쟁을 전개했던 노동운동가들이 주도했고 전국으로 빠르게 퍼져나갔다. 이 과정에서 출판노조가 1945년 11월 2일 결성되었고 11월 5일과 6일 전국적인 중앙조직 조선노동조합전국평의회(전평)가 결성되면서 출판노조는 전평 산하에 들어갔다.[162] 1946년 9월 미 군정의 좌익 탄압에 대응하여 철도노조가 총파업에 돌입하자 출판노조도 다음 날부터 연대파업에 돌입했는데, 이 때 신문들도 일주일 동안 총파업을 벌였다. 당시 출판노조의 요구 조건 중에는 '조선인민일보, 현대일보, 중앙신문의 복간'이 들어 있었다. 이 파업에는 한성일보, 동아일보, 서울신문, 조선일보, 대동신문, 중외일보, 민주일보, 자유신문 등이 대거 참여했다. 이렇듯 활발했던 좌익 및 진보민주주의 계열의 언론노조운동은 미 군정에 의해 퇴조하고 이승만 단독정부가 들어서면서 완전히 소멸되었다.[163]

좌익 언론 탄압은 남한에 과도정부가 들어선 이후에도 계속되었다. 미 군정은 1947년 7월 남로당 기관지 〈노력인민〉과 〈건국〉의 발행인 김광수를 포고령과 신문지법 위반으로 구속했다. 공산당 위폐사건 주범 이관술을 찬양한 기사 때문이었는데 남로당 중앙위원이기도 한 김광수는 군정 재판에서 신문지법 위반으로 징역 10월의 실형을 선고받았다. 11월에는 〈부산인민해방보〉를 포고령 2호 위반으로 무기 정간시켰다. 1948년 4월 미 군정은 〈독립신보〉 주필 및 편집자, 〈조선중앙일보〉 사장 이달영, 정치부장 윤동명, 〈신민일보〉의 주필 염상섭, 영업국장 김성수 등 6명을 검거했다. 이들은 군정 재판에서 각각 징역5년에 집행유예와 벌금형을 선고받았다. 이해 5월에는 군정 법령 88호 위반을 들어 〈우리신문〉과 〈신민일보〉를 폐간하고 우리신문의 편집국장과 편집차장을 구속했다. 6월에는 〈전라민보〉의 주필과 편집국장 대리, 기자, 〈전북신문〉 편집국장, 〈조선통신〉 전주지사의 대리와 편집부 기자 등 6명을 구속하고 6월에는 부산의 〈민주중보〉를 무기정간 처분하는 한편 편집국장 이만용 등 관련자 4명을 구속했다.[164] 이처럼 미 군정의 좌익 언론 탄압은 중앙, 지역 구분이 없었고 지위 고하가 없었다. 좌파의 색깔을 띤 신문이면 무슨 꼬투리를 잡아서라도 정간, 폐간, 벌금, 구속 등의 철퇴를 내렸다.

좌파에 대한 미 군정의 민감한 대응은 방송이나 통신사에도 미쳤다. 미 군정은 1947년 8월 서울중앙방송국이 남로당의 지도를 받아 방송을 저해했다며 직원 19명을 구속 또는 불구속으로 검찰에 송치했고, 서울지방심리원은 김웅환, 김원식, 설창덕에게 각각 징역 1년, 징역 8월, 징역 6월에 집행유예 2년 등을 선고했다. 이해 10월에는 타스와 계약한 유일한 통신사 해방통신을 폐쇄조치

했다.[165]

한편, 이러한 미 군정의 좌익 언론 및 진보 언론 소탕 정책은 역으로 보수 우익 언론에 커다란 성장의 발판과 기회로 작용했다.

정판사 사건과 광무신문지법 폐지 운동

1947년 7월 남로당 기관지 노력인민의 발행인 김광수를 체포 기소한 사건은 좌익 언론에 대한 대표적 탄압 사례였다. 미 군정은 노력인민 7월 10일자에 실린 '무사혈투無私血鬪 일관一貫의 이관술 선생'이라는 기사가 '정판사 사건'의 대표적 피고인인 이관술을 찬양한 것이고, 이는 광무신문지법을 위반한 것이라며 김광수를 기소했다. 정판사사건精版社事件은 1946년 5월, 광복 이후의 혼란기를 틈타 남한의 경제를 교란하고 당비를 조달하기 위해 조선공산당 재정부장 이관술李觀述이 위조지폐를 제작했다는 혐의로 기소된 사건이었다. 이관술은 공산당 기관지 해방일보의 사장 권오직權五稷과 함께 조선정판사에 1,200만원의 위조지폐를 제작케 하여 시중에 배포한 혐의로 그해 11월 무기징역을 선고받았다. 이에 대해 이관술은 법정 최후진술에서 "조선정판사 사건은 우리 공산당을 탄압하기 위한 경찰 및 검사국의 허위 날조된 사기극이며 조병옥과 장택상을 앞세운 정치적 음모"라고 주장했다.[166] 김광수는 1심에서 '맥아더 포고' 및 광무신문지법 위반으로 징역 10월을 선고받았다가 이듬해인 4월 고법 항소심에서 '원심 파기, 벌금 3만원'을 받고 풀려났으나 대법원은 고법의 2심 판결을 다시 파기했다.[167]

한편, 광무신문지법의 존속 여부에 대하여 당시 미 군정 공보부는 파기되었다는 입장이었으나 미 군정청 경무부장 조병옥은 "아직도 광무신문지법은 존속하고 있다"고 주장했다. 이후 미 군정청 내부에서도 존속 여부가 논란이 되자 미 군정은 1947년 9월 입법의원에서 전문 11조의 '신문 기타 정기간행물법'을 통과시켰다. 그러나 언론계는 그 법 역시 '광무신문지법'과 다를 바 없는 법이라며 반대운동을 펼쳤다. 서울의 신문사, 통신사 주필과 편집국장 모임인 '담수회'는 이법의 철회를 요청하는 건의서를 민정장관 안재홍에게 전달했다. 이처럼 전 언론계가 '신문 및 정기간행물법'의 폐지 또는 개정을 주장하고 있는 상황에서도 유독 동아일보만은 이 법을 옹호하고 나섰다. 동아일보의 이러한 입장은 무슨 차원 높은 이유가 있는 것이 아니라 단순히 한민당의 대변지였기 때문이었다. 당시 한민당은 이승만의 단정노선을 성공시켜야 했고, 이를 위해 미 군정의 지지를 받아야 했으며, 따라서 미 군정이 좌익 신문을 통제하는데 필요했던 정간법을 한민당은 결코 거부할 수 없었던 것이다. 결국 담수회의 건의서에도 불구하고 미 군정의 입법의원은 어영부영 시간만 보내다가 남한 단독선거가 시작되자 '신문 및 정기간행물법'의 폐기 논란은 뚜렷한 결말 없이 흐지부지되고 말았다.

단정을 둘러싼 좌우 갈등

단정반대 운동과 5·10 단독선거

제2차 세계대전이 끝난 후 미국의 바람은, 한반도에 자유민주주의 체제의 온전한 통일정부를 세워서 팽창일로에 있던 공산주의 세력을 확실하게 견제할 수 있는 전초 기지를 만드는 것이었다. 그러나 냉전이 가속화되면서 그것은 비현실적인 희망사항이 되고 말았다. 그리하여 미국의 계획은 일단 미군이 발을 들여놓은 남한만이라도 확실하게 챙기는 쪽으로 바뀔 수밖에 없었고, 그러한 계획은 트루먼의 집권과 함께 가속도가 붙었다.

1947년 3월 트루먼은 한반도의 통일정부 수립을 포기하고 남한에 단독정부를 수립하는 쪽으로 방향을 틀었다. 이를 위해 미국은 남로당을 비롯한 좌파 척결에 나섰고 그들 입맛에 맞는 우파 정권을 물색하기에 이르렀다. 여운형이 암살되고, 8월부터 사회주의 계열 인사에 대한 대대적인 검거 선풍이 분 것은 이러한 미국의 의지와 무관치 않았다.

민족의 미래보다는 개인의 정치적 야심이 먼저인 이승만은 자신이 주도하던 독립촉성국민회를 중심으로 적극적인 단정단선운동에 나섰다. 이승만은 김성수가 주도하는 한민당, 임시정부에서 이탈한 이범석의 민족청년단, 이기붕 등의 미주 유학파 등과 손을 잡았다. 미국은 통일정부의 희망을 버리지 못하는 남북협상파에 대해 분열 공작을 전개했다.[168]

1947년 7월 10일 미소공동위원회가 결렬되자, 모스크바삼상회의 결정은 휴지조각이 되었고, 한반도 문제는 해결 난망이 되었다. 미소공동위원회의 결렬은 모스크바 삼상회의의 애매한 결론에서 이미 예고된 것이긴 했지만 한반도의 운명은 또 다시 열강의 이해 다툼 속에 분단이라는 멍에를 짊어지게 되었다. 비록 모스크바 삼상회의가 모호한 결론을 냈지만 정치 지도자들이 사심을 버리고 이성적이고 정치한 논의를 이끌어 단일한 목소리를 냈다면 그처럼 속절없이 영구적인 분단 상황으로 치닫는 것은 막을 수 있었을 것이다. 그런 결과가 나오게 된 결정적 책임은 언론에 있었다. 언론은 신탁통치 논쟁과 단독정부 시행 여부를 둘러싸고 김규식, 김구와 같은 정치 지도자들의 애국적 행보를 적극 지지하지는 못할망정 정파적 진영에 빠져 광분하였고 분열을 조장했다.

미국은 유엔감시 하에 남북한 총 선거안을 유엔에 상정할 것을 제안했으나 소련은 미소 양군이 먼저 한반도에서 철수하고 한국의 문제는 한민족 스스로에게 맡기자며 반대해 좌절되었다. 이에 유엔은 가능한 지역에서라도 선거를 실시하기로 결의했다. 유엔총회는 1947년 11월 유엔한국임시위원단 설치, 남한 단독선거, 정부수립 후 미군과 소련군의 철수를 가결했다.[169]

단정이 가까워지자 좌익 정치세력은 필사적으로 단정 반대에 나섰다. 1948년 2월 7일 남로당과 북로당은 "전 인민은 구국투쟁에 총궐기하여 단선을 거부하자"는 성명을 발표했다. 진주, 밀양, 합천, 함안, 고성 등 경남 일대에서는 폭동이 일어났다. 제주에서는 5·10 단독선거 거부 과정에서 민족적 비극인 4·3사태가 발생했다. 남로당은 단선반대투쟁위원회를 중심으로 경찰, 관공서, 언론기관, 우익 인사 등에 대한 폭력투쟁을 전개했다. 이처럼 좌우갈등이 폭력적 양상을 보이자 한독당의 김구는 '3천만 동포에게 읍소함'이라는 성명을 통해 단독정부 수립을 반대했고, 신진당의 김규식은 "단독정부는 필연적으로 동족상잔으로 발전할 것"이라고 경고했다. 이후 김구와 김규식은 1948년 4월 19일 평양을 방문하여 통일정부 수립을 호소하기도 했다. 그러나 두 애국지사의 호소는 양분된 정치세력 앞에 물거품이 되었고, 단독선거 일정이 다가오면서 단선반대 투쟁은 더욱 거세지기만 했다. 단독 선거 일주일 전인 5월 3일에는 동맹휴학, 삐라 살포, 파업, 전선·전화·철도·교량의 파괴, 투표구 선거위원장 살해, 파출소 공격 등 단선반대투쟁위원회의 폭력 행위는 더욱 과격해졌다. 이승만 정권이 들어설 경우 불법 정당이 될 것이 명약관화한 남로당의 입장에서 단독선거 반대투쟁은 필사적인 것이었다.[170]

한편, 한민당 대변지인 동아일보는 가장 앞장서서 단독선거를 지지했다. 동아일보는 1948년 2월 3일자 '총선거를 단행하라'라는 제목의 사설에서 "풍상 30년간에 임정 간판을 사수하였는데, 그대로 법통을 인정치 않고 총선거란 무엇이냐는 반발심에서 실현성 없는 양군철퇴니 남북요인회담이니 하여 이것도 저것도 되지 않으면 정권은 결국 자파에 돌아온다는 시대착오적 타산으로 (…) 입국 이래 반복된 허다한 과오가 여기에 이르러 그 절정에 달한 감이 없지 않다"고 김구를 맹비난했고,[171] 김규식에 대해서는 "통일조선을 염원하는 민중의 심리를 이용하는 동시에 무시할 수 없는 공산세력에 추파를 던져 좌우에서 지지를 받음으로 자파세력을 확충하려는 것"이라며 기회주의자로 매도하였다.[172]

동아는 이후에도 10여 차례나 유사한 사설을 내보냈는데 이런 강경한 태도로 인해 5·10선거를 이틀 앞두고 동아일보 사옥이 방화로 불에 타는 등 피해도 컸다. 이 방화로 창간 때부터 모아둔 동아일보 보관지들과 사진 등 자료들이 대거 소실되었고, 총 선거일을 포함한 5개월 동안 동아일보는 조선일보 등을 전전하며 겨우 신문을 제작했다. 좌익신문과 진보신문이 대세였던 당시, 동아는 발행부수 3,4위에 지나지 않았으나 남한 단독선거를 강력히 주장하는 반공신문으로는 최대 규모였다. 조선공산당은 산하 전국노동조합평의회 소속의 인쇄노동자들이 수시로 태업이나 파업을 벌이도록 해 동아일보를 몇 차례 휴간시켰다.[173]

그러나 대세는 이미 기울어 있었다. 사생결단의 반대투쟁에도 5·10선거는 예정대로 실시되었다. 대한독립촉성국민회와 한민당은 선거 실시에 앞장섰고, 미 군정은 반대투쟁 저지를 위해 경찰력을 동원했다. 소련군은 선거가 끝난 뒤 보복성 전력 중단을 강행해 남한은 암흑천지가 되었다. 그러나 이승만은 예정대로 6월 10일 국회의장이 되었고 7월 10일에는 대통령에 당선되었다.

단독선거가 끝난 후, 미 군정은 단선에 반대했던 좌익 신문들을 완전히 뿌리 뽑았다. 미 군정은 5월 26일 좌파지인 우리신문과 신민일보를 폐간하고 우리신문 편집국장 박소봉과 편집인 강노철을 구속했다. 독립신문은 5월 9일 총선거를 반대하는 특집호를 내고 자진 폐간했다. 그리하여 좌익 신문은 조선중앙일보만 남게 되었다. 좌익 언론에 대한 대대적인 탄압 국면 속에서 미 군정의 지원을 받은 새로운 우익 신문들이 등장하기 시작했다. 1948년 2월 이승만 계열의 〈평화일보〉가 창간됐고, 이어서 〈국제신문〉, 〈국민신문〉이 창간됐다. 조선일보도 12월 1일 대형으로 환원하였다. 해방

2부 외세 지배 속의 언론운동

후 좌익 신문에 눌려 있던 우익 신문들은 비로소 전성기를 이루게
되었다.[174] 우익 신문들은 단독정부가 들어서기까지 우익세력과 철
저히 공조했고 반공이념을 바탕으로 단독정부의 출범과 유지에도
결정적으로 기여했다.

제주 4·3항쟁의 발단

제주는 일제 강점기 때부터 활동해온 건준과 인민위원회가 제주도
민들의 전폭적인 지지를 받았던 곳이었고, 여타 지역과 달리 제주
도 인민위원회는 미 군정청과도 협조가 잘 되었던 특별한 지역이
었다.[175] 그러나 1947년 미 군정에 대한 제주 도민들의 인식이 크
게 바뀌는 사건이 일어났다. 제주 북초등학교 3·1절 기념식에서 기
마경관의 말발굽에 어린 아이가 치어 도민과 경찰이 충돌했는데
이 과정에서 도민 6명이 경찰의 발포로 사망한 것이다. 사건은, 경
찰과 미 군정청이 이를 '경찰서 습격사건'으로 규정하고 관련자들
을 연행하면서 더 확대되었다.

3월 10일부터 제주도청을 시작으로 행정기관, 학교, 전기회사 등
공무원을 포함해 제주의 노동자 대부분이 참여하는 민관 총파업이
시작되었다. 경찰에 검거된 5백여 명의 파업 관련자 중에는 경찰도
66명이 포함돼 있었다. 이들은 모두 파면되었고 그 자리는 서북청
년단원들로 채워졌다. 그리하여 제주도민들과 미 군정 경찰 및 서
북청년단 사이의 대립은 더욱 커졌다.[176]

1948년 초 제주는 흉년에 콜레라까지 겹쳐 매우 힘든 상황이었
다. 여기에 친일 경찰 출신들이 미 군정 경찰로 변신하여 미 군정

관리들과 함께 모리행위를 일삼아 미 군정에 대한 민중의 불만은 더욱 커졌다. 이런 분위기 속에서 단독정부 수립을 위한 선거가 5월 10일로 확정되자 1948년 4월 3일 새벽 2시, 남로당 제주도지부의 김달삼 등 350여 명은 폭동을 일으켜 제주도 내 24개 경찰지서 가운데 12개 지서를 일제히 공격하고, 경찰관, 서북청년단, 대한독립촉성국민회 등 우익단체 요인들의 집을 습격하였다.[177] 우익 세력은 미 군정에 '빨갱이 토벌 작전'을 요청했고, 미 군정은 4월 5일 '제주도 비상경비 사령부'를 설치, 제주의 각 도로와 해상을 차단하고 해안을 봉쇄하였다.

　4월 28일 9연대 사단장 중령 김익렬은 더 이상의 피해를 막기 위해 남로당 무장대 대장 김달삼과 평화협상에 나섰고 72시간 이내에 전투를 중단하기로 합의하였다. 그러나 미 군정과 조병옥 경무부장의 강경 진압으로 평화협상은 깨졌다. 협상 과정에서 온갖 유언비어가 난무한 것은 협상 성공을 원치 않는 세력이 존재했기 때문이었다. "시간을 벌기 위한 폭도들의 술책에 연대장이 기만당했다", "연대장이 폭도 두목과 내통했다", "연대장이 기만 전술로 귀순자들을 한데 모아 몰살하려는 계획을 세웠다"는 등 협상 당사자인 김익렬에 대한 우익 단체의 악성 유언비어와 함께 5월 1일 우익 단체가 저지른 방화로 사태는 더욱 악화되었다.[178]

　협상이 깨진 뒤 5월 5일 제주중학교에서 열린 진압 회의에서 김익렬 중령은 경찰의 기강 문란을 비난하며 제주경찰을 자신의 지휘하에 넣어달라고 요구하였다. 그러나 조병옥 경무부장은 전부 조작이라고 거부하며 논란을 벌이다가 김익렬을 공산주의자로 몰아 두 사람 간에 몸싸움이 벌어졌고 회의는 결론 없이 종결되었다.[179]

5월 10일 남한 단독선거가 실시되고, 8월 15일 대한민국정부가 출범한 뒤 이승만은 11월 제주도에 계엄령을 선포하고 대대적 4·3 사태 진압 작전을 폈다. 이 진압 작전으로 제주 중산간마을 대부분이 불에 타 소실되었고 남로당과 무관한 무고한 인명이 수없이 희생되었다. 전체 30여만 명의 제주도민이 연루된 가운데 무려 3만여 명이 목숨을 잃었다. 당초 토벌대가 파악한 무장대 숫자는 최대 5백 명에 불과했다. 그럼에도 어떻게 해서 이토록 많은 인명이 희생되어야만 했던 것일까. 이들이 모두 공산주의자라 하더라도 3만 명의 희생은 너무도 어처구니없는 민족적 비극이 아닐 수 없었다.

미 군정기 방송의 현실

해방 이후 경성중앙방송사를 포함한 남한의 10개 지역방송사는 미군정 공보부 소속으로 미군의 직접 통제 하에 들어갔다. 이때부터 방송국은 일제 강점기의 민간운영에서 국영으로 바뀌었다. 방송은 미군의 한반도 점령 정책의 홍보 도구로 기능했다. 이를 계기로 이후 한국방송은 국영화와 정부 홍보 매체로 고착화되었다.[180] 일제 하에 있었던 사전 검열제도는 사후 검열로 바뀌었지만 반공과 자본주의의 전진기지화와 친미정권의 수립이라는 미 군정의 한반도 정책의 틀을 벗어날 수는 없었다.[181]

일인들이 독점하다시피 했던 조선방송협회는 모두 한국인으로 바뀌었다. 기술과 업무는 종전대로 체신부 조선방송협회가 맡았으나 방송 실무는 미 군정 공보부로 이관되었다.

해방 후에도 일제 강점기에 징수했던 청취료를 그대로 징수했는데 1947년 5월부터는 청취료를 월 10원에서 40원으로 인상했고, 정부 수립이 있던 8월에는 월 100원으로, 그해 11월에는 월 300원으로 인상하였다. 8·15 해방 당시 라디오 대수는 약 30만대에 달했다. 정시 방송제가 실시되면서 방송편성이라는 개념이 도입되었고, 방송기자 제도로 방송에 '기자'라는 직업이 생겨났다. 우리말, 우리글 보급에 방송은 큰 역할을 했다. 국어, 국사, 문화 등의 강좌가 신설되었고 국악, 민주주의, 정당, 종교 등 여러 분야의 강좌도 생겨났다. 1947년 8월부터는 '시사 해설', '스무 고개', '천문 만담', '거리의 화제', '라디오 3면', '방송토론회', '방송학교', '우리살림', '방송희극' 등 미국의 방송 포맷을 본 뜬 다양한 프로그램이 선보였고, 스포츠 중계도 시작되었다.[182]

방송 매체는 신문보다도 더 대중적인 성격을 가지고 있어 내용과 운영에 따라 엄청난 폭발력을 지니고 있었다. 그것은 방송이 정권 획득이나 정권 유지의 수단으로 이용되었던 가장 큰 이유였다. 그러나 방송사의 구성원들은 방송이 가진 정치적 영향에 대해 무관심했다.

정치 도구로 전락한 미 군정기 언론

일제 강점기는 매우 길었다. 강산이 세 번 바뀌고도 남은 세월은 한반도의 많은 것들을 변화시켰다. 그 긴 세월 속에서 친일파들은 이 땅의 사람과 민족성, 법과 제도, 이념과 사상, 문화와 생활방식 등 많은 것들을 오염시켰다.

해방이 찾아왔지만 감동은 잠시였고, 미 군정기로 접어들면서 다시 외세의 지배가 시작되었다. 한민족에게는 해방 정국을 이끌어 갈 기회도 권한도 주어지지 않았다. "38이남의 한국에는 오직 미 군정부가 있을 뿐"이라고 했던 미 군정 장관 아놀드의 성명이 발표되었을 때, 진보적 민주주의를 표방했던 자유신문은 '우리에게 부여된 당연한 권리'를 주장하며 조선의 정치 지도자들에게 일치단결할 것을 촉구했다.

그러나 '우리에게 주어진 당연한 권리' 따위는 존재하지 않았다. 친일파들의 생존 전략과 권력 게임의 방식은 그런 민족적 자존심을 넘어서 있었다. 그들은 권력의 속성을 잘 알았고, 기회를 포착하는 데 명수였다. 미 군정이 들어서기 전까지 꼼짝 않고 침묵을 지켰던 그들은 일제 강점기에 그들이 했던 방식 그대로 미 군정에 찰싹 달라붙었다. 미 군정의 입장에서는 '당연한 권리'를 주장하며 독립과 자율을 요구하는 좌익이나 까칠한 진보민주세력보다는, 친일파의 달콤한 아유^{阿諛}와 조선 땅 곳곳을 속속들이 알고 있는 부일파의 정보력에 더 솔깃했다. 점령군에게 정의가 존재하는가. 점령군에게는 자국의 이해만 있을 뿐이었다. 미국의 세계 전략, 미국의 이데올로기에 부응하는 것만이 점령군의 선택 기준이었다. 그리하여 단결을 강조했던 진보적 언론과 언론인들은 모두 좌파로 매도되어 사라졌고 반공을 등에 업은 친일 보수 언론들만이 살아 남았다.

미 군정기 언론은, 자유신문 등 진보적 민주주의를 표방했던 몇몇 언론을 제외하고는 좌익이건 우익이건 관계없이 정파의 선전 도구였으며 특정 정치인에 따라 사분오열되었다. 특히 모스크바 삼상회의 결과를 놓고 빚어진 신탁통치 찬반논란은 신문의 극한적 정파성이 얼마나 국가사회와 민족의 장래를 망치는지를 여실히 보여주었다. 신문은 삼상회의 결과를 왜곡시켜 나라를 찬탁과 반탁으로 두 동강 냈다. 정파에 눈이 먼 신문은, 국제사회의 결정에 대한 냉철하고 이성적인 분석을 유보한 채 감성적인 주장만을 앞세웠고 마침내 남한사회를 광기로 몰아넣었다. 그로 인해 남은 것은 영구적 분단이었고 그 이후에도 반공 이데올로기에 갇힌 남한의 언론은 남북화해의 거대한 장애물로 남았다.

　미 군정기의 한반도는 지배 권력의 주체만 바뀌었을 뿐 일제 강점기와 다를 바 없었다. 반공을 앞세운 친일 언론들은 미 군정의 비호 하에 친일과 부일의 과거를 숨기고 거리를 활보했고 이러한 상황은 단독정부가 세워진 뒤에도 지속되었다. 이들 친일 언론은 이승만의 단정에 적극 가담함으로써 정부 요소요소에 똬리를 틀었다. 그러한 언론 환경이 남겨놓은 가장 뼈아픈 결과는 친일파가 이후에도 남한사회를 좌지우지하는 상황으로까지 만들어놓았다는 점이었다. 이승만 정권하에서 반민특위가 친일파의 폭력으로 와해된 것은 이러한 현실을 잘 설명해주고 있다. 이렇게 된 배경에는 무엇보다도 이러한 친일 세력을 선별하고 지적해줄 언론이 모두 사라졌기 때문이었다. 펜이 칼보다 강하다는 말은 진실이 아니었다. 펜은 칼이 겨냥하는 목표를 정당화시켜주는 도구에 불과했다.

3부

권위주의 시대의

언론운동

6

이승만 시대의
언론운동

정부수립 하에서의 언론 상황

단독정부의 언론 현실과 이승만의 언론관

미 군정 3년간 수많은 신문들이 생겨나면서 언론은 자유를 획득하고 활성화된 듯 보였다. 하지만 속을 들여다보면 언론계는 이념과 정치 현실에 극단적으로 얽매여 있었다. 이 3년 동안 진보적 민주주의 계열의 일부 매체를 제외하고, 대부분의 신문은 특정 정치인 또는 정치세력을 대변하고 선전하기 위한 정파적 홍보지였을 뿐 객관적이고 공정한 저널리즘의 역할을 수행하지 못했다.

신문의 논조를 중심으로 살펴보면, 해방 후 신문들은 친일파, 공산주의, 신탁통치, 단독정부, 남북협상 등 정치적 이슈에 따라 호오와 찬반이 갈렸다. 이 이슈들을 얼기설기 조합해 신문은 각각의 노선을 표방했고, 좌익신문과 우익신문이라는 거대한 진영을 형성했으며 그 기준은 특정 정치인 또는 정치세력이었다.

친일파 숙청에 부정적이거나 소극적인 신문들은 반공, 반탁, 단정 찬성, 남북협상 반대 등을 주장하는 보수우파의 정치세력을 대변했다. 반대로 친일파 숙청에 적극적인 신문들은 친공, 찬탁, 단정 반대, 남북협상 등을 강하게 주장하는 공산주의 정치세력을 대변했던 것이다. 물론 김구, 김규식, 안재홍 등과 같이 공산주의를 거부하면서도 영구분단을 가져올 것을 우려해 단정에 반대하면서 남북협상을 통한 통일정부를 희구하는 정치세력과 이를 지지하는 일부 신문이 있었고, 극우적 색채를 띠면서도 미소공동위원회 참여 이후 신탁통치의 필요성을 이해하게 된 한민당 내 일부 정치세력도 있었다.[183]

미 군정기 3년 동안, 남한에서는 반공, 자본주의, 자유민주주의의 정착을 목표로 한 미 군정 및 보수우파 세력과 이에 맞선 공산 좌파 및 진보적 민주주의 세력의 힘겨루기가 지속되었다. 그 결과, 해방 초기에 선제적 활동과 조직력으로 여론의 힘을 얻었던 공산 좌파 및 진보적 민주주의 세력과 그 계열의 신문들은 유엔이 부여한 법적 지위와 군사력을 앞세운 미 군정의 집요한 통제와 탄압으로 그 힘을 잃었고, 이승만 단독정부 출범 이후에는 공산주의 및 진보신문들에 대한 통제가 더욱 극심해지면서 소멸해 갔다. 1948년 8월 15일 정부 수립 즈음에는 사실상 좌익 언론은 대부분 사라졌고 반공을 앞세운 보수 우익의 언론들만 남게 되었다.

문제는 친일 세력의 행보였다. 그들은 일제 강점기 그들의 부역

행위를 모면하기 위해 극단적인 반공주의를 강하게 외치는 한편, 해방 정국에서는 미 군정과, 정부수립 후에는 이승만 단독정부와 손잡고 나라의 요직을 차지하면서 어느 새 강력한 정치세력을 형성해갔다.

언론자유에 관한 이승만의 몇몇 발언들만 보면, 이승만은 일견 자유주의적 언론관을 가지고 있는 듯 보였다. 이승만은 1952년 전쟁 중에 발표한 담화에서 "언론자유는 대한민국이 수립된 기본정신의 하나인 동시에 본인이 친히 존경하는 원칙이다"라고 강조한 바 있었다. 1953년 3월 농민회 유시에서는 "춘추필법을 가진 신문가들이 생겨나야 국가에 큰 동량이 되는 압재비가 될 것이다"고 주장했다. 그는 기자회견을 정례화 했고, 한국전쟁 전까지는 주례회견을 비교적 잘 지켜왔으며 회견 형식도 질문의 사전 조율 없이 즉석 대담 형식을 취했다. 1950년 한국전쟁 발발 후에도 사실보도를 중시하도록 국방부에 지시하는가 하면, 9·28 서울수복 후 가진 기자회견에서도 전시에 검열의 폐단이 있어서는 안 된다며 국방장관과 계엄사령관에게 신문검열을 철폐하도록 지시하는 등 자유주의적 언론관을 보여주었다. 물론 전쟁 중 검열 금지를 지시한 것은 검열로 인해 전황을 정확하게 알려주지 않는데서 오는 민심의 혼란 등 실질적 폐해가 실제로 존재했고 이에 대한 기자들의 문제제기가 있었기 때문이었다.[184]

그러나 이러한 이승만의 자유주의 언론관은 어디까지나 그의 머리에서만 맴도는 관념적인 것이었다. 이승만의 자유는 자기중심적 틀에 한정된 자유였으며, 필요할 때 권위로 내세우기 위한 자유였다. 그는 언론이 자신의 정치적 이익과 배치될 때 언제든 언론을 탄압하는 이중적 태도를 보였다. 그러한 관념적 자기중심적 언론관은, 그가 언론자유의 법제화에 거부감을 보였을 뿐 아니라 언론자유를 제약하는 일련의 규제책을 시도했던 데서도 잘 입증되었다.

실제로 이승만은 집권 기간 내내 언론을 통제하기 위한 조치나 입법을 여러 차례 감행했다. 1952년 국회가 일제하의 언론탄압 악법이었던 광무신문지법 폐기를 의결하자 새로운 규제법을 만들려 했고, 1954년 사사오입 개헌 파동에서 전국의 군소신문들을 몇 개로 통합하는 신문 정비 작업을 벌이려다가 실패했으며, 1956년에는 허위보도를 규제한다는 명분으로 비판 언론의 입을 봉쇄하려 했다. 1957년에는 가칭 언론단속법 제정을 시도하려다 언론계의 반발을 샀고, 1958년에는 언론통제를 강화하는 보안법 파동을 일으켰으며, 1959년에는 자신을 비판하는 경향신문을 폐간 조치했다. 이승만은 이러한 언론 통제 행위로 언론과 많은 불화를 겪었다.

이승만의 언론탄압

이승만의 언론통제 기도는 정부수립 초기부터 있었다. 남한 단독 정부 수립으로 정권을 잡은 이승만은 일제 강점기에 못지 않은 언론탄압을 자행했다. 단정은 1948년 9월 언론단속 7개항을 발표했는데, '대한민국의 국시국책에 반하는 기사', '정부를 모략하는 기사', '공산당과 이북괴뢰정권을 인정·비호하는 기사', '허위사실을 날조·선동하는 기사', '우방과의 국교를 저해하고 국위를 손상하는 기사', '민심을 격앙·소란케 하는 기사', '국가기밀을 누설하는 기사' 등으로 하나같이 이현령비현령의 모호한 기준으로 되어 있었다. 7개항에 저촉되지 않으려면 정부 찬양 기사를 쓰는 것 외에는 방법이 없을 듯 했다. 언론단속 7개항은 "모든 국민은 법률에 의하지 아니하고는 언론, 출판, 집회, 결사의 자유를 제한받지 아니한다"는 제헌헌법 제13조를 완전히 무시한 것으로 명백한 위헌적 언론통제였다. 게다가 1907년 일제 강제 하에 이완용李完用 내각이 공포 실시했던 신문지법이 엄존하고 있었다. 이 때문에 제일신문, 조선중앙일보, 세계일보 등이 정간을 당하고 정부 정책을 비판하는 신문사의 간부나 기자들이 신문지법과 포고령 위반으로 구속되는 일이 다반사로 일어났다.

탄압은 진보계열 신문에 집중되었다. 그 중에서도 남로당의 성명 내용을 단순 보도했다는 이유로 〈화성매일신문〉이 폐간된 것은 이승만 정권의 좌익 콤플렉스가 어디까지 와 있는지를 가늠하게 했다. 그러나 정부의 비위를 거스르면 우익 계열의 신문도 예외가 없었다. 1948년 10월 동아일보 편집국장 김삼규를 경찰령 위반혐의로 구속한 것은 그 좋은 예였다.[185] 심지어는 정부 기관지인 서울신문조차도 조금이라도 진보적 색채를 보이면 가차 없이 정간 처분을 내렸다. 이는 이승만 정권이 신문의 노선과 지향에 관계없이 정권에 비판적인 언론은 확실하게 제압한다는 방침을 여실히 보여준 것이었다.

제헌헌법은 엄연히 언론 출판의 자유를 보장하고 있었지만, 이승만 정권은 헌법 아래 있는 법률이나 행정조치를 무기로 언론을 마음대로 주물렀다. 1949년 9월부터는 장기간 휴간한 신문사나 통신사는 자동으로 허가가 취소되는 조치까지 내려졌다. 이는 1947년 3월 미 군정 당국이 공보부령으로 좌파 언론을 척결할 때에 취했던 방법이었다. 이 조치 때문에 재정난으로 발행을 일시 중단하고 있던 소규모 신문사나 통신사는 소리 소문 없이 사라졌다. 과유불급이라고 했던가. 언론통제가 극심해지고 극심한 통제가 우익 언론에까지 영향을 미치자 담수회는 성명을 내고 "정부가 일제나 미군정 시대보다 더 무분별한 탄압을 자행하고 있다"고 비난했다.[186]

제주 4·3 학살

이승만 정권과 미국에게 4·3항쟁은 단순한 반란 사건이 아니었다. 단독정부 수립과 미국식 자유민주주의 체제에 저항한 4·3항쟁은 이승만에게는 정권 정통성에 대한 도전이었고, 주한 미군 철수를 앞둔 미국에게는 미국 중심의 세계 질서를 확립하는데 중대한 걸림돌이었다.

1948년 이승만 정권은 출범 후 석 달이 가까워지자 군 병력을 증파하여 4·3항쟁 토벌에 나섰다. 10월 17일 제9연대장 송요찬宋堯讚 소령은 해안선에서 5km 더 들어간 제주 중산간지대 주민들을 해변마을로 강제 이주시켰다. 중산간지대에는 통행을 금지하고 통행자는 폭도로 간주하여 총살하겠다는 포고문을 발표했다. 무장대 토벌에 제주 출신 경찰들은 배제되었고 4·3항쟁의 대척점에 있는 서북청년대원들이 대거 투입되었다. 이는 단순한 병력 충원이 아니라 강경 진압의 의지를 보여준 것이었다.[187]

강제 이주 공표 한 달이 지난 11월 17일, 제주도에는 계엄령이 선포되었다. 제주도는 인간도살장人間屠殺場에 다름없었다. 토벌군은 중산간지대에 불을 지르고 주민들을 집단으로 살상했다. 재판 절차는커녕 남녀노소 구분도 없었다. 해안 마을로 소개疏開된 주민들까지도 무장대에 협조했다는 이유로 무참하게 사살했다. 중산간지대 대부분이 소실되었고 '잃어버린 마을'이 수십 개에 달했다. 삶의 터전을 잃은 중산간 마을 주민들은 살기 위해 엄동설한의 한라산으로 들어가 무장대의 일원이 되었다. 그들은 남로당과 무관한 평범한 도민들이었지만 잡히면 사살되는 판에 가로지나 세로지나 마찬가지였다. 토벌군은 마을에 남은 도민들 중 가족이 한 명이라도 보이지 않으면 도피자 가족으로 분류하여 부모와 형제자매를 대신 죽이는 이른바 '대살代殺'을 자행하기도 하였다. 11월에 시작된 강경 진압은 이듬해 2월까지 지속되었고 무장대원 대부분은 소탕되었다.

1949년 3월 제주도지구전투사령부가 설치되면서 진압과 함께 선무공작이 병행되었다. 귀순하면 죄를 묻지 않는다는 사면정책으로 많은 주민들이 하산하였다. 4월 부인과 함께 제주를 찾은 이승만은 치안 상황을 점검하고, "정부나 미국인은 항상 제주에 대하여 많이 근심하고 있으며 구호물자도 곧 공급할 것"이라고 말했다. 불과 두 달 전에 학살을 지휘했던 이승만은 이 순간 홍은洪恩을 베푼 지도자가 되어 있었다. 5월 10일 제주지역 재선거는 별 탈 없이 시행되었다. 북제주군 갑·을 2개 선거구에는 민주국민당과 서북청년회 인사가 입후보했는데 각각 97퍼센트, 99퍼센트의 경이로운 투표율이 나왔다. 언제 이 땅에서 인간도살人間屠殺이 자행되었던가. 사람들은 까마득하게 잊고 살아야 했다. 6월 무장대 총책 이덕구가 오라리에서 사살되면서 무장대는 사실상 와해되었다. 제주에는 평

화가 찾아오는 듯 했다.[188]

그러나 모진 비극의 역사는 그것으로 끝나지 않았다. 이듬해 6·25전쟁이 발발하면서 보도연맹 가입자와 요시찰자 그리고 입산자 가족 등에 대한 예비검속이 대대적으로 실시되었고 검속자들 대부분은 제주 계엄 해병대에 의해 대거 총살되었다. 전국 각지의 형무소에 수감되어 있던 4·3항쟁 관련자들도 즉결처분되었다.[189]

4·3항쟁은 한국전쟁 휴전과 함께 1954년 9월 한라산의 금족禁足 지역이 전면 개방되면서 종료되었다. 항쟁 발발 7년 7개월 만이었다. 이 항쟁으로 30여만 명의 도민이 연루된 가운데 3만여 명이 희생되었다. 당시 토벌대가 파악한 무장대 숫자는 최대 5백 명이었지만 제주4·3특별법에 따른 조사 결과는 사망자만 1만 4천여 명에 달했다. 전체 희생자 가운데 여성이 21.1퍼센트, 10세 이하의 어린이가 5.6퍼센트, 61세 이상의 노인이 6.2퍼센트를 차지했다.[190] 우익단체의 탄압을 피해 일본으로 떠나간 사람들도 많았다. 재일 동포 중에 제주도 출신이 유독 많은 것은 이 때문이었다. 서북청년단 등 우익단체 회원들은 국가 유공자로 보훈 대상자가 되었다.

4·3항쟁 당시 이승만 정권이 선포한 계엄령은 불법이었던 것으로 밝혀졌다. 1948년 11월 17일 계엄령이 선포될 당시는 계엄법이 존재하지도 않았으며, 이승만은 법에도 없는 계엄령을 선포한 것이었다. 법이 존재하지 않았으니 한국군의 수뇌부가 계엄령의 구체적 내용을 알 턱이 없었고, 미군이 보내준 문서를 통해 비로소 계엄령이 무엇인지를 파악하게 되었다. 당시 송요찬 계엄사령관은 "계엄령이 도대체 어떻게 하라는 것이냐"고 반문할 정도였다. 계엄법은 제주에 계엄령이 선포되고 1년 뒤인 1949년 11월 24일에야

3부 권위주의 시대의 언론운동

제정 공포되었다.[191]

1949년 1월 이승만은 국무회의에서 "미국 측에서 한국의 중요성을 인식하고 많은 동정을 표하나 제주도, 전남 사건의 여파를 완전히 발근색원拔根塞源하여야 그들의 원조는 적극화할 것이며 지방 토색討索 반도 및 절도 등 악당을 가혹한 방법으로 탄압하여 법의 존엄을 표시할 것이 요청된다"고 유시를 내렸다.[192] '가혹한 방법'으로 4·3사건을 완전히 진압해야 미국의 원조가 가능하다는 이승만의 설명으로 볼 때 강경진압은 미국과의 교감 하에 진행된 것이며, 냉전이 심화되는 가운데 한반도에 공산주의 방벽을 구축하겠다는 미국의 의지가 반영된 것이었다.[193]

언론과 진압 당국 간의 갈등은 강경 작전이 전개됨에 따라 필연적으로 발생했다. 1948년 7월 제주경찰청 특별수사대는 "구국투쟁위원회를 조직해 지하투쟁을 전개했다"는 혐의로 제주신보 기자를 검거했다. 그는 벌금형으로 풀려났지만 검거 사태로 제주신보는 한동안 휴간할 수밖에 없었다.[194] 1948년 9월 "13세밖에 안 되는 소년을 소요민의 일원이라 하여 고문하여 죽인 전율한 사건이 발생했다"는 기사가 여러 중앙 일간지에 실리자 진압 당국의 언론통제는 더 극심해졌다. 1948년 10월 경 제주읍내 언론인들이 줄줄이 군부대로 끌려갔다. 경향신문 제주 지사장 현인하는 군부대의 조사과정에 저항하다가 앙심을 품은 헌병대에 의해 처형되었다. 서울신문 제주 지사장 이상희도 끌려가 희생되었다. 진압 당국은 검열을 실시해 본격적으로 언론을 통제했다. 국방부는 군 작전과 군기를 보호하고 보도의 정확성을 기한다는 명분을 내세워 군 관계 기사의 사전검열을 천명했다.[195]

4·3토벌작전이 그토록 잔인하게 전개된 데는 철저한 언론통제와 고립 작전이 배경으로 깔려 있었다. 해군은 7척의 함정과 수병 203명을 동원해 제주 해안을 봉쇄하여 제주를 완전히 고립시켰다. 이로써 제주도에서는 어떤 일이 벌어졌는지 외부에서는 전혀 알 수 없었고, 이런 상황은 무분별한 진압 작전을 전혀 제어할 수 없는 처참한 결과를 낳았다. 제주도는 고립무원의 섬이었다.[196]

4·3항쟁 진압은 미군과 정부군에게 북한의 도전에 대응하고 소련 북한과 연계된 공산주의자를 제거한다는 명분으로 정당화되었으며, 그것은 더욱 잔인한 진압을 합리화하는 논거로 발전했다.[197]

반민특위 활동과 친일 세력의 발호

기나긴 역사의 그림자는 긴 세월만큼 크게 드리워졌다. 해방 이후 숨죽이고 있었던 부일·친일 세력들이 이 땅에서 다시 반동을 자행할 수 있게 된 것은 기나긴 일제 강점기를 통해 축적된 그들의 힘과 영향력이 그만큼 크고 광범위했음을 의미했다.

해방 공간을 틈타 부일·친일 세력들은 미 군정기에 '남한 단독정부 수립'이라는 이슈를 적극적으로 이용해 정치적 진영을 구축했다. 그들은 미 군정과 이승만, 한민당 등의 비호를 받으며 극우 반공이데올로기를 개발 확산시키고, 건국의 공로자로 행세했다. 부일·친일 세력에서 이념적 이익 집단인 극우 반공체제로 변신한 이들은 발언권을 높였고, 1948년 4월 제주항쟁과 10월 여순사건을 지나는 과정에서 위협적 존재가 되었다.[198] 그러한 그들의 영향력은 반민특위 해체 과정에서도 유감없이 발휘되었다.

국회는 1948년 10월 12일 반민족행위특별조사위원회(반민특위)를 구성하고 11월 25일 '반민족행위특별조사기관 조직법안' '반민족행위특별재판부 부속기관 조직법안' '반민법 중 개정법률안'을 모두 통과시켰다. 그러나 12월 대한청년단 결성으로 힘을 키운 극우 반공세력은 이듬해인 1949년 5월 국회 소장파 의원들을 공산주의자로 몰아 제거함으로써 정부에 대한 국회의 견제력을 약화시켰다. 이어서 6월 6일 반민특위 습격 사건이 일어나고, 6월 26일 김구가 암살되면서 극우 반공세력은 만천하에 그 힘을 과시했다. 이어서 7월에는 1950년 9월까지였던 반민족행위처벌법의 공소시효를 이승만의 요구대로 1년 가까이 앞당겨 1949년 8월 말까지로 대폭 단축시키는 개정안을 국회에서 통과시켰다.

극우 반공세력의 최종 목표는 반민특위의 해체였다. 그 배경에는 이승만이 있었다. 그것은 반민특위가 습격을 당하고 사흘 뒤인 이승만의 AP통신 회견에서 잘 드러났다. 이승만은 1949년 6월 9일 AP통신과의 인터뷰에서 반민특위 습격 사건은 자신이 직접 지시한 것이라고 밝혀 세상을 놀라게 했다. 그리고 인터뷰 이틀 뒤, 이승만은 "반민특위 활동으로 민심이 소요되어 부득이 특경대를 해산했다"는 담화문을 발표했다.[199]

반민특위 해체는 충동적으로 우연히 발생한 사건이 아니라 대통령이 연루된 각본에 따라 치밀하게 진행된 역사적 반동 행위였다. 친일파 척결을 주도했던 소장파 의원들이 국회프락치사건으로 간첩 혐의로 체포되어 반민특위의 힘은 크게 떨어졌고, 특위 산하 특경대를 경찰이 습격하는 상황에서 반민특위 폐기법안이 국회를 통과한 것이었다. 반민특위는 1년도 못되어 해산되었고, 친일파 대부분은 처벌을 받지 않거나 아예 재판도 받지 않았다. 친일 행적이 파악된 사건 682건 중 검찰부 기소가 221건이었고, 재판부 판결 40건 중 처벌을 받은 경우는 고작 14명에 그쳤다.[200]

이로써 일제 강점기에 일제에 협력했거나 동족을 수탈하는 데 앞장선 친일파들은 해방 이후에도 처벌받지 않고 계속 살아 남았다. 이처럼 친일파와 일제 잔재 청산의 실패는 남한이 해방 이후에도 부일·친일 세력의 지배로부터 벗어나지 못하는 결과를 낳았다. 이는 제2차 세계대전 이후 프랑스에서 나치 부역자 99만 명이 체포되고, 15만 8천명이 사법기관에서 형을 선고받은 것과는 너무도 대조적이며 허망한 일이다. 특히 비시 정권에서 나치에 부역했던 책임자와 곡학아세 했던 언론인들이 사형 등 엄벌에 처해진 것에 반해 일제에 부역했던 동아와 조선 등 수구족벌신문들이 지금까지도 주류 신문으로 행세하면서 정권을 좌지우지하는 현실은 뼈아픈 역사적 교훈으로 우리에게 남아 있다.

친일파 청산의 실패로 국가기강과 민족정기는 사라졌고, 민주주의는 여러 가지 위협 속에서 지체될 수밖에 없었다. 이승만, 박정희, 전두환으로 이어진 수십 년 간의 독재체제 또한 친일 관료와 검찰·경찰·군 등 친일 기득권 세력이 지탱해주었기 때문이었다. 남북 긴장이 지속되고, 통일이 외면되며, 부정 부패가 만연해 있는 것도 친일 세력의 생태적 특성이 사회 곳곳에 배어 있기 때문이었다. 이에 대해 언론인 최석채는 이렇게 개탄했다.

모든 사회의 지배계급이 일제 통치하의 인적 구성과 과연 얼마나 달라졌는지 눈을 흘켜보면 기막히는 상태요, 오늘날 그 세력에 대항하자면 마치 계란을 가지고 바위를 깨뜨리는 격의 바보짓(愚擧)이라고 세상사람(世人)은 조소하리다. 그러나 이 민족에 손꼽 만한 자주성이 있고 본능적인 설분(雪憤)이 있다면 전 민족의 가슴속(胸奧)에 말하지 못할 그 무엇이 울부짖어 있음을 역력히 알 수 있을 것이라 믿는다.[201]

오만과 독선

유엔감시 하에 남한만의 단독선거에서 초대 대통령으로 선출된 이승만은 집권 초기에 언론의 전폭적인 지지를 받았다. 좌익 및 사회주의 계열의 언론들이 모두 사라진 상황에서 이승만에게는 거리낄 것이 없는 언론 환경이 조성되어 있었다. 그러나 이승만이 독선과 장기집권의 욕망에 빠져들면서 발췌개헌, 사사오입 개헌 등 꼼수와 궤변으로 국민을 우롱하는 일이 잦아지자 이승만 정권과 보수 언론의 밀월관계는 금이 가기 시작했다.

발췌개헌 파문, 이승만과 우익 언론의 결별

이승만 정권은 한국전쟁 발발 직전인 1950년 5월 제2대 국회의원 선거에서 참패했다. 간선제 대통령선거제도의 헌법 하에서 이승만이 재선에 성공할 수 없음은 명약관화해졌다. 이승만의 대통령 연임에 대한 정치적 불안 요소가 사라지지 않은 상황에서 1950년 6월 25일 한국전쟁이 발발했다.

전쟁 발발 이틀 후인 1950년 6월 27일 밤, 대전으로 피신한 이승만은 대전 KBS에 전화를 해 "국군이 의정부를 탈환했으니 서울시민은 안심하라"는 요지의 담화를 발표해 국민을 안심시켰다. 그러나 담화가 거짓으로 드러나는 데는 오랜 시간이 걸리지 않았다. 바로 다음 날 새벽 북한군이 서울을 점령한 것이다. 다급해진 정부는 북한군의 남하를 저지하기 위해 한강인도교를 폭파했다. 인도교의 파괴로 미처 대피하지 못한 시민들은 발이 묶여 엄청난 고초를 겪게 되었고 수많은 언론인들이 납북되는 결과를 초래했다.[202]

과도한 권력욕은 인간을 인면수심의 야수로 만들었다. 수백만의 사상자와 부상자를 낸 동족상잔의 비극적 전쟁 상황 속에서도 대통령 이승만은 자신의 정치적 야욕을 채우기 위한 '작업'에 몰두했다. 간선제로는 차기 대통령선거에 승산이 없다고 판단한 이승만은 1951년 11월 전쟁 중에 자유당을 창당했다. 자유당은 원내파와 원외파가 별도로 발족하여 하나의 이름을 놓고 두 개의 정당이 만들어지는 기형적인 모습으로 창당되었다.[203] 이승만 정권은 대통령 직선제와 양원제를 골자로 한 개헌안을 국회에 제출했다. 그러나 이 개헌안은 이듬해 1월 열린 국회에서 찬성 20표도 안 되는 형편없는 결과로 부결되었다. 이승만은 내각제개헌을 추진 중이었던 국회를 압박하고자 관제 데모를 일으켜 반대 여론을 조성했다.

민주국민당(민국당) 등 야권은 1952년 4월 내각제와 단원제를 골자로 한 개헌안을 제출하였는데 자유당 원외의 반대에 부딪혔다. 이승만은 이를 기화로 장면張勉 총리를 해임하고 정부와 국회의 양측 개정안을 조정하겠다고 나선 국회부의장 장택상張澤相을 총리로 지명했다. 이승만 정권은 앞서 부결된 정부 개헌안을 약간 수정하여 5월에 다시 개헌안을 제출하였다. 이 개헌안은 여당이 제출한 대통령직선제 및 국회 양원제와 야당이 제기한 국회의 국무위원 불신임의결권을 각각 발췌해 만든 이른바 발췌개헌안이었다.

1952년 당시 한국정치는 정치깡패들이 백주에 폭력을 휘두르며 거리를 활보할 정도로 퇴락해 있었다. 5월 중반부터 민족자결단, 백골단 등의 폭력조직이 '국회의원소환', '국회해산' 등을 연호하며 연일 임시 수도 부산의 거리를 누볐고, 국회의장 신익희申翼熙의 집 주변을 돌며 공포 분위기를 조성했다. 원내 자유당 합동파 52명은 새 교섭단체를 구성했고, 잔류파 40여 명은 민우회와 함께 장택상을 중심으로 신라회新羅會를 조직했다. 이승만은 민족청년단장 이범석李範奭을 내무장관에 임명하고, 5월 25일 국회의사당 난동 사건을 '공비토벌' 명목으로 조작해 경상북도와 호남 일대에 비상계엄을 선포했다. 다음 날 계엄사령부는 통근버스에 탄 50여명의 국회의 원들을 헌병대로 끌고 가 전원 억류했다가 이튿날 석방했으나 이 들 중 12명은 국제공산당의 비밀공작비를 받았다는 이유로 구금했다. 또한 각 도의회는 국회해산 결의안을 정부에 제출했다. 계엄당국은 신문을 사전검열 했다. 이와 같은 험악한 분위기 속에서 발췌개헌안은 7월 4일 밤 일부 야당 의원이 강제 연행되고, 경찰·군대와 테러단이 국회를 겹겹이 포위한 가운데 기립 표결을 통해 찬성 163표, 기권 3표로 국회를 통과했다. 그러나 발췌개헌의 국회통과는 '일사부재의一事不再議 위배', '공고되지 않은 개헌안', '토론의 자유 박탈', '의결 강제' 등 명백한 헌법 위반이었다. 그럼에도 이승만은 새로운 헌법에 의하여 그해 8월 실시된 대통령선거에서 재선되었다. 그러나 이 정치 파동을 계기로 이승만 정권과 우익 언론이 미 군정 하에서 맺었던 오랜 동반자 관계는 종지부를 찍었다.

자유당의 붕괴로 이어진 '사사오입 개헌'

발췌개헌으로 1952년 8월 재임에 성공한 이승만의 정치적 야욕은
여기서 끝나지 않았다. 이승만은 초대 대통령에 대한 중임 제한 철
폐를 골자로 한 개헌改憲을 준비하기 시작했다. 이승만은 '종신집
권'을 꾀한 것이다. 1953년 휴전체제가 성립되면서 이승만은 총리
제를 폐지하고 대통령중심제를 골자로 한 개헌안을 강행했다. 이
를 위해 이승만은 1954년 5월 20일에 실시된 민의원 선거에서 이
개헌안에 찬성하는 사람을 다수 당선시켰고, 무소속 의원들도 끌
어들였다.

1954년 10월 이승만은 김활란 공보처장이 제기했던 신문정비론
에 대한 구체적 방안을 제시했다. 그것은 발행부수 10만부 미만의
신문사를 정리해 서울에 신문사를 2~3종으로 정비한다는 내용이
었다. 그러나 이는 언론의 거센 반발로 백지화됐다.[204]

이러한 시점에 유엔에서 한국의 통일을 위한 선거안이 제기되자
정부는 국가안위와 관련된 사항이라는 이유로 국민투표를 제기하
는 한편, 대통령 3선 금지조항 폐지를 골자로 하는 헌법 개정안을
국회에 제출하였다. 그러나 개헌안은 1954년 11월 27일 국회투표
결과, 재적의원 203명, 참석의원 202명, 찬성 135표, 반대 60표, 기
권 7표로 재적의원 '3분의 2'(135.33…명) 이상이라는 의결정족수
136명에 미치지 못해 부결되었다.

그런데 불가사의한 사건이 벌어졌다. 자유당이 135.33명의 해석

을 놓고, '0.33…'이란 자연인으로 존재할 수 없으므로, 반^{半}이 안 되는 소수점 이하는 '4사5입론^{四捨五入論}'을 적용하여 삭제하는 것이 옳으며 따라서 의결정족수는 135명이라고 주장한 것이다. 이른바 '사사오입 개헌'이라는 치욕스런 헌정사의 발단이었다. 이 기상천외한 해석을 놓고 1954년 11월 29일 국회가 열렸는데, 자유당의 궤변에 반발하여 야당 의원들이 퇴장한 것을 틈타 자유당은 참석 125명 중 123명 찬성으로 개헌안을 통과시켰으며 그 결과를 정부로 이송하여 개헌안을 공표 발효하였다. 그러나 이미 부결된 개헌안을 번복한 일사부재의 위반, 국회의장 및 사회자 의견을 무시한 국회법 위반, 이치에도 맞지 않는 궤변을 적용한 비법리 강제 적용 등 누가 보아도 상식을 초월한 이러한 정치 행태는 국민의 분노를 자아냈다.[205]

이러한 이승만의 독선과 억지는 권력과 언론의 갈등을 더욱 심화시켰다. 개정된 헌법에 입각해 이승만은 1956년 대선에서 3선 대통령의 뜻을 이루었지만, 이는 독재의 수렁에 빠진 이승만을 패망의 길로 가게 만드는 계기가 되었다. 이 사건 이후 자유당 내 양심적 의원들의 탈당이 이어지면서 자유당은 무너져갔고, 야당은 호헌동지회 설립 등 강력한 결집으로 의기투합하게 되었다.

이승만 정권과 언론의 갈등은 1958년 보안법 파동으로 더욱 심화되었다. 북한의 위협을 빙자해 국무회의에서 통과된 국가보안법 개정법안은 처벌법의 일반원리인 명확성과 구체성의 원칙을 벗어났고, 정당·단체·개인의 정보를 수집하는 행위까지를 가벌행위로 규정하고 있었다. 게다가 피고와 변호인의 접견금지, 구속적부심 청구 금지 등 개인의 기본권을 심하게 제약하고 있다는 부정적 여론과 함께 언론의 비판이 빗발쳤다. 그러나 자유당은 12월 무술경관을 동원 야당의원을 끌어내고 보안법 개정안을 통과시켰다.[206]

3·15부정선거와 4·19혁명, 그리고 언론의 저항

한국전쟁이 종료된 후, 장기집권으로 치달은 이승만 정권은 야당과 여론의 저항을 입막음하기 위해 언론에 대한 통제와 탄압을 더욱 강화했다. 그러나 이승만 정권의 언론통제는 오히려 언론과의 마찰을 더욱 심화시켰다.

해방 후 전국적으로 깊은 영향을 떨치며 국민의 의식 속에 파고들었던 공산주의 및 진보계열의 언론은 3년간의 미 군정과 이승만 정권, 한국전쟁 등을 거치면서 대부분 사라졌다. 그러나 단정 수립에 앞장섰던 우익 정파들은 끝없는 권력욕에 사로잡힌 이승만 독재에 항거하기 시작했고 이승만을 지지했던 우익 보수신문들도 정부수립 후 오만과 독선으로 가득 찬 이승만의 권위주의적 횡포에 등을 돌리기 시작했다. 특히 한민당 대변지였던 동아일보와 가톨릭 계열의 경향신문 등은 정권의 부패와 무능, 이승만의 장기집권 야욕에 신랄한 비판을 가했다.[207]

그러나 권력의 단맛에 취한 이승만 호는 제동장치가 사라진지 오래고 이승만의 오만과 독선은 아무도 말릴 수 없는 상황에 이르렀다. 1959년 4월 30일 이승만 정부는 정부 비판에 앞장섰던 경향신문을 불법적으로 폐간했다. 경향신문이 이와 관련해 행정처분 가처분신청을 내 승소했는데도 이승만 정권은 승복하지 않았다. 정부는 폐간과 다를 바 없는 무기 정간조치를 다시 내려 보복했다. 갈데까지 간 이승만 정권의 오만과 독선을 그대로 드러낸 것이었다. 그러나 도를 넘은 행정 폭력이 경향신문에 가해졌지만 여타의 언론들은 위축되지 않았다. 정권에 야합하지 않고 정론보도와 직필 논평으로 국민의 신뢰를 업은 신문들은 부패한 독재정권에 완전히 등을 돌렸다.

3·15부정선거는 우연히 벌어진 사건이 아니라 어딘가에서 터져도 터질 수밖에 없는 예고된 사건이었다. 여론의 불리를 깨달은 이승만 정권과 자유당은 1960년 3월 정부통령선거에서 야당의 선거운동을 방해하는 등 불법적인 선거운동을 펼쳤고 이를 규탄하는 시위가 전국 곳곳에서 벌어졌다. 3월 15일 마산 투표소에서는 투표 참관인마저 투표소 입장을 못하게 막아 시비가 벌어졌다. 노골적으로 선거를 방해하는 선거 부정행위가 자행되자 마산 시민들이 들고 일어났다. 경찰은 진압에 나섰고, 이 과정에서 경찰이 발포한 총탄에 최소한 8명이 사망하고, 72명이 총상을 입었다. 이승만 정권과 언론의 갈등은 3·15부정선거에서 절정에 달했다.

선거는 끝났지만 시위는 끊이질 않았다. 그리고 4월 11일, 경찰의 최루탄에 두개골이 처참하게 훼손된 김주열 학생의 시신이 마산 앞바다에 떠올랐다. 부산일보는 김주열 열사의 시신 사진과 함께 이를 상세히 보도했고, 이 보도를 본 시민들은 분노를 추스를 수 없었다. 4월 18일 서울에서는 고려대 학생 3천여 명이 광화문을 거쳐 국회의사당까지 진출해 시위를 벌였고, 부산, 진주에서는 중고등학생들까지 시위에 나섰다. 이날 고려대 학생들과 정치폭력배들의 충돌로 40여명의 학생이 부상을 당하자 시위는 삽시간에 전국으로 확산되었고 마침내 혁명으로 발전했다. 이미 이승만 정권에 등을 돌린 신문들은 이승만 정권을 무너뜨리는 견인차 역할을 했다.

권력의 하수인 KBS조차 4·19혁명 직후 '불편부당의 공정성', '방송의 중립화', '편파방송 거부' 등을 선언하고 자정운동에 나섰다. 그 와중에도 정부 기관지 서울신문은 '정부 비판의 한계성'이라는 제목으로 정부를 비호하는 사설을 실어 분노한 시민들에 의해 사옥이 불탔다. 부역 언론인에 대한 숙정 바람도 편집인협회를 중심으로 언론계 내부에서 활발히 일어났다. 마침내 4월 26일 이승만은 대통령 하야성명을 발표함으로써 자유당 정권은 붕괴되었다. 그러나 온갖 희생으로 독재를 무너뜨리고 얻은 민주주의는 이듬해 박정희 군사쿠데타에 의해 속절없이 무너지고 말았다.[208]

한편, 4·19혁명의 여파로 언론노동운동도 동면 상태에서 깨어났다. 언론사 노조는 1959년에 연합신문노조가 있었고, 전남에 5개 일간지와 3개 주간지 기자들이 결성한 전남기자연합회 등이 있었으나 오래가지 못했다. 이런 상황에서 4·19혁명 이후 교원노조 결성에 자극을 받아 부산에서 신문노조가 설립되었다. 이후 대구일보, 영남일보, 매일신문 등에서 노조가 결성되었고 서울의 자유신문, 평화신문, 국도신문 등으로 확산되었다. 이때는 중소규모의 신문들이 주축이 되었고 노조의 방향도 처우 개선이나 임금 등 주로 복지 이슈들이 중심이 되었으므로 순수한 언론운동과는 다소 거리가 있었다.[209]

민족일보의 변혁운동

4월 시민혁명의 승리로 허정 과도정부가 들어섰다. 과도정부는 '반공정책 유지', '부정선거책임자범위 최소화', '온건한 정치개혁', '미국과의 관계유지', '한일관계 정상화' 등 5대 시책을 발표했다. 전반적인 기조에서 4월 혁명의 기운은 많이 빠져 있어 과도정부의 한계를 드러냈다. 이승만 노선은 그대로 유지된 반면, 혁명정신의 반영은 미약하기 짝이 없었다. 1960년 6월 국회에 비상시국대책위원회를 구성한 다수의 자유당은 내각책임제 개헌안을 통과시켰다. 이승만 독재가 뿌려놓은 대통령제 폐단과 그에 대한 거부 여론이 반영된 결과였다. 바뀐 헌법에는 '언론자유'에 관해 변화된 조항도 있었는데 "모든 국민은 언론출판의 자유와 집회결사의 자유를 제한받지 아니한다"는 내용이었다. 이는 "법률에 의하지 아니하고는"이라는 제한 조건을 삭제한 것 말고는 기존 헌법조문과 동일했지만, '법률에 의한 제한'의 문구가 빠진 실질적 변화는 그야말로 혁명적이었다. 일제 강점기부터 미 군정을 거쳐 이승만 정권에 이르기까지 권력자들이 언론자유를 억압한 무기는 모두 헌법 하위에 존재하는 법률이나 명령 따위였기 때문이었다.

새 헌법에 따라 치러진 7월 총선에서 민주당은 압승을 거두었고, 8월에는 장면 내각이 출범했다. 언론자유에 대한 장면 내각의 정책은 거의 방임에 가까웠다. 이는 이승만 독재를 경험한데서 온 반작용과 언론자유에 대한 높은 국민적 열망 때문이었다.[210] 개정된 헌법 정신에 맞도록 정기간행물 허가제는 등록제로 바뀌었다. 이로써 각종 간행물이 우후죽순처럼 생겨나는 등 언론자유는 혁명적으로 신장되었다. 등록제로 바뀐 후 불과 5개월만인 12월 일간신문은 41종에서 389종으로, 주간신문은 136종에서 476종으로 월간은 400종에서 470종으로 통신사는 14개사에서 274개사로 늘어났다. 그러나 이러한 언론의 양적 확대가 질적 향상으로 이어질 수는 없는 것이었다. 마구잡이로 생겨난 간행물들은 이승만 정권에서 억압되었던 자유를 마음껏 표출했지만 언론은 온갖 욕망으로 점철된 사회적 요구와 주장을 조율해내기는커녕 스스로 중심을 잃고 혼란을 부추겼다. 그 혼란의 틈 속에서 생겨난 사이비 기자들의 비행은 언론을 오히려 부정부패의 온상으로 타락시켰다. 언론은 혁명의 교두보에서 지탄의 대상으로 전락했다.[211] 자유는 숭고함이 사라졌고, 만인에 의한 만인의 투쟁으로 변질되었다. 원천적으로 준비가 안 된 장면 정권은 나라의 혼란 속에 갈피를 잡지 못한 채 갈팡질팡하고 있었다.

민족일보의 사회변혁운동

혼란스런 언론 현실 속에서 1961년 2월 친미와 반공의 금기를 깨고 혁신을 대변하는 진보적 정론지 민족일보가 창간되었다. 민족일보의 등장은 4월 혁명 이후 언론계 최대 이슈였다. 민족일보의 언론 활동은 그 자체가 사회변혁의 강한 운동성을 띠고 있었다. 민족일보는 농촌 현실을 고발하고 중립화 평화통일을 지지하는 등 새로운 시각과 신선한 의제 설정으로 민중의 호응을 얻었고 창간하자마자 기존의 주류 신문과 어깨를 나란히 할 정도의 발행부수를 기록했다.

민족일보는 보수적 시각에 갇혀 자유로운 토론을 못하고 있는 분단 문제, 미국 경제원조의 실체, 대미·대일 관계에 대한 전략 등에 대해 새롭고 신선한 담론을 만들어냈다. 또한 반미 정서, 남북관계, 통일 등 보수신문들이 다루기를 기피하는 의제를 과감하게 지면에 올려 이에 대한 민중의 의견들을 공론화했다.

민족일보는 분단의 원인, 책임 소재, 그에 따른 피해 등을 조목조목 짚었다. 분단은 냉전의 산물이며 미소가 자신들의 이익을 위해 한반도를 갈라 분단을 고착화했다고 주장했다. 북의 공업지대나 남의 농업지대와 같은 자립경제 조건을 갖추고도 우리 경제가 참담한 지경에 이른 원인 또한 분단에 있다고 강조했다. 아울러 미국은 일제가 남긴 전기·기계설비들을 철거해 우리의 공업 기반을 파괴했고 이승만 정권에 군사 경제적 원조를 베풀어 독재를 도왔다고 비판했다.[212] 또한 "한국이 부흥된 독립국가를 이룩할 수 있도록 한반도 정책을 근본적으로 변화시키지 않는다면 번져가는 반미의 딜레마는 해소되지 않을 것"이라고 경고했다.[213]

미국의 경제 원조에 대해 민족일보는 보수신문과는 확연히 다른 논조를 보였다. 동아와 조선이 미국을 한국의 동맹국으로 인식하고 미국의 원조를 능동적으로 수용할 것을 주장하는 '냉전 추수적 입장'을 보인 반면,[214] 민족일보는 미국의 경제 원조는 미국의 필요와 이익을 위한 것이며 "자국의 과잉 상품을 처리하고 시장 확보를 꾀하며 내정까지 간섭하는 1석 3조의 효과를 보고 있다"고 주장했다.[215] 또한 소비재에 집중된 경제원조는 필연적으로 예속화를 초

래할 것이며 이는 본질적으로 '식민주의'와 다를 바가 없다고 역설했다.[216]

한일회담과 관련해 민족일보는 한미일 군사동맹체제의 한 단계라는 점을 경계하면서도 한일은 국교정상화를 통해 우호적 관계를 가져야 한다고 강조했다. 또한 한일회담이 조속한 시일 내에 종결되어야 하는데 그것이 잘 안 되는 이유는 속죄를 게을리 하는 일본의 옹졸함과 이승만의 배일벽排日癖 때문이라고 진단했다.[217]

한일 간의 국교정상화를 미국의 국제적 지배력을 키우는 정치 경제 군사적 전략의 일환으로 접근하는 것은 한반도의 분단을 더욱 고착화할 것이라는 점에서 경계해야 할 일이었다. 그것은 어디까지나 두 나라 사이의 아픈 과거사를 하루빨리 정리하고, 나아가 가까운 이웃나라 간의 우호와 공동번영으로 접근해야 할 문제였다.

남북문제에 대한 보수신문들의 수동적, 배타적인 태도와 달리 민족일보는 능동적, 호혜적인 관심을 보였다. 인도네시아의 제안으로 유엔 정치위원회가 1961년 4월 남북한 정부 대표를 함께 초청할 것을 결의한데 대해 북한 외무성이 거부 성명을 발표하자 "상투적인 주장은 냉전을 해소하기는커녕 도리어 격화시키는 것밖에 아니다"고 비판하고 북한이 이 안을 허심탄회하게 받아들여 유엔에 정부 대표를 출석시킬 것을 촉구하였다. 동시에 '당황', '대환영', '말바꾸기' 등 주변 반응에 따라 수시로 표변하는 장면 정부의 고식적이고도 역행적인 태도를 비난했다. 민족일보는 남북문제에 대해 장면 정부가 이승만 독재정권보다 더 정직하지 못하고 기만적이며 무능하다고 지적하고 정권 퇴진을 요구하기까지 했다. 이에 대해 동아일보는 유엔정치위원회 결의안 가결이 미국의 전략적 승리라면서도 "공산주의와는 공존할 수도, 타협할 수도 없다"며 동시 초청의 부당함을 주장했고, 조선일보도 국민의 가슴을 놀라게 할 뿐 아니라 유엔의 위신이나 정신, 원칙, 목적에 배반하는 언어도단이라면서 "공산측의 책동을 단호히 봉쇄해야 한다"고 주장했다.[218]

통일문제에 대해 민족일보는 냉철하면서도 분명한 주의주장을 가지고 있었다. 민족일보는 "자주적, 중립화적 방법이 아니고는 통일이 이룩될 가능성이 전무하다"며 중립화 통일론을 앞장서 주장했다. 민족일보는 1961년 5월 서울대 민통련(민족통일연맹)의 남북학생회담과 학생교류 추진을 적극 성원하고 나섰다. 민족통일 전국학생연맹이 남북학생회담 개최를 밝혔을 때도 정치권에 대해 "남북교류가 빨리 진행될 수 있도록 전력을 기울여야 한다"고 강조했다. 심지어는 5·16군사정변이 난 당일에도 논설을 통해 학생회담에 전폭적 찬의를 밝혔다. 이에 대해 동아는 "자기도취에 빠져 있는 듯하다"고 비판했고, 통일운동을 벌이는 사람들을 '공산통일'을 획책하는 것으로 몰아붙였다. 조선은 민자통의 남북학생회담 제의에 대해 "시도의 가치조차 없는 것"이라고 일축했다.[219]

남북의 지배 세력들이 남북문제를 정략적으로 이용할 뿐, 한반도의 미래에 대해 아무런 관심도 의지도 보이지 않는 상황에서 "자기도취에 빠져 있다"는 동아와 "시도할 가치조차 없는 것"이라는 조선의 주장이 현실적으로 맞는 것이었는지도 모른다. 그러나 동아와 조선의 이러한 피동적이고 배타적인 태도는 일제 강점기와 미 군정기, 그리고 이승만 독재시대에 살아남았던 처세술로는 제일감이었는지 모르겠으나, 분단의 질곡 속에 빠진 한반도의 현실과 미래를 개척해나가기 위해 사회변혁을 일으켜나가야 할 언론의

자세는 분명 아니었고, 진정한 언론의 역할과 사명에도 제일감은
커녕 매우 부적절한 퇴행적 태도였다.

민족일보와 장면 정권의 불화

그러나 이처럼 혁신의 대명사와 같았던 민족일보는 장면 정권과의
충돌로 커다란 상처를 받았다. 이는 얼마 안 있어 다가올 민족일보
의 운명에 치명적인 화근이 되었다. 민족일보에 조총련계 자금이
유입되었다고 의심한 장면 총리는 특별수사부를 구성해 자금 출처
를 조사하는 등 민족일보의 창간 단계에서부터 민족일보와 불화의
씨앗을 만들었다. 민족일보에 대한 장면의 조사 과정과 조사 결과
는 진위여부와 무관하게 민족일보가 5·16쿠데타의 희생양이 되는
단초를 제공했다.

이에 대해 김민환은 "한국언론사 가운데 가장 가혹한 언론통제
였으며 1883년 한성순보 이래 신문이 폐간되고 그 신문의 발행인
이 처형당한 예는 민족일보뿐이었다"고 밝혔다.

장면의 의심은 일본에서 반한 활동을 한 조봉암의 비서실장이었
던 이영근이 민족일보의 자금줄이라는데 초점이 맞추어져 있었다.
그 사실은 1961년 1월 장면 총리와 현석호 내무장관, 조재천 법무
장관 등이 총리 숙소인 반도호텔에 모여 나눈 대화에서 처음으로
발화되었다. 당시 조재천 법무장관은 이미 조봉암 사건 때 검찰이
이영근을 조사했는데 혐의를 찾지 못했고 법원에서도 무죄판결을
받았다고 주장했지만 장면의 의심은 가시지 않았다. 이에 현석호
는 김포공항 경비경찰 대장에게 이영근과 일본을 오가는 혁신계

인사에 대한 내사를 강화하라고 일렀고, 조재천은 이태희 검찰총장을 불러 이영근을 은밀히 조사해볼 것을 지시했다. 이 사안을 맡은 김창욱 검사와 치안국 공작대는 이영근이 조용수에게 보낸 편지, 이영근과 조총련과의 관계, 민족일보의 자금 유입 현황 등을 조사하면서 일본의 흥신소와 사설탐정까지 동원해 이영근의 뒷조사를 실시했다. 그러나 특별수사부는 이영근과 조총련이 관련되어 있다는 아무런 증거도 찾지 못했다.[220]

민족일보와 장면 정부의 불화는 제2공화국 최대의 언론탄압 사건인 민족일보 인쇄 중단으로 더 커졌다. 1961년 3월, 정국은 2월에 발효된 한미경제협정 결과를 놓고 술렁이고 있었다. 이에 장면 정부는 은밀히 '반공임시특별법'과 '집회와 시위에 관한 법률안'을 준비하고 있었는데, 가장 우려되는 것은 장면 내각에 비판적인 민족일보였다. 이에 장면 정부는 서울신문을 압박해 민족일보의 인쇄를 중단시켰다. 당시 민족일보는 인쇄 시설이 없어 서울신문과 인쇄 계약을 맺고 있었는데 관련 계약서에는 인쇄를 못할 경우 5일 전에 통고하도록 적시되어 있었지만 서울신문 측은 민족일보의 신문 편집이 끝난 직후까지 민족일보 인쇄 중단에 대해 일언반구도 없었던 것이다. 민족일보의 인쇄 중단 배경은 장면 정부 공보국이 서울신문에 공문을 보내 민족일보 인쇄 중단을 지시한 것으로 금방 드러났다.[221]

그러나 국내의 여타 신문들은 물론 신문협회마저도 이 사건을 철저하게 외면했다. 국내 대부분의 신문들은 민족일보 발행 중단 사태에 대해 침묵하거나 단신 처리로 넘어갔다. 이러한 태도를 단순한 신문사 간의 경쟁 심리 때문이었다고 치부하는 것은 어불성설이었다. 정권에 밉보인 신문에 대한 얄팍한 보복심리가 작동한 것이라고 설명하기에도 부끄러운 일이었다. 한 발만 떨어져서 보면, 이는 특정 신문에 대한 정권의 명백한 언론탄압이었다. 일제 강점기도, 미 군정기도 아닌 언론의 자유가 방임에 가까울 정도로 넘쳐나는 상황에서 언론의 독립을 심각하게 침해한 사건에 대해 한국의 신문들은 모른 척 입을 다물어버린 것이었다. 이 사건으로 민족일보는 장면 정부와의 불화가 깊어졌고, 미국에는 눈엣가시가 되었으며, 이는 불과 두 달 뒤에 일어날 쿠데타 세력의 먹잇감이 되는 결정적 배경이 되었다.

3부 권위주의 시대의 언론운동

7

18년 군부독재와
언론인들의 기나긴 투쟁

쿠데타의 수괴 박정희의 등장

쿠데타의 첫 희생양 조용수와 민족일보

1961년 5월 16일 KBS를 점령한 쿠데타 세력들은 새벽방송 중이
던 박종세 아나운서를 위협하여 쿠데타의 성공을 알렸다. 입법, 사
법, 행정의 3부는 쿠데타 세력의 수중에 들어갔고, 신문과 방송은
계엄하의 사전검열에 들어가 쿠데타 세력의 대변지와 확성기가 되
었다.

쿠데타 세력들은 군사혁명위원회를 구성하고 계엄령을 선포했
다. 계엄령은 적을 이롭게 하는 사항, 군사혁명위원회의 제 목적에
위반되는 사항, 반혁명적 여론을 선동·선전하는 사항, 치안유지에

유해한 사항, 국민여론 및 감정을 저해하는 사항, 군의 사기를 저해하는 사항, 군 기밀에 저촉되는 사항 등을 일절 금지했다.[222] 여러 가지 금지 사항을 나열했지만 한 마디로 요약하면 쿠데타 세력의 생각과 행동에 반하는 일체의 언행은 모두 금지한 것이었다. 언론은 납작 엎드렸고 신문과 방송에는 쿠데타에 대한 찬사만 넘쳐났다.

경향신문은 쿠데타 다음 날 사설에서 "이와 같은 사태를 초래하게 한 것은 궁극적으로 말해 기성 정치인의 구태의연한 사고방식과 부패, 무능과 파쟁의 소치"라며 전임 장면 정권의 부패와 무능을 비판했다. 동아일보는 "혁명 완수로 총진군하자"라는 사설을 실었고, 조선일보는 "조속한 시일 내에 군 본연의 임무로 복귀하라"는 논지의 사설을 실었다.[223] 신문과 방송은 헌정 질서를 무너뜨린 무소불위의 군부 앞에서 떨고 있을 뿐이었다. 정의는 외출했고 "펜이 칼보다 강하다"는 경구는 책장의 한쪽 귀퉁이에 숨어 있었다.

군사혁명위원회는 쿠데타 바로 다음 날 언론인 제1호로 조용수 민족일보 사장과 간부들을 모두 연행했다. 그리고 치안국은 연행 5일 만에 "조용수 일당은 간첩사건에 연루되어 일본으로 도피한 전 조봉암의 비서 이영근의 지령 하에 평화통일방안을 주창하면서, 혁신계 기관지인 민족일보를 발간하고 괴뢰집단의 목적 수행에 적극 활약했다"며 조용수에 대한 혐의 사실을 발표했다.[224]

7월 열린 혁명재판에서 민족일보 사건의 쟁점은 첫째, 민족일보가 특수범죄처벌에 관한 특별법 제6조에 저촉되는 사회단체라는 점, 둘째, 조총련계의 불법 자금으로 설립되었다는 점, 셋째, 조용수가 재일동포북송운동[225]에 적극 가담했다는 점 등 세 가지로 요약되었다. 조용수의 변호인은 민족일보는 주식회사이지 정당이나 사회단체가 아니며 따라서 특별법 제6조에 해당하지 않는다는 점, 설립 자금은 조총련계가 아닌 일본의 애국 교포로부터 나왔다는 점, 조용수는 재일동포북송운동에 적극 반대했었다는 점 등을 들어 반박했다. 그러나 혁명재판부는 이를 받아들이지 않았다. 결국 특별검찰부는 조용수에게 사형을 구형했고, 조용수는 장문의 상고이유서를 제출했지만 상고심은 변호인의 변론도 없이 원심을 확정했다.[226]

민족일보 사건에 대해 나라 밖 여론은 뜨거웠다. 워싱턴포스트, 맨체스터가디언, 아사히신문 등 해외 언론은 재판 결과를 비난했고, IPI총회와 국제펜클럽도 조용수의 사형 선고에 우려와 항의를 표했다. 국제저널리스트협회는 조용수의 평화통일 노력을 높이 평가해 국제저널리스트상을 수여했다. 재일 한국인들은 '구명운동위원회'를 조직하고 전국적인 항의대회, 구명서명, 국제기구에 대한 로비, 단식투쟁 등을 벌였다.

그러나 나라 밖의 뜨거운 여론과 달리, 국내의 언론은 이 사건에 대해 철저히 침묵하고 외면했으며 오히려 쿠데타 세력을 옹호했다. 신문편집인협회는 조용수에 대해 아무런 언급을 하지 않았다. 유일하게 한국일보만 사설에서 민족일보 관련자들은 공산주의자가 아니라는 점과 특별법 제6조를 적용한 점 등을 지적하고, 신문 사상 통탄할 일이라고 비판했다.[227]

이처럼 비정한 언론 환경 속에 그해 12월 21일 조용수 사장은 가족들도 알지 못한 채 처형되었다. 조용수에 대한 혁명 재판부의 판결은 범죄의 동기도, 증거도, 절차적 정당성도 없는 계획된 사법살인이었다. 쿠데타의 성공을 위해 박정희는 자신의 좌익 경력을 씻어내는 일이 필요했고, 남한의 유일한 혁신계 신문이었던 민족일보와 조용수는 그 희생양이 된 것이다.

조용수 사후 45년만인 2006년 11월 '진실·화해를 위한 과거사정리위원회'는 "혁명재판소 판단이 잘못됐다"고 판결했고 국가에 재심을 권고했다. 2008년 1월 법원은 조용수에게 무죄를 선고했다. 혁명재판소의 '사법살인'을 최종 확인한 것이다. 조용수와 함께 땅속에 묻혔던 정의는 47년 만에 부활했다.

역사학자 강만길은 조용수를 "휴전선 이남에 한정되었던 민족인식의 범위를 한반도 전체로 확대시킨 인물"이라고 평가했다. 민족일보에 대해서는 "뒷날 군사독재정권의 종언과 함께 창간되는 한겨레신문의 전신이었다"면서 "혁신정치세력의 등장과 평화통일운동의 확산은 미국과 남녘 군부에게는 큰 위협이므로 미국의 묵인 혹은 지원에 의해 5·16쿠데타가 성공하게 되었고 쿠데타의 공포 분위기 조성을 위한 희생물의 하나가 민족일보와 조용수의 죽음이었다"고 현대사의 아픔을 한탄했다.[228]

언론 장악

국가재건최고회의는 1961년 5월 '신문 통신사 시설 기준령'을 내려 언론기관을 정비했다. 포고령의 요지는 인쇄시설을 갖춘 신문사와 송수신 설비를 구비한 통신사만을 허가하고, 등록 사항을 위반한 간행물은 취소하며, 신규 등록은 당분간 접수치 않는다는 내용이었다. 이로써 전국의 916개 언론기관 중 중앙일간지 15개, 지방지 24개, 중앙통신사 11개, 중앙주간지 31개, 지방주간지 1개만 살아남았다. 폐쇄된 언론사는 중앙지가 49개, 지방지가 27개 등 일간신문이 76개사였으며 통신은 305개, 주간지는 453개가 사라졌다.[229]

포고령은 언론사의 난립을 막고 언론시장을 적정 수준으로 바로잡는 계기를 만들어주었지만 이미 등록된 언론사를 소급해서 제거해버린 반 헌법적 조치였으며, 시설구비라는 구실로 언론의 자유를 원천적으로 제한한 것이었다. 언론사의 난립이나 시장 환경은 여타의 법령이나 정책으로도 바로잡을 수 있는 일이었고 또 그렇게 하는 것이 마땅했다. 그럼에도 박정희 정권은 무리하게 위헌적 조치를 강제하면서 헌법 위에 군림하는 무소불위의 권력을 과시한 것이다. 이로써 언론은 비판은커녕 공포의 침묵 속에 바짝 긴장했다. 기관원의 언론사 상주도 일상화되었다. 결국 언론사 정리의 본질은 장면 정권 하에서 방종에 가까운 언론자유를 구가했던 언론사들을 '사이비 언론인 및 언론기관 정화'라는 이름으로 통폐합하고 언론을 쿠데타 세력의 확성기로 만들기 위한 언론 길들이기였던 셈이었다.

언론탄압으로 억울하게 희생된 언론인들도 많았다. 체포되거나 군사재판에 회부된 언론인만 960명에 달했다. 한국생사韓國生絲 사장 김지태의 경우 강압에 의해 엄청난 재산을 빼앗긴 억울한 사례 중 하나였다. 1962년 3월, 박정희는 김지태의 아내 송해영을 밀수입에 따른 관세법 위반으로 구속하고 일본 체류 중에 아내의 수감 소식을 듣고 황급히 귀국한 김지태도 구속했다. 김지태는 옥중에서 소유 재산의 기부 압력을 받았고 수감 두 달 만에 부산일보, 한국문화방송, 부산문화방송과 부산 서면 일대의 토지 10만평 등 소유 재산의 기부 승낙서에 서명하고 말았다. 기부재산은 박정희 개인 소유인 5·16장학회[230]로 넘겨졌다. 이는 권력을 무기로 남의 재산을 강탈한 강도 행위에 다름 아니었다.

공포 분위기로 언론을 억누른 군사정부는 1962년 6월 언론을 체계적으로 통제하기 위한 언론 정책을 발표했다. 그것은 '신문자금 지원', '신문용지의 관세인하', '언론인 연수', '신문의 발행 기준 강화', '새 언론 설립 금지' 등 당근과 채찍을 병행한 정책이었다. 이로써 자본력을 갖춘 신문은 살아남고 영세 군소신문은 문을 닫을 수밖에 없는 신문의 부익부 빈익빈 현상이 심화되었다. 돈벌이 수단이 되어버린 신문은 비판 기능이 약화되었고 신문의 과점 체제가 강화되면서 신문시장은 상업주의가 만연하게 되었다.

그해 7월 언론 정책 시행 기준을 발표했는데, 이중 특히 주목되는 사항은 단간제와 시설 기준이었다. 당시 국가재건최고회의 공보 담당 강상욱 위원은 "정치기사가 많아 국민의 정치의식이 민감하게 되었으며, 지면에 정서가 부족하고, 종업원이 혹사당하며, 따라서 신문이 재미없게 되어 독자가 늘어나지 않는다"고 강변했다. 이는 하루 두 번 발행하던 신문을 한 번만 발행해 보도량, 신속성, 비판적 정론보도를 줄이려는 심산이었다. 시설 기준은 고성능 윤전기나 윤전기의 수 등 일정 수준의 시설을 갖춘 언론사에게만 신문 발행을 허가하겠다는 것이었다.[231] 언론사의 수를 줄여 통제를 용이하게 하려는 속셈이었다. 이러한 시설 기준은 본질적으로 언론의 자유를 빼앗는 조치로 1992년 위헌판결을 받았다.

언론윤리위원회법 파동

박정희의 집권과 언론윤리위원회법 날치기

1963년 2월 18일 박정희 최고회의 의장은 성명을 통해 '민정참여 포기'를 선언했다. 국민은 열렬히 환영했지만 이상한 움직임이 있었다. 김종필 민주공화당 창당준비위원장이 "자의반 타의반"이라는 말을 던지며 출국을 해버린 것이다. 출국 다음 날 민주공화당의 창당대회가 열렸는데 정구영이 당 총재로, 김정열이 의장으로 선출되었다. 창당 다음 날인 2월 27일 박정희는 정치인들과 국방부 장관, 군 수뇌부 등이 참석한 가운데 2·18 선언을 수락하는 선서식을 가졌다. 언론은 "민족과 역사에의 거룩한 서약"이라고 극찬했다.

그러나 찬사는 너무 성급했다. 국민 앞에 대선 불출마를 선언하고 민정이양을 약속했던 박정희는 한 달도 채 못 되어 군정 연장 계획을 발표했다. 3월 16일 박정희는 "정권 인수 태세를 갖추지 못한 정치인들에게 정권을 이양한다는 것은 너무나 국가 장래가 염려 된다"면서 국민투표를 실시해 군정 연장 여부를 묻겠다고 밝혔다. 더불어 국민투표 때까지 정치활동과 언론·출판·집회의 자유를 제한하는 '헌법부칙 개정안과 비상사태 수습을 위한 임시조치법'을 발표했다.[232] 이 놀라운 약속 위반에 대해 동아, 조선, 경향, 대구매일 등 4개 신문은 한 동안 사설란을 비워 침묵으로 반대의사를 표명했다. 그러나 미 케네디 정부가 이 조치에 분명한 반대 입장을 취하자 결국 박정희는 임시조치법을 폐기하고 다시 민정이양으로 입장을 바꾸어 10월 대통령선거에 출마했다.[233] '민정참여 포기'에서 '군정 연장'으로, '군정 연장'에서 다시 '민정참여'로 수차례 약속을 번복한 박정희는 그해 10월 치러진 대통령선거에서 관권을 총동원해 윤보선을 15만 표의 근소한 차이로 겨우 누르고 권좌에 올랐다. 박정희는 대통령 취임사에서 "자주의 자립과 번영의 내일로 향하는 민족의 우렁찬 전진의 대오 앞에 겨레의 충성스러운 공복이 될 것을 굳게 다짐한다"고 역설했다.

박정희는 '경제전쟁', '무역전쟁', '소비억제전쟁' 등 마치 군 사령관 같은 어휘를 구사하면서 경제 중심의 개발독재체제를 예고했다. 이렇듯 경제개발이 긴급 과제로 설정되면서 체제의 효율성이 강조되자 국민적 합의나 민주적 절차는 소홀해질 수밖에 없었다. 그는 취임사에서 "대중의 이익에 벗어나는 시책이나, 투명치 못한 정치적 처사에 대하여는 정당한 비판과 당당히 반대할 수 있는 자유가 최대한 보장되어야 할 것이다"고 주장했다. 하지만, 집권 기간 내내 그는 비판적 정치인과 지식인에 대해 '일부 몰지각한 자들'이라고 매도하기를 서슴지 않았다. 정치인에 대한 불신이 컸던 박정희는 기성 정치인을 '구 정치인'으로 부르며 부정적 이미지를 부각시켰고 민주주의를 무능, 부패, 분쟁, 비능률과 연결시켰다. 또한 "과거 일부 신문들이 부패 정치인과 야합하여 곡필을 휘둘러 사회를 혼미케 한 사례가 적지 않다"며 언론에 대해서도 부정적 인식을 드러냈다.

박정희의 경제개발에 대한 강박 관념은 1964년 미국의 종용 속에 굴욕적인 한일회담을 수용할 수밖에 없도록 만들었다. 그러나 한일회담이 야당과 학생들의 대대적인 반대에 직면하자 박정희는 6월 3일 비상계엄을 선포하고 무력 진압에 나섰다. 또한 항구적 언론 장악을 위해 1964년 8월 언론과 학원을 제도적으로 규제할 언론윤리위원회법과 학원보장법을 날치기로 통과시켜 공포했다.[234] 그러나 이는 언론계와 학생들의 대대적인 저항에 부딪혔다.

기자들은 항복할 수 없다

1964년 8월 초 날치기로 통과된 언론윤리위원회법은 문공부장관이 신문의 발행을 정지하거나 취소할 수 있도록 함으로써 권력에 의한 언론 장악의 길을 제도적으로 보장한 악법이었다. 이로써 신문의 편집권한은 편집인에서 발행인으로, 신문 발행의 권한은 발행인에서 권부로 넘어갔다. 궁극적으로 신문의 편집권 독립은 불가능해졌고 신문은 권부에 종속된 길을 걸을 수밖에 없었다.

언론계는 강력하게 반발했다. 한국신문편집인협회는 저항의 전면에 나섰고, 언론단체와 출입기자단은 악법철폐투쟁위원회를 구성하여 조직적 투쟁을 전개했다. 8월 10일 500여명의 언론인들은 악법철폐전국언론인대회를 개최하고 비타협적 투쟁을 결의했다. 언론계의 조직적 반대에 부딪힌 박 정권은 언론 사주들을 압박해 한국일보, 문화방송, 동화통신 등 5개사를 악법철폐투쟁위원회에서 탈퇴시키고, 신문 발행인협회 26개 회원사 중 동아, 조선, 경향, 대구매일 등 4개사를 제외한 나머지 회원사를 회유하여 언론윤리위원회법에 찬성하도록 했다.[235] 그러나 언론인들은 굴복하지 않았다. 신문, 통신, 방송 등 19개 언론사 기자들은 8월에 한국기자협회를 결성하고 "발행인은 항복했어도 우리 기자들은 항복할 수 없다"고 다짐하며 언론윤리위원회법 시행에 끝까지 반대할 것을 결의했다.

이처럼 언론사 기자들의 반발이 거세지면서 파문은 야당과 재야로 번졌다. 야당, 종교계, 법조계, 학계, 언론계 인사들이 '법안 찬성 신문 안 읽기', '법안 반대 서명', '모금운동' 등의 행동방침을 밝혔고, 예술문화단체총연합회와 기독교교회협의회에서도 성명을 내고 정부의 보복 조치를 즉각 중지 할 것을 촉구했다. '국제신문인협회[IPI]'도 박 대통령에게 윤리위원회법을 폐지 해줄 것을 요청하는 전문을 전달했다. 반대운동은 범국민적 운동으로 발전했고 해외로 확산되었다.[236]

법을 폐기하라는 나라 안팎의 여론이 들끓자 박 정권은 간교한 출구 전략을 꾸몄다. 언론계 대표들로 하여금 법 시행을 보류해달라고 대통령에게 건의하게 하고 대통령은 이를 수용하는 방식으로 이 사태를 수습한다는 전략이었다. 물색없는 언론계 대표들은 이 제의를 덜컥 받아들여 다음의 건의서를 제출했다.

> (…) 대통령 각하께서는 大所高處에서 이 나라 민주언론의 발전을 위해 언론윤리위원회법의 시행을 보류하시와 자율적인 신문윤리위를 강화함으로써 책임 있고 공정한 언론이 이 나라에 이룩되는 길을 열어주시기를 삼가 건의하나이다.[237]

왕조시대에 임금에게 올리는 상소문과도 같은 이 건의서는 그 내용과 형식에서 언론계 대표들의 전근대적 인식을 드러냈으며 원칙도 철학도 없는 비루한 모습을 보여주었다. 이 기만적인 타협책으로 40여 일 간의 언론자유투쟁은 박 정권이 법의 시행을 보류하는 것으로 종지부를 찍었다. 그러나 이 타협의 후과後果는 박정희의 권위를 한껏 높여주었고 이후 언론은 권력에 종속된 길을 가게 되었다.

위기를 모면한 박정희는 끝까지 반대한 동아, 조선, 경향, 대구매일 등 4개 신문에 대해 정부부처와 공무원의 구독금지, 용지배급과 융자 제한, 신문수송 중단, 기자의 정부부처 출입금지 등 온갖 보복조치를 단행했다. 심지어 경향신문의 경우 폐간까지도 불사했다. 여타의 비판 언론사에 대해서도 박정희는 기존 법률을 남용해 기자들을 소환·연행·구속했고, 기관원을 언론사에 출입 또는 상주시키는 등 탈법적 방법으로 언론을 통제했다. 1964년 11월 조선일보 리영희 기자의 구속을 시작으로 기자의 연행, 구속 등이 연속으로 발생했고 괴한들에 의한 폭력도 잇달았다. 특히 1960년대 후반부터는 협조요청이라는 구실로 언론사에 기관원을 상주시켜 무시로 보도에 개입했다.[238]

박정희는 이 같은 언론통제정책과 더불어 당근 전략도 함께 구사했다. 3공화국 말기에는 언론의 상업주의 속성을 이용하여 행정적 재정적 지원과 언론인에 대한 특혜를 베푸는 등 회유책을 병행함으로써 언론인의 비판의식을 무너뜨렸다. 기자의 구속, 연행이 빈발하고, 기관원의 언론사 상주가 일상화되면서 기자들은 심리적으로 위축되었고 위압감을 느끼기 시작했다. 상업적 언론사는 각종 지원과 특혜를 무기로 정권에 복속시켰다. 그 결과 기자의 구속이나 폭행사건 등은 사실보도조차 하지 않는 것이 일상화될 정도로 언론은 무기력해졌다.

한국기자협회 10년사는 이 같은 현상에 대해 "1967년 선거를 고

비로 언론계에 나타나기 시작한 사실보도 외면, 무기력, 불신 등의
문제는 자체 반성과 비판, 그리고 대학생 등 독자들의 규탄을 불러
일으켰다"고 적고 있다.[239]

삼선개헌과 길들여진 언론의 종말

무너진 경향신문, 비굴한 언론계

1965년은 박정희에게 뿌듯한 한해였다. 오랜 진통 속에 맺은 열매
를 수확하는 일만 남았기 때문이었다. 쿠데타 정부라는 정통성의
한계 속에서 박정희는 엄청난 반대 여론을 무릅쓰고 1964년 베트
남 파병을 단행했고, 이듬해에는 전투병까지 파병해 미국과 우호
적 관계를 공고히 했다. 일단 미국의 신뢰를 얻어 정권의 안정적 기
반을 확보한 것이다. 또한 장장 2년간의 반대 여론을 무릅쓰고
1965년 6월 한일협정을 성사시킴으로써 미국의 대외정책에 발을
맞췄고 동시에 일본의 재정적 지원을 얻어낼 수 있게 되었다. 언론
윤리위원회법은 언론계의 간청에 따라 시행만 일시 보류된 것일
뿐, 법적 정당성은 확보된 셈이며, 해석하기에 따라서는 대통령 박
정희가 언론계에 커다란 시혜를 베푼 모양새여서 박정희의 권위는
한 단계 더 높아진 결과를 낳게 되었다. 이러한 성과를 바탕으로 박
정희는 2년 뒤에 있을 대선에서 재집권할 수 있는 정치적 기반을
굳힌 셈이었다. 그러나 박정희의 권력욕은 대통령 재임 정도에 머
물러 있지 않았다. 박정희는 헌법이 가로막고 있는 3선 대통령을

꿈꾸고 있었다. 관건은 삼선개헌을 통과시키기 위해 언론을 어떻게 복속시키느냐의 문제였다.

첫 번째 표적은 박 정권에 유독 비판적이었던 경향신문이었다. 1964년 5월 경향신문은 도시 영세민들의 비참한 삶과 정경유착 실태를 시리즈로 보도했다. 경향은 가난한 농민들과 서민들이 보릿고개를 넘기는 절박한 현실을 생생하게 보여줌으로써 '조국 근대화'와 '고도성장'의 어두운 그늘을 고발했다.[240] 그러나 그 보도로 경향신문의 이준구 사장은 1965년 4월 반공법 위반 혐의로 구속되었고, 경향신문의 사옥과 윤전기는 1966년 1월 공매 처분되었다. 한국편집인협회는 이 공매 처분의 진상을 밝히기 위해 특별조사위원회를 구성했고, 언론탄압 여부를 가리기 위한 국회 국정감사권 발동을 요구했다.[241]

당시 대부분의 언론사들이 그러했듯 경향신문도 은행 부채를 안고 있었다. 그러나 당시 경향신문의 부채는 4천여만 원으로 최소 1억 원대 이상의 부채를 가진 여타 신문사들에 비해 양호한 편이었다. 그런데 부채를 줄이기 위해 이자나 원금을 상환하려 해도, 대표이사가 개인 예금을 인출하려 해도, 은행 채권단은 모두 거부했다. 이는 마치 빌린 돈을 갚지 못하게 하고 고율의 이자로 서민의 피를 빠는 조직폭력배의 행태와 흡사했다. 더구나 경매에 단독 응찰한 기아산업은 경영난으로 은행 관리 하에 있었던 기업이었다. 그리고는 매일 5,6명의 기관원이 편집국에 몰려와 신문 제작을 방해했다. 이러한 여러 가지 사실들은 경향신문 공매가 권력의 치밀한 공작에 의해 이루어졌음을 증명하는 것이었다. 이에 대해 당시 김상현 의원이 "선거를 앞둔 언론탄압"이라고 주장하면서 신문사 간부와 모 기관원 간부 사이의 대화를 녹취한 테이프를 증거물로 제시했으나 이것으로 상황이 바뀔 리는 없었다.[242]

그러나 이러한 박 정권의 언론탄압에 대해 언론계는 강 건너 불 보듯 수수방관하고 있었다. 동아일보만이 사설로 "이는 경향만의 비극이 아니라 우리 언론계의 비극"이라며 개탄했고, 조선일보는 부담스러웠는지 사설이 아닌 최석채 주필 개인 명의의 논설로 비판하는데 그쳤다. 역사와 전통을 가진 내로라하는 종합일간지가 언론으로서 의당 해야 할 정부에 대한 감시와 비판을 했다는 이유로 그 정부에 의해 소유권이 바뀌는 현실, 그 현실을 보고도 남의 일 보듯 하는 언론계의 비굴함은 스스로 권력에 굴복하고 종속의 길로 접어들고 있음을 보여주고 있었다.

두 번째 표적은 동아였다. 1965년 6월 15일 계엄사령부는 학생들의 한일회담 반대집회를 상세히 보도한 동아방송의 '앵무새' 프로그램 관계자들을 반공법과 집시법 위반으로 구속기소했다. 구속된 이들은 집필자인 동아일보 외신부장 이종구를 비롯해, 동아방송의 김영효 프로듀서, 최창봉 방송부장, 조동화 제작과장, 이윤하 편성과장, 고재언 뉴스실장 등 6명이었다.[243]

이 밖에도 비판 언론인들에 대한 폭행, 구속 등 물리적 탄압이 다반사로 자행되었다. 경찰과 군인들은 학생들의 집회 시위를 취재하는 신문사 기자들에게 폭력을 휘둘러 언론계를 긴장과 공포로 몰아넣었다. 야밤에 동아일보 간부의 집 대문이 폭파되는가 하면 꼭두새벽에 동아방송 간부가 괴한들에 의해 납치되어 폭행을 당한 뒤 외딴 곳에 버려지기도 했다. 이에 대해 편집인협회와 기자협회는 공동조사단을 구성하고 위수령 하에서 일어난 일인 만큼 빠른 시일 안에 범인을 밝혀내라고 촉구했지만 치안국과 서울시경은 묵묵부답이었다. 기자들에 대한 이 같은 테러는 1966년에도 계속되었고 1967년 선거를 앞두고는 더욱 극심해졌다.

폭력에 제압당한 언론은 자유와 독립의 길을 버리고 권력에 대한 예종의 길로 들어섰다. 처음에 그 길은 치욕스러웠지만 권력의 비호 속에 언론은 풍요함과 편안함을 누릴 수 있었다. 그리고 시간이 지나면서 그 부끄러움마저도 느낄 수 없는 무감각의 상태로 빠져들었다. 그것은 길들여진 노예의 길이었다.

길들여진 언론의 종말

1967년 4월 7일 '신문의 날'을 맞아 언론계는 기념행사를 가졌다. 이날, 신민당은 국제언론단체에 언론탄압 소명서를 발송키로 하고, 언론계에는 탄압에 굴하지 말고 언론의 정도를 지켜달라는 격려문을 보내기로 했다. 그러나 이 사실이 보도되자 각 신문사는 일제히 신민당을 공격했다. 언론사들은 "언론을 선거에 이용하지 마라"(조선), "언론불신을 조장마라"(한국), "언론의 자주성을 얕보고 언론을 병신 취급하지 마라"(중앙), "언론기관을 모독하는 망상을 버려라"(경향), "한국언론에 대한 중대 모욕으로 단호히 지탄한다"(대한일보)며 신민당을 비난했다. 기관원의 언론사 출입과 관련해서는 "터무니없는 악선전"(조선), "전혀 근거 없는 맹랑한 말"(경향)이라고 주장했다. 신아일보만 유일하게 "언론에 압력 있다"라고 인정하고 신민당의 불평의 정당성을 받아들인다면서도 소명서 제출에는 "그렇게 할 필요가 있을 것인가에 신중한 유의가 있기를 바라고 싶다"고 하여 당면한 언론탄압에 함께 싸울 용의가 없음을 밝혔다. 동아는 4월 11일 뒤늦게 "기관원의 빈번한 출입, 자료 제공, 빈번한 의견표명, 그로 인한 심리적 불안과 압박 등이 모두 사실"이라고 시인했지만 야당의 제안에는 역시 불찬의 뜻을 표명했다. 불찬의 이유는 "언론문제를 언론과 상의 없이 국제기구에 제기하는 것은 부당하다"는 것이었다.[244] 그러나 언론탄압이 엄연한 사실이라면, 그 진상과 부당함을 알리고 극복하는 것보다 중요한 일은 없었을 테지만, 그런데도 동아가 단순히 사전협의가 없었다는 이유만으로 불찬한 것은 동아의 문제의식이 안이하거나 동아 또한 권력을 지나치게 의식하고 있었다는 비판을 면할 수 없었다.

당시 기관원은 사설이나 기사 하나에도 일일이 개입했고, 1967년 선거 때는 유세장의 청중 수, 사진의 크기와 위치까지도 간섭했다. 자유와 독립을 상실한 길들여진 언론의 처참한 모습이었다.

이처럼 길들여진 언론과 야당의 분열로 박정희는 1967년 5월 대선에서 116만 표의 큰 차이로 윤보선을 압도했다. 그해 6·8총선은 경찰, 자치단체, 심지어는 선관위원장까지 개입한 유례없는 관권 선거였다. 찍은 투표용지를 공화당이나 관리자에게 확인을 받는 '공개투표'가 자행되기도 했다. 그렇게 해서 6월 총선은 개헌저지선 117석을 훌쩍 뛰어넘어 129석을 획득해 전체 의석의 73.7퍼센트를 차지하는 여당의 대승으로 끝났다. 개헌 가능한 지지도와 의석을 확보한 박정희는 대망의 삼선개헌 작업에 나설 수 있게 되었다.

동아일보의 굴복, 사상계 폐지

1964년 언론 파동 당시 언론독립을 지키며 저항했던 동아, 조선, 경향, 대구매일의 4개 신문은 하나씩 무너져갔다. 조선일보는 이미 정부의 현금 차관을 받아 호텔사업에 나서면서 정권과 유착되었고, 경향신문은 1966년 경매 처분된 뒤 친정부 신문으로 옷을 갈아입었다. 지역 신문인 가톨릭 계통의 대구매일을 제외하고 남은 것은 동아뿐이었다. 박 정권이 동아를 놓아둘 리 없었다.

1968년 신동아는 9월호에서 고도성장을 구실로 외국 차관을 마구잡이로 도입하는 정부정책을 비판했고, 10월호에서는 '북괴와 중·소 분쟁'을 다룬 기사를 내보냈다. 동아일보를 호시탐탐 노리고 있던 박 정권은 11월 이 두 기사를 트집 잡아 편집장과 주간을 반공법 위반으로 구속했다. 그들은 3일 만에 풀려났으나 그것은 중앙정보부와 김상만 부사장 사이에 거래에 따른 것이었다. 동아는 천관우 주필, 홍승면 주간, 손세일 부장을 해직하고, 신동아 10월호 기사에 대한 사과문을 동아일보 1면에 게재했다. 이 사태를 보고 당시 편집인협회장 최석채는 "언론이 스스로 단결하여 싸우지 못하고 성문을 열어 외적을 불러들인다면 누구에게 구원을 청할 것인가"라고 탄식하고 언론자유를 지키기 위해 노조의 필요성을 언급했다.[245] 주필 자리에서 물러난 천관우는 "어딘지 시들시들 맥을 못 출 것 같은 자각증상을 느낀다는 말조차 여러 신문인들에게서 들었다. 말하자면 그것은 한국 특유의 비극인 '연탄가스 중독' 같은 것이었다"고 토로했다.[246]

김상만은 거래라고 부르기도 민망한 굴종의 자세로 권력에 백기투항 한 것이다. 사주가 권력에 굴복해 무고한 핵심 언론인들을 해고한 것은 언론이 더 이상 권부의 감시견으로서의 역할을 포기하고 충실한 보호견의 역할을 자임하고 나섰음을 의미하며 언론자유는 언급조차 하기 어렵게 되었다.

일간지를 모두 무너뜨린 다음 차례는 사상계였다. 월간 사상계는 발행부수에서 주요 일간신문과 어깨를 나란히 할 정도로 영향력 있는 정론지였으며 특히 대학생들에게는 필독서였다. 사상계는 5·16 군사쿠데타를 부정했고 군사정권을 강하게 비판했다. 한일회담과 베트남 파병에 대해 모든 언론이 논평은 물론이고 사실 보도조차 기피하고 있을 때 사상계는 비판의 고삐를 풀지 않았다.

박 정권의 사상계에 대한 공격은 집요하고 교묘했다. 중앙정보부는 사상계가 출간되면 대량 주문을 해 독자의 접촉을 막았다가 3개월 뒤 반품하는 교활한 방식으로 사상계의 경영을 악화시켰다. 장준하 사장은 이를 극복하기 위해 정기 구독자 모집을 시도했으나 처음에 성과가 있다가 시일이 지나면서 한계에 이르렀다.

사상계를 무너뜨린 최종 무기는 결국 '반공법'이었다. 군사정권은 1970년 사상계 5월호에 실린 김지하의 담시 오적五賊을 반공법으로 걸어 김지하, 발행인 부완혁, 편집장 김승균 등을 줄줄이 구속했고, 결국 사상계는 9월에 등록 인쇄인이 다르다는 이유로 등록말소를 당하고 말았다. 1950년대부터 반독재 민주화운동의 대변지 구실을 해온 사상계는 이로써 17년 만에 역사 속으로 사라졌다.

마침내 권력과 언론의 권언복합체가 형성되었다. 3대 통신은 재벌들의 소유가 되었고, 언론은 권부와 재벌의 지배하에 들어갔다. 박정권은 언론을 이용해 우민화 정책을 폄으로써 장기집권의 포석을 다졌다. 1968년 선데이서울, 주간경향 등 중앙 일간신문 계열의 주간지들과 각종 스포츠신문에 무제한의 자유가 허용되었다. 이들 주간지와 스포츠신문들은 선정적인 화보의 연예기사와 스포츠 기사로 국민의 눈을 돌려 정치적 무관심을 조장했다. 권언유착의 수렁에 빠진 언론은 1968년 말 동아일보마저 무너지면서 더 이상 언론이라고 칭하기도 어려운 확실한 권부의 마름이 되어갔다. 언론 길들이기에는 당근도 사용됐다.

삼선개헌의 움직임이 가시화되자 1968년 6월 서울법대생의 '헌정수호 성토대회'를 시작으로 학생들의 개헌반대운동이 본격화되었다. 학생들은 가두시위, 화형식, 성토대회, 단식투쟁 등 다양한 방법으로 개헌저지투쟁을 전개했다. 박 정권은 휴교령, 학과통폐합 등 온갖 수단을 동원해 학생들의 시위를 저지했다.

1969년이 되면서 연초부터 공화당 당직자들이 개헌을 언급하기 시작하더니 마침내 삼선개헌안은 정국을 극도의 혼란 속으로 몰아넣었다. 정부 여당은 몇 명의 신민당 의원을 포섭하여 개헌 의석을 확보했다. 반공연맹, 재향군인회와 같은 수십 개의 관변 단체들은 때 맞춰 개헌지지 성명을 냈다.

독재의 길목에 서 있는 엄중한 정치 상황 속에서 황색 저널리즘에 빠진 언론에 참다못한 서울대 기독학생회는 1969년 6월 거리로 나섰다. 학생들은 "윤리의 방종과 노예화에서 상실된 인간성을 회복하고자 이제 이 조국과 인류를 좀먹는 탈선 매스컴을 불태운다"는 선언문과 함께 선정적인 기사와 화보로 가득 찬 주간지들을 불태우는 시위를 벌였다. 이어 박정희의 헌정 유린을 언론이 외면하고 있다는 서울법대생들의 비난이 이어졌다. 9월 연세대 총학생회는 '언론의 타락은 민주주의의 죽음'이라며 언론인들은 언론의 양심과 용기를 찾으라고 항의했다.[247]

그러나 이 같은 학생들과 야당의 끈질긴 반대 투쟁에도 불구하고 삼선개헌안은 1969년 9월 날치기로 통과되었다. 공화당에 포섭된 몇몇 기자들만이 개헌 사실을 입증하기 위해 현장을 지켰다. 언론은 개헌 지지에 여념이 없었다. 동아방송이 국회본회의 여야 의원들의 발언을 수정 없이 녹음 중개방송을 했고, 동아일보가 1면 머리에 '삼선개헌 변칙 처리'라는 제목을 달고 "개헌에 반대한다"는 사설을 실어 그나마 체면유지의 흔적을 남겼지만 언론은 이미 죽은 것이나 다름없었다. 이와 더불어 삼선개헌반대투쟁도 종료되면서 1960년대 학생운동은 막을 내렸다.

유신

언론자유 수호 선언

1971년 봄, 새 학기 시작과 더불어 '교련철폐투쟁'이 대학가를 흔들었다. 그 전해에 발표된 '대학교련교육 시행요강' 때문이었는데 대학생들은 4년 동안 총 7백여 시간의 교련 과목을 이수해야 하고 교육은 군인들이 담당하게 된 것이었다. 학생들의 분노는 '학원 병영화' 움직임에 침묵하고 있는 언론으로 향했다.

1971년 3월 서울대생 50여 명이 "민중의 소리 외면한 죄, 무엇으로 갚을 텐가"라는 플래카드를 들고 동아일보 사옥 앞에서 언론화형식을 가졌다. 학생들은 '언론인에게 보내는 경고장'에서 "이것이 일컬어 제7적이런가. 정치문제는 폭력이 무서워 못 쓰고, 사회문제는 돈을 먹어 눈감아주고, 문화 기사는 판매부수 때문에 저질로 치닫는다면 더 이상 무엇을 쓰겠다는 것인가"라면서 "우리는 한 가닥 양심을 지니고 고민하는 언론인이 어딘가에 있으리라 믿으며 그들에게 호소한다. 신문은 이미 인적으로 동일체성을 상실하고 있으며 거기에는 엄연한 대립관계가 존재함을 직시하고 과감히 편집권 독립투쟁에 나서라"고 경고했다.[248]

학생들의 분노는 젊은 기자들의 양심에 불을 댕겼고, 마침내 동아일보 기자들이 떨쳐 일어났다. 신동아 사건과 삼선개헌파동을 겪으며 인내의 한계에 도달한 동아일보의 젊은 기자들은 1971년 4월 '언론자유수호선언'에 나섰다. 기자들은 선언문에서 "언론이 본연의 기능을 거세당하고 만 것은 외부로부터의 불법 부당한 제재와 간섭 때문"이라며 진실하고 자유로운 보도, 외부의 부당한 압력 배격, 기관원의 출입 거부 등을 촉구했다. 이 자리에는 송건호 논설위원과 김중배 사회부장이 참석해 젊은 기자들을 격려했다.

자유언론의 일선 담당자인 우리는 오늘의 언론 위기가 한계 상황에 이르렀음을 통감하고 민주주의의 기초인 언론자유가 어떤 압력이나 사술(詐術)로도 훼손되어서는 안 된다고 엄숙히 선언한다. 오늘의 언론이 진실의 발견과 공정한 보도라는 본연의 기능을 거의 거세당하고만 것은 주로 외부로부터의 불법 부당한 제재와 간섭 때문임을 우리는 알고 있다.

돌이켜 보면 자랑스러운 선배 언론인들은 숨 막히는 외족(外族)의 억압 아래서도 국민의 알 권리와 국민에게 알릴 의무를 떳떳이 싸워 지켰다. 그러나 우리는 수년래 강화된 온갖 형태의 박해로 자율의 의지를 빼앗긴 채 언론부재, 언론불신의 막다른 골목까지 밀려나왔다. 작게는 뉴스원의 봉쇄로부터 기사의 경중과 보도 여부에까지 외부의 손길이 미쳤고, 이른바 정보기관원의 상주가 빚어내는 모든 불합리한 사태는 일선 언론인 우리들에게 치욕과 슬픔을 안겨주었다.

이에 우리는 헌법이 보장하고 있는 언론의 자유가 어떤 구실로도 침해되어서는 안 되며 즉각적이고 완전하게 회복되어야 한다고 확신한다. 기관원의 상주나 출입은 허용될 수 없으며 신문 및 방송의 제작 판매의 전 과정은 언론인의 양식에 따라 자유롭게 이루어져야 한다. 아울러 우리는 오늘의 언론 위기의 책임을 전적으로 외부로만 전가하려하지 않으며 권리 위에 잠잔 스스로의 게으름을 반성하려 한다(1차 언론자유수호선언문, 1971년 4월 15일).[249]

동아일보에서 시작된 언론자유수호운동은 이튿날인 16일 한국일보를 비롯해 17일에는 조선과 중앙, 19일에는 경향, 신아, 문화방송 등 전국의 기자들로 확산됐다. 5월 초까지 서울의 일간지 7곳, 방송 1곳, 경제지 2곳, 통신사 2곳, 그리고 경남매일, 국제신보 등 모두 14곳의 언론사 기자들이 언론자유수호운동에 동참했다. 5월

15일 기자협회는 전국의 분회장 및 시도지부장 회의를 열고 '언론자유수호행동강령'과 결의문을 채택했다.[250]

그러나 이러한 언론자유수호의 움직임은 어떤 언론사 지면에서도 찾아볼 수 없었다. 향후 들이닥칠 권부의 가공할 탄압과 이를 의식한 언론사 경영진 및 편집간부들의 공포심이 겹쳐 작용했을 터였다. 그럼에도 한번 불어 닥친 아래로부터의 운동은 좀처럼 가라앉지 않았다.

박 정권은 1971년 10월 서울 일원에 위수령을 발동하고, 무장군인 학내 투입, 시위 주동자 연행 등 강경 방침으로 나왔다. 12월에는 국가비상사태를 선포하고 "혹세무민의 일부 지식인들은 언론자유를 빙자하여 무책임한 안보론을 분별없이 들고 나와 민심을 더욱 혼란케 하고 있다"고 비난했다. 박정희는 '무절제하고 무궤도한 안보논의'를 경고하면서 "최악의 경우 우리가 향유하고 있는 자유의 일부도 유보할 결의를 가져야 한다"고 선언했다. 이에 동아일보가 사설을 통해 문제를 제기하자 박 정권은 주필 이동욱과 전 주필 천관우의 해임을 압박했다.[251] 박 정권은 이듬해인 1972년 1월 "언론을 통제하면 유언비어가 성행한다"며 언론자유를 강조한 송건호 논설위원을 연행했다. 그러나 안타깝게도 언론계의 저항은 여기서 중단됐다.

유신, 돌이킬 수 없는 비극의 시작

1972년 10월 17일 박정희는 전국에 비상계엄령을 선포하고 '대통령특별선언'을 발표했다. 군 병력과 탱크가 시내 곳곳에 배치된 상황에서 향후 유신헌법의 발의와 일정을 예시한 특별선언은 국회 해산, 정치활동 금지, 새로운 헌법 개정안에 대한 국민투표 실시 등 헌정 질서를 깡그리 무시한 협박장에 다름 아니었다. 정지된 헌법 기능은 비상국무회의가 수행했다. 개헌을 해야 할 시대적 배경도, 정치 사회적 당위성과 필요성도, 합당한 사유와 논거도, 국민의 요구도 논의 과정도 없었다. 오로지 개헌의 유일한 명분은 통일을 대비해 새로운 정치체제를 세운다는 막연한 내용으로 국민에게는 그야말로 아닌 밤중에 홍두깨였다. 그러나 신문협회는 특별선언을 적극 지지하고 나섰다. 모든 신문과 방송도 논설과 해설을 통해 이 선언을 지지했다.

박정희의 계획은 일사천리로 진행되었다. 10월 26일 비상국무회의는 개헌안을 축조 심의한 뒤 바로 다음 날 공고했다. 그 내용은 통일주체국민회의 대의원이 대통령을 뽑고, 그 통일주체국민회의 의장은 대통령이 맡도록 하며, 대통령에게 국회의원 1/3 지명권, 국회 해산권, 판사 임명권, 무제한적 긴급조치권 등을 부여하고, 국회 국정감사권은 폐기한다는 것이었다. 한 마디로 권력분립, 민주주의 원칙, 국민 따위는 안중에도 없는, 대놓고 대통령 1인 독재를 하겠다는 선포였다.

이에 대한 언론의 반응은 참담했다. 그동안 민주주의를 바랐던 학생들의 수많은 외침은 철저하게 외면당했고, 언론사 내 언론인들의 울분은 언제 그런 일이 있었냐는 듯 침묵 속으로 사라졌다.

개헌안을 공고한 10월 27일부터 모든 신문들은 약속이나 한 듯 "통일을 위한 구국영단 너도 나도 지지하자", "새 시대에 새 헌법, 새 역사를 창조하자", "뭉쳐서 헌정유신, 힘 모아 평화통일" 등 문공부가 작성한 표어들로 가득 찼다.[252] 도둑이 제 발 저린다고 했던가. '개헌안에 대한 찬반토론을 금지한다'는 동아일보 머리기사의 제목이 여론에 악영향을 끼친다는 이유로 해당 편집기자가 중앙정보부에서 고문과 매질을 당하고 돌아온 사건은 유신헌법의 개정 과정이 얼마나 언어도단의 횡포인지를 그들 스스로도 알고 있었음을 말해주고 있었다.[253]

1972년 11월 21일 계엄 하에서 국민투표가 실시됐다. 결과는 유권자의 91.9퍼센트가 투표에 참여해서 91.5퍼센트가 찬성했다. 결과적으로 "'유신의 역사적 당위성'이 국민의 승인을 받았다"고 한 박정희의 말은 현실화됐다. 동시에 이 결과는 민주주의가 얼마나 지키기 어렵고 깨지기 쉬운 허망한 체제인지를 깨우쳐 주었다. 아무리 권부가 무력으로 공포 분위기를 조성했다 해도, 아무리 언론이 권력의 선전도구가 되어 국민을 기만했다 해도, 민주주의를 지켜야 할 최후의 보루인 국민의, 절반도 아닌 절대다수가, 민주주의를 짓밟는 만행에 함께 동참했다는 사실은 민주주의에 대한 회의를 자아내게 했다.

유신헌법이 제정되고 언론은 계엄사령부의 사전 검열을 받았다. 기관원들은 다시 편집국에 드나들기 시작했다. 편집국에는 중앙정보부, 군 방첩대, 치안국, 정보계 형사 등이 들락거렸다. 언론은 보도할 자유는 물론 보도하지 않을 자유마저 박탈당했다. 계엄사령부 및 정부의 발표문이나 그들이 써준 해설 기사는 토씨 하나 틀리지 않고 보도해야 했다.

기관원들은 물대장을 보면서 이 기사는 줄이고 저 기사는 빼고 등의 지시를 했다. 기자들은 항의하지 못했다. 언론은 유신에 대해 찬양 일색의 기사와 논설을 내보냈다. 중앙일보는 유신 선포 다음 날 '평화통일을 위한 정치체제 개혁'이란 사설에서 헌정 쿠데타를 정당화했다. 조선일보는 '평화통일을 위한 신체제'라는 제목의 사설에서 노골적으로 10월 유신을 찬양했다.[254]

이런 언론 상황이 일상화되고 언론사 내부는 아무 일도 없었던 듯 평온이 찾아왔다. 일부 언론인들의 머리에는 거취에 대한 고민이 시작되었고 또 다른 언론인들의 가슴 속에는 체념이 스며들었다. 체념은 연탄가스 중독이 깊어지면 죽음에 이른다는 사실마저도 망각하게 했다. 그러나 의식 저편에서는 새로운 희망의 빛이 기다리고 있었다.

10월 유신 이후의 언론자유 투쟁

유신체제는 대통령 1인 독재를 위한 모든 여건들을 구비하고 있었다. 1/3 국회의원 지명에, 판사 임명권에, 임기제한도 없는 대통령의 권위에 도전할 어리석은 정치인은 없었다. 권언유착의 언론이 검열을 뚫고 권부를 비판하는 것은 불가능에 가까웠다. 집회와 결사의 자유도 봉쇄되어 있었다. 유신은 혁명이 아닌 현행 법 체계로는 결코 붕괴할 수 없는 견고한 철옹성이었다. 그러나 아무리 견고한 철옹성이라도 작은 틈새는 있는 법이며 순리에서 벗어난 법 체제는 무너지기 마련이었다.

1973년 3월 중순, 동아일보 편집국의 젊은 기자들 사이에 '연판장'이 돌았다. 편집권 독립과 지면 쇄신을 내건 연판장에 전체의 70퍼센트가 넘는 기자들이 서명에 동참했다. 4월에는 젊은 기독교 성

직자와 학생 등 6만 여 신도가 참여한 부활절연합예배에서 독재정
권 비난 유인물이 뿌려졌다. 연합예배에는 "서글픈 부활절, 통곡하
는 민주주의", "회개하라 이후락 중앙정보부장", "꿀 먹은 동아일보,
아부하는 한국일보" 등의 현수막이 등장했다. 이 부활절연합예배
사건은 당시로서는 결코 보도할 수 없는 성격의 사건이었지만 3개
월이 지난 7월에 우연치 않게 일반에 알려졌다. 박형규 담임목사를
포함한 15명이 내란예비음모 혐의로 구속되었다는 검찰발 기사로
우연찮게 이 사건이 알려진 것이다. 박형규 목사는 이 사건으로 9
월 1심 판결에서 징역 2년을 선고 받았으나 이틀 뒤 보석으로 풀려
났다. 어마어마한 범죄 혐의치고는 너무도 가벼운 이상한 징벌이
었다. 이 사건이 알려지면서 10월 2일 서울대문리대에서 유신 이
후 처음으로 학생 시위가 벌어졌다. 학생들은 4·19기념탑 앞에서
비상총회를 열고 "전 국민 대중의 생존권을 위협하는 참혹한 현실
을 더 이상 좌시할 수 없어 분연히 일어섰다"면서 유신독재정권을
규탄했다.[255]

그러나 동아일보 기자의 '10월 2일 시위' 기사는 지면에 반영되
지 않았다. 이에 젊은 공채 기자 50여 명이 밤샘농성을 시작했다.
유신 이후 처음으로 언론의 저항이 시작된 것이다. 이 시위 사건은
농성 다음 날인 10월 8일 지면에 등장했는데 기사는 엉뚱하게도
'서울대생 21명 구속'이라는 정부 발표문으로 둔갑해 있었다. 이후
부터 기사 누락과 철야농성의 악순환이 계속되었다. 11월 5일에도
젊은 기자들은 편집국에서 밤을 샜다. '경북대생 시위' 사건과 '민
주수호국민협의회 시국선언문' 사건이 보도 누락된 데 따른 것이
었다. 이날 밤 기자들은 "기사가 누락되면 그 경위를 알아보고 가

능한 대책에 대해 의견을 나누며, 선후배 동료가 기사와 관련하여 부당하게 연행되면 이 사실을 즉시 보도하고 그가 돌아올 때까지 편집국에서 기다린다"는 두 가지 사항을 결의했다. 그러나 철야농성과 대책 논의에도 불구하고 시정되는 것은 없었다.[256]

11월 20일 인내의 한계를 느낀 동아일보 기자들은 마침내 2차 언론자유수호선언문을 채택하고 정부의 부당한 간섭 금지, 언론인의 외부 압력 배격 등을 결의했다. 선언문은 "언론의 자유가 언론인 스스로의 무능과 무기력으로 인해 수호되지 못한 것"이라고 전제하고 "신문 방송 출판물이 국가 권력의 간섭에 의해서 사실상 사전 검열을 당하고 있다"면서 "오늘날 한국의 언론이 중대한 위기에 처해 있음을 통감한다"고 했다.[257]

그러나 그뿐이었다. 선언은 선언으로 끝났으며 신문 지면에는 아무런 변화도 없었다. 언론탄압 조치는 외국의 언론이나 언론인도 예외가 아니었다. 신문지국이 폐쇄되고 기자가 추방됐다. 외국 신문의 수입 허가가 취소되고 수입된 신문도 정부 비판 기사는 배포 전에 모두 삭제되었다.

학생들과 각계 인사들의 목소리가 거세지고 언론사 내부의 언론자유 투쟁도 활발해지자 정부는 11월 중순 발행인과 편집 간부 등을 만나 '자제'를 요청하는 유화책을 들고 나왔다. 발행인들은 유신체제나 안보 관련 기사는 싣지 않는다는 이른바 자율지침을 마련한다는데 서명했다. 이에 신문사 경영진들은 기자들의 집단적 활동을 자제토록 하면서 철야농성을 금지시키는 등 기자들의 투쟁에 압력을 가하기 시작했다. 이에 동아일보 기자들은 12월 3일 기자총회를 열고 '언론자유수호 제3선언문'을 채택하고, '자율을 빙자

한 발행인 서명 공작 즉각 철회', '언론 본연의 임무를 지키려는 기자들과 함께 투쟁', '발행인이 강압에 못 이겨 서명을 할 경우 제작 거부' 등을 결의했다.[258]

한편, 동아의 이 같은 투쟁 움직임은 여타의 신문사에서도 유사하게 일어났다. 1973년 10월 경향신문 견습 기자들이 외부 압력 배제, 사실보도, 인사 쇄신 등을 주장하며 언론자유를 선언한데 이어, 경향신문 전체 기자 모임인 '소공회'가 "국민의 알권리를 위해 노력하고, 여론을 오도하는 기사는 적극 배제할 것을 촉구하며, 그것이 안 되면 보도 관제를 요청한 기관과 경위를 명기하여 역사의 기록물로 공식 보관한다"고 결의했다. 한국일보 기자들도 11월 들어 여러 차례 중요 기사 누락에 대한 항의와 시위를 했고 '언론자유 확립 결의문'을 채택함과 아울러 "기사가 부당한 외부 작용에 의해 침해되었을 경우 적절한 행동에 나선다"고 다짐했다. 이어서 CBS, 조선일보, 신아일보, 중앙일보가 결의문을 채택했고, 11월 28일에는 5·16재단의 문화방송 기자들이 "더 이상 침묵을 강요당할 수 없다"며 언론자유선언을 채택했다.[259]

우리는 역사의 산 증인으로서 최근 1년 이상 비판적 의견이 완전히 묵살된 상황 하에 불안과 불신이 만연되고 있는 현실을 깊이 우려한다. 열 개의 손을 가진 괴물이 우리의 기사를 난도질하고 빼앗아 가도 우리는 목을 움츠리고 항거도 하지 못한다. 굴종과 타협 그리고 좌절과 무관심이 어느 새 우리의 생리로 굳어져가고 있다. 말할 수 있는 마지막 혀뿌리가 끊기기 전에 글 쓸 수 있는 마지막 손가락이 잘리기 전에 우리는 모든 권력과 비리의 사슬을 끊고 감연히 일어서야 한다.

우리는 더 이상 침묵을 강요당할 수 없다.[260]

국민의 절대 다수가 찬성했던 철옹성 같던 유신은 불과 1년 만에 뿌리째 흔들리고 있었다. 1973년 11월 학생들의 유신반대투쟁은 전국으로 확산되었고 12월에는 고등학교로까지 번졌다. 재야인사들도 '개헌청원 100만인 서명운동'을 선언하고 나섰다. 그해 연말 박정희는 대통령 담화를 통해 서명운동은 '사회혼란을 조성하려는 불순한 움직임'이라며 위협했다. 그러나 그러한 위협은 통하지 않았고 전반적인 여론은 유신 반대 쪽으로 기울고 있었다. 1974년 1월에는 정구영이 동아방송과의 대담에서 유신체제는 '삼권귀일三權歸─체제'라고 비판한 뒤 탈당계를 냈다. 공화당 초대 총재였고 제4대 당의장을 지낸 정구영의 탈당은 정치적으로 매우 충격적인 사건이었다. 개헌서명운동은 여러 신문 매체들을 통해 보도되면서 여론의 힘을 받으며 날로 확산되어 갔다.[261] 그러나 독재자 박정희가 선택할 수 있는 길은 정면돌파 뿐이었다. 박정희는 유신헌법의 흉기, '긴급조치'라는 극단적 방식을 꺼내들었다.

신문사노조의 탄생

견고한 유신체제 하에서도 저항이 심상치 않자 박정희는 1974년 1월 긴급조치 1,2호를 발동해 유신에 대한 언급 자체를 금지했다. 아예 언로를 틀어막아 버린 것이다. '유신헌법을 반대하는 행위'뿐 아니라 '헌법 개정 또는 폐지를 주장, 발의, 제안 또는 청원하는 일체의 행위'까지 금지되었고, 누가 이런 행위를 했다고 알리는 것조차 금지되었다. 현존하는 사실을 일반에게 전하는 것조차 가혹한 형벌의 대상이 되어버렸으니 언론은 '미담 기사'를 쓰는 일 외에는 할 일이 없었다.[262]

한편, 동아의 젊은 언론인들은 1971년부터 시작된 '언론자유수호선언'에 한계를 느끼고 있었다. 그것은 자신들 스스로의 선언이요 다짐일 뿐, 동아 내부의 경영진이나 간부들의 태도를 변화시키는 데는 아무런 영향도 없었기 때문이었다. 무기력해진 젊은 언론인들은 운동의 조직화 필요성을 절감하게 되었다.

그런 상황에서 1972년 기자협회가 전국 30개 언론 기관의 근로 실태를 조사한 결과, 몇 개 사를 제외하고는 취업규칙, 근로기준법, 임금, 인사, 승진, 전보 등에 대한 아무런 규정도 기준도 없는 그야말로 주먹구구식 경영을 하고 있음이 드러났다. 특히 동아일보의 경우, '가족회사'를 강조하면서 정상적인 노사관계는 전혀 수립되어 있지 않았다. 언론사의 주먹구구식 경영은 실제로 중대한 문제를 야기했다. 1974년 3월 5일 동아는 방송국 인사를 하는 과정에서 직무의 적정성을 무시한 채 당사자와의 사전 협의도 없이 기자, 프로듀서, 영업직의 직무를 마구잡이로 섞어 인사를 단행했다. 그런데 이 전보 인사 중에는 기자협회보에 글을 기고해 노조의 필요성을 주장한 고준환 기자도 포함되어 있었다. 경영진의 불순한 의도가 인사에 영향을 주었다는 사실이 드러나자 이에 대한 불만을 가진 기자들은 전국출판노동조합 산하로 노조를 창립하고 3월 7일 서울시에 신고까지 마쳤다. 그러나 평소 '가족회사'를 자부했던 동아의 경영진은 노조집행부 임원 11명과 박지동, 심재택을 포함해

13명을 '사 명예실추'로 해고했다.[263]

이후 노사 갈등이 계속되던 중 노조는 또 하나의 시련을 맞게 되었다. 노조 창립 후 한 달 가까이 지난 4월 5일, 서울시로부터 노조 설립신고가 반려된 것이다. 더욱 가관인 것은 반려 사유였다. 해고로 인해 "임원 전원이 현재 동아일보사에 재직하지 않고 있다"는 것이었다. 노조설립을 이유로 노조 임원들을 해임하고, 해임된 임원들이라는 이유로 노조설립을 불법화하는 어처구니 없는 메커니즘이 작동되었던 것이다. 노조는 법원에 행정소송을 제기했다. 그러나 노조 설립 신고 건은 여러 차례 공판이 진행되다가 1975년 3월 자유언론실천운동 과정에서 노조 임원 전원을 비롯한 대다수의 조합원들이 또 다시 부당해고를 당함으로써 미제 사건이 되어버려 결국 동아노조는 법외노조로 남게 되었다.[264]

동아노조의 탄생은 언론계에 비상한 관심을 모았다. 해고와 징계를 당한 조합원들에 대한 동료들의 지원, 타사 기자들의 성금 등이 이어졌다. 한국기자협회도 동아일보 사장에게 부당인사 철회를 요구하는 등 연대의 힘을 보탰다. 그리하여 동아노조는 비록 법적으로 인정을 받지 못했을 뿐 조직은 그대로 살아 있어 1974년 '10·24 자유언론실천운동'의 핵심적 역할을 담당했으며 타사의 언론운동에도 큰 영향을 주었다.

자유언론실천선언

인혁당 사법살인

유신독재 정권은 그 원천적 불법성과 부당성 때문에 숱한 저항을 불러일으켰고, 또 그 저항을 제압하기 위해 무리한 탄압을 가하는 악순환을 되풀이했다. 박 정권은 있지도 않은 적의 침략, 내란, 반란, 국가변란 등을 조작해 안보 불안을 조장했고, 그것으로 유신독재에 대한 반대 여론을 잠재웠다. 이를 위해서는 희생양이 필요했고 국민을 기만하는 사술이 필연적으로 뒤따랐다. 1974년의 전국민주청년학생총연맹(민청학련)과 국민혁명당 재건위원회(인혁당 재건위) 사건 관련자들에 대한 사법살인은 바로 이러한 독재정권의 사술에 의해 조작된 무자비한 인권유린이었다.

1974년 4월 3일 박정희는 특별담화를 통해, 민청학련의 '반국가적 불순활동'을 포착했다며 긴급조치 4호를 발동했다. 이 날은 학생들이 전국적인 유신반대투쟁을 시작하기로 한 날이었다. 특별담화 후 20여 일이 지나 중앙정보부장 신직수는 중간 조사 결과를 발표했다. "민청학련은 공산계 불법단체인 국민혁명당 조직과 조총련의 조종을 받는 일본 공산당원 및 국내 좌파 혁신계 등이 복합적으로 작용한 것이고, 민청학련을 조직하여 국가 변란을 획책한 학생들은 공산주의자임이 분명하다"는 것이었다. 이 사건으로 1,024명이 수사 기관의 조사를 받았고 구속된 253명 중 180여 명이 기소되었으며 인혁당계 8명은 사형, 민청학련 주동자급은 무기징역 또는 징역 20년을 선고받았다.

그 무렵, 민청학련과 인혁당 사건 관련 가족들은 언론사를 전전하며 사건이 조작된 것이라고 호소했으나 가족들의 억울함은 그 어떤 언론에도 반영되지 않았다. 긴급조치 4호 때문이었다. 그들의 피눈물을 받아준 곳은 종교계뿐이었지만 그 또한 교회와 성당을 벗어나 밖으로 전파되지는 못했다. 그해 여름 비상군법회의 법정에서 잔혹한 고문을 받았다는 법정 증언이 나왔으나 언론은 단 한 줄도 보도하지 않았다. 결국 이 사건 관련자 도예종, 여정남 등을 비롯한 8명은 1975년 4월 대법원에서 사형이 확정되었고 판결 24시간도 안 되어 교수형에 처해졌다.

그러나 진실은 시간이 걸리더라도 드러나기 마련이었다. 그로부터 27년이 지난 2002년, '의문사 진상규명위원회'는 인혁당 사건이 당시 중앙정보부의 조작이었음을 밝혀냈고, 2005년 유족들이 제기한 재심에서 사형을 당한 8명 전원이 무죄판결을 받았다. '국가정보원 과거 사건 진실규명을 통한 발전위원회'는 2005년 12월 "1964년 당시 반국가단체로 발표된 1차 인혁당은 당시 서클 수준의 단체였고, 1974년의 '인혁당재건위'는 실제 존재하지 않았으며, 대통령 박정희가 직접 조작·왜곡한 학생운동탄압사건"이었다는 조사 결과를 발표했다.

무소불위의 권력을 스스로 감당하지 못한 독재 권력은 숱한 저항을 불렀고, 저항은 또한 무리한 억압을 낳았으며, 그 억압은 또다시 저항을 부르는 악순환으로 이어졌다. 그 악순환 속에서 사회는 권력형 부패와 비리로 얼룩졌고 언론은 그런 속에서 아무런 역할을 하지 못하고 있었지만 자성의 목소리는 끊이지 않았다.

1974년 가을, 기자들은 보수화되어 아무런 목소리를 내지 않고 있는 기자협회의 개혁에 본격적으로 나섰다. 1974년 10월 동아일보 문화부의 김병익 기자가 동아노조의 지원을 받고 기자협회장으로, 장윤환 기자가 기자협회 동아일보 분회장으로 당선되었다.

김병익이 기자협회장으로 당선되던 날, 정부는 신문사 편집국장과 방송사 보도국장을 불러 보도지침을 내렸다. 지침은 '학원내 움직임', '종교계 민권운동', '베트남의 반독재·반티우 운동', '연탄 기근 등 사회불안을 조성할 우려가 있는 문제' 등에 대해 일체의 보도를 금지한 것이었다.[265]

10·24 자유언론실천선언

1974년 10월 24일 자유언론실천선언은 장윤환 기자협회 동아일보 분회장에 의해 치밀하게 준비되었다. 거사 일정은 기자들 다수가 모일 수 있고 기관원 출입이 없는 공휴일인 국제연합 창설 기념일로 정하고 노조와도 협의를 끝냈다. 선언문도 기자협회 집행부 차원에서 미리 작성되어 있었다. 주변 상황과 여건도 거사에 도움이 되도록 맞춰졌다. 거사 사흘 전부터 동아방송 '뉴스쇼'의 시위보도로 담당 부장이 중앙정보부의 조사를 받았고, 한국일보에서도 사장과 편집국장이 중앙정보부에 연행돼 기자들이 사내에서 농성을 벌이는 등 긴장감이 감돌고 있었다. 법외노조이긴 하지만 노동조합의 존재는 무엇보다도 든든한 버팀목이었다.

그런 상황에서 거사 하루 전날인 1974년 10월 23일 서울농대 시위대가 교문을 박차고 나와 수원 시내까지 진출했다. 동아일보는 긴급조치 하에서도 이 사건을 보도했고 중앙정보부는 송건호 편집국장을 비롯한 사회부장, 지방부장을 연행했다. 송건호 국장은 이미 그 전 달인 9월에도 '고가의 보석 밀수입 사건'을 보도한 것 때문에 기관에 연행되어 욕설과 구타를 당한 바 있었다. 비분강개한 동아일보 기자 200여 명은 송 국장 일행이 돌아올 때까지 편집국에서 농성을 하고 다음 날 아침 미리 준비한 '자유언론실천선언'을 발표했다.

우리는 오늘날 우리사회가 처한 미증유의 난국을 극복할 수 있는 길이 언론의 자유로운 활동에 있음을 선언한다. 민주사회를 유지하고 자유국가를 발전시키기 위한 기본적인 사회 기능인 자유언론은 어떠한 구실로도 억압될 수 없으며 어느 누구도 간섭할 수 없는 것임을 선언한다.

우리는 교회와 대학 등 언론계 밖에서 언론의 자유 회복이 주장되고 언론인의 각성이 촉구되고 있는 현실에 대해 뼈아픈 부끄러움을 느낀다. 본질적으로 자유언론은 바로 우리 언론 종사자들 자신의 실천 과제일 뿐 당국에서 허용 받거나 국민대중이 찾아다 주어지는 것이 아니다.

따라서 우리는 자유언론에 역행하는 어떠한 압력에도 굴하지 않고 자유 민주사회의 존립의 기본요건인 자유 언론실천에 모든 노력을 다할 것을 선언하며 우리의 뜨거운 심장을 모아 다음과 같이 결의한다.

(1) 신문, 방송, 잡지에 대한 어떠한 외부 간섭도 우리의 일치된 단결로 강력히 배제한다.

(1) 기관원의 출입을 엄격히 거부한다.

(1) 언론인의 불법연행을 일절 거부한다. 만약 어떠한 명목으로라도 불법연행이 자행되는 경우 그가 귀사 할 때까지 퇴근하지 않기로 한다.

1974년 10월 24일 동아일보사 기자 일동[266]

선언은 유신독재에 대한 정면 도전이었다. 게다가 노조는 선언으로만 끝나지 않고 제작 거부를 불사하며 그 선언문을 지면과 전파에 실을 것을 요구했다. 송건호 편집국장은 "동아일보가 언론의 바른 길을 걷기 위해 기자들의 건의를 받아들이자"고 경영진을 설득했으나 돌아온 것은 기자들을 통제하지 못한다는 질책뿐이었다. 신문 제작은 멈췄고 방송뉴스도 중단되었지만 신문 1판이 나와야 할 오후 1시까지도 접점은 찾아지지 않았다. 그러나 노조의 끈질긴 요구는 마침내 회사의 입장 변화를 이끌어냈고 밤 10시가 넘어 회사는 노조의 요구를 수용했다. 신문은 다음 날인 25일 새벽에 나왔다.[267]

동아의 '자유언론실천선언'은 여타의 언론들로 빠르게 전파되었다. 조선일보 기자 150여 명은 동아의 발표가 있던 당일 밤 편집국에 모여 '자유언론을 위해 어떤 압력에도 굴하지 않을 것', '언론인들의 부당한 연행·구금 등에 강력하게 투쟁할 것', '학생, 종교인 등 각계의 정당한 의사를 지면에 반영하기 위해 투쟁할 것' 등을 결의하면서 '언론자유회복을 위한 선언문'을 채택했다.

우리는 우리에게 가해진 당국의 부당한 압력에 너무나 무기력했음을 부끄러워한다.

언론자유는 언론인 스스로가 찾아야 한다는 외부의 부르짖음을 외면했고 오히려 스스로 그 자유를 포기한 듯한 인상을 주었음을 자인한다.

우리는 최근 언론계의 여러 선배와 동료가 보도와 관련, 당국에 의해 불법 연행되는 등 우리의 권리가 부당하게 침해되어온 것을 중시한다. 우리는 지금까지의 이와 같은 수치를 되풀이하지 않기 위해 하나로 뜻을 모았다.

우리는 앞으로 언론 본연의 사명을 다할 것을 다짐한다.[268]

한국일보 기자들도 일어섰다. 중앙정보부가 한국일보사의 사장을 비롯한 간부들을 연행한 데 항의하며 밤샘농성을 하고 있던 한국일보 기자 130여 명은 1974년 10월 24일 밤 '민주언론수호를 위한 결의문'을 채택하고 언론의 사명을 다하지 못했음을 토로했다. 이어서 10월 25일 전국의 31개 신문, 방송, 통신사 기자들이 언론자유 회복을 외치고 나섰다. 경향신문, 서울신문, 신아일보, 중앙매스컴, 대구매일신문, 동양, 합동통신, MBC, KBS 등을 비롯한 신문사와 방송국들이 일제히 유신독재의 언론탄압에 반기를 들고 일어섰다. 특히 동아, 조선, 중앙은 자유언론을 지지하는 사설을 실었다. 한국일보에서는 경영진의 반대로 사설 게재가 막히자 임재경과 김용구 논설위원은 모든 사설 집필을 거부하며 항의했다. 한국기자협회도 10월 25일 기자들의 자유언론실천운동을 지지한다는 성명을 발표하고 '언론자유수호를 위한 행동강령', '경영진들에 대한 촉구', '특별대책위원회 설치', '언론자유 침해 사건에 대한 빠짐없는 보도' 등을 결의했다.[269]

야당, 학원, 종교계 및 재야의 지지가 이어졌고, 뉴욕타임스, 워싱턴포스트, 아사히신문, AP, AFP 등 외신들도 이 운동을 크게 보도하고 지지를 표했다. 그러나 이러한 언론인들의 저항은 찻잔 속의 태풍처럼 언론계 안에서만 맴돌 뿐 신문 지면과 방송 전파에 실질적 변화가 일어나지는 않아 일반의 여론을 일깨우지는 못했다.

그러던 중 1974년 11월 11일 동아일보노조의 제작 거부 사건이 터졌다. 제작 거부는 파업의 전 단계로 노조가 할 수 있는 강력한 집단 행동이었지만 당시의 엄혹한 상황에서는 좀처럼 단행하기 어려운 일이었을 뿐더러 동아일보노조는 법외노조로서 법적 보호를 받을 수도 없었던 일이었다. 발단은 동아일보자유언론실천특별위원회(실천특위)[270]가 전국에서 열린 천주교회의 '인권회복을 위한 기도회'를 1면 또는 사회면 머리에 실어야 한다고 주장했는데, 회사가 이를 거부한 데서 비롯되었다. 제작 거부로 다음 날인 11월 12일자 동아일보는 휴간을 했고 동아방송은 정규방송을 중단한 채 음악만 내보냈다. 그런데 제작 거부 중에 또 하나의 사건이 터졌다. 비분강개한 기자들이 정오를 알리는 시보와 동시에 간부들을 제치고 제작 거부 사태를 방송으로 내보낸 것이다. 이에 송건호 편집국장은 "내일부터는 언론인의 양식에 따라 정상적인 신문을 제작할 테니 믿어 달라"고 호소했다. 그리하여 11월 13일자 동아일보는 천주교회의 '기도회' 기사를 사회면 중간머리에 보도했다. 이 사건은 동아가 더 이상 독재 권력에 굴하지 않고 자유언론으로 거듭나는 계기가 되었다. 11월 14일자 동아일보 1면 머리에는 김영삼 신민당 총재의 기자회견 기사가 올랐다. 같은 날짜에 유신체제의 금기였던 '개헌' 관련 사설도 실렸다. 수년 동안 이어졌던 정권의 통제

틀은 깨졌고 동아의 지면은 날로 쇄신되어 갔으며 동아는 언론 본
연의 모습을 찾아가는 듯 보였다.[271]

한국일보노조의 탄생

'10·24 자유언론실천선언'은 한국일보노조의 '탄생 배경'이 되었
다. 자유언론실천운동이 한창이던 1974년 12월, 한국일보 기자 31
명은 전국출판노동조합 한국일보지부를 결성했다. 앞서 10월에 보
도된 한국일보의 '반정 절정… 티우의 고민'이라는 해설 기사가 발
단이었다. 그 기사에는 '계속 번지는 데모…장단기 모색', '광범위
한 개혁 요구에 체제 위협' 등의 표현이 부제로 들어가 있었다. 중
앙정보부는 이 사이공발 기사가 국내 정국을 빗댄 것이라며 김경
환 편집국장을 연행했다. 이에 견습기자들이 밤샘농성에 들어간 상
황에서 중앙정보부가 발행인 장강재와 편집부장 이상우를 또 연행
하자 기자 150여 명은 오후에 총회를 열고 연행 사건을 기사화할
것을 촉구했고 다음 날에는 제작 거부까지 결의했다. 그러나 기자
들의 요구 사항이 무시된 채 초판이 발행되고 말았다. 농성 중이던
기자들은 윤전기를 정지시켰고, 결국 발행인은 간부회의 끝에 '한
국일보 기자 일동, 민주언론 수호 결의'라는 제목으로 1면 한가운
데 3단으로 기사를 내보냈다. 유신독재에 타격을 가한 이 기사는
12월 대대적인 보복인사로 후폭풍을 몰고 왔다. 이에 한국일보 기
자 30여 명은 신문 제작을 거부하는 한편, 12월 10일 서울시에 노
조 설립신고서를 접수하고 143명의 조합원 가입원서를 받았다. AP
통신은 한국의 26년 역사상 두 번째로 기자 노조가 결성되었다고

보도했다.[272]

한국일보노조의 본격적인 투쟁은 그 다음부터였다. 경영진은 지부장 이창숙을 무단결근을 이유로 12월 9일자로 소급해 해고하고 노조 간부 9명을 경고 처분했다. 여기서 지부장을 9일로 소급 해고한 것은 노조를 무력화하기 위한 간교한 사술이었다. 노조설립 신고를 제출한 날짜가 10일이고 이창숙은 그 하루 전인 9일에 해고되었으므로 서류상 이창숙 지부장은 노조설립 신고 당시 한국일보 직원이 아니었다는 해석이 가능했다. 이는 노조설립 요건에 법적 하자가 발생하는 것으로 동아일보노조의 설립신고가 반려된 사유와 유사한 사례였다. 아니나 다를까 서울시는 노조설립신고 후 한 달쯤 지난 이듬해 1월 한국일보의 노조설립신고를 반려했다. 이유는 "해산에 관한 사항이 누락되어 있고 원고인 이창숙 지부장이 노조 결성 전 해직돼 조합 조직 당시 재직 상태가 아니었다"는 것이었다. 동아일보와 똑 같은 방식으로 노조설립을 인정하지 않은 것이다. 한국일보노조는 법정투쟁에 나섰다. 소송은 '노조 지부장 해고무효소송'과 '노조설립신고서 반려처분취소청구소송' 두 가지였다. 한국일보노조는 이 두 소송에서 끈질긴 법정투쟁 끝에 승소판결을 따냈다. '해고무효소송'은 고법까지 패소했으나 두 차례의 항소 끝에 1980년 9월 대법원에서 최종 승소했다. 소송 기간은 장장 6년이 걸렸다. '노조설립신고서 반려처분취소청구소송' 역시 고법까지 패소했으나 1979년 10·26사태로 박정희가 사망한 후 한 달 조금 지난 12월 대법원에서 최종 승소했다. 소송 기간은 4년이었다.[273]

한국일보노조는 지루하고 긴 법정투쟁에서 승소함으로써 노동

문제 관련 소송 역사에 소중한 판례를 남겼다. 한국에서 제일 먼저 생긴 두 언론사 노조는 '거리의 노조'와 '재판소 노조'로 오랜 동안 법적 보호를 받지 못했지만, 1974년 동아와 한국의 노조설립 운동은 1987년 6월 항쟁 이후 전국의 언론사들에서 잇달아 설립된 노조운동의 원동력이 되었다.

동아일보 격려광고 운동, 조선일보 기자들의 분투

격려광고 운동

동아노조의 제작 거부 투쟁으로 '천주교 인권회복 기도회' 기사가 무게 있게 보도된 이후로 동아일보의 지면은 날로 바뀌어갔다. 그러나 정권은 그렇게 호락호락 하지 않았다. 어느 날 갑자기 동아일보 지면에 광고가 사라진 것이다.

1974년 12월 동아일보와 주거래 광고 계약을 맺고 있던 회사들은 동아일보 광고를 신중히 배정하겠다는 내용을 전화로 알려오거나 아예 광고동판을 거둬 갔다. 이후 동아일보와 동아방송에서 무더기 광고해약사태가 발생했다. 동아일보는 한 달 만에 평상시 광고의 98퍼센트가 떨어져 나갔고, 동아방송 광고는 탄압 이전의 8퍼센트에 불과했다. 이런 상황은 신동아, 여성동아에서도 마찬가지였다. 광고해약사태를 주도한 중앙정보부는 거래 기업들에 전화를 하거나 직접 불러 광고 철회를 지시했고 어느 업체에 대해서는 각서를 쓰게 했다.

기자협회 동아일보 분회는 '알림'을 통해 광고 해약 진상을 공개하고, '외부압력에 결연히 대처할 것', '철회된 광고면은 백지화해서 제작할 것' 등을 결의했다. 동아방송 직원들도 이듬해 1월 '동아방송자유언론실행위원회'를 발족시키고 "탄압에 굴하지 않고 진실보도를 하겠다"는 결의문을 채택했다.[274]

1974년 연말, 원로언론인 홍종인은 동아에 '언론자유와 기업의 자유'라는 제목의 4단 짜리 격려 광고를 내 "신문광고에 대한 강제 해약은 심히 위험한 권력 자신의 자해 행위"라고 경고했다. 이것이 발단이었다.

1975년 새해 무더기 광고해약사태가 알려지자 독자들은 성금기탁, 구독료 선납, 독자확장 등 여러 가지 형태의 돕기 운동을 펼쳐 나갔다. 자유언론과 민주주의와 사회정의를 지지 격려 촉구하는 독자들의 의견광고가 쇄도했다. 천주교정의구현사제단의 '언론탄압에 즈음한 호소문', 신민당의 '민권의 시대를 창조하자', 경동교회 교인일동 등의 격려광고가 실렸다. 이어 시민이 보내온 "동아일보 사원들의 언론자유수호를 지지한다"는 1단 짜리 격려 광고가 처음 실렸다. 한 소녀는 끼고 있던 반 돈짜리 금반지를 빼놓으며 "빛은 어두울수록 빛난다"는 격려의 글을 남겼고, 한 시내버스 안내양들은 비번휴일을 이용해 신문팔이로 번 돈으로 작은 광고를 샀다. "동아! 너마저 무릎 꿇는다면 이민 갈꺼야!"(이대 S학생), "동아여 휘지마라 우리가 있다"(정신여고 졸업생 일동), "안타까운 마음으로 이 여백을 삽니다"(밥집 아줌마), "직필은 사람이 죽이고 곡필은 하늘이 죽인다"(부산 어느 기자), "겨레여! 민주수호와 자유언론을 위해 총화 단결하여 투쟁 합시다"(평화시장 피복사 근로자 30인) 등 학생과 일반 시민들의 눈물겨운 격려광고는 그동안 민중이 갈망했던 것이 무엇이며 그것이 곧 민주주의의 실현임을 일깨워 주었다.

동아사태는 해외 언론들의 큰 관심사가 되었다. 한국에 지사나 지국이 없는 해외 언론들은 서울로 특파원을 보냈다. 프리덤하우스와 아사히, 마이니찌, 요미우리 등 일본 신문들과 뉴욕타임스가 동아사태를 크게 다루었다. 이어서 NHK, 더 타임스, 르몽드, 워싱턴포스트 등은 정부의 광고해약 압박, 한국 언론의 투쟁, 격려광고 현상 등을 상세히 보도했다.[275]

홍승면 동아일보 논설주간은 1975년 1월 NHK와의 인터뷰에서 "이런 추세라면 1백만 부 돌파가 무난하며 광고 수입 없이도 현상 유지가 가능하다"면서 구독료를 인상하고 면수를 줄이는 방법 등도 언급했다. 그는 또한 "광고수입이 없다고 해서 편집 방침이 흔들리지 않을 것"이라고 단언하면서, "편집 방침을 지키기 위해 경영이 있는 것이지 경영을 지키기 위해 편집 방침이 흔들릴 수는 없다"고 강조했다. 이 회견 내용은 NHK뿐 아니라 세계 언론들이 일제히 받아서 보도했다.

그러나 동아를 굴복시키기 위한 정권의 의지는 집요했다. 공화당은 동아 기자들을 '홍위병紅衛兵'으로 낙인찍었고, 정책위 의장 박준규는 "동아일보는 기자들 손에 장악되어 있다"면서 노사갈등을 조장했다. 홍승면 주간은 회견 후 해임되었고, 그 자리는 필화사건으로 해임되었던 이동욱이 임명되었다. 김상만 사장은 담화문을 통해 사내 질서를 강조했고, 이동욱 주필은 인사규정과 복무규정을 고쳐 사내집회나 유인물 배포 등을 규제하기 시작했다.

1975년 3월 동아일보는 경영난을 이유로 기구 축소를 전격 단행하고 직원 18명을 해임했다. 경악한 기자들은 이날 새로 당선된 권영자 기협 분회장의 주도로 총회를 열고 "경비 절감 때문이라면 직원 전원의 봉급을 인하하는 길이 현명하고 명예로운 수습의 길"이라고 건의하기로 결의했다. 그러나 회사는 이를 거부하고 오히려 전임 분회장 장윤환과 박지동 기자를 유인물 배포, 주필 모욕 등의 이유로 해임했다. 분회는 제작 거부에 들어갔다. 그러나 동아일보는 그날 밤 기협분회와 노조 간부 등 핵심 기자 17명을 무더기로 해임했고, 젊은 기자들은 단식농성에 들어갔으며, 기협 분회는 편집부 차장 안종필을 새 분회장으로 선출했다.[276] 방송국 뉴스부 기자 30여 명과 아나운서 한현수는 11시 뉴스 직전 동아와 동아방송의 제작 거부 소식을 방송했다. 그러자 회사는 정오뉴스를 오류동 송신소에서 방송하고 이후 부차장단이 만든 뉴스와 음악만을 전송했다.[277]

한편, 정계와 종교계를 비롯한 사회 각계 인사들은 동아일보사를 찾아와 격려했다. 농성장을 찾은 함석헌, 천관우, 공덕귀, 이희호, 이태영, 함세웅 신부, 박형규 목사, 김관석 목사, 홍성우 변호사, 김영삼 신민당 총재, 정일형 의원, 양일동 통일당 당수 등 성직자, 문인, 교수, 정치인, 학생들은 동아 경영진에게 무더기 해임 철회와 신문 방송의 정상화를 요구했다. 그리고 제작 거부 나흘째에는 송건호 편집국장이 "현재의 사태를 해결하는 길은 해임 사원들을 전원 복직 시키는 것"이라고 김상만 사장에게 건의하고 사표를 냈다.[278]

그러나 회사는 끝내 도발을 자행했다. 농성 6일째인 3월 17일 새벽 3시 경, 신원을 알 수 없는 술에 취한 일당들이 산소용접기, 망치, 각목 등으로 동아일보사 2층 공무국의 철제문과 벽을 허물고 사내로 진입했다. 농성 중에 강제로 동아일보사 밖으로 밀려난 동아일보 사원 163명은 신문회관 기자협회 사무실에서 내외신 기자회견을 갖고 '폭력에 밀려 동아일보를 떠나며'라는 성명을 발표했다.

> 자유언론의 마지막 보루 동아를 지키기 위해 신명을 바쳐온 우리는 17일 새벽 동아일보 사원 아닌, 산소용접기와 각목을 휘두르는 폭도들에 끌려 밤거리에 내동댕이쳐졌다.
> '10·24 자유언론실천선언' 이후 뜨거운 국민적 성원과 온 세계 양심의 격려에 힘입어 빈사의 상태에서 기적처럼 회생한 동아는 이제 권력의 강압과 경영주의 마비된 이성으로 끝내 추악한 모습을 드러내기 이르렀다. (…) 이제 동아는 어제의 동아가 아니다. 폭력을 서슴지 않는 언론이 어찌 민족의 소리를 대변할 것인가!
> 그러나 우리는 결코 절망하지 않는다. (…)
> 인간의 영원한 기본권인 자유언론은 산소 용접기와 각목으로 말살 될 수는 없다. 동아의 정통성은 폭도를 고용한 자들에게 있는 것이 아니라 자유언론을 사수한 우리들에게 있다(1975년 3월 17일 한국기자협회 동아일보분회·동아방송자유언론실행총회).[279]

쫓겨난 사원들은 그날 오후 신문회관에서 동아자유언론수호투쟁위원회(동아투위)를 결성하고, 권영자를 위원장으로 추대했다. 동아투위 산하에는 기협 동아일보 분회와 동아방송 자유언론실행총회를 두고 안종필과 김창수를 각각 분회장과 위원장으로 선출했다. 동아투위는 '투쟁의 수위를 한 단계 높이면서'라는 제목의 성명서를 발표했다.

> 야도적(夜盜的) 수법을 아낌없이 발휘한 회사 측의 횡포로 한밤중에
> 술 취한 폭도들에 의해 짐승 취급을 받으며 문밖으로 내동댕이쳐진
> 우리는 그러나 분노에만 사로잡히기에는 우리의 사명이 너무나 중대
> 함을 깨닫는다. (…)
> 따라서 우리의 투쟁은 농성, 단식의 단계를 벗어나 동아 및 조선의 사
> 태에서 속속 드러난 오늘날의 고질적 언론 현실의 비리와 반 자유, 반
> 민주적 독소를 과감히 고발, 제거하는 방향으로 전개될 것이다. (…)
> 오늘날 굳어질 대로 굳어져버린 지도층 언론인 스스로의 아집과 권위
> 주의와 반민주적 비리는 그것을 깨부수려는 범국민적인 압력이 파도
> 처럼 밀려닥칠 때만 비로소 청산될 수 있다. 이제 우리는 그 파도를
> 몰고 올 대대적인 작업에 첫발을 내딛는다. (…)
> 민주회복, 인간회복과 함께 고문의 철폐를 입술로만 외쳐왔다는 증거
> 를 부인하려면, 동아의 경영진은 먼저 스스로가 자행한 기자에 대한
> 폭행을 사죄하라(1975년 3월 17일 동아자유언론수호투쟁위원회).[280]

조선일보 기자들의 분투

1974년 12월 18일 조선일보 외신부 기자 백기범과 문화부 기자 신
홍범이 파면을 당했다. 전날 조선일보 4면에 실린 유정회 의원 전
정구의 기고문이 회사 밖의 청탁을 받아 실린 것인데다 내용 또한
지나치게 일방적이어서 두 기자가 편집국장에게 문제를 제기했는
데 그것이 '편집권 침해'라는 것이었다.[281] 두 기자는 '동료기자들

에게 드리는 편지'에서 다음과 같이 주장했다.

저희들은 조선일보가 지금처럼 제작되어서는 안 된다고 의견을 제시했기 때문에, 조선일보가 더 올바르게 제작되어야 한다고 자기의 소신을 밝혔기 때문에 오늘 해임을 당했습니다. 저희들은 부당한 회사의 견책을 수락하는 대신 소신을 견지했기 때문에, 양심을 속이는 대신 양심의 명령에 따라 행동했기 때문에 해임을 당했습니다. 우리에게 회사의 견책을 통고하는 편집국장에게 다시 한 번 국장도 기자의 양심으로 돌아가 신문을 바로 제작할 것을 호소했기 때문에 해임을 당했습니다. (…)

지금 우리는 기자로서의 양심과 소신에 의해 행동했기 때문에 아무런 부끄러움이 없습니다. 부끄러워야 할 사람들은 언론자유와 편집권이 침해당하는 것을 알고도 조금의 부끄러움조차 느끼지 못하고 오히려 그 부당성을 지적한 기자들을 징계한 사람들이며, 징계를 당해야 할 사람들은 한국 언론사에, 조선일보사에 씻지 못할 죄를 짓고도 조금의 뉘우침도 없이 신문을 계속 망치고 있는 사람들입니다. 우리는 조선일보사에서 10년 가까이 몸담아 일하면서, 젊음을 바쳐 일하면서 언론이 어떻게 위축당해 왔으며, 조선일보가 어떻게 변질되어 왔으며, 진실이 어떻게 왜곡돼 왔으며, 올바른 주장을 하던 우리의 선배들이 어떻게 희생되어 왔는가를 보아왔습니다. (…)

새삼스런 이야기입니다만 신문은 개인 것이 아닙니다. 그것은 기자들의 것이며 국민의 것입니다. 편집권도 그렇습니다. 그것은 기자들의 사회적 의무의 총화를 편집국장이 대행하는 것뿐입니다. 막중한 사회적 소임을 위임받은 만큼 편집권은 사내외의 부당한 압력에 침해당함이 없이 올바로 행사돼야 하는 것이며 기자들은 그것이 침해당했을 때 이를 지키고 보호해야 할 책임을 갖고 있는 것입니다.[282]

19일 조선일보 기자들은 '공정보도와 해임철회'를 요구하며 농성에 들어가 경영진으로부터 복직 약속을 받아냈다. 그러나 이후 약속이 지켜지지 않자 기자협회 조선일보분회는 3월 긴급 임시총회를 열고 편집국장단 인책 사퇴를 요구하며 농성을 시작했다. 그러나 방우영 사장은 "제작 거부를 계속하면 전원 파면하겠다"면서 적반하장으로 기협 분회장 정태기를 비롯한 집행부 5명을 파면하는 등 강공으로 나왔다. 결국 기자들은 제작 거부에 들어갔다. 부차장들은 다른 신문 기사를 베껴 신문을 내고, 기자들은 각성을 촉구하는 선언문을 발표하는 등 공방이 계속되었다. 이 과정에서 16명이 파면되고 37명이 무기정직을 당했는데, 조선일보는 여기에 한술 더 떠 경비원들과 외부인들을 동원해 농성하던 기자들을 끌어내 해산시켰다. 소수정예를 내세워 3년 동안 기자를 뽑지 않았던 조선일보는 대량 해직 직후 바로 기자 모집 공고를 냈다. 쫓겨난 기자들은 3월 12일 성명을 통해 '최후의 1인까지 최후의 일각까지 투쟁하겠다'고 선언했다.[283]

민권일지 사건

수명이 다한 나무는 종자를 퍼뜨리기 위해 꽃을 만발하며 몸부림친다. 유신 말기, 유신독재가 체제 유지를 위해 몸부림치는 모습은 마치 수명이 다한 나무와 같았다. 유신독재는 아주 작은 비판의 목소리에도 민감하게 반응했다. '민권일지 사건'은 이처럼 예민해진 권력이 동아투위의 소소한 움직임에도 신경이 거슬려 동아투위를 뿌리 채 뽑아내기 위해 만들어낸 사건이었다.

1975년 쫓겨난 동아투위 113명의 언론인들은 여타의 언론사는 물론 언론 유관 기관이나 유사 업종에도 발을 디디기 어려웠다. 일부 언론인은 언론과 전혀 관계없는 직장에 취업을 했고, 그도 안 된 다수의 언론인들은 번역 일을 하거나 작은 출판사를 운영하거나 장사를 해서 생계를 꾸려갔다. 이들이 쫓겨난 뒤, 자유언론은 사치스런 먼 나라 이야기가 되었다. 동아일보뿐만 아니라 모든 신문과 방송이 유신에 거슬리는 기사나 논설은 전혀 실을 수도 없었고 실으려 하지도 않았다. 직접적인 이유는 긴급조치 때문이었지만 꼭 그것만의 문제도 아니었다. 1968년 신동아 사건으로 주필에서 물러난 언론인 천관우의 지적대로 언론은 '연탄가스 중독'에 걸린 듯 맥을 못 추고 있었다.

동아투위 상임위원회는 1978년 10월 '10·24 선언' 4주년 기념식을 앞두고 진실을 은폐 왜곡하는 언론의 비굴한 태도를 방관해서는 안 된다고 판단하고, 전해 10월부터 약 일 년 동안 언론이 보도하지 않은 나라 안팎의 민감한 사건들을 동아투위 소식지에 실어 4주년 기념일에 발행하기로 했다. 이 소식지에는 '보도되지 않은 민주·인권 사건일지(민권일지)'라는 제목 아래 '고구마 수매 부정 사건', '동일방직 사건', '아파트 특혜 부정 사건', '교사 자격증 부정 사건', '국회의원 성낙현 씨의 여고생 추행 사건' 등 125건의 사례가 실려 있었다.[284]

예컨대, 1978년의 '농협 고구마 수매 부정 사건'은 정부가 수매를 약속하고 농민들에게 고구마 재배를 종용했다가 외면해버린 사건으로, 정부의 농업 정책 실패로 발생한 사건인데, 언론은 엉뚱하게 '농협 부정 사건'으로 보도했다. 같은 해 3월의 '인천 동일방직 사건'은 동일방직 간부들이 여성 노동자들의 노조 개편대회를 똥물과 몽둥이질로 방해한 사건으로, 노조탄압과 심각한 인권 침해 사건이었는데 이를 보도한 신문과 방송은 하나도 없었다. 청와대가 미국 의회를 매수하려 한 사실을 폭로한 '박동선 사건'은 미국 워싱턴포스트가 1면 전면을 할애해 보도했지만 국내 언론들은 모두 침묵했다.

민권일지 사건은 1978년 10월 24일 4주년 기념 행사가 끝난 당일 밤 경찰이 명동성당 앞에서 홍종민 동아투위 총무를 연행하면서 시작되었다. 이후 이틀 뒤에는 안종필 위원장과 안성열, 박종만 위원이 연행되어 민권일지 작성 경위를 조사받았다. 동아투위는 이처럼 위원 4명이 연행되는 사태에 대해 '현역 언론인에게 보내는 글'을 발표했다. 이 글은 유신철폐와 긴급조치 해제를 외쳤던 학생들과 시민들이 감옥에 갇혀 있는데 언론은 침묵하고 있다면서, "어둠을 뿌리는 공모자로 더 이상 남아 있지 않을 것"을 촉구한 글이었다. 그러나 이 글로 인해 장윤환 위원장 대리, 이규만, 임채정, 이기중, 김종철, 정연주 등 6명이 또 연행되었다. 11월 법원은 연행된 총 10명의 동아투위 위원 중 안종필을 비롯한 홍종민, 안성열, 장윤환, 박종만, 김종철 등 6명에 대해 긴급조치 9호 위반으로 구속영장을 발부했다. 그 후 일주일 뒤 '동아투위 소식'의 제작 배포 혐의로 정연주 위원이 추가로 구속되었다.[285] 그런데 이상하게도 검찰의 공소장에는 민권일지 내용이 허위라는 언급은 없고 유신체제를 비방하거나 철회하라고 주장한 것이 전부였다. 장윤환과 김종철에 대한 공소사실 요지는 "4주년 기념식장에서 남이 읽는 성명서를 눈으로 따라 읽는 방법으로 유신체제를 비방했다"는 것이었다.[286]

이 웃지 못 할 일들이 1970년대 유신시대의 사법 현실이었다. 그렇다고 동아투위 언론인들이 구속된 동지들을 위해 할 수 있는 일은 별반 없었다. 긴급조치 9호는 유신에 대해 불만이나 비판은커녕 어떤 의사 표명도 어떤 해석도 어떤 행위도 용납하지 않는 괴물과 같은 존재였다. 동아투위 위원들이 할 수 있는 유일한 해결책은 모여서 침묵 시위를 하거나 끼리끼리 모여 시국을 개탄하고 서로를 위로하며 울분을 푸는 것뿐이었다. 그러나 그 또한 외부의 눈이 완전히 차단된 공간이 아니라면 매우 위험한 일이었다.

1978년 12월 명동성당 문화관에서 동아투위 '송년모임'이 있었는데, 이 자리에서 '자유언론은 영원한 실천 과제'라는 성명서가 실린 동아투위 소식지가 배포되었다. 이 소식지에는 앞서 구속된 7명의 동아투위 위원에 대한 공소사실이 언급되어 있었는데 그것이 또 문제가 되었다. 이 모임 후 2주 정도가 지난 이듬해 1월 윤활식 동아투위 위원장 대리와 이기중 총무대리, 성유보 위원이 연행되어 긴급조치 위반으로 구속되었다. 이것이 제2차 민권일지 사건이었다.[287]

이로써 10.24 민권일지 사건으로 구속된 동아투위 위원은 모두 10명이 되었다. 민권일지 사건은 그 어떤 신문과 방송에도 보도되지 않았다. 이 사건은 항소심 재판에서 안종필 등 동아투위 피고인

10명 모두가 징역 10월에서 1년 6월까지 선고를 받았고 그 가운데 2명은 집행유예로 석방되었다. 감옥에 남은 8명은 10·26사태를 맞은 이후 차례로 구속집행정지를 받고 풀려났다. 박정희 독재와 맞서 싸웠던 동아투위 위원들은 박정희의 죽음을 보고서야 자유를 얻었다. 그러나 그 자유의 기쁨도 잠깐, 얼마 지나지 않아 전두환의 등장으로 자유는 다시 암흑 속으로 침잠했다.

언론의 기업화와 권언유착, 그리고 박정희의 종말

쿠데타라는 원천적인 '거악'을 찬양했던 언론이 박정희 정권의 언론 통제를 비판하는 것은 어찌 보면 부질없는 짓이었다. 일제 강점기부터 미 군정기에 이르기까지 통제의 굴레 속에서 권력의 속성을 숱하게 경험했던 보수언론들이 쿠데타 세력의 언론 통제를 예견하지 못했을 리는 없었을 것이다. 그렇다고 언론이 왜 처음부터 헌정 질서를 파괴한 쿠데타 세력에 저항하지 않았느냐고, 그토록 쉽게 굴복하였느냐고 꾸짖기도 어려운 일이었다. 가공할 폭력 앞에서 언론인들의 분노와 항변, 그리고 조직적인 치열한 저항도 있었지만 끝내 무도한 권력 앞에서 좌절되었다. 그 좌절 속에는 비루한 언론사 사주의 굴종과 탐욕과 배신이 장애물로 놓여 있었다. 일제 강점기 이래로 단 한 번도 언론사 사주가 언론인들과 한 마음으로 의기투합해 매체를 무기로 정면으로 불의의 권력과 맞서 저항한 사례는 없었다. 보수언론의 사주들에게 그것을 바라는 것은 상산구어上山求魚보다 어려운 일이었다. 그것이 펜과 칼의 관계였고 펜은 칼과의 초기 전투에서 승리해본 일이 거의 없었다. 그러나 시간이 지나면서 칼은 무디어지고 궁극에 가서는 여론을 업은 펜이 칼을 제압하기 마련이었지만 권력의 당근 정책은 그마저 어렵게 했다.

모든 통치 전략이 그러하듯 박정희 정권 또한 역대의 지배 권력과 마찬가지로 당근과 채찍이라는 양면의 언론 통제술을 구사했다. 프레스카드제 실시나 언론통폐합을 강제한 것은 명백히 언론 자유를 짓밟은 언론탄압 행위였고, 언론사와 언론인의 수를 줄여 원천적으로 통제에 용이한 언론 환경을 만들었지만, 한편으로, 거기서 살아남은 언론사나 언론인에게는 일종의 특혜가 주어진 셈이었다. 박 정권은 긴급조치를 발동해 유신반대나 개헌 등 권력에 불편한 의제들은 아예 입도 벙긋 못하게 했고, 거기에 불복하는 삐딱한 언론사는 경향신문과 같이 아예 소유주를 교체해버리거나 동아일보 광고 해약 사태에서 보듯 수익의 원천인 광고주들을 협박해 길들였다. 그래도 언론사 내부에서 저항하는 언론인들은 언론사에서 쫓아내고 언론계에 아예 발을 들이지 못하도록 했다.

채찍보다 더 무서운 통제 방식은 당근 정책이었다. 채찍이 저항을 일시적으로 찍어 누르는 무기라면 당근은 저항의 기운을 빼앗고 굴종으로 변화시키는 마약과도 같았다. 1964년 여론의 숱한 반대를 무릅쓰고 한일회담과 월남파병을 밀어붙인 박 정권은 거기에서 파생된 대일 청구권 자금, 각종 차관, 미국의 원조 등을 기반으로 경제개발을 가열차게 추진했다. 이를 계기로 언론은 덩달아 시설 투자에 박차를 가하고, 지면 확대, 자매지 발간 등을 통해 규모를 확장하는 한편 호텔 경영 등 언론 외적인 사업에도 손을 대기 시작했다. 이 과정에서 언론사는 세금 감면, 은행 융자, 차관 제공 등 각종 권력형 특혜를 누렸다. 언론인들에게는 자본주의 체제에서 파생된 물질 만능주의 속에 이런저런 수혜를 베풀어 언론의 비판 정신을 거세해버렸다. 기자들에게는 금일봉이라는 이름으로 적지 않은 촌지를 지급했고 집권 말기에는 각 부처 출입 기자들의 외유 붐을 일으키기도 했다. 그러한 박 정권의 당근 정책은 결국 언론이 권력에 종속되도록 만들었으며 그러한 권력과 언론의 관계는 궁극적으로 권력과 언론 모두를 부패와 타락의 수렁으로 빠뜨렸다.

무엇보다도 박정희 정권 시대는 언론의 기업화가 시작된 시기였다. 1965년 재벌신문 신아일보와 중앙일보의 등장은 상업주의 언론 경쟁의 신호탄이었다. 그것은 자연스럽게 신문 제작의 주요 의사 결정에서 일선 기자와 편집인의 의견보다 사주의 영향력이 커지는 배경이 되었다. 권력과의 소통이 용이한 사주의 입김이 강해지면서 언론사의 지향점은 권력 감시, 여론 선도 등 언론 본연의 역할에서 멀어졌고 권부의 분위기 살피기가 우선할 수밖에 없었다. 거기에는 권력의 압력과 음습한 유혹이 있었고 사주들은 이를 거래의 고리로 이용해 자신들의 이해를 관철시켰다. 사주들의 친목 모임인 발행인협회는 권력과 언론의 거래를 위한 로비 창구였으며 권언유착의 아지트였다. "신문이 편집인과 기자의 손에서 떠났다"고 했던 최석채 편집인협회장의 쓴 소리는, 언론의 기업화가 확대될수록 언론 독립과 자유언론은 쇠퇴의 길을 걸을 수밖에 없다는 진리를 말해준 것이었다.

언론이 기업화하면서 권력뿐 아니라 자본과의 유착도 불가피해졌다. 동아일보 사태가 수습된 후인 1976년 박정희는 신문의 증면을 단행함으로써 신문사들의 수익은 대폭 증가했다. 동아일보의 경우 1975년 46억 원이던 수익이 1979년 유신말기에는 221억 원으로 훌쩍 뛰었다. 신문의 자산도 크게 불었다. 동아는 1971년 22억원이었던 자산이 1979년 155억 원으로 불어났고, 중앙은 21억 원에서 27배인 575억 원으로 늘었다. 그러나 증면을 통한 수익 증대는 '자유언론'에 커다란 그늘을 드리웠다. 오늘날 신문의 광고 수익은 전체 수익의 80~90 퍼센트를 차지할 만큼 광고주는 언론의 존폐를 좌지우지 할 수 있는 정도로 힘이 세졌다. 신문 면수가 늘어 광고가 확대될수록 언론의 자본 종속은 더욱 깊어졌다.

방송도 비약적인 성장을 했다. 1970년까지만 해도 신문 광고비의 1/3에 불과했던 TV광고비가 1974년엔 신문 광고비를 추월했다. 1970년 34억 원에 불과했던 MBC의 자산은 박정희 정권 말기에 20배 가까운 653억 원으로 늘었고, TBC도 21억 원에서 771억 원으로 37배 성장했다. 이러한 언론 기업의 급성장은 전반적인 경제의 고도성장에 기인한 결과이기도 하지만 박정희 정권에 유착해 독재를 비호하고 유지해준 부역의 대가인 셈이었다.[288]

언론의 기업화와 권력 자본과의 유착은 언론 환경을 더욱 척박하게 만들었다. 그럼에도 불구하고 박정희 정권 시대의 언론운동은 비록 중도에 좌절하기는 했지만 이후 언론운동의 중요한 밑거름이 되었다. 동아와 한국의 노조 결성은 십 수 년 뒤 언론노조운동의 주춧돌이 되었다. 동아투위와 조선투위 언론인들의 투쟁은 전두환 독재 이후의 언론운동의 좌표가 되었으며 민주언론의 씨앗이 되었다.

1979년 8월, 국내 최대의 가발수출업체 YH무역의 노동자들이 신민당사 4층 강당에 집결했다. 이들은 회사의 폐업 공고에 항의해 회사 정상화와 노동자 생존권 보장을 요구하며 농성을 벌였다. 경찰이 이 농성 사건을 진압하는 과정에서 여성노동자 김경숙이 경찰의 곤봉에 머리를 맞고 숨졌다. 이는 유신 체제의 종말을 예고한 사건이었다. 김경숙의 사망에 신민당 의원들이 항의 농성에 돌입했고, 이어서 종교계, 언론계, 문화예술계, 학계 등 민주화를 갈구하는 민주 세력들이 유신철폐 투쟁에 나섰고 투쟁의 불꽃은 범 민주 세력으로 확대되었다. 위기를 느낀 박 정권은 강경한 수습에 나서 김영삼 신민당 총재를 제명하고 의원직까지 박탈했다. 그러나 이는 김영삼의 정치적 고향 부산과 마산의 시민들이 봉기하는 도화선이 되었다. 부산과 마산 지역에 계엄령이 선포되었지만 부마사태는 수그러들지 않았고 결국 김재규의 총탄에 박정희가 사망하는 10·26사태를 잉태했다. 언론의 입을 봉하고 무력에만 의존한 박정희는 결국 스스로 죽음을 자초한 것이었다.

8 제5공화국 시대의
언론운동

서울의 봄

서울의 봄, 자유언론의 개화

"야수의 심정으로 유신의 심장을 쏘았다"는 김재규의 최후진술을
부정하거나 폄하할 이유는 없었다. 1979년 10월 박정희가 김재규
의 총탄에 의해 제거된 후, 유신헌법은 명목상으로만 존재했고, 실
질적으로는 유신체제가 종식된 것과 다를 바 없는 권력 공백기에
있었다. 하지만 김재규의 10·26거사는 유신과 군부독재의 뿌리인
정치 군인들을 종식시키는 데 실패했다. 그리하여 '유신의 심장'이
사라진 '서울의 봄'은 민주 세력과 신군부 세력의 밀고 밀리는 도
전과 응전의 시간이었다.

3부 권위주의 시대의 언론운동

1979년 11월 6일 최규하 대통령 권한대행은 새 대통령을 선출하고, 조속한 시일 내에 헌법을 개정한다는 2단계 정치 일정을 발표했다. 그러나 제 민주 세력들은 더욱 확실하고 신속한 정치 일정을 요구했다. 이 요구들은 "체육관대통령 선출을 거부한다"는 구호와 함께 자연스럽게 개헌 주장으로 모아졌으나 최 권한대행은 12월 6일 통일주체국민회의에서 제10대 대통령으로 선출되었고 당선 바로 다음 날 국무회의를 열어 긴급조치를 해제했다.

그러나 그해 12월 12일 하극상의 군사반란으로 정국은 다시 혼돈 속으로 빠져들었다. 최규하 대통령은 취임 이틀 후인 12월 21일 긴급조치 관련자에 대한 사면과 석방을 단행했다. 이 조치로 제적 학생과 해직교수가 학교로 돌아왔고, 이듬해 2월 29일 윤보선, 김대중 등 정치인과 재야인사들이 복권됨으로써 유신체제의 청산이 시작되는 듯했다. 민주화 요구가 봇물처럼 쏟아졌고, 제 정치 세력들의 움직임 또한 활발해졌다. 민주화 열기가 과열될 경우 군부에 도발의 명분을 줄 것이라는 우려도 있었지만 오랜 동안 짓눌려 있었던 민중들의 민주화 열망은 제동을 걸기 어려웠다. 초기 학내 문제로 시작한 학원가의 민주화 열풍은 4월 전두환 보안사령관이 중앙정보부장 서리를 겸임하면서 정치이슈로 전환되었고 집회와 시위는 학교 안에서 학교 밖으로 옮겨졌다.

착취와 억압에 억눌렸던 노동자들의 요구와 주장도 넘쳐났다. 노동계의 움직임은 특히 1979년의 석유파동 이후 기업들의 재정난과 겹쳐지면서 노동쟁의로 분출되었다. 10·26사태 이후 5·17 계엄 확대 조치까지 불과 7개월도 채 안 되는 기간 동안 유신체제 7년 동안의 쟁의 건수에 해당하는 897건의 노동쟁의가 한꺼번에 발생했고, 연인원 약 20만 명이 노동쟁의에 참여했다. 특히 강원도 동원탄좌 광부들의 노동쟁의는 유혈 폭력사태로 격화되는 등 사회 혼란으로 번졌다.[289]

언론계도 민주화의 기운이 충만해 있었다. 이미 1979년 11월 동아투위와 조선투위가 가장 먼저 성명을 발표해 언론민주화의 깃발을 올렸다. 언론민주화 열풍의 방향도 헌법 개정으로 쏠리고 있었다. 1980년 1월 16일 국회헌법 개정심의위원회(개헌특위)가 첫 개헌 공청회를 열었고, 21일과 22일에는 크리스찬아카데미가 '바람직한 헌법 개정의 내용'이란 주제의 대화 모임을 열고 '편집권 보장'을 명문화한 개헌안을 내놓았다. 대한변호사협회도 국민의 알권리를 명시적으로 규정한 개헌안을 마련했다.[290] 이어서 유신체제 청산을 위한 헌법 개정이 공론화 되고 권부의 대변자로 전락한 제도 언론의 문제도 강도 높게 제기되었다. 기자협회는 언론독립을 위한 시안을 국회 개헌특위와 정부 개헌심의위에 제출했다.

기자협회의 활약

헌법 개정 논의에서 가장 적극적으로 언론의 문제를 공론화한 것은 기자협회였다. 1980년 4월 8일 기자협회가 주최한 '헌법 개정과 언론자유'라는 강연회에서 언론인 송건호는 "이 시점에 무엇보다도 중요한 것은 '언론의 자유와 책임'이라는 구호보다는 '언론의 독립'을 내세워야 옳을 것"이라고 주장했고, 리영희 교수는 "왜 우리들 기자가 학원과 노조와 정당 그리고 서민들의 생활 터 곳곳으로 뛰어가 이러한 역사적 현장의 아픔을 자기 해방을 위한 아픔으로 승화시키기를 거부하고 있는가?"라면서 기자들이 지배층의 의식 구조를 갖게 된 것을 질책했다. 홍성우 변호사는 "언론의 자유를 모든 자유를 자유롭게 하는 자유라고 말하고 있듯이 언론은 모든 자유의 선결적 요건으로서 우리의 삶과 사회를 거의 절대적으로 지배하고 있다"면서 "언론의 주인은 역시 민중"이라고 강조했다.[291]

기자협회는 이날 강연과 4월 25일에 있었던 '언론 조항에 관한 개헌공청회'를 토대로 기자협회 시안을 마련하여 국회 개헌특위와 정부 개헌심의위에 제출했다. 기자협회의 시안에는 '언론·출판·집회·결사의 자유', '언론·출판에 대한 검열 금지', '언론매체 독점 금지 및 편성 편집의 독립 보장', '언론 활동에 대한 간섭 금지' 등이 포함되어 있었다.[292]

가장 민감하고 핵심적인 의제는 편집 편성권 독립 조항이었다. 이 조항은 본래 국회 헌법 개정안에 없었으나 기자협회 시안이 나오자 추가되었다. 그러나 얼마 후 국회는 이를 다시 번복하고 기자협회 시안에 담긴 조항을 삭제했다. 여기에 남재희 공화당 의원의 막후 활동이 작용했다는 소문이 있었다. 기자협회는 성명을 내어 "편집 편성권 독립 조항이 원상회복되지 않는다면 국회 개헌특위 위원들은 역사적 심판을 받게 될 것이다"고 밝히고, 이를 촉구하는 7개항의 건의문을 국회에 발송했다. 기협의 반발이 거세지자 마침내 국회개헌특위는 편집 편성권 독립 조항을 새 헌법에 추가하기로 다시 결정했다.[293]

이러한 와중에서도 비상계엄 속에 신군부의 언론검열은 계속되었다. 특히 1980년 3월 보안사의 이상재 준위가 언론검열단에 합류하면서 검열은 더욱 광범위해지고 치밀해졌다. 검열을 통해 신군부는 학생들의 시위와 민주화 요구를 사회 불안 요인으로 매도하면서 군의 정치 개입 명분을 만들어 갔다. 이러한 상황을 우려해 야권 정치인들은 "북한은 오판하지 말라"는 경고 성명을 발표했지만 검열에서 삭제되어 기사화되지 못했다.

언론검열의 문제는 '사북사태'를 취재하던 중앙일보 탁경명 기자가 1980년 5월 합동수사본부 요원들에게 집단 폭행을 당하면서 불거졌다. 중앙일보가 이 구타 사건을 기사화했는데 이 기사가 검열에서 삭제되자 중앙일보 기자들은 긴급회의를 열고 삭제 부분을 백면으로 인쇄했다. 이후 검열 철폐 움직임은 이 사건을 계기로 전국으로 확대되었다.[294]

이 사건을 전후하여 1980년 4월에 동양통신과 동아일보가 결의문을 채택한데 이어, 5월에는 기독교방송, 국제신문, 경향신문, 한국일보, KBS 등이 결의문을 채택하기에 이르렀다. 이들의 주장은 자유언론 보장, 검열철폐, 계엄해제, 기관원 출입금지, 사이비 언론인 퇴진, 해직기자 복귀, 편집권 침해 배제 등의 내용이 주를 이루었다.[295]

기자협회는 5월 16일 '검열 거부 선언문'을 채택하고 계엄 당국을 "학생과 언론, 학생과 국민, 국민과 언론을 이간시키는 작태를 감행하고 있다"고 비난했다. 기자협회는 또한 "민중의 편에 선 자유언론의 구현은 언론인 스스로 뼈를 깎는 노력 없이는 이루어질 수 없다"면서 '보도검열 즉각 철폐'와 '유신 잔재 일소'를 위해 끝까지 투쟁할 것을 다짐했다.[296] 동아투위와 조선투위의 언론인들도 동참한 이날 회의에서 기자협회는 5월 20일 자정을 기해 검열 거부에 돌입하고 이것이 관철되지 않을 경우 제작 거부에 들어가기로 결의했다. 그러나 기자협회가 이러한 결의를 한 바로 다음 날인 5월 17일 신군부는 비상계엄을 전국에 확대하고 기자협회 간부들 검거에 나섰다. 이로써 기자협회 간부 9명은 강제 연행되어 남영동 치안본부 대공분실에서 극심한 고문을 받고 구속됐다. 이들 중 김태홍 회장, 노향기 부회장, 김동선 편집실장, 박정삼 감사, 안양로 기자 등 5명은 실형을 선고받고 복역했다.[297] 합동통신 기자 유숙열은 지명수배 되었던 김태홍 회장을 숨겨주었던 사실이 들통 나 남영동에서 고문기술자 이근안에게 모진 물고문을 당한 뒤 해직되었다.

10·26사태로 '서울의 봄'과 함께 찾아온 '언론의 봄'은 5·17 비상계엄 확대로 이렇게 막을 내렸다. 이후 5·18광주민주화운동에 대한 계엄군의 무자비한 폭력진압으로 민주언론은 오랜 동안 깊은 동면 상태에 들어갔다.

광주민주항쟁과 언론인들의 저항

광주민주화운동과 공포사회의 출현

1980년, 5·17계엄확대 조치를 며칠 앞두고 학생들의 시위는 과격해졌다. 구호도 '계엄철폐', '전두환 퇴진' 등 정치적 이슈로 바뀌었다. 그러나 신군부는 사회 혼란을 막기 위한 일부 재야 정치인들의 시위 자제 움직임에 대한 언론보도를 철저히 차단했다. 학생들의 과격 시위는 신군부에게 명분을 만들어주고 있었고 신군부는 때를 기다리고 있었다.

학생들의 과격한 시위를 깊이 우려하고 있었던 김대중은 1980년 5월 기자회견을 열고 자신을 포함해 최규하, 김영삼, 김종필, 전두환이 참여하는 '5인 회담'을 제의했다. 그러나 이 기자회견은 보도되지 않았다. 기자회견 다음 날에도 김대중은 시국 혼란을 걱정한 글라이스턴 미국 대사의 부탁을 받고 시위 학생들을 설득하는 내용의 기자회견을 다시 가졌지만 신문 한 귀퉁이에 단신으로 처리되었다. 기자회견을 마치자 동아일보 기자가 1면 머리에 싣겠다며 학생들을 설득할 글을 써달라고 요청해 써주었지만 그것도 보도되지 않았다. 모두 계엄사의 검열 때문이었다.[298]

김대중의 기자회견이 신문 한 귀퉁이에 보도된 5월 14일, 서울 시내 21개 대학과 여타 지역 10개 도시의 11개 대학이 일제히 가두시위에 돌입했다. 시위는 5월 15일 절정에 달했는데 십 수만의 학생과 시민이 서울역 광장에서 '계엄철폐'와 '유신잔당 퇴진'을 외치며 격렬한 시위를 벌였다. 여기서 전경 한 명이 사망하고 학생 다수가 부상하는 사태가 발생하면서 군의 움직임이 심각해지자 학생들은 시위를 자제하고 이후 시국을 관망하기에 이르렀다. 그러나 그것은 폭풍 전야의 고요함이었다. 전경의 죽음으로 신군부는 강경 진압에 나설 명분을 확보한 셈이었다.

1980년 5월 17일 신군부는 중동 순방 일정을 중도에서 접고 귀국한 최규하 대통령에게 '비상계엄 전국 확대', '국회 해산', '국가보위 비상기구(국보위) 설치' 등의 시국 수습 방안을 내놨다. 최 대통령이 신군부의 제안을 거부하고 '비상계엄 확대안'만 국무회의에서 검토하도록 지시하자 신군부는 외부와의 연락을 단절한 채

국무회의를 열고 군 병력을 동원하여 강압적 분위기를 조성한 뒤 '비상계엄 확대안'을 통과시켰다. 이에 따라 5월 18일 휴교령과 함께 학생운동 지도부에 대한 대대적인 검거령이 전국의 대학에 내려졌다.

5·17비상계엄 확대는 12·12 군사반란으로 군권을 장악한 신군부가 최종 목표인 정권 찬탈을 위해 일으킨 2차 군사반란이었다. 이 조치로 광주에서는 계엄군과 학생의 충돌이 빚어졌다. 광주항쟁은 이 충돌 과정에서 잔혹한 계엄군의 진압에 분개한 광주시민들이 계엄군에 맞서 일어난 저항운동이었다. 신군부는 광주시민의 저항을 총칼로 제압했고 광주에는 질식할 것 같은 공포 분위기가 조성되었다.

광주항쟁은 제5공화국 내내 전두환 정권의 부당성을 상징하는 징표가 되었으며 반정부투쟁 및 민주화운동의 뿌리가 되었다. 1970년대 들어서면서 사회운동은 노동운동과 결합하는 과정을 거쳤는데, 광주항쟁은 1980년대 일반 대중이 사회변혁의 주체로 떠오르는 계기가 되었다. 또한 광주항쟁은 미국에 대한 민중민족운동세력의 인식 속에 반미주의가 자리잡아가는 전환점이 되었다. 미국은 신군부의 무자비한 학살에 모호한 태도를 취했고 이후에도 전두환 정권과 유착되어 있는 모습을 보였던 때문이다.[299]

비상계엄 확대 조치와 함께 계엄사령부는 김대중을 비롯한 정치인들을 연행하고 김영삼 등 몇몇 정치인은 가택 연금을 했다. 5월 18일 전남대생과 공수부대 사이의 충돌로 19일까지 이틀에 걸쳐 잔혹한 공수부대의 폭력 진압이 계속되자 격분한 시민들은 20일 광주MBC를 불태우고 21일에는 무장을 한 채 계엄군에 저항하여 공수부대를 철수시켰다. 전남도청에 진을 친 시민들은 치안, 방위, 선전홍보, 시민 여론 수렴 등의 활동을 펼쳤다. 이 기간 동안 광주는 범죄 한 건 없는 평화의 도시였다. 그러나 그 평화는 일주일 만에 깨지고 말았다. 5월 27일 새벽 2시, 계엄군은 도청을 다시 공략, 1시간 40여 분만에 도청을 점령했다. 저항하던 다수의 시민들은 사망했으며 사망한 시신은 쓰레기차에 실려 어디론가 보내졌다.

5월 27일 광주가 신군부에 의해 유혈 진압된 이후의 한국사회는 공포의 도가니였다. 5월 31일 설립된 국가보위비상대책위원회(국보위)는 공포의 핵심 주체였고 권력의 중심이었다. 국보위는 제5공화국의 출범과 전두환 정권 창출에 필요한 정치, 경제, 사회, 문화 등에서의 환경과 조건들을 기획하고 준비한 예비 기구였다.

광주 진압에 성공한 신군부는 광주항쟁을 '내란'으로 규정하고 김대중을 광주항쟁의 배후자로 지목해 내란 주동자로 몰았다. 그러나 훗날 김대중은 그의 자서전에서 자신이 5·18광주항쟁을 알게 된 것은 5월 17일 구속된 뒤 50여일 지나서였다고 밝혔다.[300] 이후 김대중은 내란음모와 국가보안법 위반으로 사형을 선고받았다. 김대중 내란음모사건은 신군부가 당시 민주 세력의 영향력 있는 정치인 중의 한 사람이었던 김대중을 제거함과 동시에 5·18광주민주화운동을 내란으로 몰아 신군부의 잔혹한 학살 행위를 정당화하기 위한 간교한 계략이었다.

언론의 사망, 언론인들의 투쟁

광주민주화운동의 참혹한 학살 과정에서 언론은 존재하지 않았다.

오로지 한없이 비겁하고 비루한 계엄군의 홍보지, 신군부의 주구만이 남아 있었다. 방송과 신문 할 것 없이 제도 언론은 5·18 항쟁을 철저하게 왜곡했고, 신군부의 주문대로 광주시민을 폭도로 몰아 능욕했다. 검열철폐를 요구하고 철폐되지 않을 경우 제작 거부까지 불사하겠다고 했던 언론인들의 비장한 결의는 완전히 무력화되었다.

1980년 5월 19일과 20일 광주지역의 신문과 방송에 항쟁 관련 보도는 없었다. 항쟁이 한참 치열했던 시기의 전남매일 20일자 1면의 톱 기사는 김재규의 사형 소식이었다.[301] 광주MBC는 계엄군에 의해 시위 소식을 보도하지 못하고 있다가 19일 밤늦게 계엄분소의 지시에 따라 처음으로 5·18 관련 소식을 보도했는데 그것은 다음과 같은 '전남북 계엄분소장의 발표문'이었다.

광주시내 소요 사태와 관련돼 단 한명의 학생이나 계엄군은 사망한 바가 없음을 분명히 밝혀드립니다. 일부 학생들이 소요를 벌일 경우, 시민 여러분은 상점의 문을 닫고 출입을 삼가시기 바랍니다. 나라가 어지러울 때일수록 우리 모두 자중자애 하는 자세를 견지합시다.[302]

서울의 중앙 언론들은 항쟁이 발발한 5월 18일부터 20일까지 3일 동안 철저하게 침묵했다. 나흘째인 21일부터 광주 관련 소식을 보도하기 시작했지만, 그것은 광주 시민을 폭도로 모는 계엄사의 발표를 그대로 받아쓰기한 것이었다.[303] 22일부터 중앙지들은 광주 소식을 다량 쏟아내기 시작했는데 주로 학생들의 소요나 폭력성에 초점이 맞추어져 있었고, 계엄군의 과잉 유혈 진압에 대한 소식은 없었다. 언론은 광주항쟁을 '난동'으로 규정했고,[304] 광주를 '폐허'로 지칭했으며,[305] 광주시민들에게 '이성'을 찾을 것을 요구했다.[306]

계엄군과 보안사는 편의대를 시위 군중 속에 투입해 시민들의 분열을 유도하는 유언비어를 조직적으로 유포했다. 제도 언론은 왜곡 날조된 이 정보들을 마구잡이로 퍼뜨렸다. 제도 언론의 이러한 보도 태도는 5공화국 정권 내내 반복됨으로써 5·18광주민주화운동은 '남파 간첩과 불순세력에 의한 난동'으로 국민의 뇌리에 깊이 각인되었다.

현장의 기자들은 신군부의 만행을 모두 알고 있었고, 자체적으로 수집 취재한 정보와 현장 소식을 갖고 있었다. 하지만 기자들이 작성한 기사들은 계엄사의 발표문에 의해 축소 왜곡 되거나 아예 사라져버렸다. "광주시민을 난동분자로 표기할 것"과 같은 노골적인 보도지침에 기자들은 인내심의 한계를 느꼈지만 그들이 할 수 있는 일은 별로 없었다.

5월 17일 기자협회가 짓밟혔다는 소식에 비분강개하고 있었던 기자들은 광주항쟁 발발 이틀 뒤부터 저항을 시작해 자유언론을 결의하고 제작 거부를 실행했다. 중앙일보와 동양방송의 기자와 피디들이 5월 20일 제일 먼저 제작 거부에 들어갔고, 이어서 동아일보, 조선일보, 동아방송, 문화방송, 합동통신 등의 소속 언론인들이 합세했다. 경향신문은 검열로 삭제된 부분을 그대로 공백으로 남긴 채 인쇄했고, 한국일보는 태업에 들어갔다.[307]

한편, 전두환은 5월 20일 각 언론사 사장들을 보안사령관실로 불러 광주사태에 대한 신군부의 입장을 설명하고 제작 거부 주동자들에 대한 모종의 조치를 경고했다. 이로써 제작 거부는 언론사 사주와 일부 기자들의 비협조로 좌절되거나 지속되지 못했다. 기사는 더욱 왜곡되었으며 저항한 기자들은 반공법 위반, 유언비어 유포 등으로 연행 구속되었고, 모진 폭행과 고문을 당했다. 6월 9일 신군부는 "악성 유언비어를 유포시켜 국론통일과 국민적 단합을 저해하고 있는 혐의가 농후하여 8명의 현직 언론인을 연행 조사할 방침"이라고 밝혔다. 그리고 곧 경향신문의 서동구 조사국장, 이경일 외신부장, 박우정, 홍수원, 표완수, 박성득 기자 등 6명을 반공법 위반 혐의로 연행했다. 또 문화방송의 노성대 보도부국장은 회의 석상에서 광주시민을 폭도로 모는 것에 이의를 제기했다는 이유로, 오효진 기자는 유언비어 날조와 유포 혐의로 각각 구속했다. 이와 함께 동아일보의 심무송, 박종렬 기자도 반공법 위반 혐의로 체포했다. 당시 연행되어 고문을 받은 이경일 경향신문 외신부장은 "별로 읽지도 않은 공산주의 서적을 읽었다는 자백을 받아내서 멀쩡한 언론인을 빨갱이로 몰려는 이런 저질 코미디 같은 작태가 한국의 수사기관에서 벌어지다니, 지하의 맑스가 통곡할 일이었다"고 회고했다.[308] 이런 상황에 대해 한국일보 길윤석 기자는 "기나긴 인고의 세월, 희망도 없는 미래가 다가왔다"고 한탄했다. 결국 언론인들의 제작 거부는 계엄 당국의 강력한 제재 속에 유야무야되고 말았다.

광주 지역 언론인들 역시 아무런 저항할 힘이 없었다. 5·18민주항쟁 기간 중에 그나마 언론 내부의 저항의 모습을 보였던 전남매일신문 기자들은 저항의 흔적으로 다음의 성명서를 남겼다.

우리는 보았다. 사람들이 개 끌리듯 끌려가 죽어가는 것을 두 눈으로 똑똑히 보았다. 그러나 신문에는 단 한 줄도 싣지 못했다. 이에 우리는 부끄러워 붓을 놓는다.

1980년 5월 20일

전남매일신문 기자 일동, 전남매일신문 사장 귀하[309]

신군부는 비상계엄 전국 확대와 함께 시위 진압에 대한 계획을 사전에 세워놓았고, '부마지역 학생 소요사태 교훈'이라는 문건을 통해 "초동 단계에서 강경하게 진압해야 된다"는 훈련지침을 각 부대에 하달했다. 광주항쟁의 잔혹한 진압은 이런 지침에 따른 것이었다.[310]

제도 언론은 신군부의 폭력에 침묵하거나 '난동을 제압하기 위한 합법적 공권력'으로 정당화함으로써 확실하게 신군부의 편에 서 있었다. 국민은 이러한 언론의 왜곡과 조작 속에서 진실을 알 수 없었고, 당시의 상황을 '국가안보를 위해 불가피한 조치'라고 체념적으로 받아들였다. 그러나 광주에 대한 신군부의 폭력은 그것으로 끝나지 않았다. 신군부와 제도 언론은 5·18민주화운동을 고정간첩, 불순분자, 깡패들이 주도하는 '폭도들의 난동'으로 규정짓고 김대중 내란음모사건과 연계시켜 정치적 반대 세력을 제거하는 수단으로 활용했다.

언론 장악

1980년 5월 광주를 피로 물들여 항쟁을 제압한 전두환은 정치 전면에 나서기 위해 최규하 대통령을 권좌에서 끌어내리고 제11대 대통령에 취임해 유신체제의 마지막 상속자가 되었다. 이 과정에서 신군부는 언론을 확실하게 자신의 편으로 편입시키기 위해 치밀한 계획을 짰다. 그 첫 번째 작업은 군에 비판적이고 부정적인 언론인들을 제거하는 일이었다. 다음으로는 공포 분위기와 당근 정책을 병행하여 언론사 내에 협조자들을 만들어 복속시킨 후 자발적으로 신군부를 따르도록 하는 것이었다. 또한 통제를 용이하게 하기 위해 언론사를 강제로 통폐합시켜 관리 대상 언론사를 줄였다. 언론인 대학살과 언론통폐합은 바로 이러한 신군부의 치밀한 계획에 따라 수행된 것이었다.

언론인 대학살과 언론통폐합은 당시 허문도 청와대 정무비서관이 전체적인 틀을 짰고, 보안사령부의 이상재 준위가 실무를 맡았다. 이상재 주도의 '언론대책반'은 군부에 비협조적인 언론인을 제거하기 위해 '언론계 자체 정화 계획서'를 마련했다. 제거 대상은 반체제, 용공, 검열 거부, 부정축재 등에 관여했거나 특정 정치인과 가까운 언론인이었다. 숙정은 '언론계의 자율적인 숙정 결의', '언론사 자체 숙정', '성과가 없을 때 합동수사본부에서 처리' 등 3단계로 하며 각 사가 명단을 작성토록 해 전국적으로 7백여 명의 기자 명단이 확보되었다.[311]

신문협회, 방송협의회, 통신협회는 1980년 7월 두 차례의 자율 정화를 결의했고 이에 따라 〈기자협회보〉, 〈뿌리 깊은 나무〉, 〈창작과 비평〉 등 172종의 정기간행물이 폐간 조치 되었다. 이와 함께 전국 39개 언론사에서 총 9백여 명의 언론인이 해직되었다.[312] 언론사는 자율결의라고 강조했지만 사실상 언론대책반의 계획을 그대로 이행한 것이었다. 언론사의 자율결의는 그 일정까지도 대책반이 짠 것과 차이가 없었다.

놀라운 것은 이 9백여 명의 해직자들 중 약 68퍼센트가 언론사 내부에서 작성한 것으로 밝혀졌다는 사실이다.[313] 이는 결국 언론사 내부의 부역자들이 자신의 영달을 위해 동료의 목을 친 것이며, 이러한 언론사 내부의 풍경은 이후 언론계 전체를 오염시켰다. 특히 이들은 적극적이고 자발적으로 독재 권력에 영합해 전두환 영웅 만들기에 나섰다. 이들의 행태는 일제 강점기에 개인의 안위와 영달을 위해 나라를 팔고 동족을 질곡에 빠뜨린 친일 부역 지식인들과 다를 바가 없었다.

부역 언론의 전두환 찬가

최규하 대통령의 하야와 전두환의 대통령 출마를 전후로 한 1980년 8월의 대한민국 언론 보도는 영웅찬가에서 시작해 영웅찬가로 끝났다.

'우국충정 30년—군 생활을 통해 본 그의 인간관 새 시대의 기수 전두환 대통령'(동아일보), '전두환 대통령 어제와 오늘, 합천에서 청와대까지—솔직하고 사심없는 성품, 지휘관 시절, 육사시절, 중고

시절'(중앙일보), '미국은 이미 7월에 전의 대통령 지지를 결정했었
다'(서울신문) 등의 기사들은 언론 보도라기보다 왕위 즉위식에 바치
는 찬가였다. 특히 조선일보의 전두환 찬양은 타 신문의 추종을 불
허했다. 조선일보는 군의 정치적 중립은 "사회의 질서와 안정이 유
지될 때에만 가능한 것"이라며 신군부의 쿠데타를 정당화했고,[314]
조선일보 8월 23일자 1면의 '인간 전두환'은 "비리를 보고선 잠시
도 참지를 못하는 불같은 성품과 책임감, 그러면서도 아랫사람에
겐 한없이 자상한 오늘의 '지도자적 자질'"을 운위하면서 전두환을
영웅화 했다.

　권력에 눈이 먼 정치군인을 이처럼 미화하는 언론의 행태 역시
권력욕에서 출발했고, 이러한 악순환은 일제 강점기부터 잘못된 과
거를 청산하지 못한 암울한 역사에 기인한 것이다. 특히 특정 언론
에 국한된 것이 아닌 제도권 내 모든 신문과 방송이 전비어천가를
읊어대는 이런 현실은 이후 '재산 몰수', '강제 통합', '강제 해고' 등
개인의 생존권과 재산권을 침탈한 신군부의 불법 행위까지도 정당
화할 수밖에 없는 자가당착의 상황으로 몰고 갔다. 그 중 삼청교육
대는 신군부의 인권유린을 '사회정화'로 미화한 대표적 사례라고
할 수 있었다.

　그런 상황 속에서 1980년 8월 최규하 대통령이 물러나고 전두환
이 제11대 대통령이 되었다. 전두환 체제는 그해 10월 27일 발효된
제5공화국헌법과 10월 29일 발족된 국가보위입법회의에 의해 완
성됐다. 국가보위입법회의는 제5공화국 정권의 통치 기반을 구축
하기 위한 임시 기구였다. '정치풍토쇄신을 위한 특별조치법'과 '언
론기본법' 등 전두환 시대의 악법들은 모두 여기서 제정되었다. '정

치풍토쇄신을 위한 특별조치법'은 신군부의 집권을 위한 정치적 공간을 활짝 열어 주었다. 이 법에 의해 당시 전두환의 경쟁자가 될 만한 기존의 정치인들이 일거에 제거되었고, 빈 정치 공간을 전두환은 아주 쉽게 점거할 수 있었다. 언론기본법은 불법적 언론통제 행위를 법으로 정당화한 언론 장악의 완결판이었고 전두환 독재를 지탱하는 제5공화국 최대의 악법이었다.

언론 장악은 외부의 강제력만으로 되는 것은 아니었다. 내부의 협력자들이 필요하고, 적극적 협조자가 언론사 내부에 상존해 있었음을 굴곡의 우리 현대사는 보여주었다. 첫 번째의 협조자는 사주를 비롯한 언론사 고위직들이었다. 이들은 신군부의 상층부와 소통하면서 언론의 영향력을 언제든지 권력에 팔아넘길 수 있는 언론 장사치들이었다. 두 번째는 이러한 사주의 마음을 헤아리거나 신군부와 직접 거래함으로써 개인의 영달을 꾀하는 언론 거간꾼들이었다.

민주언론운동협의회의 등장과 저항의 시작

5공화국의 정착과 정치 해금

12·12 군사반란과 5·18 광주학살로 집권해 항상 정통성 콤플렉스를 안고 있는 전두환은 체제 안정을 위해 각종 공안사건을 만들어 냈다. 1981년에 발생한 서울의 학림사건이나 부산의 부림사건 등은 모두 체제 비판적인 학생들을 제거하기 위해 왜곡 날조한 시국

사건이었다. 1982년 3월 발생한 부산미문화원 방화사건 등 학생과 민중들의 저항은 끊이지 않았다. 게다가 1982년 5월 이철희·장영자의 권력형 금융사기사건으로 정의사회 구현을 표방한 전두환 정권의 정통성과 도덕성은 치명적인 타격을 입었다. 그러나 언론은 이러한 정권 비리에 대해 문제 의식은커녕 권력 비호의 대가로 돌아오는 특혜에 중독되어 있었다. 이미 신군부에 불편한 비판 언론인들은 대부분 제거되었고, 언론 내부에 저항의 기운이라고는 찾아볼 수 없었다.

짓눌린 정치 사회적 환경에 변화의 바람이 불기 시작한 것은 1983년부터였다. 언론을 장악하고 억압적 통제 체제를 유지해 왔던 전두환 정권은 안팎으로 도전에 직면했다. 구치소와 교도소에는 학생과 민주인사들이 넘쳐났고 삼청교육대 등 인권유린에 대한 비판적 인식이 커져 갔다. 나라 밖에서도 1983년 11월 레이건 방한을 필두로 1984년 교황방문, 1986년 아시안게임 등 여론을 의식할 수밖에 없는 일정이 연속으로 있어 정권의 억압 정책에 일정한 변화가 불가피했다. 그리하여 1983년 2월과 8월 두 차례에 걸쳐 해금조치가 단행되었다. 이에 따라 각종 학원사태, 부산미문화원방화사건, 원풍모방사건 등의 시국사건 관련자와 김대중 내란음모, 광주민주화운동 관련자 등에 대해 사면·복권·형집행정지 등의 조치가 이루어졌고 정치활동 규제도 풀렸다. 12월에는 해직교수와 제적학생들이 학교로 돌아왔고 대표적 인권침해사건이었던 부림 사건 관련자들도 모두 석방되었다.

민주인사들은 풀려나자마자 운동세력의 결집에 나섰다. 1983년 9월에는 김근태를 중심으로 학생운동과 노동운동 출신 인사들이

민주화운동청년연합(민청련)을 결성했다. 1985년 3월에는 민주통일
민중운동연합(민통련)이 결성되어 민주화 운동 세력의 중심 역할을
하게 되었다. 학생운동권 조직으로는 1985년에 미국문화원을 점거
했던 삼민투(민족통일·민주쟁취·민중해방 투쟁위원회)를 비롯하여, 1986년
3월에 결성된 민민투(반제·반파쇼 민족민주 투쟁위원회)와 1986년 4월에
결성된 자민투(반미자주화 반파쇼민주화 투쟁위원회)가 있었다.

정치권 움직임도 빨라졌다. 1983년 5월 광주항쟁 3주기를 맞아
연금 중이던 김영삼이 민주화를 외치며 단식에 돌입했고, 미국에
망명 중이던 김대중이 지지를 표명하여 8월 15일 민주화 공동성명
을 발표했다. 연금에서 풀려난 김영삼과 동교동계는 1984년 5월
18일 민추협(민주화추진협의회)을 발족시켰고, 이는 신민당(신한민주당)
창당의 모체가 되었다. 이러한 상황에 반해 신군부는 권력의 단맛
에 도취해 이런 재야의 활발한 움직임을 미처 파악하지 못했고 그
것은 1985년 2·12총선의 결과로 나타났다. 군부독재 이후 84.2퍼
센트라는 최고의 총선 투표율을 기록하면서 강경 야당인 신생 정
당 신민당이 서울 의석을 모두 석권하고 몇몇 대도시에서도 크게
승리한 것은 정부 여당 입장에서 경악할 일이었다.[315] 신민당의 돌
풍 속에서 5월에는 삼민투 학생들이 광주항쟁에 대한 미국의 책임
을 폭로하고 규탄하는 서울 미국문화원 점거농성사건이 터지는 등
학생운동은 더욱 격화되었다. 이에 전두환 정권은 그해 8월 학원안
정법을 제정하여 학생운동에 대응하려 했지만 야당과 재야의 격렬
한 반대로 열흘 만에 입법 보류를 선언하게 되었다.

민주언론운동협의회(민언협) 창립

1983년 이후 대내외적 환경의 변화로 일련의 정치 사회적 움직임
이 빨라지자 언론계에도 변화의 조짐이 일기 시작했다. 독재 권력
과 유착하여 정보를 독점적으로 가공 유통하면서 왜곡과 날조를
일삼고 있던 제도 언론의 폐해를 막고 진정으로 민중을 대변하기
위한 언론운동의 필요성이 대두되기 시작한 것이다. 1984년 민주
언론운동협의회 초대 사무국장을 맡았던 성유보는 당시의 분위기
를 이렇게 회고했다.

> 우리 해직기자들보다 훨씬 탄압도 많이 받고 어려운 조건에서 운동했
> 던 청년들이 민청련으로 치고 나왔다. 다른 부문운동에서도 조직들이
> 만들어지기 시작했다. 해직기자들 사이에서 우리가 이렇게 있어서는
> 안 되는 것 아니냐는 분위기가 생겼다. 1984년 봄 동아투위와 조선투
> 위가 함께하는 모임 이후에 우리도 각각 활동할 것이 아니라 언론단
> 체 하나를 만들어 싸워보자는 얘기가 나오게 됐다.[316]

권력의 강제 통폐합으로 특혜와 비호를 받고 방계 기업까지 거
느리면서 민중의 표현 수단을 독점한 소수의 언론기업들은 카르텔
을 형성하여 유례없는 번영을 누리고 있었다. 그 언론 기업 안의 언
론인들 또한 높은 임금과 두둑한 촌지와 특별한 사회적 신분으로
이성이 마비된 채 허위의식으로 가득 차 있었다.[317] 그들은 권력이
내린 특혜와 비호의 대가로 권력에 의한 권력을 위한 권력의 표현
기관임을 마다하지 않으며 권력에 대한 충성 경쟁에 몸을 던졌다.

언론운동단체를 조직하는 첫 움직임은 1980년 신군부에 의해 해직된 언론인들이 중심이 되었다. 그들은 1984년 3월 '80년해직언론인협의회'를 설립하고 민주화 실현, 언론자유 보장, 해직 언론인의 원상 회복 등을 주장했다. 이들은 창립선언문에서 "물샐 틈 없는 언론탄압은 제도 언론, 관제 언론이라는 참담한 결과를 초래, 국민의 언론 불신감을 심화시키고 있다"고 지적하고 "권력의 강압으로 설 땅을 빼앗긴 채 우리 언론은 국민의 알 권리를 외면하고 민중의 목탁이기 보다는 정권 유지를 위한 홍보기구로 전락해 있다"고 비판했다. 당시 80년해직언론인협의회를 결성하고 유지하는데 주도적 역할을 했던 해직 언론인들은 김태홍, 정남기, 노향기, 정상모, 전진우, 김동호, 최형민, 정연수, 이원섭, 윤덕한, 박우정, 박성득, 홍수원, 이경일, 표완수, 고승우, 정동채, 백맹종, 현이섭, 이영일, 왕길남, 김상기, 이희찬 등 비교적 젊은 연배의 기자들이었다.[318]

이에 힘입어 해직기자들은 1984년 봄부터 새로운 언론운동단체를 설립하기 위한 준비에 나섰다. 동아투위 이병주 위원장과 이부영, 성유보 위원, 조선투위 최장학 위원장과 정태기, 신홍범 위원, 80년해직언론인협의회 김태홍 회장, 그리고 한국일보 해직기자 임재경 등이 먼저 뜻을 모았다. 몇 차례 준비 과정 모임에서 출판인들에게도 참여를 제안하기로 했다.[319]

당시 출판사들은 문화공보부 간행물윤리위원 심사 과정에서 판금, 압수 등의 탄압을 많이 당했다. 그런 만큼 언론자유와 표현의 자유는 해직언론인과 출판인들의 공통 과제였다. 그해 12월 1970·80년대 해직기자와 출판인 30여명이 청진동의 한 음식점에서 '민주언론운동협의회(민언협)' 발기인대회를 열었다. 그렇게 해서 동아·조선투위, 80년해직언론인협의회, 양심적인 출판인 대표들은 1984년 12월 19일 서울 장충동 베네딕트 수도원 '피정의 집'에서 100여 명의 참석자가 모인 가운데 민언협을 창립했다. 당시 총회는 한국 민주화운동에 관심이 많았던 베네딕트 수도회 독일인 신부들의 배려로 신자들의 기도 장소에서 열 수 있었다. 현수막이 없어 종이에 먹물로 '민주언론운동협의회 창립총회'라고 써서 벽에 붙였다.[320] 그들은 선언문에서 "오늘의 언론은 권력의 지배도구로 전락했다"고 규정하고 '대안언론 창간', '민주운동세력과의 연대', '제도 언론 개선' 등의 목표를 제시했다.[321]

'민주언론운동협의회'라는 이름에는 단체의 성격과 지향이 그대로 담겨 있었다. 동아·조선투위 언론인들과 80년해직언론인들은 1970년대 '자유언론 실천투쟁'과 1980년대 '신군부의 언론대학살'의 고통스런 경험을 공유하면서 자유언론과 사회민주화의 불가분한 관계를 깨닫게 되었고, 민족통일과 기층 민중에 대한 언론의 역할을 인식하게 되었다. 이로써 언론운동은 '자유언론'에서 '민주언론' 또는 '언론민주화'로 지평을 넓혔다. '협의회'라는 명칭은 동아·조선투위, 80년해직언론인협의회, 출판 등 결합된 조직들이 기존에 해왔던 활동 역량을 모은다는 취지였다. 의장을 비롯한 집행부 구성에도 이런 취지가 반영되어 해직기자와 지식인 사회에서 존경받던 송건호가 의장으로 추대되었고, 3개 단체와 출판계를 고루 반영해 공동대표단과 실행위원회가 꾸려졌다. 이러한 구성에 대해 당시 초대 실행위원이었던 신홍범은 이렇게 회고했다.

1984년은 동아투위, 조선투위가 만들어진 지 10년 가까이 되는 해였다. 우리들만의 조직으로는 부족하다는 판단이 들었다. 회원들이 나이가 들어갔을 뿐 아니라 전두환 정권에 맞서려면 흩어진 힘을 모을 필요가 있었다. 또 살아 있는 조직이 되려면 보다 열린 구조를 만들어 젊은 힘을 충원해야 했다. 우리는 동아·조선투위와 80년해직언론인, 출판인들, 여기에 더해 언론운동에 동참하려는 개인도 회원이 될 수 있게 했다.[322]

민주언론운동협의회를 '언협'의 약칭으로 부르게 된 것은 각별한 이유가 있었다. 1980년 신군부에 의해 와해된 기자협회(기협)는 사실상 제 역할을 하지 못했다. '민언협'은 그 제도권 언론인들의 단체인 기자협회(기협)에 대응한다는 의미였다. 이후 민언협은 1998년 3월 총회에서 사단법인으로 개편하면서 민주언론운동시민연합(민언련)으로 개칭했다가 2006년 3월 총회에서 다시 (사)민주언론시민연합(민언련)으로 개칭했다.[323]

저항의 시작

"우리는 오늘 언론을 박탈당한 캄캄한 암흑시대를 살고 있다"로 시작하는 민언협의 창립선언문은 소수의 반민중적 언론기관이 민중의 표현수단을 독점하고 권력의 지배도구로 전락했다며 제도 언론을 강하게 질타했다. 또한 제도 언론이 사실보도는커녕 진실의 왜곡조차 서슴지 않음으로써 사회 전체의 인식 능력과 이성을 마비시켰다고 비난했다. 선언문은 제도 언론을 '민중에 대한 폭력'으로 규정하고 민중의 분노가 곳곳에서 번져나가고 있다고 강조했다. 나

아가 민언협의 과제를 '새 언론 창간', '언론 민주화', '민주화 운동 과의 연대'로 설정했다.[324]

민언협은 바로 창립선언문의 과제들을 실천해 나갔다. 1985년 1월 처음으로 열린 실행위원회에서 민언협은 기관지 창간, 각계 민주화운동과의 연대, 문화단체들과 함께 '표현의 자유' 투쟁 등의 세 가지를 의결했다. 그중에서도 기관지 창간은 가장 우선적 사업이었다. 이에 대해 박우정은 당시를 다음과 같이 회상했다.

> 민언협의 해직기자들은 신문 만들 궁리부터 시작했다. 그리고 그것은 글쟁이들에겐 극히 자연스러운 일이었다. 우리들에게 해직은 실직과 동시에 글로부터의 추방을 의미했다. (…) 글을 빼앗긴 우리는 글을 갈망하고 있었고 민언협이 결성되자마자 당연히 글을 쏟아 부을 신문 만들기로 논의를 모았던 것이다. 여러 가지 이유로 신문 창간은 부결되고 새 신문 창간은 민언협의 장기 과제로 설정되었다. 그리고 신문 대신 잡지를 창간하기로 의견을 모았고, 바야흐로 말지 창간은 이때 예비되기 시작했던 것이다.[325]

민언협은 민주화운동단체들과 일상적으로 연대했다. 민언협은 그해 3월 민통련(민주통일민중운동연합)에 가입하고, 송건호 의장이 민통련 지도위원을, 김승균 공동대표가 민주통일위원장을, 이부영 실행위원이 민생위원장을, 이후 9월 민통련 조직 개편 때는 김종철 위원이 민통련 대변인을, 성유보 초대 사무국장이 언론분과위원장을 맡는 등 민통련 집행부에 적극 참여했다. 문화단체 활동에도 참여했는데 자유실천문인협의회(자실)와는 마포의 건물 한 층을 임대해 사무실을 나눠 썼다. 이른바 '문화 3단체'로 불렸던 민언협, 자실, 민문협(민중문화운동협의회)은 언론기본법 철폐, 표현의 자유, 구속 출판인 석방 등을 위해 함께 투쟁했다. 이러한 민언협의 활동으로 언론운동은 '언론민주화'를 위한 상설 조직운동으로 정착되었고 여타의 민주화운동과도 연대할 수 있게 됨으로써 민주주의와 통일, 민중의 권리 증진을 위한 운동에도 일정한 역할을 할 수 있게 되었다. 이처럼 폭넓은 민언협의 활동은 '보도지침' 폭로 당시 민주화운동 세력의 지지와 지원을 받을 수 있는 든든한 배경이 되었다.[326]

말지 창간

제도 언론은 이미 반민주, 반민족, 반민중의 성격을 띤 권력의 동반자가 되었다. 그리하여 사회 곳곳에서는 제도 언론의 여론조작으로부터 벗어나기 위해 각 분야를 대변할 분야별 매체들이 생겨났다. 농민, 도시빈민 등이 직접 만든 신문과 잡지들은 제도 언론의 지배 이데올로기에 대항해 독자적인 자신들의 주장과 입장과 이념을 담아 목소리를 냈다. 그러나 이러한 신문들은 매체가 안고 있는 과도한 기관지적 특성 때문에 사회 전반의 공감과 지지를 얻기 어려웠을 뿐 아니라 저널리즘의 전문성 측면에서도 한계를 노정하고 있었다. 따라서 권력의 동반자 제도 언론에 맞서 민주와 민족과 민중을 대변할 객관성을 띤 대안언론을 만드는 것은 민언협에 주어진 시대적 과제였다. 말의 창간은 바로 이러한 과제를 실천하기 위한 것이었다.

1985년 6월 15일 '민중·민족·민주언론의 디딤돌'이라는 부제를 단 말 창간호가 세상에 모습을 드러냈다. '민중·민족·민주언론의 디딤돌'이라는 부제에 대해 성유보 민언협 초대 사무국장은 다음 과 같이 설명했다.

> 지금은 민언협에서 잡지에만 도전하고 있지만, 머지않은 장래에 민중 신문, 민중방송도 만들어내겠다는 각오가 깃든 표어였다. 그래서 우 리는 창간호부터 말을 회원들에게만 무료 배포하는 기관지가 아니라 시민들에게 판매하는 월간지로 만들었던 것이다.[327]

성유보 사무국장이 언급한 민중신문은 말 창간 후 3년 뒤에 현 실화된 한겨레신문을 일컫는 것이었고 말은 바로 한겨레신문의 디 딤돌이었음을 의미했다. 말 창간호는 전두환 정권을 경악케 했고, 제도 언론에는 성찰의 계기를 만들었으며, 민중에게는 신뢰를 심 어주었다. 또한 민주운동세력에게는 용기와 희망과 신선한 자극제 가 되었다. 말 창간호는 서점 배포 하루 만에 재판에 들어가는 성 공을 거두면서 대표적 민중언론으로서의 위상을 확고히 했다.[328] 말지 창간호는 삽시간에 8천부가 팔렸고, 이후 보도지침 특집호는 23,000부가 팔렸다. 이는 당시 사회과학 서적 베스트셀러가 2천부 정도였던 것을 감안하면 대성공이었다.[329] 교보문고에서는 첫날 내 놓은 30부가 오전 중에 다 팔렸고, 다음 날 추가 주문된 50부도 하 루 만에 매진되었다.[330] 말은 당시 제도 언론이 다루지 않거나 다루 지 못하는 중요한 의제를 과감하게 발굴해 보도할 수 있었던 유일 한 대안 언론이었다.

말 창간호 발행 과정은 결코 순탄치 않았다. 말 창간에 대한 정보를 사전에 입수한 경찰이 발행 당일 인쇄된 창간호 3천부를 모두 압수해 버린 것이다. 그러나 당시 말 편집인이었던 성유보 민언협 사무국장은 만약의 사태에 대비해 미리 2부의 창간호 대지를 준비하도록 했고 준비된 대지를 다른 인쇄소에서 인쇄해 창간호 발행을 성공리에 마칠 수 있었다. 말은 성유보 사무국장의 예지豫知로 세상을 볼 수 있었고 그 때문에 그는 경찰에 연행돼 구류 처분을 당했지만, 그의 예지가 아니었다면 말은 어떤 운명에 처했을지 모르는 일이었다.

엄혹한 시절이었던 만큼 말지는 언제나 '비밀 편집실'에서 만들어졌다. 창간호부터 4호까지는 정해진 편집실이 없어 조선투위 성한표 위원의 집이나 동아투위 김태진 위원의 집 또는 조선투위 백기범 위원의 회사인 현대인력개발원 사무실 등을 전전하며 만들어졌다. 5호부터는 종로 주변의 낡은 건물이나 민가 등에 별도의 사무실을 마련해 비밀편집실로 이용했다. 비밀편집실은 사무국장과 실무제작팀을 제외하고는 송건호 의장조차 위치를 알지 못했다. 도청 때문에 전화도 없었고 '편집실'이라는 용어 자체를 쓰지 않았다.[331] 당시 이석원 초대 사무처장은 당시를 이렇게 회고했다.

> 편집실에서 마포 사무실로 연락을 할 때는 공중전화를 여기저기 돌아가면서 했다. 마포 사무실 지하에 조양다방이라는 곳이 있었는데 "아랫 다방에서 봅시다"라고 하면 비밀 편집실에서 만나자는 뜻이었고, 진짜 다방에서 만날 때는 "조양다방에서 봅시다"였다.[332]

말 창간호의 편집은 문학평론가 김도연 당시 공동체출판사 사장이 맡았다. 그는 장진영 화백과 함께 창간호의 편집, 기획, 레이아 웃을 비롯해 판매까지 담당했다. 비합법단체인 민언협은 출판은커 녕 서점 영업도 할 수 없어 창간호 편집장이면서 출판사 사장인 김 도연의 역할은 필수적인 것이었다. 창간호의 대성공으로 자신감을 얻은 민언협은 2호부터 말지의 발행 주체를 '민주언론운동협의회' 로 명시하고 전국에 독자 판매망을 구축해가는 한편, 편집장과 집 필진도 해직 언론인 중심으로 대폭 보강했다.[333] 그러나 일반 잡지 처럼 광고를 할 수 있는 처지도 아니고 서점 납품도 불가능해 2호 부터 4호까지 판매영업은 김태홍 공동대표가 직접 맡았다. 그는 훗 날 "내 가방에는 늘 말지가 몇 십 권씩 들어 있었다. 사회과학 서점 과 운동단체 중심으로 전국적인 조직을 짜는 한편 나 자신이 한 명 의 영업사원이 되어 솔선하고 싶었다"고 술회했다.[334]

2호부터 8호까지 편집을 책임진 박우정은 당시 민언협의 실행위 원이면서 현대그룹 홍보실 과장으로 근무하고 있었다. 당시 현대 그룹 홍보실 책임자 백기범은 박우정이 말지 편집장을 맡게 되면 자신을 비롯해 회사에 여러 가지 곤란한 문제가 발생할 수 있음에 도 이를 허락해 주었다. 박우정은 당시를 이렇게 회고했다.

당시 현대그룹 홍보실이 속한 현대그룹연수원이 자리한 옛 서울고 건 물 뒤켠 나무 그늘 아래 빙 둘러 앉아 편집회의를 했던 기억이 새롭 다. 최민희, 이근영, 김태광, 장수웅, 정봉주, 이화영 등이 말지 초기 기 자들이었다. 몇 개월 뒤에 한승동, 권오상, 정의길 등이 합류했다. (…) 자연히 학생운동하다 제적당하거나 감옥 갔다 온 젊은 활동가들이 처 음부터 말지 취재 편집진의 주축이 됐다. 그들은 운동성이 강했던 만큼 현장 취재는 잘 했으나 기사 작성에는 서툴렀다. 어떤 기자가 써온 원고는 기사라기보다는 성명서나 격문과 다를 바 없었다. 그런 원고를 최대한 객관적인 기사 문장으로 고치고 지도하는 일이 편집장의 주요한 업무 중 하나였다. 그렇게 해서 나온 말은 운동권뿐만 아니라 일반 시민들로부터도 호평을 받았다.[335]

백기범은 조선투위를 주도했던 해직언론인으로 제도 언론을 대체할 새로운 형태의 언론을 꿈꾸었던 사람이었다. 그는 현대그룹 홍보실장이라는 신분 때문에 내놓고 민언협 활동에 참여할 수 없었지만 민언협 운영자금에 큰 도움을 주었다. 보도지침 폭로를 놓고 민언협 내부에 논란이 있었는데 그는 민언협 해체를 우려해 폭로에 반대했고 그 일로 민언협과 틀어졌다.[336]

말지가 대중적으로 성공한 이유는 여러 가지가 있었다. 그 중 하나가 '말'이라는 제호가 갖는 대중적 친밀감이었다. 제호 '말'은 당시 신홍범 실행위원이 장폴 사르트르의 저서 'Les Mots'(말)에서 착안한 것인데, 운동단체 기관지에서 볼 수 있는 이념성과는 거리가 멀어 대중들은 부담감 없이 말을 접할 수 있었다. 또 하나의 성공요인은 기사의 질적 수준이었다. 말지는 당시 '사실'은 별반 없고 '주장'만 가득한 운동단체 기관지와 달리 '사실'을 바탕으로, 날카롭지만 정제된 표현으로 독자들의 신뢰를 구축했다. 그것은 해직기자들이 갖고 있었던 높은 수준의 전문성과 실력이 뒷받침한 결과였다. 무엇보다 말지가 독자들의 사랑을 받은 가장 큰 이유는 의제 선택과 의제를 바라보는 시각에 있었다. 당시 제도 언론은 정작 독자들이 알아야 할 민감한 의제는 다루지도 않았고 다룰 수도 없었다. 모든 기사가 검열을 받고 보도지침에 따라 걸러지는 상황에서, 독자들은 말을 통해 드러나지 않은 '진실'과 전혀 새로운 '시각'을 접할 수 있게 된 것이다. 제도 언론이 철저하게 외면했던 노동자, 농민, 빈민의 진상, 민주화운동의 움직임, 정권탄압의 실상, 국제정세, 한반도가 처한 정확한 현실, 환경, 여성, 언론 등 각 분야의 의제들을 과감하게 다루었다. 말은 닫혀 있던 언론계의 답답함을 쓸어주는 청량제 같은 것이었다.[337]

말의 역할은 제도 언론으로부터 독자를 빼앗아 부수를 늘리는 것이 목적이 아니었다. 한 달에 한번, 또는 한 달 건너 한번, 그것도 수천 부 정도를 발행하는 말이 매일 하루도 빠짐없이 수백만 부를 찍어 내는 제도 언론과 물량 경쟁을 하는 것은 승산도 없을뿐더러 의미도 없었다. 그럼에도 말의 영향은 엄청났다. 말의 진정한 역할은 제도 언론 내부에 민주주의와 언론자유의 불이 지펴지도록 불씨를 제공하는 일이었고, 언론인들이 허위 의식에서 깨어나 진정한 언론인으로 거듭나도록 하는 일이었다. 이를 위해 말이 구사할 수 있는 가장 강력한 무기는 '진실'이었다. 목소리의 크고 작음이 아니라 현실을 직시하고 진실을 드러낼 것인가 허위 의식에 빠져 진실을 덮어버릴 것인가를 판단하도록 하는 것이었다.[338]

그러한 역할을 맡은 말의 길은 고통과 수난의 연속이었다. 창간 이후 말과 말 관련자들에 대한 압수, 연행, 구금은 5공 정권 내내 이어졌고, 그때마다 민언협 간부들은 사무실에서 농성을 하며 언론출판에 대한 군사정권의 탄압에 항의했다. 특히 1986년 말 특집호는 보도지침을 폭로함으로써 커다란 수난을 겪었다.

보도지침 사건

1986년 9월 민언협은 말지 특집호를 냈다. 권부가 '보도지침'이라는 이름으로 언론을 통제해 왔고, 언론사는 이를 암묵적으로 수용해왔다는 추악한 실상이 증거자료와 함께 폭로된 것이었다.

보도지침은 문화공보부(문공부) 홍보조정실에서 정치, 경제, 외교, 민주화운동, 북한 등 전 분야에 걸쳐 각 언론사에 시달한 보도통제 가이드라인이었다. 홍보조정실은 특정 사건이나 상황에 대한 보도 여부는 물론, 보도의 방향, 내용, 형식까지 구체적으로 결정하여 '가可, 불가不可, 절대불가絶對不可'의 지침을 하달했다. 처음에는 청와대, 안기부, 문공부, 보안사, 경찰 등 각 기관에서 타이핑된 문서로 전달되다가 나중에는 언론사에 상주하는 기관원들의 전화로도 수시 하달되었다. 기사의 선택부터, 제목, 내용, 위치, 분량, 사진 게재 여부, 정부 자료의 사용 방법 등 세부 사항까지 구체적으로 지침을 내렸다. 방송의 경우는 아예 9시 뉴스 큐시트를 정무수석실과 홍보조정실로 보내 뉴스의 크기와 배열을 심의 받기도 했다.

당시 신문사 편집부 기자들은 보도지침의 존재를 잘 알고 있었다. 평소 이에 대한 심각성을 알고 여러 형태로 들어오는 보도지침을 모으고 있었던 한국일보 편집부의 김주언 기자는 매일매일 들어오는 보도지침 사본을 묶은 서류철을 발견하고 이를 복사하여 말지 초대 편집장이었던 김도연(당시 민통련 사무국장)에게 전달했다. 그 보도지침 철은 당시 장강재 한국일보 회장의 지시로 보관되어 있었다는 사실이 1988년 국회 언론청문회에서 밝혀졌다. 이내 보도지침 사본은 말지 편집을 책임지고 있었던 박우정, 홍수원에게

넘겨졌고 비밀리에 발간이 결정되었다.[339]

말은 1986년 9월 6일 발간된 특집호에서 '보도지침—권력과 언론의 음모'라는 제하의 특집기사를 통해 1985년 10월부터 1986년 8월까지 문화공보부가 각 언론사에 시달한 보도지침을 폭로하였다. 말 특집호에서 다룬 기사 688건 중 내용 규제는 466건으로 약 70%에 육박했다. 홍보 선전성 보도에는 '크게', '눈에 띄게', '적절히', '강조해서' 따위의 수식어가 붙어 있었다. 정부 여당 관련 기사가 가장 많았고, 남북관계, 대통령 동정, 학생운동 등으로 이어졌다. 축소 보도는 야당 관련 보도가 가장 많고 학생운동, 최은희·신상옥 북한 탈출, 독립기념관 화재 사건, 개헌 주장 등의 순으로 나타났다. 정부에 불리한 사건, 반정부 투쟁 등이 '축소 지시'로 일관한 분야였다. 보도 불가는 국내 여론 및 언론이 가장 많고 한·중공 관계, 분신자살, 고문주장, 연합시위 등도 보도 불가에 포함되었다. '성폭행 사건' 등 특정 용어의 사용을 못하게 하는 경우도 있었다.[340]

보도지침을 발간하자는 데는 합의했지만 어떤 방식으로 할 것이냐에 대해서는 여러 가지 의견이 있었다. 민언협과 민통련이 별도로 폭로하자는 의견, 민통련과 민언협이 함께 폭로하자는 의견, 민통련이 독자적으로 하자는 의견 등 여러 의견이 개진되었다. 김도연 편집장은 민통련과 민언협이 공동으로 폭로할 것을 제안한 반면 사무국장 김태홍은 민언협이 주체가 되어야 한다고 강력하게 주장했다. 그러나 민언협 단독으로 폭로할 경우 그 폭발적 효과는 예상할 수 있었지만 이후 공안기관으로부터 불어 닥칠 후폭풍에 우려를 표명하는 사람이 적지 않았다. '시기상조'라는 의견도 있었다. 결국 "'될 일'을 하고 겪어야 할 것이 있다면 내가 다 겪겠다"는

김태홍의 확신에 찬 설득에 민언협 단독으로 내는 것으로 결정되었다.[341]

1986년 정치 사회적 상황은 혼돈 그 자체였다. 연초부터 전두환의 '개헌 유보' 선언으로 '개헌 천만 서명운동'이 시작되었고, 종교계, 학계, 노동계, 학생운동 등 전 분야에 걸쳐 다양한 방식으로 전두환 정권에 대한 저항이 전개되었다. 노동자와 학생의 분신, 5·3 인천 투쟁, 교사들의 시국선언, 부천경찰서 성고문 사건 등으로 시국은 한 치를 내다볼 수 없었다.

이런 상황에서 민언협은 "우리가 해야 한다"는 결론을 내렸다. 폭로에 앞서 제보자 김주언과 인쇄업소의 안전, 폭로 효과의 극대화를 위해 권위 있는 천주교정의구현사제단의 도움을 받기로 했다.[342] 이를 위해 재야인사 김정남이 함세웅, 김승훈 신부와 상의하여 민언협과 사제단을 이어주는 역할을 맡았다. 사제단은 이뿐 아니라 보도지침의 제작비, 배포 비용, 이후의 구명운동까지 역할을 맡았다.[343]

특집호의 편집을 맡은 경향신문 해직기자 홍수원은 살인적인 무더위 속에 '아랫다방'의 골방에서 석 달 동안 두문불출하며 보도지침 분석과 해설에 매달렸다. 편집이 끝난 특집호를 넘겨받은 박성득 실행위원은 믿을만한 인쇄소를 찾아 22,000부를 제작했고, 김태홍 사무국장은 인쇄된 특집호를 각계에 배포하였다. 특집호는 불티나게 팔렸는데 나중에는 '복사판'까지 나돌 정도였다. 특집호의 발간과 동시에 9월 9일 민언협은 정의구현사제단과 명동성당에서 보도지침 자료 공개의 취지를 밝히고 언론통제 중단과 언론인의 각성을 촉구했다.[344]

폭로 이후 공안기관의 거센 탄압이 몰아쳤다. 민언협 사무실은 압수수색을 당했고, 김태홍은 1986년 12월 10일 체포되어 치안본부 남양동 대공분실로 끌려갔다가 이틀 후 국가보안법 위반 혐의로 구속되었다. 15일에는 신홍범 실행위원이 국가보안법 위반과 국가모독 혐의로, 17일에는 김주언이 국가보안법 위반과 외교상 기밀누설 혐의로 각각 구속되었다. 박우정, 홍수원 편집장, 박성득 실행위원, 이석원 사무처장, 김도연 초대 편집장에게도 수배령이 떨어졌다.

공안기관의 탄압에 대한 후폭풍도 만만치 않았다. 민언협은 즉각 성명을 발표해 이들의 석방을 촉구했다. 이후 천주교정의구현 전국사제단을 비롯한 종교계, 민중문화운동협의회를 비롯한 문화계, 민추협을 비롯한 재야 및 신민당이 구속자 석방을 촉구했다. 법조계는 대규모 변호인단을 구성해 구속자 재판을 맡아주었다. 1987년 5월에는 동아일보와 한국일보 현직 기자들이 구속자 석방을 요구하는 성명서를 발표했다. 나라 밖에서도 1987년 1월 5일 엠네스티 인터내셔널이 김태홍, 신홍범, 김주언의 즉각 석방을 촉구하는 것을 필두로, 미국언론인보호위원회Committee to Protect Journalist, 미국·캐나다 신문협회 등이 세 언론인의 석방을 촉구했다. 미 하원에서도 석방 요구가 있었고 상원은 청문회까지 열어 외교 압박을 가했다. 국내에서도 민언협을 지지하고 전두환 정권을 비난하는 여론이 거세졌다. 그러나 이런 상황에서도 제도 언론은 보도지침 사태에 대해 함구하거나 사회면 1단 정도로 보도해 언론으로서의 제 역할은커녕 체면치레도 못하고 있었다. 자신들의 치부인 보도지침에 대해 '부끄럽다'는 한 마디 언급도 한 치의 반성도 없었다. 제도 언론은 보도지침을 보도하면서도 오로지 권부의 '보도지침'을 충실하게 이행할 뿐이었다.

정권의 언론통제를 적나라하게 폭로한 보도지침 사건으로 전두환 정권의 추악한 모습과 제도 언론의 기만적 태도가 세상에 드러나자 여론은 들끓기 시작했다. 또한 이를 계기로 언론운동 진영과 민주화 세력 간의 연대는 더욱 공고해졌다. 민언협을 비롯한 재야 언론인들의 신뢰와 영향력은 더욱 높아진 반면 제도 언론에 대한 사회적 불신과 불만은 더욱 고조되었다. 보도지침 사건은 이듬해인 1987년 6월 항쟁의 발화發火에 적지 않은 영향을 미쳤다.

1986년 한 해 동안 말은 5호부터 9호까지 발행되었으나 9월 보도지침 사건으로 김태홍 제2대 사무국장을 비롯한 집행 간부들이 구속되면서 MBC에서 해직된 정상모가 후임 사무국장을 맡아 민언협과 말지의 복구 작업에 나섰다. 그리하여 한동안 발행이 중단되었던 말은 이듬해인 1987년 3월과 5월에 10호와 11호가 복간되었다. 그리고 6월 역사를 뒤바꾼 '6월항쟁'이 세상을 뒤흔들었다.[345]

KBS시청료 거부운동

발단

KBS는 1981년 컬러TV 방송 시작과 함께 시청료가 500원에서 2,500원으로 5배가 올랐는데도 7월부터는 광고방송까지 하게 되었다. 통폐합 이후부터 1985년 9월까지 KBS의 시청료와 광고 수익이 무려 8,700여억 원까지 쌓일 정도로 KBS의 재원은 천문학적 규모였던데 비해 예결산 관리는 방만하고 불투명해 많은 의문을 남겼다. 게다가 시청료 인상으로 시청자의 부담은 커졌지만 프로그램의 질과 공영방송으로서의 기능은 거꾸로 가고 있었다. 전두환 정권의 3S정책으로 유익한 교양 프로그램은 줄어들었고 시청자들의 눈살을 찌푸리게 하는 저질 오락 프로그램은 넘쳐났다. 무엇보다 시청자들의 가장 큰 불만은 공영방송으로서 정권에 대한 감시와 비판은커녕 독재정권 비호에만 급급한 KBS의 편향적 태도에 있었다. 그러나 이를 시정하기 위해 시청자들이 할 수 있는 일은 전파를 끊고 시청료 납부를 거부하는 것 외에는 아무것도 없었다.

KBS시청료 거부 움직임은 1982년경부터 호남의 여러 곳에서 이미 일고 있었다. 시청료 거부가 조직적 운동으로 발전한 곳은 완주의 가톨릭교회와 농민단체였다. 1984년 4월 전라북도 전주교구의 박병준 신부를 비롯한 고산 천주교회와 완주의 가톨릭농민회는 'TV시청료는 민정당과 정부만 내라'는 성명서에서 "암담한 농촌 현실의 귀와 눈이 되어야 할 방송이 일천만 농민의 삶을 부정한 채 소수 몇 사람의 방송으로 전락한 데 분노를 느끼며, 이제 우리 농민은 침묵을 깨부수고 우리의 권리를 우리 손으로 지킬 것"이라고 입장을 밝혔다. 시청료 거부의 배경에는 농촌 현실에 대한 KBS의 편파 왜곡보도, 시청료 체납자에 대한 차압 등 부당한 압력, 시청료 재원의 불투명한 사용 등 타당한 이유가 있었다.[346]

당시는 광주항쟁 이후 공포에 짓눌려 침잠해 있던 민중들의 불만이 여기저기서 터져 나오는 시기였다. 이 무렵 재야와 민주 세력은 1985년 2·12총선의 극심한 불공정 보도로 KBS에 특히 불만을 품게 되었다. 이는 시청료거부운동에 불을 붙였고, 이어서 종교계, 여성단체들이 참여하면서 점차 규모가 커졌다.

1985년 8월 이틀에 걸쳐 열린 시국대책협의회에서 KNCC시국 대책위원회는 왜곡 편파보도를 일삼는 KBS에 대해 시청료거부운 동을 전개하기로 결의하고,[347] 11월에는 KNCC회원교단을 비롯한 18개 단체들이 범국민운동본부를 결성하기로 결정하였다. 그해 12 월 시청료 징수 과정의 부정을 폭로한 징수원 박성혜가 동료 직원 들로부터 폭언과 주먹질까지 당한 사건이 발생했다. 이 사건은 여 성단체들이 시청료거부운동에 동참하는 기폭제가 되었다. 여성단 체들은 이듬해인 1986년 3월 'KBS-TV시청료폐지운동여성단체연 합'을 출범시키면서 '시청료 거부'를 넘어 '시청료 폐지'까지 강력 하게 주장하기에 이르렀다.[348]

1986년은 시청료거부운동이 전국적인 국민운동으로 발전하는 전기가 된 해였다. 1986년 1월 'KBS시청료거부 기독교범국민운동 본부'가 발족했으며, 2월 기독교회와 천주교회를 중심으로 청년 여 성 등 사회운동단체들이 'KBS시청료거부 범국민운동본부'를 결성 했다. 시청료는 주부들의 관심 사항이라는 점에서 3월 여성단체연 합이 KBS시청료 납부 거부를 실천 방안으로 채택했다. 이어서 4월 에는 인천, 대전, 수원 등 12개 지역협의회가 발족되고 총 18개의 지역본부가 결성됐다.

범국민운동본부는 발족식에서 "1980년 12월 동아방송, 동양방 송이 통폐합된 후 KBS는 3개 TV채널에 9개 라디오방송을 한 손아 귀에 독점하였고, 나아가 MBC의 70퍼센트 지분을 소유함으로써 거대한 '방송왕국'이 되었다. 그런데 민영방송 인수 과정에서 생긴 은행 부채를 구실로 돌연 광고방송을 시작했다. 이는 과거 상업방송 체제의 폐단을 일소하겠다던 언론 통폐합의 취지를 망각한 채 오락 성향의 프로그램 제작에 전념하면서 광고 수익의 극대화를 꾀하고 있는 것이다"고 비난했다.[349]

불 지핀 동아일보와 운동의 확산

시청료거부운동이 국민운동으로 발전하게 된 데는 신문 보도의 영향이 컸다. 1986년 4월 2일 동아일보가 'TV시청료 거부 확산, "KBS는 안 봅니다" 스티커도 배포'라는 제목으로 시청료거부운동을 처음 보도하였는데, 보도 내용은 기독교계의 거부 운동에 대해 단순한 사실 전달 수준이었다. 확산에 불을 붙인 것은 동아의 보도에 대한 KBS의 반응이었다. KBS는 그날 저녁 9시뉴스에서 동아일보 기사를 반박하며 불편한 입장을 표했다. 이에 동아는 다음 날 사설에서 "오죽하면 시청료거부운동이 나왔을까"라며 KBS 운영 실태를 조목조목 짚고, "공영방송은 차제에 뉴스보도와 논평의 3대원리인 정확성, 객관성, 형평성을 살려 떨어진 신뢰를 회복해주기 바란다"고 충고했다. 시청료거부운동에 대한 원론적 지지 의사를 밝힌 것이다.[350]

KBS와 동아의 이 논쟁은 동아가 시청료거부운동에 발 벗고 나서는 계기가 되었다. 동아는 4월 5일자 1면과 사회면, 4월 6일자 사회면 2개의 전면을 할애해 '야당의 움직임', '수금원들의 고압적 자세', '이에 항의하는 시민들의 목소리', '시청료 받고 광고는 왜 하냐는 각계 의견', '운동본부에 쇄도하는 시청자들의 표정' 등을 대

대적으로 보도했다.[351]

이러한 동아의 '시청료 이슈화'로 기독교계와 여성단체 중심으로 전개되던 이 운동은 전국적 관심사가 되어 각계로 확산되었다. 신민당은 4월 이민우 총재와 김영삼 고문의 기자회견을 통해 시청료 거부와 뉴스 안 보기 운동을 대대적으로 펼쳐나가겠다고 천명했고, 정무회의에서는 'KBS뉴스 안 보기 및 시청료납부 거부운동'을 당론으로 정해 지구당에 시달키로 하고, 이어서 'KBS-TV시청료 폐지 법안'을 국회에 제출하는 등 연속적으로 시청료거부운동에 대한 입장과 대책을 내놓았다. 천주교정의평화위원회도 성명을 발표하고 "시청료 거부 운동이 언론자유의 회복을 위한 국민운동으로 발전 확산되기를 바란다"고 밝혔다. 천주교평신도사도직협의회(평협)는 전국의 230만 신도를 대표해 시청료거부운동을 전국적으로 강력하게 추진해 나갈 것임을 선언했다. 평협은 우선 거부 운동의 일환으로 시청료 납부 거부에 대한 스티커 20만장을 전국 교구에 배포하기로 결정했다.[352] 1986년 4월 11일자 동아일보 보도에 따르면, 그해 4월 중에만 모두 36개 대학이 운동에 지지와 참여를 결의하였다. 기독교계에서도 YMCA, YWCA지부를 비롯하여 목회자정의평화실천협의회, 한국기독교청년협의회 등 여러 단체들이 참여하면서 전 국민적 운동으로 승화되었다.[353]

1986년 28개 지역본부로 확산된 범국민운동본부는 9월 야당 및 재야단체와의 연대로 '시청료 거부 및 자유언론공동대책위원회'를 발족시키면서 조직이 더욱 확대되었다. 여기에 참여한 단체는 'KBS 시청료 거부 기독교범국민운동본부' 외에 천주교정의평화위원회, 재야단체인 민추협과 민통련, 언론단체인 민언협, 야당인 신한민주

당 그리고 KBS시청료폐지운동여성단체연합이었다.[354]

'시청료 거부 및 자유언론공동대책위원회'는 발족선언문을 발표했는데, 선언문은 '보도지침'사건에 대한 놀라움과 그 의미를 부각시키고, 이에 따른 민언협 간부들에 대한 정부의 탄압을 강도 높게 비판했다. 또한 KBS가 프로야구는 생중계하면서 나라와 겨레의 앞날을 가름할 국가의 주요 대사인 '개헌공청회'는 외면하고 있다며 KBS의 보도 태도를 질타했다. 아울러 선언문은 향후 시청료납부거부운동에 대해 동참하는 시청자들에게 법적 현실적 대처 방안을 구체적으로 제시했다. 다음은 발족선언문에 나와 있는 시청료거부운동의 향후 방향을 요약한 것이다.

1) 우리는 문공부가 보도지침을 중지하고, 말과 민언협에 대한 탄압을 즉각 중단할 것을 요구하며, 이것이 받아들여지지 않으면 국민과 더불어 투쟁해 나갈 것임을 천명함.

2) 시청료는 공정보도를 전제로 한 국민과의 계약이고 의무이므로 이를 지키지 않을 때 시청료를 거부하는 것은 국민의 정당한 권리임.

3) 전기료, 수도료, 세금 등은 그 부과 주체가 모두 다른데 이를 따르지 않는 것은 법치 행정의 배반이므로 통합고지서를 철회하고 분리 고지할 것을 촉구함.

4) 체납 시청료에 대한 압류 조치는 5%의 가산금만 내면 되므로 압류자의 신원을 확인하고 시청료납부거부운동 관계 단체에 연락 바람.

5) 시청료납부거부운동 방향

가. 운동의 책임을 국민이 아닌 운동단체가 떠맡기 위하여 시청료납

부 고지서를 각 운동단체에서 취합함.

나. 각 단체는 납부고지서를 취합, 보관하여 그 누계를 발표함.

다. 이 거부 운동은 KBS가 편향보도로 공영방송의 소임을 다하지 못한 것에 대해 사과하면 그날로부터 3개월 동안의 보도 태도를 판단하여 KBS가 본래 공영방송, 공정보도의 모습으로 돌아왔다고 선언될 때까지 계속함.[355]

정부 여당의 대응

시청료거부운동이 점차 확산되는 기류를 보이자 정부 여당과 KBS는 어떤 형태로든 대응책을 내놓을 수밖에 없었다. 민정당은 1986년 4월 '협찬 및 공익광고를 제외한 KBS 1TV의 상품광고 폐지', 'KBS예산 운용 및 편성에 대한 방송위원회의 관리감독', '시청료 징수제도 개선' 등을 정부에 건의하기로 결정했다. 그러나 이러한 민정당의 입장에 대해 임시방편적이고 불법적인 행정구상에 불과하다는 비판이 일었다. 진정한 공영방송으로 거듭나기 위해서는 방송공사법의 전면 개정과 상업광고, 편파보도, 통합고지서 등의 문제에 대한 근본적인 해결책이 필요하다는 것이었다.

6월, 문공부는 시청료 통합고지를 전국으로 확대하고 징수 방법을 대당 징수에서 가구당 징수로 전환하며 영세민과 난시청 지역에 시청료를 면제해주는 방안들을 내놓았다. 광고와 관련해서는 우선 KBS 1TV의 블록광고 일부를 폐지하고 1988년부터는 1TV광고를 전면 폐지하겠다는 것과 자문위원회 기능도 강화하겠다는 입장을 밝혔다. 그러나 신민당은 "국민이 요구하는 핵심은 공정보도"라면서 "언기법 폐지, 민영방송 부활 등 언론자유 실천을 위한 관계법 개폐 투쟁을 계속해 나갈 것"이라고 천명하였다. 집행위원장 금영균 목사는 "국민의 진의를 무시한 미봉책"이라면서 "방송공사법이 전면 개정될 때까지 전국적인 가두 캠페인을 벌이고 군 단위까지 조직을 확대해나가겠다"고 밝혔다. 운동본부 또한 언론기본법 폐지, 방송공사법 개정, 상업광고 폐지, 광고공사 해체, KBS에 대한 국민의 감시체제 마련 등을 요구했다.[356]

시청료거부운동은 해가 바뀌면서 새로운 양상으로 바뀌었다. 시청료거부운동을 주도했던 범기독교국민운동본부는 1987년 5월 더욱 큰 틀의 투쟁을 전개하기 위해 민주헌법쟁취국민운동본부(국민운동본부)와 손을 잡았다. 1987년은 전두환 정권 임기 마지막 해이며 따라서 '개헌'이 가장 큰 이슈로 등장할 수밖에 없었다. 5공화국 체제는 체육관 선거로 대통령을 선출하는 유신체제의 연장선에 있으며 이를 극복하지 못한다면 민주화를 이루는 것은 공염불에 지나지 않을 것이라는 인식이 공유되어 있었기 때문이다. 'KBS 바로세우기'에서 출발한 시청료거부운동은 KBS의 편향보도 문제뿐 아니라 상업광고의 문제, 통합 징수의 문제 등 KBS를 둘러싼 여러 이슈들을 이끌어냈다. 또한 투쟁 과정에서 전단, 스티커, 가두캠페인, 서명운동, KBS광고상품 불매운동 등 운동의 다양한 전술전략을 개발해냈다. 광고상품 불매운동은 2008년 수구보수 신문들과의 싸움을 치열하게 전개했던 언소주의 투쟁방식에 큰 영향을 주었다고도 볼 수 있을 것이다.

KBS시청료거부운동은 1980년대를 통틀어 단일 사안으로는 가장 광범위한 언론사용자운동이었다. 이 운동은 종교, 여성, 학생, 시민사회, 재야, 야당 등 각계각층이 전국적인 단위로 참여했다. 참여 단체들은 매우 조직적이고 체계적이면서도 지속적으로 운동을 펼쳤다.

실제로 KBS시청료는 흑백TV 시청료가 면제되기 시작한 1984년 1,256억 원을 정점으로 점차 감소하기 시작하여 1985년에는 1,196억 원, 1986년에는 1,013억 원으로 줄었고, 감소 추세는 이후에도 계속되어 1988년에는 790억 원으로까지 내려갔다.[357] 시청료 거부운동이 KBS시청료 수입에 미친 실질적 영향을 가늠하기는 쉽지 않다. 1981년부터 컬러TV 방송이 시작되어 컬러TV로의 전환이 점차 확대되었을 것을 예상할 때 시청료가 정상대로 징수되었다면 시청료 수입은 1984년 이후부터 해가 갈수록 높아져야 했다. 그럼에도 불구하고 이들 수치가 점차 감소했다는 것은 그 외의 시청료 수입 감소 요인이 없다고 보았을 때 시청료거부운동이 상당한 영향을 미쳤다고 판단할 수 있다.

그와는 별개로 KBS시청료거부운동은 애초 목표했던 시청료 거부 외에 여러 측면에서 커다란 운동의 성과를 거두었다. 우선 군부독재 치하에서 일상적으로 권력의 대변인 노릇을 하던 방송에 대해 국민적 심판이 이루어졌다는 점, 그것이 현장의 언론인들에게도 적지 않은 심리적 타격을 안겨주었다는 점, 시청자 입장에서도 정치권력 또는 언론권력이라는 막강한 상대와의 싸움에서 소정의 성과와 투쟁에 대한 자신감을 얻게 되었다는 점, 이러한 역사적 경험이 이후 시민운동이나 언론사용자운동의 기반이 되었던 점 등에서 애초에 목표했던 것 이상의 성과를 거두었다고 볼 수 있었다.[358]

KBS시청료는 단순히 방송을 듣고 보는데 따른 '대가'라는 개념에서 징수되었고, 시청자들은 시청료를 안 냈다는 이유로 자신의 재산을 일방으로 압수당하는 현실에 대해 무기력했고 무감각했다. 그러나 시청료거부운동은 시청료의 법적 개념, 시청료 산정과 용도에 대한 주권자의 권리, 방송의 개념과 역할, 방송의 공정성 및 공영성, 방송의 정치 사회적 영향, 공영방송의 태도, 시청자 주권에 이르기까지 여러 측면에서 가치 판단을 할 수 있는 힘을 시청자들에게 심어주었다. 그런 차원에서 실제로 KBS 1TV의 광고 폐지라는 제도적 개선을 이루어낸 것은 눈에 보이는 커다란 성과이기도 했다.

이 운동의 의미를 따져볼 때, 단순히 KBS방송에 대한 불만도 있었지만 방송을 둘러싸고 있는 정치 사회적 요인들에 대한 저항의 의미도 매우 컸음을 알 수 있다. 그러한 인식 때문에 1987년 6월 항쟁을 전후하여 더 큰 투쟁의 목표, 즉 '민주화'라는 더 본질적인 목표를 위해 시청료거부운동은 결론을 유보한 채 수면 아래로 침잠했다. 이 운동 속에는 민주화투쟁의 열기가 면면히 흐르고 있었으며 그것은 우리 사회 전반의 민주화운동에도 적지 않은 기여를 하였음을 알 수 있다.[359]

이와 같은 저항운동의 경험과 대동단결의 의지는 1987년 '6월 민주대항쟁'의 동인이며 밑거름으로 작용했다는 것은 의심할 수 없는 사실이다. 다만, 각 계의 여러 분야에서 범국민적 운동으로 동참하였지만 노동자들의 조직적 참여를 이끌어내지는 못했으며 사안이 종료되면서 언론사용자운동이 영속적 조직으로 발전하지 못했던 것은 아쉬움으로 남는다.

희생과 민주대항쟁

말의 활약은 군부독재의 실상을 국민들에게 각인시키는 한편, 검열과 보도지침으로 침묵하고 있던 제도 언론에도 각성제가 되었다. 말이 창간된 해인 1985년은 정치 사회적으로도 커다란 변혁기였다. 그해 2월에 있었던 2·12총선에서 돌풍을 일으킨 신민당은 이듬해 1천만 개헌서명운동을 벌였다.[360] 1986년 6월에는 부천서 성고문사건이 세상에 알려지면서 전두환 정권의 도덕성은 완전히 땅에 떨어졌고 대항쟁의 원인 요소들이 축적되고 있었다. KBS시청료 거부운동은 막연하게 알고 있었던 방송의 정체와 왜곡 편파의 실체에 대한 확실한 깨달음을 국민들에게 심어주었다.

1987년 1월, 6·10민주대항쟁의 직접적인 불씨가 되는 사건이 일어났다. 서울대생 박종철이 경찰의 모진 고문 끝에 숨진 사실이 만천하에 드러난 것이다. 처음에 경찰은 "책상을 탁 치자 억 하고 죽었다"고 변명했다. 김중배 동아일보 논설위원은 "하늘이여, 땅이여, 사람들이여. 저 죽음을 응시해주기 바란다. 저 죽음을 끝내 지켜주기 바란다. 저 죽음을 다시 죽이지 말아주기 바란다"고 절규했다.[361] 김중배 논설위원은 후일 "그때 당시 심정으로는 사람들에게 말해서 이것이 해결될 것인가. 절망과 장벽이 있었다. 솔직히 말해 사람들에게 말해서는 소용이 없는 것 같았다. 그래서 저절로 '하늘이여 땅이여'를 부른 것"이라고 회고했다. 김중배 논설위원의 이 논설은 박종철 사건의 본질을 꿰뚫었고 잠재되어 있던 국민의 양심을 일깨웠다. 국민은 분노했다. 마침내 고문 사실이 드러나면서 수사경관 조한경과 강진규가 구속되고, 강민창 치안본부장과 김종호 내무부장관이 해임됐다.

고문치사 사건이 연일 방송을 타고 있을 때, 한 여대생으로부터 MBC로 항의 전화가 걸려왔다. "학생 한 사람 죽은 일로 장관까지 물러났는데 왜 연일 방송을 해대냐"는 것이었다. 그녀는 방송에 대한 불만을 한참 쏟아낸 후 전화를 끊었다. 그녀의 주장에 깔려 있는 함의를 요약하면, 방송의 주인은 정권이고 그 하수인인 방송은 그동안 주인에 충실했는데, 대학생 한 명의 죽음으로 방송이 정상에서 벗어났다는 것이었다. 그러나 정권의 하수인이었던 방송도 이 죽음 앞에서는 침묵할 수 없었다.

사건은 거기서 끝나지 않았다. 천주교 정의구현 사제단은 1987년 5월 18일 고문 가담 경관이 2명이 아니라 5명이었다는 새로운 사실을 폭로했다. 고문의 윗선이 은폐되었던 것이다. 이어서 치안감 박처원과 경정 유정방, 박원택 등 대공간부 3명이 이 사건을 축소 조작하였음이 새롭게 밝혀졌다. 서울지검은 6명을 추가로 구속하고, 정부는 주요 인사에 대한 문책 인사를 단행하였다. 하지만 그러한 조치로 사태를 수습할 수는 없는 일이었다. 경찰과 검찰이 사건을 축소 은폐했다는 사실이 드러나자 분노한 국민들은 거리로 쏟아져 나와 연일 '호헌철폐'와 '독재타도'를 외쳤다. 이미 국민의 가슴 속에는 5공체제를 무너뜨려야 한다는 목표가 공유되어 있었다.

　시위가 한창이던 6월 9일 연세대생 이한열이 시위 현장에서 경찰의 최루탄에 맞아 쓰러졌다. 다음 날인 6월 10일, 시위의 양상은 일반 시민들로 확산되었고 급기야 '6·10대항쟁'이라는 전 국민의 항쟁으로 발전했다. 노태우 민정당 대표는 6월 29일 마침내 대통령 직선제를 수용하며 항복을 선언했다. 젊은 생명들의 희생은 6월 민주항쟁의 기폭제가 되었으며, 마침내 군부독재의 항복을 받아냈다. 이로써 5공체제와 군부독재의 연장기도는 좌절되었다.

　6·29선언 이후 사회 각 분야에서는 민주화 요구가 봇물처럼 쏟아졌다. 이는 언론통제의 수단으로 기능해왔던 언론법과 언론 관련 제도에도 많은 변화를 가져왔다. 1987년 11월 언론을 옥죄어 왔던 언론기본법은 폐지되었고 '방송법'과 '정기간행물 등록 등에 관한 법률'로 대체되었다.

노동자대투쟁과 언론노동자의 탄생

1987년 6월 민주항쟁으로 민주사회의 길이 열린 후 가장 큰 변화 중 하나는 민주적인 노동조합의 설립이었다. 일제 식민시대를 전후해서 사람이 사람을 착취했던 반상의 봉건체제가 무너지고 자본주의 체제가 도입되었지만 자본의 이익과 노동의 대가에 차이가 벌어지면서 자본주의 역시 자본가와 노동자라는 새로운 착취 구도를 만들어냈다. 이 착취의 틀을 벗어나려는 노동자들의 투쟁은 역사적 필연이었다.

1980년대 초 권력 공백기에 봇물처럼 터져 나온 노동운동은 5월 광주학살로 질식 상태에 빠졌다. 노조정화, 노동관계법 개악 등 신군부의 노동탄압 정책으로 노조조직률은 급격하게 떨어졌고 조직이 있다고 해도 무늬만 있는 어용노조로 변질되었다. 노동운동이 다시 활성화된 것은 신군부가 정치적 유화책을 펴기 시작한 1983년 이후부터였다. 신규 조직과 노동쟁의가 늘어났고 법의 틀을 뛰어넘는 대규모의 투쟁이 연이어 발생했다. 제도권 밖에서도 노동단체가 결성되고, 학생과 지식인들이 노동현장에 뛰어들면서 노동진영에는 과거 어용노조의 벽을 허무는 커다란 변혁이 일어났다. 이러한 변혁운동은 6월 민주대항쟁을 거치면서 노동자 의식의 혁명적 변화로 이어졌다.

1987년 6월 29일 신군부의 항복 선언으로 국가의 억압적 통제가 이완되면서 노동자대투쟁의 거대한 소용돌이가 시작되었다. 6·29 이후 넉 달 동안 총 3,235건의 파업이 발생했다. 이는 전 해인 1986년 한 해 동안의 총 쟁의건수 276건의 약 12배에 달하는 것이었고, 1970년대 중반 이후 발생한 총 쟁의건수보다 많은 것이었다. 노동쟁의는 1987년 8월 대우조선 노동자 이석규가 최루탄에 맞아 숨지면서 격렬해졌다. 전 산업, 전 지역이 파업 집회로 뒤덮였고 1주일에 880건의 파업이 발생했으며 113개의 노조가 새로 만들어졌다. 8월 말에는 533건의 파업 가운데 88퍼센트가 300인 미만의 중소기업에서 일어났다.[362]

노동자대투쟁은 한국사회에 자본주의 체제가 형성된 이래 최대규모의 노동쟁의이자 노동자 대중의 혁명적 항거였다. 노동자들은 회사와 유착된 어용 집행부를 제치고 새로운 노조를 결성했다. 그들은 "인간답게 살고 싶다"는 구호 속에 각종 차별, 비인간적 처우, 군대식 노무관리 등의 철폐와 새로운 노사관계의 구축을 요구했다. 노조활동 과정에서 드러난 쟁의발생신고나 냉각기간 따위의 자본이 구축해 놓은 억압적 통제체제는 무시해버렸고, 현장을 점거하여 협상을 요구하는 등 불법을 불사했다. 그것은 생존권, 노동3권, 노조결성과 조합활동의 자유 등 헌법적 권한들이 대부분 하위 법률들에 의해 침해되고 있는 상황에서 당위적이고 필연적인 투쟁 전략이었다.

노동자들은 스스로 정치의식, 계급의식을 고취시켰고 여타의 민중운동과도 연대하면서 새로운 노동조합 체제를 건설해갔다. 그리하여 노동자 신분의 범위는 그동안 스스로 노동자임을 인식하지 못했던 사무직, 서비스직까지 모든 산업으로 확대되었다.

언론사노조의 역사는 수십 년 전으로 거슬러 올라가지만 제 역할을 발휘하지는 못했다. 1959년 〈연합신문〉에 한국 최초의 언론사 노조가 결성된 후, 1960년 4·19혁명을 계기로 부산, 대구, 서울에서 출판노조 산하 신문사노조가 결성되었으나, 이들 모두 5·16 쿠데타 이후 강제 해산되어 별다른 활동을 하지 못했다. 이후 1974년 기자들이 중심이 되어 3월과 12월에 각각 결성된 전국출판노조 동아일보지부와 한국일보지부 또한 회사가 노조 임원들을 해고하고 이를 구실로 서울시가 노조설립신고를 반려해 오랜 동안 법적 보호를 받지 못했다. 하지만 동아와 한국의 노조 결성과 그 과정에서 벌어진 투쟁 경험은 1987년 노동자대투쟁 국면에서 빛을 보게 되었다.[363]

1987년 '6·10 민주대항쟁'의 민주화 바람은 언론계에도 예외 없이 불어 닥쳤다. '6·10 민주대항쟁'은 언론인들로 하여금 그 동안의 언론 행위와 태도에 커다란 반성을 촉발시켰고, 이후 밀물처럼 밀려온 노동자대투쟁은 언론계에도 노동조합이 싹트는 계기가 되었다. 6월 항쟁의 세례를 받은 언론인들은 언론민주화 투쟁을 위한 합법적 수단으로 앞 다투어 노동조합을 결성함으로써 스스로 사회변혁의 주체가 되었고 언론운동을 위한 법적 안정 장치를 확보했다. 특히, 신문에 국한하여 인쇄·공무 또는 기자가 주축이 되었던 1960-1970년대와는 달리, 1987년 이후에는 방송에서도 적극적인 노동운동이 펼쳐졌으며, 특정 직종만이 아닌 기자·피디·아나운서·기술·행정 등 전 직종의 노동자들이 참여했다. 활동 내용에서도 민주언론 쟁취, 사내 민주화, 노동조건 개선 등 언론민주화, 사회민주화, 복지 등을 위한 복합적 투쟁 양상이 나타났다.

가장 먼저 깃발을 올린 것은 10월 29일 당국의 눈을 피하기 위해 '노량진 조기축구회'라는 이름으로 YMCA에서 발기인대회를 갖고 결성된 한국일보노조였다. 이어서 11월에는 '가족경영'을 강조하는 동아일보사에서 노조가 결성되었다. 이들 두 노조의 창립은 일찍이 1974년에 노조 결성으로 '거리투쟁'과 '법정투쟁' 끝에 좌절을 겪었던 뼈아픈 경험이 밑거름으로 작용했다. 노조 결성의 움직임은 한국과 동아에 이어 경향, 조선, 중앙 등 모든 신문으로 확대되었다.

방송 분야에서는 12월 9일 MBC를 필두로, 이듬해인 1988년 1월에는 지역 최초로 마산MBC노조가 설립되면서 목포MBC, 여수MBC 등 지역MBC로 확산되었고, 5월에는 KBS노조가 결성되었다. 지역신문으로는 부산일보노조가 1월 23일 최초로 창립되었다.

신문과 방송의 노동자들은 노조 설립과 함께 기본적인 노조활동부터, 조합원 배가, 공정보도를 위한 제도 마련 등의 활동을 거치면서 '언론인'이라는 사회적 신분을 떠나 '노동자'임을 점차 깨달았다. 언론노동자로서의 거듭남은 그들이 사건을 취재하고 프로그램을 제작하는 자세나 태도에도 커다란 변화를 가져왔다. 노동자에 대한 인식도 크게 바뀌었다. 노동자를 피동적이며 사회 조직의 한 부품으로만 여겼던 것에서 사회를 움직이는 능동적 주체로 인식하게 된 것이다.

이러한 의식의 변화와 함께 노조는 편집권 독립과 공정보도를 보장하기 위한 제도적 장치를 마련하기 위해 치열한 투쟁을 벌였다. 거기에는 직접 기사를 작성하거나 프로그램을 제작하지 않는 인쇄, 기술, 행정 담당의 노동자들도 적극 동참했다. 바야흐로 1987년 이후 언론사 내부의 언론운동은 과거 지사적 언론인들의 투쟁 방식을 벗어나 법적 보호를 받는 노동조합의 조직적 힘을 바탕으로 전개되기 시작한 것이다.

수구족벌언론과 재벌언론의 성장

3단계 통제 정책과 언론 특혜

전두환 정권은 언론의 협조 없이는 쿠데타 정권이라는 취약한 정통성을 극복할 수 없다는 것을 익히 알고 있었다. 따라서 전두환 정권의 언론 정책은 주로 언론을 통제하기 위한 수단과 방법, 정권안보를 위한 언론의 활용 방안 등에만 초점이 맞추어져 있었다. 언론 자유의 신장이나 편집권 독립, 공정언론의 보장, 건강한 언론 환경의 조성 등에는 아무런 관심도 없었다.

통제는 세 가지 단계로 실시되었다. 첫 번째 단계인 '비판 언론인 숙정'은 두 차례의 강제 해직에 의해 실시됐다. 처음에는 1980년 7월 신문협회, 방송협의회, 통신협회가 자율 결의의 형식으로 언론인들의 강제 해직을 단행했고, 이후 11월 언론사통폐합 과정에서 KBS로 강제 이직된 언론인들이 이직을 포기함으로써 또 한 차례의 대규모 해직 사태가 발생했다.

두 번째 단계인 '언론사통폐합' 역시 자율 결의 형식을 빌린 강제 통폐합이었다. 1980년 11월 신문협회와 방송협의회는 '건전 언론 육성과 창달에 관한 결의'라는 결의문을 채택하고 그 실천 방침을 밝혔다. 그러나 통폐합으로 문을 닫는 언론사들은 미리 정해져 있었으며 관련 언론사 대표들은 결의문 채택 이전에 보안사에서 포기 각서에 서명해야 했다.[364] 이로써 신문 14개사, 방송 27개사, 통신사 7개사가 통폐합되어 64개 언론사가 23개로 줄었고, 통신사 7개사는 연합통신 1개사로 개편되었다. 또한 신문 방송의 겸영이 금지되었고, 지방지는 1도 1사로 대폭 줄었으며, 지방에 주재하던 중앙지 기자들은 모두 철수했다.[365]

세 번째 단계는 '통제의 합법화와 영속화'였다. 이를 위해 문공부는 1980년 12월 31일 전문 57조, 부칙 4조로 된 언론기본법을 제정 공포했다. 모호한 문구로 행정권의 남용을 초래할 수밖에 없었던 언론기본법은 이듬해 1월 1일부로 발효되었다. 언론기본법은 "국민의 표현의 자유와 알 권리를 보호한다"는 입법 취지와는 달리, 문화공보부 장관에게 간행물의 발행정지 또는 등록취소의 권한을 부여함으로써 실질적으로 언론사의 존폐를 결정짓도록 했다. 이로써 일반 기자들의 편집 권한은 박탈되고, 사주나 언론사 경영진에게만 독점적 편집 권한과 책임이 부여되었다. 또한 문공부 외에도 언론을 감시 감독하는 기구로 방송위원회, 방송심의위원회, 방송광고공사, 언론중재위원회, 언론연구원 등을 두어 언론에 대한 행정적 규제를 강화했다. 전두환 정권이 언론 통제의 합법화와 영속화를 위해 만든 일련의 조치들은 헌법에 규정된 언론자유의 정신을 말살했을 뿐 아니라 언론사 내부의 환경과 분위기까지 변질시켜 언론과 언론인의 체질을 변화시켰다. 그렇게 함으로써 정권에 대한 감시와 비판자로서의 독립적 언론의 역할이 아닌 정권의 동조자 및 협조자로서 의존적이고 체제 순응적인 언론으로 전락시켰다.

한편, 언론대학살과 언론통폐합 등으로 언론을 장악한 전두환 정권은 언론을 확실하게 복속시키기 위해 각종 특혜 정책을 병행했다. 특혜는 크게 언론사에 대한 특혜와 언론인 개개인에 대한 특혜가 있었고 다양한 방식을 활용했다. 언론사에 대한 특혜로는 '신문사 독과점', '신문 구독료와 지면 수에 대한 카르텔 인정', '관세 인하', '방송광고공사 공익자금의 무이자 지원', ' 특정 일간지에 신규 발행 남발' 등이 있었다. 특혜의 폭도 엄청났다. 당시 신문사의 신규 발행이 엄격하게 금지되어 있던 상황에서 독과점의 몇몇 신문사들이 무려 16종의 계열지들을 신규로 발행했다. 언론사의 관세법 부칙을 고쳐 연간 20퍼센트의 관세를 4퍼센트로 낮추어 줌으로써 1982년에는 12개 신문사가 무려 30여대의 윤전기를 수입하는 일이 벌어졌다. 이런 특혜의 결과 1987년 4대 신문기업의 매출액은 1980년에 비해 무려 3배가 넘게 증가했다. 신문은 1960년 기업화되었고 1970년대 대기업으로 성장했으며 1980년대에는 독과점 지위를 향유하게 된 것이다.[366]

언론인에 대한 특혜로는 '언론인 해외시찰'(1,313명에 44억원 지원), '자녀 학자금 지원'(177억원), '해외연수'(235명), '기자의 갑근세 및 취재수당 면제', '무주택 언론인 주택 자금', '생활 안정자금 융자', '언론인 휴양시설 건립', '테니스코트 설치', '언론인클럽 운영', '언론계 지망생 장학금 지급' 등이 있었고 권력과 언론 간의 수평적 인사이동도 행해졌다.[367] 게다가 강제력만으로 언론을 장기간 통제하는 데는 한계가 있으므로 언론이 자발적으로 협조하는 전략을 병행했다. 그리하여 언론은 정부를 비호하고 정권의 취약한 부분을 방어해주는 공동 운명의 권언복합체로 변화했다.

제5공화국 시대의 언론 산업

제5공화국의 언론 정책은 박정희 군부독재 시대의 언론 정책을 그대로 답습하거나 강화한 것이 많았다. 전두환 정권은 언론통폐합에 따라 1도 1사 정책을 폈다. 신문과 방송의 전국적 현황을 보면, 신문은 지역사 14개를 포함 전국에 23개 신문사가 있었다. 방송은 TV의 경우 전국 22개 지역에 연주소를 갖는 MBC와 21개 지역에 연주소를 갖는 KBS 등 2개사로 줄었고, 기독교방송(CBS)은 전국적으로 5개의 라디오방송을 운영했다.[368]

통폐합으로 인력 규모와 재정 능력이 커진 언론사들은 다양한 종류의 자회사와 계열사를 신설하여 시장 지배력을 확대해 나갔다. 신문 산업의 경우, 독과점 체제가 된 몇 개의 신문이 광고시장을 독차지함으로써 대기업 규모로 성장하게 되었다. 예컨대 1980년 매출액 기준으로 보면, 동아일보 265억 원, 한국일보 217억 원, 조선일보 161억 원이었던 것이 1988년 들어서는 동아일보 885억원, 한국일보 713억 원, 조선일보 914억 원으로 매출액이 무려 3배 내지 5배로 껑충 뛰었다. 여기서 특히 눈여겨보아야 할 것은 조선일보의 도약이다. 1980년에 3사 중 가장 낮은 매출액을 기록했던 조선일보가 1988년 매출액 기준 1위 신문사가 된 것은 전두환 정권 때의 충성도를 나타내주는 징표였다.[369]

텔레비전의 광고 효과는 컬러 시대를 맞아 큰 폭으로 증대된 데 반해, 신문의 광고 효과는 급격하게 떨어졌다. 그럼에도 불구하고 광고주들은 늘어난 신문 지면을 채우기 위해 신문광고를 줄일 수 없었다. 권언유착의 상황 속에서 광고주들이 신문의 보복적 언론 보도를 우려했기 때문이다. 이는 한편으로 신문기업의 고속 성장을 유도한 반면, 다른 한편으로는 기사 대비 광고 비율을 급격하게 높여 언론인지 기업 홍보지인지 구분하기 어려울 정도로 신문의 위상과 신뢰를 실추시키는 결과를 가져왔다. 실제로 신문 산업의 연간 성장률을 보면 1980년에 29.7퍼센트였던 것이 1988년에는 36.2퍼센트로 증가했다. 또한 신문의 지면 대비 광고면 비중을 보면 동아, 조선, 중앙의 경우 1979년 당시 각각 37.0, 38.0, 36.0퍼센트였던 것이 1988년에는 43.1, 44.3, 44.4퍼센트로 급격한 성장을 이루었다.[370] 이러한 현상은 신문 산업이 언론으로서의 역할보다는 미디어기업으로서 비중이 더 커졌음을 의미하며, 이는 한국 언론의 정체성과 건강성을 크게 해치는 징표인 동시에 언론과 자본의 유착이 더욱 심화되었음을 나타냈다.

방송 또한 통폐합으로 KBS와 MBC가 독과점의 특혜를 얻게 되었다. 뿐만 아니라 방송은 흑백TV에서 컬러TV로 기술 발전을 이루면서 비약적으로 도약했다. 특히 방송은 전두환 정권의 '3S정책'과 맞물리면서 프로야구, 1986년 아시안게임, 1988년 올림픽 등으로 더욱 큰 성장을 이루게 되었다.

제5공화국의 신문 산업과 방송 산업은 통폐합으로 독과점을 이룬 신문과 방송이 대규모의 기업으로 성장하는 계기가 되었고, 이러한 성장을 지속적으로 유지하기 위해 언론의 편집 방향과 논조는 기업 편향적인 보수화의 길을 걸을 수밖에 없었다. 이러한 언론의 보수화는 궁극적으로 한국사회의 보수화로 이어졌고 이러한 현상이 장기간 지속됨으로써 한국사회는 기득권 보호 차원을 넘어 약탈적 노예사회로 전락하게 되었다.

1980년대 언론운동의 의미와 한계

1980년 이전의 언론운동은 전국 단위의 운동보다는 개별 언론사 중심이었고, 조직적 운동보다는 개인의 신념에 의한 지사적 운동의 성격을 띠고 있었다. 신문과 방송에는 노동조합이라는 법적 보호 장치가 없었다. 그나마 동아일보와 한국일보에 노조가 있었지만 이에 반해 1980년대의 언론운동은 언론독립과 민주언론이라는 일관된 투쟁의 목표와 탄탄한 조직적 기반을 갖고 투쟁을 전개할 수 있었다.

1980년대의 언론운동은 세 시기로 구분되어 전개되었다. 1차 시기는 1980년 초부터 5월 광주항쟁까지 권력 공백기의 기자협회 활동, 2차 시기는 1984년부터 1987년까지 민언협 활동, 그리고 1987년 이후 노동조합 중심의 운동이었다. 1980년대 초 권력 공백기에는 전국적 조직을 갖춘 기자협회가 중심이 되어 언론사 내의 '편집권 독립'을 구체적으로 요구하는 등 활발한 언론운동을 펼쳤으나 그해 5월 광주항쟁 이후로 언론운동은 동면 상태에 들어갔다. 1984년부터는 해직 언론인들이 의기투합해 결성한 민언협이 중심이 되어 사무실을 갖추고 정기적인 기관지도 발간하면서 조직적 운동을 펼쳐나갔다. 또한 같은 해 시작된 KBS시청료거부운동은 방송사용자와 방송종사자 모두의 인식을 크게 바꾸었고 조직화된 사용자운동의 단초가 되었다. 1987년부터는 각 언론사의 노동조합이 중심이 되어 합법적 틀 속에서 이전 선배들의 언론운동을 계승 발전시켰다.

또한 1980년대 언론운동은 언론계 내에 머무르지 않고 언론계 밖으로 연대를 강화했다. 민언협은 군부독재의 탄압을 뚫고 나가기 위해 민족 민주 민중세력 등 재야와 보수야당과도 연대했다. 언론자유는 사회민주화와 병행할 수밖에 없다는 공통된 인식이 운동 진영 내에 팽배해 있었고, 그것은 시대적 분위기와 맞아 떨어졌다. 그러한 운동 전략은 1987년 6·10항쟁을 전후로 조직화된 노동운동 세력들과의 연대로 이어졌다.

1987년 6월 민주대항쟁은 제도 언론 안에 있는 언론인들의 반성과 성찰을 이끌어 냈으며 그것은 언론노동조합이라는 헌법적 보호를 받는 언론운동 조직체를 창출해내는 촉진제가 되었다. 그리하여 1980년 하반기는 노동조합이 중심이 되어 언론운동을 이끌었다. 노동조합은 자체적인 언론 정화 작업을 해나갔고 헌법이 부여한 단결권을 통해 언론개혁에 필요한 여러 가지 제도적 장치를 마련함으로써 언론사 내부의 적폐를 청산하고 언론사 사주들의 횡포를 견제해 나갔다.

그러나 1980년대 언론운동은 몇 가지 점에서 한계를 안고 있었다. 우선, 자본에 의한 언론의 통제가 강화되고 있는 것을 적극적으로 방어해내지 못했다. 1975년 이후부터 이미 자본에 포획되기 시작한 언론사들은 자본과의 유착이라는 고질적 병폐를 치유하지 못했다. 특히 1980년대 초 언론통폐합으로 얻어진 독과점 구조 속에서 언론 대기업으로 성장한 언론사들은 상업주의 저널리즘에 깊이 빠져들게 되었다. 1987년 6월 항쟁이 언론에 정치권력으로부터의 자유를 일정 부분 부여해주었지만, 그 언론의 자유는 언론 사주의 자유, 언론자본의 자유로 한정될 수밖에 없었다. 언론기본법이 폐지되고 신문 발행이 허가제에서 등록제로 바뀌면서 이미 대규모 언론기업으로 성장한 보수신문들은 자본의 영향력을 더욱 확대해 갔다.

언론계 내부의 정화 작업 또한 이러한 자본의 횡포를 극복하지 못함으로써 한계에 봉착했다. 제도 언론 내부에는 양심적인 언론인들이 많이 있었지만 악화가 양화를 구축하듯 개인의 출세와 영달을 추구하는 언론인들에 의해 빛을 보지 못했다. 이미 독재에 부역했던 언론사 사주와 사내의 요직을 차지한 언론인들이 그들과 코드가 맞는 언론인들을 선별해 양성하는 악순환의 시스템이 정착되었던 것이다. 해방은 되었지만 여전히 친일 잔재들이 나라의 요소요소에 자리 잡고 있듯, 민주화는 되었지만 독재에 부역했던 부역 언론인들이 언론사를 좌지우지하고 있는 이런 상황은 좀처럼 극복될 줄을 몰랐다.

5·18광주항쟁에서 언론인들이 독재 권력의 폭력에 저항할 수 있는 길이 펜과 마이크라는 언론인의 유일한 무기를 내려놓는 일 외에 아무것도 없었음은 언론인의 숙명적 한계를 말해주는 것이었다. 그 결과 독재의 부역자들이 그 버려진 무기를 마구잡이로 사용하게 됨으로써 진실은 더욱 왜곡되었다. 6·10항쟁이 버티기로 일관했던 전두환 정권의 고집을 꺾고 직선제 개헌을 쟁취할 당시, 언론은 그 전투의 앞줄에 서 있지 않았다. 엄청난 민중의 희생이 따랐지만 언론은 그 과정을 제대로 전달하는 데에도 많은 시간을 낭비했다. 언론은 잘못된 현실을 바꾸고 미래를 지향하는 운동의 도구가 아니라 현실 상황에 안주하는 기록자일 뿐이었다.

그럼에도 불구하고 언론은 사회 변혁의 마지막 관문이라는 점에서 그 중요성은 아무리 강조해도 지나치지 않다. 사회가 변혁되기 위해서는 수많은 사람들의 선도적 희생이 있어야 하지만 그것이 파문이 되고 여론이 되도록 하는 것은 궁극적으로 언론의 몫이다. 그러한 물결이 일 때 언론이 그것을 재빨리 간파하고 신속하게 여론의 힘으로 만들어준다면 희생은 줄어들 것이고 변화는 빨라질 것이다. 언론의 핵심 지점은 여기에 있다.

4부

민주화 시대의

언론운동

노태우정권 시대
언론운동

국민주 한겨레신문 창간

제6공화국의 탄생과 함께 언론계에서 일어난 가장 큰 사건 중의 하나는 한겨레신문의 등장이었다. 정부 수립 후 처음으로 민족일보가 보수 일색의 언론 지형 속에 유일하게 혁신의 깃발을 꽂았지만 안타깝게도 창간 몇 달 만에 쿠데타 세력에 의해 폐간되었고, 창간을 주도했던 조용수는 보수신문들의 침묵 속에 형장의 이슬로 사라진 아픈 역사가 있었다. 그리고 28년 만에 한겨레신문이 보수의 강물에 다시 뛰어들었다.

1988년 한겨레신문 창간은 1970년대와 1980년대에 펼쳐진 언론운동을 통해 얻은 총체적 성과물이었다. 창간 9년 전인 1979년, 서울 성동구치소에서 처음 발화發話한 한겨레신문의 창간 과정은 그 자체가 언론운동이었다. 민권일지 사건으로 구치소에 수감 중이었던 안종필 동아투위 위원장은 구치소 안에서 변호사 면담을 통해, 그리고 함께 수감되었던 홍종민, 김종철, 정연주에게 다음과 같은 새 신문 창간의 구상을 밝혔다.

새 시대가 오면, 국민들이 주인이 되는 신문사를 세우는 것이 가장 바람직하다. 그렇게 되면 어느 한 사람이 신문사를 좌지우지 못 할 테고, 편집권은 독립될 수 있다. 그리고 어느 누구의 신문도 아니고 우리의 신문이라는 생각에서 제작에도 적극적으로 협조할 것이다. (…) 제도 언론에 의해 묵살당하고 심지어는 왜곡까지 당한 이 땅의 70년대 진실을 우리 손으로 생생하게 기록하고 발표하고 증언해야 한다. 이것이 진정한 자유언론의 길이다. 나는 동아투위의 일원이 되었다는 것이 내 인생의 행복이다(옥중 변호사 면담에서).

새 시대가 와서 우리들이 언론계에서 다시 일할 수 있게 될 때, 구체적으로 신문을 어떻게 만들고 경영은 어떻게 해야 할까? 당장은 어렵다고 하더라도 언젠가는 가로쓰기에 한글전용을 해야 하지 않을까? 지금 신문은 너무 식자층 중심으로 제작되고 있는데, 민중을 위한 진정한 신문이 되기 위해서는 누구나 쉽게 읽을 수 있게 한글 전용을 해야 한다. 편집도 지금처럼 정치, 경제, 사회, 문화, 이런 식으로 나눌 것이 아니라 종합 편집을 해야 한다. 그리고 지금 같은 부처 출입제도 없어져야 한다. 너무 관官 위주의 취재여서, 민중의 뜻이 제대로 반영되고 있지 않다(안종필 위원장 추모특집 '옥중에서 남긴 말' 1990. 3. 17.).[371]

옥중 변호사 면담에서 나온, 국민 다수의 출자로 특정인의 편집권 침해를 막고 권력과 자본으로부터 독립을 이룰 수 있는 신문은 당시로서는 그야말로 꿈만 같은 일이었지만 9년 뒤인 한겨레신문의 창간으로 마침내 빛을 보게 되었다. 옥중 대화 과정에서 언급된 가로쓰기, 한글전용, 출입처 폐지 등 안종필 위원장의 통찰적 예언들은 실제 한겨레신문 창간 과정에 대부분 반영되었고, 이후 세월이 흘러 여타 신문들도 가로쓰기, 한글전용 등을 그대로 따라갔다.

안종필 위원장은 10·26사태로 박정희가 사망한 지 한 달여 뒤에 구속집행정지로 풀려났으나 안타깝게도 옥중에서 얻은 간암으로 석방 석 달 만인 1980년 2월 영면했다. 안 위원장의 영결식에서 이해동 목사는 "그의 죽음은 그를 감옥에 처넣은 악의 세력에 의한 타살"이라며 "그의 죽음이 순교였기에 그의 뜻이 우리 속에서 살아 움직일 수 있도록, 하느님이여, 축복해주소서!"라고 간구했다.[372]

'새 신문'에 대한 논의는 1980년 신군부가 쿠데타로 정권을 장악하면서 수면 아래로 들어갔다. 이후 '새 신문'은 1985년 6월에 말 창간호에서 다시 공론화되었다. 말지 창간호는 '제언―새 언론기관의 창설을 제안한다'에서 "제도 언론의 외면으로 노동자 농민 등 여러 분야에서 자신들의 목소리를 전하는 자생적인 언론이 활발히 전개되고 있다"고 전제하고, 새로운 언론기관을 만들기 위한 '범민중운동'을 전개할 것을 제안했다.[373] 말 창간호에서 말지를 일컬어 '민중·민족·민주언론의 디딤돌'이라고 명명한 것은 바로 한겨레신문 창간을 염두에 둔 것이었다. 이 제안은 1987년 이병주 동아투위 위원장, 정태기 조선투위 위원장, 리영희, 임재경 등 몇몇 언론인들이 송건호 민언협 의장과 논의하는 과정에서 '새언론창설연구회'

로 구체화되었다. 이후 196명의 창간발의준비위원회가 구성되고, 발기인 1인당 50만원씩 1억 원이 모아졌다. 그리고 9월에 열린 '새 신문 발의자 총회'에서는 권력과 자본으로부터의 독립을 위해 전 국민을 대상으로 주식을 공모하기로 결의했다.

마침내 1987년 10월 30일 서울 명동 YWCA대강당에서 창간발 기인대회가 열렸다. 여기서 3천 3백여 명의 발기인 가운데 각계 대 표 56명으로 구성된 '창간위원회'는 조선일보와 동아일보에 광고 를 싣고 본격적인 주식 모집에 들어갔다. 그해 12월 발족한 한겨 레신문은 국민주라는 세계 유래 없는 소유 구조뿐 아니라, 민주·민족·민중을 위한다는 노선 등으로 커다란 반향을 불러일으켰다. 한겨레신문은 권력과 자본의 편집권 침해를 차단하기 위해 편집 위원장 직선제를 채택하는 한편, '최소 이익 추구', '공익성을 생명 으로'라는 광고영업 방침을 세움과 동시에 "진실보도, 청탁 배격으 로 참 언론을 가꾸겠다"는 윤리강령도 제정했다.[374]

1988년 5월 15일 드디어 창간호가 나왔다. 한겨레신문 임직원들 은 창간호가 나오기 열흘 전 서울 양평동 사옥에서 '언론자유 수 호', '진실보도', '독자의 반론권 보장', '취재원 보호' 등을 담은 윤 리강령 선서식을 가졌다. 윤리강령 전문에는 "우리 사회의 민주화 를 실현하고 분단을 극복하여 민족의 자주적 평화통일을 앞당기며 민중의 생존권을 확보 향상시키는데 이바지해야 할 역사적 과제를 안고 있다"는 내용이 들어 있었다.[375] 이 윤리강령의 정신은 그대로 신문의 편집 방향이 되었다.

그러나 이후 한겨레신문은 낙관적 전망만큼이나 풀어야 할 과제 들도 많이 생겨났다. 해직기자, 경력기자, 신입사원 등 다채로운 조직 구성원들로 인한 인사 및 조직 결속의 문제, 정치 성향에 따른 내부 갈등의 문제 등 해결해야 할 사항들이 쌓였다. 특히 어려운 경영 현실의 개선과 자본으로부터의 독립은 한겨레신문의 숙명적인 과제일 뿐만 아니라 한국사회 전체 언론의 미래를 점칠 수 있는 중요한 숙제가 되었다. 1993년 한겨레신문의 '주주총회 부정' 파동 이후 송건호 사장은 '언론계를 떠나며'라는 글에서 한겨레신문의 미래에 대해 다음과 같이 언급했다.

> 한겨레신문은 자본이 부족하고 광고주들이 사상이 불온하다고 광고를 잘 주지 않기 때문에 경영이 어려워지고 있다. 게다가 사내에는 자유가 존중되는 나머지 위계질서가 제대로 서지 않고 파벌이 생겨서 인사문제 때마다 시비가 그치지 않는 폐단이 있다. 이와 같은 어려운 상황에서 한겨레신문이 발전하는 길은 주주들이 적극적으로 회사 문제를 걱정해 주는 일이라고 생각하며, 사내에서는 파벌 현상을 없애고 적재적소로 인물을 배치하는 일이다.[376]

국민주 신문이라는 세계 유례없는 소유 구조와 민주·민족·민중을 중심에 둔 편집 방향으로 큰 호응을 얻었던 한겨레신문은 한글 전용, 가로쓰기 등의 파격으로 신문업계의 변화를 이끌어왔다. 하지만 한겨레신문은 발행부수, 광고, 독자층 등 언론 산업적 측면에서 괄목할 성장을 보여주지 못했다. 상업주의를 배격하는 대중적 정론지를 산업적 가치만으로 재단할 수는 없는 일이지만 자본주의와 시장경제가 지배하고 있는 현실에서 신문사의 열악한 재정 능력과 한정된 독자층의 한계, 불안정한 위계 질서와 조직 내 계파로 인한 불협화음 등은 간과할 수 없는 커다란 과제로 남았다.

보수언론의 공안 드라이브

1987년 12월 대선에서 민정당의 노태우 후보는 '보통사람의 시대'를 내걸었지만 지지율 36퍼센트라는 힘겨운 승리로 간신히 군사정권의 명맥을 이었다. 이듬해 2월 출범한 노태우정권은 설상가상으로 4월 총선에서 대패함으로써 역사상 가장 힘든 여소야대 국면을 맞았다.[377] 힘 잃은 노 정권은 7월 7일 '민족자존과 통일 번영을 위한 특별선언'을 발표했다. 북한을 적이 아닌 동반자로 인식하고 남북교류를 통해 공동체로 통합하며, 궁극적으로 통일을 실현한다는 계획이었다. 남북문제에 대한 노 정권의 이 같은 획기적인 정책 전환은 미 군정기 이래로 '반공'을 앞세워 정치적 이득을 꾀해온 보수정권으로서는 놀라운 변화였다.

순수한 마음으로 바라본다면, 이 야심찬 북방정책은 1985년 소비에트 연방의 페레스트로이카와 그로부터 5년 뒤의 베를린 장벽 붕괴 등 냉전시대의 종말을 미리 감지하고 이루어진 통찰력 있는 결단으로 해석할 수도 있었다. 남북 긴장을 고조시켜 국내정치에 이용했던 군사정권의 악습에서 벗어나려는 의지의 표현으로도 보였다. 그러나 추구하는 이상만큼 노 정권의 의지는 강하지 않았고, 그것을 감당해낼 준비도 역량도 없었다. 그리하여 7·7선언은 지지율 36퍼센트의 약체 정부가 거대한 민주화 물결과 여소야대의 정치현실을 의식해 고육지책으로 짜놓은 '국민기만 선언'으로 귀결되고 말았다.

이 선언으로 통일을 염원하는 진보적인 인사들의 방북 활동이 활발하게 이어진 것은 예견된 일이었다. 1989년 3월 문익환 목사의 방북, 6월 임수경 학생의 '평양 세계청년학생축전' 참석 등은 누가 보아도 7·7선언이 제시한 대북 정책노선의 분위기와 무관한 것이 아니었다. 그러나 이러한 일련의 방북 활동들은 역설적으로 공안정국을 조성하는 고리가 됐다. 노태우정권은 1년 전 북방외교를 선언했던 분위기에서 태도를 돌변해 문익환 목사와 임수경 학생을 구속했다.

보수언론은 광분했다. 1987년 6월 민주대항쟁과 노동자대투쟁, 1988년 5월 한겨레신문의 등장에 따른 사회적 분위기에 눌려 있었고, 노 정권의 북방정책에 가슴앓이를 하고 있던 보수언론은 때를 만난 듯 이 사건들과 1년 전에 있었던 서경원 의원 방북 사실까지 끄집어 내 시국을 공안정국으로 몰아갔다.

보수언론은 문 목사의 평양행을 '범죄행위'로 규정했고, '독선적 행위', '황당무계한 소영웅주의'로 깎아내렸으며, 심지어는 '미치광이', '공명심에 날뛰는 노인' 등으로 매도했다. 임수경에 대해서는 "임 양의 친척 8명이 월북했고 여순반란사건 때는 폭동을 주도해 처형되기도 했다"는 등의 허무맹랑한 거짓 기사를 내보냈다. 서경원 방북과 관련해서는 '정부 고위 소식통'이라며 "북한의 직접 지령을 받고 간첩활동을 하고 있다는 혐의를 잡았다"고 몰아붙였다.

전국교직원노동조합(전교조) 또한 공안정국의 표적이 되었다. 1989년 5월 창립된 전교조는 보수언론의 융단폭격을 맞았다. 조선일보는 전교조가 출범하기도 전인 4월 18일자 사설에서 "민족민주라는 미명하에 어린이들에게까지도 그들이 어버이를 적대시하도록 하는 교육을 하고 있다"면서 "김일성과 그 숭배자들의 사상을 대변하고 있다"고 색깔을 입혔다. 그러나 전교조가 주장하는 '참교육'은 창립선언문에도 나와 있듯이 "학생들을 공동체적인 삶을 실천하는 주체적인 인간으로 기르는 것"이었다.[378]

'전교조 죽이기'에 전념한 보수언론의 극우적 모습에 기자협회는 "당국이 임의로 작성한 종이 몇 장을 공기(公器)인 언론에 담음으로써 사회적으로 공인화시키는 구태의연한 여론재판이 재연되고 있음을 공표한 셈이 됐다"고 강하게 비판했다.[379]

언론노동조합연맹의 탄생

1987년 6월 시작된 민주대항쟁과 노동자대투쟁은 한국사회 전반에 엄청난 변화를 가져왔다. 5공화국 체제에서 실의와 체념에 빠져있던 언론노동자들은 그동안의 언론 행태에 대한 깊은 반성과 함께 언론독립의 실현을 위한 구체적 방안으로 노동조합 결성에 적극 나섰다. 그리하여 1987년부터 1988년까지 결성된 43개의 언론사 노조들은 본격적인 언론민주화운동을 전개했다. 이들 제도권 언론사들의 노조 창립선언문에는 하나같이 '민주언론', '언론자유', '공정방송' 등의 문구가 등장했다. 노조는 신문, 방송 할 것 없이 공정보도협의회, 민주언론실천위원회 등의 기구를 설립하고 보도의 편파와 왜곡을 감시·견제하는 활동을 활발하게 펴나갔다. 방송의 경우, 보도와 편성은 물론 기술책임자까지 견제 장치를 만들고 이를 지키기 위한 치열한 투쟁을 전개했다. 여기에는 신문과 방송의 책임자들을 언론노동자들이 투표를 통해 선출하는 직선제, 언론노동자들이 복수의 인사를 추천해 사장이 임명토록 하는 추천제, 사장이 임명하되 언론노동자들의 동의를 거치도록 한 임명동의제, 임기의 지속 여부를 판단하는 중간평가제, 언론노동자들이 해임을 건의할 수 있도록 한 해임건의제 등 여러 가지가 있었다. 1980년대 폭력 정권에 주눅 들었던 제도권 언론인들은 치욕적인 과거를 반성하면서 외압과 내압에 저항하고 노조의 이름으로 내부 개혁을 시작한 것이다.

언론사 노조들의 투쟁이 전개되고 있는 가운데 1988년 4월 전국언론사노동조합협의회(언노협)가 발족되었다. 언노협에는 신문노조 7개, 방송노조 7개, 연합통신노조 등 모두 15개 언론사 노조들이 참여해 상호 연대를 도모하고 투쟁 전략과 경험을 공유했다. 의장은 김종완 동아일보노조위원장이 맡았다. 언노협은 전국언론노동조합연맹(언노련) 결성 때까지 활동 시한을 정해놓고 있었던 임시 기구였지만 언론사노조들의 최초의 협의기구였으며, 부산일보, 경남신문, MBC 등과 같이 초기에 설립된 언론사 노조들의 언론독립투쟁에 큰 힘이 되었다.

1988년 7월 언론사 노조 최초로 파업을 단행한 부산일보노조는 5일 동안 신문 발행을 중단한 끝에 언론사 최초로 편집국장 추천제를 관철했다. 같은 해 8월 MBC노조는 노동위원회의 강제 중재를 거부한 채 비조합원까지 가세한 역사적 파업을 강행했다. MBC 노조는 파업 돌입 4일째 되는 날 언노협과 공동으로 투쟁특보 30만부를 제작해 놓고 협상이 결렬되면 배포할 요량으로 배수진을 친 끝에 다음 날 새벽 극적으로 사측과 합의에 이르렀다. MBC노조는 이 파업에서 청와대 대변인 출신 황선필 사장과 유정회 출신 김영수 사장을 연이어 몰아내고 5개 국장 중간 평가제를 쟁취하는 큰 성과를 거두었다. 이처럼 단위노조의 파업 때마다 언노협은 연대의 틀을 만드는 구심점 역할을 했다.

그러나 언론사 노조들은 노조 간 연대를 통한 이러한 투쟁성에도 불구하고 여전히 기업별로 쪼개져 있는 노동조합의 구조적 한계에 직면해 있었다. 각 단위노조들은 더욱 적극적인 연대를 위해 합법적 구심체인 연맹 기구 결성에 착수했다.

연맹 결성 문제가 본격적으로 거론된 것은 1988년 7월 창원의 경남신문 파업사태를 지원하기 위해 전국의 언론사 노조 간부들이 모였을 때였다. 이날 모임에서는 연맹추진위원회 위원으로 한국일보, 동아일보, 중앙일보, 경향신문, 부산일보, 경인일보, 경남신문, 연합통신, KBS, MBC 등 10개사 노조위원장을 선임해, 연맹 결성의 모든 권한을 위임했다.[380]

그러던 와중에 1988년 가을, 문공부가 공산권 관련 보도요강을 발표했는데, 이 보도요강은 비민주적이고 반민족적 발상을 담은 신판 보도지침에 다를 바 없었다. 그러나 어느 언론사 노조도 감독기구인 문공부에 정면으로 맞서기 어려워 이에 대한 문제 제기를 하지 못해 언론계 내부에서는 자성의 목소리가 나왔다.[381] 문공부 발신 보도지침은 연맹의 존재와 필요성을 더욱 절감하게 했고, 언노협 산하 36개 회원 단체들도 가급적 빨리 연맹을 결성해야 한다는 데 총의를 모았다. 이에 각사의 실무위원들로 구성된 연맹결성추진위는 곧 바로 실행 작업에 들어갔다.

이러한 노력 끝에 마침내 전국의 41개 신문 방송 통신사 노동조합들로 구성된 전국언론노동조합연맹(언노련)이 창립되었다. 언노련은 1988년 11월 26일 창립 선언문에서 "이 땅의 언론은 제3공화국 이래 이십 수년 간 예속과 굴종의 길을 걸어왔다"고 강조하면서 언론자유 실천을 통해 사회 민주화에 이바지할 것을 다짐했다. 초대 위원장으로 권영길 서울신문노조위원장 직무대행이 추대되었다.[382] 그는 파리 특파원을 했던 기자로, 프랑스의 선진적 노동제도와 노동 환경을 잘 파악하고 있었다. 그는 논란이 많은 사안에 대해서는 인내심을 가지고 다양한 의견을 경청하는 편이었지만 일단 결정된 사항은 무섭게 밀어붙이는 성격의 소유자였다. 프레스센터 20층 국제회의장에서 거행된 창립 행사에서 권영길 위원장은 "전국 언론사에 종사하는 1만 3천여 언론노동자들은 이제 전국언론노동조합연맹을 결성하면서 삼가 두려운 마음으로 역사와 국민 앞에 섰습니다"라며 비장한 마음으로 '국민에게 드리는 글'을 읽어 내려 갔다. 언노련은 창립선언문에서 "언론자유의 완벽한 실천을 통해 사회의 민주화에 이바지하는 것이 제1의 목표"라고 선언했다.

> (…) 전국 41개 언론노조의 1만 3천여 언론노동자들은 언론민주화가 사회 전체의 민주화에서 차지한 엄청난 영향력을 깊이 자각하면서 전국언론노동조합연맹을 발족시킨다.
>
> (…) '언론노련'은 언론자유의 완벽한 실천을 통해 사회의 민주화에 이바지하는 것이 제1의 목표임을 선언한다.
>
> 이를 위해 우리는 우선 '언론의 자유경쟁 시대'라는 허울 아래 언론자유의 수호, 실천이라는 이 시대 언론계의 최대 과제를 애써 외면하고

정치와 영합, 정치의 시녀로 전락한 채 기업의 생존 논리만을 강조하는 언론 소유주의 자사 이기주의를 단호히 배격하고 '자유언론'의 기치 아래 각 언론사, 각 직종의 언론노동자가 굳게 뭉칠 것을 다짐한다. (…)

이와 함께 '공익'의 이름으로 노동자의 기본적인 단결권, 단체교섭권, 단체행동권을 제약하는 노동악법의 개폐투쟁을 전개함으로써 이 땅의 노동형제들과 굳게 연대하는 것은 물론 언론노동자의 정치, 경제, 사회적 지위의 향상을 도모할 것이다. (…)

돌이켜보면 이 땅의 언론은 제3공화국 이래 수십 년 간 예속과 굴종의 길을 걸어왔다. (…) 우리 언론노동자들은 이러한 예속적 언론 풍토에 안주해 왔음을 솔직히 인정하면서, 또 최초의 언론노동운동의 단초가 우리들의 자발적 노력보다는 외부의 도움에 의해 주어졌다는 점을 마음 속 깊이 부끄럽게 생각하면서 앞으로 줄기찬 투쟁을 통해 보도 및 논평의 의사 결정 과정을 민주화할 것을 다짐한다.

(…) 이 땅의 민주세력이 힘을 합쳐 나아갈 때 그만큼 민주화의 그날은 빨리 다가올 것을 확신하며 우리 언론노동자들은 자유언론의 실천에 모든 힘을 기울일 것을 다시 한 번 굳게 맹세한다(1988년 11월 26일 전국언론노동조합연맹).[383]

언노련은 1989년 1월 기관지 언론노보를 창간했다. 언론노보는 창간호에서 '언론해방투쟁원년'을 선언하고 언노련 활동의 선전홍보지로서의 역할을 충실히 해냈다. 언노련은 언론인들의 촌지거부, 언론인윤리강령 제정 등 언론자정운동을 선도했고, 외부의 보도개입, 낙하산 인사에 단호히 맞서는 등 편집권 독립을 위한 각 언론사 노조의 투쟁을 적극 지원했다. 특히 신문 전쟁 속의 증면 반대 투쟁, 1990년 KBS노조의 낙하산 사장 거부 투쟁, 1992년 MBC노조의 방송민주화투쟁 등에서 산하 소속 노조들의 적극적인 연대를 꾀해 투쟁을 선도해나갔다.[384]

언론해방 대투쟁 1989년

언노련은 1989년을 언론해방투쟁의 원년으로 선포했다. 진용을 갖춘 언노련 산하 언론사 노조들은 각 사별로 편집권 독립을 위한 본격적인 투쟁에 돌입했다. 언론노동자들은 투쟁을 거치는 동안 몸에 맞지 않는 옷 같았던 노동조합에 차츰 익숙해지기 시작했고 노동조합이 노동자의 권익은 물론 진정한 언론인으로 거듭나는데 없어서는 안 될 유일한 결사체임을 절감하기 시작했다. 그리하여 1989년은 사측의 탄압에 맞서 노조를 지켜내기 위한 다양한 투쟁이 전개되었고, 그 과정에서 언론사 노조들은 편집권 독립을 위한 나름의 제도적 장치들을 마련하게 되었다.

1989년 언론해방원년에 제일 먼저 투쟁의 깃발을 올린 곳은 평화신문노조였다. 1989년 3월 평화신문 사측은 기사 게재 과정에서 편집국 권한을 침해했다는 이유로 전광출 노조위원장을 비롯한 노조 간부 4명을 해고했다. 사측의 강경 조치에 노조는 쟁의발생 신고와 함께 파업에 돌입했다. 평화신문노조의 투쟁에 언노련 산하 노조들은 목포MBC를 필두로 지지성명을 발표했다. 4월 들어 파업이 장기화 조짐을 보이자 이돈명 변호사, 김승훈 신부 등이 중재에 나섰으나 실패했다. 6월 언노련은 언노련 차원의 단체교섭을 요구했으나 거부당하자 명동성당 입구에서 '파업 1백일 규탄대회'를 여는 등 노사 갈등은 좀처럼 풀리지 않았다. 마침내 지방노동위원회는 회사에 '해고 규제 구두권고'를 내리며 본격적인 중재에 나섰다. 이후 노조가 5개항의 정상화 방안을 제시하면서 대화가 이루어졌고, 8월 노사는 해고철회, 새 편집 방향 마련, 파업 기간 중 통상임금 지급, 노조 사무실 설치, 신문발전 연구위원회 구성 등에 최종 합의했다. 파업 투쟁으로 평화신문노조는 언론민주화에 성큼 다가섰을 뿐 아니라 노조의 존재를 확실하게 각인시킨 중대한 성과를 올렸다.

평화신문노조의 투쟁을 시작으로 언노련 산하의 노조들은 크고 작은 여러 가지 형태의 투쟁을 벌였다. 한겨레신문노조는 리영희 논설고문이 연행 구속되자 규탄대회와 함께 대국민 가두서명을 벌였고 편집국 압수수색에 항의해 안기부에 항의 방문을 하는 등 편집권독립을 지키기 위해 싸웠다. 중앙일보, 동아일보, 한국일보, 연합통신노조 등도 편집국장직선제, 임명동의제, 추천제 등을 걸고 싸웠다. 동아와 조선의 양 노조는 1975년 자유언론실천운동에 대한 진상 규명과 함께 당시 해고된 선배 언론인들의 복직을 요구했고, 조선노조는 여세를 모아 이듬해에는 사원지주제를 주장하기도 했다.[385]

특히 관영 서울신문노조의 파업 투쟁은 국내외 언론계에 큰 파장을 일으켰다. 1989년 9월 서울신문노조는 제작 3국장 임명동의, 사후평가제, 사원지주제 등을 요구하며 파업에 돌입했다. 서울신문은 개화기 항일민족지 대한매일신보로 출발했으나, 일제 강점기에 총독부 기관지 매일신보로, 해방 이후에는 미군정 기관지, 정부수립 이후에는 관영 서울신문으로 풍상을 겪었던 신문이었다. 그런만큼 서울신문노조가 관영 매체라는 한계를 극복하고 서울신문의위상과 공정보도를 위한 인사제도의 혁신을 주장하며 파업 투쟁에나선 것은 쉽지 않은 일이었고 이는 국제적 관심사가 되었다. 이에국제기자연맹IFJ은 10월 서울신문노조의 파업 투쟁에 지지성명을발표했다. 결국 조합원들의 끈질긴 투쟁과 언론계 내외의 성원에힘입어 파업 24일 만에 서울신문노조는 사측과 당당히 합의하고업무에 복귀했다. 그러나 업무 복귀 후 사측이 파업에 동참한 조합원들에 대해 보복성 징계를 내리는 등 도발을 하자 최홍운 노조위원장은 이에 항의하며 삭발단식 농성을 벌이기도 했다.

독립신문으로 거듭난 경향신문

경향신문노조는 재벌그룹 한화를 상대로 기나긴 투쟁에 들어갔다.1989년 12월 한화그룹은 경향신문 인수 과정에서 이성수, 강기석,고영신, 조성환, 박인규 등 초대노조 집행부 5명을 해고했다.[386] 해고자들은 즉각 동료 기자 14명과 함께 편집국을 점거하고 농성에돌입했으나 구사대에 의해 강제로 쫓겨났다. 이에 '강제해직철회및 경향민주화쟁취투쟁위원회(경향투위)'를 결성한 5명의 해고자들은 '치욕의 역사를 정녕 다시 보아야 하는가'라는 성명서를 발표하고 출근 투쟁을 시작했다. 그러나 어용화된 경향신문노조가 언노련에 탈퇴서를 제출하는 등 투쟁의 전망은 밝지 않았다.

　이듬해인 1990년 1월 3당 합당으로 인한 정치 지형의 변화는 노조에 대한 사측의 태도를 강경 일변도로 바꾸어놓았다. 사측은 손동우, 이대근 등 동조 농성을 했던 기자들마저 징계했다. 이에 권영길 언노련위원장, 노향기 기자협회장, 정동익 민언협의장 등이 정대철 문공위원장, 최병렬 공보처 장관 등을 만나 해결을 요구하기도 했으나 해결의 기미는 보이지 않았다. 사측은 출근 투쟁을 물리력으로 막았고 그 과정에서 언론노보 양정철 기자가 경비원들에게 집단 구타를 당하고 강기석 위원은 강제 연행되는 등 경향사태는 더욱 악화되었다. 그러나 해결난망으로 보였던 경향신문 사태는 2월 들어서면서 반전의 기미가 보이기 시작했다. 80년 해직언론인 및 경향 1기 노조집행부 등 20여명이 출근 투쟁에 동참했다. 출근 투쟁에 동참했던 고영재, 조상기 기자 등에게 사측이 각서를 요구하자 두 기자는 사표를 제출해 항의를 표했다. 투쟁은 수그러들지 않고 점차 확대되는 양상이었다. 언노련, IFJ 등이 출근 투쟁에 함께 동참하고, 10개 재경 언론사 노조위원장단이 연대 철야농성에 들어갔으며, 프레스센터 앞에서는 5백여 명의 언론인들이 결의대회를 가졌다. 3월에는 김현섭 조합원이 노조위원장에 당선되면서 어용 집행부가 물러나고 노조도 정상화되었다. 국회 문공위 야당 의원들은 경향 사태를 집중 거론하며 정치 쟁점화하기 시작했다. 그런 와중에 경향신문 인수 계약이 체결되었고 ㈜경향신문사가 8월 1일 공식 출범하게 되었다. 경향신문노조는 대의원대회를 열어 해직 5인에 대한 조합원 자격을 회복시키고 10월에는 5인 해직 사태진상조사특위를 구성해 본격 투쟁에 나섰다. 이어서 경향신문 전임 위원장들은 "해직 5인은 돌아와야 한다"는 공동성명서를 발표하기 이르렀다.[387] 그러나 여전히 해결의 기미는 보이지 않았다.

해가 바뀌어 1991년 1월 경향신문 4기 노조가 출범했다. 4기 노조는 5인 해고자에 대한 성금을 모금하며 복직 투쟁에 앞장섰다. 그러나 9월 해고무효확인소송에서 패소한 사측은 즉각 항소하는 등 요지부동이었다. 12월 노조 집행부는 농성에 돌입했고 6개월을 더 싸웠다. 그리고 1992년 6월 25일 해직자 5인 전원이 복직함에 따라 경향신문노조는 장장 2년 6개월 간에 걸친 복직 투쟁을 승리로 장식했다. 이후 애초부터 언론에 대한 철학도 열정도 없었던 한화 그룹은 신문전쟁에 뛰어들었다가 재정난을 감당하지 못하자 1998년 경향에서 손을 뗐다. 이에 의기투합한 경향의 내부 구성원들은 '자본 없는 신문'의 과감한 도전에 나섰고, 경향신문은 한겨레신문에 이어 자본으로부터 벗어난 사원주주제의 독립신문으로 거듭났다.

평화방송노조의 투쟁

1989년 대투쟁의 기세는 이듬해에도 계속되었다. 1990년 4월 15일 개국한 평화방송은 확대간부회의에 늦었다는 이유로 안성열 보도국장과 이경일 부국장을 해설위원실과 심의실로 각각 발령하고, 노광선 기자를 신문편집국으로 전직시켰다. 보도 프로그램은 일방으로 축소되었다. 이러한 사측의 도발에도 노조는 파업을 유보하고 평화적 해결을 위해 노력했지만 사측은 이후에도 안성열, 이경일, 박종만에 대한 퇴사 압박, 조합원 추가징계, 부당 전직, 조합비 차단 등 노조 무력화 공작을 지속했다. 인내의 한계에 다다른 노조는 마침내 조덕현 사장을 노동조합법 위반으로 고소하기 이르렀다.

1991년 새해를 맞아 노조는 대타협을 제의했다. 그러나 돌아온 답은 고영재 사회부장과 김연옥 기자의 대기발령이었다. 그럼에도 노조는 인내로 파업결의를 백지화하면서 3개항의 양보안을 내놓고 조상기 노조위원장은 사퇴했다. 그러나 사측은 보란 듯 조합원 9명을 중징계 했다. 노조는 마침내 비상총회를 열고 '평화방송 사수를 위한 투쟁위원회'를 결성해 파업 투쟁에 나섰다. 사측은 노조 사무실을 폐쇄하고 김수환 추기경의 중재도 무시한 채 36명의 파업 참가 조합원 전원을 업무 방해 혐의로 고소한 뒤 경찰을 불러들였다. 농성 중인 조합원들은 구속되거나 해고되었다. 안성열, 박종만, 이경일, 고영재 등은 집단사표를 제출했다.

3월 말 평화방송노조는 명동성당에서 철야 단식투쟁에 돌입했다. IFJ 조사단은 평방노조, 공보처, 단위노조 등을 차례로 방문해 평방 사태의 진상을 조사했고, 4월 말에는 연맹 집행위원들이 '평화방송 노조파업 100일 출근 투쟁'에 동참하는 등 평방 사태는 국내외의 관심을 불러일으켰다. 6월 국제시청각노조연맹FISTA은 평방 구속자 석방 결의문을 채택했다. 그러나 사측은 파업 조합원 전원을 해고해버렸다.

평방 사태는 결국 법의 판단에 맡겨졌다. 7월 법원은 평방 파업이 적법했다고 판결했고, IFJ는 김수환 추기경에게 항의서한을 전달했다. 프레스센터 앞에서는 언노련 주최로 평방 불법해고 규탄대회가 열렸다. 노조는 파업을 종결하고 법정 투쟁으로 전환했다. 이후 조덕현 사장은 사임했다. 인사 전횡과 노조 와해에 맞서 1년 4개월에 걸친 평화방송노조의 힘든 투쟁은 그렇게 막을 내렸다.

신문전쟁과 신문노조의 좌절

박정희 군부독재 당시 8면을 유지해오던 신문은 1980년 언론통폐합과 1988년 올림픽을 기해 16면 체제에 돌입했다. 게다가 민주화 이후 새 정기간행물법과 신문 발행 자유화로 신문의 수도 폭발적으로 늘었다. 5공화국이 끝날 무렵, 경제지를 포함하여 28개였던 전국의 일간지는 노태우정권이 끝날 무렵인 1992년 말 112개로 증가했다.[388] 그러나 신문 수의 증가에 비례해 독자 수가 늘 수는 없었다. 올림픽을 기해 경제 규모나 광고시장이 커 가고는 있었지만 폭발적 신문시장의 확대를 감당할 만큼 경제가 급성장하는 것도 기대난망이었다. 신문시장의 포화로 경영이 어려워지자 신문사 사주들은 지면 개선이나 질적 향상은 외면한 채, 증면이라는 양적 경쟁에 몰두하기 시작했다. 신문사들은 결국 한정된 광고 파이를 놓고 약탈적 경쟁을 불사하는 '신문전쟁'의 수렁으로 빠져들었다.

'신문전쟁'의 방아쇠를 가장 먼저 당긴 신문은 한국일보였다. 올림픽이 끝나고 1년여가 지난 1989년 7월 한국일보는 월요판 발행을 단행했다. '독자에 대한 봉사'라는 그럴듯한 구실을 내세웠지만 언론노동자들은 졸지에 휴일 없는 상황으로 내몰렸다. 신문전쟁의 신호탄이 올라가고 3개월 뒤, 조선일보는 '매일 20면 발행'이라는 폭탄 선언을 내놓았다. 이에 질세라 동아와 중앙이 뒤를 이었고, 이듬 해 3월부터는 경향, 서울, 한겨레도 울며 겨자 먹기로 증면 경쟁에 뛰어들었다.[389]

신문 자본의 탐욕이 빚어낸 끝 모를 증면 경쟁은 언론노동자들의 저항에 직면했다. 조선, 중앙, 동아의 노조들은 "인력 충원 없는 증면 강행은 노동조건 악화를 불러올 것이 자명하다"면서 '선 대책 마련, 후 시행'을 요구하고 나섰다. 언노련도 공동 대응에 나서 1990년 3월 동아와 중앙 노조는 일요판 제작을 공동으로 거부할 것을 결의하기에 이르렀다. 그러나 신문 사주들의 탐욕 앞에서 노조의 결의는 무용지물이었다. 조선일보노조는 이미 1989년에 사측과 증면에 합의한 바 있었고, 동아와 중앙노조도 공동 거부 결의 한 달만인 1990년 4월, 20면 증면과 인력 충원을 전제로 일요판 발행을 사측과 합의했다. '신문전쟁'은 신문의 존폐가 걸린 '생존논리'로 변질되면서 언론노동자들을 '자사이기주의'라는 고약한 '경쟁 이데올로기'로 내몰았다.[390] 사측의 충원 약속은 거의 이행되지 않았다. 결과적으로 신문사 노조들의 공동 대응은 신문 자본의 분리 전략에 의해 무위로 돌아가고 말았으며 이는 기업별 단위노조들의 느슨한 결속체인 언노련 체제에 중대한 문제점을 던져주었다.

증면 경쟁은 여기서 멈추지 않았다. 한국일보가 1990년 7월 주말 부록판을 선포하자 기다렸다는 듯 조선도 따라왔고, 석간인 동아, 중앙도 금요 부록판으로 대응했다. 이로써 사실상 신문지면은 24면 체제로 돌입했다. 언노련은 12월 신문사 발행인에게 월 1회와 4대 국경일에는 휴간을 제안했으나 이윤 추구와 영향력 확대에 눈이 먼 신문 자본 앞에서는 소귀에 경 읽기였다. 무한경쟁의 불꽃은 1991년 '전국 동시인쇄 체제' 도입으로 지방으로까지 번졌다. 조선과 한국은 지방에서도 서울과 동일 시간대에 인쇄할 수 있도록 지방 분공장 설립을 추진한다고 선언했다. 그러던 중 1991년 12월 한국이 '조석간 발행'이라는 무리한 도박을 단행했다. 이로써 한국일보의 지면은 무려 40퍼센트가 늘었으나 인력은 기껏 10퍼센트만 충원된 상태에서 과중한 업무는 한계에 다다랐다. 1인당 원고 매수는 30퍼센트가 늘었고, 공무국 정판부원들의 출근 시간이 한 시간 앞당겨졌으며, 윤전부는 쉬는 시간이 사라졌다. 여타의 신문들은 관망에 들어갔다. 조석간 발행의 성공이 불확실했음을 의미하는 것이었다.[391]

한편, 3당 합당으로 거대 여당이 된 노태우정권은 노동자대투쟁 이후 활성화된 노조 활동에 제동을 걸기 시작했다. 정부와 경제 단체들은 모든 사업장에 총액임금제와 상한 5퍼센트 인상률을 밀어붙였다. 노사의 자율은 사라졌고 자본은 거대 권력에 빌붙어 노동을 옥죄기 시작했다. 신문 자본이 온갖 무리한 경쟁을 일으키며 노동자들의 근로조건을 마구잡이로 훼손하면서도 "총액 5퍼센트 이상은 줄 수 없다"고 버틸 수 있었던 것은 바로 이런 정치 경제적 배경이 있었기 때문이고 신문 자본은 이를 기화로 아예 노조를 무력화하는 길로 나섰다.

압력이 커지면 폭발하기 마련이었다. 1992년 7월 한국일보노조는 전면 파업에 돌입했다. 쟁점은 '교통비 3만원'이었는데 사측은 협상 대상이 아니라며 강하게 거부감을 표했다. 노조가 최소한의 성의 표시를 사측에 요구한 것이었지만 사측은 일언지하에 노조의 자존심을 짓밟았다. 이는 조합원들의 분노를 자아냈고 파업으로 이어졌다. 결국 노조는 요구했던 교통비의 3분의 1인 교통비 1만원에 합의하며 일주일 만에 파업을 접었다. 사측은 노동조건 개선책을 약속했지만 뺨 때리고 달래는 격이었다. 거대 보수 여당의 출현으로 노사 간 힘의 균형은 이미 크게 기울어져 있었다.[392]

자본 권력에 맞선 지역 신문들

6월 민주대항쟁은 언론자유와 신문의 편집권독립이라는 바람을 몰고 왔지만, 언론자유로 고삐가 풀린 사주들의 '증면전쟁'으로 신문의 심각한 경영난을 함께 몰고 왔다. 신문을 권력 유착의 도구나 비리 보호의 수단쯤으로 여기는 신문 사주들의 전 근대적 사고방식과의 싸움은 끝을 알 수 없는 길고 험한 여정이었다. 엎친 데 덮친 격으로 신문의 재정 악화는 언론노동자들에게 코앞에 닥친 생존의 문제가 되어버렸다. 특히 지역 신문들에게 경영난의 문제는 매우 심각했다.

1989년 경인일보노조와 대전일보노조 등 지역의 신문노조들은 열악한 재정난을 해결하기 위해 사주들에게 '증자'를 요구하며 생존 투쟁을 벌였다. 특히 대전일보노조의 경우, 사측이 파업에 대응해 직장폐쇄를 하자 언노련 산하 13개 노조의 조합원 2천여 명은 대전역 광장에서 대전일보 사수 결의대회를 갖는 등 연대투쟁을 벌였다. 이로써 대전일보노조는 파업 보름 만에 회사와 합의에 이르렀다. 이듬해 8월 영남일보노조도 편집국장 추천제를 요구하며 파업 투쟁에 돌입했으나 직장폐쇄, 노조 간부 해고, 테러 등을 겪으며 100일 넘게 싸웠다. 한라일보노조 또한 노조의 유일교섭권을 걸고 1992년 4월부터 파업에 돌입해 이듬해 2월까지 장장 300여 일간의 파업을 벌였다. 노조는 파업 기간 중 해고, 고소 고발, 노조사무실 폐쇄 등 사측의 탄압에 맞서 끈질긴 투쟁을 벌였지만 강영석 한라일보 사장은 지노위와 중노위의 해고자 복직 명령에 불복하고, 국회 국정감사에도 불출석하는 등 안하무인의 태도로 일관했다. 한라일보 사태는 결국 1993년 4월 강 사장이 공갈미수와 건축법 위반으로 구속되면서 파업 돌입 1년 만에 해결을 보게 되었다.

전화위복이라고 할까. 지역 신문 노조들의 이러한 투쟁은 지역민들의 협조로 지역 독립신문 창간의 계기가 되었다. 그중에 제주신문이 있었다. 4·3의 한을 품고 있는 제주의 유일한 정론지 제주신문은 지역 토호 김대성의 소유였다. 1988년 새마을운동본부 제주 지부장이었던 그가 당시 최대 토건 사업의 이권에 개입한 것으로 밝혀지자, 사원들은 48일 간 농성 끝에 그를 사장 자리에서 물러나게 했다. 그러나 김 사장의 퇴진은 2년 후 제주신문 파탄의 불씨가 되었다.

김 사장 퇴진 후 제주신문 내부에는 그의 퇴진 과정에서 빚어진 반목과 갈등이 깊어졌고, 이 과정에서 노동조합이 결성됐다. 노조 결성 후 제주신문은 4·3항쟁 등 그간 성역으로 남아 있던 과거사의 진상을 규명하는 등 제주도민들로부터 큰 호응을 얻었다. 그러나 1989년 3월 문익환 목사 방북으로 사회 전체에 조성된 공안정국의 분위기를 타고 김 사장의 복귀 움직임이 솔솔 일기 시작했다. 이에 노조는 11월 김 사장의 최측근 양주하 사장 직무대행의 퇴진을 요구하며 농성에 돌입했고, 퇴진 여론은 도민 전체로 확대되었다. 그러나 양주하 사장 직무대행은 법원, 검찰, 안기부 등을 찾아다니며 노조의 행위를 불법으로 매도하고 처벌을 호소하는 등 강경 자세를 고수했다.[393]

사태가 장기화되자 노조는 마침내 쟁의발생신고를 냈고, 사측은 폐업 카드로 응수했다. 이에 제주 지역 교수 93명은 12월 성명을 내고 "45년의 역사를 통해 제주도민과 영욕을 같이 해 온 제주신문이 한두 사람의 의사만으로 폐업이 정당화될 수 없다"고 입장을 밝혔다. 이어서 언노련은 제주신문사에서 열린 결의대회에서 "5공 언론의 잔재를 청산하고 민주언론으로 나아가기 위해 전국의 언론노동자들이 하나가 되어 싸워나갈 것"을 다짐했다. 제주신문의 사원과 가족들도 이듬해 '제주신문 폐업 저지를 위한 사원 및 가족 결의대회'를 열었다. 그러나 사측은 이러한 움직임에 찬물을 끼얹듯 다음 날 제주세무서에 폐업계를 제출하고 신문사 문을 닫아버렸다. 170여 명의 사원들은 하루아침에 거리로 내몰렸다. 그러나 그들은 포기하지 않았다. 사주에 휘둘리지 않는 신문을 만들겠다는 그들의 염원은 한국 최초의 '도민주 신문' 창간으로 이어졌다.[394]

제주신문 해직 사원과 가족들은 눈보라치는 1월 허름한 창고 건물에 '참언론 동지회'라는 간판을 내걸었다. 전국에서 9백여 명의 언론인들이 성금을 보내 창간 작업에 동참했다. 해직 사원들은 퇴직금과 해고수당을 '도민주 신문 창간'에 고스란히 내놨다. 언노련도 제주에서 긴급 중앙위원회를 개최해 창간 작업을 격려했다. 이 자리에서 연맹 소속 언론사 노조들은 '제민일보 주식 갖기 운동'을 펼쳤다. 이런 각고의 노력으로 1990년 6월 2일 제민일보가 탄생했다. 폐간과 집단 해고에 맞서 싸운 지 131일 만에 제주도민들의 힘으로 제주의 정론지가 창간된 것이다.[395]

도민주에 의한 제민일보의 창간은 여타 지역에도 영향을 주었다. 1992년 2월, 동부그룹이 강원일보의 경영권을 장악하려 하자 사원들이 강력 반발하면서 노사 간 대립이 시작되었다. 이 과정에서 노조는 1면에 경영권 장악 중단을 촉구하는 광고를 싣고 동부그룹 소유 주식을 도민에게 공개할 것을 요구하는 등 저지투쟁을 전개했다. 회사는 노조위원장 해고, 노조탈퇴 종용 등 집요한 노조 와해 공작을 펼쳤으나 노조는 강원도민들과 결합해 서명운동, 평화대행진, 집단사표 등으로 맞서 싸웠다. 그러나 회사의 노조 파괴는 멈추지 않았다. 이에 강원일보 부장들마저 경영진의 비윤리적 경영 행태에 비애를 느껴 집단사표를 냈다. 결국 희망이 없다고 판단한 강원일보 사원들은 회사를 나와 도민들과 의기투합해 11월 26일 강원도민일보를 창간했다.[396]

방송노조의 방송민주화운동

MBC, KBS노조의 방송민주화운동

여소야대 국면에서 언론사의 각 단위 노조들은 농성, 제작 거부, 파업 등 다양한 투쟁 전략을 통해 노조의 역량을 키워갔다. 특히 황선필, 김영수 등 5공화국 잔당의 낙하산 사장들을 퇴진시키고 '국장 중간평가제'까지 마련한 MBC노조는 강력한 교섭력과 여소야대의 정치 환경을 십분 활용해 MBC 위상 정립에 노조의 모든 역량을 쏟았다. MBC 위상을 규정한 핵심 법안인 방송문화진흥회법(방문진법) 통과를 앞두고 MBC노조는 파업까지 상정했다가 방문진법 통과 후에야 철회했다. 1988년 12월 국회에서 처리된 방문진법에는 MBC주식의 70퍼센트를 소유한 방문진에 대해 "주주권 행사 외에 MBC의 편성·제작·운영에 어떤 규제나 간섭도 할 수 없다"고 명시함으로써 권력으로부터 독립된 MBC 위상의 기반이 마련되었다.

1989년 1월 9일 방문진 이사회는 최창봉 방송위원회 상임위원을 MBC 새 사장으로 내정했다. 그는 과거 엄혹한 박정희 독재시절 한일회담을 반대한 동아방송의 '앵무새' 프로그램 때문에 반공법과 집시법 위반으로 구속되었던 언론인으로 방송의 리얼리티를 강조했던 인물이었다. 그러나 MBC노조는 최 사장에 대한 평가에 앞서 방문진 이사회의 결정에 대해 강원룡 당시 방송위원회 위원장의 입김이 작용한 결과로 '비민주적 월권행위'라고 강력 반발하면서 최창봉 사장에 대해서는 "앞으로 방송사 운영에 있어서의 최씨의 민주화 의지를 예의주시할 것"이라고 입장을 밝혔다.[397] 이후, MBC노조는 편성 편집권 독립을 위한 보다 강력한 제도적 장치 마련에 나섰고, 집단휴가, 철야농성, 단식투쟁 등을 거쳐 1989년 9월 파업에 돌입해 파업 12일 만에 편성·보도·TV기술국장 3인에 대한 추천제를 쟁취하는데 성공했다.

KBS에서도 변화의 바람이 거세게 일었다. 일제와 독재정권의 선전 도구라는 치욕의 역사를 청산하고자 떨쳐 일어난 KBS노동자들이 가장 먼저 천착했던 것은 당시 KBS의 큰 병폐 중의 하나인 '5공 특채자' 척결이었다. 1980년대 KBS는 청와대 대변인 출신 사장 이원홍을 비롯하여 청와대, 안기부, 보안사, 감사원, 공보처 등 소위 권력의 낙하산들이 요직을 독차지하고 있었다. 이들은 사내 인사 질서를 흩뜨리고 편파 왜곡 방송을 주도했다. 1981년부터 1987년까지 특채자는 무려 343명에 달했다. 이원홍 문공부 장관의 고향 출신 인사들도 많았다. 특히 1983년에는 110명이 특채였고 공채는 단 2명뿐이었으며 1984년에는 134명 전원이 특채자였다. 이런 상황에서 "민주화는 직장 안으로부터 시작되어야 한다"는 데 뜻을 모은 KBS 직능단체들은 새 방송법의 독소조항 삭제, KBS법 개정, 방송광고공사 해체, 사내의 비민주적 요소의 척결 등을 주장하며 인사문제의 구조적 저해 요인으로 특채자 문제를 제기했다.[398]

KBS의 이러한 움직임은 노조 결성으로 귀결되었다. MBC노조의 활약에 자극받은 KBS노동자들은 1988년 5월 제작국 고희일 PD를 위원장으로 노동조합을 출범시켰다. KBS노조는 출범과 함께 KBS를 파행으로 이끌었던 5공 특채자 80여 명을 과감히 퇴진시켜 어수선한 사내 분위기를 쇄신했다. 그러나 노사 간의 운영규칙을 정하는 단체교섭 앞에는 끝없는 장애물이 놓여 있었다. 성명발표, 농성, '방송민주화'라고 써진 리본 패용 등 다양한 투쟁이 전개되었으나 사측은 여전히 요지부동이었다. 결국 쟁의발생신고, 준법투쟁 돌입 등 집단적 행동 끝에 어렵사리 합의에 이르렀다. 가장 큰 쟁점이었던 4개 본부장 추천제는 "공정방송위원회의 의견을 수렴한다"로 타협했다.

단협 타결 후 KBS이사회는 흥사단 공의회 의장인 서영훈을 차기 사장으로 내정했다. 이 결과에 대해 노조는 다음 날 성명에서 "방송 연관성이 없지만 민주 의지에서 흠잡을 데가 없다"며 "소신 있는 경영을 해나가기 바란다"고 동의 의사를 밝혔다.[399]

'정권의 관기官妓'라는 치욕스런 별칭을 달고 다녔던 방송 노동자들은 군사독재정권 시절에 저질렀던 부끄러운 과오를 씻어내고 방송 프로그램 투쟁에도 나섰다. 1989년 2월에 방송된 MBC의 〈어머니의 노래〉와 3월에 방송된 KBS의 〈광주는 말한다〉와 같은 5·18

광주민주항쟁을 다룬 다큐멘터리들이 방송 전파를 타게 된 것은 오롯이 방송노동자들의 투쟁의 결실이었으며 5공 정권에서는 상상도 할 수 없는 일이었다. 이 두 프로그램은 당시 각각 40퍼센트, 70퍼센트가 넘는 경이적인 시청률을 기록했다.

3당 합당으로 벽에 부딪힌 방송민주화운동

1988년 4·26총선이 여소야대로 끝난 다음 날 민청련(민주화운동청년연합)은 성명을 내고 "여소야대를 나았지만 지역분열이 심화됐고 유신잔당이 부활한 선거로 5공화국의 연장"이라고 비판하면서 "반외세 반독재투쟁의 중심은 민중세력이며 제도권의 형식적 민주주의 세력은 민중세력의 주체적인 활용의 대상인 것을 잊지 말아야 한다"고 강조했다. 민청련의 이 성명은 이후 2년도 채 안 되어 3당 합당이라는 의회 쿠데타로 현실화되었다.

노조의 활약으로 한 발짝씩 전진하고 있던 방송민주화의 길은 3당 합당이라는 정치 환경의 갑작스런 변화로 벽에 부딪혔다. 1990년 1월 민주정의당, 통일민주당, 신민주공화당 3당이 합당해 거대 보수여당 민주자유당(민자당)을 창당한 것이다. 이는 각 정당에 표를 던진 국민에 대한 배신이었으며 헌정 질서를 유린한 쿠데타에 다름 아니었다. 하지만 수구 족벌신문들은 사설을 통해 국회의석 297석 중에 갑자기 221석을 차지하게 된 골리앗 여당의 탄생을 대대적으로 환영했다. 여소야대 국면에서 언론청문회에 불려나가 곤욕을 치렀던 언론사 사주들의 입장에서 그러한 반응은 어쩌면 자연스러운 일이었다.

조선일보는 사설에서 "바야흐로 보수 공동통치 또는 연합통치의 시대가 열리게 되었다"면서 "이번의 거대 보수 블록의 탄생은 정계의 파편화에 대한 보수적 중산층과 경제계의 그간의 위기의식과 불만을 의식한 정치권 나름의 응답이었다는 의미를 갖는다"고 평가했다. 반면에 한겨레신문은 1월 23일자 사설에서 "5공의 군사독재가 되살아나고 있다는 것이 지배적인 여론이 되어 있는 지금, 전국노동조합협의회를 건설하려는 민주노동자들이 대탄압을 받고 있는 지금, '자유민주주의의 수호'의 미명 아래 사상과 양심의 자유가 목 졸리고 있는 지금, 왜 불의의 권력과 악수했는가? 그의 '늙음'과 권력욕에 책임을 돌려야 할 것 같다"며 권력욕에 눈이 먼 정치인 김영삼을 강하게 비판했다.[400]

보수와 진보를 각각 대표하는 두 신문의 사설은 3당 합당에 대한 평가가 이처럼 갈렸다. 3당 합당은 우리 사회가 민주와 반민주라는 선악이 명쾌했던 구도에서 어느 사이에 진보와 보수라는 애매한 스펙트럼 담론으로 바뀌어버리는 전환점이 되었다. 이는 미군정과 이승만 정권 시기에, '반일 대 친일'이라는 민족 중심의 구도가 '좌파 대 우파'라는 이념 중심의 구도로 대체되어버린 것과 흡사했다. 사실상 6월 민주대항쟁에서 국민이 얻은 가시적 성과는 국민의 손으로 직접 대표를 뽑는 절차적 민주주의를 확보한 것이었고, 그것은 민주주의를 완성해가는 과정이었다. 그러나 보수신문은 민주주의의 완결이나 국민이 던진 표의 의미는 안중에도 없었고, 오로지 '보수의 결집'을 부각시키는 데 여념이 없었다. 그리하여 군사독재 정권에서 좌파 사냥으로 민주주의의 입을 틀어막았던 정치적 파행이 다시 재개되었다.

KBS의 낙하산 사장 퇴진 투쟁

3당 합당과 함께 노태우정권이 가장 먼저 꺼내든 조치는 방송 장악이었다. 그것은 노동조합 활동으로 권부에서 멀어진 방송을 다시 권부 옆으로 끌어다 놓는 일이었고, 권부의 충실한 대변자를 방송사 사장으로 앉히는 일이었다. 그 첫 번째 표적은 국가기간방송 KBS였다. KBS노조는 내부의 5공 특채자 80여명을 퇴진시키고 공정방송을 위한 장치를 마련하는 등 방송독립을 위한 행보를 이어가고 있던 참이었다.

방송 장악의 음흉한 신호는 KBS 서영훈 사장에 대한 특별감사 내용이 보수신문에 오르내려 서 사장의 퇴진 시나리오가 작동되면서 감지되었다. 감사원은 KBS 직원들에게 지급된 법정수당이 '변칙지급'이었다는 이유로 특별감사에 들어갔다. KBS노조는 이 사태를 방송탄압이라고 규정하고 1990년 2월 KBS본관 민주광장에서 비상총회를 여는 한편, 한겨레신문에 해명 광고를 실어 '부당감사의 배경', '최병렬 공보처장관의 사퇴', '불공정보도에 대한 언론인의 양식', '기관원의 방송사 출입 배경', '부당감사 지시한 청와대의 행태', '대통령의 입장' 등 6개항의 공개질의서를 발표했다.[401] 그러나 권부는 광고가 게재된 바로 다음 날 KBS이사회로 하여금 서영훈 사장의 사표를 수리토록 하는 등 일사분란하게 움직였다. 노조 비상대책위원회도 '철야농성', '현수막 부착', '방송자주권 쟁취 결의대회' 등 투쟁의 결의를 다지는 등 적극 맞섰다. 그러나 권부의 의지는 강고했다. 3월 7일자 한겨레신문 1면에 "최병렬 공보처 장관이 세 차례나 전화를 걸어 서영훈 사장의 사퇴를 종용했다"는 기사가 실렸지만 노태우 대통령은 아랑곳하지 않고 바로 다음 날 서 사장을 최종 면직함으로써 사태를 종료시켰다.

싸움은 2단계로 접어들었다. KBS노조는 포기하지 않았지만 KBS 사측도 거칠 것이 없었다. 노조가 후임 서기원 사장에 대한 출근 저지투쟁을 본격화하자 KBS 사측은 사복경찰(백골단) 5백여 명을 불러들여 안동수 노조위원장 등 노조원 117명을 전원 연행해 갔다. 그러나 KBS노조도 쉽게 꺾이지 않았다. 경찰력 투입 이후에도 서기원 사장의 출근 저지 및 제작 거부 투쟁은 계속되었다. 제작 거부가 장기화되면서 노조 내부에 '선 방송 정상화'를 주장하는 동요의 기미가 보이자 노조 비대위는 사원 투표를 강행해 위기를 헤쳐나갔다. 하지만 경찰은 투표 결과가 부결로 나오자 기다렸다는 듯 1천여 명의 병력으로 KBS 민주광장을 겹겹이 에워싸고 농성에 참여한 노조원 3백여 명 전원을 연행했다.

KBS 경찰력 투입에 대한 항의와 분노는 전국적으로 확산되었다. 민가협, 일본 매스컴문화정보노조, 조선일보노조, PBC노조 등이 규탄 성명서를 발표했다. 평민당과 민주당은 '최병렬·서기원 퇴진 및 연행자 석방'을 촉구했다. MBC노조와 18개 지역MBC 노조들은 연대 제작 거부에 돌입했고, 다음 날 CBS노조도 전면 제작 거부에 들어갔다. 제작 거부를 자제하고 정상 근무를 지켜오던 KBS의 국제방송사, 송출부문, 시설관리부 사원도 제작 거부에 동참했다. 아울러 KBS와 MBC 노조원들은 5월 1일부터 연일 KBS경찰력 난입과 방송탄압을 규탄하는 집회를 가졌다. 'KBS 지키기 시민모임'은 최병렬 공보처장관과 서기원 사장의 즉각 퇴진과 KBS사원의 석방을 촉구했다. 한국기자협회도 "KBS의 11인 구속은 언론의 존립을 위협하는 중대한 처사이다"라는 성명서를 발표했다. 5월 4일 KBS사원 2천여 명은 별관 TV공개홀에서 열린 사원총회에서 비대위를 확대 개편하고 김철수 위원을 비대위원장으로 선출했다. 이 시간 경찰 56명은 MBC노조 사무실에 들이 닥쳐 전영일 KBS노조 조직국장을 연행해 갔다.[402]

수습 국면에 접어든 KBS 투쟁과 방송구조 개편

잇단 경찰력 투입과 지도부 구속, 노조원에 대한 마구잡이 연행으로 KBS노조는 차츰 동력을 잃어가고 있었다. 서기원 사장에 대한 사회 여론이 극도로 악화되었지만 KBS 장악이라는 하명을 띠고 내려온 낙하산 사장 서기원은 한 치의 동요도 보이지 않았다. 제작 거부가 길어지면서 KBS 사태는 방송을 가운데 둔 치킨 게임 양상으로 치닫고 있었다. 결국 노조는 출구 전략을 모색할 수밖에 없는 상황에 직면했다.

MBC노조가 주축이 된 '방송 재 장악 저지 비상대책위'는 연 이틀 긴급회의를 열고 5월 6일까지로 예정된 시한부 제작 거부를 철회했다. CBS노조도 5월 6일 제작 거부를 끝내고 다음 날부터 방송에 복귀했다. 이로써 방송 제작 거부 투쟁은 진정국면으로 접어들었다. 이에 KBS보도국, 아나운서실의 차장급 간부들도 제작 복귀로 입장을 정리했다. 수배 중인 안동수 위원장은 5월 9일 KBS별관 집회 현장에 나타나 2천여 명의 조합원들 앞에서 "자랑스러운 동지들을 믿고 당당하게 걸어가겠다"는 성명서를 발표하고 서울지검 남부지청에 자진 출두했다. 이날 오후 KBS의 9개 직능별 단체장들은 "무한정의 파행 방송을 더 이상 지켜볼 수 없다"며 방송 정상화 성명을 발표하고 비대위의 지속적인 활동보장, 경찰력 철수, 구속 사원 석방 등을 요구했다.[403]

그러나 KBS노조 비대위는 일부 사원들의 이 같은 움직임에 대해 "서 사장 퇴진이 없는 한 제작 거부를 계속할 수밖에 없다"는 종래의 입장을 거듭 확인했다. 이날 서울지법 남부지원은 김철수 비대위원장을 포함한 간부 5명에 대해 사전 구속영장을 발부했다. 이로써 KBS사태로 구속 수감된 인원은 16명으로 늘어났다.[404]

끝없이 이어질 것 같던 KBS사태는 전환점을 맞았다. KBS자주권 수호 비상대책위원회와 실국 지역국 대표 등 10여명은 5월 11일 평민당사에서 기자회견을 갖고, 국민서명운동, 노태우 대통령 면담, 서기원 퇴진 투쟁 및 비대위 체제 지속, 방송민주실천위원회 출범 등의 계획을 밝혔다. 그리고 기자회견 일주일 뒤 KBS노조는 전면 제작에 복귀했다. KBS사태는 36일 만에 그렇게 일단락되었다.[405]

KBS 4월투쟁은 거대 여당이라는 정치 현실 외에는 여러 측면에서 유리한 싸움이었다. 우선 투쟁의 대의명분이 '방송의 자주독립'이라는 분명한 정당성을 가지고 있었다. 투쟁의 내부 여론 또한 노조에 호의적이었다. 투쟁 과정에서 KBS 국실장단 47명이 정부의 공권력 투입을 비판하기도 했고, "서기원 임명 제청은 외압에 의해 이뤄진 것이다"는 일부 KBS이사의 양심선언이 나오기도 했다. 노조원들이 KBS사태의 진실을 담은 언론노보 50만 장을 뿌려 KBS 밖에서도 시민들의 지지와 성원이 있었다. 강원룡 방송위원회 위원장이 서기원 사장 퇴진과 방송정상화를 강력히 촉구하기도 했다. MBC노조, CBS노조 등이 동맹 제작 거부에 들어가는 등 언노련 산하 방송사 노조들이 연대의 힘을 보이기도 했다. 한겨레신문은 KBS노조의 투쟁의 정당성을 적극적으로 전파했다.

그러나 투쟁의 대의명분, 노조의 결속, 끈끈한 연대, 긍정적인 사내외 여론에도 불구하고 강고한 권부의 방송 장악 의지와 경찰력을 앞세운 물리력은 이 모든 것을 제압했다. 결국 두 차례의 경찰력 투입과 안동수 위원장을 비롯한 노조 간부들의 연행과 구속으로 KBS사태는 진압됐다. 실질적으로 아무 것도 얻은 것 없는 KBS노조의 4월 투쟁은 KBS구성원들에게 깊은 자괴감을 안겨주었다.

그럼에도 불구하고 KBS 4월 투쟁은 언론운동사에 커다란 족적을 남겼다. 4월 투쟁은 거대한 공권력에 맞서 한 달 남짓한 기간 동안 평화적인 투쟁을 전개함으로써 정권의 도덕성에 커다란 타격을 가했고, 투쟁 기간 동안 구성원들로 하여금 방송민주화와 방송독립의 필요성을 절감하게 하는 등 구성원들의 의식을 한층 고양시켰다. 이것은 향후 방송민주화의 각성제요 밑거름이 되었다.

KBS 4월 투쟁을 물리력으로 제압한 노태우정권은 1990년 6월 '방송구조 개편안'을 발표했다. 개편안은 3당 합당 후 발표된 방송제도연구보고서(방제연보고서)에 기초한 것으로 방송위원회의 권한 강화와 민영상업방송사를 설립하는 것이 골자였다. 이는 사주가 있는 민영방송을 앞세워 방송의 상업적 경쟁 체제를 유도함으로써 공영방송의 노조 활동을 약화시키려는 의도가 깔려 있었다. 또한 방송위원회에 방송 중단이나 광고 정지 등의 권한을 부여함으로써 정권의 방송 통제 기능을 확대 강화한 것이었다.

방송구조개편안이 국회에 제출되자 언노련 산하 KBS, MBC,

CBS, PBC 등 4개 방송사노조와 한겨레, 동아, 중앙을 비롯한 신문사노조들은 MBC본관 1층 '민주의 터'에서 방송법 개악 저지를 결의했다. 7월에는 언노련, 기자협회, PD협회, 해직언론인단체, 방송사노조, 평민당, 민주당, 국민연합 소속 7백여 명이 명동 YWCA 강당에서 '방송관계법 개악 저지대회'를 열었다.[406]

그러나 국회의석 3분의 2를 훌쩍 뛰어 넘는 거대 여당 앞에서는 속수무책이었고 바위에 계란 던지는 격이었다. 민자당은 계획대로 움직였고 다른 변수는 나타나지 않았다. 7월 민자당은 방송법, KBS법, 한국방송광고공사법 등 방송구조개편 관련 법안들을 두 차례에 걸쳐 모두 날치기로 통과시켰다. 방송사노조들은 즉각 저항에 나섰지만 별무소득이었다. MBC노조가 민자당의 장기집권을 위한 '방송 장악 음모'라며 제작 거부에 들어갔고, KBS, CBS, PBC노조가 뒤를 이었다. 그러나 방송사상 최초로 동시 제작 거부 투쟁을 단행한 4개 방송사 노조들은 사흘 만에 '프로그램을 통한 투쟁'을 선언하고 제작에 복귀했다. '프로그램 투쟁'이란 사실상 대안이 없는 선언에 불과한 것이었고 '업무복귀'를 위한 출구 전략일 뿐이었다. 권부와 여당은 이미 노조의 의지와 역량을 모두 파악하고 있었다.

1991년 12월 9일 새로 설립된 태영그룹 소유의 민영방송사 SBS가 첫 전파를 발사했다. SBS의 개국으로 '방송의 공공성과 공익성'을 표방해 왔던 KBS와 MBC 양대 공영방송은 치열한 시청률 경쟁 속에 빠져들었다. 방송은 더 선정적이고 더 자극적인 상업성 높은 프로그램들을 양산해냈다.

MBC노조의 투쟁과 좌절

MBC노조의 창립은 조촐하면서도 긴박한 분위기에서 이루어졌다. 1987년 12월 9일 새벽 1시, MBC 기자 47명은 MBC 구내식당에 모여 규약과 임원 인선 등의 절차를 마치고 새벽 3시에 노조를 창립했다. 임원으로는 초대 위원장에 정기평, 부위원장에 이선명, 사무국장에 조헌모, 공정방송위원회 간사에 최용익, 회계감사에 박수택, 윤도환을 각각 선임했다. MBC노조는 당일 오전에 전국출판노동조합연맹으로부터 인준증을 교부받아 영등포구청에 노동조합 설립을 신고했고 다음 날 구청으로부터 신고필증을 교부받았다.[407]

"시작은 미약하였으나 끝은 창대하리라"는 욥기의 구절처럼, 불과 47명의 조합원으로 시작한 MBC노조는 출범 1년 만에 조합원 1천 명이 넘는 강력한 노조로 성장했다. MBC노조는 출범 이후 끊임없이 이슈를 만들어가며 제작 거부나 파업 등 주저함 없는 과감한 투쟁으로 노조의 규모와 힘을 키웠다. MBC노조는 '복지'보다는 '방송민주화'나 '사회민주화' 같은 변혁운동을 지향했다. 공정방송 활동에 힘썼고 낙하산 사장들을 연거푸 쫓아내 방송독립의 기틀을 만들었으며 방송문화진흥회(방문진)를 출범시키는데 결정적 역할을 함으로써 공영방송으로서의 위상을 다졌다.

방문진은 1989년 1월 최창봉 방송위원을 사장으로 임명했다. 당시만 해도 노사관계는 나쁘지 않았다. MBC노조는 최 사장의 임명 과정에서 비민주적 요소가 있었지만 그의 공영방송을 위한 노력과 방송 리얼리즘을 구현한데 기여한 점을 들어 반대하지 않았다. 최 사장의 MBC 입성 후에도 공방협이나 노사협 등에서 노사 간에 심각한 갈등은 없었다. 하지만 1990년 1월의 3당 합당과 KBS 노조의 '서기원 사장 퇴진투쟁'이 실패한 후, 최창봉 사장의 태도는 눈에 띄게 달라졌다. 최 사장은 단체협약 위반은 물론, 공방협이나 노사협에 수시로 불참하면서 노조를 무시하는 태도를 보이기 시작했다.

이런 와중에 1990년 9월 우루과이라운드로 피폐해진 농촌문제를 다룬 MBC PD수첩 '그래도 농촌을 포기할 수 없다'가 9월 4일로 방송 시간까지 예고되었는데 갑작스런 최 사장의 지시로 방송이 보류되는 일이 발생했다. 노조의 항의가 뒤따랐고 노사 간 마찰이 빚어지는 과정에서 김평호 노조 사무국장이 해고됐다.[408] 이후 노사 간 갈등이 심화되자 최 사장은 안성일 위원장까지 해고하면서 대화의 문을 아예 닫아버렸다. 노조가 해고무효 소송을 제기한 상황에서 회사는 해고된 위원장이라며 아예 위원장 자격을 인정하지 않았다. "노조의 대표는 노조가 선출한다"는 원칙과 "해고 효력을 다투고 있는 자는 노조원으로 인정 된다"는 법리가 모두 무시된 것이었다. 법과 원칙마저 무시한 회사는 "파업을 할 테면 해보라"며 노조를 궁지로 몰고 있었다. 노조는 10월에 파업 찬반투표를 실시했으나 안타깝게도 투표자 수가 노동쟁의조정법이 요구하는 전체 조합원의 과반수에 미치지 못해 개표가 보류되고 말았다.[409]

해고된 안성일 위원장은 1990년 11월 노조위원장 선거에 다시 출마해 당선되었다. 노조는 수차례 회사에 단체협상을 촉구했지만 회사는 여전히 해고된 위원장을 인정할 수 없다는 논리로 아예 협상 테이블에 나오지 않았다. 이처럼 노조가 철저하게 무시되는 상황에서 노조 집행부의 탈출구는 파업 외에 다른 방법이 없었지만 파업 찬반투표는 이미 부결된 상태였고 조합원들은 극심한 패배주의에 빠져 있었다.

드라마 〈땅〉의 폐기

거대 여당의 출현과 노조의 침체는 방송 드라마에도 영향을 미쳤다. 1991년 4월, 애초 50회로 기획되었던 MBC 인기 드라마 〈땅〉이 16회분을 끝으로 조기에 종영되었다. 땅은 해방 이후 45년 동안 '토지'의 구조적 모순을 파헤친 드라마로, 땅 투기 열병을 앓던 1990년대 정치 경제의 현실을 그대로 반영해 동 시간대 KBS의 2개 채널을 합친 것보다 높은 40퍼센트 이상의 시청률을 기록했다. 1991년 1월 6일 첫 회분에서 땅은 전두환의 백담사 강론, 노태우 정권 당시의 실세 박철언의 등장, 골프장 건설 비리와 3당 합당, 국회의 법안 날치기 등 현실 정치의 현장들을 드라마의 이야기로 녹여 화제를 불렀다.[410]

그러나 첫 회분 방영 다음 날 최창봉 사장이 손주환 청와대 정무수석에게 불려가 심한 질책을 받았다고 전해지는 등 땅은 시작부터 정부와 여권의 압력을 받았고,[411] 마침내 "5월 말까지 끝내라"는 지시가 떨어졌다. 이에 오지명, 길용우 등 땅의 연기자 24명은 녹화 거부를 결의했다. 작가 김기팔은 "창작의 자유가 침해받는 집필은 무의미하다"며 집필 거부를 선언했다. MBC노조는 성명을 내고 "땅을 중단시킬 수 있는 편성권을 가진 사람은 시청자 국민뿐이다"며 애초 기획한 대로 50회 모두를 방영해야 한다고 못 박았다.[412] 방송연예인노조도 "누가 땅을 뒤흔들고 있는가?"라며 방송사상 최

초로 집단행동을 결의했다.[413]

그러나 땅의 시한부 운명은 점차 다가오고 있었다. 방송위원회는 1991년 1월 땅이 빈부·계층·지역 간 갈등을 조장하고 여성 비하의 표현을 사용했다는 이유로 MBC에 '사과명령'을 내렸다. 방송위의 이러한 결정에 대해 작가는 물론 방송학계에서도 격렬한 비판이 일었다. MBC노조는 "선거를 앞둔 정부 여당의 방송 통제 의도"라고 비난했다.[414] 방송위의 사과 명령을 전후로 땅에 대한 간부들의 압력은 더욱 심해졌고, 심의실의 사전 심의도 대폭 강화되었다. '반미감정 유발', '좌우의 암투 우려', '빈부 간 대립', '정치 불신 초래' 등 심의실의 시각에서 드라마 땅은 더 이상 시청자들이 공감하는 명품 드라마가 아니었다. 땅은 주요 장면이 삭제되어 맥락이 끊기고 앞뒤가 맞지 않는 이상한 드라마로 변해갔고, 결국 1991년 4월 조기 종영의 운명을 맞았다. 방송연예인노동조합, MBC노조, PD연합회, 언노련, 서울YMCA 등은 항의성명을 내고 조기 종영 철회를 강력하게 촉구했다.[415]

땅의 종영과 함께 작가 김기팔도 그해 12월 24일 사망했다. 김기팔은 프리랜서였지만 5공화국 시작부터 10년 동안을 MBC와 함께하면서 '제1공화국', '거부실록 공주갑부 김갑순', '야망의 25시', '아버지와 아들', '억새풀', '백범일지', '반민특위' 등 수많은 문제작과 명작들을 만들어낸 작가였다. "붓을 꺾을지언정 곡필은 할 수 없다"고 했던 그는 '제1공화국' 집필 중에 안기부에 끌려가 압력을 받았고, '거부실록'과 '야망의 25시'는 재벌의 압력으로 중단되었다. 이처럼 MBC와 인연이 깊은 작가였지만 정작 그의 죽음에 MBC는 침묵했다. 모든 조간과 석간신문들이 일제히 부음기사를 실었고 동아일보는 특히 '정경드라마의 개척자'라는 부제를 달아 김기팔의 약력을 박스기사로 냈건만 외압을 견디지 못하고 땅을 하차시켰던 MBC는 김기팔의 죽음에도 끝내 예의를 갖추지 못했다.[416]

다시 일어선 MBC노조

권부의 오만과 독선은 국민의 저항을 불러일으키기 마련이었다. 거리는 시위하는 학생과 시민으로 넘쳐났다. 1991년 땅의 종영을 이틀 앞둔 4월 26일 명지대 학생 강경대가 시위 도중 백골단의 쇠파이프에 맞아 숨졌다. 시위 현장은 격렬해졌다. 사건 다음 날 노태우 대통령은 안응모 내무부 장관을 경질했다. 그러나 대통령의 사과와 책임자 처벌을 요구하는 학생들의 시위는 계속되었고, 학생, 노동자, 사회운동단체 간부 등이 하루가 멀다 하고 분신해 사망하거나 경찰의 구타로 숨졌다. 4월 29일 전남대생 박승희, 5월 1일 안동대생 김영균, 5월 3일 가천대생 천세용, 5월 8일 전민련 사회부장 김기설, 5월 10일 노동자 윤용하 등이 잇따라 분신했고, 5월 25일에는 성균관대생 김귀정이 경찰의 진압을 피하다 압사 사고로 사망하였다. 강경대 학생의 사망 후 약 두 달 간 시위 도중 분신 또는 의문사 등으로 사망한 사람이 무려 13명이었다. 검찰은 "분신의 배후 세력이 있다"는 박홍 서강대 총장의 주장을 신호탄으로 전국민족민주연합(전민련) 총무부장 강기훈이 분신한 김기설의 유서를 대필했다며 자살방조와 국가보안법 위반 혐의로 구속했다.

처참한 분신 정국 속에서 회사와의 대화도 파업 투쟁도 막혀버린 MBC노조 집행부는 5월 1일 노동절을 기해 여의도MBC 1층

'민주의 터'에서 무기한 철야농성에 들어갔다. 그러나 해결의 가닥은 보이지 않았다. 농성 초기에 비상한 관심을 보이던 조합원들도 농성이 장기화되자 일상으로 돌아갔다. 해가 가고 1992년 새해가 되자 회사는 농성장을 강제 철거했다. 노조의 약세를 정확하게 파악한 회사의 도발이었다. 장장 9개월 동안의 철야농성은 그렇게 막을 내렸다. 투쟁도 대화도 할 수 없는 진퇴양난에 빠진 노조 집행부는 1992년 1월 여의도 소재의 최상일 부위원장 집에서 밤샘 토론을 벌인 끝에 위원장이 일단 물러나고 직무대행 체제로 전환하기로 결의했다. 회사가 해고된 위원장의 대표성을 빙자해 대화를 거부하는 현실에서 노조가 할 수 있는 일은 아무것도 없었기 때문이었다. 직무대행 체제로의 전환은 이러한 사측의 간교한 기도를 피해 회사를 대화 테이블로 끌어내기 위한 고육지책이었다. 직무대행 체제가 회사의 힘에 밀려 노조 스스로 원칙과 법리를 저버리는 것이라는 반대 의견도 있었지만 결국 그 방안 외에 다른 대안이 없었다. 직무대행 체제로 전환한 후 회사가 대화를 거부할 명분은 그 어디에도 없었다. 그럼에도 불구하고 회사는 차일피일 미루며 시간을 끌었다. 하지만 노사 간 대화를 계속 거부할 수는 없는 노릇이었다.

1992년 4월 마침내 단체협상의 시작을 알리는 노사 상견례가 열렸다. 2년 반 만에 이루어진 대화의 자리였지만 대화는 답보 상태였다. 이 단체협상에서 노사는 무려 38차례의 공식 교섭을 가졌지만 접점은 찾아지지 않았다. 왜곡된 노사관, 측근들의 과잉 충성, 극도의 경직성 등 적폐의 요소만이 MBC의 논의 구조를 온통 차지하고 있었다. 양심과 자율의 소리는 묵살되고 합리는 외면당했으며 저급한 힘의 논리만이 유일한 대응책으로 존중되었다. 이러한 상황에서 파업은 필연적이었다.

당시 방송사는 공공사업장으로 분류되어 노동위원회의 강제 중재로 사실상 합법적인 파업은 불가능했다. 노조가 쟁의발생신고를 한 뒤 첫 조합원 총회가 열린 날, 여의도 MBC 1층 '민주의 터'는 3백여 명의 조합원들로 가득 찼다. 노조를 잊지 않고 모여든 조합원들에 감개가 무량했던지 이채훈 홍보부장은 다음 날 나오는 쟁의특보에 "조합원 여러분 고맙습니다. 집행부는 밤새 울었습니다"고 썼다.[417]

1992년 9월 2일 MBC노조는 무기한 전면 파업에 돌입했다. 파업에 즉각 돌입하지 말고 회사를 압박하는 협상 카드로 활용하자는 제안도 있었지만 그것으로 타협할 경영진이 아니었다. 파업 집회의 사회는 정찬형 제작민실위 간사와 손석희 대외협력부장, 그리고 심재철 조합원이 번갈아 가면서 맡았다. 출정식은 성황리에 끝났고 싸움은 시작되었다. 그 싸움의 상대는 MBC 경영진이 아니라 그 뒤에 버티고 있는 거대한 정권이었다. 그 싸움이 얼마나 갈지, 싸움의 결과가 어떨 지에 대해서는 아무도 알 수 없었다. 다만 그것이 옳은 일이고 노조가 선택할 수 있는 유일한 길이었음은 모두 알고 있었다. 예측한 대로 파업은 장기화됐고 터널의 끝은 좀처럼 보이지 않았다. 두 차례나 집행 간부들에 대한 검찰의 강제 구인이 시도되었고 경찰 난입은 임박해 있었다. 노조 쟁의대책위원회는 경찰 난입에 대비해 비상대책위원회를 구성하고 비밀리에 정기평 초대 노조위원장과 김형철 보도민실위 간사에게 각각 비대위원장과 사무국장을 맡아 줄 것을 당부했다.

파업돌입 후 꼭 30일째 되는 1992년 10월 1일은 '국군의 날'로 휴일이었다. 이날 쟁의대책위원장은 여의도에 소재한 한 호텔 커피숍에서 권영길 언노련 위원장과 이부영 민주당 MBC사태 조사단장을 만났다. 이 자리에서 이부영 단장이 뜻밖의 제안을 했다. 이 정도에서 파업을 접고 업무에 복귀하라는 것이었다. 권 위원장도 이 제안을 거들었다. 쟁의대책위원장은 잠시 놀라긴 했지만 당시 MBC파업을 적극 지지했고 지원을 아끼지 않았던 권영길 위원장과 이부영 단장의 제안을 이해할 수 있었다. 그것은 오랜 경험과 정확한 정세판단에서 나온 것이었으며 무시할 수 없는 제안이었다. 이부영 단장의 다음과 같은 상황 설명은 설득력이 있었고 부정하기 어려웠다.

> MBC노조가 지금까지 싸운 것만도 큰 성공이다. 조합원들의 사기가 절정에 달해 있고 투쟁의지가 강고하다. 지금 파업을 접어도 조합원들은 지도부를 이해할 것이다. 내일은 파업 한 달째로 상징적인 날이고 국가 공권력의 명분도 있어서 내일 경찰력이 투입된다. 경찰력이 MBC를 짓밟으면 그 후의 시나리오는 암울하다. 지도부가 구속되고 파업 대오는 흐트러진다. 그 이후의 싸움은 지리멸렬로 갈 가능성이 크다. 그렇게 될 경우 지금까지 잘 싸워 왔던 노조의 조직이 와해될 수도 있다. 동아투위 경험을 보았을 때 조직이 와해되면 아무것도 할 수 없었다. 차라리 지금 파업을 접고 최고조로 올라와 있는 현재의 단결력과 투쟁력을 내부 투쟁으로 이어가면 나름 공정방송의 큰 결실을 얻을 수 있을 것이다.

당시 MBC파업의 처리 문제를 놓고 그 뒤에서 진두지휘하는 권력 실세들이 있었다. 최병렬 노동부장관, 손주환 공보처장관, 박정희 정권 당시 정무수석을 했던 유혁인 등이었다. 이들은 당시 MBC파업을 처리할 실질적 결정권자들이었다. 이부영 단장의 경찰력 투입 정보는 이들로부터 나온 것인 만큼 확실한 것이었다.

그러나 쟁의대책위원장은 양인의 제안을 거절했다. 한 달 가까이 진행되어 온 파업은 절정에 달했고 다소 피로한 기색이 있기는 했지만 조합원들의 투쟁 의지는 충만해 있었다. 경찰력 진입 후의 상황이 어떻게 전개될 것인가? MBC조합원들은 운동권도, 호전적인 싸움꾼도 아니었다. 공정방송의 의지와 동료애와 건강한 상식을 가졌지만 치열한 취업 경쟁에서 선택된 기득권층이기도 했다. 하지만 위기적 상황과 희생을 경험하면 의식이 더 단단해질 수 있는 건강한 조합원들이었다. 경찰력 난입은 MBC 구성원들의 투쟁성을 고양시키고 그 진가는 이후 프로그램 투쟁에서 발휘될 수도 있었다. 게다가 한 달 간의 투쟁에서 빈손의 업무 복귀는 패배 의식을 키울 것은 분명했다. 비대위도 구성되어 있었다.

이부영 단장의 예고는 정확했다. 다음 날인 10월 2일, 1,600여 명의 경찰이 MBC에 난입했다. 경찰은 MBC 1층 민주의 터에서 조합원들을 해산시키고 노조 집행 간부들을 강제 구인했다. 조합 사무실의 컴퓨터, 프린터 등 모든 기물과 서류가 압수되었다. 민주의 터는 아수라장이 되었다. 사복 체포조의 고함, 여성 조합원들의 비명이 들렸다. 연행되지 않으려 몸부림치는 조합원, 혼란 속에서 경찰 난입 현장을 담기 위해 카메라 셔터를 누르는 조합원, 경찰 투입을 유도한 회사를 향해 항의하는 조합원도 있었다. 조합원들이

"단결! 단결!" 하는 구호를 외쳤다. 변창립 아나운서의 피아노 반주와 함께 조합원들은 "우리 승리하리라We shall overcome"를 합창했다. 한 무리의 조합원들이 어깨동무를 하고 반주에 맞춰 노래를 했다. 우리 승리하리라! 우리 승리하리라![418] 집회를 이끌던 사회자도 없었고, 지도부도 없었다. 누구의 지시나 명령도 없었다. 분노와 회한과 치열한 투지로 뭉쳐진 조합원들의 자발적인 모습이었다.

경찰력 난입으로 집행 간부 7명이 집회 현장에서 체포 구속되었고, 현장을 빠져나간 최중억 교섭쟁의부장, 이도윤 조합원, 심재철 조합원은 수배되었다. MBC노조의 파업은 일단 수습이 된 듯 보였다. 하지만 투쟁의 불꽃은 휴화산처럼 잠재해 있었을 뿐이었다. 경찰력 난입 후 노조는 다시 정기평 비대위원장과 김형철 사무국장을 중심으로 치열한 장외투쟁에 돌입했다. MBC노조는 그렇게 20일을 더 싸웠다. 그리고 회사와의 협상을 통해 대타협을 이루고 당당하게 현장에 복귀했다. 합의 사항이 노조의 요구를 충분히 담은 것은 아니었다. 그러나 싸워서 얻었다는 것, 노조를 지켰다는 것, 패배하지 않았다는 것 등등은 조합원들의 사기를 북돋우기에 충분했다.

선거보도감시연대회의의 활약

한겨레신문의 창간은 민언협의 운동 주체와 운동의 전략이 바뀌는 전환점이 되었다. 1984년 창립부터 민언협의 운동 주체는 동아투위, 조선투위, 80년해직언론인협의회 등 언론인 출신들이었다. 그런데 1988년 한겨레신문 창간과 함께 이들 중 상당수가 한겨레신문으로 옮겨간 상황에서 민언협은 운동 주체의 전환이 불가피해졌다. 송건호 초대 의장 후임으로 민언협을 이끌게 된 정동익 2대 의장은 '자유언론'을 주요 목표로 한 언론종사자 중심에서 '언론민주화'에 방점이 찍힌 언론사용자 중심으로 운동의 주체와 전략을 바꾸었다.

바뀐 민언협이 가장 먼저 천착한 것은 언론교육이었다. 민언협은 1991년 11월 언론학교를 열어 독자와 시청자가 언론의 실상과 기능과 역할 등을 제대로 알 수 있도록 언론교육을 실시했다. 민언협은 1년에 4회씩 언론학교 수료생을 배출하고 '모니터 교실'을 열어 전문적인 언론 모니터 요원을 양성하면서 언론사용자들 스스로 독자적인 언론운동을 할 수 있도록 주도해 나갔다. 모니터 요원들은 전현직 언론인을 비롯해 언론 연구자, 사무전문직 노동자, 주부, 청년학생 등 다양한 직업과 연령으로 구성되어 있어 언론민주화를 열망하는 의식 있는 언론사용자 조직의 중심이 되었다. 언론사용자운동은 지역에서도 활발하게 일어났다. 1992년 10월 광주·전남 민주언론운동협의회가 창립되었고, 부산, 대구, 대전에서도 시민언론운동 단체들이 등장했다. 광주와 마산에서도 언론학교가 개설되어 지역 언론사용자운동의 토대가 되었다.[419]

한편, KBS 시청료거부운동으로 방송에 대한 시청자들의 관심은 더욱 높아졌다. 시청자들은 TV를 '바보상자'라고 경시하던 수동적 태도에서 시청료를 지불하는 권리자로서의 능동적 태도로 바뀌었다.

그리하여 KBS시청료거부운동에 참여했던 YMCA, YWCA, 여성

단체협의회, 연성민우회, KNCC언론대책위, 민언협 등의 시민단
체들과 한국사회언론연구회, 한겨레비평모임 등 언론사용자단체
들은 적극적으로 언론을 감시할 수 있는 기구의 필요성에 의기투
합했다. 특히 1990년 1월 거대 여당의 출현 후 KBS노조의 4월 투
쟁, 방송법 날치기, 민영상업방송 SBS의 출범 등은 방송 감시의 필
요성을 증대시켰다. 이런 인식 속에서 1992년 3월 총선과 12월 대
선을 맞아 공정선거 실현을 위해 언론감시가 절대로 필요하다는
공감대가 형성되었다.[420]

총선 한 달여 전인 1992년 2월 민주언론운동협의회, KNCC언론
대책위, 여성민우회, 한국사회언론연구회, 중앙언론연구회 등 5개
단체는 정동익 민언협 의장을 상임대표로 선거보도감시연대회의
(선감연)를 결성하고 본격적인 선거보도 감시 활동을 펼쳤다. 여기에
는 각 단체에 소속되지 않은 개별 인사들도 참여했다. 그리하여 선
감연은 2월 20일부터 투표일 하루 전인 3월 23일까지 신문, TV, 라
디오의 선거관련 보도 및 프로그램을 모니터해 총 23회의 보고서
를 작성했다.[421]

선감연 활동은 보고서 작성에만 머물지 않았다. 선감연은 〈선거
보도감시〉라는 제호의 신문 30만부를 제작하여 배포하는 한편, 거
리 캠페인을 벌여 시민들에게 언론의 실상을 알렸다. 선감연의 모
니터 활동은 언론사용자운동을 위한 다양한 부수적 성과를 거두었
다. 그 동안 모니터 활동은 각 단체별로 산만하게 이루어져 큰 시
너지 효과를 내지 못했다. 그러나 여러 단체가 결합한 선감연 활동
은 집중적이고 조직적인 모니터 활동을 통해 의미 있는 결과물을
만들어냈고, 언론 선거보도에 파문을 일으켰다. 또한 이 활동을 통

해 전문성을 키우고, 현역 언론인들과 소통하면서 언론사의 작동 방식을 이해하게 되는 등 부수적 성과도 얻을 수 있었다. 처음으로 독자와 시청자에 의해 이루어진 선감연 활동은 향후 자주적이고 독립적인 언론사용자운동의 디딤돌이 되었다.

선감연은 연말에 있을 대통령선거의 본격적인 보도감시 활동을 위해 1992년 9월 재출범했다. 선감연은 모니터활동 외에도 보고서 발간, 언론사 항의방문, 항의전화, 심포지엄 등 다양한 사업을 벌였다. 가톨릭매스콤위원회와 불교언론대책위원회가 가세하여 조직력이 보강된 선감연은 모두 74차례의 보고서를 작성 배포했다. 또한 홍보소식지 '선거보도감시'는 "언론 알고 봅시다"라는 팜플렛과 함께 140만부가 뿌려졌다. 이 밖에도 선감연은 항의용 '언론사 전화첩' 발간, 언론문화공연, 심포지움, 강연, 언론사 항의방문 등 다양한 활동으로 언론사용자운동의 지평을 넓혔다.[422]

특히 민언협은 전국연합, 국민회의, 전대협, 언론지키기천주교모임 등과 함께 언론감시단을 구성하여 언론사 항의방문, 선거관리위원회·방송위원회·정당 등에 TV토론 촉구, 거리홍보 등 언론운동을 주도적으로 전개했다. 이러한 교육 및 감시 활동은 언론사용자들로 하여금 언론에 대한 객관적 안목과 비판의식을 갖도록 했다. 또한 언론사용자들은 언론사 노조의 언론개혁투쟁에 결합하면서 자연스럽게 언론인들과 소통할 수 있는 계기를 만들었다. 이러한 언론사용자운동의 발전은 언론사 노조에 큰 힘이 되었고 권력과 재벌의 눈치를 봐야 하는 언론계 상층부의 인사들을 견제하는 효과를 발휘했다.[423] 선거보도감시 활동은 이후 선거 때마다 치르는 연례 행사가 되어 언론의 선거보도를 감시하는 일상적인 운동으로 정착되었다.

언론권력의 등장

초원복국집 사건과 조선일보의 '사술詐術'

1992년 14대 대통령선거는 김영삼과 김대중 양김이 맞붙은 영호남 최대의 결전장이었다. 그러니만큼 언론도 지역감정을 자극하는 보도를 최대한 경계했고, 언론사 노조나 선거보도감시연대회의(선감연), 공명선거실천시민협의회(공선협)와 같은 시민사회단체들도 지역감정을 부추기는 기사를 언론 감시의 주요 항목으로 정해 놓고 있었다.

그런데 대선을 일주일 앞둔 12월 11일 선거판을 뒤흔든 사건이 발생했다. 부산의 기관장들이 부산의 '초원복국집'에 모여 지역감정을 부추기기 위한 모의를 한 것이 고스란히 녹음되어 세상에 알려진 것이다. 이 기관장 모임에 참석한 사람은 김영환 부산시장을 비롯해 부산지방경찰청장, 안기부 부산지부장, 기무부대장 등 9명으로 모두 선거를 공정하게 관리해야 할 책임이 있는 부산지역 기관장들이었다.

김동길 국민당 선거대책위원장은 12월 15일 기자회견을 열어 기관장들의 대화 내용을 폭로하면서 관련 녹음테이프와 사진을 증거물로 제시했다. 녹음테이프에는, 김기춘 전 법무부장관이 "우리가 남이가"라면서 "이번에 김대중이나 정주영이가 어쩌고 하면 부산

경남 사람들 영도다리에 콱 빠져 죽자. 하여튼 민간에서 지역감정을 좀 불러일으켜야 돼"라며 지역감정을 부추기고 각 기관장들은 맞장구치는 장면이 고스란히 들어 있었다. 김기춘의 발언은 승패에 눈이 먼 나머지 노골적으로 지역감정을 부추긴 패륜적 선거부정행위였다.

석간신문인 동아일보는 김동길 선대위원장의 기자회견 당일 이와 관련된 기사를 내놓지 못하다가 다음 날이 되어서야 관련 기사를 쏟아냈다. 기사 송고 시간 때문인지, 분명한 입장을 못 잡았기 때문인지, 의제의 경중을 판단하지 못했는지, 외압이 있었는지, 동아가 당일 이 기사를 놓친 것은 참으로 이상한 일이었다.

다음 날 동아는 1면에 '부산기관장 회의 파문 확산', '민주·국민당 노 대통령 사과·현 총리 사임 요구', '지역감정 조장 용납 못한다', '선거 뒤 탄핵·법정투쟁 밝혀' 등의 기사를 올렸고, 2면에는 '부산 기관장대책회의 대화록', 3면에는 '중립 실종 경악… 충격… 분노', '부산기관장회의 정관가 파문' 등의 기사와 함께 민자당, 민주당, 국민당의 입장을 각각 실었고, '이것이 중립인가', '국민이 감시자가 되어야 한다'라는 두 개의 사설로 '기관장 모임'을 강하게 비판했다.[424]

그러나 16일 아침 조선일보는 이 사태의 본질을 뒤집어엎기 위해 편집기술을 총동원한 지면을 내놨다. 조선은 관련 사실을 '국민당 주장'이라는 단서를 붙여 중립적이고 객관적인 척 무미건조하게 보도했다. 반면, 노태우정권이 기관장 회의 관련자들에 대해 단호한 조치를 내렸다는 기사는 1면 머리에 올려 노태우 정부의 정치적 중립을 한껏 키웠다. 게다가 관점을 '폭로비방'에 맞추면서,

선거비리 기획기사를 통해 이 사건 또한 여러 폭로비방전 중 하나인 것으로 치부함으로써 사건의 물타기를 시도했다. 또한 사설을 통해 "김기춘 전 법무부장관의 초대에 응한 회동이었을 수도 있다"고 방어막을 치면서 '공식 모임'이 아닌 '사적 모임'을 암시하는 논조를 폈다.[425] 12월 18일자 조선일보 사설은 '지역감정 자극 발언'은 제쳐놓고 아예 '도청'에 초점을 맞춰 이 사건을 '통신비밀보호법 위반'이라는 '심각한 범죄'로 몰고 갔다. 명백한 '관권부정선거사건'을 '도청사건' 프레임으로 완전히 뒤집은 것이다. 이처럼 조선의 편집상의 '사술'과 '속임수 논조'로 사건은 김영삼 후보에 대한 영남 유권자들의 지지율을 높여 김영삼 후보에게 오히려 유리한 결과를 만들었다. 실제로 이 사건 직후 한국갤럽의 여론조사에서 김영삼 지지율은 부산 경남에서 1.7퍼센트 포인트가, 대구 경북에서는 5.6퍼센트 포인트가 올랐다.[426]

언론권력의 등장

1992년 대통령선거는 언론권력을 실증해준 계기가 되었다. 1987년 민중의 힘으로 대통령직선제가 도입되었지만 언론이 여론을 좌지우지한다면, 대통령선거는 국민의 의지와 관계없이 언론에 의해 결정될 위험이 크고, 그것은 대통령 선출권을 여론시장을 독과점한 몇몇 언론의 손에 쥐어준 것이나 다를 바 없는 것이었다. 실제로 1992년 대선은 '초원복국집 사건'이 증명해주듯 보수언론의 영향력이 여론에 크게 반영되었던 선거였다. 권력의 지배로부터 벗어나 자유를 얻은 수구족벌신문들은 자신들의 입맛에 맞는 정권을 세우기 위해 언론권력을 유감없이 휘둘렀다.

대선에서 세 번째 패배한 김대중은 대통령선거 다음 날인 1992년 12월 19일 "저에 대한 모든 평가를 역사에 맡기고 조용한 시민생활로 돌아가겠다"며 정계 은퇴를 선언했다. 김대중의 은퇴 선언에 대해 조선일보는 "당도 광주도 국민도 목멘 고별, 거인 퇴장하다"라는 제목의 기사를 사회면 머리에 싣고 김대중에게 연민의 찬사를 보냈다. 그것은 마치 전쟁에서 살아남은 승자가 죽은 패자의 영혼을 떠나보내는 추모사와도 같았다.

조선일보의 이러한 김대중 찬사는 매우 낯설고 납득하기 어려운 일이었다. 사상 공세부터 시작해서 지역주의의 화신, 거짓말쟁이 등 1971년 박정희와 맞붙은 대선 때부터 20년 넘도록 조선일보가 김대중에게 가한 언어적 폭력과 조롱은 정신적 고문에 비견될 정도로 가혹했다. 그래서 조선일보의 느닷없는 찬사는 김대중의 정계 은퇴에 쐐기를 박는 '확인사살'의 성격을 띠고 있다는 느낌을 지울 수 없었다. 김대중은 그의 정치 인생에서 패배의 쓴 잔을 마실 때마다 보수신문이 파놓은 무덤 속에서 수차례 정계 은퇴를 선언하지 않을 수 없었고 또 수차례 번복했다. 보수신문은 그 때마다 그를 거짓말쟁이로 공격했고 국민은 그를 불신했다. 양김의 분열로 천재일우의 민주화 호기를 놓쳤을 때는 실제로 국민을 아프게 했던 것이 사실이었다. 그때마다 조선일보는 그의 실패를 조롱했고 그에게 정계 은퇴를 부추겼으며 그가 정치를 재개할 때마다 그의 아킬레스건을 건드린 대표적 언론 중의 하나였다.

일제 강점기에는 친일 행각으로 권력을 누렸고, 해방 후에는 좌파 사냥으로 어두웠던 과거를 지우면서 독재와의 동침으로 힘을 축적한 조선일보는 바야흐로 대통령을 퇴진시킬 수도 있고 창출할 수도 있는 킹메이커가 되어 명실상부한 '밤의 대통령'이라는 호칭을 얻게 되었다. 선택되지 않은 언론권력의 탄생이었다.

노태우정권 시대 언론운동의 성격

노태우정권 시대의 언론운동은 들불처럼 일어난 언론노동자들의 노동조합 설립에서부터 시작되었다. 1987년 민주대항쟁의 세례를 받은 언론노동자들은 신문, 방송 가릴 것 없이 노조설립에 나섰다. 신문보다 비교적 안정된 경영 여건 속에 있었던 방송노조는 복지보다는 방송독립과 공정보도에 집중했다. 군부독재 시대 권부의 시녀 노릇을 했던 방송노동자들은 치욕스런 자신의 과오를 반성하면서 무노무임, 징계, 투옥 등을 감수하며 방송독립을 위해 싸웠다. 그 투쟁의 과정은 승패에 관계없이 언론노조운동의 경험으로 축적되었고 언론노동자의 의식을 진전시켰다.

이에 비해 좀처럼 사주의 제약에서 벗어나기 어려웠던 신문노조는 노조 활동이 복지에 초점이 맞춰졌다. 신문노조가 처음부터 편집권 독립이나 공정보도 활동을 소홀히 한 것은 아니었다. 초창기의 신문노조는 공정보도를 위한 협의기구나 제도적 장치를 마련하는 과정에서 사측과 충돌도 잦았고 일정한 성과도 이룩했다. 그러나 신문시장이 증면 경쟁에 휘말리면서 신문노조는 극도의 자사이기주의에 빠져버렸다. 신문노조의 관심은 업무 폭주에 대한 대응, 임금, 근로조건 등에 집중될 수밖에 없었지만, 신문전쟁의 위기 속에 이마저도 성과를 내기 어려웠다. 군사독재 시절 방송과 달리 그나마 쓴 소리라도 냈던 신문 노동자들은 민주화 이후 강력한 사주의 영향 하에 들어가면서 독재 시절보다 나아진 것이 별반 없었다.

민주화 이후 언론은 자유를 얻었지만 그것은 언론자본의 자유요 언론사 사주의 자유이지 언론인의 자유는 아니었다. 군부독재의 통제에서 벗어난 언론사 사주들은 아무런 견제 세력이 없는 무소불위의 권력이 되었다. 그들은 과거 자유를 유린했던 수구보수정권과 손을 잡았고, 정치권력과 자본 권력에 대한 감시와 견제를 포기한 채 편향된 길을 걸으며, 주체하기 어려운 권력을 마구잡이로 휘둘렀다. 그 속에서 언론노동자들은 어느 새 사주의 말에 귀를 기울이고 사주의 의견에 동조하며 사주의 생각을 살피는 사주의 시녀가 되어 있었다. 언론노동자들의 이러한 모습은 일찍이 언론인 천관우가 언급했던 연탄가스 중독 현상과 유사했다. 이런 현실에 대해 언론인 김중배는 1991년 9월 동아일보를 떠나면서 "언론은 이제 권력과의 싸움에서 보다 원천적인 제약 세력인 자본과의 힘겨운 싸움을 벌이지 않으면 안 되는 시기에 접어들었다"고 선언했다. '김중배 선언'에서 '자본'은 언론자본인 사주를 의미하기도 했고 광고를 통해 언론을 통제하는 기업자본이기도 했다.

정치권력의 나팔수 노릇을 했던 언론은 국민이 피를 흘려 얻은 자유를 너무도 쉽게 권력화의 수단으로 이용하였다. 언론은 자본권력과 정치권력을 넘나들면서 야합과 검은 거래를 통해 언론권력의 몸집을 부풀렸다. 이러한 언론과 정치권의 야합은 한국의 정치와 언론을 모두 수렁에 빠뜨렸다. 1992년 대선 당시 'YS장학생'으로 일컬어지는 폴리널리스트들이 만연한 것은 그 좋은 사례였다.

3당 합당은 과거 민주와 반민주로 대립되었던 정치 지형을 진보와 보수로 갈랐다. 이러한 편가르기는 1987년 이후 이 땅의 민주화가 절차적 민주주의에 머물면서 더 이상 진전되지 못하고 있는 가장 큰 원인이 되었다. 노태우 대통령은 그의 회고록에서 언론에 대해 다음과 같이 술회했다.

> "언론은 장악할 수도 없고 장악하려고 시도해서도 안 된다"는 6·29선언 제5항만큼 내가 명심했던 말도 없었을 것이다. 언론인들과 야당에 대해서 최대의 자유를 준 것은 나였고 그들로부터 가장 혹독한 비판을 받은 것도 나였다. (…)
> 나는 언론자유가 민주화의 견인차라고 생각했다. 언론자유는 모든 자유를 자유케하는 자유의 어머니라고 한다. 내 재임 기간 중 언론의 자유는 획기적으로 신장되었다.[427]

실제로 노태우는 6·29선언에서 언론기본법의 개정 또는 폐지, 지방주재 기자 부활, 프레스카드제 폐지, 증면 등 언론의 자율성 보장 등을 약속했고, 이러한 선언의 내용은 외형적으로는 상당 부분 실행에 옮겨졌다. 그러나 독점자본의 언론 진출을 장려하면서 기존의 언론 독점 구조를 온존시키고 그를 통해 자사이기주의를 부추기고 노조의 힘을 약화시켰던 것이 노태우정권 언론 통제의 실상이었다.[428] 따라서 언론에 대해 노태우 대통령이 가지고 있는 생각과는 별개로 "재임 기간 중 언론의 자유가 획기적으로 신장되었

다"는 노태우의 말은 정치인이 얼마나 태연자약하게 거짓말을 할
수 있는지를 여실히 보여주었다.

10   문민정부 시대의
언론운동

개혁 발목 잡는 수구언론들

금융실명제가 불편한 수구족벌신문들

1993년 2월 25일 문민시대의 막이 올랐다. 대통령 김영삼은 '신한국'을 약속했다. 투박한 영남의 악센트였지만 그의 입에서 흘러나온 신한국의 꿈은 그를 반대했던 유권자들까지도 혹하게 할 만한 것이었다. 그는 '정의가 강물처럼 흐르는 사회', '인간의 품위가 존중되는 나라', '새로운 문명의 중심', '모범적인 민주공동체', '민주와 번영이 넘쳐 흐르는 나라'를 약속했다. 신한국은 '갈라진 민족이 하나 되어 풍요롭게 사는 통일조국'이요, '누구나 신바람 나게 일할 수 있는 사회'이며, '우리 후손들이 이 땅에 태어난 것을 자랑으로 여길 수 있는 나라'였다. 그것이 이룰 수 없는 망상이라 한들 누가 이를 거부할 수 있을 것인가.

집권 초 대통령 김영삼의 각오는 결연했고 거칠 것이 없었다. 그는 이루기 힘든 난제들을 과감하게 해결했다. 김영삼은 고위 공직자 재산 공개를 위해 솔선수범했다. 그는 취임 3일 째인 1993년 2월 27일 자신의 재산을 먼저 공개했고, 이어서 딸의 대학 특혜 편입, 그린벨트 훼손 등으로 물의를 빚은 비리 장관들과 서울시장을 해임했다. 이후 재산 공개는 여론의 물살을 타고 일사천리로 진행되었다. 장관급 29명과 수석비서관급 11명이 재산을 공개했고 민자당도 정당사상 처음으로 소속 의원 전원과 원외 당무위원 등 161명의 재산을 일괄 공개했다.[429]

5월 들어 김영삼은 군부 내 사조직인 하나회를 일거에 뿌리 뽑아 암적 존재였던 정치군인들을 척결했다. 8월에는 '금융실명거래 및 비밀보장에 관한 대통령 긴급 재정경제 명령'을 전격 발표해 금융실명제 시대를 열었다. 법의 개정은 논란과 시간이 지체되므로 대통령 긴급명령으로 대신했다. 김영삼은 "금융실명제는 신한국 건설을 위해 그 무엇보다도 중요한 개혁 중의 개혁이며 개혁의 중추이자 핵심"이라고 강조했다.[430] 정치인 김영삼 특유의 전광석화와 같은 방식이 개가를 올린 것이다.

그러나 보수의 대표 언론 조선일보는 금융실명제에 대한 불편한 시각을 노골적으로 드러냈다. 조선일보는 "과연 긴급사태였나"라며 위헌성 논란을 지적했고,[431] "금융실명제 실시에 따른 일반 국민의 불안감과 불편함이 여전히 계속되고 있는 것은 우려할만한 일"이라고 불평했다.[432] 김대중 주필은 8월 22일자 기명칼럼에서 "김

대통령은 말하자면 기득권층, 보수계층, 가진 자, 현실 유지파들의 표에 의해 집권이 가능했다는 것을 부인할 사람은 없을 것"이라고 전제하고 "국민들은 새 정부, 새 대통령의 일련의 정책이 과연 어디까지를 다룰 것이며 어떻게 어떤 방법으로 추진돼서 궁극적으로 무엇을 목표로 한 것인지에 관심을 갖게 된다"고 주장했다. 김대중 주필이 보수의 시각을 분명하게 드러낸 것까지는 뭐라고 할 게 못되었지만, 사례로 들었던 기득권층, 가진 자 등을 '국민'으로 일반화한 것은 정직하지 않은, 뻔뻔하고 기만적인 주장이었다.

동아일보는 금융실명제의 전격 실시를 일단 환영했다. 동아는 13일자 사설 '금융실명제의 전격 실시'에서 "사실 금융실명제를 언제 어떤 방법으로 한다는 구체안은 미리 발표하기가 어렵다. 이에 따라 자금 흐름이 달라지며 경제 전반이 타격을 받기 때문이다. 이것은 곧 금융실명제의 실시가 전격적일 수밖에 없는 한계를 드러낸다. 물론 갑작스러운 조치의 부작용은 감내해야 한다"면서 금융실명제 전격 실시의 불가피성을 강조하고 "이번 조치는 어떤 의미에서는 한국경제, 나아가 정치·사회·문화 등 모든 분야를 망라한 '한국'이라는 조직사회에 일대 변화를 가져올 획기적인 것"[433]이라고 의미를 부여했다. 그러나 시간이 흐르면서 동아의 태도 또한 달라지기 시작했다. 동아는 8월 26일자 사설 '저성장의 타성이 두렵다'에서 "금융실명제가 전격 실시된 지난 8월 12일 이후 경제회복에 대한 일반의 믿음이 많이 훼손됐다. 크게는 정책에 대한 신뢰훼손에서 실명제 실시 후유증에 이르기까지 국민들의 마음이 정처를 잃고 있다. 경제를 하려는 국민들의 사기 저하가 심하다"[434]고 노골적인 불만을 토로했다.

조선일보와 동아일보는 일부 기득권층에게는 '전통적인 보수정론지'로 추앙을 받지만 다른 한편으로는 '수구족벌신문'으로 악명을 날리는 신문이었다. 일제 강점기, 일제와 천왕에 온갖 아양을 떨며 살아남으려다가 끝내 버림받았던 신문, 두 차례의 군부독재에 힘입어 분에 넘치는 성장을 이룩한 신문, 독재에 부역하며 허위와 왜곡과 날조로 수많은 민주 인사들을 억압했던 신문, 그 억압받던 민주 인사들의 생명과 피로 이룩된 민주화를 당당하게 누리며 권력의 한쪽 귀퉁이를 차지하게 된 신문, 그것이 조선과 동아였다. 그랬던 조선과 동아가 문민 시대를 맞아 정치권력 위에 군림하며 정권에 훈계를 하는 오만방자한 위치에까지 오르게 된 것이었다.

남북관계에 대한 조선일보의 태도

1994년 3월 북한이 핵확산금지조약NPT을 탈퇴한 이후, 조선일보는 하루가 멀다 하고 안보위기를 조장하는 기사를 남발해 남북 간 긴장과 위기를 조성했다. 그러나 조선일보의 이러한 노력은 북한 방문을 마치고 6월에 서울에 온 카터에 의해 완전히 물거품이 되어버렸다. 카터가 김일성이 제안한 남북정상회담 카드를 전달하자 국내 분위기는 완전히 반전되었다. 남북화해 분위기는 냉전과 안보장사로 영향력을 키워온 조선일보에게는 악재 중의 악재였다. 소비에트 연방과 베를린장벽의 붕괴로 냉전의 시대가 저문 지 오래지만, 마지막 남은 불화의 땅 한반도를 오랜 동안 유지하고 싶은 조선일보는 남북정상회담 이슈가 불편하기 짝이 없었다.

그러나 정상회담을 위한 예비 접촉이 진행되고 7월에 2박 3일

동안 평양에서 정상회담을 갖기로 일정까지 합의하기에 이르자 조선일보는 "좋은 결실 맺어 달라"며 덕담을 하면서도, 끝내 "김일성의 속셈을 조심하라"며 향후 일이 틀어졌을 때를 대비해 비판할 근거를 남겨놓았다.[435]

사실상 남북문제에 대해 널뛰기 정책을 남발했던 문민정부였지만, 남북정상회담이 성사된다면 그것은 정부수립 후 가장 중요한 역사적 사건으로 기록될 것임은 불문가지였으며, 정치인 김영삼에게도 더 없는 호기요 영광이 아닐 수 없었다. 그러나 김영삼의 정치적 운은 거기서 멈추었다. 1994년 7월 정상회담 준비로 남북이 분주한 상황에서 7월 7일 김영삼이 묵을 묘향산 초대소를 방문한 김일성은 저녁 식사 후 심장발작으로 쓰러져 다음 날 새벽 사망하고 말았다.

김일성의 갑작스런 사망에 국회 외무통일위원회 이부영 의원 등 민주당의 몇몇 의원들은 김일성 장례식에 정부가 조문 사절단을 보내자고 주장했다. 여기서 민자당을 비롯해 냉전시대의 케케묵은 학자들과 수구족벌언론이 고개를 들면서 유치하고 저열하기 짝이 없는 '조문정국'이 시작되었다. 조선일보는 '김일성의 속셈'의 꼬투리를 잡은 것은 아니었지만 무르익어가던 남북관계에 초를 칠 수 있는 호기를 잡은 셈이었다. 조선일보는 조문 사절단 발언에 대해 '우리의 정체성'을 운위하면서 공격에 나섰다.

(…) 우리는 46년 전에 공산치하에서 살기를 원치 않는 사람들이 모여 대한민국을 세웠다. 이것이 바로 우리의 정체성이다. (…) 김일성이 사망하자 일부에서는 조문 사절을 운운하는가 하면, 김이 마치 화해의

물꼬를 우리보다 먼저 선창해서 트려고 하다가 안타깝게 사망했다는
양 앞뒤를 바꾸어서 애도하고, 심지어는 새로운 정상회담의 성사를
위해서는 일체의 정당한 비판도 자제해야 한다는 식의 자아 상실증마
저 지도층 사이에까지 번지고 있는 느낌이다.[436]

북한 조평통은 "조문 환영"이라는 대남성명을 냈고, 재야단체와
대학가에서는 '김일성 추모 대자보'가 이곳저곳에 나붙었으며, 전
남대에서는 김일성 분향소가 발견됐다. 이런 상황을 보고만 있을
리 없는 민자당은 이를 즉각 정치 이슈화 해 '조문 사절단' 발언에
맹공을 퍼부었고, 공안검찰은 추모성명을 발표한 재야단체에 대해
수사에 나섰으며, 우익단체들은 "김일성 애도 세력 축출하라"는 규
탄성명을 발표했다.

공안정국이 조성될 때마다 빠짐없이 등장하는 서강대 박홍 총장
이 이번에도 나섰다. 박홍은 대통령과 전국 14개 대학 총장이 모인
오찬 회동에서 "주사파 뒤에는 사노맹이 있고 사노맹 뒤에는 사로
청, 사로청 뒤에는 김정일이 있다. (…) 학생들은 팩시밀리를 통해
지령을 직접 받고 있다"며 깜짝 주장을 터뜨렸다.[437]

사실상 박홍의 믿거나말거나식 주사파 발언은 때만 되면 약방의
감초처럼 나오는 것이어서 그렇게 놀랄만한 사건도 아닐뿐더러 그
때마다 아무런 검증 없이 지나가 일종의 가십성 기사에 지나지 않
았다. 그러나 조선일보는 호떡집에 불난 듯 청와대에서의 박홍 발
언에 대해 경천동지할 사건이나 난 것처럼 7월 19일자 1면 머리에
대서특필했다.

박홍의 주사파 발언은 또 한 번 세상을 어지럽혔지만 증거를 제

시하라는 요구에는 여전히 엉뚱한 궤변을 내놓았다. 조선은 7월 20일자 사설에서 "한마디로 운동권의 주도권은 NL(민족해방)계가 쥐고 있고 NL의 주도권은 주사파가 잡고 있다. 그리고 주사파는 범청학련 및 범민련 등 남북 주사파 통합조직을 매개로 해서 조선노동당 대남 담당자들의 직접적인 관장 하에 들어가 있다고 보아야 한다"고 주장하면서 "이 점은 박홍 서강대 총장의 증거가 있다는 주장으로도 뒷받침 된다"고 확언했다.[438] 박홍 발언의 증거를 대라는 주문에 박홍 발언 자체가 증거라는 언어도단의 논법을 제시한 것이다.

이처럼 조선일보의 태도는 민주화가 이룩된 대명천지에서도 과거 애먼 학생들을 간첩으로 몰아 때려잡던 군부독재 시절의 보도 태도에서 한 치도 달라지지 않았다. 수십 년을 안보장사로 살아왔던 수구 언론인들이 조선 내부의 헤게모니를 쥐고 있는 이상 이러한 조선의 태도는 바뀌기 어려웠다.

다시 발화發火한 신문전쟁

신문전쟁의 재 발화

1993년 1월 1일 동아일보의 김병관 회장은 신년사를 통해 '동아일보 조간 전환'을 선언했다. 이는 4년 전 한국일보가 월요판 발행으로 펼쳐졌던 신문전쟁이 다시 발화했음을 의미한 것이었다. 그동안 한국·조선은 조간, 동아·중앙은 석간으로 균형을 이루었던 신문시장은 동아의 조간 전환으로 독자확보, 광고시장, 신문판매 등에서 엄청난 폭풍을 몰고 왔다.

동아의 조간 전환은 광고 수주의 한계, 방송 시청으로 인한 열독률 저하, 교통체증에 따른 배달지연 등 나름 여러 가지를 고민했던 결정임에는 분명했다. 동아일보의 발표로 조선, 한국, 중앙은 증면을, 한겨레신문은 미뤄왔던 월요판 발행을 단행했다. 심지어는 경향도 수시 증면이라는 고육책을 내놓는 등 신문들은 돌이키기 힘든 증면 전쟁의 수렁으로 빠져들어 갔고 신문면수는 1988년 16면에서 5년 만에 두 배로 늘었다.[439]

언론노동자들은 막다른 골목에 다다랐다. 언노련은 '일요일을 되찾자'는 기치 아래 각 사 발행인들에게 월(일)요판 폐지와 일요휴무를 요청키로 결의했고, 신문협회도 회원사들에게 월 2회 이상 휴무와 지면 감면을 권고하기로 했다. 김영삼 대통령도 신문의 날에 주 1회 휴무를 권고했다. 이에 경향이 먼저 주 1회 휴간을 발표하고, 서울신문이 뒤를 따르는 등 주 1회 휴무 운동이 탄력을 받자 언노련은 "40퍼센트의 무가지가 쓰레기통으로 들어가고 있다"는 캠페인을 전개하고 조합원 서명 등 총력전을 펼쳤다. 이와 더불어 정부가 세무조사를 시사하자, 조·중·동·한 4개 신문사들도 어쩔 수 없이 월 2회 휴무에 들어섰다.[440]

1993년의 신문지면은 5년 전에 비해 두 배로 늘어난데 반해 기사 비율은 오히려 줄었으며 기사의 성격도 연예와 오락성 짙은 내용이 많아졌다. 이는 증면의 명분으로 내세웠던 '독자 서비스 개선'이나 '다양한 정보 제공'이라는 공약이 허울뿐이었음을 보여주는 것이었다. 조선, 동아, 중앙, 한국, 경향, 서울 등 6대 일간지의 5년 전 대비 광고 증가율은 무한경쟁을 주도한 신문일수록 높았다. 특히 조선과 동아는 광고량이 기사량보다 많아져 신문지인지 광고지인지 구분이 어려운 지경에 이르렀다.

물량의 뒷받침 없이 배짱만으로 치른 전쟁이 패망으로 가는 길임은 명약관화했다. 분수를 모른 채 무리한 도박을 감행했던 한국일보가 결국 두 손을 들게 된 것은 자업자득이었다. 한국일보는 1993년 12월 석간지 및 일부 잡지의 휴간, 코리아타임스의 기구 축소 등 경영합리화 방안을 노조에 통보했다. 대규모의 인원 정리까지 예고했으나 그것은 이듬 해 임금인상을 포기하는 것으로 맞바꿨다. 그러나 한국일보의 경영난은 여타 신문사들에게 각성이 아닌 기회로 작용할 뿐이었다. 이성을 상실한 나머지 신문사들은 제동 장치 없는 열차처럼 증면 경쟁에 박차를 가했다.

증면 경쟁의 파편은 결국 노조로 떨어졌다. 노조가 증면 경쟁의 장애물이라고 판단한 중앙은 노조 무력화에 나서 노조위원장 출마 의사를 밝힌 기자를 해외로 발령 내는가 하면 차장급 조합원 90명 중 80명을 탈퇴시켰다.[441]

1995년 새해가 되자 조선, 중앙, 동아, 한국은 신년호를 80면 발행해 3차 신문전쟁을 예고했다. 펄프값 인상으로 증면이 엄청난 외화 낭비를 초래하자 대통령은 공정거래법 적용을 시사했지만 소용이 없었다. 한솔제지의 지원을 받아 용지 값 부담이 적은 중앙은 기회로 판단하고 48면을 치고나가면서 '조간 전환'을 단행해 3차 신문전쟁의 포성을 울렸다. 얼핏 증면 경쟁은 광고가 늘고 광고수주가 방송을 앞지르는 등 신문의 시장 확대로 나타나는 것처럼 보였지만 그것은 무가지 발행이나 용지 값 폭등을 고려하지 않은 착시현상일 뿐이었다. 신문은 점차 수렁으로 빠져 들어갔다. 용지 값 인상으로 비상이 걸린 신문사들은 유사 업종을 묶어 기사인지 광고인지 모를 특집면을 만들어 늘려 갔다.[442]

특집면은 독자를 속이고 광고주를 기만하는 약탈 행위에 다름 아니었다. 이처럼 신문의 비정상적 지면 확대와 불법적 광고영업을 훤히 들여다보고 있는 광고주들에게 기업 비리에 대한 신문의 비판은 숯이 검정 나무라는 격이었다. 이런 상황에서 언론이 기업의 비리를 감시하기를 기대하는 것은 나무에서 고기를 구하려는 것과 다를 바 없었다.

서신노협의 출범과 좌절

신문전쟁이 노동조건의 악화를 가져오는 것은 불문가지였다. 그러나 자사이기주의에 함몰된 노조가 개별적으로 대응책을 찾는다는 것은 불가능한 일이었다. 이에 서울지역의 신문과 통신 등 13개 노조는 1995년 10월 '서울지역 신문통신노조협의회(서신노협)'를 결성하고 과당 경쟁 중지, 주 1회 휴무 등을 관철하기로 결의했다. 이는 노조가 자사이기주의에 빠져 회사를 견제하지 못한 데 대한 자기 반성이었고 더 방치하면 노조의 존재 이유마저 사라진다는 위기의식의 발로이기도 했다.

서신노협은 '주1회 휴무 실시와 증면 반대' 서명운동을 벌여 보름 만에 3,500명 넘는 서명을 받아내고, 관련 교섭을 언노련에 위임했다. 그러나 각 언론사 대표와 서신노협의 대화는 1996년 1월부터 몇 차례 이어졌으나 성과는 없었다. 이렇게 앞뒤 안 보고 달린 신문의 폭주는 뜻하지 않던 곳에서 제동이 걸렸다. 1996년 상반기 신문의 광고수주가 전년도 대비 100억 원 가까이 감소한 것이다. 돈줄이 막힌 상황에서 경쟁이란 아무런 의미도 없었다.[443] 가장 큰 원인은 방송광고비의 상승이었다. 사양산업에 접어든 인쇄매체의 현실이 시장원리 그대로 반영된 것이며 신문에 대한 독자들의 신뢰 하락의 탓도 컸다. 그러나 신문자본은 여전히 우물 안 전쟁에서 헤어나지 못했다. 1996년 7월 조선과 중앙이 일요판 휴간 대신 월요판을 내기로 한 것이다. 이야말로 눈앞에 보이는 작은 파이를 챙기려는 소탐대실의 꼼수였다. 언노련은 성명을 내 월요판 발행은 신문의 질적 저하와 노동조건 악화를 불러올 것이라고 강하게 비판했다.

신문전쟁의 폐해는 폭력배의 이권 사업으로까지 번졌고 지국 간 폭력 사태를 낳았으며, 궁극에 가서는 살인사건까지 불러왔다. 1996년 신문보급권을 놓고 중앙 지국원이 조선 지국원을 살해한 사건은 무한 판촉경쟁이 얼마나 심각한 상황이었는지를 단적으로 보여주었다. 그밖에도 콩기름 잉크를 둘러싼 중앙과 조선의 공방, 사주 비리 캐기 전문 취재팀 등 신문사 간 상호 비방과 감시가 일상화되었다. 경기 불황이 계속되자 신문사들은 명예퇴직제를 도입, 대대적인 감원에 나섰다. 기자 10명 중 7명이 "때려치우고 싶다"고 한 기자협회의 설문조사 결과는 참담한 언론사의 현실을 말해주고 있었다. 실제로 한국일보의 기자 중 40퍼센트가 퇴사했고 조중동은 기자 평균 27퍼센트가 퇴사했다. 불황으로 지면 감면이 불가피해졌고, 신문 존폐론까지 등장했다. 1989년 한국일보의 월요판 발행으로 시작된 신문전쟁은 한화그룹의 경향신문 자금 지원 중단, 서울신문 임원 임금 동결 등 신문시장에 뼈아픈 상처만 남길 운명에 처했다. 조중동만 가까스로 명맥을 이었을 뿐 나머지 신문들은 모두 적자에서 헤어나지 못했다. 지방지들은 더 말할 것도 없을 정도로 처참했고 이 상처들은 10년이 넘도록 회복되지 못했다.[444]

신문사가 돈을 찍어낼 수는 없었으니, 고급 기자재 도입, 엄청난 용지대 등 판매 경쟁에 쏟아 부은 돈은 결국 은행에서 부채로 제공된 것이었다. 이 무렵 한국일보의 부채 비율이 1만 퍼센트라는 이야기가 있었다. 신문이 이 정도의 재정 상황에서 버틸 수 있었다는 것도 놀라운 것이었지만 그것을 가능하게 하는 한국의 특수한 언론 환경 또한 경이로운 일이었다. 1997년 말에 발생한 금융위기로 은행이 도산하고 통폐합되는 사태까지 왔지만 그 속에서도 신문들은 대부분 살아 남았다는 사실은 역설적으로 한국사회의 신문시장이 얼마나 시장원리를 거스르고 있으며 또한 얼마나 폐쇄적인지를 웅변해주고 있었다.

신문시장의 불법성과 폐쇄성은 어제오늘의 일이 아니며 해법도 이미 오래 전에 나와 있었다. 편집권독립을 명문화하고, 신문사 대주주의 소유지분을 제한하는 등 그동안 언론학계나 시민사회단체 등에서 제시한 정간법 개정을 시도했다면 증면 경쟁은 일정 부분 막을 수 있었을 것이다. 재벌신문이든 족벌신문이든 공정거래위원회가 제대로 가동이 되어 광고주와 신문간의 불공정거래행위에 철퇴를 가했다면 신문의 무리한 증면 경쟁 따위는 일어나지도 않았을 것이었다. 광고 맞바꾸기, 광고성 기사 남발 등에 대해 신문사 내부가 손톱만큼이라도 독자를 의식했다면 특집면 등의 꼼수로 신문 증면을 계속 밀어붙이지는 못했을 것이다.

이 모든 과제들을 신문사 사주의 의지와 양심에 맡겨 놓는다는 것은 도둑에게 열쇠 맡긴 격이 아닐 수 없었다. 누구의 책임인가. 불법적, 불공정 거래를 막지 못하는 정권, 기업 비리와 신문광고를 맞바꾸며 공생하고 있는 기업과 신문 등 오랜 동안 고착화된 정권과 자본과 언론의 검은 고리를 끊지 않고서는 해결 난망이었다. 정치권력의 억압 속에서 '자유언론'을 추구했던 언론운동은 이제 이런 문제에 천착할 때였다.

장 씨 일가의 전횡에 맞선 한국일보노조

한국일보 사주 장 씨 일가는 신문전쟁으로 시장 질서를 파괴한 데 대한 반성은커녕 그 모든 책임을 사원들에게 전가했다. 1997년 9월 외환위기가 임박해오자 한국일보 사측은 1994년 임금동결에 이어 또 다시 임금동결을 밀어붙였다. 이에 노조는 사측에 '우리사주조합 도입'을 역으로 요구했다. 신학림 노조위원장은 "회사가 '우리사주조합 도입'에 동의한다면 임금인상에 관한 조합의 요구를 완화할 용의가 있다"며 "증자를 통한 우리사주조합의 도입이야말로 조합원과 사원들이 회사 살리기에 나서도록 할 수 있는 유일한 선택"이라고 강조했다. 임금동결은 경영 위기를 치유할 대책도 아닐 뿐더러 조합원들의 동의를 얻을 수도 없는 회사의 일방적 요구였다. 노조는 노보에 우리사주조합에 대한 특집기사를 연이어 게재하면서 사측의 수용을 거듭 촉구했다.[445]

우리사주조합 제도를 도입하면 구체적으로 어떤 것을 기대할 수 있는가? 첫째, 회사에 대한 불신을 극복할 수 있다. 둘째, 조합원과 사원들이 정말 '한국일보는 바로 내 회사요 내가 주인'이라고 생각하게 된다. 그 결과 최고 경영자의 새로운 경영철학과 경영전략이 빛을 볼 수 있다. 셋째, 가족이 주식의 절대 지분을 갖고 있는 언론사 중에서 사원들에게 주식을 분산한 최초의 신문사라는 점을 국민들과 독자들에게 부각시켜 대외 이미지 제고와 신문판매에 적극 활용할 수 있다. 넷째, 이를 계기로 신문의 편집, 제작, 판매 등 전 분야에 걸쳐 일대 혁신운동을 전개할 수 있다. 어디를 봐도 아무리 고민해도 우리는 달리 방법이 없다. 머뭇거릴 새가 없다. 회사가 자금 부담을 안지 않고 전 사원이 '회사 살리기'에 나서도록 할 수 있는 유일한 대안이 우리 사주조합 제도다.[446]

1994년 9월 임금교섭 직후 열린 한국일보노조 대의원대회에서 대의원 전원은 이러한 노조의 제안을 적극 지지 관철하기로 결의했다. 그러나 장재근 사장은 10월 열린 임금교섭 회의에서 "우리사주조합은 한국일보의 사정과는 거리가 멀다"며 거부 의사를 밝히고 임금동결의 불가피성을 거듭 강조하며 노조를 압박했다. 이후 우리사주조합 요구는 유야무야되고 말았다. 사측은 1997년 말 외환위기를 맞아 광고수입 격감과 용지대 인상 등을 이유로 연말 상여금과 연월차 수당의 지급을 유보했고 노조는 회사 재산에 대한 가압류 신청으로 맞섰다.[447]

장 씨 일가가 우리사주조합을 수용하지 않은 것은 예견된 일이었다. 당시 신문자본은 그러한 미래 지향적 판단을 수용할 역량도 의지도 없었다. 게다가 월요판 발행, 조석간 발행 등 치킨게임 하듯 앞뒤 안 가린 일련의 '도박 경영'은 그러한 제안을 수용할 정신적

4부 민주화 시대의 언론운동

여유조차 없었다. 그런 상황 속에서 언론개혁은 먼 나라 이야기였다. 언론의 보수화는 점차 깊어갔고 노동조합이 고고지성으로 외쳤던 언론의 독립, 언론의 민주화는 조합원들의 가슴 속에서도 점점 멀어져 갔다.

독립언론 충청일보의 10년 투쟁사

지역의 신문과 방송에는 이권을 챙기기 위해 세워진 언론사들이 많았다. 특히 토건업자가 세운 언론사 중에는 고급 정보를 얻어내거나 불법 사업을 가능케 하는 등 지방정부에 대한 로비 창구로써의 역할을 하는 경우가 적지 않았다.

그런 상황에서 1995년 8월 안병섭 안기부 외사국장이 최대 주주인 임광수 회장의 요구로 충청일보 사장으로 선임되었다. 충청일보노조는 바로 다음 날 비상대책위원회를 구성하고 사장의 임명 철회를 촉구했다. 노조는 성명서에서 "현직 안기부 간부를 사장으로 영입한 폭거는 한국 언론사의 어느 장 어느 구석을 뒤져봐도 찾을 수 없다"고 질타했다. 노조는 거리 서명운동과 지면을 통해 안 사장 선임의 부당성을 알렸다. 간부들도 "안기부 간부의 신문사 사장 취임을 방임한다면 역사의 죄인이 될 것"이라며 각오를 다졌다. 노조의 거센 반발에 임 회장은 일단 안 씨의 사장 선임을 철회했다. 이 투쟁의 승리로 충청일보노조는 그해 민주언론상과 안종필 자유언론상을 수상했다. 그러나 이 사건은 끝난 것이 아니라 거기서부터 시작이었다. 임 회장은 사장 선임에 적극 반대했던 양희

택 기획실장의 사표를 수리했다. 그는 초대 노조위원장 출신으로 신문사 최초로 편집국장 직선제를 도입했던 인물이었다. 이에 대해 노조가 규탄성명을 발표하자 회사는 사장 선임에 반대했던 간부들을 자진퇴사 또는 전보를 시켜 무려 26명의 사원들을 쫓아냈다.[448]

더 큰 문제는 그 다음에 있었다. 임 회장이 4월 임시 이사회에서 안병섭을 다시 사장으로 선임하고 취임까지 마쳐버린 것이다. 분노한 노조는 파업 찬반투표를 강행했으나 임 회장의 노조 파괴 공작으로 부결되었다. 이에 지역의 노동 시민단체는 공동대책위원회(공대위)를 꾸려 충청일보 불매운동에 나섰다. 그러나 회사는 노조 간부의 해고, 고소 고발, 위원장 탄핵 및 새 위원장 선출 등 이간질로 노조를 와해시켰다. 어용으로 전락한 충청일보노조에는 모략, 배신, 갈등, 반목 등 매우 악질적인 인간관계가 형성되었다. 탄핵된 박 위원장은 "설혹 혼자만 남더라도 끝까지 싸우겠다"고 다짐하고 단식농성에 들어갔다.[449]

이후 충청일보 사장 퇴진 운동은 사장 직무정지 가처분 신청, 시민단체와의 연대, 서명운동, 언노련과의 공동집회 등으로 투쟁의 전선을 넓혀 갔으나 어용노조로 내부가 무너진 상태에서 외부의 투쟁만으로는 전망이 보이지 않았다. 그러나 뜻이 있으면 길이 열리는 법이었다. 회사의 노조 파괴 공작이 도를 넘자 어용노조 내부에 파열음이 일기 시작한 것이다. 힘을 과신한 사측이 사장에 반대했던 기자들에 대한 보복 인사를 단행하는 과정에 사장의 측근들도 끼어 있었다. 사측의 분열책이 어용노조 내부에 자중지란을 일으켜 충청일보노조가 정상화를 이루는 계기가 된 것이다. 2004년

5월 창립총회를 열고 다시 태어난 충청일보분회는 조합원 수가 두 배로 늘어 지부로 승격했다. 그러나 임 회장은 2004년 폐업을 결의했고, 일터를 잃은 충청일보 사원들은 노조를 중심으로 도민주 모금운동을 전개해, 2005년 새 충청일보를 창간했다.

노사 간에 조직의 존폐 문제는 모든 이슈를 빨아들이는 블랙홀과 같았다. 기업주들은 노조를 굴복시킬 목적으로 쉽게 직장폐쇄나 폐업을 단행하는 벼랑 끝 전술로 노조를 길들여왔다. 그러나 충청일보 구성원들은 목표가 불순한 조직은 없느니만 못하다는 신념으로 이를 극복했다. 그리하여 자본으로부터 독립한 또 하나의 독립신문이 탄생했다.

미디어오늘 창간, 새언론포럼 창립

매체비평 전문지 미디어오늘

1994년 6월 28일 검찰은 권영길 언노련 위원장 겸 전국업종노동조합회의(업종회의) 의장을 철도와 지하철파업의 배후 조종 혐의로 검거에 나섰다. 언노련은 비상대책위원회를 조직하고 영장 철회 서명운동에 들어가는 한편, 국제언론인연맹IFJ과 함께 대통령에 편지를 보내 영장 철회를 촉구했다. 그러나 탄압은 관성이 붙어 멈출 줄 몰랐다. 소속사인 서울신문은 권 위원장에게 원직복귀를 명령한 뒤 그해 연말 그를 해고했다.

언노련 비대위는 서울신문을 부당노동행위로 고발하는 등 위원장 공석 기간 중에 여러 대응 전략을 마련했는데, 그 중 하나가 새로운 매체의 창간이었다. 당시 언노련 기관지인 언론노보는 한정된 독자층으로 편향과 왜곡으로 넘쳐나는 언론 현실을 다중에게 전파하지 못했으며 기관지라는 이미지 때문에 객관성을 담보하기도 어려웠다. 권 위원장 검거의 문제만 하더라도 언론사 밖의 일반 대중에게는 그 부당성이 전혀 알려지지 않았다. 새 매체 창간에 대한 반대 의견도 있었다. 기존 언론노보의 역할과 기능이 제한된다는 점, 그것이 언노련의 연대와 내부 결속에 악영향을 미칠 수 있다는 점, 새 매체를 운영할만한 재정 역량에 대한 회의 등이 반대 의견으로 제기되었다.

그러한 논의 과정 속에서 새 매체 창간은 언노련 산하 노조들의 순회 정책간담회를 통해 구체화되었고, 마침내 1994년 11월 창간 준비위원회가 구성되었다. 새로 선출된 이형모 언노련위원장, 윤승용 부위원장(한국일보), 김영신 부위원장(KBS), 박신서 부위원장(MBC), 심규선 부위원장(동아), 이광호 정책실장, 강기석(경향신문), 차성진(한겨레), 노광선(새 매체팀 부장) 등 9명이 준비위원으로 참여했다. 새 매체의 제호는 한국일보 초대 노조위원장 최해운의 제안으로 '미디어오늘'로 확정되었다.[450]

1995년 5월 17일 마침내 주간 12면, 발행부수 4만 부의 미디어오늘 창간호가 세상에 나왔다. 부수 당 판매가격은 7백 원이었고 12명의 편집국 인원이 참여했다. 1989년 1월 17일 언론노보 창간 이후 6년 4개월 만이었다. '권력, 자본을 뛰어넘어 진실되게'라는 제하의 창간사는 "우리가 오늘부터 향하고자 하는 곳은 언론의 '심층'입니다. 그곳에서 우리는 한국의 언론을 작동시키는 본질적인

힘의 실체와 그것들의 운동방식을 밝혀내고자 합니다. (…)"라며 각오를 다졌다.[451]

미디어오늘은 언론의 실상을 대중에게 충실하게 전파하면서 언론비평 전문매체로 자리를 잡았다. 그 중 창간 특집 '신문자본연구' 시리즈는 일제 및 군부독재 시절 굴절됐던 신문의 행태를 되짚어본 의미 있는 기획물이었다. 2010년 발생한 천안함 침몰 사건에 대한 끈질긴 추적보도 또한 냄비근성의 기성 언론에 대한 비판행위의 실천이었다. 미디어오늘은 한미군사훈련 도중 천안함이 침몰했을 때 '북한 어뢰공격에 의한 침몰'이라는 정부 발표에 대해 여러 가지 합리적 의혹을 제기했으며 이후로도 이 사건 관련 법정 논쟁을 꾸준히 독자들에게 전했다.

세월이 흐르면서 미디어오늘은 여러 가지 변화를 겪었다. 1997년 국가부도사태로 고통스런 경영 위기를 경험했고, 1999년 남영진 사장의 취임과 더불어 독립채산제로 전환되면서 경영 주체가 대주주인 언노련에서 벗어나 자율적인 전문경영인 체제로 바뀌었다. 2003년 현이섭 사장이 취임하면서는 인터넷서비스를 개시해 언론비평 외에도 정치권 및 사회 각 분야의 다양한 정보를 전하는 매체로 성장했다. 인터넷서비스는 그해 10월 랭키닷컴 '시사경제 부문' 1위를 차지하기도 했다.

무릇 조직은 살아 있는 생명체와도 같아 성장과 변화의 욕구가 있으며 미디어오늘도 예외는 아니었다. 그런 점에서 전문 비평지를 고수할 것인가, 취재의 범위를 확장할 것인가에 대한 노선 논쟁은 불가피한 일이었다. 언론인이라면 다양한 분야의 취재를 하고 싶은 것이 인지상정이며 매체비평에 한정되어 있는 것은 신문의 영향력에도 한계를 짓는 것은 사실이었다. 그러나 반대 논리도 만만치 않았다. 애초에 목적했던 역할에 충실해야 한다는 주장, 비평의 질적 수준을 높여야 한다는 의견, 몇 명 안 되는 조직으로 욕심을 내서는 안 된다는 신중론 등도 대두되었다. 결국 이러한 양측의 주장은 비평지로서의 역할에 충실하되 일반적 현안도 다룬다는 정도로 봉합되었다.

미디어오늘이 처한 또 하나의 곤경은 비판의 대상이 된 언론사들이 제기하는 불만이었다. 언론노조의 회원사 노조들은 자신들을 비판해달라는 목적으로 설립한 미디어오늘이었지만 정작 비판을 받은 해당 언론사는 민감하게 반응했다. 물론 상호 비판은 얼마든지 권장할 만한 일이었고 그러한 자유로움이 미디어오늘의 애초 목표였지만 이 과정에서 미디어오늘 구독을 끊는 등 미디어오늘 경영에 압박을 가하는 일은 매우 곤혹스러운 일이며 해결해야 할 과제였다.

언론민주화의 저수지, 새언론포럼 창립

언노련의 깃발 아래 동고동락하며 언론민주화를 위한 투쟁을 전개했던 언노련 출신 전직 간부들은 1996년 9월 지하철노조 파업 사태로 구속되었다가 출소한 권영길 전 언노련 위원장과 만남의 자리에서 동지적 유대를 지속적으로 유지하기 위한 조직체를 결성하기로 했다. 이후 수차례 준비 모임 끝에 이들은 1997년 11월 25일 새언론포럼을 창립하고 초대 회장에 한국일보노조 위원장을 지냈던 조성호를 추대했다. 그는 온화하고 신중한 성품으로 좀처럼 화를 내는 일이 없는 사람이었다. 하지만 그는 광주항쟁 당시 피의 현장을 열흘 동안 취재하면서 공수부대의 폭력 진압에 분노했고, 이를 지면에 담아낼 수 없었던 것에 대해 깊은 상처를 안고 있었으며, 그런 언론 현실에 대한 깊은 책임 의식을 가지고 있었던 언론인이었다. 새언론포럼은 창립선언문에서 '동지적 유대', '언론민주화', '새 언론의 창조' 등을 위해 헌신하겠다고 천명하며 '언론민주화의 저수지'로서의 역할을 자임했다.

> 참언론 실천과 언론 노동운동의 현장에서 언론과 사회민주화를 위해 뜻을 함께 했던 동지들이 오늘 다시 모였다.
> 우리는 서로의 동지애를 확인하고 한국 사회의 더 나은 내일을 위한 민주언론 발전의 기틀을 만드는데 힘을 모으기 위해 새언론포럼을 창립한다.
> 우리는 결코 현실에 안주함이 없이 처음의 열정을 그대로 간직하고 민주언론의 발전을 위해 각자의 위치에서 최선을 다할 것을 결단하면서 다음과 같이 선언한다.
> 하나, 우리는 언론노동운동 현장에서 함께 나눴던 뜻과 정열을 서로에게 북돋우며 동지애적 유대를 강화한다.
> 하나, 우리는 언론의 역사적 사회적 책임을 깊이 인식하고 언론의 민주화를 위해 헌신한다.
> 하나, 우리는 한국사회의 진정한 민주화와 조국의 내일을 위한 새언론 창조를 위해 함께 노력한다(새언론포럼 창립 선언문, 1997. 11. 25.).[452]

언론사노조의 전임 간부 출신들로 구성된 새언론포럼은 2011년 박래부 회장이 취임하면서 '언론개혁을 통한 사회민주화'에 공감하는 언론학자, 법조인, 언론 유관단체 및 언론시민단체 활동가 등에게 문호를 개방함으로써 외연을 확장하고 조직의 역량을 강화했다. 새언론포럼은 회원 상호 간의 친목도모뿐 아니라 언론 현장과 그 현장을 둘러싼 법과 제도의 개선에도 관심을 기울였다. 무엇보다 중요한 과제는 여전히 수구족벌언론과 재벌언론의 영향력 아래 있는 언론 현실을 타개하는 일이었다. 수구의 틀 속에 갇혀버린 기득권 보수언론의 낡은 시각과 몇몇 언론권력의 의제 독점으로부터 하루 빨리 벗어남으로써 보다 민주적인 담론 창출이 절실하게 요구되고 있었다. 이를 위해서는 과거의 낡은 공론장을 새롭고 민주적인 공론장으로 바꾸는 작업이 우선되어야 했다.

그리하여 새언론포럼은 사회적으로 문제가 되고 있는 이슈에 대한 공론장을 만들기 위해 여러 가지 주제의 토론회를 개최했다. 주제는 언론과 관련된 뜨거운 이슈들을 선택했고 매년 두세 차례 개최되었다. '중앙일보 사태에 대한 언론인들의 관점'(1999년), '독립언론'(2004년), '삼성, 한국사회, 언론'(2005년), '삼성게이트와 X파일'(2005년), '자본 권력과 언론자유'(2007년), '노무현정부의 언론정책'(2007년), '2007년 대선'(2007년), '언론인과 교수의 정치 참여'(2007년), '삼성광고 중단 사태로 본 자본 권력과 언론의 자유'(2008년), '이명박 정부의 언론소비자 운동의 진화'(2008년) 등이었다.[453]

이 사안들은 하나같이 민감하고 뜨거운 논란을 불러일으켰던 의제들로 언론인들은 이러한 논의를 통해 언론의 역할과 저널리즘의 원칙에 대해 깊이 생각할 수 있는 기회를 갖게 되었다. 2007년 창립 10주년을 맞은 새언론포럼은 1987년 언론사 노조 설립 이후 20

년 동안의 방송노조와 신문노조의 활동사를 2008년과 2009년 각각 책으로 펴내기도 했다. 한편, 새언론포럼은 한정된 재정 때문에 회원 상호 간의 친목도모에 머무르고 있다는 비판의 목소리에 직면하기도 했다.

문민정부의 쇠퇴와 노동법 날치기

안기부법과 노동법 날치기

1996년 12월 연말은 어수선하고 긴장된 분위기였다. 김영삼 정권이 추진한 안기부법과 노동법 개정 움직임 때문이었다. 안기부법 개정안은 찬양·고무죄와 불고지죄에 대한 수사권을 다시 안기부에 부여하는 과거 회귀의 악법이었다. 노동법 개정안은 '복수노조', '3자 개입', '노조의 정치활동' 등을 허용하는 대신에, 노동 관련법 전반에서 노동자를 옥죄는 악법이었다. 해묵은 노동계의 숙제인 '3대 금지 악법'을 푸는 것 말고는 공안세력과 재계의 요구를 적극 반영한 것으로 야당과 노동계는 격렬한 저항을 일으킬 수밖에 없었고 국민회의와 양대 노총은 결사항전을 예고했다.

개정 노동법은 쟁의 기간 중에 신규 하도급(외주) 허용, 대체근로 인정 등으로 파업 자체를 무력화했고 노노갈등을 부추길 여지도 컸다. 필수공익사업장 대상도 택시와 방송만 제외되어 나머지 사업장은 여전히 단체행동권을 제약받게 되었다. 그밖에도 해고자의 조합원 자격, 노동쟁의 조정절차 의무화, 정리해고 요건 완화 등 개정노동법은 한 마디로 해고는 쉽고 단체행동은 어렵게 함으로써 노동자와 노조를 더욱 억압하는 방향으로 개악되었던 것이다.

이처럼 노동자에게 절대적으로 불리한 개정 노동법이었지만, 보수언론들은 타협의 결과를 존중해야 한다는 논조로 신속한 처리를 촉구했다. 특히 조선일보는 '명분과 실리의 타협'이라는 사설에서 "노동사에서 중요한 전환의 획을 그은 셈"이라며 '3대 금지법의 해제'를 부각시키면서 복수노조와 3자개입 허용에 깊은 우려를 표하는 등 표정 관리의 논조를 보였다. 재계의 입장이 상당 부분 반영되었다고 판단한 조선일보는 넌지시 빠른 처리를 내비쳤고, 12월 11일자 사설 '노동법 합리적 처리를'에서는 연내 처리를 촉구하고 나섰다.

> 이번 회기에 처리하지 못하면 어차피 노동법 개정이 어려워진다는 것은 여야가 모두 잘 알고 있을 것이다. (…) 표를 의식해 자꾸 처리를 미루며 머뭇거릴 일이 아니다. 국민경제의 장래를 생각하는 정치권의 책임 있는 자세가 요구되는 시점이다.[454]

안기부법 개정 추진은 민주화 이후 쇠퇴의 길을 걷고 있던 공안세력들이 과거에 누렸던 권력과 영화를 되찾기 위한 것 외에는 특별히 그 의미를 찾기 어려웠다. 마침 1996년 8월의 한총련 사태와 9월의 강릉 앞바다 북한 잠수함 침투 사건으로 공안 분위기가 조성되었고, 그 틈을 타 안기부를 비롯한 공안세력이 조직이기주의 차원에서 목소리를 내기 시작했다. 여기에 안보장사로 영향력을 키워왔던 조선일보가 끼어들었다. 조선일보는 12월 15일자에 냉전적 사고에 젖은 한 대학 교수를 내세워 안기부법 개정의 필요성을 강조하는 시론을 게재하는 등 분위기를 띄웠다. 시론은 '잠수함이 남긴 교훈', '6·25 때처럼 안일', '심각한 안보 불감증', '안기부법 강화 필요' 등 주제와 부제만 보아도 내용을 짐작할 수 있는 것이었다. 조선은 또한 12월 17일자 사설 '안기부법과 대공 수사'에서 노골적으로 안기부법 개정을 재촉하고 나섰다.[455]

> (…) 이번 정기국회 회기에 이를 처리하지 못할 경우 안기부법 개정은 당분간 어려울 전망이고, 그리 되면 안기부가 대공수사 기능을 제대로 발휘하지 못하는 '불구 현상'은 계속될 수밖에 없을 것이다. (…) 안기부가 대공 기능을 제대로 발휘하지 못함으로써 간첩 색출 등 대공 사범 수사에 있어 중대한 문제가 나타나고 있는 사실을 외면할 수도 없는 노릇이다.
> 그런 만큼 지난 번에도 본란에서 지적했듯이 안기부의 대공 수사권을 원래대로 회복시켜 주는 대신 이의 악용이나 남용의 소지를 없애는데 초점을 맞추는 것이 현실적 대안이 아닌가 싶다. (…) 대공 전문 기관의 역할을 축소시켜 놓고 대공 문제가 잘 풀리기를 기대한다면 난센스일 뿐이다.[456]

조선은 노동법 관련 사설에서와 마찬가지로 안기부법 관련 사설에서도 "이번 회기에 처리하지 못하면"이라는 동일한 표현을 반복하면서 법의 통과를 재촉했다. 조선의 이러한 조급한 주장에 화답하듯, 신한국당은 야당과 노동계의 결사 반대에도 불구하고 성탄절 연휴 다음 날인 12월 26일 새벽, 국회 본회의를 단독 소집해 노동관계법과 안기부법 개정안을 날치기로 통과시켰다. 경황이 없어서인지 야당을 완전 보이콧하기 위한 것이었는지는 알 수 없지만, 신한국당은 본회의에 앞서 야당에 의사일정조차 통보하지 않았고 국회사무처도 절차를 밟지 않았다. 국민회의는 "이번 사태는 김영삼 쿠데타"라고 규정하며 법안 처리가 무효라고 주장했다.

노동법 총파업

민주노총의 대응은 즉각적이었다. 민주노총은 1995년 11월 출범해 이듬해 2월부터 '노동법개정 추진', '사회개혁 3대과제 쟁취'라는 목표를 세우고 대중투쟁 방침을 세워놓고 있었다. 한편, 재계는 1996년 하반기부터 '경제위기설'을 확산시키면서 노동법 개악의 논리를 정부 여당에 끊임없이 주입시키고 있었다.

임기를 불과 1년 정도 남겨놓은 김영삼 정권이 안기부법과 노동법의 날치기를 감행한 것은 공안세력과 재계의 집요한 요구와 거대 보수정당의 오만이 크게 작용했을 터였다. 안기부법은 그렇다치더라도 노동법의 개악은 누가 보더라도 노동자들의 생존권과 직결된 내용으로 가득 차 있어 결코 순순히 받아들일 수 없는 문제였다. 민주노총이 노동법 총파업을 벌였을 때 지역, 분야, 계층을 떠나 전 국민이 동참하거나 지지를 보낸 것은 그런 이유 때문이었다.

민주노총은 산하 자동차, 조선, 현총련 등 제조업이 주축이 되어 96개 노조 15만여 명이 일제히 파업에 돌입했다. 서울지하철, 병원노련 등 공공부문 노조도 동참했다. 민주노총 소속 서울지역 노동자 3천여 명은 명동성당으로 집결해 농성집회에 들어갔다. 권영길 민주노총위원장은 "노동법 철폐를 넘어 정권퇴진을 위해 끝까지 투쟁하자"고 목소리를 높였다. 날치기 당일인 12월 26일까지, 쟁의 발생신고나 찬반투표 등 절차를 밟아 파업을 결정한 노조는 326곳, 조합원 27만여 명에 달했고, 이후로도 상당수의 노동자가 속속 총 파업 대열에 참여했다.[457]

민주노총이 이처럼 즉각 대응할 수 있었던 것은, 노동법 자체가 오래 전부터 공방이 되면서 입장이 확고하게 정해져 있는 사안으로 더 이상 고민해볼 여지가 없었으며, 그해 11월 전국노동자대회에서 이미 총파업을 결의하고 대응 태세를 갖추고 있었기 때문이었다.[458] 파업의 열풍은 삽시간에 울산, 창원, 부산, 마산, 양산, 광주전남, 전주, 익산, 평택, 경기도 광명 등 전국 방방곳곳으로 확산되었다. 투쟁은 농성, 거리행진, 규탄집회 등 다양한 방식으로 펼쳐졌다. 구호는 '노동악법 철회'에서 '정권 퇴진'으로 바뀌어 있었다. 파업은 연말로 접어들면서 연인원 100만 명이 참가한 놀라운 투쟁 열기를 보였다.

법안 날치기에 대한 반발은 범국민대책위의 차량 경적 시위, 천주교정의구현전국사제단의 시국기도회, 목회자정의평화실천협의회의 철야농성 등 시민단체와 종교계로 확산되었고, 민통련, 참여연대, 민변, 민교협 등 10개 단체는 신한국당 당사 앞에서 항의시위를 벌였다. 이밖에 언노련, 경실련, 5·18단체, 통일시대민주주의국민회의, 한국민주청년단체협의회, 건강사회를 위한 보건의료단체 대표자회의, 전교조, 민예총 등도 노동법, 안기부법 날치기에 항의하는 성명을 각각 발표했다.[459]

이듬 해인 1997년 1월 2일, 연말과 신정 연휴 동안 파업을 잠정 중단했던 민주노총은 서울 명동성당에서 2단계 총파업 투쟁을 결의하고 '노동악법 전면 백지화', '한국노총의 파업 촉구', '야당인 국민회의의 적극적인 해결' 등을 강력하게 요구했다.

1월 6일 사무전무직으로 확대된 2단계 파업에는 사무·전문·건설노련 등 150여개 노조 19만 4천 명이 참여했다. 또한 증권, 보험 등 사무노련 소속 40개 노조 1만여 명도 단계적 파업에 들어갔다. 파업 지도부에 대한 정부와 자본의 협박 및 고소 고발 등이 있었지만 민주노총의 준비된 파업은 정권의 겁박이나 자본의 탄압이 전혀 효과를 발휘하지 못했다.[460]

이런 가운데 1월 7일 김영삼 대통령은 연두 기자회견을 갖고 '경제체질 개선', '안보유지·통일기반 구축', '부정부패 척결', '공정한 대선 관리', '서민복지·삶의 질 향상' 등 5대 국정과제를 제시했다.[461] 그러나 이는 제목만 보아도 총파업 사태를 외면한 뜬 구름 잡는 식의 추상적인 내용뿐이었다. 한편, 수구보수언론은 또 다른 시각에서 이를 비판했다. 조선일보는 1월 8일자 '웅변이기를 바랐던 회견'이라는 제목의 사설에서 "파업사태와 사회적 분열에 대해 단호한 대통령의 입장이 없이 모호하게 지나감으로써 국민들을 실망시켰다"며 불만을 토로했다. 이 사설에서 조선이 표현한 '실망한 국민'은 사설 마지막에 언급된 '국민'과 문맥상 일치할 수 없었다. 언론은 '국민'을 자주 내세우지만 아무데나 '국민'을 붙여서 유리한 대로 이용하는 것은 언론의 오래된 고질병이었다.

(…) 대통령의 입장에서는 작금의 경제난이 보다 장기적이고 구조적인 것이라는 점, 그리고 총파업에 몰두하고 있을 시간 여유가 없다는

점을 노동자와 국민들에게 절절하게 호소하는 것이 당연한 순서였다고 본다.[462]

방송4사 노조 파업 돌입[463]

1997년 1월 7일 언론노련 산하 방송4사 노조도 총파업에 가세했다. 이 전국적인 최초의 정치파업에서 방송사 노조의 역할은 지대했다. KBS, MBC, EBS, CBS 등 방송4사 노조원 6,150여 명은 방송사상 최초의 무기한 동시파업에 돌입하고 이중 3천여 명은 KBS 민주광장에 모여 노동법, 안기부법 철회를 촉구했다. 방송4사 노조는 1996년 연말부터 이듬해 초까지 파업 찬반투표를 벌여 평균 80퍼센트가 넘는 찬성률을 보였다. 방송사상 처음 이루어진 방송 총파업은 사전에 방송 4사가 치밀한 조직적 논의 끝에 일구어냈다. 방송의 파업 돌입으로 TV에 등장하는 출연진들의 얼굴이 일제히 바뀌자 시청자들은 파업을 실감하게 되었고 파업 효과는 극대화되었다.

투쟁의 열기는 지역으로도 이어졌다. KBS대구총국, 대구MBC, CBS대구방송 등 대구지역 방송3사는 파업으로 지역뉴스가 리포트 없이 진행되었다. 경북지역 방송사, 청주, 강릉, 제주 지역의 방송에도 방송 차질이 빚어졌다. 파업 기간, 방송사 노조들은 투쟁을 위한 다양한 행사들을 선보였다. 노동법과 안기부법의 독소 조항에 관한 토론회를 가졌고, 제설작업, 서명운동으로 시민들의 호응을 이끌었다. 사별로 사내집회, 가두선전전, 항의방문을 벌인 방송 노조는 1월 10일 여의도에서 연대집회를 열고 신한국당사로 찾아가 달걀 투척 시위를 벌였다.

1월 14일과 15일 공공부문과 한국노총까지 가세한 노동악법 총파업이 3단계 투쟁에 돌입했다. 3단계 파업에는 무려 50여만 명이 참가했다. 총파업은 해외에서도 관심이 쏟아졌다. 경제협력개발기구OECD 노조자문위원회 존 에번스 사무총장을 비롯한 국제항의방문단은 1월 방송4사 파업 현장을 방문해 격려했다. 국제언론인연맹IFJ은 김영삼 대통령에게 노동법 재개정을 촉구하는 서한을 보냈고, 일본신문노동조합연합에서도 지지를 표명했다. 방송사에는 시민들의 격려 물품도 답지되었다.

신문노조도 각 사별로 파업 찬반투표를 속속 진행했다. 1월 7일 부산일보, 전남일보, 대전일보, 제일경제신문 등 7개 신문사에서 파업을 결의했고, 8일에는 한겨레, 경향신문, 문화일보 등 9개사에서 투표가 실시되었으며, 1월 15일에는 연합통신노조가 91퍼센트의 압도적 찬성률로 파업을 결의했다.

1월 16일 마침내 건국 이래 처음으로 신문, 방송, 통신사가 연대 총파업을 벌였다. 정오부터 4시간 동안 언노련 산하 38개 언론사 가운데 25개사 1만 3천여 명이 일제히 시한부 파업에 들어갔고, 오후 2시 종로 탑골공원에서는 역사적인 '신문, 방송, 통신 노동자 총결의대회'가 열렸다. 이 대회에는 방송4사, 국민일보, 문화일보, 서울신문, 연합통신, 한겨레신문, 한국일보 등 6개 신문과 통신사 노조원 등 모두 2천여 명이 참여했다. 이날 김중배 참여연대 대표는 "오늘의 모임은 반민주 곡필로 점철된 우리 언론의 부끄러운 과거를 참회하고 민주주의를 압살하려는 현 정권의 범죄를 심판하기 위한 궐기의 자리"라며 연대파업이 갖는 역사적 의미를 강조했다.

이형모 언노련 위원장은 "언론인들이 펜과 마이크를 던지고 이 자리에 모인 뜻은, 더 이상 역사의 방관자나 기회주의자이기를 거부하기 위한 고통스런 결단의 결과"라며 "언론노동자의 힘을 합해 김영삼 정권의 죄악을 펜과 마이크로 낱낱이 심판하자"고 역설했다. 이날 언노련은 '김영삼정권을 역사의 심판대에 세우라'는 선언문을 채택했다.

> (…) 우리는 또한 이번 전국 언론사 연대 총파업이 그 누구도 침범할 수 없는 민주언론의 성지를 지키기 위한 것임을 분명하게 천명한다. 김영삼의 얼굴이 가득하던 화면으로부터, 정부 발표만이 넘쳐흐르던 지면으로부터 우리는 영원한 결별을 고한다. 그 지면과 화면을 생산 주역인 노동자와 농민의 얼굴로, 민주주의를 염원하는 국민의 목소리로 채울 것을 엄숙하게 선언한다. (…)

총파업 27일 만에 김영삼 정부는 마침내 무릎을 꿇었다. 1월 21일 김영삼 대통령, 김대중 국민회의 총재, 김종필 자민련 총재, 이홍구 신한국당 대표는 청와대에서 여야 영수회담을 열고 안기부법과 노동법 날치기로 빚어진 노동계 총파업 사태에 대해 '법 재개정' 및 '파업 지도부에 대한 영장집행 보류'를 결정했다. 언노련과 방송 4사는 양대 법안이 재개정되지 않을 경우 전면 총파업에 다시 들어가기로 결의하면서 업무에 복귀했다. 잠정 업무 복귀에 대해 KBS 전영일, MBC 정찬형, CBS 정남진, EBS 정장춘 위원장은 모두 "파업 잠정 중단일 뿐 투쟁 중단이 아니며 이 사태를 끝까지 지켜볼 것"임을 다짐했다.

노동법은 3월 1일 재개정되었다. 그러나 노동법 총파업은 노동 악법 재개정이라는 측면에서 절반의 승리로 끝난 투쟁이었다. 노동법은 한보사태 등 뒤이어 터진 현안들과 재벌들의 거센 반대, 당리당략에 밀려 극히 미미한 수정 보완에 그치고 말았다. 게다가 '정리해고제'가 2년 유예를 조건으로 도입되었다. 변형근로제, 노조전임자무급 명문화 등 개악 조항들도 그대로 남았다. 민주노총은 재개정된 노동법에 대해 다시 총파업 투쟁으로 맞섰으나 무효화시키기에는 역부족이었다. 그럼에도 전국의 노동자들이 함께 일어섰던 1월의 노동법 총파업 투쟁의 의의와 성과는 결코 무시할 수 없는 것이었다.

노동법 총파업은 역사상 최초의 언론사 총파업을 이끌어냈다. 방송4사 조합원 8,400명이 전면 무기한 파업에 돌입한 가운데 신문, 통신사 20개사 조합원 4,600명이 파업에 가담함으로써 언노련 산하 조합원 1만 3천여 명이 파업에 돌입한 셈이었다. 특히 방송4사는 일사분란하게 파업대오를 유지함으로써 연맹, 나아가 민주노총 등 노동운동의 중심으로 떠올랐다.

노동법 총파업은 개별 기업의 근로조건이나 노사문제를 뛰어넘어 언론노동자, 나아가 전체 노동자의 공동요구를 기반으로 전개된 정치파업이었다. 그들은 개별 방송사 또는 개별 신문사의 이해가 아니라 민주주의와 노동자의 일반 권리를 위해 싸웠다. 가두로 진출, 최루탄을 마시며 13일 동안 끈끈한 단결력을 보여주었던 방송4사 노조는 언론노동자의 정치의식과 행동력을 한껏 고양시켰다.

노동법 총파업에서 파업 투쟁 외에 얻은 성과는 공정보도 감시 및 촉구 활동이었다. 언노련은 1월 8일부터 21일까지 총 14호의 보

4부 민주화 시대의 언론운동

도감시 속보를 발행했고, 이를 산하노조와 관련 기관에 송부했다.

임기 말의 하이에나 언론들

임기가 다 되가는 권력에 레임덕은 어김없이 찾아왔다. 3당 합당이라는 이해집단들 간의 통합은 권력 핵심의 레임덕이 오는 순간 그들 상호간의 균열을 가져왔으며 막강한 권력에 의해 한동안 은폐되어 있었던 비리가 터져 나오기 시작했다. 그 속에서 죽어가는 권력을 물어뜯는 언론의 하이에나 근성이 여지없이 드러났다.

대통령의 차남 김현철에 대한 좋지 않은 소문은 1994년부터 간헐적으로 흘러나왔지만 언론은 이 문제에 대해 본격적으로 다루지 않았고 경고조차 하지 않았다. 그랬던 언론들은 1997년 김영삼 정권의 임기 말 레임덕이 가속화되고 한보그룹의 부도로 금융 부정과 특혜 대출 비리가 드러나면서 김현철 관련 의혹을 본격적으로 다루기 시작했다. 조선일보는 1월 25일자 4면에 '규모 워낙 커 권력 핵심 개입 없인 불가'라는 제목의 기사를 싣고 김현철의 관련성을 암시했다. 정태수로부터 10억 원을 받은 김영삼의 심복 홍인길 의원을 구속하면서도 김현철 수사 계획에는 선을 그었던 검찰은 김우석 전 내무장관, 황병태, 권노갑 의원 등을 잇달아 구속 수감했다.[464]

조선은 마침내 2월 13일자 '김 대통령의 위기'라는 사설에서 공직자 재산등록, 금융실명제 실시, 정치자금법 및 선거관계법 개정, 전두환 노태우의 소추, 대기업 비자금 등 김영삼 정권이 추진해왔던 개혁 작업을 열거한 뒤, "이제 그 위선이 드러나고 있다"고 직격탄을 쏘며 스스로 결단할 것을 촉구했다.[465] 사실상 김현철의 국정 농단은 예고된 것이었고, 일찍부터 감지되었던 사건이었지만, 침묵하던 보수언론들은 임기 말이 되어서야 문제를 터뜨려 언론의 하이에나 근성을 그대로 드러냈다. 이에 대해 청와대 정무수석 이원종은 다음과 같이 '하이에나 언론'의 비정함을 한탄했다.

> 언론이 한보사태를 지나치게 정치권 및 청와대 비리로 몰고 간다. (⋯) 과거에는 김현철 관련 기사를 쓰지도 못했던 언론이 정권이 약해지니까 속을 드러내는 것 같다.[466]

언론의 하이에나 근성은 이뿐만이 아니었다. IMF 구제금융이 가시화되기 1년여 전부터 외환위기의 신호가 여러 차례 있었지만 언론은 침묵을 넘어 "아니다"고 적극 방어했다. 보수언론은 국가부도 사태의 경제위기가 임박해서도 이를 부정하면서 안정을 강조하는 데 앞장섰다. '경제위기감 과장 말자'(중앙일보 사설 1997.11.1.), '경제 비관할 것 없다'(조선일보 사설 1997.11.3.), '외신들의 한국경제 흔들기'(동아일보 사설 1997.11.10.) 등이 대표적 사례였다.[467]

대한민국을 파멸로 몰아넣은 외환위기는 1997년 초 현대경제사회연구원의 발표와 르몽드 보도에서 일찌감치 언급이 되었다. 이후에도 3월과 9월 IMF총재 캉드쉬와의 인터뷰, 주한 외국 금융기관장 설문조사 등에서도 감지되었다. 그러나 조선은 그때마다 "위기 아니다"는 주장만 반복했다. 11월 블룸버그통신이 외환위기를 전 세계에 타전할 때도 조선은 '외국의 한국경제 때리기'로 치부해버렸다. 그러나 11월 14일 김영삼 정권이 'IMF'행을 결정하자 조선은 "우리나라는 신용위기에 몰려 있는 것 같다"고 마지못해 인정했다. 그랬던 조선이 신임부총리 임창열이 21일 밤 긴급구제금융 지원을 요청한 사실을 발표하자 느닷없이 "나라망신 타이밍도 놓쳐", "경제 다 망쳐놓고"라며 정부를 가장 강도 높게 비난했다. 임박한 국가 위기를 무려 1년 가까이 은폐해왔던 조선이 반성은커녕 모든 책임을 정부와 국민에게 돌린 것이다.[468]

하이에나의 물어뜯기도 논조의 일관성이 있어야 할 터인데 조선일보는 스스로 자기부정을 밥 먹듯 했다. 그때마다 이유가 있었지만 이유 또한 그때그때 달랐고 논거도 없는 막무가내였다. 대통령 아들 김현철과 IMF 외환위기 등에 대한 조선일보의 태도 변화는 자가당착도 유만부동이어서 비굴하고 파렴치하기까지 했다.

1997년 대선과 언론운동

신문은 방송과 달리 신문 발행인의 신념에 따라 특정한 이념이나 정치적 선택을 국민들에게 공공연히 전파하는 것을 당연하게 여겨왔다. 그러나 그러한 신문의 특성을 용인한다하더라도 과도한 불균형이나 사실에 근거하지 않은 주장 등 저널리즘으로서 해서는 안 될 원칙은 있었다. 하지만 1997년 대선 과정에서 보수언론의 보도 태도는 그 경계선을 넘어도 한참 넘었다.

김대중에 대한 보수언론의 거부 정서는 어제오늘의 일이 아니었지만, 1997년 대선 당시 보수언론은 노골적으로 김대중 죽이기에 나섰다. 선거 초기 여론조사 지지율은 김대중, 이인제, 이회창의 순으로 여권의 이회창 후보는 3위에 머물러 있었다. 이 상황에 조바심이 났던지 중앙일보가 먼저 앞장섰다. 1997년 10월 중앙일보 논설위원 권영빈은 '적은 내부에 있다'라는 칼럼에서 "DJ 지지는 많아야 35퍼센트"라면서 "남은 65퍼센트를 나눠서는 누구도 35퍼센트를 넘어설 수가 없으니 '3김 시대 청산'을 위해 같은 뿌리의 여권 후보 두 사람이 연대하라"고 다그쳤다. 권영빈은 '3김 시대 청산'을 대선의 절대 과제로 규정하고 이를 위해 이회창과 이인제가 연대하지 않으면 '내부의 적'이 된다고까지 몰아붙인 것이다.[469] 중앙일보 논설실장 송진혁도 "지지율, 당의 세력 등 여러 가지 객관적 여건에서 누가 봐도 무망한 후보라면 빨리 마음을 비우는 처신을 보여주는 것이 옳을 것이다. 만약 신한국당이 이회창 후보의 결단을 얻어낼 수 있다면 이인제 후보의 복당과 새로운 전당대회 경선이라는 방법도 생각해볼 수 있을 것이다"라고 주장했다.[470] 이인제 후보에게 '누가 봐도 무망한 후보'라며 사퇴를 촉구한 데 이어 사후 전략까지 훈수를 한 것이다. 특정 정파의 선거캠프에서나 접할 수 있는 주장들이 유력 일간지에서 나오고 있었다. 이는 신문사마다 있는 선거보도준칙을 위반한 것은 물론이거니와 유력한 중앙지 논설실장의 칼럼이라고 내세우기에도 부끄러울 정도로 적나라한 선거 개입이 아닐 수 없었다.

이러한 신문의 논조에는 아랑곳없이 이인제는 11월 국민신당 창당과 함께 대통령 후보로 선출되었고, IMF사태로 '식물 대통령'이 된 김영삼은 이회창의 요구에 따라 신한국당을 탈당했다. 정치판이 이회창에게 불리하게 돌아가자 소설가 이문열은 조선일보에 "이인제의 창당자금 출처가 청와대"라는 의혹을 제기하면서 이인제 뒤에 김영삼이 있는 듯 주장했다.[471] 이후 이회창 신한국당 총재와 조순 민주당 총재는 당명을 한나라당으로 정하고 이회창을 대통령 후보로, 조순을 총재로 하는 당 대 당 통합을 발표했다.

선거 날이 임박해지면서 보수신문들은 조급해졌다. 선거를 사흘 앞두고 중앙일보는 '대선 양자구도 압축—이회창 김대중 각축'이 라는 기사를 1면에 실었다. 이에 언론노조, 기자협회, 방송피디연 합회 등은 '특정 후보 당선을 위한 여론조작'이라며 경영진의 공개 사과와 관련자 문책을 요구했다.[472] 중앙일보 보도 다음 날인 12월 16일 조선일보 류근일 논설주간은 "오늘의 시련은 왜 왔는가? 한 마디로 정치 지도력의 빈곤과 무지와 혼매 탓이다"며 "대통령 한번 잘못 뽑으면 세상이 거덜 난다"고 김영삼을 꾸짖었다.[473] 선거를 하 루 앞둔 17일에는 조선일보가 '이회창 김대중 선두 각축'이라는 기 사를 1면 머리에 올렸다. 선거일 전 6일부터 여론조사 공표를 법으 로 금지하고 있었지만 이들 신문은 아랑곳 하지 않았다.

이 기사를 본 국민신당 당원 5백여 명이 조선일보사에 몰려와 격 렬하게 항의했다. 이날 불쾌한 얼굴로 나타난 조선일보 김대중 주 필은 항의하는 국민신당 당원들에게 "니네들, 내일 모레면 끝이야. 국민회의, 국민신당 너희는 싹 죽어. 까불지마"라고 외쳤다.[474] 맨 정신으로는 할 수 없는 말이었고, 술에 취했더라도 귀를 의심케 하 는 발언이었다. 언론사 상층부에 앉아 고고한 자세로 저널리즘의 원칙을 논하고 깨끗한 선거 풍토를 훈시했던 논설위원들이 이처럼 쉽게 법을 무시하고 이처럼 조급하게 입장을 드러내고 이처럼 부 끄러운 논설들을 아무렇지도 않게 써대는 이유는 무엇일까? 상상하기도 싫은 정치인 김대중 시대가 현실로 다가오고 있었기 때문이라고 보기에는 너무도 참담한 언론의 실상이었다.

1997년 대선을 앞두고 언론 현업 단체들은 그동안의 언론운동을 체계화할 목적으로 언론정책 개혁 활동을 전개했다. 언론노련과 기자협회, 피디연합회는 언론개혁정책위원회를 구성하고 언론개혁 10대 요구를 발표했다. 야당인 새정치국민회의는 이중 상당부분을 대선공약으로 수용했다.

언론개혁 10대 과제는 '공보처 폐지', '방송위원회의 독립과 공영방송사 사장 선임제도 개선', '재벌의 언론소유 제한 및 언론사 소유 집중과 시장 독과점 해소', '편집 편성권 독립', '방송광고 영업의 독점 해소와 공익자금 운영의 개선', '연합통신 및 서울신문의 독립성 보장', '국가보안법과 특수자료 취급 지침 폐지 및 개정', '언론사용자의 참여 보장과 미디어교육 실시', '강제해직 언론인의 명예회복', '국민주방송 설립' 등이었다.[475] 이듬해 출범한 언론개혁시민연대(언개연)는 10대 과제를 언개연의 정책과제로 그대로 담았고, 대선에서 승리한 김대중 정부에 언론개혁의 핵심 사항으로 10대 과제를 요구했다.

한편, 대선을 앞두고 언론운동 진영은 공정선거 보도를 위해 선거보도 감시를 비롯한 여러 가지 활동을 벌였다. 그중 가장 핵심적인 것 중의 하나는 TV토론을 성사시키는 일이었다. 오랜 기간 관행화 되어왔던 신문의 정파성은 어쩔 수 없다고 하더라도 방송은 엄정 중립과 객관성과 공정성을 추구해야 했지만 현실은 그렇지 않았다. 신문과 마찬가지로 방송 역시 의제 설정부터 아이템의 제목, 표현 방식에 따라 여야의 분위기를 전하는 메시지가 달랐고, 카메라의 앵글, 화면 구성에서도 편파성을 보이는 경우가 많았다. 그런 의미에서 TV토론은 그나마 가장 공정하고 객관적인 정보를 유권자에게 가감 없이 전달할 수 있는 선거보도 형식이었다.

TV토론은 1997년 대선의 승패를 가르는 중대한 요인이 되었다. 1992년 대선에서 김영삼 후보의 거부로 무산되었다가 5년 뒤에야 성사된 TV토론은 후보뿐 아니라 후보의 소속 정당, 특정 후보를 지지하는 일반 대중들까지 출연해 다양한 토론을 벌이면서 유권자에게 의미 있는 선거 정보를 제공했다. 그동안 신문과 방송에 의해 가공된 정보만을 접했던 유권자들은 TV토론을 통해 직접 후보들의 생각과 정치 노선, 국정 운영의 방향, 대통령후보로서의 자질과 능력을 검증할 수 있게 되었다. 매체를 통한 선거보도는 기자들의 정치 성향, 데스크의 노선, 언론사의 정치적 지향 등에 따라 어떤 형태로든 편파나 왜곡을 가져올 수밖에 없었지만 TV토론은 화면에 비친 후보의 표정과 언행을 날 것 그대로 평가할 수 있게 되었다는 점에서 가장 객관적인 평가 시스템이었다.

김영삼 정권은 출범과 함께 '개혁'을 시대적 과제로 내세웠다. 그러나 김영삼 정권은 개혁의 주체로서 3당 합당이라는 태생적 한계를 극복하지 못했고, 개혁은 공작자 재산공개, 하나회 척결, 금융실명제 실시 정도에서 멈춘 채 더 이상 앞으로 나아가지 못했다. 김영삼 대통령의 임기 5년이 끝날 때까지 신한국은 오지 않았다. 오히려 항공기 추락, 선박 침몰, 동강 난 교량, 지하철 폭발, 백화점 붕괴 등 온갖 대형사고로 나라는 풍비박산이 났다. 문민정부는 '사고공화국'에 이어 '사과 공화국'이라는 치욕스런 별칭을 얻게 되었고 '무능'의 상징이 되어버렸다. 한보비리와 대통령 아들의 구속이 말해주듯, 정·관계, 금융, 기업 등 나라 전체가 부패와 비리로 얼룩지지 않은 곳이 없었다. 강물처럼 흐를 것이라던 정의는 구정물 속에 빠져버렸다. 갈팡질팡하면서 수없이 뒤바뀐 통일정책은 민족을 갈기갈기 찢어놓았고 남북은 서로에게 말 폭탄을 쏟아내며 으르렁댔다. 민주주의는 독선과 아집에 가로막혔으며, 번영과 신바람은 IMF 구제금융 속에서 허망한 꿈이 되고 말았다. 국민은 마침내 깊은 절망의 구렁텅이 속에서 헤어나질 못했다.

 '정의가 강물처럼 흐르는 사회', '인간의 품위가 존중되는 나라', '새로운 문명의 중심', '모범적인 민주공동체', '민주와 번영이 넘쳐 흐르는 나라'… 그것은 정치인 김영삼의 꿈이었고 거기에 가식은 없었으리라. 정치인의 연설은 그 수사의 화려함만큼이나 현실성은 떨어지는 것이 일반적이었다. 그래도 국민은 그 의미심장한 언설에 환호하며 지지와 성원을 보냈다. 말이 현실이 되기까지는 오랜 세월을 기다려야 하거나, 어떤 경우에는 영원히 오지 않는 일도 많았다.

 말이란 개인적 해석에 따라 얼마든지 의미를 달리 할 수 있는 것이었지만, 언론은 그때그때 그 말을 전할 뿐 책임을 지는 일은 없었다. 언론을 통해 전달되는 모든 것은 국민 개개인이 스스로 판단해야 할 문제였다.

11

국민의정부와 언론개혁

국민의정부 출범과 언론의 현실

정부 수립 후 50년 만에 여야가 바뀌는 수평적 정권 교체는 그 정치사적 의미가 컸지만 이를 지켜본 유권자들에게도 경이로운 일이었다. 5년 전 대선에서 실패하고 정계 은퇴를 선언했던 김대중을 생각하면 "정치는 살아 있는 생물과 같다"고 했던 그의 말이야말로 생생하게 살아 있었다. 호사가들은 IMF구제금융, DJP연합, 이인제 후보의 완주, TV토론, 이회창 후보의 아들 병역 의혹, 김영삼의 탈당 중 어느 하나라도 없었다면 김대중의 당선은 어려웠을 것이라고 했다. 언급된 사항들은 그 하나하나가 모두 선거에 커다란 영향을 줄 수 있는 것임은 분명했다. 정치학자 최장집도 김대중의 도전은 "마치 풍차에 도전하는 돈키호테의 모습을 연상시킬 정도"라고 말했듯[476] 김대중의 승리는 낙타가 바늘구멍에 들어가는 것만큼 어려운 일이었다.

언급되었던 여러 가지 사항 중 일부는 선거 결과의 통계 수치가 증명했다. 전국 평균 투표율 80.6퍼센트 가운데 김대중은 40.3퍼센트를 얻어 38.7퍼센트를 얻은 이회창을 1.6퍼센트 포인트 차로 간신히 눌렀다. 이인제가 얻은 19.2퍼센트의 표가 선거 결과에 결정적인 영향을 준 것은 부인할 수 없는 사실이었다. 역사에 '만일'이란 없지만, 만일 이인제 후보가 완주하지 않았다면 김대중의 승리는 어려운 것이었음을 짐작할 수 있었다.[477] DJP연합의 효과도 확인되었다. 영남, 호남, 수도권을 합산한 득표 수에서 이회창은 김대중에 10만 표 정도를 뒤졌지만 충남북에서는 무려 40만 표 정도가 뒤져 있었다. TV토론의 영향도 컸다. 국민의 머릿속에는 수십 년간 쌓여온 김대중의 과격하고 어두운 이미지가 고착되어 있었다. 게다가 1997년 대선 때는 건강 이상설까지 나돌았다. 그러나 TV토론에 등장한 그의 유연한 화술과 여유 있는 모습은 그러한 풍설과 그의 강성 이미지를 말끔히 씻어냈다.

그러한 여러 가지 호재에도 불구하고 김대중이 겨우 1.6퍼센트 포인트의 근소한 차이로 간신히 승리할 수밖에 없었던 가장 큰 이유 중의 하나는 언론이었다. 김대중은 수십 년 간 대한민국 여론을 좌지우지했던 보수신문들의 공공의 적이었다. 보수신문들은 그를 '빨갱이', '지역감정의 화신', '거짓말쟁이'로 매도했다. 1998년 한나라당 소속 김홍신은 대통령 김대중을 향해 "너무 거짓말을 많이 한다"면서 "옛말에 염라대왕이 거짓말을 많이 한 사람의 입을 봉한다고 했는데, 공업용 미싱이 필요할 것 같다"고 말해 여론의 도마에 올랐다. 기나긴 수십 년의 정치 역정 속에서 보수신문과 방송이 만들어놓은 김대중의 부정적 이미지는 화석처럼 유권자들의 뇌리에 박혀 있었다.

국민의정부 출범 당시 언론의 현실은 참담했다. 외환위기로 철퇴를 맞은 언론은 재정적으로 매우 힘든 시기를 겪고 있었다. 부도 위기에 직면한 신문사들은 광고수주를 높이기 위해 끝도 없는 증면과 무가지 전쟁을 벌였다. 하루 평균 발간되는 약 1천 2백만 부의 일간지 중 절반 정도가 무가지였고 무가지의 3분의 2가 넘는 분량이 포장도 뜯기 전에 폐지로 처리되었다. 날마다 20년생 나무 3백만 그루를 허비해 폐지를 만드는 셈이었고 연간 신문용지 수입은 3억 5천만 달러에 달했다.[478] 신문사들은 이 생산 원가를 감당하기 위해 광고단가를 올려야 했다. 가장 형편이 어려운 신문은 자본의 뒷배가 없는 한겨레와 경향신문이었다. 특히 1998년 4월 한화그룹에서 벗어나 사원 100퍼센트 소유의 독립신문으로 거듭난 경향은 자율 경영의 희망을 안고 출발했지만 앞길은 험난했다.

경향이 독립을 선언한 초기에는 적자에서 흑자로 돌아서고 매출도 급격히 신장되었다. 1998년 경향은 사장을 공개로 모집하고 편집국장을 직선으로 선출하는 등 그야말로 정권과 자본으로부터 완전 독립을 실현하면서도 재정적으로 안정된 황금기를 구가했다. 그러나 그것은 그야말로 장마철 햇빛 보기와 같은 반짝 호황에 지나지 않았다. 2000년부터 내리막길로 들어선 경향은 2005년 140여억 원의 영업 손실과 270여억 원의 당기순손실로 경영 호전은 불가능한 상태가 되었다. 종합 일간지 중에 최하위 수준의 임금조차 제 달에 해결이 안 되었고 상여금은 아예 주지 못했으며 자본잠식 상황까지 경영이 악화되었다. 2007년 사원들 스스로 상여금을 반납하고 광고매출도 늘어 영업수지가 다소 개선되었지만 미래는 결코 낙관적이지 않았다. 이러한 현실은 국민주 체제의 한겨레도 크게 다르지 않았다.[479]

사실상 언론 산업의 위기를 초래한 것은 외환위기 때문만은 아니었다. IMF 관리체제가 도래하기 3년 전인 1995년부터 '다매체 다채널시대'라는 장밋빛 전망 속에 경제 규모나 시장의 적정성은 외면한 채 케이블TV와 지역 민방을 마구잡이로 허가한 결과, 전통적 신문과 방송이 누렸던 기득권은 크게 잠식되기 시작했다. 거기에 거품 경제와 정권의 보호 속에서 과당경쟁, 과잉투자, 무리한 사업 확장, 과도한 차입금 도입 등으로 방만한 경영을 해왔던 신문과 방송이 스스로 위기를 자초한 셈이었다. 1998년 말 당시 중앙 10개 종합일간지의 총 부채 규모가 10조원을 넘어섰고, IMF 관리체제 이후 전국 언론사에서 해고된 언론인이 8,500여 명에 이른 것은 이런 현실을 반영하고 있었다.[480]

언론산업의 급속한 확장에 반해 이를 뒷받침할 여타 산업의 성장은 매우 더디게 진행되고 있었다. 언론산업론자들은 미래에 대한 면밀한 예측 없이 새로운 미디어의 무분별한 도입을 추진했고, 정치권 역시 마구잡이 정책의 남발로 '미디어 난개발'이라는 비난을 받았다. 이로써 언론의 생태계는 한정된 광고 파이를 약탈해가는 야만의 정글지대로 변했다. 무한경쟁에 내던져진 언론은 경영 합리화를 통한 위기 극복과 사회발전에 따른 질적 성장을 추구할 생각은 접어둔 채, 양적 경쟁에만 매몰되어 개혁을 요구받는 지탄의 대상이 되어버렸다.

국가부도 사태로 인해 수천 명의 언론인이 거리로 나앉았지만 사주를 비롯한 신문사 내부는 개혁에 대한 아무런 의지도 노력도 없었다. 오로지 어떻게 상대방을 쓰러뜨릴 것인가에 관심이 집중되는 등 4차 신문전쟁의 먹구름이 몰려오고 있었다.

1999년 경기가 회복세로 전환되는 듯하자 조선, 중앙, 동아, 한국은 일제히 경제면 섹션을 따로 발행해 지면을 대폭 늘렸다. 늘어난 지면 때문에 광고 쏠림 현상이 발생했는데 이는 신문시장이 조중동으로 굳혀지는 계기가 되었다. 증면전쟁은 다시 점화되었고 이때부터 고액 광고를 위한 컬러면 증면이 유행하기 시작했다. 조선은 2천여억 원을 들여 부평공장을 짓고 컬러면을 24면까지 늘렸다. 중앙도 컬러면 증면에 1천억 원을 쏟아 부었다. 한국은 오래 전 재정 여력이 바닥난 상황에서도 증면에 들어갔고, 경향과 대한매일[481] 등도 뒤를 따랐다. 2002년 월드컵이 끝나자마자 조중동은 '경제섹션'을 늘렸다. 지면 증가로 광고는 늘었지만 기사는 인터뷰로 채워지는 등 기사의 질은 계속 떨어졌다. 2002년 조중동은 전년 대비 20퍼센트 정도 매출이 늘었다. 증면 경쟁으로 늘어난 매출 대부분은 조중동이 가져간 셈이었고 광고매출은 조중동 외의 신문과 열 배까지 차이가 날 정도로 부익부 빈익빈 현상이 심화되었다.[482]

멈출 줄 모르던 증면 경쟁에 제동이 걸린 것은 나라 밖에서 불어 닥친 경제 불황이었다. 2003년 미국의 이라크 침공으로 세계경제가 침체되고 이 영향이 국내에까지 불어 닥치자 신문사들은 2004

년 감면에 들어갔다. 불황이 장기화되고 무료신문의 등장과 방송 매체의 선호가 늘면서 신문업계는 다시 위기에 직면했다. 광고매출의 선두 자리를 방송에 빼앗겼고, 조선과 중앙을 제외한 모든 신문이 적자를 면치 못했다. 독자 신뢰도는 1984년 49퍼센트에서 20년 만에 16퍼센트로 추락했다. 신문 산업은 하향 길이 분명한데 증면 외에 대책이 없었던 신문자본은 증면조차도 어렵게 된 현실에 마주친 것이었다.[483]

신문이 증면 경쟁에서 헤어나지 못하고 있는 반면, 방송은 권부의 통제에서 벗어나려는 방송노동자들의 치열한 내부 싸움이 전개되고 있었다. 하지만 구조적 문제는 여전히 해결 난망이었다. 절차적 민주주의가 확립되었다고는 하나 짧은 민주주의 역사 속에 권력에 대한 예속적 풍토가 남아 있는데다가, 실질적으로 권부가 방송의 사장과 이사 선임에 개입하고 있는 현실에서 방송의 독립은 쉽게 해결될 조짐이 없어 보였다. 발본적인 문제는 방송위원회 구성에 있었다. 방송위원회 위원은 여성, 교육, 환경, 노동 등 전문 분야를 고려해 선임토록 되어 있었지만 그야말로 명목상일 뿐 실제 위원 선정에는 정파의 이해관계가 크게 작용했다. 이러한 풍토에서 전문 분야라는 것은 별 의미를 가질 수 없었다. 추천 권한 또한 입법, 사법, 행정 3부에서 각 3인씩 추천하도록 되어 있었지만 실질적으로는 대통령에게 절대적 권한이 주어져 있었고 야권의 몫은 한두 명에 불과했다. 이런 상황에서 방송위원회가 정치적 균형을 이룬다는 것은 거북이 등에서 털을 긁어내는 것처럼 불가능한 일이었다. 따라서 방송이 권력으로부터 진정한 독립을 이루기 위해서는 방송위원회의 위원 구성과 공영방송의 이사회 및 사장 선임

구조의 개선이 필요하다는 여론이 대두되었다.

언론개혁시민연대의 언론개혁운동

언론개혁의 과제

문민정부를 지나면서 신문은 이미 권력화 되어 있었다. 그리하여 족벌과 재벌이 소유한 신문의 문제는 권력으로부터의 독립이 아닌, 이미 권력화 되어 버린 신문의 개혁에 있었지만 방송은 여전히 권력으로부터의 독립이 핵심 쟁점이었다. 이런 언론 현실 속에서 언론운동단체와 시민사회가 '국민의정부'에 갖는 기대는 컸다.

권부에 언론의 개혁과 독립을 기대하는 것이 가당한 일일까. 그럼에도 불구하고 대통령 김대중에게 이를 기대하는 것은 그의 정치 역정 때문이었다. 반세기 만에 정권 교체를 이룬 김대중은 누구보다 언론에 대한 피해 의식이 큰 정치인이었다. 1997년 대선에서 보수 신문들의 집요한 공격을 극복하고 집권한 김대중에게 언론의 개혁과 독립은 그 무엇보다 중요한 과제 중 하나였고 실제로 김대중 정부는 몇 가지 단발적 조치를 단행했다. 김대중은 언론에 대한 검열과 통제를 주도했던 공보처를 폐지하고 정부 홍보에만 주력하는 국정홍보처를 신설했다. 2000년에는 공영방송 KBS의 사장 '임면권'을 '임명권'으로 변경함으로써 정권의 필요에 따라 공영방송 사장을 함부로 해임할 수 없도록 임기를 보장했다. 2001년 방송문화진흥회(방문진)가 언개연 상임대표 김중배를 MBC사장으로 선임한 것 또한 방송독립의 한 획을 긋는 일이었다. 이는 방송사상 최초로 방문진이 MBC사장 선임에서 권부의 의중에 구애받지 않는 독립적 선택을 한 것이었다. 또한 2001년 세무조사를 통해 권력화된 신문의 부도덕성과 비리를 용기 있게 파헤쳐 징치한 것은 나름 정부의 언론개혁 의지를 보여준 징표라고 할 수 있었다.

국민의정부에 언론개혁을 기대하는 또 하나의 이유가 있다면, 국민의정부의 필수 과제, 즉 IMF 관리체제에서 벗어나는 일과 남북 평화공존의 문제를 달성하는 데는 언론의 협조가 가장 절실했기 때문이었다. 따라서 어떻게 해서든 김대중의 발목을 잡으려고 혈안이 되어 있었던 보수신문을 개혁해야 한다는 인식이 국민의정부 안에 팽배해 있었던 것은 자연스러운 일이었다.

IMF 관리체제를 인수받은 국민의정부에게 경제 회생은 숙명의 과제였다. 그리하여 국민의정부는 '해외 투자유치', '금모으기 운동' 등의 노력으로 IMF에서 벗어나는 데 성공했다. 물론 그 과정에서 '쉬운 해고'와 '파견직 범위 확대' 등으로 고용불안, 고용차별, 양극화, 노동조합 약화 등 서민과 노동자들에게 커다란 고통을 안겨주었던 것은 오랜 동안 상처로 남게 되었다. 또한 6·15남북정상회담은 50년 분단을 극복하고 남북 간의 긴장을 완화하여 평화통일에 안착할 수 있는 길을 터놓은 쾌거였다. 남북의 평화공존은 정치인 김대중이 평생을 두고 고민했던 과업이었고 그의 집권으로 남북 평화체제 구축의 기본 틀을 세운 것은 커다란 역사적 성과였다.

김대중 정부가 이 두 가지 과제를 풀어나가는데 가장 중요한 것은 언론의 협조와 지지였지만, 3당 합당으로 보수동맹의 정치 환경이 굳혀진 뒤로 수구보수신문들은 여전히 냉전, 색깔론, 친재벌 등의 낡은 이념과 과도한 정파적 입장을 견지했고, 그것은 자연스럽게 김대중 정부에 대한 '묻지마 공격'으로 이어졌다. 수구보수신문들의 비판은 저널리즘의 원칙에 입각한 정부에 대한 감시와 견제가 아니라 파당적 정치 집단의 정치 공세에 가까웠다. 따라서 언론개혁은 김대중 정부의 절실한 또 하나의 과제일 수밖에 없었다.

언론개혁시민연대의 창립

1987년 민주화 이후 노동운동과 시민운동이 활성화 되면서 생겨난 수많은 노동단체와 시민단체들 중에서도 언론운동 단체들은 저마다의 특성에 맞게 다양한 운동방향을 내걸고 다각적인 활동을 펼쳐왔다. 언론개혁은 언론인들 스스로의 의지가 더 중요한 것이었지만 국민의정부가 들어서면서 언론운동 진영의 제 단체들은 그래도 큰 기대를 걸고 있었다.

언론운동 단체들은 구성원 집단의 성격에 따라 언론현업 단체, 언론학계, 언론사용자단체 등 세 갈래로 분류되었다. 언론현업 단체는 언노련, 기자협회, 방송프로듀서연합회, 방송기술인연합회, 방송인연합회, 방노련(방송노동조합연합회) 등 언론 현장에서 일하는 언론종사자 단체였다. 언론사용자 단체는 민언련, 시청자연대회의, 바른언론을위한시민연합 등 주로 언론 감시와 미디어교육 등을 담당했다. 언론정보학회는 언론학술단체로 언론개혁의 이론적 뒷받침을 해왔다. 이밖에도 민변, 경실련, 참여연대, 환경운동연합, 민예총, 여성단체연합, 여성민우회 등 시민단체와 민주노총, 한국노총, 전교조 등 노동사회단체들 또한 내부에 언론 관련 조직을 두고 언론개혁을 위한 목소리를 내고 있었다.

언론운동 단체들은 언론사 개혁, 언론법제 개선, 언론사용자 주권의 확립, 대안매체 등을 위해 다방면에서 나름대로의 활동을 하고 있었지만, 단체 상호 간의 역할과 방향을 조율하고, 운동의 통일성을 기해 역량을 극대화하는 데는 한계가 있었다. 따라서 이들 단체들은 이러한 한계를 극복하고 영향력을 확대해 종합적인 언론개혁을 이끌어갈 연대 단체의 출현을 갈망하고 있었다. 언론개혁시민연대(언개연)의 출범은 이러한 배경 속에서 시작되었다.

언개연 결성에 대한 구체적 논의는 국민의정부 출범 직후인 1998년 봄부터 시작되었다. 당시 방송 분야에서는 방송개혁국민회의가 활발한 활동을 벌여오고 있었으나 신문 분야는 논의 자체가 부재할 정도로 부진했다. 구체적인 논의는, 정부가 호주의 미디어 재벌 루퍼드 머독의 국내 위성방송 진출을 허용하겠다고 발표한 이후 이에 대응하기 위해 '머독공대위'를 결성하면서 시작되었다. '머독공대위'는 외래 문화의 무분별한 침투를 막기 위해 언론단체와 시민단체가 공동으로 구성한 연대기구였다. 이를 이끌던 원로 언론인 김중배는 언론 및 시민단체 대표들에게 언론개혁을 위한 보다 조직적인 연대 기구 구성을 제안했다. 이로써 언노련, 기자협회, 피디연합회, 민언련 등은 1998년 6월부터 수차례의 추진위원회 논의를 거쳐 8월 한국의 운동단체를 망라한 연대 기구인 언론개혁시민연대를 발기하게 되었다. 발기인 선언에는 32개 단체에서 686명이 참가했다. 발기인들은 "50년 만에 정권 교체가 이뤄졌는데도 불구하고 한국 언론은 여전히 개혁의 '성역'으로 남아 있다"며 "국민의 힘으로 진정한 언론의 개혁과 민주화를 추진하기 위한

본격적인 운동에 나선다"고 선언했다.[484]

1998년 8월 27일 프레스센터 국제회의장에서 연인원 350여 명이 참석한 가운데 해방 이후 최대의 언론운동 연대 단체인 언론개혁시민연대(언개연)가 출범했다. 상임공동대표로 선출된 언론인 김중배는 "노동자, 농민, 여성, 빈민 등 '사회소외계층'은 바로 언론이 외면하는 '언론의 소외계층'"이라면서 언론 관련 법과 제도의 개선, 수용자 주권을 위한 미디어교육 제도화, 국민 중심의 대안언론을 일궈나가겠다고 천명했다. 언개연은 구체적 사업계획으로, 방송법, 정기간행물법, 언론독과점금지법, 정보공개법 등 미디어 관련법의 제·개정, 신문공동판매제, 신문유통, 뉴미디어정책 등의 개혁을 추진한다고 밝혔다. 거기에는 미디어교육, 시민액세스채널 등 대안매체 운동도 포함되어 있었다. 그밖에 지역민방 및 케이블TV 관련 의혹 조사, 신문의 불공정 거래, 재벌신문의 내부 거래, 족벌신문의 편집권 침해 등에 대한 고발 등의 계획도 있었다. 언개연의 창립 당시 사업계획은 언론 관련 전 분야를 망라한 것이었다.[485]

언개연의 개혁 방향과 초기 활동[486]

언개연의 언론개혁 방향은 숱한 토론과 공청회 과정을 거쳐 얻어진 결론으로 당시 언론이 처한 시대적 상황을 잘 대변하고 있었다. 방송 분야는 방송의 독립을 위해 방송위원회와 방송사 이사회의 구성 방식을 개선하고, 방송사 편성규약 제정을 의무화 하는데 초점이 맞춰졌다. 외국자본의 문화침투와 자본 권력의 폐해를 막기 위해 위성방송은 외국자본과 재벌언론사의 참여를 배제하고, 사영방송의 최대주주 지분을 20% 이하로 낮추도록 제한했다. 또한 시민사회의 목소리를 담기 위해 지상파방송에는 액세스 프로그램을 의무편성토록 하고, 유선방송과 위성방송에는 액세스 채널을 두도록 했다.

신문 분야에서는 재벌 및 족벌신문의 대주주 지분 제한, 편집권 독립, 경영 투명성 확보 등이 우선이었고, 이를 위해 정기간행물의 등록 등에 관한 법률을 개정해 신문과 통신방송의 상호겸영을 금지하고, 재벌의 신문사 소유 금지, 족벌신문사의 20퍼센트 지분 제한 등을 제안했다. 또한 노사동수로 편집위원회를 구성하도록 하고, 발행부수, 판매부수, 광고수입, 구독료수입 내역을 공개해 경영의 투명성을 제고토록 했다. 그밖에 발행 주식과 자본내역, 1퍼센트 이상의 지분을 가진 주주의 개인별 내역, 법인의 이사 현황 및 친족관계 유무를 공개할 것을 제안했다. 더불어 신문공판제와 신문부수공사제[ABC]를 실시해 판매경쟁으로 인한 시장 왜곡을 바로잡도록 하고 참여 신문사에는 인센티브를 주도록 제안했다.

언개연은 8월 창립대회에서 김영삼 정권 당시 지역민방과 종합유선방송의 사업자 선정과 관련한 청문회 실시를 요구했다. 언개연은 "'황금알을 낳는 거위'라며 허가했던 일백 수십여 개의 방송사들은 오늘날 4조원 규모의 천문학적 부실을 낳고 파산지경에 빠져 있다"고 비판하고, 사업자 선정 과정에서 오고간 거액의 뇌물수수를 규명하기 위해 청문회를 조속히 실시할 것을 촉구했다. 언개연은 창립 기념으로 서울 시청역에서 언론의 부끄러운 과거를 돌아본 '정부수립 50년 한국신문 50년' 전시회를 열었다. 9월에는 '방송개혁 국민운동' 선포에서 본격적인 통합방송법 제정운동을 시작했다. 이에 따라 여야 당사 앞에서 '방송법의 민주적 제정과 방송 청문회 촉구를 위한 결의대회'를 갖고 전국 23곳에서 1만여 명이 방송개혁 서명운동을 동시다발로 실시했다.

언개연은 9월 프레스센터 사무실에서 개소식을 갖고 제도개선 본부장에 주동황, 미디어교육위원장에 김승수, 모니터위원장에 최민희, 방송특별위원장에 오수성, 국민주방송준비위원장에 김학천, 정책위원장에 강명구를 선임했다. 사무총국에서는 뉴미디어분과위원장에 최영묵, 신문분과위원장에 장재열, 방송분과위원장에 장해랑, 대외협력위원장에 남영진, 정책실장에 엄주웅, 홍보국장에 안영배, 연대국장에 허윤, 사업국장에 서명석을 임명했다. 이어 정간법특위 위원장으로 신학림 한국일보노조위원장이 함께 했다. 정책위원으로는 김신동, 박용규 교수, 안상운 변호사, 백병규 말지 편집국장이 활동했다.[487]

1998년 11월 17일 언개연은 김중배 상임공동대표 외 15인의 공동대표 명의로 정기간행물등록 등에 관한 법률, 통신언론진흥회법, 통합방송법, 한국방송공사법, 한국교육방송공사법, 방송문화진흥회법 등 6개 법안에 대한 제·개정안을 입법 청원했다. 소개의원은 이부영과 홍사덕 의원이었고 통신언론진흥회법은 신기남을 소개의원으로 하여 청원자에 연합통신 노사가 함께 참여했다. 언노련은 프레스센터 19층에서 언론개혁 입법 청원 기자회견을 갖고 법제정 과정을 감시하기 위해 의정 감시단 발대식을 가졌다. 이 6개법안은 약 두 달여 전부터 분야별로 분담해 준비한 것이었다. 방송관련법은 방노련이, 통신언론진흥회법은 최병국 당시 연합통신 노조위원장이 주축이 되었고, 정간법 개정안은 주동황 교수를 중심

으로 안영배 국장, 엄주웅 실장, 김서중 교수, 안상운 변호사, 김주
언 사무총장이 마련했다.

방송사 총파업 부른 방송개혁위원회

그러나 언개연의 이 같은 노력에도 불구하고 방송개혁 운동은 진
척을 보지 못했다. 정부 여당의 나태와 야당의 무관심으로 방송청
문회는 흐지부지 시기를 놓쳐버렸고 통합방송법 제정은 미적거리
기만 했다. 언개연이 한참 방송법 입법 청원을 할 무렵 국민회의에
서 연내 방송법 상정을 보류하고 대통령 직속기구로 방송개혁위원
회(방개위)를 구성하자는 제의가 왔다. 전국방송노조연합(방노련)은
위원회 구성에 시간이 걸릴 뿐 아니라 실제 구성이 정부 의도대로
갈 공산이 크다는 이유로 반대했으나 이후 언개연 내 진보적 교수
들이 많이 참여한다는 보장을 받고 동의했다.

그러나 방노련의 예측대로 방개위는 언개연, 언노련, 방노련 등
에 실행위원 일부만 추천을 요청했을 뿐 그 외의 대다수 위원 및
실행위원은 정부가 일방으로 임명했다. 이렇게 해서 방개위에 언
개연 참여 인사는 김학천, 이효성, 김승수, 주동황 등 학계 인사와
엄주웅(언개연), 김상훈(MBC노조), 엄민형(KBS노조), 정연도(EBS노조), 이
춘발(전 기협회장), 이경숙(여성단체연합) 등으로 짜여졌다.[488]

1998년 12월 대통령 직속으로 설치된 방개위가 3개월 간의 일
정을 두고 활동을 시작했다. 방개위는 방송위원회의 위상, 편성권
독립, MBC 위상, KBS수신료 현실화, 공영방송 사장 선임 방식, 시
청자주권, 위성방송 등 뜨거운 이슈들을 조합주의 방식으로 타결

지으려 했다. 그것은 결국 다수의 위원 및 실행위원을 확보한 정부 여당이 자신들의 뜻대로 방개위를 끌고 가기에 딱 맞는 전략이었다. 당시 방개위 여당 간사를 맡고 있었던 최재승 의원은 어떤 자리에서 "방송개혁위원회가 끝나면 노조가 어떻게 무력화되는지 두고 보라"고 했는데, 이 말을 들은 참여 위원들은 방개위의 목적에 의혹을 품게 되었다. 최재승의 발언은 결국 '방송 길들이기'를 위해 방개위가 구성된 것이며 궁극적으로는 정권에 껄끄러운 방송노조를 파괴하기 위한 것이었음을 함축하고 있었기 때문이었다. 이를 증명이라도 하듯 방개위의 논의 과정에서는 각 참여 단체들 사이에 이해가 엇갈리는 등 갈등이 빚어졌다. 결국 방노련은 방개위가 방송의 공영성과 공익성을 추구하기보다는 MBC 민영화 기도나 불균형한 방송위원회 구성 등에서 보듯 방송 통제로 향해 있는 것을 보고 이듬해 2월 방개위를 탈퇴했다.

실제로 방개위 논의 결과는 여러 가지 측면에서 문제를 야기했다. 방송의 산업화가 전면에 부상한 반면, MBC 민영화 기도에서 보듯 방송의 공익성 공영성 강화는 뒷전으로 밀렸다. MBC와 KBS의 예결산 승인권을 방문진과 국회가 갖도록 해 방송사의 자율성과 독립성을 약화시킨 것도 정권의 통제를 용이하게 한 것이었다. 또한 방송위원회는 정치적 독립성을 강화하기로 했던 애초의 방향과 달리 9명의 방송위원 중 7명 내지 8명을 정부 여당이 독식할 수 있도록 했다. 이는 여당인 국민회의가 야당 시절에 시민 현업 단체와 합의했던 것보다 훨씬 뒤떨어진 것이었고 청문회 등 방송위원에 대한 검증 절차도 생략되었다. 또한 김영삼 정권 당시 민방과 케이블 방송을 마구잡이로 허가해 혼란스런 미디어 환경에서 위성방송을 성급하게 도입하려는 시도는 방송 환경에 대한 전반적인 인식이 결여돼 있음을 드러낸 것이었다. 그러나 한겨레와 대한매일은 이러한 방개위의 결과를 옹호하는 논조를 보임으로써 정부 여당의 방송정책을 지지했다. 방개위를 탈퇴한 방노련은 1999년 3월 '방송장악 음모 분쇄를 위한 총력투쟁을 결의하며'라는 제목의 성명서를 발표했다. 다음은 성명서의 내용 일부이다.

> (…) 지난해 말 국민회의 정권은 연내 통합방송법안 국회 상정, 통과 방침을 번복하고 방송 현업단체와 야당 등의 반발에도 불구하고 방송개혁위원회를 출범시켰다. 방송개혁위원회는 두 달 간이라는 짧은 시간에도 불구하고 무리하게 수많은 의제들을 졸속으로 처리하는 우를 범하였다. 또한 산업화 논리를 전면에 부상시키는 동시에 공영성을 약화시키고 방송사의 자율성과 독립성을 훼손하여 결과적으로 정권의 방송 통제를 용이하게 한 개악안을 만들었다. 표면상으로는 정부로부터 독립적인 방송위원회를 구상하면서도 방송위원회를 실질적으로 움직이는 방송위원 구성에 있어 투명성과 독립성을 외면함으로써 정부 여당에 의해 통제되는 무소불위의 공보위원회를 만들어버렸다. 더구나 방송의 공익성 강화라는 기본 방향을 설정해 놓고도 이와 정면으로 배치되는 MBC사영화를 결정하는 자기모순적인 이중성을 드러내 보이기도 했다. (…)[489]

1999년 4월 국민회의는 방개위안을 골자로 한 통합방송법을 의원 입법으로 국회에 상정했다. 분노한 MBC노조는 바로 파업 찬반투표를 단행해 언제든 파업에 돌입할 태세를 갖추었다. 투표

결과는 투표율 94.6퍼센트에 찬성율 94.4퍼센트로 압도적 찬성이었다.[490]

통합방송법이 방송위원회 구성 문제 등 정치권의 이해 갈등으로 파행을 겪으며 진전을 보이지 못하고 있고, 방송사노조들은 파업을 준비하는 등 일촉즉발의 상황에서 7월 방노련 비상대책위원회는 '5개 요구사항'을 발표했다. 5개 요구사항은 '방송위원회 독립성 보장', '공영방송 사장 선임 시 인사청문회', '노사동수의 편성위원회 구성', '재벌·신문·외국자본의 위성방송 진입 금지', '민영상업방송의 소유지분 제한' 등으로 정부 여당이 충분히 수용 또는 논의할 수 있는 것들이었지만 정부 여당은 무반응으로 일관했다.

인내를 거듭하던 방송사노조들은 마침내 1999년 7월 12일 KBS 본관 앞에서 파업 출정식을 갖고 다음 날 새벽 6시를 기해 총파업에 돌입했다. 총파업은 KBS와 MBC가 먼저 돌입했고 이어 열흘 뒤에는 SBS, EBS, CBS 등도 총파업 동참을 선포하는 기자회견을 가졌다. 이 파업 과정에서 언개연은 방송사노조들의 파업에 대한 지지를 유보해 내분을 겪었다. 제205회 임시국회는 정치적 갈등만 빚다가 7월 아무런 성과 없이 폐회되고 말았다.

임시국회가 아무런 성과 없이 폐회되고 방송사노조들은 파업을 하고 통합방송법은 하염없이 표류하는 상황이 계속되자 시민사회가 나섰다. 7월 20일 민언련, 민주노총, 전농, 전국연합 등 60여개 시민운동 단체 대표자들은 '민주적인 방송법 제정을 위한 제시민단체공동대책위원회'(이하 공대위)를 꾸리기로 결의했다. 이들은 방송사 연대 총파업이 장기화된 것은 국회를 파행시킨 정치권 때문이라고 비판하고 김대중 대통령의 결단을 촉구했다. 같은 날 언개연도 성명을 내 "여야는 조속히 국회를 재소집하여 방송법안을 처리하라"면서 방노련이 제안한 5개 요구 사항을 전향적으로 수용해야 한다는 입장을 밝혔다.[491]

시민운동 단체 대표자 결의에 따라 7월 26일 '민주적 방송법 제정을 위한 제 시민·사회·종교단체 대책위원회'(공대위)가 출범했다. 공대위에는 민언련, 민교협, 민주노총, 참여연대, 환경운동연합, 한국민족예술인총연합 등 무려 278개 시민·사회·종교단체가 참여했다. 공대위는 각 언론사에 보도자료를 내고 "이번 사태에 대해 책임 있는 자세를 보여주어야 할 정부 여당이 무대응으로 일관하고 있어 파업이 장기화되고 있다"고 지적하고 "방송독립 문제는 단순히 정치권과 방송사 관계만이 아닌 전국적 현안이기 때문에 시민·사회·종교단체가 역할을 해야 할 당위성이 분명히 존재한다"고 못박고 "방송법이 조속한 시일 내에 민주적으로 제정될 수 있도록 적극 중재하겠다"고 밝혔다.[492]

이날 이러한 시민사회의 움직임에 부응해 방노련 비대위는 국민회의 측과 7개항에 합의하고 파업을 중단했다. 7개항은 '방송정책 행정권 방송위로 이관', '방송위원 추천 시 기준과 사유 명기', '공영방송 사장의 선임 기준과 사유 명기', '편성규약 제정', '위성방송 1개 사업자만 허가', '민영방송 재허가 시 소유 지분 인하 권고', '제206회 임시국회에서 방송법 처리' 등이었다. 그러나 방송노조와 여당과의 노정합의에도 불구하고 국민의정부는 파업에 대한 책임을 물어 방노련 간부들을 구속했다. 이에 따라 KBS노조의 현상윤 위원장, 김수태 부위원장, 한명부 조합원, MBC노조의 박영춘 위원장, 박진해 방노련 사무처장이 구속 수감되었다.

결국 정치권의 이해에 따라 질질 끌었던 통합방송법은 12월 1일 국회 문광위를 통과했고 이듬해인 2000년 1월 공포되었다. 그러나 10여 년에 걸친 진통 끝에 통과한 통합방송법은 방송노동자들에게 실망과 분노만 안겨주었다. 통합방송법은 처리 과정에서 마지막 노정 합의마저도 훼손되었다. 통합방송법은 청와대 강경파의 방송 장악 야욕, 문화관광부를 비롯한 관료 집단의 반발, 여당의 한 축인 자민련의 몽니 등으로 정부 여당 내부에서 혼선을 빚었고, 거기에 방송협회의 이기주의와 한나라당의 방송 정책권 정부 보유 주장 등이 겹쳐 누더기법안이 되었다. MBC와 KBS의 예산과 결산은 방송사가 예산을 편성하되 결산 승인권은 방문진과 KBS이사회에게 주어졌고, 논란을 빚었던 MBC의 경영과 편성의 관리감독권은 경영에 대해서만 방문진이 관리감독권을 행사하는 것으로 정리되었다. 통합방송법에 따라 MBC는 공적기여금을 내게 되었다. MBC 민영화의 문제는 MBC사장 선임 절차를 방문진 규약에 두는 것으로 공영방송 위상을 규정해 일단락되었다. 편성위원회는 노사가 자율적으로 설치하도록 했고, 복수광고 영업 체제를 도입해 광고공사의 광고영업 독점권은 종결되었다. 시청자 권익 증진을 위해서는 60분 이상의 시청자 평가 프로그램을 편성토록 했고, KBS는 시청자가 직접 제작하는 액세스 프로그램을 의무편성 하도록 했다.

신문개혁 다시 불붙인 중앙일보 사태[493]

1999년 10월 2일 검찰은 보광그룹 대주주인 홍석현 중앙일보 사장을 특정범죄가중처벌법상 조세포탈과 배임 혐의로 구속 수감했다.

중앙일보는 국세청이 탈세액을 부풀렸다고 비판했으나 국세청은 해명 자료를 내고 조목조목 반박하면서 중앙일보가 여론몰이로 진실을 호도하려 하면 추가 자료를 공개하겠다고 엄포를 놓았다. 홍석현 사장의 구속은 여러 가지 해석을 낳았다. 사회 지도층 인사의 납세 도의를 검증하고 변칙적인 상속 증여를 엄단해 경제정의를 바로잡겠다는 정권의 의지라는 긍정적 해석과 함께, 반대로 지난 대선에서 이회창을 도운 것에 대한 정치 보복, 나아가 2000년 총선을 앞둔 '언론 길들이기'라는 정치적 해석도 있었다.[494]

그러나 설령 정권의 '정치보복'이나 '언론 길들이기'의 측면이 있다 하더라도 홍석현의 혐의 사실이 명백하고 그에 대한 충분한 증거도 확보된 만큼 이것이 지속적으로 논란이 될 수는 없었다. 또한 1997년 대선 때 중앙일보가 '이회창 경선 전략의 문제점과 개선 방향'이라는 문건을 이 총재 진영에 제공해 국민신당으로부터 고발당한 행위는 만천하에 공개된 일로, 정치적 중립을 지켜야 할 언론사로서 결코 용납하기 어려운 매우 부적절한 행위였다.

중앙일보 사태는 신문개혁 운동이 다시 불붙는 계기가 되었다. 언개연은 1999년 10월 12일 '중앙일보 사태는 신문제도 개혁으로 이어져야 한다'는 성명을 통해 정간법 개정과 신문개혁위원회 구성을 촉구했다. 재벌, 족벌, 종교재단 등이 신문을 수익 창출의 수단이나 정치적 보호막으로 이용하고 있는 악습을 뿌리 뽑기 위해서는 혁신적 제도 개선이 필요했기 때문이었다.

언개연은 2000년 3월, 4·13총선 출마 후보 1천여 명을 대상으로 '신문개혁 서약서'를 만들어 서명운동을 벌였다. 법 제도의 개선을 위해 여야를 막론하고 의정 활동 예비 주자들로부터 약속을 받아내는 전략이었다. 서약서에는 '국회언론발전위원회(언발위) 구성', '소유분산 및 편집권독립의 정간법 개정', '여론 독과점 규제', '공동판매제 및 ABC제도 도입' 등 그동안 언개연이 주장했던 사항들이 모두 포함되어 있었다. 그 결과 서명한 270명 후보 중 모두 80명이 당선되었다. 언개연은 이들을 포함, 총 123명의 의원으로부터 '신문개혁 서약'을 받아냈다. '서약운동'은 16대 국회 개원 이후에도 계속되었다. 2000년 6월 의원회관에서 열린 '언론발전을 위한 국회의원 초청의 밤' 행사에 참석한 총 26명의 여야 의원들은 신문개혁의 필요성을 인정하고 소임을 다할 것을 약속했다.

2000년 7월 여야 의원 31명은 "우리 언론이 안고 있는 여론독점, 왜곡보도, 선정주의 등과 함께 소유·경영·편집과 관련된 문제점을 해결하기 위해 공정하고 전문적인 기구가 절실하다"며 언론의 제반 사안들에 대한 실태조사, 여론수렴, 해결방안 등을 위해 '언론발전위원회 구성 결의안'을 제출했다. 이는 국회의장 직속의 자문기구로 언론계, 학계, 법조계, 시민단체, 국회의원 등에서 각 3명씩 15명으로 구성되며, 실행위원회와 사무국을 두고 2년 간 한시적으로 활동한다는 내용이었다. 주요 현안은 언론정책 및 법 제도, 시장구조 및 시장행위, 소유, 경영, 판매, 광고, 저널리즘 및 편집권, 언론 유관 기관 및 지원 기구 등으로 잡았고, 각 사안에 따라 분과위원회을 설치키로 했다. 참여 의원은 한나라당 16명, 민주당 14명, 자민련 1명 등 총 31명이었다. 국회의 이런 움직임에 힘입어 언개연은 7월부터 신문시장 관련 연속토론회를 개최했다.

신문개혁 운동은 언발위 구성 촉구로 집중됐다. 언개연은 2000년 8월 14일 신문시장 개혁 의견서를 문광부, 공정거래위원회, 금융감독원, 국회, 여야 정당에 전달했다. 이 의견서에서 언개연은 문광부에 신문 공동판매제 도입을 촉구하는 한편, 공정거래위원회에는 차별 할인 규제, 과도한 판촉 경쟁 제재, 소비자 단체 지원, 광고료 산정 기준, 광고 자율심의기구의 위원 구성 등에 관한 법률과 관련 지침 등을 제안했다. 금융감독원은 신문사 연결재무재표 의무화, 경영정보 공개, 사외이사 도입, 금융대출 현황 조사 등을 촉구했다.

그러나 청와대는 자율개혁을 고집했고 여야 간의 정쟁이 맞물리면서 언발위 구성과 정간법은 2000년이 다 가도록 국회에서 논의조차 없었다. 이에 언개연은 11월 본격적인 행동에 나섰다. 서영훈 민주당 대표, 목요상 한나라당 정책위원회 의장 등을 만나 언발위의 조속한 구성을 촉구하고 국민 서명운동에 돌입하는 한편, 민변과 함께 정간법 개정안을 다듬어 입법 청원서를 국회에 제출했다. 개정안의 기본 골격은 대기업의 신문 소유 금지, 1인 소유 지분 상한선 30퍼센트, 경영 자료의 문광부 신고 및 공표 의무화, 편집권 독립을 위한 편집위원회 구성과 편집규약 제정, 독자권익 보호를 위한 독자위원회 구성과 독자보호 조항 신설, 신문의 사회적 책임과 공정성, 공익성 명시 등이었다. 12월에는 언론노조와 함께 '정간법 개정 및 신문개혁 촉구 결의대회'를 갖고 기자회견, 가두 서명운동 등 총력투쟁을 전개했다.

그러나 언발위 구성은 계속 지연됐다. 이런 상황에서 고흥길 의원은 한나라당 중심으로 국회 차원의 '언론발전연구회'를 결성하고 언론 현장의 실태 및 외국 사례 조사, 공청회, 대안 제시 등 언발위가 제시한 역할을 하겠다고 나섰다. 이처럼 언발위 구성이 여야가 엇박자를 놓는 등 지지부진해지자 언개연은 여론 형성을 위해 국민 1천 명과 신문잡지 기자 2백 명을 대상으로 '신문개혁 관련 여론조사'를 실시했다. 이 조사에서 신문잡지 기자 93.5퍼센트가 정간법 개정 필요에 찬성했다. 국세청의 언론사 세무조사 실시에는 기자 87.6 퍼센트, 전체 국민의 86.9 퍼센트가 필요하다고 답했다.

안티조선 운동

발단

1998년 월간조선 11월호는 '대통령자문 정책기획위원장 최장집 교수의 충격적 6·25 전쟁관 연구'라는 제목의 기사에서 "6·25는 김일성의 역사적 결단", "6·25 전쟁의 최대 피해자는 북한 민중" 등 최 교수 논문의 일부 표현을 맥락 없이 발췌 인용하여 최 교수의 논문을 비판했다. 이에 최 교수는 조선일보에 5억 원의 명예훼손 손해배상을 청구하고 월간조선 11월호의 배포금지가처분신청을 법원에 제출했다. 법원은 최장집의 손을 들어주었고 월간조선의 배포금지를 명령했다. 이후 이 사건은 조선일보가 최 교수에 대한 비판을 중단하는 조건으로 최 교수가 소송을 취하해 어물쩍 종료되었다.

그러나 문제는 거기서 끝나지 않았다. 조선일보의 이한동 기자는 10월 26일자 조선일보에 최 교수의 논문을 인용하면서 최 교수가 "미군과 한국군의 38선 돌파는 '공격적 팽창주의의 발로'이고, 김일성은 열렬한 민족주의자"라고 주장했다고 보도했다.[495] 이를 두고 말지의 정지환 기자는 이 기자에 대해 "마조히즘적인 정신분열 증상"이라고 비난했고, 강준만 교수는 〈인물과 사상〉에서 이한동이 한 때 최 교수의 강의를 수강했던 점을 들어 "스승의 뒤에 칼을 꽂은 청부살인업자"라고 공격했다. 이에 이한동이 두 사람에 대해 소송을 제기하자 고종석, 김규항, 김동민, 김민웅, 김정란, 김종엽, 노혜경, 손석춘, 유시민, 진중권, 한윤형, 홍세화 등 진보논객과 문인들이 가세하면서 '반 조선일보 운동'이 본격화되었다.

사소한 소송이라 할지라도 소송은 인간의 일상을 얽어매는 일이었다. 강준만은 1999년 6월 자신의 〈인물과 사상〉 7월호에서 "나의 비판으로 마음의 상처를 입은 여러분께 머리 수그려 사과드리며 너무 언론개혁에 집착한 나머지 저지른 무리수였음을 인정하고 앞으로는 절대 '오버'하지 않겠다"면서 '조선일보 제 몫 찾아주기 운동'을 포기한다고 선언했다.[496] 그러나 11월 법원은 강준만과 정지환에게 각각 7백만 원과 4백만 원을 이한동에게 지급하라고 판결했다. 〈인물과 사상〉 사이트의 누리꾼들은 분노했다. 김영란 교수는 "성금을 보내자"고 제안했고, 진중권은 성금운동에 '이한우 학동 맛동산 사주기 운동'이라는 조롱 섞인 이름을 붙여주었다.[497] 홍세화는 극우 정치인 장 마리 르펜의 부당한 명예훼손 소송에 프랑스의 문인들이 들고 일어난 사례를 들며 한겨레신문에 '나를 고소하라'라는 칼럼을 실었다. 홍세화는 이 칼럼에 다음과 같이 썼다.

조선일보 기자가 최장집 교수를 빨갱이로 몰기 위해 '스승의 등에 칼을 꽂은 청부살인업자'가 되어 '마조히즘적인 정신분열증상'을 보이며 사상검증을 했던 것은 움직일 수 없는 사실이다. 나를 고소하라! 서명 홍세화.[498]

마침내 12월 '안티조선 우리모두' 사이트(www.urimodu.com)가 개설되었다. '안티조선 우리모두'의 입장은 분명했다. "조선일보는 좌우를 막론하고 한국 사회의 미래를 모색하는 모든 사람들의 앞길에 놓인 쓰레기 더미이며 좌로 가든 우로 가든 갈림길 앞에 쌓인 쓰레기는 치워야 하지 않겠는가"라는 것이었다. 2000년 7월 '안티조선 우리모두'는 누리꾼들의 성금을 모아 한겨레신문에 '나를 고소하라'는 1,600명의 서명자가 들어간 전면 광고를 냈다. 8월에는 지식인 154명이 조선일보에 기고와 인터뷰를 거부한다고 선언했고, 9월에는 41개 단체로 구성된 '조선일보 반대 시민연대(조반연)'가 출범했다. 반대 서명에는 1,500여 명의 지식인과 1천여 명의 시민운동가가 참여했다.[499]

안티조선운동은 인터넷 공간을 통해 지식인, 누리꾼, 시민운동가, 대안언론 등의 참여로 막강한 세력을 형성했다.[500] 거기에 한겨레신문, 경향신문, 대한매일, 오마이뉴스 등 든든한 지원 매체들도 있어 운동의 전망이 어두운 것만은 아니었다.

운동의 반전

'안티조선 우리모두'의 거세고 격렬한 비판에도 조선일보는 그대로였다. 그리고 2000년 4·13총선을 앞두고 신문시장의 60~70퍼센트를 차지하는 조중동 보수연맹은 국민의정부에 대해 끈질긴 파상 공세를 퍼부었다. 결국 총선에서 새천년민주당은 115석을 얻는데 그쳐 133석을 얻은 한나라당에 참패했다.

조중동 보수연맹은 김대중 정부의 일거수일투족에 대해 비판과 딴지걸기로 일관했다. 그것은 역사상 최초로 남북의 정상이 만나 화해와 평화의 길을 열었던 6·15 남북정상회담에 대해서도 예외가 아니었다. 이와 관련해 정연주는 한겨레신문 칼럼에서 남북정상회 담을 비판하는 보수신문을 향해 "남북화해 시대에 대한 극도의 혐 오와 저항이 사설과 칼럼 곳곳에 피처럼 배어 있다"며 "이런 조폭 수준의 신문들이 이 땅을 황폐화시키는 상황이 계속되는 한 사랑 과 평화는 허망하다"고 개탄했다.[501]

김대중 정부가 무엇을 해도 인정하지 않으려는 조중동, 그리고 이에 대항할 연대 세력의 구축은 김대중 정부로 하여금 막다른 선 택을 하도록 요구하고 있었다. 김대중 정부는 마침내 '언론사 세무 조사'라는 칼을 빼들었다. 어떤 기업이든 세무조사는 껄끄럽고 부 담스러운 일이었지만, 정례적으로 받는 일반 기업에 비해 언론사 에게는 더욱 큰 부담일 수밖에 없었다. 언론사 세무조사로 안티조 선운동 진영은 크게 힘을 얻었다. 바로 코리아나 호텔 앞에서 일인 시위가 시작되어 8주간 지속되었고 일인시위는 전국으로 확산되 어 8월까지 계속되었다. 세무조사로 국민의정부와 조중동의 관계 는 더욱 악화되었다.

이런 상황에서 2001년 7월 이문열은 조선일보에 기고한 '신문 없는 정부 원하나'라는 칼럼에서 "굳이 두 기관차가 충돌로 승패를 가름해야 한다면 나는 언론 쪽의 승리를 기원할 수밖에는 없다"고

　　　　　　　　4부 민주화 시대의 언론운동

입장을 밝혔다. 그는 다시 동아일보 시론에 '홍위병을 떠올리는 이유'라는 글에서 안티조선운동 진영의 주장이 정부 주장과 겹친다면서 "이면적인 연계를 억측하게 된다"며 안티조선운동에 참여하는 사람들을 '홍위병'으로 매도했다.[502] 이에 대해 조반연은 이문열을 상대로 손해배상 청구 소송을 벌였으나 패소했다. 또한 안티조선 활동가 113명은 1년 전 부산 독서토론회에서 이문열이 안티조선운동 진영을 친북으로 매도한 것을 두고 피해 보상을 요구하는 민사소송을 제기했으나 이 또한 패소했다.[503]

한편, '조선일보 없는 아름다운 세상을 만드는 시민모임(조아세)'은 불법적으로 배포된 조선일보 무가지를 수거하고, 조선일보를 비방하는 유인물 100만부를 배포했다. 조선일보는 조아세의 이 행위와 함께, 조선일보가 월드컵 때 안정환의 골 세리머니에 대해 못 본채 무시했다고 허위 사실을 제기한 것, 조선일보의 친일 행적, 독재 시절의 불법적 재산 축적 등을 제기한 것 등을 한데 묶어 업무 방해 및 명예훼손 등의 혐의로 고소했다. 그러나 검찰의 기소 단계에서 친일 행적 제기 등 중대 혐의는 모두 빠지고, 안정환 골 세리머니 등 지엽적인 내용만 남았다. 조선일보는 이 소송에서 일부 승소했다. 그러나 법원은 최종 판결문에서 "조아세가 IMF사태 관련 허위보도, 월간조선 창간 및 코리아나호텔 신축 특혜 의혹 등을 제기한 것에 대해서는 '이유 있는 비판'"이라고 판시했다.[504]

김대중 정부가 언론을 겁박해 길들이려는 정략적 판단을 했다면 7년 전 김영삼 정부가 했던 것처럼 세무조사는 하되 공표까지는 하지 않았을 것이다. 그러나 김대중은 김영삼이 아니었다. 그는 칼집에서 칼을 뺐고 가차 없이 휘둘렀다. 수십 년 간 수구보수언론에 시

달리며 쌓였던 한 맺힌 감정이 없지 않았을 것이다. 안티조선운동을 비롯한 시민사회의 바람도 작용했을 터였다. 그가 칼을 뺀 이유가 무엇 때문이라고 단정 지어 재단하기는 어렵지만 우직하게 법과 정의를 세워야 한다는 대통령으로서의 책무를 행사한 것만은 분명했다. 그러나 세무조사로 조중동의 연대는 더욱 굳건해졌고 김대중에 대한 적대감은 더욱 커졌다.

사상의 자유 시장에서 이념적 편향성이 사회적으로 제재를 받거나 억압을 받을 수는 없는 일이었다. 조선일보가 최장집 교수든 누구든 이념의 문제를 지적하고 비판하는 것은 '표현의 자유' 영역으로 인정해 주어야 했다. 그러나 조선일보는 이 과정에서 승부에 집착한 나머지 사실을 왜곡하거나 날조하거나 의도적으로 생략하는 반칙을 범했다. 그것은 저널리즘의 기본 원칙을 저버리는 것으로 비판받아 마땅하며 위법한 사항이 있었다면 처벌받아야 했다. 그러한 태도는 조선 자체에서 끝나지 않고 언론 전반의 신뢰성을 떨어뜨려 결과적으로 사회 전체에 불신과 불안과 갈등을 증폭시켜 단순한 처벌로만 끝낼 문제는 아니었다.

조선바보와 옥천전투

옥천군 군민이 주인인 주간지 옥천신문은 1989년 9월 창간되었고 2006년 이후 십 수 년 동안 매년 지역 신문발전기금 우선 지원 대상으로 선정되었다. 이 신문은 '군민주 신문'으로 창간 당시부터 특정 개인이나 단체가 신문의 일정 부분 이상의 지분을 소유할 수 없도록 했다. 이 같은 소유 형태 때문에 옥천신문은 대기업과 특정 개인이 소유한 대형 신문사처럼 특정 정파 또는 자본에 편향된 보도로 문제가 되는 일은 없을 뿐 아니라 편집 자율성과 독립성이 확실하게 보장되어 한국사회 대안언론의 전형으로 평가받기도 했다. 옥천신문은 지역 주민의 평범한 일상을 소개하는 기사부터 자치 단체를 비판 감시하는 기사까지 지역 주민에게 필요한 다양한 정보를 제공했고 국내외 선진 사례를 지역 사회에 장기적 전망으로 제시하기도 했다.[505]

옥천신문은 옥천 군민들 대다수가 안티조선운동을 적극 지지하고 참여하도록 하는데 결정적 영향을 미쳤다. 이른바 '옥천전투'라고도 불리우는 이 운동은 2000년에서 2002년 사이에 옥천 군민들이 벌인 조선일보 절독운동이었다. 이 운동은 완전한 성공을 거두었는데 한윤형은 성공의 비결을 세 가지로 진단했다. 첫째 옥천 군민들은 해방 이후의 색깔론이나 독재 시절 부역행위 등에 대해서는 일체 언급을 피한 채 철저하게 조선일보의 친일 행위만을 문제삼았다. 2000년 8월 15일 군민 33명이 '조선일보 바로보기 옥천시민모임(조선바보)'을 결성하면서 조선일보로부터의 독립선언문을 낭독하고 스스로 '독립군'이 되어 활동을 시작해 2년 후인 2002년 8월 15일에 '조선일보로부터의 옥천 해방구 선포식'을 가지면서 '옥천전투' 종료를 선언했다. 이듬해인 2003년 8월 15일에는 옥천 언론문화제를 열었는데 정치적 성향이나 진보, 보수 따위의 이념 문제는 철저하게 접어두었다. 둘째는 물총닷컴이라는 사이트를 기반으로 매우 구체적인 조직적 활동을 펼쳤다는 점이었다. 이 사이트의 작전 명령은 "조선일보를 구독하는 사람들을 찾아내라", "조선의 친일 행각을 알려 절독을 권유해라", "절독할 때까지 포기하지

말라", "전투 상황을 세밀히 공개하라" 등이었다. 세 번째 성공의
비결은 옥천신문의 존재 자체였다. 한겨레신문 옥천지국장이었던
오한흥은 옥천신문을 지역 최고의 신문으로 만드는데 혁혁한 기
여를 했다. 옥천신문은 '조선바보' 운동이 시작되기 전에 이미 지
역의 1등 신문이었다. 옥천 지역의 군 의원 9명이 전원 '독립군'에
동참했고, 1천부가 넘었던 조선일보 구독자를 1년 만에 절반으로
줄였다.[506]

언론단일노조의 출범

산별노조 약사略史

일제강점기부터 노동조합은 창립과 해산, 결합과 분산 등을 끊임
없이 반복했다. 1920년 설립된 조선노동공제회와 조선노동대회는
우리나라 최초의 전국 단위 노동기구였다. 그러나 양 기구는 내부
의 이념 대립으로 1년도 안 되어 해체되었고 이후 1922년 결성된
연맹체 성격의 조선노동연맹회도 내부 분열로 한계를 드러냈다. 이
후 1924년 파벌과 분파를 극복하고 조선노농총동맹이 '노농해방'
의 기치 아래 설립되었다가 1927년 노동자와 농민의 특성을 고려
해 농민총동맹과 노동총동맹으로 분리 독립되었다.

1920년대 후반에는 신문배달, 인쇄, 철공 등의 직업별 노조들이
신문배달조합총동맹, 인쇄직공조합총연맹, 철공조합총동맹 등 전
국적 연맹체를 구성하고 활동했다. 일제의 탄압이 극심해지자 노

동운동은 공산주의 이념을 바탕으로 혁명적 비합법 운동으로 바뀌어갔고, 출판노조와 같이 공산주의의 방침에 따라 산별노조로 전환되었다.[507]

해방이 되면서 노동기구는 기업별과 산별이 권력의 편의에 따라 번갈아 바뀌는 등 철저하게 통치 도구로 이용되었다. 해방 직후에 결성된 산별노조 형태의 조선노동조합전국평의회(전평)는 한국전쟁을 거치면서 와해되었고, 기업별 노조로 구성된 대한독립촉성노동총연맹은 이승만의 독재 수단으로 변질되었다. 이후 5·16쿠데타로 해산되었다가 재구성된 산별노조와 한국노동조합총연맹(한국노총) 역시 군사정권의 노동통제 수단으로 기능하다가 1980년 전두환 치하에서 기업별노조, 복수노조 금지, 제3자 개입금지 등 노동관계법의 개악과 함께 산별노조는 모두 기업별 연합체인 연맹으로 이름을 바꾸게 되었다.[508]

1987년 민주화를 맞은 노동계는 노동자대투쟁을 거치면서 권력으로부터 벗어난 자주적 노동운동을 전개하기 시작했다. 1987년 6월 2,725개였던 노조 수는 1989년 6월 7,380개로 폭발적으로 늘어났다.[509] 자주적인 노조 결성과 더불어 노동운동의 성격 또한 근로조건이나 복지에 머물지 않고, 사회정의, 직업윤리, 민주화, 참교육 등 사회 변혁의 성격을 띠기 시작했다. 이러한 노동운동의 성격 변화는 자본과 노동의 싸움이 본격화되면서 노조 형태가 산별을 지향하는 데에도 큰 영향을 주었다. 1989년의 전교조(전국교직원노조), 1990년 전노협(전국노동조합협의회)의 산별노조 건설 선언, 1994년의 전국과학기술노조, 1998년의 보건의료노조(전국보건의료산업노조) 등은 모두 산별노조 운동의 첨병이었다. 특히 보건의료노조는 민영과 공영, 정규직과 비정규직, 고용 여부 등을 불문하고 보건의료산업에 종사하는 모든 노동자를 조직 대상으로 했다는 점에서 사회변혁적 산별노조의 표본이었다.

방송단일노조의 좌절, 신문노조의 쇠퇴

이러한 사회변혁적 산별노조 결성의 바람은 언론에도 영향을 미쳤다. 1994년 5월 방송사노조협의회(방노협)의 결성은 목동 방송회관 입주권 확보가 직접적 계기였지만 그 배경에는 '방송독립과 방송민주화'라는 변혁적 차원의 투쟁 목표가 깔려 있었다. 방노협은 민주언론실천모임, 방송관련 정책토론회, 동맹파업 등의 연대활동을 펼치다가 1995년 1월 방노위(한국방송노조건설준비위원회)를 결성하면서 발전적으로 해체되었다. 이후 방송노조 건설은 방송법개악 저지 투쟁, MBC 강성구 사장 퇴진 투쟁, 4·11총선 등으로 미뤄지다가 1996년 하반기에 가서야 조합원 총투표 일정이 확정되었다. 그런 와중에 전국 각 지역의 20개 MBC노조들은 1996년 10월 하나로 뭉쳐 전국MBC노동조합이라는 단일노조를 출범시켰다. 한편, KBS노조는 지역별 설명회, 실국별 총회, 홍보자료집 발간 등 방송단일노조 결성을 위해 힘을 쏟았으나 사측의 집요한 방해로 1996년 12월 조합원 총투표에서 좌절되고 말았다. KBS 사측은 부장단 성명, 사장 명의의 성명 등으로 반대 여론을 조성했고, 심지어는 찬반 투개표 시 근로감독관을 노동부에 요청하는 등 사측의 방해는 극심했다. 그 여파로 방송단일노조 건설을 위한 KBS노조의 꿈은 94퍼센트가 넘는 투표율을 기록했지만 노조 해산에 필요한 투표자의 3분의 2를 넘지 못해 좌절되고 말았다. 높은 투표율은 해산에 반대하는 조합원들의 투표를 독려한 사측의 방해 공작이 얼마나 컸는지를 입증하는 것이었다. 이로써 방송단일노조 건설은 결국 무산되고 말았다.[510]

방송단일노조 건설이 좌절되기는 했지만 방송노조들의 연대 활동은 노조 초창기의 투쟁 과정을 겪으며 적극적인 모습을 보였다. 이에 반해 신문노조의 연대 활동은 느슨했다. 거기에는 신문의 소유 구조, 노조의 사회 변혁적 의식의 부재 등 여러 원인이 있으나 가장 큰 원인은 개별 노조들의 자사이기주의였다. 1989년부터 시작되어 끝날 줄 모르는 신문전쟁으로 조합원들의 근로 여건이 악화일로를 걷자 1995년 서신노협이 주1회 휴무와 증면 자제를 요구하며 서명운동, 신문협회장 면담 등을 전개했으나 결국 기업별 자사이기주의의 벽을 극복하지 못했다. 이런 현실에 대해 박강호 언노련 산별추진위원회 조직위원장은 다음과 같이 술회했다.

지난 시기 언론노동운동은 '외연의 확장'에 지나치게 치우치고 자본의 공세에 제대로 대응하지 못함으로써 내부 조직력의 와해라는 치명적 결과를 초래했다. '지사적이고 선비적인' 소수의 헌신적 노력은 평가받아야 마땅하다. 그러나 언론개혁은 건강하고 힘 있는 노조가 자리 잡고 있을 때 더욱 온전히 추진할 수 있으며 또한 앞당길 수 있다.[511]

언론단일노조의 출범

방송단일노조의 좌절과 신문노조의 쇠퇴 속에 1997년 9월 언노련
은 산별기획단을 구성하고 11월에는 전국출판노동조합협의회(출판
노협)와의 통합을 통해 기존의 신문, 방송에, 출판, 인쇄, 서점 노조
까지 아우르는 거대 조직으로 조직 규모를 키웠다. 한편, 그해 연말
에 터진 IMF 구제금융은 언론 종사자 8천여 명이 잘려나가도 속수
무책인 상황에서 기업별 노조의 한계와 산별단일노조의 필요성을
절감하게 했다. 이에 1999년 4월 최문순 언노련 위원장은 산별노
조추진위원회를 구성하고 본격적인 활동에 들어갔다. 언노련은 기
초자료 조사, 단위노조 순회, 조합원 설문조사 등 산별 여론을 구축
해갔고 11월 대의원대회에서 2000년 9월 22일을 산별노조 창립일
로 날짜까지 못 박았다. 이후 2000년 5월 KBS노조와 부산일보노
조의 찬반투표를 필두로 한겨레신문, 대한매일, YTN, 연합뉴스, 교
보문고, 한국일보노조 등이 조합원 투표를 통해 산별 전환을 가결
했다. 그러나 애초에 9월 22일로 정해 놓았던 창립일은 MBC노조
의 산별 전환 결정이 늦어지면서 조정될 수밖에 없었다.

마침내 2000년 11월 24일 프레스센터 19층 기자회견장에서 전
국언론노조(언론노조)가 창립되었다. 초대위원장에는 최문순 언노
련 위원장이 선출되었다.[512] 연맹 산하 79개 노조 중 45개 노조가
산별 전환에 찬성해 조직상으로는 절반이 조금 넘는 노조가 산별
로 들어온 셈이지만 조합원 수로는 1만 6천여 명 중 1만 3천여 명
이 산별노조로 전환됨으로써 80퍼센트가 언론노조에 편제된 것이
었다.

언론노조는 창립선언문에서 "각 기업의 틀 속에 갇혀 있던 언론노동자들이 '전국언론노동조합' 깃발 아래 하나로 뭉친 것은 민주언론과 민주사회를 이룩하기 위해 벌여온 우리의 투쟁을 더욱 강고하게 전개하기 위해서다"고 선언했다. 원로 언론인 김중배는 "그로 말미암아 언론의 생산자인 언론노동자는 이중의 목표와 이중의 짐을 짊어져야 한다"면서 언론노조의 역할은 "언론노동자의 '인간 회복'과 모든 이웃들의 '삶의 인간화'"라고 강조했다.[513]

이로써 언론노동운동은 인적 물적 토대가 확보되었고 기존의 성명 발표나 기자회견 방식에서 나아가 조직적 대중동원을 통한 투쟁이 가능해졌다. 대중적 언론운동을 통한 언론민주화, 언론 공공성 강화의 흐름이 뿌리 내린 것이다.[514]

그러나 언론노조는 겉의 화려함만큼이나 내부의 역량이 눈에 띄게 신장되지는 않았다. '무늬만 산별'이라는 비판적 평가가 늘 뒤따랐다. 거기에는 KBS본부, MBC본부 등과 같은 대규모 조직에 대한 과도한 의존성, 실질적 산별교섭의 부재 등의 문제가 존재했다. 무엇보다도 가장 큰 문제는 인력과 재원의 집중이 이루어지지 않은 점이었다. 게다가 조선, 동아, 중앙 등 보수 성향의 언론사 노조들을 가입시키는데 실패함으로써 매체 상호 간의 이념적 편가르기가 더욱 심해졌다. 과거 언노련 시절에는 민실위 활동, 언론민주화, 저널리즘의 원칙, 보도의 공정성 등에 대한 논의에 함께 참여했던 조중동 소속 언론인들이 산별노조 전환 이후로는 완전히 단절되어 진보와 보수의 진영 논쟁은 더욱 심화되었다. 또한 각 언론사 사주들의 전횡은 여전했고, 정권 교체 때마다 논란이 되고 있는 방송사 사장 선임의 문제 등도 풀리지 않는 숙제였다. 언론운동은 보수냐 진보냐의 진영에서 벗어나 진정으로 여론의 다양성, 건강성 등을 위해 노력해야 하는 커다란 과제를 안게 되었다.

언론사 세무조사와 사주들의 저항

언론사 세무조사

언개연을 비롯한 언론 단체들의 언론개혁 열망이 비등해지고, 김대중 정부에 대한 보수족벌신문들의 과도한 공격이 안티조선 운동 과정에서도 드러나자, 그동안 자율 개혁을 강조하며 소극적 입장을 견지했던 김대중 정부의 태도가 달라졌다.

김대중 대통령은 2001년 1월 신년 기자회견에서 언론개혁의 필요성을 언급했다. 이를 신호탄으로 국세청, 공정거래위원회 등의 움직임이 긴박해졌다. 국세청은 1월 말 언론사 세무조사 계획을 발표하고 2월 8일부터 60일 간 중앙언론사 23곳의 세무조사를 단행했다. 공정거래위원회는 신문의 불공정거래 조사와 신문고시 부활 방침을 밝혔다.[515] 당시 신문은 여타 신문의 비리나 문제가 불거져도 동업자 간 침묵의 카르텔을 굳건히 유지했다. 그것은 똥 묻은 개와 겨 묻은 개의 관계처럼 피차 부끄러운 곳은 들추지 않는 무언의 약속과도 같은 것이었다. 이들은 정간법이나 신문시장의 개혁에도 당연히 수수방관으로 일관했다.

보수신문들은 대통령의 발언과 언론사 세무조사를 언론탄압으로 규정하고 국민의정부를 격렬하게 비난하면서 결사항전 태세로 나왔다. 조선일보는 "한겨레, 대한매일 등이 3년 간 법인세를 한 푼도 내지 않았다"고 공격했다.[516] 보수신문들은 2월 22일 "언론 길들이기 의심 여지없어"(중앙) "세무조사는 언론 길들이기"(조선) "언론사 세무조사는 길들이기"(동아) 등 약속이나 한 듯 유사한 제목으로 세무조사에 불만을 쏟아냈고, 한나라당도 '언론 길들이기'라며 지원에 나섰다. 조중동의 이런 보도에 대해 민언련은 "국민 대다수가 원하는 언론사 세무조사를 드러내놓고 반대할 명분과 논리가 없자 3개 신문이 야당을 앞세워 언론개혁에 찬물을 끼얹고 있다. 차기 집권을 고려한 한나라당이 적법한 세무조사를 거부하는 언론사들의 편을 들어주면서 유착을 시도하고 있다"고 비판했다.[517]

언론 통폐합, 언론인 학살, 보도지침 등 군부독재 정권의 온갖 탄압에도 쥐죽은 듯 침묵으로 일관했던 보수언론, 그리고 그렇게 언론을 길들여왔던 독재의 본영 한나라당이 국민의 피로 민주화를 맞자 이구동성으로 '언론 길들이기'라고 외치는 상황은 굴절된 우리 역사의 참담한 모습을 보여주고 있었다.

신문이 세무조사를 '언론 길들이기'라고 비판하려면, 적어도 세무조사의 과정, 절차, 시기 등의 부적절성을 논리적으로 제시하거나, 세무조사 결과를 공개하지 않은 채 언론사를 압박하는 정부의 태도를 지적했어야 했다. 그러나 보수신문은 이런 부분에 대해 일체 언급하지 않고 아무런 논거도 없이 '언론 길들이기'라는 주장만 되풀이했다. 1994년 세무조사 결과를 공개하지 않은 채 언론사와 타협했던 김영삼 정부의 태도야말로 '언론사 길들이기'였다는 비판을 받아 마땅했다. 이와 관련, 김대중은 대통령 임기를 마치고 한참이 지난 2009년 한 인터뷰에서 "보복이 두려워 주눅이 들었으나 이전 정권처럼 타협하지 않았다"고 회고했다.

한겨레는 '심층해부 언론권력' 시리즈에서 그간 성역으로 감춰져왔던 조선·중앙·동아일보 사주들의 친일 행각과 각종 논란 등을 폭로했다. 이와 관련 한나라당 언론장악저지특별위원회는 2001년 3월 "정부 기관이 일부 언론에 특정 신문을 공격하는 자료를 제공하고 있다"며 김대중 정부와 한겨레의 유착설을 들고 나왔다. 또한 월간조선은 그해 4월호에서 '한겨레 종합 분석'이라는 안기부 문건을 보도하며 "한겨레는 친북 성향 보도 및 좌익세력 지원으로 로동신문 서울지국이란 평을 듣고 있다"며 색깔을 입혔다.[518] 그동안 '색깔론'으로 번성했던 월간조선은 정작 자신이 위기에 처했을 때도 '색깔론'으로 일관하고 있었다.

중단된 제도 개혁

이렇듯 언론사에 대한 국세청과 공정거래위의 조사가 보수신문과 야당의 저항을 부르자 언론개혁 일정은 적지 않은 차질을 빚게 되었다. 정간법 개정과 언발위 구성은 의제에서 사라져버렸고 여야 모두 무관심해졌다.

답답해진 언개연은 2001년 3월 대표자 회의를 열어 신문개혁특별위원회를 신문개혁국민운동으로 확대 재편하기로 했다. 166개 시민·사회·종교단체들로 구성된 신문개혁국민운동은 발족 취지문에서 "정간법 개정과 국회 언발위 설치, 신문제도개선, 독자주권 실현 등 3대 목표를 위해 전국적인 신문개혁운동을 펼쳐나갈 것"이라고 밝혔다. 이후 신문개혁국민운동은 취지문에서 밝힌 내용을 그대로 행동에 옮겨나갔다. 임시국회가 열리는 6월 한 달 동안 1인 릴레이 시위를 펼쳤고, '언론학자 100인 선언'을 조직화하는 한편, 각계각층의 '신문개혁 지지선언'을 이끌어냈다. 또한 신문개혁 전국 순회강연, 지역간담회 등을 열고, 정간법 개정을 위한 대국민서 명운동을 펼쳤다.[519]

국세청은 6월 공개 관행의 범위 안에서 세무조사 결과를 발표했다. 23개 중앙 언론사와 계열 기업의 총 탈루 소득액은 무려 1조 3,594억 원이었고 탈루 법인세는 약 5,056억 원이 추징되었다. 이중 조중동 추징액만 2,541억 원에 달했다. 공정거래위원회는 동아일보 62억, 조선일보 34억, 문화일보 29억, 중앙일보 25억 원 등의 과징금을 부과했다.[520] 세무조사로 조선일보 방상훈 사장, 동아일보 김병관 명예회장, 국민일보 조희준 전 회장 등 언론사 사주들은 탈세와 횡령 혐의로 고발되어 구속 수감됐다. 대법원은 2006년 6월 방상훈에 징역 3년 집행유예 4년과 벌금 25억 원을 선고한 원심을 확정했다. 김병관도 징역 3년에 집행유예 5년, 벌금 30억 원을 선고받아 형이 확정됐다.[521] 그러나 사장 자리에서 물러난 방상훈 등 언론사 사주들은 이명박 정부가 들어서면서 특별사면 및 특별복권으로 부활했고 아울러 종합편성채널이라는 특별한 선물까지 받게 되었다.

2001년 세무조사로 그동안 기업의 탈세를 비판해왔던 언론의 이율배반과 몰염치가 세상에 드러났다. 언론사의 도덕성은 땅에 떨어졌고 사회 전반에 언론에 대한 비판적 정서가 형성되면서 언론권력과 언론개혁이 대중적 의제로 부각되는 계기가 되었다.

그러나 세무조사 1년 뒤인 2002년 2월 조선일보는 사설에서

"2001년 2월 8일은 한국 언론사에 치욕의 날로 기록될 것"이라며 "도대체 언론이 무슨 중죄를 졌기에 1천여 명이 142일 동안 언론 인의 가족까지 계좌 추적을 하며 사찰을 해야 했단 말인가"라면서 2001년 세무조사가 치밀한 각본에 의한 언론탄압이라고 주장했다. 이어 "우리는 김대중 정권의 자유언론 탄압을 영원히 잊지 않을 것 이다"라고 밝혔다.[522] 대한민국에서 가장 많은 발행 부수를 자랑하 는 신문의 주장치고는 수준 이하의 분풀이에 불과했다. 제4부라고 하는 언론이 검찰의 수사 결과나 법원의 판결을 논박할 때는 신빙 성 있는 사실과 설득력 있는 논거가 필요한데 조선일보의 주장에 는 감정과 주장만 실려 있었다.

이러한 조선일보의 주장은 정치인 김대중에 대한 조선일보의 적 개심을 그대로 드러낸 것이었으며 언론의 정치적 편향이 얼마나 뿌리 깊은 것인지를 말해주고 있었다. '자유'라는 이름으로 괴물 같 은 권력이 되어버린 언론의 가공할 모습을 보며 언론개혁을 위한 운동 전략도 다시 점검해야 함을 느끼게 하는 대목이었다. 언론사 세무조사에서 드러난 결론은 언론권력은 쉽사리 무너지지 않는다 는 사실, 언론개혁은 지난한 과제라는 사실과 함께, 적폐 언론에 대 한 법적 제재 외에 다양한 방식의 개혁운동이 필요하다는 교훈을 남겼다.

신문고시의 부활

신문사의 독자 확보는 구독료 수익보다 광고단가나 광고수주와 직 결된 문제였다. 경품 제공, 구독료 면제 등 독자 확대를 위한 불공정행위가 만연해 폭력사태와 살인사건까지 발생함에 따라 공정거래위원회가 1996년 신문고시를 제정하였으나 시장원리와 배치된다는 이유로 시행 2년 만에 폐지되고 '신문판매 자율규약'으로 전환되었다. 그러나 자율규약에 맡기는 것은 호랑이에게 아이 보아 달라는 격으로 제대로 될 리 만무했다.

신문고시 폐지 후, 판매 경쟁이 더욱 뜨거워지고 신문 독과점으로 군소 신문과 지역 신문들의 경영난이 심화되자 공정거래위원회는 2001년 10월 1차적으로 신문협회가 불공정거래를 규제하되, 처벌이나 시정이 제대로 이루어지지 않을 경우 공정거래위원회가 규제에 나서는 자율규제안에 합의했다. 그러나 자율규약으로 안 되니까 공정거래위를 슬쩍 끼워 넣은 것은 눈 가리고 아웅 하는 격으로 별반 달라지는 것이 없었다. 이후 신문사 간의 과당 경쟁이 전혀 개선되지 않는다는 지적이 일자 2003년 5월 공정거래위원회는 신문협회의 자율규제 방안을 다시 폐기하고 공정위가 규제를 하되 경미한 사안에 한해서만 신문협회가 자율규약으로 처리하도록 했다.

한편, 신문고시에 대한 헌법소원과 관련해 헌법재판소는 2002년 7월 '합헌판결'을 내렸다. 경품, 무가지, 신문 강제투입, 끼워팔기 등을 금지하되 신문업계가 자율적으로 규제하도록 한 것이었는데, 무가지 한도는 유가지의 20퍼센트 이하로 했고, 신문 강제투입은 7일을 넘지 못하며, 폐기되는 신문을 신문 부수에 포함시키지 못하도록 했다. 이밖에도 신문 판매업자에게 자매지 등을 끼워 파는 행위, 기사를 대가로 광고를 수주하는 행위, 의뢰도 없는 광고의 게재 (대포광고) 등도 금지했다.

공정거래위원회는 2005년 4월부터 신문고시 위반 행위를 신고, 제보하는 구독자에 대하여 법 위반액의 5~50배에 달하는 포상금 제를 실시했다. 그러나 포상금제 역시 고질적인 악습에 젖어 있는 불공정거래 행위를 줄이지는 못했다. 2012년 8월 공정거래위원회 의 '신문사건 조치 결과'에는 5년 간 신문고시 위반 행위가 무려 1,276건이나 발생하였고 그 중 92퍼센트가 조선일보, 중앙일보, 동 아일보에서 나타난 것으로 집계되었다. 독과점 신문들의 시장 교 란 행위는 전혀 변화된 것이 없었다.[523]

국민의정부 시대 언론운동의 특성

김대중 정부 출범과 함께 언론운동 진영은 실제로 언론개혁에 대 한 역대 정부와는 다른 기대를 가지고 있었다. 그것은 언론과 불화 했던 정치인 김대중의 특수한 정치 역정 때문이었다. 정부 출범 후 실제로 공보처를 폐지하고, KBS사장의 면직 권한을 포기하는 등 김 대통령은 스스로 언론에 대한 개입을 자제하려는 언론자유 의 지를 보여주었다. 사실상 언론은 가장 심각한 개혁 대상이었다. 언 론은 정권을 만들 수도 갈아치울 수도 있는 엄청난 권력이 되어 있 었고, 입맛에 맞지 않는 정권은 물불 가리지 않고 물어뜯는 과도한 정파성에 빠져 있었다. 김대중 정부는 언론사 세무조사를 통해 보 수언론의 권력화와 과도한 정파성을 개혁해보려 했지만 세무조사 는 개혁은커녕 보수언론을 돌이킬 수 없는 적으로 만들어버렸다.

한편, 김대중 정부 역시 언론 통제의 유혹을 떨치지 못했다. 언개연이 개혁적인 방송법안을 입법 청원했음에도 연내 상정을 보류하고 방송개혁위원회를 구성한 것은 방송을 통제하려는 딴 생각을 가지고 있었음을 드러낸 것이었다. 이후 방송개혁위원회 논의 과정은 예견했던 대로 방송위원회 및 방송사의 독립과 관련한 몇 가지 사안에서 정부와 방송사노조의 입장이 충돌했다. 방송개혁위원회는 방송위원회 위원 구성에서 극도의 편향성을 보여주었고, 방송사 예 결산권을 박탈하려 했으며, MBC민영화를 주장해 방송의 공공성과 공익성을 약화시키려 했다. 방송사 노조들은 이러한 방개위의 태도를 방송 장악으로 규정하고 파업까지 불사했다. 방개위 논의 과정은 어떤 정권이든 언론을 통제하고자 하는 속성에서 벗어나기 어렵다는 사실을 다시 한 번 보여준 셈이 되었다.

국민의정부는 족벌신문의 대주주 지분 제한이나 언론독과점 금지법과 같은 법 제도의 개선은 차치하고라도, 무가지 살포나 경품 제공과 같은 신문의 불공정거래행위 등은 정부 차원에서 현행법으로도 확실하게 규율할 수 있었음에도 신문사 자율규제에 내맡김으로써 신문시장을 개혁할 수 있는 호기를 놓쳤다. 반면에 케이블TV나 위성방송과 같은 뉴미디어 정책은 자본의 요구에 따라 마구잡이 난개발을 시도함으로써 미디어시장을 혼탁하게 만들었다.

그럼에도 불구하고 국민의정부 시기에는 언개연이라는 대규모 연대 단체를 구심점으로 하여 의미 있는 언론개혁의 방안을 연구 개발했고, 그 결과를 법 제도의 의제로 만들어 정부에 언론정책의 대안으로 제시할 수 있었다. 이는 향후 언론운동의 방향과 원칙을 정하는 중요한 기준이 되었다. 또한 언개연은 뿔뿔이 흩어져 있는 운동 단체들의 입장과 의제들을 통합 조율해 정권에 제시할 수 있는 결집된 역량을 구축했다. 언개연의 이러한 운동 시스템은 개별화된 단위노조의 힘을 결집한 산별노조와 유사한 역할을 발휘한 것이었으며 이후 언론운동에도 적지 않은 영향을 미쳤다.

또한 이 시기에는 인터넷 공간의 이용이 활성화되면서 인터넷을 기반으로 한 언론 매체들이 등장하기 시작했다. 1999년 1월 창간된 대안언론 대자보는 언론개혁과 소수의 목소리를 대변하고, 다양한 사이트와의 연대를 통해 '기사와 주장'이 공존하는 새로운 제3세대 인터넷 언론을 구축했다. 2000년 2월에는 "모든 시민은 기자다"는 구호 아래 창간된 오마이뉴스가 진보적 대안매체의 영역을 개척했고, 이듬해 9월에는 '품격 높은 온라인 정론'을 표방한 프레시안이 창간되어 인터넷 매체의 수준을 한 단계 높였다. 이어서 2003년에는 미디어비평 전문 주간지인 미디어오늘도 인터넷서비스를 본격적으로 개시함으로써 인터넷 언론운동의 시대를 열었다.

한편, 안티조선운동은 조선일보라는 언론권력에 대해 최초로 시민적 공감대를 만들었고 조선일보가 과장과 생략 등을 교묘하게 이용해 편파, 왜곡, 날조 등 저널리즘의 원칙을 위반하고 반칙을 일삼는다는 사실을 공론화함으로써 강력한 시민저항을 불러일으켰다. 특히 이 운동으로 인터넷 공간에서의 언론 관련 담론은 활성화되었고, 그것은 기술 발전이나 미디어 환경 변화와는 별개로 보수종이신문의 영향력과 신뢰도를 약화시키는데 적지 않게 기여했다. 그러나 안티조선운동이 근본적으로 조선일보의 태도를 바꾸거나 내부 구성원들의 각성을 일으켜 저널리즘의 정도를 걷도록 개혁하는 데는 별반 성과가 없었다. 오히려 밖의 공격에 대응해 내부의 결속력을 키우는 부작용을 가져오기도 했고 진영의 방어 논리를 심화시키기도 했는데 이는 향후 언론운동의 중요한 과제로 남았다.

1988년 한겨레신문의 창간에 이어 10년 뒤 경향신문이 1998년 자본으로부터의 독립을 이루어낸 것은 한국 사회 언론 환경을 다소나마 진전시킨 성과였다. 그러나 자본과 완전히 절연된 신문이 생존할 수 있도록 여건과 환경을 창출해내는 것은 향후 언론운동의 또 하나의 과제로 남게 되었다.

12

참여정부와 언론권력의 전쟁

수구보수언론의 파상공세

노무현과 보수신문의 불화

노무현과 조중동의 불화는 오래된 일이었다. 3당 합당에 대해 "보수연합통치의 시대가 열렸다"는 긍정적 평가를 내렸던 조선일보의 입장에서 3당 합당을 거부했던 노무현은 달갑지 않은 정치인이었다. 노무현은 민주당에 잔류했다가 민주당이 김대중의 신민당과 통합해 통합민주당이 되면서 통합민주당 대변인을 맡았다. 조선일보와 노무현의 악연은 그때부터 본격화되었다.

조선일보는 통합민주당 대변인 노무현에 대해 "지나치게 인기를 의식한다", "부산요트클럽 회장으로 개인 요트를 소유하는 등 상당한 재산가로 알려져 있다"는 등의 악의적인 소개 기사를 올렸다.[524] 허위 과장이라는 노무현의 해명이 있었지만 하나도 기사로 반영되지 않았을 뿐 아니라 오히려 주간조선의 지면을 빌어 '돈을 밝히는 사람', '인권 변호사 활동에 대한 의혹', '노동 변호사로서의 정직성', '개인 사생활'에 이르기까지 노무현에 관한 온갖 의혹을 제기했다. 노무현은 이에 명예훼손 혐의로 조선일보사를 고소했다.[525]

노무현이 해양수산부 장관 시절이었던 2001년 2월 김대중 정부의 언론사 세무조사가 임박한 때였다. 2월 6일 이회창 한나라당 총재는 국회 교섭단체 대표 연설에서 "세무조사가 아무리 합법적인 것이라 하더라도 그것이 정당하지 않은 목적, 즉 언론을 제압하기 위한 목적으로 사용될 때에는 그 정당성을 부인하는 것이 법치주의의 원칙"이라며 세무조사 중단을 요구했다.[526] 그러나 노 장관은 기자들과 점심식사 중에 "언론사는 당연히 세무조사를 받아야 한다. 세무조사를 반대하는 언론과 싸울 수 있는 정치인이 필요하다"면서 "언론과의 전쟁 선포를 불사할 때가 왔다"고 말했다. 자리에 함께 했던 기자가 "언론과 전쟁이라도 하자는 것이냐"고 묻자, "못할 거 뭐 있냐"고 대답해 취재진들을 머쓱하게 했다.

노무현의 이러한 발언은 이틀 뒤인 2월 8일 언론에 보도되었고, 2월 9일 조선, 중앙, 동아, 한국은 사설로 일제히 비판에 나섰다. "과거 어느 독재정권 시절에도 들어보지 못했던 놀라운 발언"(조선), "언론은 적이며 맞싸워 이겨야 할 상대로 간주하고 있는 것 같다"(중앙), "'전쟁 선포'를 해야 한다니 언론과 정권이 적대적 싸움의 상대란 말인가"(동아), "아무리 언론이 밉기로서니 정권이 전쟁하듯 달려들어야 한다니, 도저히 상식 밖의 일이다"(한국) 등의 비판들이 쏟아졌다.[527] 경향도 "언론과의 전쟁이란 결국 권력이 언론을 굴복시켜야 한다는 말이고 이는 국민의 눈과 귀를 막는 독재 권력을 만들겠다는 뜻과 다를 바 없다"고 비판했다.[528] 이에 대해 노무현은 오마이뉴스와의 인터뷰에서 "지금은 정치권력보다 언론권력이 더 문제다. 시민들은 이에 맞서서 과감히 싸워야 한다"고 말했다.[529]

노무현의 언론에 대한 소신 발언은 이후에도 계속되었다. 2001년 6월 7일 미디어오늘과 인터뷰에서 노무현은 "언론개혁은 사주의 소유 지분 제한, 편집권과 인사권의 독립이 우선이며, 언론 간의 경쟁은 보도의 품질로 이루어져야 한다. 언론사가 배송 시스템의 기득권이나 우위를 갖고 경쟁하는 것은 문제이며 공동배송제 등이 필요하다"라고 주장했다.[530] 이는 노무현이 신문의 핵심적인 문제점들을 정확하게 꿰뚫고 있었음을 보여주었다. 2001년 6월 언론노조 초청 강연회에서는 세무조사는 정당한 국가의 권리이고, 세무조사로 언론은 오히려 당당하게 보도할 수 있는 것이며, 과거 권력과 언론이 유착했던 비정상적 상태가 정상적 상태로 돌아가는 것인데, 이를 언론장악이라고 떠드는 것은 의도적 모함이라고 강조했다. 2001년 8월 수원시에서 열린 민주당 국정 홍보대회에서는 '조선일보는 친일 반민족 신문' '민주세력을 탄압한 반민주적 신문', '세무조사도 받지 않겠다고 버티는 비리 특권 신문'이라고 직격탄을 퍼부었다. 이후 노무현은 대선 후보 경선에 나선 뒤에도 조선일보와의 인터뷰를 하지 않았다.[531]

2003년 2월 25일 노무현 대통령의 취임사에 대해 조중동이 내놓은 반응은 노 대통령에 대한 성토장을 방불케 했다. '개혁'을 천명한 취임사를 놓고 조선은 '자신들만의 개혁', 중앙은 '일방적 개혁', 동아는 '야당이나 언론에 과민 반응'이라고 빈정댔다. 마치 언론의 '정권 길들이기'를 보는 것 같았다. 참여정부에 대한 조중동의 융단 폭격은 정부가 출범하자마자 시작되었다. 허니문 기간도 없었다.

어느 대통령, 어느 정권이 언론과 불화를 원하겠는가. 언론이 정부에 대한 평가를 독점하고 있는 시대에 정권은 어떤 방식으로든 언론을 소홀히 할 수 없었다. 권위주의 시대의 독재정권은 힘으로 눌러 언론을 복속시켰지만 민주주의가 개화한 시대에 그것은 불가능했다. 이런 점에서 볼 때 60~70퍼센트를 차지하고 있는 보수언론의 여론 장악력을 무시하고 정권이 성공하기는 어려웠고, 그래서 노무현은 언론과 화해의 몸짓을 보이기도 했다. 취임 두 달 만인 4월 기자간담회에서 노 대통령은 "언론개혁은 언론 스스로, 그리고 국민 사이에서 시대의 기운처럼 일어나야 할 문제이지, 정부가 정책을 내놓고 깃발을 흔든다고 해서 되는 것은 아니다"고 말했다. 그는 기자실 통폐합과 브리핑실의 신설로 취재 문화에 변화를 일으키고자 했지만 일찍부터 보수언론에 미운 털이 박힌 그가 운명적으로 다가온 현실을 극복하는 것은 불가능에 가까웠다.

조선일보는 참여정부 출범 석 달째인 2003년 5월 '노무현 정부 3개월, 나라가 흔들린다'는 제목의 기획물을 연재하기 시작했다. 이는 '새 정부 흔들기'가 마치 조선일보의 사명이나 되는 것 같은 느낌을 불러일으킬 정도였다. 참여정부에 대한 그러한 태도는 중앙이나 동아에서도 마찬가지였다. 그러한 조중동의 보도 폭력은 5년 내내 계속되었다. '지금 우리는 어디에 서 있는가'(동아일보 2003. 8. 23.), '이 나라에 정부가 있는가'(중앙일보 2003. 9. 10.), '되는 게 없는 나라'(조선일보 2003. 11. 27.) 등의 사설 제목에서 보듯 조중동은 참여정부를 정부로 인정하지 않았고, 그도 성이 안 찼는지 2년 뒤에는 '하는 일 없는 건달정부'(조선 2005. 11. 5.), '건달정부, 무사고 기다리는 수밖에'(동아 2005. 11. 8.) 등 막말 수준에 가까운 저열한 표현으로 노정권에 낙인을 찍었다. 급기야는 '세금 내기 아까운 약탈정부'(동아 2006. 7. 28.)라는 표현까지 등장했다.

참여정부의 언론개혁

참여정부는 언론과의 관계를 과거 수십 년 간의 유착 관계에서 벗어나 건전한 긴장 관계로 재정립하고자 했다. 오랜 기간 주류 보수 언론에 밉보여 불편한 관계에 있어 왔던 정치인 노무현으로서 이러한 행보는 어쩌면 당연한 일이었다. 여기에는 인터넷신문들의 역할도 한 몫 했다. 인터넷의 활성화로 인터넷신문들이 우후죽순처럼 생겨났지만 주류 신문과 방송이 출입처와 기자단이라는 이름으로 정보를 독점하고 있어 이들의 역할은 제한될 수밖에 없었고 불만은 커져갔다. 노무현 대통령이 탄생한 데는 이들의 역할 또한 작지 않았고 노 대통령도 이를 잘 알고 있었다.

언론정책과 관련하여 참여정부는 정부의 정책을 국민 일반에게 공개하는 개방성, 언론사 간 차별 없는 공평성, 오보나 왜곡보도에 신속하게 대응하는 체계성 등 세 가지 원칙을 세웠다. 참여정부 초기에 기자실을 개방하고 브리핑제를 도입한 것 등은 개방성과 공평성을 실현하기 위한 것이었으며, 정책 기사를 점검하는 시스템이나 정책홍보 관리실을 신설한 것 등은 체계성 원칙을 실천한 것이었다. 참여정부의 이러한 정책 방향은 민주주의의 선진 모델을 따른다는 점에서도 정당성을 갖고 있었다.[532]

노무현이 권언유착을 청산하기 위해 가장 먼저 시도한 일은 가판신문의 구독을 중단한 것이었다. 가판街販신문은 조간신문의 발행일 전날 저녁 시간 즈음에 내는 신문 초판으로 신문의 오류를 바로잡고 논조를 조율하는데 목적이 있었지만, 신문이 자주성과 독립성을 유지하는 데는 부작용을 일으키기도 했다. 오히려 기사에 의한 음성적인 로비나 결탁, 기업에 대한 압력 수단으로 악용되는 사례가 적지 않았고, 모든 신문의 내용이 비슷해져 다양한 여론 형성에도 장애가 되었다.

2003년 2월 말 청와대가 먼저 가판구독을 끊자 3월부터는 정부 부처들이 차례로 가판구독을 중단했다. 정부의 가판구독 중단 조치 이후 조선일보는 2005년 3월, 동아일보는 2005년 4월에 각각 가판 발행을 중단했고, 이런 분위기는 여타의 신문사들로 확산되었다.[533]

다음은 기자실 개방과 개방형 브리핑 제도 도입이었다. 과거에도 출입기자 제도는 기자협회나 언론노조 등 언론단체들의 비판 대상이었다. 참여정부 출범 직전 전국의 기자들을 상대로 한 여론조사에서도 기자 10명 중 8명 정도가 개방형 브리핑실로 바꾸어야

한다고 응답한 바 있었다.[534]

이러한 배경에서 2003년 3월 문화부는 '홍보업무 운영방안'을 발표했다. 이는 폐쇄적이고 배타적인 출입기자단 제도를 폐지하는 대신 등록을 한 기자라면 누구에게나 방문 취재를 허용하는 제도로, 정보 독점을 해소하고, 여론다양성을 기하기 위함이었다. 또한 기자와 공무원과의 개별 접촉을 제한해 일부 관료의 정보 흘림이나 사적인 취재 등을 막아주는 동시에 부처별 정례 브리핑을 실시해 정보 전달의 공평성을 꾀했다. 이밖에도 2005년 1월부터 실시한 '정책 기사 점검 시스템'은 언론의 오도된 비판에 대해 정책 실무 담당자들이 정정보도 또는 반론보도로 당당하게 대응하도록 했다. 정부의 정책 홍보도 언론에 의존했던 과거의 관행을 깨고 인터넷을 통해 국민에게 직접 알리는 방식을 사용했다. 이러한 참여정부의 소통 방식은 대언론 관계를 권언유착 관계에서 상호 비판하고 견제하는 긴장 관계로 전환시켰고 정부 또한 언론에 책임 있는 보도를 요구할 수 있게 되었다.

노무현 대통령은 2005년 8월 출입기자단 간담회에서 "조화로운 정언 관계는 창조적 대안을 제시하고 경쟁하며 역동적 시대를 창출하는 것"이라고 강조했다. 그는 정치와 언론의 환경 변화를 지적하면서 '견제와 균형'의 구조에서 '창조적 대안'의 경쟁 관계로 나아갈 수 있다고 말했다. 다매체 다채널 시대에 다양한 매체를 통해 국민과 소통할 것임을 천명한 것이다.[535]

참여정부의 이러한 정책 방향에 따라 2003년 3월부터 청와대 기자실은 인터넷신문협회 등에도 출입이 허용되었고, 춘추관은 기사작성실과 브리핑실로 바뀌었으며, 출입기자의 특권이었던 사무실 개별 방문 취재는 금지되었다. 청와대에 이어 정부도 9월에 개방형 브리핑 제도를 시행했다. 이에 따라 정부중앙청사에는 기존 출입 기자 227명에 신규 등록자 199명이 더해진 426명의 기자가 출입하게 되었고, 2004년 5월까지는 전 중앙부처에 브리핑실 설치가 완료되었다.[536]

브리핑실 설치와 개방형 브리핑 제도로 기자단과 정부의 유착 관행, 언론사 간의 카르텔 구조는 점차 사라져갔다. 기자들 간의 균등한 정보 공유도 이루어졌다. 언론재단이 2003년 4월 기자 713명에 대해 실시한 설문조사에서, 기자실 개방, 브리핑 제도 도입은 각각 58퍼센트, 40퍼센트가 찬성했고, 10퍼센트, 24퍼센트가 반대해 대체적으로 긍정적 반응이 나왔다. 미디어오늘이 2003년 6월 기자 3백 명과 국민 1천 명을 대상으로 실시한 설문조사에서는 42퍼센트의 기자들이 긍정, 30퍼센트가 부정 평가로 나왔고, 국민은 긍정 36퍼센트, 부정 22퍼센트가 나왔다. 해외 언론사에서도 긍정적 평가가 나왔다. 뉴욕타임스는 2004년 6월 13일자에서 "권언유착의 상징이었던 기자단이 사라지면서 한국 언론이 혁명적 변화를 겪고 있다"고 보도했다. 뉴욕타임스는 또한 "기자단은 일제의 잔재이고 해방 이후 한국을 쉽게 통치하려는 미국에 의해 유지되었다"며 "기자단은 거대 언론사의 정보 독점을 허용하고 정부와 협의를 통해 보도 내용을 결정했다"고 비판했다.[537]

언론계의 저항

저항의 이유

새로운 것에 대한 반발은 늘 존재하기 마련이었다. 야심차게 시작했던 기자실 개방과 개방형 브리핑제는 시간이 지나면서 불만이 터져 나오기 시작했다. 특히 오랜 동안 정보를 독점해온 주류 보수 언론이 자신들의 차별화된 기득권을 침해하는 낯선 제도에 반발하는 것은 예견된 일이기도 했다. 반발은 대통령의 임기 말이 다가오면서 더욱 거세졌다.

2007년 1월에서 3월까지 국정홍보처가 각 부처 기자실 및 브리핑실 운영 실태를 조사한 결과 송고실은 특정 언론사의 전용 공간이 되었고, 기자단에 가입하지 않은 기자들은 출입조차 불허해 사실상 과거의 출입기자실로 회귀했다. 기자단 및 간사 제도도 그대로 남아 있었다. 국정홍보처는 이 조사를 기초로 5월 22일 '취재지원시스템 선진화 방안'을 발표했다. 핵심은 '합동 브리핑 센터 설치', '전자 브리핑 시스템 도입'과 함께, 취재지원 의무와 신속 대응 기준에 대한 총리훈령을 마련해 적극적으로 취재에 협조할 수 있도록 한다는 것이었다.[538] 그러나 이날 국정홍보처의 발표는 언론 단체들의 격렬한 반대를 유발하는 불씨가 되었다. 기자단 폐지, 브리핑 제도, 새로운 취재 시스템 도입으로 잠재되어 있었던 기자들의 불만이 대통령의 임기 막바지로 접어들면서 터져 나온 것이다.

기자협회가 반대의 선봉에 섰다. 기자협회는 '정부의 언론 통제', '5공으로 돌아가나', '기자 밀어내고 장막에 숨은 정부' '받아쓰기

하라는 것인가' '발 묶인 기자들', '부실 브리핑 심층취재 거부' 등
의 내용으로 수차례의 성명을 내면서 정부의 선진화 방안을 강도
높게 비판했다. 경찰청, 외교부, 국방부 등 각 부처 출입처 기자들
은 물론, 신문협회, 방송협회, 신문방송편집인협회, 문인협회, 언론
인연합회, 새사회연대, 바른사회시민회의 등도 반대성명을 내놓았다.

참여정부에 우호적인 민언련도 국정홍보처 발표 하루 전 '브리
핑룸 축소, 알권리 제약한다'라는 성명을 내고 "운영과정에서 나타
난 일부 문제를 바로 잡겠다며 또 다시 브리핑룸 통폐합과 같은 강
제적이며 일방적 조치를 내놓은 것은 빈대를 잡겠다고 초가삼간을
태우는 것과 다를 바 없다"고 우려를 표했다. 노 대통령은 2007년
1월 "몇몇 기자들이 죽치고 앉아 기사 흐름을 주도하고 담합하는
기자실 실태를 조사할 필요가 있다"고 불만을 토로한 바 있었다. 민
언련은 4개월 전 대통령의 이 발언을 상기시키며 "당시 노 대통령
의 발언은 수구보수신문에 대한 누적된 불신이 언론 전반에 대한
불만으로 바뀌어 표출된 것으로 '객관적 근거'를 상실한 것이다"고
비판했다.[539]

한국인터넷신문협회(인신협)는 또 다른 시각에서 정부와 기존 언
론을 거세게 비판했다. 정부 발표 사흘 뒤, 인신협은 '취재지원 선
진화 방안, 앞뒤가 바뀌었다'라는 성명에서 사전에 의견 수렴이 부
족했던 부분을 지적하고 기성 언론에 대해서도 자성할 것을 촉구
했다.

> (…) 국방부와 경찰청 등 적잖은 부처에서 기존 출입기자단 제도가 온
> 존하고, 새로운 매체에 대한 텃세와 배타가 심심찮게 벌어지는 등 현

재 시행되고 있는 개방형 브리핑제 아래서도 폐쇄적인 기자실 문화
가 남아 있어 중소·인터넷 매체 등은 기자단의 정보로부터 소외되어
있다. (…)

정부가 진정 언론개혁을 고민했다면, 아직까지도 깊게 뿌리내리지 못
한 개방형 브리핑제가 안고 있는 문제점을 개선하고, 매체 간 차별의
벽을 허무는데 힘을 쏟는 게 우선이고, 그런 점에서 이번 방안은 선후
가 바뀌었다. (…) 정부안에 대해 '언론자유의 유린'이라며 목소리를
높이고 있는 언론 중에는 그동안 출입기자실의 특혜를 관성적으로 누
려온 곳들이 포함되어 있다. (…)

당신들이 유린한 언론자유는 없었는가? 신규 매체나 중소·인터넷 매
체가 경찰청 등의 기자실에 들어가 취재하는 행위를 막아온 당신들의
모습을 되돌아보길 바란다.[540]

인신협 성명의 초점은 기존의 기득권 언론을 주요 대상으로 하
고 있었지만, 그렇다하더라도 노 대통령의 언론정책에 가장 우호
적이었고 어쩌면 그러한 언론정책 도입의 한 배경이었던 인신협이
이처럼 참여정부까지 싸잡아 비판한 것은 참여정부에게는 아프고
아쉬운 일이었다. 이처럼 언론계와 시민사회의 저항이 거세지자 통
합 브리핑실은 더 이상 진전되지 못했다. 청사가 따로 있어 통합 브
리핑을 못하고 있는 곳에서는 과거의 출입처와 기자실 제도가 그
대로 운영되었다. 일부 부처에서는 금지되었던 기자의 관공서 무
단출입도 재개되었다.

4부 민주화 시대의 언론운동

이처럼 언론이 반발하도록 직접적인 빌미를 제공한 것은 무엇보다도 브리핑실의 운영 부실에 있었다. 브리핑 횟수가 늘면서 각 부처에서 행하는 브리핑은 보도자료를 보는 것과 같은 정도로 수준이 떨어져 브리핑의 필요성과 브리핑에 참여해야 할 당위성에 의문을 갖게 했다. 브리핑 수준이 이처럼 하락하게 된 것은 브리핑 횟수가 늘어나면서 필연적으로 뒤따라야 할 '브리핑 전문가'가 부재했기 때문이었고, 그러한 전문가를 키우려는 사전 계획과 준비조차도 없었기 때문이었다. 참여정부의 언론정책을 반드시 정착시켜야겠다는 관료들의 의지와 열정은 보이지 않았던 것이다. 결국 오랜 구습과 결별하는데 필요한 시간과 사전 준비가 원천적으로 부족했던 점이 근본적인 실패의 원인이었다.

더 본질적인 문제는 주류 언론의 기득권 수호 본능과 기존의 관행을 바꾸려는 언론종사자들의 의지 부족에 있었다. 오랜 정언유착으로 공고해진 언론의 기득권과 수십 년 간 익숙해져 온 언론의 관행을 임기 5년의 대통령이 바꾸려 한 것은 어쩌면 무모한 시도였을지도 모른다. 신문은 주류 보수신문이 적극적 반대 입장이었고, 진보신문이나 방송도 소극적이지만 반대의 흐름 속에 있었다. 언론단체 중에는 회원 다수가 보수신문의 기자들로 채워져 있는 기자협회가 반대의 선봉에 섰다. 언론노조 수뇌부는 적극적 반대 의견을 펴지는 않았지만 언론사 조합원들 정서를 무시할 수 없었다. 언개연이나 민언련 등 언론시민단체는 큰 틀에서 참여정부의 언론정책에 반대하지는 않았지만 브리핑실 운영의 부실에서 오는 부작용이 불거지면서 옹호하기도 어려운 어정쩡한 상황이 되어버렸다. 과거 폐쇄적인 기자실 운영에 젖어 있는 일부 기자들과 관료들의 행태는 비판받아 마땅했으나 비판을 주도해야 할 언론인들이 비판의 대상인 상황에서 구조적인 어려움이 있었다. 이러한 언론계의 분위기는 2007년 노무현 대통령이 언론단체 대표들과의 간담회와 간담회 이후의 결과에서 그대로 드러났다.

2007년 6월 17일 서울 상암동 디지털매직스페이스 스튜디오에서 언론단체 주최로 '대통령과 언론인의 대화'가 90분 동안 개최되었다. 노 대통령의 제안으로 열린 이 토론회에는 노 대통령을 포함, 정일용 한국기자협회 회장, 김환균 한국방송프로듀서연합회 회장, 오연호 한국인터넷신문협회 회장, 이준희 한국인터넷기자협회 회장, 신태섭 민주언론운동연합 공동대표 등이 참석했다.

이 토론회에서 노 대통령은 "오죽 답답하면 내가 여길 나왔겠나"면서 언론의 과도한 비판에 대해 안타까운 심정을 표했다. 정일용 기자협회장은 "정부 방안이 발표된 지 3주가 됐는데 지금도 취재 현장에서는 선진화 방안에 대한 의구심이 제기되고 있다"고 비판했다. 김환균 한국방송프로듀서연합회장은 "취재 선진화 방안이 발표된 것에 대해 매체들의 우려를 표명하는 핵심은 정부의 설명대로 정보 공개 확대, 품질 개선이 아니라 정보를 차단할 수 있다는 우려"라며 "이 방안이 논의되고 토론되는 방식, 발표되는 방식 등에서 절차가 민주적이지도 않았다"고 강조했다. 이에 대해 노 대통령은 "언론들은 일제히 일방적으로 비판과 비난을 퍼부었지 정부의 말을 싣지 않았다, 대통령이 아무리 말해도 취지와 내용을 말할 자리가 없었다, 그래서 부득이 토론을 하자고 제안했다"고 밝혔다.

오연호 인신협 회장은 브리핑실의 이용이 몇 개의 특정 언론사로 제한되어 있다고 지적했다. 신태섭 민언련 대표는 기자실의 폐쇄적 운영을 비판하면서 정보공개와 정보접근에 대한 실질적 개선이 필요하다고 강조했다. 신 대표는 "언론계 반응은 언론탄압이지만 시민단체는 다르게 생각한다. 주객이 뒤집힌 것 아닌가 생각한다. 정보공개법을 먼저 개정하고, 내부 고발자를 보호하는 법안을 먼저 만들어야 한다. 정당한 취재에 대해서는 협력하는 방안이 병행되어야 소기의 성과를 낼 수 있다"며 개혁의 취지에 공감하지만 순서가 바뀌었다는 점을 지적했다. 이날 언론단체장들은 공통적으로 참여정부의 '취재지원 선진화 방안'이 정보 접근 차단으로 악용될 가능성이 높다는 걸 강조했다. 정일용 한국기자협회장은 "취재지원 선진화 방안은 그 취지와 달리 공무원만 만세 부르게 만드는 방안"이라고 주장했다. 신태섭 민언련 대표도 "취재지원 선진화 방안이 브리핑룸 통폐합에 방점이 찍힌 상태로만 가면 공무원의 정보 제공 회피 경향만 강화될 것"이라고 말했다. 또 오연호 인신협 회장은 "정부의 정책은 1절도 못하면서 2절을 하자는 것"이라며 "2003년 개방형 브리핑 제도를 제대로 했으면 좋았을 텐데, 그동안 3~4년 동안 뭘 했느냐"고 따졌다. 이에 노 대통령은 "통합 브리핑 제도와 통합 기사 송고실 제도를 인정해 달라"며 "그러면 정보공개라든지 정보접근권, 그리고 공무원들의 기자 응대 문제 등에 대해서 의무를 다할 용의가 있다"고 약속했다. 이날 토론회는 대통령과 언론단체 사이에 있었던 갈등을 해소하고 향후 상호 협조하는 방향으로 일단락되었다. 언론단체 대표들은 정부의 정책 취지에 대해 일정 부분 인정하면서 정보공개법과 내부 고발자 보호제도, 브리핑제 내실화, 공무원의 취재 응대에 대한 가이드라인 등을 논의하기 위한 TFT를 구성하기로 했다. 나아가 취재를 회피하는 공무원들에 대해 제재를 가하고 정당한 취재에 협조할 의무가 있다는 것을 명시하는 내용의 국무총리 훈령을 만드는 방안도 협의되었다.[541]

해결난망의 과제

그러나 7월 1일부터 시작하기로 되어 있는 기자실 통폐합 공사는 계속 지연되었다. 한편, 기자협회를 비롯해 언론노조, 프로듀서연합회, 인터넷신문협회 등이 참여하고 있는 TFT는 정부의 취지와 언론계의 우려를 고려하면서 언론단체의 제안들을 수용해 상당한 의견 접근이 이루어졌다. 그러나 기자협회는 결국 정부와의 협의안을 수용할 수 없다는 입장을 정했다. 기자협회는 운영위원회를 열어 이 문제를 최종 결정짓는다는 방침이었지만 '거부 의견'이 많았고 의견수렴 자체가 제대로 안 되는 곳도 있었다.

참여정부는 기협이 최종적으로 협의안을 거부한다 해도 취재지원 선진화 방안을 강행한다는 방침이었다. 참여정부가 공개한 언론단체와의 공동합의문에는 기사 송고실 부스는 현행 수준으로 유지하고, 서울중앙지검과 서울경찰청 기자실을 개방형 브리핑실로 전환하며, 서울경찰청 산하 기자실을 개방형 공동 송고실로 전환하고, 기자단은 해체한다는 내용이 담겨 있었다. 또한 부처별 대변인제 도입 등 공무원의 적극적이고 성실한 취재 응대 가이드라인을 담은 총리 훈령을 제정하기로 했다. 이밖에도 정보공개 강화를

4부 민주화 시대의 언론운동

위한 TF 구성, 내부 고발자 보호 방안 마련 등 14개 항의 세부 합의 사항이 담겨 있었다.[542]

국정홍보처는 8월 '총리훈령'을 마련해 법제처에 심사를 요청했다. 총리훈령에는 "이유 없이 취재를 거부하거나 회피해서는 안 된다", "전화, 면담, 자료 요청 등에 대해 최대한 신속하게 응대한다", "공무원의 취재 활동 지원은 정책홍보 담당부서와 협의한다", "단순사실 및 알려진 사실의 확인, 발표된 자료에 대한 답변은 정책 담당자가 직접 할 수 있으며, 사후에 정책홍보 부서에 통보한다", "면담 장소는 '합동브리핑센터' 또는 정부가 지정하는 장소에서 한다" 등의 내용이 들어 있었다. 그러나 훈령(안)이 공개되면서 언론은 엠바고 운영, 출입증 발급 기준, 기자 등록 등의 사항에 대해 또 다시 '취재 봉쇄'라고 반발했다.[543]

8월 중순에 접어들면서 합동브리핑센터 공사가 마무리되어 기자들이 이전해야 하는 날이 다가왔지만 일부 기자들은 취재 현안을 이유로 이동을 거부했다. 정책홍보 담당부서와의 협의 조항을 삭제해달라는 새로운 요구도 나왔다. 이에 언론개혁시민연대는 9월 이러한 요구사항을 포함해 주요 쟁점 사항에 대한 중재안을 정부에 내놨다. 대통합민주신당도 중재안을 발표했다. 국정홍보처는 '정책홍보 담당부서와의 협의 조항, 엠바고, 기자등록 및 출입 관련 사항 등을 삭제 또는 수정 보완했다. 아울러 브리핑 내실화, 정보공개법 개정, 내부 고발자 보호 방안 등을 마련하기로 했다.[544]

그러나 언론계와 정부의 갈등은 끝내 접점을 찾지 못했다. 정부는 2007년 10월 기자들이 통합 브리핑센터만 출입할 수 있도록 기사 송고실을 강제 폐쇄했다. 기자협회는 이에 대해 성명을 내고 "기자들을 철거민 내몰 듯이 몰아낼 권리가 정부에 있는 것이 아니다"
면서 김창호 국정홍보처장의 사퇴를 요구했다. 같은 날 언론노조
도 '일방적인 기자실 폐쇄는 명백한 잘못이다'라는 성명에서 "기자
실 폐쇄가 급한 게 아니라 정보 독점을 합리적으로 풀어 언론자유
를 신장할 수 있는 제도 개선이 급선무다"고 지적하면서 정보공개,
내부 고발자 보호, 브리핑의 내실화 및 활성화 등이 해결되지 않은
상황에서 기자실부터 폐쇄한 것에 대해 정부의 전략 오류를 성토
했다.[545]

결국 참여정부와 언론계는 '언론개혁'이라는 의제를 놓고 동상
이몽을 하고 있었다. 기자들이 바라는 핵심은 통합 브리핑실 반대
와 기자실 존속이었다. 국정홍보처는 이러한 기자들의 입장과 180
도 달랐다. 국정홍보처가 정보공개법과 내부 고발자 보호방안 등
정보 독점을 풀고 언론자유를 신장할 수 있는 제도 개선은 소홀히
한 채 통합 브리핑실과 기자실 폐쇄에만 집착한 개혁 정책은 실패
할 수밖에 없는 운명이었다. 한편, 기자실 등 기존의 관행을 끝까지
고집하면서 참여정부의 개혁 정책을 '언론탄압'으로 몰고 간 기자
들의 태도 또한 진정으로 언론개혁을 바라는 바람직한 모습은 아
니었다.

법과 제도의 개혁

언론법제 개선운동

2003년 참여정부가 출범했지만 언개연의 활동은 별반 눈의 띄지 않았다. 1998년 창립 이래, 정간법 등 언론개혁 법안의 제·개정 투쟁, 언론발전위원회 구성, 방송개혁위원회 활동, 각종 현안에 대한 서명운동 등 수많은 과정을 거치면서 조직의 피로가 쌓인 데다 치열한 투쟁에 비해 성과는 크지 않아 힘이 빠진 상태였다. 게다가 언개연의 위상에 대한 회원 단체들 간의 마찰이 겹쳐 의기소침한 분위기였다.

이런 상황에서 2003년 5월 국회 문광위가 정간법 개정안에 대한 공청회를 연다고 발표했다. 그 개정 법안은 심재권 민주당 의원이 2002년 발의한 것으로 언개연과 민변이 입법 청원한 정간법 개정안을 상당 부분 반영한 법안이었다.

한편, 언론노조는 정간법 외에 지역신문발전지원법, 신문시장 독과점규제법 등 신문개혁 3대 법률안의 제·개정을 요구하면서 야당인 한나라당을 압박해 이듬해 3월 지역신문발전지원법을 제정, 지역신문발전위원회를 설립하는 성과를 거뒀다.[546] 언개연은 언론노조와 함께 태스크포스팀을 구성하고, 기존의 정간법 개정안에 '소유지분의 분산', '편집권 독립' 등의 조항을 넣고, 독과점 사업자는 신문발전기금 지원을 배제하거나 불공정거래행위 발생 시 가중 처벌하는 등의 내용을 포함시켰다. 열린우리당도 편집권 침해에 대한 벌칙 조항을 만드는 등 편집권 독립 내용을 강화했다.

언론 관련법 제·개정은 2004년 4·15 총선 이후 급물살을 타게 되었다. 4·15총선은 정치 지형에 엄청난 변화를 가져왔다. 정당 투표가 도입되면서 민주노동당이 비례대표 8석, 지역구 2석 등 총 10석을 차지해 창당 4년 만에 원내 진출에 성공했고, 여당인 열린우리당은 탄핵 역풍 덕택에 152석을 차지하는 대승을 거둔 것이다. 민노당은 총선 직후 기자회견에서 언론개혁 입법을 공언했고, 여당인 열린우리당도 개혁 입법에 적극 나섰다. 이로써 언론 관련 제도 개혁은 더 이상 미룰 수 없는 상황이 되었다.

2004년 6월 언개연, 언론노조 등 216개 시민사회단체들은 '신문법 제정을 위한 언론개혁국민행동(언론개혁국민행동)'을 결성했다. 2001년 결성한 '신문개혁국민행동'에 이어 두 번째 범사회적 연대기구의 출범이었다. 국민행동은 발족식에서 '언론 현업인들에게 드리는 글'을 통해 "'제눈의 들보'를 고치고 언론개혁의 주체로 우뚝 서자"면서 "자신의 가치관과 양심에 따라 만들어지는 언론, 신뢰받는 언론으로 거듭나기 위해 '언론개혁'의 깃발을 높이 들자"고 호소했다. 국민행동은 경품을 마구잡이로 살포하는 거대 족벌신문들의 불법 행위를 널리 퍼뜨려 신문법 제정의 당위성을 홍보했다. 이와 함께, 독자의 권익 보장을 위한 언론피해구제법 제정, 방송과 신문의 사유화 저지 등을 내걸고 국회 앞 언론노동자 결의대회, 기자회견, 토론회, 신문 불법경품 전시회, 공정거래위원회 항의 방문 등을 지속적으로 펼쳤다.[547]

언론개혁을 위한 주요 법안에는 신문법, 언론중재법, 뉴스통신진흥법, 지역 신문법, 방송법 등이 있었고, 특히 신문의 공정한 거래질서 확립을 위한 신문고시제도가 포함되어 있었다.

2004년 4월 총선으로 언론개혁의 분위기가 무르익자 국민행동, 언개연 등 시민단체들은 신문법, 방송법, 언론피해구제법 등 언론개혁 3법에 대한 입법 청원안을 국회에 제출했다.[548] 언개연 안의 핵심은 '신문의 소유지분 분산', '신문발전위원회 설립', '신문의 시장 점유율 상한선 및 시장 지배적 사업자에 대한 가중 처벌', '신문의 경영자료 신고 조항 신설', '방송과 신문의 교차소유 금지' 등이었다. 하지만 언개연 안은 여야 정치권의 반대에 직면했다. 엎친데 덮친 격으로, "조선과 동아는 우리 손아귀에 있다"는 이해찬 총리의 발언이 한나라당과 보수신문들을 자극해 법안 통과를 어렵게했다. 이에 국민행동은 11월 초부터 국회 앞 천막농성을 벌이며 신문법의 국회 통과를 촉구했다.[549]

그러나 언론개혁 법안은 국보법 폐지, 사립학교법 개정 등과 맞물려 2004년 마지막 날까지도 통과가 불투명했다. 우여곡절 끝에 이 법안들은 열린우리당, 한나라당, 민주노동당 등 각 정당이 제출한 법안들과 함께 문화관광위원회의 수정 보완을 거쳐 2005년 1월 1일 '신문 등의 자유와 기능보장에 관한 법률(신문법)'이라는 이름으로 국회를 통과했고, 1월 27일 공포되었다.[550] 1998년 국민의정부에서 언개연이 '통합방송법 민주적 개정', '신문개혁 제도 개선', '국민주방송' 등을 추진하며 깃발을 올린 지 7년만의 개가였다.

신문법이 제정됨에 따라 2004년 지역신문발전위원회에 이어 2005년 신문발전위원회와 신문유통원이 차례로 설립되었다. 세 기구의 설립은 민주사회를 지탱하는데 가장 중요한 '여론다양성'을 보장하기 위한 것이었다. 특히, 신문법과 지역신문발전지원법 제정은 1987년 신문사 노조들이 결성된 이후 지속적으로 전개해 왔던 '신문개혁운동'의 법적 결실이라는 점에서 더 큰 의의가 있었다. 이것은 정치권력으로부터 벗어나 편집편성권 독립을 쟁취하고 마침내 신문개혁으로 이어진 언론노조운동의 값진 성과인 동시에 미디어 공공성 확보를 위한 최소한의 법적 장치라는 의미를 갖는 것이었다.[551]

개정된 신문법은 인터넷신문을 포함, 언론자유와 언론의 사회적 책임이 강조되었다. 또한 독자 의사에 반한 구독 계약 체결 금지, 기사와 광고의 구분 등 독자의 권익보호 규정이 포함되었다. 신문 산업의 건전한 진흥과 경영투명성을 위해 신문발전위원회와 신문 발전기금이 신설되었고, 신문의 발행부수, 판매부수, 구독료 수입, 광고수입 등은 신문발전위원회에 신고토록 했다. 여론 다양성을 위해 1개 신문의 시장점유율이 30퍼센트 이상이거나 3개 이하 사업자의 시장 점유율이 60퍼센트 이상인 경우 시장 지배적 사업자로 간주하고 신문발전기금 지원을 배제하도록 했다.[552]

새 신문법은 2005년 7월 시행됐다. 이로써 신문 발행의 자율성은 강화되었고, 신문발전위원회 설립으로 신문 산업은 새로운 전기를 맞았다. 신문유통원의 설치로 2007년 199개의 신문공동배달센터가 설립되었다. 그러나 새 신문법은 '1인 소유지분 분산 규정'이 누락되고, '방송과 신문의 교차소유 금지'도 명확하게 규정이 안

되어 이후 조중동 등 신문시장을 과점한 보수신문들이 방송까지 차지하는 결과를 빚었다. 이는 여론다양성을 해치고 언론의 보수화를 심화시켜 한국사회를 진영의 수렁으로 빠뜨리는 등 언론 환경에 돌이킬 수 없는 악영향을 미쳤다.

언론중재법(언론중재 및 피해구제 등에 관한 법률)은 언론중재위원회에 조정 및 심의 기능 외에 반론보도, 정정보도, 손해배상 등의 청구 권한을 부여해 실질적 '중재'를 할 수 있도록 하였고, 인터넷신문도 이 조정 대상에 포함시켰다. 또한 언론중재의 '필요적 전치주의'를 폐지하고 '임의적 전치주의'를 채택함으로써 언론중재위원회를 거치지 않고서도 반론보도, 정정보도, 손해배상 등을 법원에 청구할 수 있도록 했다. 이밖에 일간지와 뉴스통신사에는 의무적으로 고충 처리인을 두어 언론피해를 예방 구제할 수 있도록 했고 피해 당사자가 아니더라도 시정 권고를 신청할 수 있도록 했다.[553]

한편, 언론중재법에서는 2004년 악의적 언론보도에 대한 징벌적 손해배상제가 집중적으로 논의된 바 있었다. 특히 언론보도 피해구제를 위한 손해배상 금액이 너무 적어 피해구제의 실효성을 제고해야 한다는 주장이 있었다. 이를 위해 악의적인 허위보도가 명백한 때에는 미국과 같이 징벌적 손해배상제를 적용해야 한다는 주장이 언론인권센터와 민변(민주사회를 위한 변호사모임) 등에서 제기되었다. 그러나 기자협회 등 현업 단체는 이에 부정적 입장을 보여 논란을 벌이다가 결국 도입하지 않는 것으로 결론이 났다. 이는 언론사용자단체와 언론종사자단체 간의 이해가 첨예하게 갈린 부분이었다.

이밖에도 정진석 의원이 대표 발의한 '연합뉴스사 및 연합뉴스

위원회법'안을 수정 보완하여 '뉴스통신진흥에 관한 법률'이 2003년 5월 제정 공포되었고, 2004년 3월에는 지역신문법(지역신문발전지원특별법)이 제정되어 지역 신문의 열악한 경영 여건 등을 개선할 수 있게 되었다.

2000년 3월 국민의정부에서 제정된 방송법은 참여정부 출범 후 2007년 7월 말까지 6번 개정되었다. 방송법은 방송위원회 상임위원을 4인에서 5인으로 늘려 방송의 독립성과 정치적 대표성을 제고하고, 방통융합 현상에 따른 데이터방송 및 이동멀티미디어방송의 도입 근거를 마련하였다. 또한 남북 방송교류 협력 증진과 방송심의제도를 개선했으며, 방송의 다양성과 공공성을 확대하기 위해 지역방송의 기반을 강화하고, 보편적 시청권을 보장하였다.

공정거래질서

2003년 ㈜중앙리서치가 신문판매의 거래 실태를 조사했는데, 2000년부터 3년 동안 전화기, 선풍기, 자전거, 청소기, 믹서기 등의 위법한 경품과 무가지로 확보한 독자 비율이 전체 신규 구독자의 무려 63퍼센트에 달했다. 신문판매 시장의 이 같은 불공정 행위는, 인터넷의 등장으로 광고수주 경쟁이 치열해진 때문이며, 광고가 수익의 80퍼센트 이상을 차지하는 수익 구조, 가정배달 중심의 유통구조, 신문 구독자의 인식 부족 등도 주요 원인이었다.[554]

신문의 이러한 불공정 판매 행위는 독자의 자유로운 신문 선택권을 방해해 여론다양성을 해치는 것은 물론, 자본력에 의한 여론 왜곡 현상까지 일으켜 심각한 사회적 문제가 아닐 수 없었다. 또한 과도한 경쟁으로 인한 자원의 낭비를 초래해 나라 경제에도 적지 않은 폐해를 야기했다. 게다가 무가지 부수까지 포함해 광고 단가를 책정하게 되면 실제 광고 효과보다 높게 광고료가 책정되어 광고시장까지도 왜곡하는 폐단이 있었다.

당초 신문판매고시는 2001년 7월 1일 제정되었지만, 신문업계의 자율감시로 운영됨으로써 불공정 행위가 오히려 증가해 결과적으로 고양이에게 생선을 맡긴 격이 되어버렸다. 2002년 하반기에는 자전거와 같은 고가의 경품 제공이 성행하면서 불공정거래행위는 더욱 급증해 급기야 자전거 판매상들이 "자전거 경품 때문에 자전거가 안 팔린다"는 집단 민원을 제기하는 상황까지 일어났다. 이에 따라 정부는 2003년 5월 신문판매고시 위반 사건을 공정위가 직접 처리 집행할 수 있도록 개정했다. 공정위가 신문판매고시를 직접 집행할 수 있도록 체제를 구축한 이후 현장 조사를 실시한 결과 2003년에 20건이던 시정조치 건수는 2007년 1,180건으로 무려 60배 가까이 높아졌다. 또한 공정위가 ㈜중앙리서치에 의뢰해 전국 신문판매 시장의 거래 실태를 분석한 결과 신규 구독자 중 위법한 경품 및 무가지를 제공받은 비율은 2003년 63퍼센트였던 것이 2006년에는 28퍼센트로 크게 줄었다. 그러나 부수 확장 경쟁이 치열한 신규 아파트 단지나 일부 수도권에서의 불법적인 신문판매 행위는 여전히 빈번한 것으로 나타났다.[555]

헌법재판소의 판단

보수언론은 언론개혁 법안에 대해 입법 단계에서부터 반대했다. 보수언론의 시각에서 볼 때, 개정된 일련의 법안들은 정권의 필요에 따라 언론을 통제하기 위해 만들어진 것이며 헌법에 위배된다는 것이었다.

보수언론은 새 신문법에 언론자유와 언론의 비판 감시 기능을 억압하는 독소 조항이 대거 포함되어 있다고 보았다. 보수언론은 시장 지배적 사업자를 특정해 규제를 강화한 조항, 내부 정보와 경영 전략의 공개를 의무화한 조항, 신문사 간의 인수합병을 가로막는 조항, 방송과 신문의 교차소유 금지 조항, 신문발전위원회 및 신문발전기금 설치 등의 조항 등에 대해 특히 문제를 제기했다.[556]

그러나 그러한 주장들은 낡은 자본주의의 틀에 갇혀 있는 보수언론의 기득권 수호 그 이상도 이하도 아니었다. 빈익빈 부익부라는 자본주의의 모순은 비단 경제적 측면에서만 나타나는 것이 아니었다. 자본주의는 물질주의의 만연과 함께 모든 사물과 사유의 획일화 위험을 초래했다. 특히 여론을 관리 지배하는 언론이 독과점 되어 있을 때 나타나는 '다양성의 훼손'이 심각한 정치 사회적 문제로 대두된 것은 어제오늘의 일이 아니었다.

주류 보수언론들이 아무런 대가 없이 누리게 된 자유는 사실상 민중이 피로써 쟁취한 것이었다. 주류 언론이 쌓은 부와 막강한 시장 지배력은 수십 년 간 독재에 기생하면서 민중을 유린함으로써 얻은 기득권이었다. 그러나 주류 보수언론들은 그렇게 얻은 자유를 앞세워 그들의 기득권을 수호하기 위한 도구로 이용하고 있었다.

시장 지배적 언론에 대한 특별 규제는 '여론 다양성 보존'을 위해 이미 오래 전부터 일반화된 개념이었다. 또한 신문의 발행부수, 판매부수, 광고 수익, 구독자 수익 등의 정보는 독자들이 알아야 할 기본 권리이지 결코 숨길 문제가 아님에도 불구하고 보수언론은 그 정보의 공개를 의무화한 것을 '위헌'이라고 주장하고 있었다. '국민의 알권리'를 전가의 보도처럼 휘두르고 있는 보수언론이 자신들의 기초적인 경영 정보에 대해서만은 그토록 기피하는 태도는 납득하기 어려운 일이었다. 특히 그러한 기초 정보를 감추려는 목적이 신문의 음성적인 판매 행위를 지속하기 위한 것이라는 점에서 그들의 주장은 아무런 설득력이 없었다.

그들은 언론중재법에 대해서도 큰 불만을 가지고 있었다. 고의 과실이나 위법성이 없어도 정정보도를 청구할 수 있도록 한 조항에 대해 보수언론은 "언론사의 숨통을 조인 것이며 언론의 권력 감시 기능을 위축시키는 것"이라고 주장했다. 언론중재위가 피해자의 신고 없이도 자의적으로 언론보도 내용을 심의해서 해당 언론사에 시정을 권고할 수 있게 한 조항은 언론에 대한 감시 통제권을 부여한 것이라고 강조했다. 제3자가 중재위에 시정 권고를 신청할 수 있도록 한 조항은 특정한 이념 성향의 시민단체에 의해 악용될 소지가 있다고 강변했다. 언론중재법은 민사상 손해배상에 관해서도 강제 조정을 하거나 판결과 같은 효력을 갖는 중재 결정을 내리는 권한을 갖도록 한 것에 대해서는 중재위가 법관처럼 전문성과 독립성을 보장받고 있는지 의문이라고 목소리를 높였다.[557]

이처럼 보수신문들은 개정된 신문법과 언론중재위법에 대해 하나에서 열까지 문제를 제기했으며 시시콜콜한 사안까지도 딴지를 걸면서 마침내 헌법소원을 제기하고 나섰다. 그러나 이러한 보수 언론의 주장들은 새 신문법과 언론중재위법을 왜곡해서 해석하거나 언론중재위의 판단을 원천적으로 무시한 주장으로 시대적 변화를 따라잡지 못하고 과거의 기득권에 안주하고 있는 그들의 무지와 게으름을 드러낸 것이었다.

동아일보는 2005년 3월 사회부 기자 조용우와 독자 유재천 한림대 한림과학원장 등과 함께 신문 관련법에 대해 헌법소원을 냈다. 동아일보는 청구서에서 "신문법과 언론중재법의 주요 조항들은 부당한 공권력의 행사로서 헌법이 보장하고 있는 언론 출판의 자유와 직업의 자유, 경제적 자유 등을 침해하고 있다"고 주장했다. 조선일보도 그해 6월 미디어팀 이한우 기자, 독자인 방석호 홍익대 법학과 교수와 공동으로 신문법과 언론중재법이 위헌이라며 헌법소원 심판 청구서를 냈다. 조선일보는 청구서에서 "신문법 및 언론중재법은 신문사의 경영·편집·판매 전반에 대해 광범위한 규제 조항을 담고 있는 법안으로 헌법이 보장한 언론 출판의 자유, 재산권 보장, 경제적 자유, 평등권, 행복추구권 등을 심각히 침해하고 있다"고 밝혔다.[558]

이에 대해 한겨레는 2005년 6월 '신문법 누가 흔드나'란 제하의 글에서 "조선일보 등의 신문법 위헌 소송은 언론자유 명분을 내세워 상징적 의미를 훼손하려는 속셈"이라고 주장했다. 경향신문도 같은 날 신문법에 근거해 설립된 신문유통원 운영에 관해 "모든 신문사가 참여할 수 있음에도 불구하고 특혜 운운은 어불성설"이라고 주장했다.[559]

2006년 6월 헌법재판소는 동아와 조선이 위헌이라고 시비를 건

대부분의 조항들에 대해 합헌 또는 기각 결정을 내렸다. 다만, 시장 점유율 합계 60퍼센트 이상인 3개 신문사를 독점 규제 대상으로 규정한 조항, 또 이들 신문에 신문발전기금을 지원하지 못하게 규정한 조항 등 신문시장의 시장 지배적 사업자 조항에 대해서는 위헌 결정을 내렸다. 이 같은 헌재의 판단은 변화하는 시대 조류에 둔감한 헌재의 시대 인식을 보여주어 아쉬움을 남겼다. 언론중재위법에 대해서도 대부분 기각 내지는 합헌 결정을 내렸고 재판 없이 중재위가 가처분 절차만으로 정정보도 소송을 진행할 수 있도록 한 조항에 대해서만 위헌 결정을 내렸다.

헌법재판소의 결정에 따라, 열린우리당은 2006년 말 신문법개정안을 다시 내놨다. 이 개정안에서는 '시장 지배적 사업자' 대신에 '대규모 신문사업자'라는 개념을 도입했다. '대규모 신문사업자'는 다른 일간신문을 겸영하거나 주식 및 지분을 취득할 수 없도록 했다.[560]

헌재의 이러한 결정에도 불구하고 2006년 11월 한나라당은 신문과 방송의 교차소유 및 겸영 허용, 각종 규제 조항 삭제, 신문유통원과 신문발전위원회 관련 조항 삭제 등을 골자로 하는 신문법개정안을 발의했다. 한나라당의 이 개정안은 대선 국면에 묻히고 말았지만 2008년 이명박 정부의 출범과 더불어 되살아났다. 이명박 정권은 신문법의 대대적 개정 계획을 발표하면서 '신방 교차 소유와 겸영 허용'을 들고 나와 미디어 시장을 혼란의 도가니로 몰아넣었다.

2007년 시장 지배적 사업자 조중동의 1일 평균 발행 면수는 50면을 넘는 데 반해 나머지 신문들은 35면 전후였다. 신문과 방송의 교차 소유가 허용될 경우 그 혜택이 어디로 돌아갈 것인지는 자명했으며, 그것은 무한경쟁의 범위가 문자 시장에서 영상 시장으로 확장됨을 의미하고 있었다.

배아줄기세포의 진실, 언론과 정치권의 민낯

2004년 2월 과학 학술지 사이언스는 황우석, 문신용 연구팀이 세계 최초로 인간의 난자를 이용해 배아줄기세포를 만드는 데 성공해 난치병 치료의 길을 열었다고 발표했다. 그해 4월 시사주간지 타임은 황우석 박사를 '세계에서 가장 영향력 있는 100인'으로 선정했다. 2005년 5월 황우석 연구팀은 환자 맞춤형 배아줄기 세포 관련 논문을 사이언스에 게재했다. 논문에는 피츠버그대학의 줄기세포 권위자 제럴드 섀튼 박사가 공동저자로 등재되면서 각국의 공동연구 제안이 폭주했다. 정치권은 대통령을 비롯해 여야를 막론하고 황우석 박사를 추켜세웠고 언론은 보수, 진보 가릴 것 없이 황우석을 국민영웅으로 만들었다. 황우석 교수가 만든 '1번 인간배아줄기세포$^{NT-1}$'가 미국 특허청에 등록되면서 황우석 관련주들의 주가가 급등했고 황우석의 연구 업적은 신화가 되었다.

그러나 이 와중에도 종교계에서는 줄기세포 연구에 대한 생명윤리 문제가 논란이 되었다. 2005년 11월 PD수첩은 황우석 연구팀이 연구원의 난자를 사용했다며 연구 윤리의 문제를 제기했다. 방송이 나간 후, 황 박사는 PD수첩의 지적을 모두 시인하고 모든 공직에서 사퇴한다고 발표했다. 그러나 이 방송으로 PD수첩은 '국민영웅'에게 오명을 씌웠다는 비난에 휩싸였다. 네티즌들은 팬카페 '아이러브 황우석'을 중심으로 PD수첩 광고주에게 압력을 행사해 PD수첩은 광고 없는 방송을 하는 상황에 이르렀다.

그러나 생명윤리와 연구윤리의 문제는 서막에 지나지 않았다. 2005년 6월부터 사이언스 논문의 진실 여부를 취재해왔던 PD수첩은 10월 황우석연구팀 김선종 연구원의 증언을 확보하기 위해 피츠버그대학을 찾았다. 이 취재 과정에서 한학수 피디는 "줄기세포가 가짜로 판명 났고, 검찰 수사가 진행 중이며, 황 교수가 구속될 것"이라고 압박해 김 연구원으로부터 줄기세포가 가짜라는 취지의 증언을 확보했다. 이 인터뷰 과정은 이후 '취재윤리 위반'이라는 거센 폭풍에 휘말렸지만, PD수첩은 환자의 체세포로부터 만들어졌다는 배아줄기세포의 DNA 지문이 환자의 것과 일치하지 않는다는 사실을 확인했다.

줄기세포의 진위 문제가 불거지고 PD수첩의 광고불매 운동이 논란이 되자 노무현 대통령은 11월 27일 청와대 홈페이지에 글을 올려 PD수첩에 대한 파시즘적 광고불매 운동의 문제점을 비판했다. 그러나 노 대통령은 해당 글에서 "수십 명의 교수, 박사들이 황 교수와 짜고 사기극을 벌이고 있고 세계가 사기극에 놀아나고 있다는 것이 납득이 되지 않는다"며 "위압적인 취재 과정에 대한 대책을 논의해 왔다"고 밝혔다. 그동안 황우석 박사에 대해 정부 차원의 지원을 아끼지 않았던 노 대통령은 황 교수에 대한 믿음이 굳건했던데 반해 황 박사나 김선정을 인터뷰하는 과정에서 드러난 PD수첩의 취재윤리 논란에 대해서는 매우 부정적인 견해를 가지고 있었다. 대통령의 글이 게재된 후 PD수첩에 대한 비난 여론은

더욱 빗발쳤고, 배아줄기세포의 진위 논란과 함께 취재윤리 문제가 전면에 부각되기 시작했다.[561]

12월 1일 PD수첩 제작팀은 '취재일지'를 공개하고, 〈뉴스데스크〉를 통해 5개의 줄기세포 중 2개가 환자 DNA와 일치하지 않았다는 검사 결과를 보도하고, 황 교수팀에 줄기세포 재검증을 공식 요구했다. 그리고 다음 날 PD수첩 제작팀은 기자회견을 열어 PD수첩 '2탄' 방송을 예고했다. 그러나 PD수첩의 '취재윤리'에 대한 비판 여론은 더욱 거세졌고 반면에 '줄기세포의 진위'와 관련해서는 황 박사에 대한 이상한 방어 논리가 전개되고 있었다. "11개 줄기세포 중 한 두 개가 틀리면 어떠냐", "그 중에 하나만 맞으면 되는 것 아니냐"는 등의 주장들이었다.

12월 4일은 일요일이었다. YTN은 예고 방송까지 내보낸 뒤 PD수첩 제작팀의 취재윤리 문제를 보도했다. YTN의 보도는 과장과 왜곡으로 점철된 것이었지만 파장은 엄청났다. YTN은 황우석연구팀 박종혁 연구원의 인터뷰를 통해 "PD수첩이 황우석 교수를 죽이러 왔다"고 보도했고, 김선종 연구원에 대한 PD수첩 인터뷰가 폭력적인 상황에서 이뤄진 것처럼 묘사했다. YTN 보도가 있던 날 MBC는 긴급임원회의를 열고 대국민 사과와 PD수첩 방송 잠정 중단을 결정했다. "사과할 부분이 있으니 사과를 해야 하지만 그렇다고 취재된 내용을 방송하지 않는 것은 바람직하지 않다"는 한 임원의 주장이 있었으나 소수 의견으로 묵살되었다. 이날 밤 MBC는 뉴스데스크를 통해 대국민 사과와 함께 PD수첩 방송 중단을 발표했다.[562]

(⋯) PD수첩 취재진이 황우석 교수의 배아줄기세포 진위 논란을 취재하는 과정에서 취재윤리를 현저히 위반한 사실을 확인하고 이에 대해 국민 여러분께 정중히 사과드린다. (⋯) 국민의 알권리를 위한 취재에 있어서도 취재 방법이 올바르지 않았다면 그 취재의 결과물 또한 정당성을 인정받기 어렵다. (⋯) PD수첩이 취재원들을 상대로 '검찰수사'를 언급하며 강압으로 느낄 수밖에 없는 언행을 한 것은 공영방송 종사자로서의 취재 윤리에 어긋나는 행동임은 물론 MBC의 방송 강령을 위반한 것이다.

그러나 세상만사는 모두 정리正理로 돌아가기 마련이었다. PD수첩의 진실이 묻혀 버릴지도 모르는 암울한 상황에서 대반전이 일어났다. MBC의 사과방송을 본 'Unanimous'라는 ID를 가진 한 네티즌이 12월 5일 새벽, "쇼는 계속되어야 한다Show must go on"는 제목으로 사이언스 논문의 사진 조작을 생명과학 사이트인 브릭BRIC 게시판에 올린 것이었다. 제주에서 감자밭을 일구는 농부라는 그는 사이언스에 게재된 11개의 줄기세포 사진 중 조작된 사진 5개를 찾았다면서 네티즌들에게 또 다른 조작 사진을 찾아보라고 주문했다. 이후, 집단 지성의 힘이 작동되기 시작했고 브릭 회원들에 의해 나머지 조작된 사진들이 하나 둘 밝혀졌으며 이는 네티즌을 통해 일파만파 확산되었다.[563]

그러나 사회적 분위기는 여전히 PD수첩을 방송할 수 있는 상황이 아니었다. 12월 6일 PD수첩 방송이 결방된 뒤 일주일이 지나 PD수첩 방송일이 찾아왔지만 여전히 방송은 할 수 없었다. PD수첩의 방송 중단에는 황우석 박사를 강력하게 옹호했던 유시민, 정동영 등 참여정부 실세들의 영향력도 크게 작용했다. 정동영 통일부장관은 황우석 교수가 입원해 있는 병원을 찾아가 그를 위로했고, 유시민 의원은 전남대학교 초청 강연에서 "언론자유가 너무 만발해서 냄새가 날 정도"라면서 "PD수첩의 황우석 연구 검증은 터무니없는 일"이라고 비판했다.

그러나 거짓이 진실을 이길 수는 없었다. 12월 15일 MBC는 마침내 뉴스데스크가 끝난 직후, '특집, PD수첩은 왜 재검증을 요구했는가?'편을 방송했다. 이미 이날 오후 미즈메디병원의 노성일 이사장이 "줄기세포는 없다"는 폭탄 선언을 하고 난 뒤였다. 두 차례나 연기된 뒤늦은 방송이었고 노성일 이사장의 폭로로 상당 부분의 진실이 드러난 상황이었지만 시청자들의 관심은 높았다.

12월 23일 서울대조사위원회는 "2005년 사이언스 논문이 고의로 조작됐다는 중간 조사 결과"를 발표했다. 2006년 1월에는 황 교수의 2004년 논문도 의도적으로 조작되었으며, 원천 기술 역시 독창성을 인정하기 어렵다고 공식 발표했다. 2009년 10월 국회의원 33명은 1심 선고에 앞서 황우석의 선처를 바라는 탄원서를 법원에 제출했으나 법원은 황 교수에게 논문조작, 연구비 횡령, 난자 불법매매 혐의를 인정, 징역 2년에 집행유예 3년을 선고했다.

줄기세포 조작 사건은 언론은 물론, 정계, 규제기구, 종교계, 학계, 심지어는 시민단체까지 우리 사회 전반의 취약성을 한꺼번에 드러냈다. PD수첩에 대한 대중의 거부 반응도 있었지만 권부와 여야를 막론한 정치권, 불교계의 압박도 거셌다. 규제기구와 언론학계, 언론시민단체까지도 진실 규명보다는 황우석 비호에 바빴다. 방송위원회는 방송도 되지 않은 프로그램을 놓고 '취재윤리'를 따졌다.[564] 언론재단과 언론법학회가 개최한 토론회에서 한 언론학자는 "제보자를 밝히고 처벌해야 한다"는 취지의 발언도 서슴지 않았다.[565]

가장 심각한 것은 언론이었다. 조중동은 광분했고, 프레시안을 비롯한 몇몇 진보매체를 제외하고는 대부분의 언론이 MBC 비난에 나섰다. 조선일보의 김대중은 황 교수에 대한 비판을 '좌파들의 마녀사냥'으로 몰아세웠다.[566] 그런가 하면 경향신문은 "우리 신문은 과연 이성과 진실의 편에 제대로 서고자 성찰했던가. 우리는 그렇지 않았다고 답할 수가 없다"는 자성의 모습을 보이기도 했다.[567]

언론보도에 대해 오마이뉴스는 "황우석 신화의 몰락은 저널리즘의 본연을 다시 한 번 평가하고 반성할 수 있는 계기를 가져다주었다"면서 우리 언론에 대해 '냄비저널리즘', 황 교수팀의 연구 성과를 검증 없이 보도했던 '발표 저널리즘', 속보경쟁의 '경마 저널리즘', 수세에 몰린 PD수첩에 일제히 발톱을 세우며 집단 공격했던 '린치 저널리즘'이라고 비판했다.[568]

언론자유는 어디까지 필요한가

군부독재 시절, 권부의 주구였던 검찰, 정권의 시녀였던 언론은 참여정부 들어 독립과 자유를 만끽했다. 참여정부 시절, 검찰이 정치적으로 편향된 수사를 했다거나 권부가 방송에 은밀히 압력을 행사했다거나 하는 잡음은 나오지 않았다. 대통령 임기 초 '검찰과의 대화'라는 TV 생방송에서 젊은 검사들이 대통령에 각을 세우는 등 자유롭게 토론에 임할 수 있었던 모습은 그 어느 정권에서도 보기 어려운 장면이었다. 노 대통령 시절 KBS사장으로 임명되었던 언론인 정연주는 훗날 자신의 임기 중에 대통령으로부터 단 한 통의 전화도 받은 일이 없었다고 회고했다.

어찌되었든 참여정부 기간 동안 특정 신문이 권부와 유착되었다거나 권부에 종속되었다는 잡음이 들리지 않았던 것은 명백하며 이는 여타의 정권과 분명히 다른 점이었다. 언론이 참여정부와 유착했다는 보수신문들의 지적은 있었지만 보수신문은 정확한 근거나 사실 관계를 제시하지는 못했다.

노 대통령과 참여정부는 앞장서서 언론개혁을 끌고나갔다. 안티조선운동의 전사들은 노무현 정권의 출범과 함께 보수언론과의 전쟁에서 잠시 물러나 있었다. 이 과정에서 정권과 보수언론 간의 관계는 역대 어느 정권 때보다 첨예하게 대립되었다. 그런 상황에서 언론운동단체들은 언론개혁의 호기를 맞았고, 국민의정부 시대에 뿌려놓았던 여러 가지 개혁적인 법과 제도를 열매로 거둬들였다. 신문법과 언론중재위법 등의 개정은 그 수확물이었다고 할 수 있었다.

신문법과 언론중재위법은 2005년 조선과 동아가 제기한 위헌심판청구소송으로 위기를 겪기도 했지만 헌법재판소는 2006년 조선과 동아가 '위헌'이라고 문제를 제기했던 대부분의 조항에 대해 합헌 결정을 내렸다. 그나마 아쉬웠던 것은 헌재가 신문시장의 시장 지배적 사업자 조항에 대해 위헌 결정을 내린 것이었다.

노무현과 보수언론의 싸움은 처절했다. 도와주는 우군은 많지 않았다. 노무현은 보수언론과의 전쟁에서 적지 않은 상처를 입었고 큰 후유증을 남겼다. 브리핑실의 운영과 기자단 폐쇄는 모든 언론인들이 노 대통령에 등을 돌리는 결과를 만들었다. 여기서는 진보언론이나 시민단체도 마찬가지였다.

노무현 정권 시대는 보수언론의 힘을 입증한 해이기도 했다. 1987년 민주화 이후 언론은 선출되지 않은 권력으로 등장해 그 무소불위의 힘을 마음껏 과시했다. 김대중 정부 때 있었던 세무조사로 상처를 입은 보수언론은 그 분풀이를 노무현정부에 퍼부은 셈이었다.

2008년 이명박정부가 출범한 이후 국세청은 태광실업 박연차에 대한 세무조사를 실시했다. 검찰은 박연차 본인을 비롯해 노무현의 친형 노건평, 당시 민정수석 박정규, 국회의원 이광재, 총무비서관 정상문을 구속했다. 2009년에는 부인 권양숙, 아들 노건호, 딸 노정연 부부를 참고인으로 불러 조사했다. 노무현 역시 조사를 받기 위해 대검청사로 갔다.[569]

조중동의 노무현에 대한 '보도 테러'는 대통령직을 마치고 봉하마을로 돌아가는 시점에서도 계속되었다. 보수언론은 봉하마을의 대통령 사저를 '아방궁'이라고 공격했고 박연차 게이트로 시작된 검찰 수사 과정에서는 여러 곳에서 혐의 사실을 왜곡하면서까지 노무현에게 모욕을 주어 결국 그를 죽음에까지 이르게 했다. 박연차 게이트로 여론 재판에 휘말린 노무현은 외로웠다. 검찰은 "뇌물로 받은 1억 원짜리 시계를 논두렁에 버렸다"는 허위 사실을 언론에 흘렸고 언론은 이 '논두렁 시계'를 통해 마음껏 노무현을 유린했다. 이 부분에서 진보언론도 자유롭지 못했다.

2009년 5월 노무현은 사저 뒤편의 부엉이 바위에서 몸을 던졌다. 그의 죽음에 대한 민중의 반응은 한국 현대사에서 유래가 없는 추모 열풍으로 나타났다. 5백만 명 이상의 추모객이 전국의 빈소에서 그의 죽음을 애도했다. 봉하마을을 찾은 조문객만도 백만 명이 넘었다. 언론은 진보, 보수 할 것 없이 대중의 추모 열기에 합세했다. 죽음 직전까지 보였던 적대적 보도와 논평은 사라졌다. 표변이라는 말의 의미 그대로였다. 이명박 정권과 언론이 그를 죽였다는 비판의 소리가 강하게 일어났다. 노무현 죽이기에 앞장섰던 보수언론은 검찰에 책임을 떠넘겼다. 진보언론은 사과했다.[570]

참여정부 시절 언론은 거의 방임에 가까운 자유를 누렸다. '국경없는 기자회'의 언론자유도 순위 평가에서 대한민국 언론은 2003년 세계 49위에서 2006년 세계 31위로 껑충 뛰어올랐고 아시아 1위로 등극했다. 비교적 보수적인 프리덤하우스의 평가에서도 2002년 총점 42점으로 '부분자유Partly Free'에 머물렀던 한국의 언론 자유도는 노 대통령 임기 중 30점 이하의 '자유Free'국가로 상승했다. 그 거칠 것 없었던 자유는 급기야 대통령의 탄핵을 유발했고, 퇴임 뒤에는 대통령을 자살로까지 몰고 가는 비극적 결과를 초래했다. 누구나 통제받지 않는 자유를 원하지만 스스로에 의해서도 통제되지 않는 자유는 때때로 엄청난 비극을 초래한다는 교훈을 남겼다. 언론자유는 어디까지 필요한가. 언론운동은 이제 '자유'에 대한 깊은 숙의가 필요할 때가 되었다.

13

이명박정권 시대 언론운동

광우병 사태와 PD수첩의 고투

광우병 사태 불붙인 PD수첩

이명박 정권 출범 2개월도 채 안 된 시점인 2008년 4월, '안단테'라는 한 누리꾼이 이명박정부의 교육문제에 불만을 품고 '다음 아고라' 토론방에 대통령 탄핵 서명운동을 제안했다. 그 며칠 뒤인 4월 11일 이명박 정부는 한미 쇠고기 협상을 개시하고 불과 일주일 만에 협상 결과를 전격 발표했다. 발표 전까지 협상에 대한 일언반구 언급도 없었다. 발표 다음 날 이 대통령은 미국으로 날아가 캠프 데이비드에서 한미 정상회담을 가졌다. 이 때문에 쇠고기 수입 협상 결과 발표는 '정상회담 선물용'이라는 비판 여론이 일었다. 협상 결과는 "뼈를 포함한 30개월 미만의 미국산 쇠고기 수입을 우선 허용하고, 이후 미국이 동물 사료 금지를 강화하면 30개월 이상의 쇠고기도 수입한다"는 내용이었다. 미국에서 광우병이 발생해도 즉시 수입을 금지할 수 없다는 내용도 포함되어 있었다.

이것은 전년의 참여정부 때와 비교해 천양지차로 불리한 결과였으며 검역 당국이 무장해제된 것이나 진배없었다. 5년 전인 2003년 참여정부는 워싱턴주에서 소해면상뇌증(광우병)이 발생하자 미국산 쇠고기 수입을 전면 금지했다. 이후 2006년 초에 수입을 재개했는데 '30개월 미만 소의 뼈를 제거한 살코기'로만 한정했다. 검역 중 뼛조각이 나오면 수입된 쇠고기 전량을 반송시킨 적도 여러 번 있었다. 참여정부는 2007년 10월 협상을 재개했으나 광우병 특정 위험물질[571]과 내장, 꼬리 등을 제외한 '30개월 미만'의 쇠고기만 허용하겠다는 입장을 고수해 결렬되었다.

시민들은 국민 건강을 그토록 쉽게 포기한 이명박 정부에 분노했다. 게다가 "광우병 걸린 소라도 위험 물질만 제거하면 안전하다"는 무책임한 정부 당국의 변명은 불난 가슴에 기름을 부었다.

이런 상황에서 MBC가 2008년 4월 PD수첩 '긴급취재, 미국산 쇠고기, 과연 광우병에서 안전한가?'편을 방송했다. PD수첩은 미국산 쇠고기의 위험성과 함께 정부의 졸속 합의가 얼마나 국민 건강을 외면한 무모한 조치였는지를 생생한 영상으로 보여주었다. 6만여 톤이라는 엄청난 양의 쇠고기 리콜 장면, 광우병으로 주저앉는 소와 인간광우병으로 죽어가는 여성의 영상, 불리한 협상 결과 등은 시청자들을 충격과 분노와 공포로 몰아넣었다.

PD수첩의 파장은 폭발적이었다. 인터넷에는 광우병 관련 정보와 의견들이 쏟아졌다. 진위를 알 수 없는 '괴담'도 있었지만 광우병에 대한 과학적 정보와 한미FTA의 본질에 대한 수많은 의견들이 쏟아져 집단 지성을 형성했다. PD수첩 방영 사흘 뒤, 청계광장은 쇠고기 협상을 규탄하는 촛불집회로 뜨겁게 달아올랐다.

그러나 정부는 긴급 기자회견을 열어 쇠고기 협상에 대한 규탄을 '반정부 선동'으로 규정하고, 미국산 쇠고기의 안전성을 강조했다. 농수산식품부는 PD수첩이 다우너 소를 광우병 소로 오인하도록 함으로써 미국산 쇠고기의 광우병 위험을 과장했다고 주장하며 언론중재위에 제소했다. 정부 비호에 나선 조중동은 약속이나 한 듯 촛불집회에서 나온 주장을 '괴담'으로 몰고, '배후세력'이 있다고 주장했다. 불과 1년 전 "미국은 수입 위생 조건을 성실하게 이행토록 자세를 보인 후에 개방 확대를 요구하는 것이 순리"라고 했던 중앙일보의 논조는 어느 새 돌변해 있었다.[572] 중앙일보는 "실체 없는 광우병 논쟁 이젠 끝내자"면서 "인간광우병의 한국 발생 확률은 고리원자력발전소가 폭발할 확률보다 낮다"고 주장했다.[573] 조선일보의 태도도 1년 전 광우병 위험을 경고했던 때와 180도 바뀌었다.

'이명박 탄핵 서명'이 발의된 지 근 한 달이 가까워진 5월 4일 촛불은 100만 명을 돌파했다.[574] 5월 8일 청와대는 허위 사실 유포에 대해 법적 절차에 들어가기로 방침을 세웠다고 발표했다. 이날 1,700여 개 시민사회단체는 '광우병국민대책회의'를 결성했고, 며칠 뒤 PD수첩 제2편이 방송되었다. 언론중재위원회는 PD수첩에 정정·반론보도를 하라는 결정을 내렸지만 PD수첩이 불복해 이 사건은 법원의 판단으로 넘겨졌다.

PD수첩의 고투

언론중재위의 결정이 나오자 조중동은 5월 21일 일제히 관련 사설을 신고 PD수첩을 비판했다. 언론노조와 언론인권센터 등은 PD수첩을 향한 언론중재위의 '보도문' 결정에 대해 "국민을 기망하는 것도 모자라 이를 빌미로 공영방송을 탄압하려는 작태"라며 "'묵시적 언론 통제'를 꾀하는 것에 일대 경종을 울린다"고 비판했다.[575]

언론중재위 결정과 조중동의 사설이 나온 뒤 이명박 대통령은 5월 22일 대국민 담화를 발표해 한미FTA의 비준을 강조하고, 집회에 대한 강제 진압을 예고했다. 그러나 사과 한 마디 없는 대통령 담화는 불붙은 여론에 부채질을 한 꼴이 되었다. 촛불은 더욱 타올랐고 6월로 접어들면서 시위가 '72시간 연속 촛불집회', '100만 촛불대행진' 등으로 확대되자 마침내 이명박 대통령은 국민에게 사과하는 특별 기자회견을 갖고 자신의 과오를 자책했다.

> 지난 6월 10일, 광화문 일대가 촛불로 밝혀졌던 그 밤에, 저는 청와대 뒷산에 올라가 끝없이 이어진 촛불을 바라보았습니다. 시위대의 함성과 함께, 제가 오래 전부터 즐겨 부르던 아침이슬 노래 소리도 들었습니다. (…) 국민들을 편안하게 모시지 못한 제 자신을 자책했습니다. (…) 국민들이 원하지 않는 한 30개월령 이상의 미국산 쇠고기가 우리 식탁에 오르는 일이 결코 없도록 할 것입니다.

그러나 이 기자회견은 성난 여론을 달래기 위한 교활한 무마책이었으며, PD수첩 탄압을 예고한 신호탄이었다. 정부의 추가 협상 결과는 크게 달라지지 않았다. 검역 주권을 확보한 것도, 국민 건강권을 회복한 것도, 광우병 위험이 현저히 낮아진 것도 아니었다. 반면에 농림수산식품부는 PD수첩에 대해 검찰 수사를 의뢰했고, 검찰은 서울중앙지검 특별전담수사팀에 사건을 배당했다. 7월에는 방송통신심의위원회가 PD수첩에 대한 '시청자 사과'를 의결하고 법원은 정정보도 판결을 내렸다. 법원은 보도 내용 가운데 주저앉는 소를 광우병 소로 단정한 것과 한국인의 유전자가 광우병에 특히 취약하다고 한 부분에 대해 정정보도를 명령했다.[576]

정권의 전 방위적인 압박에 견디지 못한 MBC는 확대간부회의에서 사과방송을 하기로 결정했다. 그러나 소송이 진행 중인 사안에 대해 사과방송을 하는 것은 매우 이례적인 일이었다. MBC노조는 강력히 반발했다. 노조원 백여 명은 곧바로 본사 1층과 방송센터 등에서 항의농성을 시작했다. 노조원들은 PD수첩에 대한 심의가 심의위원들의 정치적 편파성에 의해 이뤄진 표적 심의였다며 노조를 비상대책위원회 체제로 전환하고 공영방송 사수대를 구성하기로 했다.[577] 그러나 노조의 반발에도 불구하고 MBC는 8월 13일 뉴스데스크가 끝난 직후 사과방송을 했다.

문화방송은 MBC-TV PD수첩 '긴급취재, 미국산 쇠고기 광우병에서 안전한가' 1, 2 방송 중, 미국 시민단체 '휴메인 소사이어티'의 동물학대 동영상과 광우병 의심 환자 사망 소식을 다루면서 여섯 가지 오역과 진행자가 주저앉은 소에 대해 "광우병 걸린 소"로 단정하는 표현을 방송하고, 한국인이 서양 사람보다 인간광우병에 더욱 취약하다며 "한국인이 (…) 인간 광우병, 발병 확률이 94%"라는 내용을 방송하고,

사회적 쟁점이나 이해관계가 첨예하게 대립되는 사안을 다루면서, 미국의 도축시스템·도축장실태·캐나다 소 수입·사료통제 정책 등에 대해 일방의 견해만 방송한 사실이 있습니다.

이는 방송심의에 관한 규정 제9조(공정성) 제2항 및 제3항, 제14조(객관성), 제17조(오보정정)를 위반한 것으로 방송통신심의위원회의 제재조치 결정에 따라 방송통신심의위원회로부터 '시청자에 대한 사과' 명령을 받았습니다.

이러한 제재조치 내용을 알려드리며, 시청자 여러분께 진심으로 사과드립니다. 저희 문화방송은 이를 계기로 방송심의에 관한 규정 등 관련 법규를 준수하고 보다 좋은 프로그램을 방송하도록 최선의 노력을 다하겠습니다.[578]

PD수첩 제작진에 대한 명예훼손 수사는 난항을 겪고 있었다. 2009년 1월 PD수첩 수사를 책임진 서울중앙지검 임수빈 부장검사는 "헌법이 보장한 언론자유를 침해할 수 없다"며 사표를 제출했다. 수사팀은 교체되었고 교체된 수사팀은 제작진의 메일과 MBC 본사의 압수수색 및 제작진에 대한 체포 영장을 발부받았다.[579] 방송이 정부정책을 비판한 것에 대해 정책 책임자의 명예를 훼손했다고 공권력을 동원하는 것이 합당한 조치일까? 검찰 내부에서도 무리한 수사라는 목소리가 나왔다. 검찰은 2009년 3월 이춘근 피디, 4월 김보슬, 조능희 피디와 김은희 작가 등을 차례로 체포했다. 두 차례에 걸친 검찰의 압수수색은 노조원들에 의해 저지당해 불발로 돌아갔다. 검찰은 작가 김은희의 전자우편 내용을 언론에 공개하는 등 인권침해 행위도 서슴지 않았다.

한편, 2009년 6월 서울고법은 PD수첩에 정정보도를 하라고 판결했다. 서울고법은 '한국인의 유전자가 광우병에 더 걸리기 쉽다는 내용', '미국에서 광우병이 발생해도 정부가 아무 조치를 할 수 없다는 내용', '정부가 미국 도축 시스템을 잘 몰랐다는 내용' 등 세 가지에 대해 정정보도를 하라고 명령했다. 또한 정부가 특정위험물질SRM 수입을 허용한 것처럼 보도했다는 부분에 대해서는 반론보도 하라고 판결했다.[580] 그러나 MBC는 서울고법의 이 결과에 불복해 상고했다.

서울고법의 정정보도 판결이 나자 검찰은 기다렸다는 듯 바로 다음 날 PD수첩 관련 수사 결과를 발표하고 조능희 등 제작팀 5명을 기소했다. 그러나 이 사건은 애초부터 검찰이 개입할 사건이 아니었다. 2010년 1월 서울중앙지법은 PD수첩 제작진 전원에게 무죄 판결을 내렸고, 이후 항소법원과 대법원에서도 무죄를 선고해 최종 확정되었다. 결국 정권이 무리한 수사로 언론을 길들이려 했던 것이 확인된 셈이었다.

무죄가 확정된 PD수첩 제작진은 MBC가 성급하게 사과방송을 한 것과 관련해 2011년 9월 회사를 상대로 소송을 냈다. 그리고 2016년 대법원은 정정보도 청구소송에 대해 정정보도를 하지 않아도 된다고 최종 판결했다.

2019년 1월 검찰과거사위원회는 검찰의 수사 착수 자체가 부당했던 것으로 결론 내렸다. 검찰과거사위원회는 당시 검찰 수사가 명예훼손 혐의를 밝히기 위한 것이 아니라 정부정책을 비판한 방송 내용의 진위를 확인하는 것이 목적이었다고 결론을 내렸다. 1차 수사팀이 명예훼손죄 성립이 어렵다는 의견을 냈는데도 검찰 지휘

부가 강제 수사를 요구했고, 무죄를 받아도 상관없으니 기소하라
고 지시한 정황도 드러났다. 2차 수사팀이 PD수첩 제작진에게 유
리한 자료를 숨긴 사실도 확인되었다. 과거사위는 대검찰청과 법
무부가 정치적 고려로 강제 수사를 지시해 정치적 중립 의무를 위
반했고, 검찰권도 남용했다고 지적했다.[581]

언소주의 광고상품 불매운동

언론소비자주권국민캠페인(언소주)의 탄생

미국산 쇠고기를 반대하는 촛불집회가 한창이던 2008년 5월, 광우
병 사태에 대한 조중동의 허위 왜곡 보도에 분노한 이태봉은 인터
넷포털 다음에 "조중동 폐간 국민 캠페인"이란 카페를 개설했다. 경
영학을 전공한 이태봉은 IT벤처 기업을 손수 운영하면서 독학으로
카페 개설 방법을 습득해 카페를 개설하게 된 것이다. 이후 이 카
페는 카페명을 '언론소비자주권국민캠페인(언소주)'으로 개칭하고
허위 왜곡 보도를 일삼는 조중동에 광고를 싣는 기업 명단을 인터
넷에 올려 집단적인 항의 전화를 독려하고 그 사례들을 별도로 구
축된 보도 비평 사이트에 올려 절독운동을 확산시켰다.

이후 언소주는 3천여 명의 발기인을 모집해 2008년 8월 정동 프
란치스코 교육회관에서 창립총회를 열고 공식적인 언론시민단체
로 출범했다. 이 자리에는 3백여 명의 발기인과 회원들이 참석해
정관 승인과 임원 선출을 한 후 한서정, 장백철, 이승 3인을 공동대

표로 추대했다. 이 운동을 처음 제안하고 활동을 시작했던 이태봉 등 2명은 창립 바로 전날 불매운동 혐의로 구속되어 참석하지 못 했다. 언소주는 광고를 모니터하고, '조선일보지국 불공정신고센 터', '정론매체 무료 배포소' 등을 운영하기로 했다. 또한 광역 시도 를 중심으로 10여 곳의 지부를 만들고, 일본·미국·중국·캐나다·오 스트레일리아·뉴질랜드 등에 국외 지부를 두기로 했다.[582]

그러나 광고주 불매운동은 2009년 2월 법원에서 업무 방해로 유 죄 판결을 받았다. 법원은 최초로 카페를 개설한 이태봉에게 광고 중단을 주도한 혐의로 징역 10월에 집행유예 2년을 선고하는 등 5 명에게 징역형을 선고했다. 적극 참여한 19명에게는 100만~300만 원의 벌금형이 처해졌다. 법원은 집단적인 전화로 다른 통화를 못 하게 한 것은 광고주를 압박한 업무 방해라고 결론을 내리고, "광 고주들이 본의 아니게 광고를 취소하거나 줄이게 됐다면 정당한 소비자운동을 벗어난 위법 행위"라고 밝혔다.[583]

광동제약 불매운동

2009년 2월의 법원 판결은 언소주 활동에 법적 제약을 가했지만 향후 활동 전략을 마련하는데 미묘한 시사점을 남겼다. 법원은 광 고주에 대한 업무 방해는 유죄로 판결했지만 언론사에 대한 업무 방해는 무죄로 판결했다. 또한 누리꾼들의 집단적 항의 전화는 업 무 방해라고 판결했지만 광고주 명단을 인터넷에 올리거나 불매운 동에 나서는 것은 정당한 소비자운동이라고 밝혔다. 언소주는 광 고주를 직접 압박하는 방식이 유죄 판결을 받은 것을 감안해 운동 전략을 바꿨다. 조중동에 편중 광고를 하는 기업의 제품을 불매하는 운동으로 전환한 것이다. 이는 1심 법원이 허용한 소비자운동 방식이기도 했다.

이에 따라 언소주는 2009년 6월 조중동에 집중해서 광고를 하는 기업을 불매운동 대상으로 선언하고 첫 번째로 광동제약을 선택했다. 광동제약은 조중동에 비해 한겨레, 경향, 오마이뉴스에는 광고를 적게 하는 기업이면서 시민들이 부담 없이 그 기업 제품의 구입을 중단할 수 있는 기업이었다.

불매운동의 영향은 컸다. 불매운동 하루 만에 광동제약으로부터 "특정 언론사에 편중 광고를 하지 않겠다"는 약속을 받아낸 것이다. 언소주는 불매운동 기자회견 뒤 몇 시간 지나지 않아 광동제약 측의 연락을 받았고 제약사 관계자와 합의를 이끌어냈다. 김성균 언소주 대표는 "처음엔 조중동에 광고를 하지 말 것을 요구했으나 광동제약 쪽에서 현실적 어려움을 호소해 어느 정도 공감할 수 있었다"며 "대신 조중동에 광고하는 것과 정론 매체에 광고하는 것을 동등하게 해달라는 요구를 광동제약이 받아들였다"고 설명했다. 이날 광동제약은 언소주에 약속 공문을 보내왔다.[584]

언소주의 불매운동이 이처럼 즉각적인 효력을 발휘하자 보수단체, 신문협회, 광고주들은 일제히 언소주를 성토했다. '시민과함께하는변호사들(시변)'은 언소주의 행동이 공감 및 강요죄에 해당한다며 고발장을 접수했고, 신문협회는 광고주 불매운동 중단 성명서를 발표했다. 광고단체연합회는 불매운동을 중단하지 않으면 검찰에 고발하겠다고 압박했다. 결국 검찰은 본격 수사에 돌입했고 2009년 9월 언소주 대표 김성균을 기소해 징역 4년을 구형했다.

조중동은 '광고 테러', '범죄' 따위의 섬뜩한 용어를 써서 언소주의 활동을 매도했다. 조중동이 정당한 소비자운동에 대해서마저 왜곡 보도를 일삼자 한겨레는 사설을 통해 불매운동을 벌이는 시민들의 입장을 전하며 조중동의 자성을 촉구했다. 더불어 언소주가 불매운동을 하면서 한겨레 등 다른 신문에도 조중동과 동등하게 광고를 싣도록 요구한 것에 대해서는 "논란을 일으킬 수 있다"며 선을 그었다. 다음은 한겨레 사설 일부다.

(…) 많은 시민들은 조중동이 정치권력과 자본 권력의 편에 서서 일반 시민들의 민심을 왜곡하고 있다고 판단한다. 또한 소수 기득권층의 이익을 보호하기 위해 여론을 왜곡함으로써 우리 사회의 민주주의를 후퇴시키고 있다고 본다. (…) 기업이 소비자 의견에 귀를 기울여 '편중광고'를 시정하고 공정하게 광고를 집행할지 여부는 기업 자율에 맡기는 게 타당하다. (…) 광고불매운동은 조중동의 왜곡 보도에서 비롯되었단 점을 명심해야 한다. 이를 외면한 채 이 운동을 헐뜯고 전도된 논리로 불법성이나 따지고 있으면 조중동을 반대하는 언소주운동은 더 확산될 뿐이다.[585]

광동제약 불매운동 선언 이후, 언소주 인터넷 카페에는 회원 가입이 쇄도했다. 하루 평균 1,500명 넘는 회원들이 새로 가입해 2주 만에 2만여 명이 늘어 회원은 7만 2천여 명이 되었다. 회사원, 주부, 교수, 학생 등 다양한 직업의 회원들은 언소주에 대한 지지의 글부터, 1인시위, 서명운동, 펼침막 달기 등 여러 가지 운동 방식을 카페에 올리고 실행에 옮겼다. 삼성제품을 반품하거나 타 회사 제품으로 바꾼 뒤 그 액수를 카페에 올리는 '삼성불매펀드'는 불매운동 성과를 알려 참여 회원들의 용기를 북돋웠다. 이처럼 광고주 제품불매운동은 언론소비자운동이라는 인식이 확산되었고 지역에서도 참여 회원들이 늘어났다. 언소주 김성균 대표는 "타임이나 파이낸셜 타임스 등 외국 유명 언론에 광고를 내자는 의견도 들어와서 적극적으로 검토하고 있다"고 말했다.[586]

2차 불매운동과 조중동의 융단폭격

언소주는 2009년 6월 2차 불매운동 대상으로 삼성그룹 5개 계열사를 선정했다. 삼성을 상대로 한 것인 만큼 성공 여부는 불투명했다. 김성균 대표도 "성공 여부는 중요하지 않다"고 밝혔다.

이에 대해 조선일보는 "한국 일류 기업에 '매체를 선택할 권리를 박탈하겠다'는 것을 보고 있으니 코미디라는 생각이 든다", "삼성전자 직원과 그 가족만 수십 만이고, 납품업체 직원이 다시 수십 만이다. 5개 회사를 합치면 수백만 명이다", "막무가내로 자신들의 뜻을 관철시키려는 이들의 주장을 누가 귀담아듣겠느냐"는 등 온통 재계의 입장을 인용해 언소주의 불매운동을 깎아내렸다.[587]

검찰이 언소주에 대한 형사처벌 가능성을 내비치자 시민사회단체들은 일제히 불매운동 지지 의사를 표명했다. 최상재 언론노조 위원장은 검찰 수사 자체가 불매운동을 막기 위한 의도라며 "검찰이 공권력을 동원해 언소주를 탄압할 경우 언론노조가 적극 동참해 회원 보호와 운동의 확대 발전에 나설 것"이라고 밝혔다. 정연우 민언련 대표는 "기업의 상품뿐 아니라 판매와 광고 전략까지 종합적으로 판단해 소비를 결정하겠다는 '윤리적 소비'의 한국적 사례"라고 지지했다. 전응휘 녹색소비자연대 상임이사는 "법원에서도 인정한 정당한 소비자운동"이라고 주장했다. 강병국 변호사도 "고객으로서 상품을 구매해 기업에 매출이 생기는데 그 일부분을 왜 원치 않는 매체에 광고를 하느냐는 것이고, 이는 정당한 소비자운동의 일환"이라고 말했다. 전영우 인천대 교수는 광고주 불매운동이 일상적인 미국을 예로 들며 "언론사가 불매운동에 문제제기하는 것은 운동 과정에서 자사 기사를 도용했는지 여부뿐"이라고 설명했다. 언소주는 성명을 내고 검찰 수사에 대해 "소비자 불매운동의 위법성을 따지기 앞서 명명백백 공정거래법 위반인 조중동의 경품과 무가지 살포부터 처벌하라"고 밝혔다.[588]

　　2차 불매운동에 대해 조중동은 1차 때보다 훨씬 더 큰 관심을 표명했다. 불매운동 대상이 보수언론의 제일 광고주인 삼성인 만큼 충성을 다하는 모습을 보이는 듯했다. 조중동은 언소주에 융단폭격 하듯 일제히 공격과 비난을 퍼부었다. 특히 조선일보가 6월 11일부터 15일까지 5일 동안 쏟아낸 기사들의 제목들은 '협박전화', '마녀사냥', '막가파', '범죄행위', '좌파 정치운동' 등 자극적이고 선동적인 표현들로 가득 찼다. '자살특공대식 불매운동'과 같은 섬뜩한 표현도 서슴지 않았다. 다음은 6월 11일부터 15일까지 조선일보가 보도한 기사의 제목들이다.

"언소주가 한겨레·경향 광고국 사원이냐"(2009.6.11.)

언소주 "두번째 불매운동 대상은 삼성그룹" 엄포(2009.6.11.)

재계, "세계적 기업 상대 한마디로 이건 코미디"(2009.6.12.)

"신문에 불만 있으면 안 보면 되지 왜 광고하는 기업을 못 살게구나"(2009.6.12.)

"언소주, 기업업무 마비시키는 '협박전화' 선동"(2009.6.12.)

언소주, 한겨레·경향 주간지 독자 모아주고 '수수료' 챙겨(2009.6.12.)

"불매운동 2호 기업 삼성" 마녀사냥 나선 '언소주'(2009.6.12.)

선진당 "막가파도 이런 막가파 없다"(2009.6.13.)

'광고주 협박' 수사 검찰까지 협박(2009.6.13.)

언소주 "해외 포털에 삼성 비방글 올리자"(6.13.)

법조계 "광고주 협박은 명백한 범죄행위"(2009.6.13.)

[이슈&현장] 시민단체, 언소주 '자살특공대식 불매운동' 고발한다
(2009.6.15.)

사회당 당원 '언소주' 대표, '경향 좋아' ID로 활동(2009.6.15.)

[이슈&현장] "언소주 활동은 좌파 정치운동"

마음에 들지 않으면 좌파의 색깔을 입혀 사회적으로 매장시키는 조중동의 행태는 언소주에 대해서도 예외가 아니었다. 동아일보는 "지난해 12월 말 출범한 언소주 2기 대표인 김성균 씨는 현재 사회당 당원"이라며 "고려대 총학생회 기관지인 '민주광장' 편집장을 지냈던 그는 이와 관련해 국가보안법 위반 혐의로 징역 1년, 자격정지 1년, 집행유예 2년을 선고 받았다"고 보도했다. 조선일보는 이 동아일보 기사 일부를 그대로 인용 반복하고, 거기에 "언소주는 순수한 누리꾼 중심의 소비자운동으로 포장하고 있지만 과잉 이념성이 투영된 정치운동에 불과하다"는 박효정 교수의 의견을 덧붙여 또 다시 색깔을 입혔다. 그리고 조선은 기사 말미에 최광 사회당 대

표의 발언을 인용해 "모두 자유기업원의 일방적인 주장을 최소한의 사실 확인도 없이 그대로 보도했다"고 토를 달아, 자사 보도의 공정성에 대한 알리바이를 만드는 것을 잊지 않았다.[589]

사법부 판단에 대한 언론의 공방

2009년 10월 법원은 언론소비자주권국민캠페인(언소주)이 조선일보·중앙일보·동아일보 광고주를 상대로 벌인 '1차 불매운동'에 대해 유죄 판결을 내렸다. 서울 중앙지방법원은 광동제약을 대상으로 한 광고상품 불매운동에 대해 언소주 대표 김성규 외 1인에게 징역 10월에 집행유예 2년을 선고했다. 강요 미수나 폭력행위 혐의는 모두 무죄로 판결했다. 3개 신문에 광고하는 만큼 한겨레와 경향신문에도 광고를 싣지 않으면 불매운동을 벌이겠다고 한 것이 협박에 해당한다는 게 법원의 판단이었다. 1심 판결에 대해 한겨레는 '언론 광고주 불매운동 억압할 정당성 없다'는 제목의 사설을 싣고, "기업의 자유를 보장한다면 소비자의 자유도 똑같이 보장되어야 한다"고 주장하며 재판부의 판단을 비판했다.

제품의 하자에 대한 항의가 아닌 소비자 운동은 정당성이 없다는 소리인데, 이는 소비자의 권리를 시대착오적으로 제한하는 것이다. 이런 식이라면, 환경을 오염시키거나 노동 착취를 일삼는 기업에 사회적 책임을 요구하는 불매운동도 불법이 되고 말 것이다. (…)
광고주 불매운동은 기업과 소비자의 관계라는 측면뿐 아니라 언론과 독자의 관계라는 측면도 지니고 있다. (…) 표현의 자유는 언론의 전

유물이 아니다. (…)

언론의 자유가 특별히 취급되는 건, 그것이 사회 구성원의 자유를 보장하는 데 필수적이라는 인식 때문이다. 언론의 본래 기능은 정치 경제 권력을 견제하고 비판함으로써 사회 구성원의 권리를 지키고 확장하는 것이다. 이런 기능을 저버리는 순간 언론의 자유는 '언론 사주의 자유'로 전락하고 만다. 독자가 이에 항의하고 저항할 권리를 보장하는 것은 진정한 언론 자유를 위한 것이기도 하다.[590]

그러나 동아일보는 사설 '광고주 협박은 소비자운동 아닌 범죄 행위다'에서 다음과 같이 주장했다.

기업이 독자가 많고 사회경제적 영향력과 광고효과가 높은 매체를 선호하는 것은 당연하다. 시장(市場)과 기업에 적대적이고 불법폭력을 옹호하는 매체보다 시장 및 기업 친화적 매체, 자유민주 질서와 법치를 중시하는 매체를 택하는 것도 마찬가지다. 시장에서 외면 받는 군소신문에 대한 광고를 독자가 훨씬 많은 메이저신문 수준으로 늘리라고 위협하는 것은 사이비 언론의 광고 강요 행위와 큰 차이가 없다. 일부 좌파 군소 매체는 언소주의 반시장적 광고주 협박을 비판하기는커녕 불법행위를 적극 비호했다. 양식 있는 언론이라면 언소주 같은 협박 단체를 앞세울 것이 아니라, 광고주에게 인기 있는 신문을 분석해 따라잡으려는 노력을 기울여야 한다. 궤변적 논리를 제공해 언소주와 같은 세력을 부추긴 일부 법조인과 학자들도 반성이 필요하다.[591]

동아일보는 사설에서 1심 재판부의 판단을 전적으로 옹호하면서 '기업 친화적 매체'를 언급했다. 이는 동아 스스로 권력과 자본에 대한 비판적 입장보다는 언론의 상업주의적 시각을 그대로 내비친 것이었다. 자본과 노동, 부자와 빈자 등 대립되는 이해집단이 공존하고 있는 사회에서 '친기업의 목소리'보다는 자본 권력에 대한 감시와 비판을 게을리 하지 않는 것이 약자를 존중하는 언론의 중요한 덕목일 터인데 동아는 거리낌 없이 '기업 친화적 매체'임을 자임하고 나선 것이었다. 동아일보의 이러한 인식은, 기사보다 광고지면이 더 많아지고, 기사 형식을 빌린 기업 광고 및 제품 광고가 마구잡이로 늘어나고, 기업 비리 기사와 광고를 바꿔 먹는 부패한 언론 현실에 대해 전혀 반성하지 않고 있는 배경이기도 했다. 동아의 사설은 이러한 문제를 제기하는 시민사회단체의 역할과 소비자운동의 시대적 변화에 대해서도 무지한 모습을 보였다.

동아일보는 또한 한겨레와 경향신문을 '일부 군소매체'라고 조롱하면서 이들이 "불법행위를 적극 비호했다"고 비판했다. 동아가 광고상품 불매운동이 불법 행위라고 확신한다면, 군부독재 시절 무소불위의 권부가 기업에 압력을 넣어 동아의 광고를 강제로 해지하는 불법을 자행했을 때 정작 동아는 무엇을 했는지, 이에 항거한 언론인들을 모두 해고했던 동아가 '기업 친화적 매체'를 운위할 자격이나 있는 것인지 묻지 않을 수 없었다. 무력으로 나라를 집어삼킨 쿠데타 세력의 헌정 유린에 대해서는 온갖 찬사를 아끼지 않았고, 죄 없는 국민을 학살한 권력의 만행에는 침묵으로 일관했으며, 그 학살자를 영웅으로 칭송했던 동아는 정당한 소비자운동을 비판할 자격이나 있는 것인지 되묻지 않을 수 없었다.

통상적인 언론운동은 가짜뉴스, 편파, 왜곡, 날조 등 언론의 문제점을 성명서, 논평, 시위, 기자회견 등을 통해 널리 알려, 언론사용자인 독자와 시청자로 하여금 비판 의식을 키우는 한편, 언론 스스로도 각성할 수 있도록 촉구하는 일이었다. 안티조선운동은 그 중에서도 특정 언론을 지목해 그 불량성을 속속들이 파헤쳐 독자들에게 알려주었다. 이는 언론사용자인 독자나 시청자가 그 매체의 문제점을 인식하지 못하거나 인식하고 있다고 해도 그 폐해의 심각성을 잘 알지 못할 경우에 필요한 운동 방식이었다.

반면에 언소주는 신문에 광고하는 기업주를 압박해 신문 재정에 직접적인 압력을 가하는 한편, 기업과 언론이 어떻게 유착되어 공생 관계를 유지하고 있는지를 폭로했다. 이는 신문에 직접 재정적 압박을 가한다는 점에서는 일제 강점기 때부터 있어 왔던 신문불매운동이나 1980년대 중반의 KBS시청료 거부 운동과도 일맥상통한 운동 방식이었다. 이는 신문의 수익 의존도가 구독료보다는 광고에 더 많이 기울어져 있는 현실을 반영한 것이기도 했다. 이 운동이 펼쳐지자 조중동이 매우 적극적이고 민감하게 대응한 것 또한 언론의 광고 의존도가 그만큼 컸음을 의미했다. 그런 측면에서 이 운동은 성공 여부에 따라 신문의 광고지면 비율을 낮출 수 있는 언론정화 운동의 효과도 있어 진정한 의미의 독자들의 이익에 봉사할 수 있는 의미 있는 언론운동이었다고 평가할 수 있다.

언론장악

언론장악의 전위대, 낙하산 사장들

1970년대와 1980년대의 군사독재 정권이 노골적인 보도지침과 물리력을 동원한 폭력적 방식으로 언론을 통제했다면, 이명박·박근혜 정권은 교활하고 은밀하며 지능적인 방식으로 언론을 장악했다. 이명박 정권은 출범하자마자 권부의 지배권에 있는 KBS, MBC 양대 공영방송과 YTN에 선거캠프 출신의 폴리널리스트[Polinalist]들을 낙하산 사장으로 내려 보냈다. 이들 낙하산 사장들은 경영권과 인사권을 발동해 권부의 입맛에 맞는 인사 구성과 조직체계를 갖춘 뒤 뉴스와 시사 프로그램들을 친정부 일색으로 바꾸어버렸다. MBC의 PD수첩, KBS의 추적60분, YTN의 돌발영상 등 비판적 시사물들은 수위를 약화시키거나 아예 폐지했다. 경영진은 사내 저항 세력인 노동조합을 무력화하기 위해 단체협약을 의도적으로 무시하고 공정방송협의회를 일방으로 거부하며 노사 갈등을 유발했다. 비판적 언론인들은 해고, 징계, 전보 등 인사 조치로 취재와 제작 현장에서 배제됐다. 언론인들은 자기 검열에 빠지게 되었고 어느 새 방송은 권부의 스피커로 변질되어 갔다.

임기 시작부터 광우병사태로 상처를 입은 이명박 대통령은 여론이 잠잠해지자 벼르고 있던 방송 통제에 적극 나섰다.

첫 번째 목표는 KBS였다. 이명박 정권은 임기가 남은 정연주 사장의 교체 작업에 착수했다. 방식은 1990년 노태우정권이 서영훈 KBS사장을 해임했던 것과 판박이였다. 감사를 동원해 사장에 대한 터무니없는 혐의를 만들고, 이를 빌미로 이사회를 열어 사장을 해임하는 방식이었다. KBS 내부의 수구 세력들은 2008년 5월 정 사장이 세금 소송을 중단해 회사에 손해를 끼쳤다며 배임혐의로 검찰에 고발하고 국민감사를 청구했다. 이를 기화로 이명박 정권은 김근수 이사장을 강권으로 사퇴시키고, 정권에 껄끄러운 신태섭 교수의 이사 자격을 박탈하는 등 KBS이사회의 인적 구성을 바꾼 뒤, 정 사장을 해임했다. 그러나 배임혐의로 기소된 정 사장은 이후 제기된 소송에서 모두 무죄 판결을 받았고, 해임처분취소청구소송에서도 승소했다.[592] 결국 2008년 정 사장에 대한 KBS 내 수구 세력의 퇴진 주장과 KBS이사회의 해임 결정은 언론장악으로 귀결되었지만 이미 상황은 종료되어 과거지사가 되고 말았다.

정연주 사장 후임으로 선임된 이병순 사장은 임명되자마자 스페셜팀, 시사보도팀의 제작진들을 비 제작부서나 지방으로 전보 발령을 내 정부 비판적 프로그램들을 일소했다. 이로 인해 이병순 사장은 '이명박 정권의 청부사장'이라는 불명예스러운 별칭까지 얻었다. 탐사보도팀의 경우는 인원의 절반을 다른 부서로 옮겨 사실상 해체된 것이나 다름없었다. 사장의 이러한 전횡에 반기를 든 '사원행동' 대표 양승동, 이강택 피디, 미디어포커스의 용태용 기자 등은 심의실, 연수팀, 문화복지팀 등으로 이동했다.[593] 그러나 '청부사장'의 악명을 떨쳤던 이병순은 1년 만에 토사구팽 되고, 사장은 이명박 캠프의 방송전략실장 출신 김인규로 다시 교체되었다.

YTN에서도 비슷한 일이 벌어졌다. 한전, 한국인삼공사 등 공적 지분이 지배하고 있는 YTN은 형식상 민영방송이지만 일상적으로 정권의 간섭을 받았다. YTN사장 교체는 정권 비판적인 〈돌발영상〉이 계기가 됐다. 2008년 3월, YTN의 간판 프로그램인 돌발영상의 '삼성 떡값' 관련한 보도 여부가 논란이 일자, 한 달 뒤 표완수 YTN사장은 임기를 남겨놓고 사의를 표했고, 후임으로 이명박 언론특보 출신 구본홍이 내정되었다.

MBC 엄기영 사장 역시 임기를 채우지 못하고 사퇴했다. 정권의 바람에 부응하지 못했다는 이유로 방문진 이사들로부터 모욕을 당한 엄 사장은 2010년 2월 스스로 사퇴했다. 그러나 엄 사장은 사퇴하자마자 강원도지사 한나라당 후보로 출마해 MBC 구성원과 시청자들을 실망시켰고 폴리널리스트라는 비난을 받았다. 이와 관련해 김우룡 방문진 이사장은 후일 "큰집(청와대)에서 엄 전 사장의 사퇴를 종용했다"고 털어놓았다.[594] 엄 사장의 사퇴와 한나라당 후보 공천 또한 언론장악의 일환이었음이 밝혀진 것이다.

엄 사장 후임으로 김재철 청주MBC 사장이 선임됐다. 김 사장은 MBC사장으로 선임되자마자 출근 저지 등 노조의 강력한 반발에 부딪혔다. 이후 MBC노조는 황희만 보도본부장과 윤혁 제작본부장을 교체시킨다는 조건 하에 김재철 사장으로부터 몇 가지 다짐을 받고 출근 저지를 풀었다. 김 사장은 이근행 MBC노조위원장과의 담판에서 "MBC 독립과 자율성을 지키겠다", "정권과 싸우겠다"고 다짐했고, 심지어는 "그렇지 않으면 사장을 한강에 돌을 매달아 빠뜨려라"는 극단적 발언까지 하며 노조와 합의를 이끌어냈다. 그러나 합의 이후 한동안 공정방송에 대한 약속을 지키는 듯 했던 김 사장은 갑자기 합의 약속을 깨고 노사 관계를 악화시키기 시작했다. 김재철의 이러한 태도 변화에 대해 김우룡 이사장은 2010년 3월 〈신동아〉와의 인터뷰에서 "김재철 사장이 큰집에 불려가 '쪼인트'를 까이고 매도 맞고 한 뒤 MBC 내부의 좌파 70~80%를 정리했다"고 폭로했다.[595] 이 발언으로 김우룡 이사장은 이틀 후 이사장직에서 물러나고 말았다. 김재철 사장의 약속 불이행이 청와대 때문이었다는 사실이 밝혀지자 노사관계는 최악으로 치달았고 결국 MBC노조는 4월 총파업에 들어갔다. 파업은 39일 간 계속되었고 파업 기간 중에 MBC의 전 구성원은 김재철 사장을 청와대 낙하산으로 규정하고 퇴진을 요구했다. 이 파업으로 김재철 사장을 퇴진시키는 데는 실패했지만 사장의 영향력은 바닥으로 떨어졌다. 이 때문에 김 사장은 한동안 MBC의 공정성을 심대하게 해치는 도발은 자행하지 못했다. 그러나 시간이 흐르고 김 사장이 몇 차례 인사를 단행하면서 영향력을 회복하자 노사관계는 다시 원점으로 회귀하고 갈등은 증폭되었다.

2010년 6월 MBC는 인사위원회를 열고 파업을 주도한 이근행 본부장과 사내 게시판에 김 사장을 비판한 오행운 피디를 해고하고, 노조 집행부 20명에 대해 감봉, 정직 등 중징계를 내렸다. 동기별 성명서를 주도한 이채훈 피디도 정직 1개월의 중징계를 받았고, 다른 직능 부문별 단체장과 실명으로 성명서를 낸 편성제작국 보직부장 등도 구두경고를 내리는 등 41명의 사원들에게 무더기 징계를 내렸다. 그런데 이러한 징계 내용은 청와대의 지도하에 이루어진 것이라는 주장이 제기되었다. 언론노조 MBC본부는 "징계자 명단이 MBC가 아닌 청와대로부터 흘러나왔다"면서 "큰집으로부터 조인트를 까인 김재철, 황희만이 청와대의 실시간 지도를 받아가며 노조탄압을 대행해 왔다는 증거이고, 선거 이후 더 이상 여론에 밀릴 수 없다고 판단한 청와대가 징계안을 결재한 것"이라며 경영진이 청와대와 사전에 조율을 거쳤다고 주장했다.[596] 이처럼 노조를 파괴하려 했던 김재철 사장은 2년 뒤 방송사상 가장 긴 170일 파업에 직면하게 되었다.

신 보도지침

군사독재 시절 언론 통제의 강력한 무기였던 보도지침은 이명박 정권에서 다시 부활했다. 보도지침이 문공부나 안기부 등에서 기관원을 통해 각 언론사에 시달한 보도통제 가이드라인이었다면, 신 보도지침은 방송사의 사장이 직접 나서서 방송 실무책임자들에게 지시하고 명령하는 것으로, 방식만 바뀌었을 뿐 성격은 똑같았다. 원격 통제에서 직접 통제로, 외부 통제에서 내부 통제로, 수동적 통제에서 자발적이고 능동적인 통제로 바뀌었을 뿐이었다.

이런 상황을 뒷받침하듯 2008년 7월 박재완 국정기획수석은 신동아 8월호와의 인터뷰에서 "KBS사장은 이명박 정부의 국정 철학을 적극 구현할 사람이 돼야 한다"고 말했다. 방송에 대한 전근대적 인식이 여과 없이 드러난 것이다. 실제로 KBS에는 5공 시절 대통령 치적을 홍보하는 '보도특집'이 되살아났다. 2009년 6월 이명박의 외교 치적을 찬양하는 보도특집 '신아시아, 태평양 외교 시대'를 비롯해 '한미 정상회담 남은 과제는', 이듬해 1월 '한국형 원전 세계로 나가다'까지 약 7개월 동안 대통령을 홍보하는 보도 특집이 8편이나 제작 방송됐다. 청와대가 정책 홍보를 위해 아예 '뉴스 시간'을 할당받은 사실도 드러났다. 청와대 홍보수석실이 작성한 '세종시 수정안 홍보 계획' 문건에는 KBS 〈뉴스라인〉에 20분 정도의 특집을 편성하고 정부 관계자 등이 출연해서 세종시 관련 정책을 홍보한다는 계획이었다. 한 사례로 2010년 1월 11일자 뉴스라인은 전체 16건의 아이템 중 10건을 세종시 정책 홍보에 할애했고, 홍보 문건 대로 권태신 총리실장이 KBS스튜디오에 출연했다.[597] 이는 뉴스기사가 아니라 정부 기획 광고에 진배없었다. 특정 기업에게 그 기업 제품을 마음껏 광고하도록 신문 지면을 할애해 주고 광고비를 받아내는 타락한 상업주의 신문의 일탈과 본질에서 다를 바 없었다. 정책에 대한 반대 의견이나 문제점에 대한 비판은 있을 수 없었다. 대가는 광고비 대신 몇몇 특정인의 자리 보존이거나 그 이상의 무엇일 터였다.

더 큰 문제는 공영방송 KBS가 이명박 정권의 정책홍보 수단을 넘어 아예 보수우파의 이념적 프로파간다로 작동되기 시작했다는 사실이었다. 대선 당시 이명박 캠프에서 선거를 도왔던 김인규가 사장 자리에 오른 이후, KBS는 느닷없이 이승만 특집을 하겠다고 나섰다. 이승만 복권, 이승만 국부론, 건국절 등이 KBS의 특집기획으로 운위되고 있는 것은 의심할 여지도 없이 시청자를 극우 보수의 시각과 이념에 가두어두자는 속셈에 다름 아니었다. 친일파 백선엽을 미화하는 내용의 '전쟁과 군인' 2부작 등은 그러한 의도를 뒷받침했다.[598]

문화연예계 블랙리스트

정부 출범 초 광우병 파동과 촛불집회로 위기에 처했던 이명박 정권은 이듬해 2009년부터 방송, 특히 공영방송에 대한 통제를 강화하기 시작했다. 4대강 사업, 한미자유무역협정, 한진중공업 사태, 제주 세계 7대자연경관 등 정권에 불편한 의제를 담은 프로그램들은 특별한 이유 없이 방송이 지연 불방 되었다. 그런 소재의 시사물들은 처음부터 취재 허가가 나지 않거나 중도에 취재가 무산되기도 했다. 이에 항의하는 기자나 피디들은 항의 과정에서 회사와 마찰을 빚어 징계를 받거나, 비 제작부서, 심하면 자회사 등으로 전보발령 되었다.

방송사 내 인사를 통한 방송 통제의 바람은 방송에 출연하는 문화연예계 인사들에게까지 불어 닥쳤다. 그리하여 문화연예계 블랙리스트가 방송가에 나돌았는데, 블랙리스트에 올라간 사유는 다양했다. 문성근이나 명계남 등 참여정부 관련 인사들에 대한 출연 배제는 공공연한 일로 치부될 수 있었지만, SNS에 광우병이나 시위진압 등 정부 비판적 내용을 올리거나, 배우 권해효나 김제동 같이 촛불집회에서 사회를 봤거나 발언을 한 연예인, 김미화 박미선처럼 정권이 불편해하거나 꺼리는 프로그램에 출연한 방송인, 고 노무현 대통령 분향소 철거에 항의하는 글을 SNS에 올린 배우 유준상, 이밖에도 독립영화에 관여했던 영화감독이나 배우들도 있었다.

KBS나 MBC에서 멀쩡히 방송 잘 하고 있다가 어느 날 갑자기 출연 금지를 당한 연예인들은 무슨 영문인지 몰랐으나 국정원이 작성한 블랙리스트의 존재가 알려지면서 비로소 당시 상황을 이해하게 되었다. 국정원은 김미화, 김제동, 김민선, 김여진, 신해철 등을 '좌편향 출연자'로 규정하고 '연예인 블랙리스트'를 작성한 뒤 해당 연예인들의 방송 퇴출을 기도했다. 국정원이 2011년 7월에 작성한 'MBC 좌편향 출연자 조기 퇴출 확정 보고서'에는 "원세훈

전 국정원장이, '반값 등록금' 등 정권에 불편한 활동을 해오던 배우 김여진, 김규리, 방송인 김미화, 가수 신해철, 윤도현 등을 '강경좌파'로 분류하고, 국정원 직원들을 통해 이들에 대한 정보를 수집하고, 이들이 출연 중이거나 출연이 예정된 방송에서 하차시키는 등의 공작을 했다"고 기록되어 있다.[599] 또한 보고서는 "4월, 김미화, 7월 김여진 하차시킴", "후속 조치로 윤도현, 김규리 8월 경 교체 예정, 10월 개편 시 신해철, 김어준도 하차시켜 순차적 물갈이 방침" 등 출연자들의 퇴출 시기와 방법까지 구체적으로 명시하고 있었다. 실제 윤도현은 같은 해 9월, 김어준은 10월 MBC라디오에서 하차해 보고서에 명시된 시기와 같거나 비슷했다. 같은 해 10월에 작성된 '문화예술계 좌파 실태 및 순화 방안 보고서'에는 좌파 연예인에 대한 순화 또는 퇴출 계획이 나와 있으며 해당되는 인물 100여 명이 거론되었다. 문화연예계 블랙리스트가 공영방송 장악의 중요한 한 축으로 작용한 것이었다.[600]

2003년부터 8년 동안 MBC라디오 〈세계는 그리고 우리는〉에서 MC를 맡았던 방송인 김미화는 2011년 4월 갑작스럽게 하차 압박을 받고 물러났다. 당시 〈세계는 그리고 우리는〉은 동시간대 청취율 1위를 기록했고 광고 판매율도 좋았던 인기 프로그램이었다. 김미화는 당시 김재철 사장과 엘리베이터에서 우연히 마주쳤는데 "라디오가 요즘에 시끄럽더라. 다른 프로로 가도 되지 않나"라는 김재철 사장의 말을 듣고 의아해 했는데, 그것이 바로 퇴출 신호였다고 회고했다.[601]

블랙리스트에 오른 인사들은 출연 정지, 드라마 출연 배제 등의 불이익을 받았고, 가수 윤도현과 방송인 김제동의 경우는 국정원이 이들의 소속사에 대한 세무조사를 국세청에 요구하는 식으로 압박하기도 했다.

수구족벌언론의 여론 독점

미디어법 날치기

이명박 정권은 수구보수정당의 영구집권을 꾀할 목적으로 언론 환경 전반을 보수 우파 일색으로 바꾸는 작업에 착수했다. 관건은 방송이었는데, 이를 위해 신문 방송의 겸영을 허용하는 미디어법과 미디어렙법을 날치기로 통과시키고 조중동 등 수구족벌 신문들에게 지상파와 같은 영향력을 가진 종합편성채널을 허가해준다는 계획을 세웠다. 이명박의 정치적 멘토이면서 언론정책 전반을 총괄하고 있었던 최시중 방송통신위원회 위원장이 총대를 매고 한나라당이 입법 과정을 도왔다.

2009년 7월 22일 조직 폭력배도 흉내 내기 어려운 사건이 대한민국 입법기구인 국회에서 일어났다. 한나라당이 미디어 관련 법안을 국회 본회의에서 날치기로 통과시켰는데 이날 법안 날치기 과정은 절차상의 불법은 말할 것도 없고 그 방법의 뻔뻔함과 행태의 치졸함이 헌정사상 유례를 찾아볼 수 없는 것이었다.

미디어 관련법으로 여야가 대치하고 있는 국면에서 본회의장에 나선 김형오 국회의장은 오후 2시 경 질서유지권을 발동하고, 의결정족수 148석이 넘자 이윤성 부의장에게 사회권을 넘겼다. 여야 의원들의 몸싸움이 치열한 가운데 이윤성 부의장은 곧바로 개의를 선언, "강승규 의원 외 168인으로부터 수정안이 발의되었다"면서 신문법 및 4개 법률 개정안을 표결에 부쳤다. 야당석에서 "지금 다른 의원 자리에서 전자투표를 하는 의원이 있다"는 외침이 터져 나왔지만 이윤성 부의장은 재석 162명 중 찬성 152명 기권 10명으로 법안이 가결되었다고 선포했다.[602] 표결은 회의 진행 시스템에 입력되고 정확히 33초 만에 시작되었다. 의원들은 수정된 법안에 대한 토론은커녕 무엇이 수정되었는지도 몰랐다. 본래 2008년 12월, 허원재 등 11인과 한선교 의원 등 12인이 각각 발의한 방송법 개정안과 신문법 개정안은 문방위의 법안 심사를 마치지 못한 상황에서 이날 본회의에 상정된 것이니 심사 보고는 애초부터 불가능했다. 그런데 심사 보고도, 제안 설명도, 개정안에 대한 토론도 없는 상태에서 본회의에서 또 수정안이 발의된 것이었다. 따라서 신문법, 방송법 개정안은 원천적으로 불법이었던 것이다.

더 큰 문제는 그 다음 방송법 표결 과정에서 발생했다. 이윤성 부의장은 같은 방식으로 강승규 의원 외 168명의 방송법 수정안을 표결에 부쳤다. 전자투표 전광판에는 '투표 종료'와 함께 재적 294, 재석 145, 찬성 142, 반대 0, 기권 3이 표시되었다. 이윤성 부의장이 "투표를 종료합니다"고 말하자 한나라당 석의 누군가가 다급한 목소리로 "종료하면 안 돼요!"라고 소리쳤다. 방송법은 재석 145석으로 의결정족수인 148석에 미달해 부결된 것이었다. 황급히 국회 사무처 간부들과 상의한 이윤성은 "재석 의원이 부족해서 표결이 불성립했으니 다시 투표해주시기 바랍니다"라고 말했다. 이윽고 국회부의장의 요구에 따라 재투표가 진행되었고 재투표 후 이윤성은

4부 민주화 시대의 언론운동

재석 153석, 찬성 150명으로 가결되었다고 선언했다. 그러나 재투표는 국회법 92조를 위반한 명백한 불법이었다. "부결된 안건은 같은 회기 중에 다시 발의 또는 제출하지 못한다"고 한 일사부재의의 원칙을 위반한 것이었다.[603]

더구나 이날의 재투표 과정은 그야말로 무법천지의 난장판 그대로였다. 본회의장에 없었던 의원이나 본회의장에 있었지만 자신의 자리에 없었던 의원이 표결에 참여한 것으로 되어 있었다. 타 의원의 투표 단말기에 손을 댄 의원, 타 의원이 표결을 못하게 몸으로 막는 의원 등 마치 투전판의 싸움질을 방불케 했다.

전자투표 시스템은 의원이 자신의 자리에서 딱 두 차례, 즉 재석 버튼과 찬성·반대·기권 버튼을 눌러 표결하도록 되어 있다. 그런데 이날 투표 결과는 '재석 – 찬성 – 취소 – 찬성' 의원이 10명, '재석 – 찬성 – 취소 – 반대 – 취소 – 찬성'을 되풀이한 의원이 7명이었다. '재석 – 반대 – 취소 – 찬성'을 되풀이한 의원은 6명, '재석 – 찬성 – 취소' 혹은 '재석 – 반대 – 취소' 표시를 하여 기권 처리된 의원은 7명이었다. 총 표시의 횟수가 24회인 국회의원도 있었다.[604]

미디어 법안에 대한 심사보고, 제안 설명, 질의 및 토의 등이 모두 생략된 채 표결에 들어간 것까지는 과거의 날치기 국회에서도 종종 있었던 일이라 논란의 축에도 끼지 못할 정도였다. 의결정족수 미달로 부결된 법안을 국회는 재투표를 실시해 통과시킨 헌정사상 유례없는 일이 벌어졌고, 표결 과정은 재투표, 대리투표 등으로 엉망진창이었다.

헌법재판소의 판단

민주당, 민주노동당, 진보신당, 창조한국당 등 야당의원 88명은 법안 날치기 바로 다음 날인 7월 23일 국회의 의결 원칙과 국회의원들의 심의표결 권한을 침해한 것에 대해 헌법재판소에 권한쟁의심판을 청구했다. 그러나 2009년 10월 헌법재판소는 "국회의원의 심의표결 권한을 침해했다"는 '사실'을 인정하면서도 3권 분립을 이유로 '법안 무효'에 대한 판단을 하지 않고 기각함으로써 법의 효력에 대한 입장을 회피하는 애매한 태도를 취했다. 헌재의 논리는 법을 침해한 위법은 맞지만 국회가 내린 결정을 헌재가 무효화 할 권한은 없다는 것이었다. 이에 대해 인터넷 공간에서는 "술 마시고 운전은 했지만 음주운전은 아니다", "무임승차는 했지만 이 자리는 내 자리다", "오프사이드는 맞지만 이미 들어간 골은 골이다" 등의 조롱이 잇달았다.

언론노조와 시민사회는 미디어법 원천무효를 선언하고 투쟁에 나섰다. 경찰은 2009년 11월 국회 재논의를 촉구하며 단식에 들어간 최상재 언론노조 위원장과 경찰의 해산 명령에 불응했다는 이유로 박석운 진보연대 대표를 연행했다.

야당은 국회 김형오 의장에게 재 논의할 것을 촉구했으나 김형오 의장은 받아들이지 않았다. 민주당은 의원총회에서 김형오 의장에게 12월 15일까지 말미를 주고 그래도 아무런 조치가 없으면 특단의 조처를 취하겠다고 결의했으나 이후에도 김형오 의장의 움직임이 없자 민주당 의원 89명은 마침내 2009년 12월 18일 부작위에 의한 권한쟁의심판을 청구했다.

그러나 헌재는 이 두 번째 권한쟁의심판에 대해 1년이 다 되도록 판결을 하지 않고 미적미적 미루고 있었다. 이에 2010년 11월, 48개 시민 단체로 구성된 '언론사유화 저지 및 미디어 공공성 확대를 위한 사회행동(미디어행동)'은 헌재에 공개질의서를 보냈다. 미디어행동은 질의서에서 "지난 7월 8일 공개변론을 진행했으나 청구 1년 다 되어 가도록 선고 기일을 내놓지 않고 있다"면서 이유가 뭐냐고 따졌다. 미디어행동은 "헌재가 이 판결을 미루게 되면 위법 논란 속에 개정된 방송법과 방송법시행령은 무효 논란이 끊이지 않을 것이고 방송통신위원회는 합법적이고 합리적인 규제와 진흥의 정책 집행을 하기 어렵게 될 것"이라며 "개정법에 따라 종합편성채널 및 보도전문채널을 준비하고 있는 예비 사업자들은 물론 미디어 생태계 전반에 혼란이 불가피할 전망"이라고 우려하고 그에 따른 피해는 고스란히 국민이 감수하게 된다며 "국회의장이 89명 국회의원과 국민의 권리를 침해한 이상 헌재는 이를 바로잡아야 할 의무가 있다"고 강조했다.[605] 그러나 헌재는 1년을 끌다가 결국 2010년 11월 25일 최종 기각 결정을 내렸다.

미디어법의 날치기 통과 후 종편에 진출하려는 신문사들은 정부에 대한 비판은커녕 정부의 분위기 살피기에 전전긍긍했다. 2010년 마지막 날인 12월 31일 방송통신위원회는 족벌·재벌신문으로 대표되는 조선일보, 중앙일보, 동아일보, 매일경제신문 등 4개 신문을 각각 종편채널사업자로, 연합을 보도전문채널사업자로 선정했다. 이후 종편에는 '황금채널', '24시간 종일방송', '중간광고', '방송발전기금 면제' 등 온갖 특혜를 부여해 보수우파 성향의 방송을 강화시킴으로써 장기집권의 발판을 마련했다.

2011년 12월 TV조선, 채널A, JTBC, MBN 등 종편 4개사가 일제히 출범했다. 모든 것은 예정된 시나리오대로 가고 있었다. 방송은 그나마 지키려했던 '공정'이라는 가치는 퇴색되고 보수 우익의 이념적 편향 속에서 왜곡과 편파가 심화되었다. 신문시장의 70퍼센트를 점유한 조중동 연맹은 방송까지 거머쥠으로써 무소불위의 힘을 갖게 되었다.

그러나 종편은 완전한 준비가 안 된 상태에서 조급하게 개국을 강행한 대가를 톡톡히 치렀다. 재원이 많이 드는 드라마, 다큐, 오락 등의 프로그램은 전무했고 오로지 값싸게 제작이 가능한 뉴스와 저질 토크 프로만 난무해 종편이 아니라 보도전문채널이라는 조롱 섞인 비판만 있었다. TV조선은 앞뒤 안 재고 과감하게 대형 드라마를 시도했다가 재정난으로 중도하차 시켰다. 방송 사고도 무시로 일어났다. 이명박 정권의 온갖 특혜 속에서 출발했지만 그러한 현상은 재정, 제작, 기술, 경영 등 모든 분야에서 준비가 덜 된 상황에서 사필귀정이었다. 미디어산업론자들이 설파했던 황금알을 낳는 방송은 존재하지도 않았고 존재할 수도 없었다.

언론사 대파업

소소한 마찰로 시작한 싸움이 대규모 전쟁으로 비화되곤 하지만 소소한 마찰 밑에는 반드시 심각한 갈등과 대립의 요소들이 산더미처럼 쌓여있는 법이다. 산의 정상에서 화염의 연기가 모락모락 피어나는 것은 그 아래 거대한 분화구가 도사리고 있기 때문이다.

2012년 언론사 대파업은 우연히 발생한 것이 아니었다. 이명박 정권이 들어선 뒤로 공영방송에 대한 탄압이 거세지면서 언론의 정파적 기운이 여러 언론사로 확산되었다. 낙하산 사장, 불법해고, 인사전횡, 편성·편집에 대한 무단개입, 노조 말살 등에 이어, 미디어법 날치기에 이르기까지 이명박 정권의 전 방위적인 언론장악 기도는 언론사 구성원들을 폭발 직전의 상황으로 몰아갔다. 대통령 임기 1년 여 정도를 남겨놓고 정권의 레임덕이 본격적으로 시작된 데다, 총선과 대선을 앞두고 있는 시점에, 노조의 반발은 더 증폭될 수밖에 없었다. 이미 국민일보노조는 그 전년 연말에 파업에 돌입해 있었다. 국민일보에 이어 2012년에 들어서면서 KBS, MBC, YTN 등 주요 방송사와 연합뉴스 등도 파업에 들어가고 부산일보에서는 정수장학회 문제로 노사 간 갈등이 첨예화되었다. 각 언론사마다 노조의 요구와 주장은 조금씩 차이가 있었지만 공통적인 것은 '임금 인상'이나 '사내 노사문제'가 아니라 '낙하산 사장 퇴진', '언론의 공정성 회복', '편집권 독립' 등 언론 상황이 극도로 악화되어 있었다는 사실이었다.

해를 넘긴 국민일보노조의 173일 파업

방송사 노조들이 행동에 나서기 전인 2011년 연말 파업에 돌입한 국민일보노조의 파업은 이듬해에도 계속되었다. 국민일보노조는 조민제 사장의 형 조희준과 모친 김성혜가 경영에 개입하는 등 조용기 목사 일가가 신문을 사유화하는데 반기를 들고 전면 파업에 나섰다. 국민일보노조는 회장 겸 발행인인 조용기 목사와 비리혐의로 기소된 조민제 사장의 퇴진, 불신임 당한 김윤호 편집국장의 사퇴, 부당해고된 노조지부장의 복직을 요구했다. 그러나 사측은 요지부동이었다. 창간 주체인 조용기 목사 일가에게서는 "공의로운 사회 건설에 앞장서는 빛과 소금이 된다"는 창간 목적도, '사랑·진실·인간'이라는 창간 이념도 찾아보기 어려웠다. 이런 상황에 대해 언론인 김태진은 국민일보노조의 파업을 격려하면서 "역사를 보면 3권 분립체제가 무너지기 전에 '제4부'라는 언론이 먼저 망가졌다"고 강조하고 신문을 사유화한 조용기 목사 일가의 전횡과 편집권 행사를 질타했다.

그러나 오랜 기간 사유화로 길들여진 국민일보가 쉽게 정상화되기는 어려웠다. 오히려 조용기 목사는 연 30억 원의 순복음교회 지원금마저 중단하는 등 국민일보에 재정 압박을 가했다. 5개월 넘는 길고 지루한 싸움 끝에 2012년 5월 노조는 사측과 어렵사리 가합의를 이루었다. 그러나 노조 지도부에 대한 징계와 소송이 취하되지 않아 가합의안이 총회에서 부결되자 각성한 집행부는 다시 단식농성에 들어가, 농성 일주일 만에 지도부에 대한 징계 철회를 약속받고 파업을 풀었다. 파업 개시 후 장장 173일만이었다. 손병호 지부장 직무대행은 "파업은 접지만 더욱 공정한 보도를 위해 힘을 모아나가겠다"고 밝혔다. 노사는 지면평가위원회 가동, 민형사상 고소 고발 취하, 지면쇄신을 위한 TFT구성, 임금 4.5퍼센트 인상 등에 합의했다.[606] 노사 갈등의 과정에서 2011년 해고되었던 조상운 지부장은 5년만인 2016년 "해고가 부당하다"는 대법원의 최종 판결로 복직했다.

2012년 들어 가장 먼저 행동에 나선 것은 MBC노조였다. 2010년 3월 17일 신동아 4월호에 김우룡 이사장의 '청와대 조인트' 발언과 '좌파청소' 발언이 실리면서 시작된 39일간의 파업은 한동안 김재철 사장의 방송 통제를 막아주는 항생제 기능을 했다. 권부의 핵심 정책을 비판한 PD수첩 '4대강, 수심 6미터의 비밀'과 같은 프로그램도 일주일 정도 뜸을 들이기는 했지만 불방은 되지 않았다.[607] 적어도 2010년 말까지 노조의 힘은 정권이나 방문진이나 사장의 방송 개입을 적절하게 차단해주었다. 항생제의 약발이 다하고 방송 장악이 본격화 된 것은 2011년부터였다.

2011년 초부터 단체협약 파기, 비판 언론인 탄압, 프로그램 검열이 시작되었다. '남북경협 중단 1년 점검', '후쿠시마 원전과 국내 원전', '대통령 국가조찬기도회 무릎 기도 파문', '한진중공업 사태', '미군 고엽제 파문', '삼성 노조 간부 해고 파문', '4대강 공사 현장 잇따른 사망사고' 등 정권에 불편한 PD수첩 프로그램들은 대부분 방영되지 못했다. 항의하는 피디들은 드라마 세트장 관리 등 비 제작부서로 쫓겨났다. 〈세계는 그리고 지금은〉, 〈시선집중〉과 같은 주요 라디오 프로그램의 출연진들이 교체되었다. 광우병 보도로 기소된 피디와 작가의 대법원 무죄확정 판결에도 불구하고 MBC는 치욕적인 사과 방송을 했다. MBC가 이처럼 망가져가고 있는 상황에서 노조가 할 수 있는 일은 파업뿐이었다. 2011년 8월 노조는 파업찬반 투표에 들어갔고 투표율 91퍼센트에 찬성률 78퍼센트의 압도적 지지로 파업이 가결되었다.[608]

파업이 가결된 후 5개월 동안 인내를 거듭하던 MBC노조는 2012년 1월 30일 무기한 전면 파업에 들어갔다. 이는 개인의 불이익을 감수하고라도 공영방송의 책무를 다해야 한다는 언론노동자들의 책임감과 민주의식이 바탕이 되었다.

　이 파업은 무려 170일까지 계속되면서 방송사상 최장기 파업으로 기록됐다. 이명박 정권은 두 차례나 구속영장을 신청하면서 노조를 압박했지만 투쟁의 열기는 식지 않았다. 시청자들의 호응도 컸다. 요리 커뮤니티 회원들이 파업 집회 조합원들에게 삼계탕을 마련해주었고, 김재철 퇴진 서명은 100만 명을 훌쩍 넘었고, 시청자들의 자발적인 후원과 모금도 쏟아졌다. 인기 프로그램인 '무한도전'의 불방이 계속되자 길거리에는 "보고싶다 무한도전"이라는 현수막이 걸리기도 했다.[609]

　MBC노조의 파업이 장기화 조짐을 보이자 2012년 2월 MBC·KBS·YTN 3개 방송사노조는 여의도MBC 앞에서 기자회견을 열고 '공정방송 복원, 낙하산 사장 퇴출, 해고자 복직을 위한 공동투쟁위원회(공투위)'를 출범시켰다. 이들은 "현 정권 이후 방송이 권력의 것으로 추락하고 국민은 방송을 외면했다"며 "방송을 바로잡고 국민에게 방송을 되돌리는 투쟁을 전개하기로 했다"고 밝혔다. 공투위는 KBS, MBC, YTN 등 3사 낙하산 사장의 퇴진, 시사보도 프로그램 복원, 해직 언론인 복직 등을 요구했다. 김현석 언론노조 KBS본부장은 "지금까지는 방송이 얼마나 쉽게 망가질 수 있는지를 보여주었지만 올해부터는 망가진 방송을 회복시켜 나가는 모습을 보여주겠다"고 다짐했다. 김종욱 YTN지부장은 "현 정부 출범 후 감봉에서 해직까지 각종 징계를 당한 이들이 200명에 이른다"면서 "언론탄압을 '통 크게' 했으니 그에 반격하는 싸움도 '통 크게' 해나가겠다"고 말했다. 정영하 MBC본부장은 "총선, 대선이 있는 중요한 해에 편파 방송을 방치하는 것은 편파 선거를 방조하는 것이나 마찬가지인 만큼 공정한 선거보도를 위해 시민사회, 정치권, 학계가 함께 머리를 맞대자"고 제안했다.[610] 시민사회단체도 이들의 투쟁에 동참했다. 민언련, 전교조, 참여연대, 민변 등 47개 시민사회단체는 이날 기자회견을 열고 "무너지고 있는 공영방송 MBC를 되찾겠다"고 밝혔다. 3개 방송사 노조와 시민단체들은 총선과 대선을 앞두고 편파 왜곡방송을 이대로 방치해서는 안 된다며 의기투합했다.

이에 따라 KBS, YTN의 움직임은 빨라졌다. 이미 파업을 예고했던 KBS노조가 3월 총파업에 돌입하자 곧 이어 YTN노조도 10단계에 걸친 파업에 들어갔고, 연합뉴스노조 역시 12년 만에 전면 파업에 나섰다. 이로써 국민일보노조를 포함해 5개 언론사가 동시에 파업을 벌이게 되었는데 이는 1996년 김영삼 정권의 노동법 날치기로 인해 벌어졌던 '노동법 총파업' 이래로 처음 있는 일이었다.

MBC노조는 파업 중에도 공영방송으로서의 역할을 다하겠다는 의지의 표명으로 '제대로 뉴스데스크'와 '파워업 PD수첩'을 제작, 인터넷을 통해 배포했다. 노조원에 대한 탄압은 극심했다. 파업 돌입 한 달여 만에 집행부 16명 전원이 형사 고발 되었고, 박성호 MBC기자협회장의 해고에 이어, 정영하 언론노조 MBC본부장을 비롯한 강지웅, 이용마, 최승호, 박성제 등 전·현직 노조 간부 5명이 해고되었다. 파업이 장기화되자 'MBC의 유전자'를 교체하겠다고 했던 김재철 사장은 4월 마지막 날 시용기자를 뽑아 인력을 대체했다. 시사교양국은 끝내 폐지되었다. 김 사장은 파업 참가자 69명을 대기 발령하는 등 인사 압박을 가했으나 파업 대오는 한 치의 흐트러짐도 없었다.[611]

지역에서도 파업 투쟁은 치열하게 전개되었다. 2012년 5월 언론노조 광주MBC지부와 KBS본부가 5·18 왜곡보도에 대해 공식 사죄하는 행사를 가졌다. 양 방송사노조는 당시 상황을 사죄하며 파업 승리를 다짐했다.

> 당시 방송은 계엄군이 써준 대로 광주 시민들을 폭도로 묘사했다. 만약에 방송사들이 단 1초, 단 한 줄이라도 사실을 사실대로 보도했다면 군인이 자국민을 향해 총을 쏘는 비극만은 막을 수 있었을 것이다. (…) 정권에 아부하는 김재철 MBC사장과 김인규 KBS사장이 물러나지 않는 한 32년 전과 같은 비극은 되풀이 될 것이다. 그런 비극을 되풀이하지 않기 위해 끝까지 투쟁해 승리하겠다.

그러나 파업이 장기화되면서 MBC시청률은 끝없이 추락했다. 뉴스데스크의 시청률은 1.7퍼센트까지 떨어졌다. 노조는 방송이야 어떻게 되든 말든 MBC를 황폐화시키고 있는 경영진과의 싸움을 지속할 것인지 고민하지 않을 수 없었다. 다가오는 대선보도를 회사에 그대로 떠맡기는 것도 큰 부담이었다. MBC 고사 작전을 펴고 있는 정권, 그 정권의 하수인 김재철과의 싸움은 안타깝게도 노와 사가 MBC의 팔과 다리를 잡아 양쪽에서 끌어당기는 형국이 되어버렸다. 솔로몬의 지혜를 진지하게 고민하지 않을 수 없었던 노조는 마침내 결단을 내리고 2012년 8월 아무런 요구 조건 없이 파업을 접었다. 1월 30일 업을 파하고 내려온 지 170일 만이었다. 업무에 복귀한 조합원들에게는 잔인한 보복이 기다리고 있었다. 노조 고사 작전은 매우 집요하고 노골적으로 자행되었으며 MBC의 유전자를 바꾸겠다는 김재철의 기도는 이후 박근혜 정권에서 후임 사장으로 온 안광한, 김장겸으로 이어졌다.

KBS노조의 95일 파업

2년 간의 김인규 사장 체제에 KBS노조는 인내에 한계를 느끼고 있었다. 그 상황에서 2012년 2월 김인규 사장은 2년 전 파업을 벌였던 노조 간부들에 대해 정직 감봉 등 중징계를 내려 노조를 자극했고, 보도본부장을 비롯한 신임 임원 및 간부의 막장 인사로 사내 반발을 샀다. 13명의 징계 대상자들은 부당징계 철회를 요구하는 천막농성에 돌입했고, KBS노조는 '부당 징계·막장 인사 규탄' 시위를 벌였다. 라디오센터와 교양·다큐국 조합원들도 두 차례의 조합원 총회를 열어 보복성 징계와 문제성 인사를 규탄했다. 6~7년차 기자와 PD들도 잇달아 성명을 내고 "부당징계가 철회되지 않을 경우 우리는 김인규 사장이 물러날 때까지 포기하지 않고 싸울 것"이라고 밝혔다.[612]

2월에 출범한 공투위에 함께 참여한 KBS노조는 마침내 3월 김인규 사장 퇴진과 부당징계 철회를 요구하며 전면 총파업에 돌입했다.[613] 이로써 먼저 제작 거부에 들어간 KBS기자협회에 이어 예능과 드라마 PD까지 파업에 가세하게 되었다. 입사 30년 전후의 KBS 고참 PD들은 성명을 내고 "대통령 특보 출신이 KBS 수장이 된 후 KBS에는 권력을 비판하고 감시하는 뉴스와 프로그램은 사라지고 일방적으로 정권을 홍보하는 관제 프로그램들만 넘쳐났다"고 주장했다.[614]

KBS노조 역시 MBC노조와 마찬가지로 파업 기간 중 프로그램 투쟁을 병행했다. KBS노조는 노조원들이 제작한 '리셋Reset KBS뉴스9'을 '언론노조 KBS본부 파업 방송 채널'을 통해 공개하고 팟캐스트를 통해 방송했다. 노조는 첫 방송에서 포항에 조성된 이명박 대통령 생가 관련 내용 등 기존 'KBS 뉴스9'이 다루지 못했던 뉴스를 생생하게 전했다. 또한 3월 16일에는 MBC, YTN노조와 함께 여의도 문화광장에서 '방송3사 파업콘서트'를 열고 '공정방송 사수'와 '낙하산 사장 퇴진'을 촉구했다. 이 자리에는 정연주 전 KBS 사장을 비롯한 KBS, MBC, YTN 노조의 전임 간부들이 나와 조합원들을 격려했고, 파업을 지지하는 연예인들의 공연도 이어졌다.

이 파업으로 김현석 본부장을 비롯한 집행 간부 3명이 업무 방해 혐의로 기소되었다. 검찰은 이 파업이 노동 조건 향상과는 무관해 목적의 정당성이 없고, 노동위원회의 조정 절차를 거치지 않아 위법한 쟁의 행위이며 파업으로 인한 금전적 피해를 회사가 입었다고 기소했다. 그러나 법원은 1심, 2심, 3심 모두 무죄를 선고했다. 법원의 판결은 과거 파업을 무조건 업무 방해로 연결시켰던 관행을 깬 혁신적 결정이었다. 또한 공정방송을 위한 파업은 정당한 노조 활동의 목적에 해당되지 않는다고 판단해왔던 검찰의 입장을 뒤엎은 것이었다.[615]

1980년 전두환 군부독재 시절 합동통신과 동양통신이 합쳐져 출범한 연합뉴스는 2003년 국가기간뉴스통신사로 지정되었다. 연합뉴스는 지역과 해외에 국내 최대 규모의 취재망을 갖춘 통신매체로 신문, 방송 할 것 없이 대부분의 언론사들은 연합의 기사와 사진 등을 이용했다. '언론 중의 언론' 연합뉴스가 여타 언론에 미치는 영향은 아무리 강조해도 지나치지 않았다.

연합뉴스노조와 사측의 갈등은 2011년 말 보도전문채널 〈뉴스Y〉가 개국하면서 시작됐다. 인력에 대한 투자가 미미한 상황에서 한정된 인력으로 늘어난 매체 운영까지 떠맡았으니 근무 여건의 악화는 불문가지였다. 당시 뉴스Y 보도국은 연합뉴스 파견 기자를 포함해 40여 명에 불과했다. 누적된 불만에 뉴스의 편파성마저 더해 비판과 지적이 쏟아진 상황에서 김석진 TV본부장의 출마 예정설까지 나오며 노사 갈등은 증폭되었다. 노사 갈등의 가장 큰 원인은 박정찬 사장의 지나친 정파적 태도에 있었다. 박 사장은 청와대 관련 사안, 4대강, 한미 FTA 등 정치적으로 민감한 이슈마다 노골적으로 권부의 편을 들었고 이에 따르지 않는 언론인에 대해서는 인사 불이익을 내렸다. 그러나 2012년 2월 연합뉴스의 대주주 뉴스통신진흥회는 박정찬 사장을 연임시켰다.

연합뉴스노조는 2012년 3월 15일 무기한 전면 총파업에 돌입했다. 1989년 이래 23년 만의 총파업이었다. 연합뉴스노조는 수하동 본사 앞 한빛마당에서 파업 출정식을 갖고 본격적인 투쟁을 시작했다. 이날 전국에서 출정식에 참여한 250여 명의 조합원들은 "연합뉴스 바로 서야 한국 언론 바로 선다"는 구호를 외치며 박정찬 사장의 연임 저지, 노동 여건 개선, 편집권 독립을 요구했다. 공병설 노조지부장은 출정식에서 "박 사장의 재임 3년 동안 공정보도, 국민신뢰, 사내 민주화, 합리적 인사, 근무 여건 등 모든 걸 잃었다"며 "연합뉴스의 불이 꺼지지 않도록 하기 위해 우리는 이 자리에 모였다"고 강조했다.

노조는 파업 투쟁 선언문에서 "그 동안 우리는 자신의 이름을 차마 담을 수 없는 기사를 한 자 한 자 써내야 했고, 한 없이 무너져 내리는 연합의 위상을 두 눈으로 똑똑히 목격했다"며 "바른 언론 빠른 통신은 구호가 아니라 우리가 지켜야 할 마지막 가치고 보루"라고 밝혔다. 출정식을 가진 조합원들은 사장실 항의 방문 후 오후 5시 경 서울 시청광장에서 열리는 KBS, MBC, YTN과의 공동집회에 참석했다.[616]

2012년 6월 21일 연합뉴스노조는 파업 돌입 103일 만에 사측과 잠정 합의하고 파업을 중단했다. 합의안은 보도 공정성 제고, 합리적 인사, 뉴스통신 경쟁력 강화, 근로 여건 개선, 사내 민주화 제고, 지역취재본부 시스템 개선 및 차별 해소 등을 실현하고 이를 위한 제도를 마련한다는 것이었다. 특히 주목할 내용은 편집권 독립을 위해 중간평가를 받는 편집총국장 제도를 도입하고, 공정보도 책임평가제를 실시한다는 것이었다. 또한 인력 채용과 운용에서 부서, 지역, 성에 따른 차별을 해소하고, 인사에 대한 노조의 문제 제기가 있을 때 답변할 의무 조항도 만들었다. 박정찬 사장 거취는 사원들의 의견을 수렴하되 박 사장이 결정하기로 했다. 노조는 "파업 결의 때 다졌던 각오로 업무 복귀 이후에도 국민이 주인인 진정한 국가기간통신사, 새로운 연합뉴스로 거듭나기 위한 싸움을 계속할 것"이라며 "파업 이전과 이후 연합뉴스의 모습과 보도는 크게 달라질 것"이라고 밝혔다.[617]

YTN노조의 게릴라 투쟁

2008년 5월 YTN이사회가 이명박캠프의 언론특보 출신 구본홍을 YTN사장으로 내정하자, YTN노조 현덕수 지부장은 청와대 앞 1인 시위에 돌입했고, 집행부는 단식농성을 하며 사장 출근 저지 투쟁에 나섰다. 출근 저지로 사장이 회사에 입성도 못하는 상황이 지속되자 이명박 정권은 전방위로 YTN을 압박했다. 신재민 문체부 2차관은 "공기업이 소유한 YTN지분을 매각하겠다"고 겁박했고, 청와대 박선규 비서관은 "청와대는 구본홍 바꿀 생각 없다"며 노골적으로 압박을 가했다.[618] 호텔을 전전하다가 야밤을 틈타 회사로 들어온 구본홍 사장은 퇴근을 하지 않은 채 사장실에 머물면서 '사장실 경영'을 시작했다. 구 사장은 노조 활동에 대해 다음과 같은 경고의 글을 사내게시판에 게재했다.

> 집단 점거 농성은 형법상 업무 방해죄에 해당함은 물론 특가법상 가중 처벌되는 중대범죄이며, 조합원이 정당한 노조 활동이 아닌 상태로 근무지를 이탈한 경우에도 노사관계법에 따라 형사 처벌되고 별도로 사규에 따라 징계를 받게 된다.

구 사장의 게시판 경고는 그대로 현실화되었다. 2008년 9월

YTN 경영진은 노종면 지부장을 비롯한 노조원 12명을 업무 방해 혐의로 고발하고, 한 달 뒤에는 인사 이동을 거부한 노종면, 현덕수, 조승호, 권석재, 정유신, 우장균을 해고하는 등 총 33명의 노조원에 대한 무더기 징계를 단행해 YTN 해직 사태의 시작을 알렸다.

무더기 징계는 성난 노조원들을 자극했고, 해직 사태 이후에도 출근 저지 투쟁은 계속됐다. 방송 출연자 모두가 검은 옷을 입는 '블랙 투쟁'에는 타 방송사도 동참했다. '국경 없는 기자회'와 국제 엠네스티도 징계 철회를 촉구했다. 여론이 나라 밖으로까지 확산되는 조짐을 보이자 이명박 정부는 'YTN 재승인 보류'라는 강도 높은 조치로 노조를 압박했다. 후퇴할 수밖에 없게 된 노조는 결국 이듬해인 2009년 1월 재승인 심사 신청을 계기로 보도국 정상화에 합의했지만 단체협약이 다시 결렬되면서 마침내 3월 23일 파업에 돌입했다. 파업 전날 노종면 지부장은 경찰에 긴급 체포되어 구속되었다.[619]

파업이 일주일 가량 진행된 2009년 4월, 노조는 사측과 합의문을 작성하고 파업을 풀었다. 해직자는 법의 결정에 따르고 그 외의 고소 고발은 노사 모두 취하하기로 했고, 합의 이후 노 지부장은 구속적부심으로 석방됐다. 이어서 6월 '공정방송을 위한 노사협약'이 체결되었는데, 협약문은 노사 공동으로 공정방송위원회를 구성하고, 불공정보도 책임자에 대해 문책 또는 보직 변경을 요구할 수 있도록 하며, 공방위 소집을 2회 이상 거부할 경우 보도국장 신임투표를 실시한다는 강력한 내용을 담고 있었다. 그러나 해직기자 6명에 대한 1심 판결이 나기 전에 이들을 복직시키고 노사관계를 원만하게 마무리하려 했던 구 사장은 2009년 8월 취임 1년을 갓 넘긴 시점에 돌연 사퇴했다.[620] 평화로운 노사관계를 구축하고 나름 경영 의욕을 보였던 구 사장이었지만, 권부가 원한 것은 노사 평화가 아니라 노조 와해였다. 노조 장악에 실패한 구 사장은 결국 토사구팽을 당한 셈이었다. YTN의 정상화나 시청자들에 대한 신뢰 따위는 권부의 관심사가 아니었건만 구 사장은 이를 파악하지 못했던 것일까. 구 사장은 훗날 어떤 자리에서 자신은 실제로 해직자를 복직시키려 했다고 술회했다.

후일 구본홍 사장의 사퇴는 청와대의 지시에 의한 것으로 밝혀졌다. 입맛에 맞지 않으면 언제든 자르는 비정한 권부와 소모품처럼 일언반구 없이 잘려나가는 방송사 사장의 비루한 모습이었다. 총리실 공직윤리지원관실 문건에는 그러한 사찰 내용들이 고스란히 담겨 있었다. KBS, YTN, MBC 등 방송 3사의 임원진 교체, 구본홍 사장의 사퇴 등도 모두 청와대가 지시하고 정부 기관은 실행에 옮겼을 뿐이었다. 사장 직무대행을 맡은 배석규 전무는 보도국장 사퇴, 돌발영상 피디 대기발령, 앵커 비보도 부서로 전보 등의 인사 조치를 일사천리로 단행해 방송을 장악했다. 총리실 사찰 팀은 배석규의 충성심과 장악력을 인정하고 사장으로 임명해 힘을 실어주어야 한다고 결론지었다. 그리고 사찰 문건 작성 한 달 뒤 배 전무는 사장으로 선임됐다.[621]

2009년 선임된 배석규 사장은 돌발영상 폐지, 공방위 개최 거부, 보도국장 복수추천제 폐지를 단행해 노조를 완전히 무력화했다. 법원이 해고자 6명 전원에 대해 부당해고 판결을 내린데 대해서도 사측은 항소했다. 이러한 배 사장의 인사 전횡과 노조 와해 공작으로 YTN 보도는 차츰 권부의 입맛에 맞게 변해갔다.

2012년 4월 "배석규 사장이 충성심이 높다"는 총리실 사찰 문건이 폭로되자 김종욱 지부장을 포함한 노조원 60여 명은 파업 도중 임원실을 점거하고 연좌농성에 들어갔다. 이후 노조는 배석규 퇴진을 내걸고 6개월 동안 10여 차례에 걸쳐 치고 빠지는 '게릴라 파업'을 벌였지만 배 사장은 흔들리지 않았다.

이처럼 정권에 장악된 YTN은 보도국 회의 내용이 고스란히 국정원에 보고되는 참담한 현실에 처했다. 2013년 6월 '국정원 대선 개입'과 관련된 YTN 단독보도에 대해 국정원으로부터 당시 취재 기자에게 전화가 걸려왔는데 "해당 기사가 모호하다는 보도국 내부 의견이 나왔다"는 것이었다. 이후 해당 리포트는 방송 중단 지시가 내려졌다. '국정원 대선 개입' 사건에 대한 검찰의 수사 발표를 생중계한다고 예고하고는 돌연 취소하는 일도 있었다. 그밖에도 세월호 참사, 철도파업 등의 보도에도 정부 편향적 지시가 뒤따랐다.[622]

2016년 6월, 법원은 2012년 YTN파업이 정당했다고 판결했다. 1심 재판부는 "2012년 YTN지부의 파업은 정당한 쟁의행위이며 형법상 위법성이 조각된다"며 무죄를 선고했다. 이 재판은 사측의 항소로 대법원까지 갔으나 2017년 3월 대법원은 업무 방해와 퇴거 불응, 주거침입 등 혐의로 기소된 김종욱 전 지부장을 포함한 노조 집행부 3명에게 무죄를 선고한 원심을 확정했다.

부산일보노조의 편집권 독립운동

부산일보의 김종렬 사장은 유난히 신문 편집에 시시콜콜 수시로 개입했다. 이는 역대 부산일보에서 없었던 일이었다. 노조 이호진 지부장은 2011년 11월 최필립 이사장을 만나 김종렬 사장의 퇴진과 사장후보 추천제 도입을 요구했으나 최 이사장은 이를 거부했다. 이때부터 노사관계는 악화일로를 걸었다. 김종렬 사장과 최필립 이사장의 전횡이 부산일보에 기사화 되자 김 사장은 이호진 지부장을 해고하고 이정호 편집국장을 대기발령했다. 노조는 1988년에 이어 '제2의 편집권 독립운동'을 선언했다. 부산의 시민사회도 이를 적극 지지했다.

2012년 1월 8일 정오, 서울 정동의 정수장학회 사무실이 있는 경향신문사 사옥 앞에서 언론노조 부산일보지부 조합원과 가족 30여 명이 '정수장학회 사회 환원과 부산일보 편집권 독립을 위한 기자회견'을 열었다. 여기에는 언론노조 서울지역 지·본부 노조 간부와 가족 20여 명도 함께 동참했다. 이강택 언론노조위원장은 이 자리에서 "박근혜 비대위원장이 10년 동안 정수장학회 이사장을 맡고 있다가 오랜 측근인 최필립 이사장에게 자리만 넘겨 놓고 자신과 상관없다고 하는 것은 낯부끄러운 행위"라고 비판했다. 부산일보 이호진 지부장은 "지금 부산일보는 '제2의 편집권 독립 운동'을 펼치고 있다"며 지지를 호소했다. 강진구 경향신문노조 지부장은 정수장학회를 사회에 환원해야 한다고 주장했고, 전종휘 한겨레노조 지부장도 편집권 독립 투쟁에 동참하겠다고 말했다. 부산일보지부 조합원들은 기자회견 다음 날부터 정수장학회 앞에서 1인 시위를 진행하는 등 투쟁을 확대해 나갔다.[623] 2012년 1월 부산 지역 50여 개 단체로 구성된 '부산일보 편집권 독립과 정수장학회 사회반환을 위한 부산시민연대'가 발족했고, 3월에는 서울을 중심으로 5백여 개 단체가 참여한 '독재유산 재단법인 정수장학회 사회환원과 독립정론 부산일보 쟁취를 위한 공동대책위원회'가 출범했다.

그러나 2012년 4월 총선에서 새누리당이 승리한 뒤 부산일보 사측은 이정호 편집국장의 책상을 치워버리고 회사 출입을 금지시켰다. 그러나 이 편집국장은 이에 아랑곳하지 않고 본사 입구 계단에 간이 편집국을 만들어 투쟁을 계속하다가 9월부터는 서울 정동의 정수장학회 앞에서 농성을 벌였다. 박근혜는 이 사태에 대해 자신은 정수장학회 이사장에서 물러났으므로 아무 관련이 없다는 입장만 되풀이했다. 이런 가운데 10월 최필립 이사장과 MBC의 이진숙 기획홍보본부장이 비밀리에 정수장학회의 언론사 소유 지분 매각을 추진한 사실이 한겨레에 실려 파문이 일었다.

이정호 편집국장은 끝내 해고되었다. 그러나 그는 법정투쟁을 벌여 2013년 1심, 2014년 2심에서 해고무효 처분을 받았고 2018년 5월 대법원에서 최종 해고무효 판결을 받았다.

언론사 대파업이 남긴 것

2012년 언론사 대파업은 MBC 170일, KBS 95일, YTN 55일, 연합뉴스 103일, 국민일보 173일 등 파업일수로만 역대 최장 기록을 세웠다. 그러나 기록에 비해 성과가 화려한 것은 아니었다. 정권 말기였지만 이명박 정권은 견고했고, 낙하산 사장들의 방어막은 빈틈이 없었다. 종편채널까지 보유하게 된 조중동 등 보수신문들은 '강 건너 불구경'을 즐겼다. 대다수 보수언론은 파업 과정을 외면했고 일부 보수신문은 정치 파업으로 폄훼하기까지 했다. 대부분의 언론사가 사장 퇴진을 고고지성으로 외쳤지만 노조의 힘에 의해 퇴진한 사장은 단 한 명도 없었다. 공정성과 편집권 독립을 위해 종래에 합의되었던 제도들은 대부분 무력화되었다. 제도를 만드는 것도, 제도를 지키고 따르는 것도 사람이 하는 일이었으니, 이 제도를 사람이 무시해버리면 제도는 결국 무용지물이 될 수밖에 없었다.

파업이 종료된 후에도 노조원들은 시련을 겪었다. 그들은 징계위원회에 회부되거나 인사 불이익을 받는 등 파업 참여에 따른 대가를 혹독하게 치렀다. 국민일보의 경우, 노조원 24명이 인사위원회에 회부되었다. 회사는 외부 집회 참석, 유인물 배포, 기고 및 인터뷰, 교계나 언론계에 협조 요청 행위 등을 모두 징계 사유로 꼽았다. KBS는 노사합의 정신을 어기고 김현석 본부장을 비롯한 노조 간부들에게 중징계를 내렸다. 연합뉴스도 지부장 등 15명이 인사위원회에 회부되었다. 연합뉴스는 '징계 최소화'에 대한 합의가 있었음에도 평 노조원까지 인사위원회에 회부했다. 박정찬 사장 거취에 대한 입장을 사내 게시판에 썼다는 이유로 인사위원회에 회부하자 사내 게시판에는 "언로가 막힌 언론사, 착잡하다" "나도 징계하라"는 등의 비판 글들이 올라왔다.

가장 잔혹한 보복을 자행한 언론사는 MBC였다. MBC는 2012년도 상반기 업적 평가에서 '김재철 퇴진 투쟁'에 참여했던 노조원 770여명 전원에게 최하 등급인 R등급을 주었다. R등급을 받은 직원은 재교육을 받아야 하며, 3회 이상을 받으면 인사위원회에 회부되었다. MBC 사측은 파업으로 인한 손실을 이유로 노조와 집행부 16명에게 195억 원의 손해배상을 청구했다. 과연 그 책임이 누구에게 있는 것인지 묻지 않을 수 없는 일이었다.

2008년 이명박 집권 초기부터 2012년 9월 언론사 대파업까지, 부당징계나 부당전보 등으로 인사 불이익을 당한 언론인은 수백 명에 이르렀다. 2012년 9월 기준으로 MBC, KBS, YTN, 국민일보, 연합뉴스, 부산일보 등에서 해고된 언론인은 총 18명이었고 징계를 받은 언론인은 440여명에 이르렀다. 수많은 언론인들이 해고, 부당징계, 부당전보 등으로 현장을 떠났고, 박근혜 대통령이 탄핵 당한 후인 2017년까지도 이들은 제자리로 돌아오지 못했다.[624]

가시적 성과는 없었지만 그럼에도 불구하고 언론사 대파업은 언론사 안팎에 엄청난 변화를 가져왔다. 파업 전과 파업 후의 언론인들의 의식은 하늘과 땅 차이였다. 언론인들은 다시금 자신이 노동자임을 뼈저리게 경험했고, 그 경험은 언론인의 의식을 성장시키는 데 중요한 밑거름이 되었다. 언론사에 대해 신뢰를 잃은 시민들은 언론노동자들에게 희망을 걸게 되었다. 언론노동자들은 사내 직종과 부문의 벽을 허물었고, 첨예한 경쟁 속에 얽매어 있던 매체 간의 벽을 넘어 소통과 연대의 틀을 만들었다. 무엇보다도 언론노동자들은 쌍용차 등 노동자들의 고통을 조금이나마 이해하게 되었고 언론이 해야 할 역할이 무엇인지를 깨닫게 되었다. 어찌 보면 '사장 퇴진'이나 '편집권 독립의 제도적 장치' 등은 언론운동의 곁가지일 수도 있었다. 파업 노조원들은 그보다 훨씬 소중한 것, 탄압받는 노조원으로서의 쓰디 쓴 경험을 몸소 겪었다.

전쟁은 늘 그에 따른 대가를 부여했다. 승자든 패자든 전쟁이 휩쓸고 간 상처는 컸다. 그러나 언론사 노조들은 전쟁을 거부하지 않았다. 앉아서 당하는 것보다 떨쳐 일어나 싸우는 것을 택했다. 그것은 권부의 언론장악에 굴종하며 사는 것이 언론노동자들에게 주는 상처가 너무도 크고 깊고 오래 갔기 때문이었다.

대안언론의 탄생

뉴스타파

이명박 정권의 언론장악이 계속되면서 취재와 제작 현장에서 강제로 쫓겨난 언론인들은 권력에 길들여진 언론 현실에 깊은 회의를 느끼고 민중을 대변할 대안언론을 꿈꿔 왔다. 언론노조 민주방송실천위원회는 이를 실행할 제작단을 조직했다. MBC, KBS, YTN, CBS 등 지상파 및 보도전문채널의 해직 기자와 해직 피디들이 중심이 되었고, 1인 미디어들도 합류했다. 이로써 2012년 1월 광고를 일체 배제하고 시민회원들의 후원금만으로 뉴스를 제작하는 독립언론 뉴스타파가 탄생했다. 뉴스타파라는 이름은 "뉴스답지 않은 낡은 뉴스를 타파하자"는 의미였다.[625] MBC에서 해고된 이근행 피디가 대표를 맡았고, 그해 1월 '10·26 재보궐 선거 투표소 변경 의혹'을 첫 방송해 뉴스타파를 세상에 알렸다. 그해 7월부터 유튜브를 통해 회원 모집을 시작한 뉴스타파는 연말까지 25,500명의 후원회원을 모았다.

이듬해인 2013년 2월 뉴스타파는 공식명칭을 '뉴스타파, 한국탐사저널리즘센터'로 변경하고 KBS를 자진 사퇴한 김용진을 대표로 선임하였다. 김용진은 KBS가 권부의 홍보 기구로 전락하고 그가 맡고 있던 탐사보도팀이 해체된 이후 새로운 길을 찾아 나선 탐사전문 기자였다. 본격적인 프로그램 제작에 돌입한 뉴스타파는 매일 세 차례씩 시민방송, RTV방송, 케이블방송, 스카이라이프 등을 통해 방송을 했다.

뉴스타파는 국제적인 탐사언론단체인 ICIJ[626]와 GIJN[627] 등과 협업 시스템을 구축했다. 그리하여 2013년 리우에서 열린 GIJN 총회에서 국내 언론으로는 처음으로 '국정원 대선 개입 보도' 사례를 발표했고, 이듬해에는 전 세계 탐사보도 언론모임인 GIJN의 회원사가 되었다. 2016년에는 글로벌 프로젝트 '파나마 페이퍼스Panama Papers'에서 노태우의 장남 노재헌 등 한국인 조세 도피자 195명을 찾아냈고, 2017년에는 일본의 탐사보도매체 '와세다 크로니컬Waseda Chronical'과 MOU를 체결했으며, 2018년에는 서울에서 국제탐사저널리즘 아시아총회IJAisa18를 개최했다.

국제연대 뿐 아니라 국내 공영방송과의 연대와 협업에도 적극 나선 뉴스타파는 2018년 KBS의 〈김기자의 눈〉과 〈저널리즘토크쇼 J〉, MBC의 〈뉴스데스크〉 등의 제작에 참여했고, YTN과 콘텐츠 및 영상 자료를 교환하기로 하고 공동 취재 협약을 체결했다.

뉴스타파는 '제주 해군기지 관련 강정마을', '4대강의 진실' 등 이명박·박근혜 정권 당시 제도권 언론들이 다루지 못했던 민감한 정치 사회적 의제들을 과감하게 끌어내어 이슈화하고 영화로도 제작해 일반 대중에게도 알렸다. 이 밖에도 국정원 간첩조작 사건을 다룬 '자백'(2016년, 감독 최승호), 공영방송의 잔혹사를 보여준 '공범자들'(2017년, 감독 최승호), 일본군 위안부 피해자 김복동의 27년 투쟁을 기록한 '김복동'(2019년, 감독 송원근), 월성 원자력발전소 인근 주민들의 삶과 투쟁을 다룬 '월성'(2019년 12월, 감독 남태제, 김성환) 등 뉴스타파가 만든 영화들은 우리 사회 내부에 큰 파문을 일으켰다.

뉴스타파는 데이터의 수집, 분석, 시각화 등을 학습하는 '데이터 저널리즘 스쿨'을 개강해 교육 및 출판 사업을 시작했다. 회원들의 후원금을 잘 관리하여 재정적 안정을 이룬 뉴스타파는 출범 7년 만인 2019년 8월 중구 필동에 위치한 5층 건물을 구입했다. '뉴스타파 함께센터'라는 이름의 이 건물은 프로그램 제작, 교육, 시민사회의 토론회나 세미나 공간으로 활용할 수 있도록 했다.

탐사저널리즘센터는 "성역없는 탐사보도로 더 나은 세상을 함께 만들어 나가겠습니다"는 캐치프레이즈를 내걸고 정파성과 상업주의의 배격, 정치권력과 자본 권력의 지속적인 감시, 국민의 알권리 충족, 특권·반칙·차별의 타파, 약자와 소외계층 대변을 추구하면서 '아이들의 미래'를 생각하는 저널리즘을 수행하겠다고 약속했다. 이를 수행하기 위한 재원으로는 광고나 정부 또는 이익단체의 지원을 배제하고 회원들의 자발적 후원으로 운영하며 99퍼센트 시민을 위한 비영리, 비당파, 독립 언론기관임을 천명했다. 뉴스타파는 속보경쟁, 상업주의, 가짜뉴스 등이 만연한 일그러진 언론 현실에 일침을 가하고 진영과 정파에 빠진 언론 환경 속에서 진정한 독립 언론으로 우뚝 솟았다. 언론의 독립에 대해 원로 언론인 김중배는 "독립이라는 게 홀로 서는 건데, 그러나 정말 독립은 홀로 이룰 수 없는 것이라는 것을 우리가 잘 인식해야 한다"며 진정한 독립을 위한 연대의 힘을 강조했다.

국민TV의 탄생

2012년 18대 대통령선거가 끝난 후 각계 전문가들의 좌담회가 있었다. 전문가들은 이 자리에서 언론의 여권 편향이 도를 넘었고 이를 극복하기 위한 방안이 있어야 한다고 입을 모았다. '협동조합 방식의 TV방송'은 이때부터 구체화되기 시작했다.

시민들은 자발적으로 '국민주권방송협동조합'이라는 카페를 개설하고 뒤이어 '미디어협동조합 설립준비위원회'를 구성했다. 이듬해인 2013년 1월, '국민주권방송협동조합'과 '국민TV방송 준비위원회'는 약 2백여 명의 시민들이 참여한 국민TV설명회에서 국민의 공정방송 열망에 부응한 인터넷 기반의 TV를 제안했다. 이날 설명회에서는 운영 재원, 콘텐츠 구성, 셋톱박스 가격, RTV와의 연대 등에 대한 시민들의 질문과 답변이 진지하게 이어졌다.[628]

이후 설립준비위원회는 15차례의 회의 끝에 2013년 3월 미디어협동조합 국민TV를 출범시켰다. 총 1,009명의 발기인으로 10여억 원을 모은 국민TV는 창립총회에서 "자본과 권력에서 자유로운 미디어 환경을 꿈꿔왔다"면서 "경쟁을 통한 이익추구보다 협력과 상생의 가치를 소중히 여기고 더 자유롭고 행복한 사회를 만드는데 공헌할 것"이라고 밝혔다. 이날 노회찬 진보정의당 공동대표는 "제2의 민주화운동, 제2의 자유회복운동"이라며 "국민을 지켜주는 태권브이(TV)가 되길 바란다"고 격려했다. 정관, 선거관리규약, 임원보수규약 등 의안 심의를 걸쳐 임원과 대의원이 선출되었고, 초대 이사장에는 김성훈 전 농림부장관이 추대되었다. 김성훈 초대 이사장은 취임사에서 "국민TV는 99퍼센트의 민초들이 제대로 사는

세상을 만들자는 선포"라며 "빛과 소금이 되자"고 말했다.[629]

2013년 국민TV는 첫 라디오방송을 시작했다. 국민TV 라디오는 시사, 교양, 뉴스, 예능 등 11개 프로그램을 편성해 하루 12시간을 방송하다가 6월부터는 평일 아침 6시부터 자정까지 하루 18시간 방송을 시작하고 광고를 도입했다. 7월에는 인터넷을 이용한 국민 TV 뉴스를 창간해 텍스트 서비스를 시작했다. 2013년 11월, YTN 해직자 노종면을 단장으로 한 TV방송 개국 TF단을 구축한 국민 TV는 이듬해인 2014년 4월 1일 마침내 TV방송을 시작했다. 국민 TV 라디오는 '국민라디오'로 개칭되었다.

정치 권력과 자본 권력으로부터 독립하여 국민주권 방송을 표방한 국민TV는 그러나 과도한 시설 투자, 방송에 대한 전문성 부족, 콘텐츠의 질적 저하 등으로 충분한 시청취 층을 확보하지 못한 채 재정난을 겪었고, 조합주의적 의사 결정 구조와 조직 내부의 진통으로 내홍을 겪으면서 조합원들의 이탈이 발생하는 등 무거운 과제를 안게 되었다.

국정원 선거 부정과 이명박

2012년 12월 이명박 대통령의 임기 두 달을 남겨 놓고 각 정파와 언론계는 온통 코앞에 닥친 대통령선거에 관심을 집중하고 있었다. 대통령 선거일을 8일 앞둔 12월 11일, 민주통합당은 국정원 직원이 인터넷 사이트에 야당 후보를 비방하는 댓글을 달고 있다는 제보를 받고 서울 역삼동에 위치한 오피스텔을 급습하여 중앙선관위에 신고하고 경찰에 수사를 의뢰했다. 오피스텔은 국정원 직원 김하영의 집이었다. 오피스텔의 문을 걸어 잠근 채 무려 40여 시간 동안 경찰 진입을 막은 김하영은 대선과 관련된 어떤 글도 올린 적이 없다고 발뺌했다. '국정원 대통령선거 불법개입' 사건에 대한 기나긴 공방은 이렇게 시작되었다.

다음 날 민주통합당은 국가정보원 3차장 산하의 심리정보국이 온라인 댓글을 통해 국내 정치 현안에 개입해왔다며 심리정보국의 담당업무, 국정원 직원 김하영의 최근 2개월 간의 근무 행적, 심리정보국 요원 70여 명의 출퇴근 기록 등을 공개할 것을 촉구했다. 문재인 캠프 진성준 대변인은 현안 브리핑을 통해 "이 팀에서는 요원들에게 매일 주요 정치 사회 현안에 대해 게재할 댓글 내용을 하달해 왔다"며 "이들 요원들은 오전에 국정원에 출근해서 그 전날 했던 작업을 보고하고 지침을 받은 후에 오후엔 청사 외부에 나와서 작업했다"고 정치 개입 의혹을 제기했다. 또한 "지난 3일 동안 김 모 요원의 국정원 근무 시간은 하루 두 시간에 불과하다. 이것은 극히 비정상적인 근무로써 우리가 제보 받았던 심리정보국 직원들의 근무 행태와 일치한다"고 덧붙였다.[630]

경찰의 수사는 여기저기서 제동이 걸렸다. 김용판 서울지방경찰청장은 압수수색 영장을 준비하고 있는 권은희 수서경찰서 수사과장에게 직접 전화를 걸어 "내사 중인 상황에서 압수수색영장 신청이 적절하냐"며 압수수색에 난색을 표했다.[631] 김하영은 사건 발생 이틀 후인 13일 경찰청에 임의제출 형식으로 자료를 제출하면서 휴대전화와 이동식 저장 장치는 제출을 거부하였다.[632]

사건 발생 닷새 뒤인 12월 16일 대통령 후보 마지막 TV 토론이 개최되었다. TV토론은 전날 이정희 후보의 사퇴로 박근혜 후보와 문재인 후보 양자 토론이 되었다. 이 토론에서 '국정원 댓글' 사건이 토론 의제로 올랐는데 박근혜 후보는 "2박 3일 동안 여직원을 밖에 나오지 못하게 했다"면서 여성에 대한 인권 침해라고 주장하는 한편, "민주통합당이 가해자이고 국정원 직원이 피해자"라고 강변해 시청자들로 하여금 실소를 자아내게 했다.[633]

이날 토론이 끝나고 한 시간이 지난 밤 11시, 서울 수서경찰서는 느닷없이 '국정원 직원 댓글 사건'의 중간 수사결과를 발표했다. 발표 내용은 국정원 직원 김 모 씨(김하영)의 컴퓨터를 분석한 결과 "댓글을 단 흔적을 발견하지 못했다"는 것이었다. "국정원 직원이 피해자"라고 했던 박근혜 후보의 TV토론 발언에 힘을 실어준 것이다. 발표한다는 예고도 없었다. 사건 발생 5일만이었고, 대선을 불과 3일 남겨 놓고 있었다. 이는 경찰이 앞서 "김 씨 컴퓨터를 분석하는 데 1주일 정도 걸릴 것"이라고 주장한 것과도 배치되는 일이었다. 댓글 사건이 여당 후보인 박근혜에게 치명적인 악영향을 줄 수 있다고 판단하여 내린 조치라는 해석 외에 다른 해석이 불가능했다. 조급한 수사 결과 발표로 경찰청이 선거에 개입했다는 지적에 대해 경찰청은 "국민의 관심이 커서"라고 변명하였다.[634]

그러나 이후 경찰의 발표는 허위로 드러났고, 국정원 직원의 여론 조작 활동은 사실로 밝혀졌다. 이후 민주통합당은 국가정보원 대선 개입 수사와 관련, 김용판 서울지방경찰청장에 대해 형법상 직권남용, 경찰공무원법 위반 혐의로 서울중앙지방검찰청에 고발장을 제출했다. 이 사건은 이후 박근혜 정부 출범 초기부터 정권의 정통성에 커다란 상처를 안겨주었고 이후 촛불에 의해 대통령이 탄핵을 당하는 대한민국 초유의 역사를 만들어내는데 주요한 요인 중의 하나로 작용했다.

훗날, 국정원 댓글은 새누리당의 정권 연장과 함께 이명박 대통령이 미래 권력에 들어 놓은 보험 차원의 방패막이였다는 이야기가 돌았다. 2012년 9월 2일 이명박 대통령과 박근혜 새누리당 대통령 후보가 배석자 없이 만나 100분 동안 대화를 나눴다. 청와대는 독대가 끝난 후 양인이 민생경제, 치안 강화, 북상하고 있는 태풍 대책에 대해 이야기를 나눴다고 발표했다. TV조선은 박근혜 후보가 반값등록금, 아동 양육수당 확대 등 민생문제에 대해 대통령이 적극 나서 줄 것을 요청했다면서, "비 박근혜 세력 끌어안기 등과 같은 정치적 의제도 논의한 것으로 보인다"고 전했다. 그러나 두 사람의 독대 이후 국정원의 대선 댓글 계획 분량이 두세 배로 늘어난 것으로 밝혀져 국정원 댓글 사건은 이명박의 지시로 이루어졌다는 의혹을 불러일으켰다. 이 사건은 박근혜 정권 출범 초부터 뜨거운 정치적 쟁점으로 떠올랐고 임기 내내 정권의 정통성에 부담이 되었다.

14

박근혜정권 시대의
언론운동

정통성 없는 정부의 탄생

국정원 대선 개입 사건의 전개

2013년 2월 25일 출범한 박근혜 정권은 '국민 행복, 희망의 새 시대'로 부풀어 있었다. 그러나 '신뢰받는 정부'를 내건 박근혜 정권은 출범하자마자 '불신'과 '의혹'의 수렁에 빠졌다. '국정원 여론조작 사건'이 다시 불거지면서 대선 전 경찰청의 '무혐의' 발표는 오히려 '혐의'를 증폭시키는 결과를 낳았다. 2013년 3월, 원세훈 국정원장이 취임 초부터 하달해왔던 '원장님 지시 강조 말씀'이 공개되었는데, 여기에는 대선 당시 "종북 좌파의 사이버 선전 선동에 적극 대처할 것" 따위의 내용이 포함되어 있었다. 국정원이 대선에 조직적으로 개입했고, 국정원 최고 책임자가 '댓글 사건'을 진두지휘했음을 시사하는 대목이었다. 대통령 선거일 며칠 전에 알려진 이 사건은 상식을 가진 사람이라면 의혹을 살 수밖에 없는 일이었다. 벼르고 있던 야권과 시민단체는 원세훈을 고발했다.

검찰총장 채동욱은 권력에 충성을 바쳤던 역대 총장과는 다른 구석이 있는 사람이었다. 전임 한상대 검찰총장이 2012년 11월 검찰 내부 비리에 책임을 지고 사퇴해 공석이 되면서 2013년 4월 채동욱이 검찰총장에 올랐다. 채 총장은 2011년 개정된 관련법 절차에 따라 '검찰총장 후보 추천위원회'의 추천으로 임명된 최초의 검찰총장이었다.[635] 추천위원회 역시 권력의 입김에서 자유로울 수 없었지만 전임 이명박 정권에서 구성된 추천위원회가 박근혜 정부 출범 직후 채동욱을 총장으로 발탁한 것이었다. 이 때문에 청와대에서는 추천위원회를 다시 구성해 새 총장을 뽑자는 의견도 있었지만 여론의 부담이 커 중단되었다.

채 총장은 윤석열 당시 서울중앙지검 특수1부장을 팀장으로 특별수사팀을 꾸렸다. 수사팀을 맡은 윤석열의 행보는 예사롭지 않았다. 힘이 가장 센 정권 초기의 '살아 있는 권력' 앞에서도 꿋꿋했다. 검찰은 국정원 직원들의 트위터 계정 716개와 27만 개의 대선 관련 트윗을 찾아냈고, 국군 사이버사령부가 개입한 사실도 밝혀냈다. 검찰은 원세훈 전 원장을 공직선거법 및 국가정보원법 위반 혐의로 기소했다. 국정원 댓글 사건을 계기로 촛불집회가 시작되었는데, 원세훈에 대한 적용 죄목과 구속 여부를 놓고 검찰과 황교안 법무부장관 사이에 마찰이 빚어지고 있다는 사실이 알려지면서 촛불집회는 수만 명 규모로 전국에 확산됐다.

한편, 2013년 5월 참고인 신분으로 검찰에 출석한 권은희 서울 송파경찰서 수사과장은 대선 전 국정원 직원 김하영의 댓글을 분석하려고 키워드 78개를 의뢰했는데 서울경찰청이 4개로 줄였다며 윗선의 수사 축소 의혹을 제기했다. 또한 경찰 고위 간부들이 수시로 전화를 걸어 불법 선거운동 혐의와 관련된 용어는 사용 금지시켰고, 수사 사흘 만에 있었던 중간수사 결과 발표 때 수사 책임자인 자신은 배제되었다고 폭로했다.[636]

2013년 6월, 서울중앙지검은 원세훈 원장이 야권 대선 후보에 대한 비방 글을 올리도록 함으로써 공직선거법을 위반했다는 수사 결과를 발표했다. 황교안 법무부장관은 공직선거법 적용과 구속영장 청구에 반대했으나 검찰은 원세훈이 야당 정치인을 종북 좌파로 규정하고 상습적으로 낙선 활동을 한 사실, 김용판이 심리정보국 활동 내역을 은폐 축소 조작하여 허위 수사결과를 발표하도록 지시한 사실 등을 확인하고 양인을 공직선거법 위반으로 기소하기로 방침을 정했다.[637] 그러나 공소시효가 얼마 남지 않은 상황에서 황교안 법무장관이 증거 불충분이라는 이유로 구속에 반대하며 열흘 넘게 뭉개고 있자, 검찰은 국정원 직원 계정을 추가로 여러 개 제시했다. 이로써 원세훈의 '선거개입' 의도는 분명해졌다. 황교안과 검찰은 결국 '공직선거법'을 적용하되 불구속 기소로 합의를 보았다. 한편, 검찰과 법무부의 갈등으로 기소가 계속 지연되자 민주당은 재정신청을 추진하는 동시에 황교안 장관 해임안을 내기로 했다.

청와대는 황교안 장관을 통해 검찰을 묶었고, 황교안 장관은 수사지휘권을 발동해 검찰을 막느라 안간 힘을 썼다. 그러나 원 전 원장의 혐의 사실은 명백했다. 원 전 원장은 "종북 좌파가 여의도에 몰리는 것을 차단하라"고 지시했고, "문재인 후보도 거기에 포함된 다"고 말했으며, 이러한 자신의 발언을 인트라넷에 게시까지 해 변 명할 여지도 없었다. 인트라넷에는 "선거 때 문 전 후보를 찍으면 다 종북 좌파고, 종북 좌파의 정권 획득을 저지하라"고 한 부분도 들어 있었다. 윤석열 팀장은 기소를 며칠 앞두고 문화일보와의 전 화 인터뷰에서 다음과 같이 말했다.

> (…) 법무부와 검찰 일각에서 다른 뜻이 있는 사람들이 이상한 소리를 하고 있다. (…) 이것을 지시하지 않았다고 하고 선거에 개입하지 않 았다고 하는 것은 '코미디'다. (…) 국정원 중간 간부들도 검찰 수사에 서 이미 윗선의 지시에 의해서 한 것이라고 시인을 했고, 그 지시와 관련된 녹취록도 제출했다. (…) 대검 공안부도 한 달 전에 공직선거 법 위반 혐의를 적용하는 데 동의했다. (…) 장관이 저렇게 틀어쥐고 있으면 방법이 없다. 이런 게 수사지휘권 행사가 아니면 뭐냐. 채동욱 검찰총장도 자리가 아까워서가 아니라 어떻게든 이 사건을 최소한 불 구속기소라도 해서 공소유지를 해보려고 참고 있는 것이다.[638]

문화일보의 인터뷰 기사가 나온 뒤, 민주당은 기자회견을 갖고 황교안 장관과 곽상도 민정수석의 사퇴를 촉구했다. 민주당은 인 터뷰가 사실이라면, 황교안 장관은 국회에서 거짓말을 한 것으로, 국회모독, 위증, 직권남용이라며 검찰의 진실규명 노력을 청와대와 정부부처에서 묵살하는 상황을 용납할 수 없다고 밝혔다.

우여곡절 끝에 6월 14일 검찰은, 원세훈을 공직선거법 및 국가

정보원법 위반 혐의로 불구속 기소했다. 원세훈은 4대강, 한미자유무역협정, 제주해군기지 등의 정치적 이슈와 박근혜 옹호, 문재인 안철수 이정희 비방 등에 대한 댓글 활동을 지시함으로써 정치 및 선거 개입과 직권남용 혐의가 적용되었다. 특히 국정원 직원들은 검찰 조사 과정에서 "원세훈이 종북 좌파가 정권을 잡아서는 안 된다며 댓글 활동을 지시했다"고 진술하면서 "우리는 지시하지 않은 일은 안 한다"고 말해 윗선의 지시 사실을 분명히 했다.[639]

한편, 김용판은 서울경찰청이 이미 확인한 ID·게시물 등 분석 자료를 수서경찰서에 넘기지 않은 채 왜곡된 중간 발표를 지시했고, 증거 분석 결과물 회신을 거부했다. 이러한 사실에 대해 김용판은 형법상 직권남용, 경찰공무원법 위반, 공직선거법 위반 등이 적용되었다. 압수수색 전 증거를 인멸한 증거분석팀장도 함께 증거인멸 혐의가 적용되었다.

조선일보는 6월 14일 검찰 발표에 앞서 수사결과 일부를 공개해 검찰 발표에 초를 쳤다. 조선일보는 국정원 직원이 작성한 글이 1,760여 개였고, 이 가운데 검찰이 원세훈의 공직선거법 위반 혐의에 적용한 글은 67개라고 공개했다. 이 기사는 특별수사팀이 대검찰청과 법무부에 제출한 '수사 보고서'를 입수해 이 같은 사실을 확인했다고 전했다.[640] 이와 관련하여 채동욱 검찰총장은 "전 국민의 관심이 집중된 국정원 의혹 사건 수사 발표가 임박한 시점에서 일부 수사 참고 자료가 대외적으로 유출되는 심각한 사태가 발생했다"며 유출자를 밝히기 위한 특별감찰을 지시했다.[641]

국정원 대선 개입 사건에 대한 검찰 발표로 여야 간 긴장이 흐르고 있는 가운데 2013년 6월 17일 국회 법제사법위원회 법무부 업무보고가 있었다. 박영선 위원장은 업무보고 마무리 발언에서 대선 당시 제기된 '2007년 남북정상회담의 NLL포기 발언' 논란이 국정원과 새누리당의 각본에 의한 것이라는 의혹을 제기했다.[642] 박영선의 이 발언은 뜻하지 않게 '국정원 댓글 사건'을 덮고 NLL논란을 재 점화했다. 새누리당의 정보위원들은 국정원으로부터 대화록 발췌본을 열람했고, 민주당은 이러한 열람 행위를 검찰에 고발했다. 문재인 의원은 법적으로 공개가 불가능한 대통령기록물을 국회 표결로 공개하자고 제안하는 등 기존의 기록물 열람 금지 원칙에서 후퇴하며 오락가락했다. 수구 언론들은 때를 만난 듯 NLL논란을 증폭시켰다. 이에 민주당 김한길 대표는 새누리당이 국정조사를 회피하기 위해 NLL 논쟁을 재 점화했다며 국정원 댓글 조사를 먼저 하자고 제의하기에 이르렀다.

NLL은 정전협정 당시 유엔군사령관이 서해 해상에 일방으로 그어놓은 한계선으로, 이 문제는 남북기본합의서와 부속합의서에 "계속 협의"하는 것으로 명시되어 있었다. 남북 정상회담에서 노 대통령이 NLL에 대해 "국제법이나 논리적으로도 근거가 분명치 않다"고 한 것은 그 현실적 고민을 토로한 것이며, 노 대통령의 '서해 평화협력지대' 제안은 바로 이 부속합의서에 기초한 것이었다. 따라서 민주당은 NLL에 대한 평화적 해법을 적극적으로 제시하는 것이 노 대통령의 남북평화노선을 잇는 길이었다. 그러나 민주당은 이 문제를 정면으로 돌파할 생각은 않고, "노 대통령의 발언은 'NLL 포기' 아니다"는 식의 소극적 방어에만 급급해 갈팡질팡하는 태도를 보였다. 민주당은 한나라당의 '친북 씌우기' 전략을 극복하지 못하고 있었다.

NLL논란이 재 점화되고 민주당 홍익표 대변인의 '귀태' 발언으로 국정조사는 7월이 다가도록 겉돌며 진전을 보이지 않자 민주당은 8월의 시작과 함께 국회를 박차고 장외로 나왔다. 청와대와 새누리당이 민주당에 "선거불복이냐"며 으름장을 놓은 것은 향후 벌어질 국민 저항을 사전에 차단하려는 속셈이었다. 이런 중차대한 시점에 박근혜 대통령과 여권의 핵심 인사들은 7월 말 휴가철이 다가오자 휴가를 떠났다. 새누리당의 시각에서 국정원의 선거 개입은 매우 경미한 인터넷 댓글 사고였고, 민주당은 무기력한 존재였으며, 여론은 든든한 수구 언론에 의해 얼마든지 통제가 가능했다. 이런 상황 속에서 독선과 오만은 새누리당의 뼛속까지 스며 있었다.

시민·언론단체의 움직임

'18대 대선 부정선거진상규명시민모임'은 박근혜 정부가 출범하기도 전인 2013년 2월 16일 대한문 앞에서 국정원 선거 개입 규탄의 포문을 열었다. 이 단체는 이후에도 서울역 광장, 대한문 앞 등에서 수시로 집회를 가졌다. 4월 19일에는 국정원 직원이 검찰에 송치된 것과 관련, 경실련과 참여연대가 논평을 내고 철저한 수사를 촉구했다. 이날 '18대 대선 부정선거진상규명시민모임'과 '민주민생 평화통일주권연대' 등 13개 단체도 4·19민주묘지에서 기자회견을 열고 "원 전 원장의 즉각 구속"을 촉구했다.[643] 이후 국가정보원에 항의하는 정기적인 시민들의 집회가 계속 열렸고, 집회는 이 사건의 공소시효가 끝나는 6월까지 매주 토요일 계속되었다. 이밖에도 시민단체들은 국제연합에 진상조사를 촉구하기도 하고, 이명박, 원세훈, 김용판을 내란 음모로 고발하기도 하는 등 국정원의 선거 개입을 규탄하는 집회는 계속 확산되었다. 한국대학생연합(한대련)에서는 "박근혜 하야"라는 구호가 처음 등장하기도 했다.

6월 검찰의 수사결과가 발표된 이후에는 시국선언이 확산되었다. 서울대총학생회는 대검찰청 앞에서 기자회견을 갖고 규탄성명을 발표한 후 시국선언을 위한 서명운동을 제안했다. 이를 시작으로 시국선언 및 규탄집회는 전국의 학교, 종교계, 시민단체 등으로 확산되어 7월에 82개 단체로 늘어났으며 이후에도 계속 늘었다.[644]

7월 서울시청 광장에서 209개 시민사회단체들이 모인 '국정원 대선 개입과 정치개입진상 및 축소은폐 규명을 위한 시민사회단체 긴급 시국회의'는 "국정원에 납치된 민주주의를 찾습니다"라는 주제로 촛불집회를 열었다. 이 집회에는 주최 측 추산 1만여 명이 참여했다.[645] 촛불집회는 다양한 명칭과 함께 여러 도시로 확산되었다. 집회의 구호도 '국정원 규탄'에서 '박근혜 사퇴', '박근혜 퇴진' 등 점차 수위가 높아졌다. 2013년의 마지막 날, 서울역고가차도에서 시민 이남종은 박근혜 사퇴를 요구하며 분신을 시도하였다. 그는 안타깝게도 다음 날인 2014년 1월 1일 숨졌다.

동아투위, 언론노조 등 22개 언론단체들은 2013년 6월 26일 프레스센터 앞에서 기자회견을 갖고, 수구보수언론의 악의적인 보도 행태를 규탄하면서, '국정원 선거개입'에 대한 국정조사, 책임자 처벌, 대통령의 입장 표명을 촉구하는 언론계 선언을 개최했다. 특히 언론단체들은 방송과 수구보수신문 조중동이 2012년 대선 당시부터 검찰의 수사 발표까지 관련 내용을 축소 왜곡해왔음을 강하게 비판했다. 또한 새누리당의 'NLL 발언 조작' 이후에는 정부 여당의 주장을 적극 유포하며 '국정원 선거개입' 사건을 희석시켰다고 규탄했다. 언론단체는 선언문을 통해 공영방송에 대해 '권력 눈치 보기와 코드 맞추기'에만 급급했다고 지적했다. 언론계 선언에 참석한 원로 언론인 임재경은 "박근혜 대통령은 국정원장의 국기 문란을 용인해 역사와 민족 앞에 큰 죄를 지었다"고 비판했다. 신태섭 민언련 상임대표는 "조선과 중앙이 '2007년 남북 정상회담' 전문을 확인하고도 날조 기사와 사설을 내보냈다"면서 "이는 범죄자들이 자기 범죄를 은폐하고 국민의 권리와 행복을 짓밟는 행위"라고 비판했다. 강성남 언론노조 위원장은 "박근혜 정부는 이명박 전 대통령의 언론장악을 그대로 이어받고 있다"며 박근혜 정부의 언론정책을 강한 어조로 비판했다. 민언련은 2012년 12월부터 'NLL 발언' 논란까지 모니터 보고서를 발표했다. 민언련의 유민지 활동가는 방송사와 조중동이 국정원의 선거개입을 희석시키기 위해 '민주당 매관 의혹', '여직원 감금' 등을 지속적으로 제기했으며, 다른 한편으로는 'NLL포기발언'을 부각했다고 지적했다. 다음은 언론계 선언 전문이다.[646]

민주주의와 헌정질서 파괴를 외면하는 언론은 역사의 심판을 각오하라!

국가정보원의 악질적인 불법 선거 개입에 대한 국민들의 규탄이 들불처럼 번지고 있다. 새누리당과 국정원은 이 사건의 본질과 아무런 관련도 없는 고 노무현 대통령의 NLL 발언 공개로 맞불을 놓았다. 이마저도 사실관계가 다르다는 것이 드러나고, 위법성과 국익 침해 논란까지 낳게 되자 새누리당은 부랴부랴 국정조사에 재합의했다. 전(前) 원내대표 간의 합의라 다시 검토해야 한다는, 말 같지도 않은 이유로 국정조사를 거부한 지 일주일만이다.

그러나 국정조사 합의는 국정원 게이트의 시작일 뿐 지금까지 해결된 것은 아무 것도 없다. 당과 정권의 이익을 위해 정치적 신의와 상식까지 저버린 새누리당이 또 어떤 핑계로 진실에 대한 접근을 방해할 지 알 수 없다. 또한 NLL 물타기와 YTN 보도통제 시도에서 보듯 국가정보원은 또 어떤 악의적인 수법으로 사건의 본질을 흐리고, 자신들의 만행을 감추려고 할지 의심을 거둘 수 없다.

가장 큰 문제는 언론이다. 조중동은 말할 것도 없고 소위 공영방송이라고 하는 매체가 권력 눈치 보기와 코드 맞추기에만 혈안이 돼 있다. KBS는 국정원에 대한 검찰의 압수수색과 수사결과 발표 등 도저히 보도하지 않을 수 없는 상황에서만 소극적으로 보도했다. MBC는 시사매거진 2580에서 예고까지 나간 국정원 아이템을 통째로 삭제하기도 했다. 공정성을 지키고 시청자의 알권리를 충족시켜야 할 공영방송으로서 명백한 직무유기다. 이번 불방 사태의 책임자인 심원택 부장은 즉각 물러나고, 김종국 사장은 시청자에게 사과하라. 더 놀라운 것은 국정원 직원이 YTN 기자에게 전화하여 보도 내용에 개입하는, 초유의 사태가 발생했다는 사실이다. 국정원이 YTN 보도국 회의 내용까지 속속들이 알고 있었다고 한다. 언론사 내에 정권의 끄나풀이 있거나 불법사찰의 망령이 되살아난 것으로 의심하지 않을 수 없다. 국회는 이번 국정조사를 통해 국정원의 보도개입 사태에 대한 진상을 낱낱이 밝혀야 할 것이다.

오늘 우리 모두는 선배 열사들의 숭고한 희생으로 이룩한 민주주의를 회복하기 위해 다음과 같이 선언하고 강력히 촉구한다.

─국회는 철저한 국정조사를 통해 국정원의 불법 선거와 이를 은폐, 묵인하기 위한 사건의 전모를 낱낱이 밝혀라!

─검찰과 사법부는 조사 결과에 따라 사건의 책임자 및 이른바 '몸통'에 해당되는 자들을 강력히 처벌하라!

─언론은 정권의 호위대, 민주주의 파괴의 공범 역할을 그만두고 민주주의의 충실한 수호자로 복귀하라!

─국정원은 더 이상 진실을 감추려 하지 말고 국정조사 결과를 기다리며 자중하라. 또한 YTN 보도국의 회의 내용을 어떻게 알게 되었는지 사실대로 해명하라!

─국정원의 불법 선거 개입의 최대 수혜자인 박근혜 대통령은 헌정 질서를 지켜야 할 국가원수로서 책임 있는 자세를 취하라!

─위와 같은 요구가 관철될 때까지 우리 언론계의 모든 시민사회단체들은 강력히 연대하여 민주주의 수호를 위해 모든 것을 바쳐 투쟁할 것이다.

2013년 6월 26일

동아자유언론수호투쟁위원회, 매체비평우리스스로, 문화연대, 미디어기독연대, 미디어문화센터, 민주언론시민연합, 바른지역언론연대, 방송독립포럼, 새언론포럼, 언론개혁시민연대, 언론광장, 언론소비자주권국민캠페인, 언론인권센터, 전국언론노동조합, 진보넷, 80년해직언론인협의회, 한국기자협회, 한국PD연합회, 한국방송기술인연합회, 방송기자연합회, 한국아나운서연합회, 한국인터넷기자협회

국정원 댓글 사건은 NLL 논란과 민주당의 소극적 대응으로 식어가는 듯했지만, 그런 얄팍한 술수로 국민의 의혹을 묵살하고 넘어갈 수는 없는 일이었다. 국정원 댓글 사건에 대한 검찰 수사가 진행되고 있는 가운데, 여야는 7월부터 45일간 국정조사를 갖기로 합의했다. 그러나 어렵사리 이루어진 합의는 홍익표 민주당 대변인의 '귀태' 발언으로 다시 정쟁 속에 휘말렸다. 홍 대변인은 7월 11일 국회 브리핑에서 '기시 노부스케와 박정희'를 인용하며 박정희는 '귀태', 박근혜는 '귀태의 후손'이라고 말해 그렇지 않아도 꼬투리 잡을 기회를 엿보고 있던 정부 여당을 발칵 뒤집어 놓았다. 수구보수언론도 적극 가세했다.

새누리당은 국정조사를 비롯한 모든 국회 일정을 중단했다. 이정현 청와대 홍보수석은 박 대통령을 국가정보원 사건과 연관시킨 것은 '국기문란'이라며, "불복이라면 불복"이라고 분명하게 입장을 밝히라고 윽박질렀다. 조중동과 방송들은 호떡집에 불난 듯 이구동성으로 일제히 민주당에 포화를 쏟아 부었다. 동아는 귀태 발언이 '대선 불복종'을 함축하고 있다고 했고, 조선은 '우리 정치의 고질적 병폐인 선거 불복 현상'이라고 우려했으며, 중앙은 '5년마다

도지는 대선 불복 돌림병'이라고 비난했다.[647] 방송도 주요 뉴스로 상세히 다루었다. TV조선은 지난 4월에도 홍익표 의원이 "지난 대선 결과는 무효다. 박정희는 군대를 동원해서 대통령직을 찬탈했고 박근혜 대통령은 국정원과 경찰 조직을 동원해서 대통령직을 도둑질했다. 부전여전이다"라고 했던 트위터 내용을 확인, 보도하면서 '대선 불복 프레임'을 덧씌웠다.[648] 권부와 유착된 신문과 방송이, 관권이 동원된 부정선거의 본질은 외면한 채, 말꼬리 잡기에 급급하는 모습은 본말전도요 적반하장이며 우격다짐이었다.

'NLL 발언', '귀태 발언' 등으로 국정조사 시간을 허비한 여야는 국정조사 참여 의원의 자격, 기관 보고의 대상 등을 놓고 또 옥신각신하며 시간을 끌다가 조사 기간의 절반이 지난 7월 24일에서야 법무부 장관의 기관 보고를 시작했다. 이후에도 여야는, 'NLL 대화록'의 국정조사 포함 여부, 회의공개 여부, 하계휴가로 인한 조사 기간 연장, 증인 채택, 동행 명령 발부 여부, 방송 중계 등을 놓고 지루한 논박을 벌였다. 게다가 조사 과정에서 국정원장을 비롯한 국정원 간부들의 무단 불참, 새누리당 국조위원들의 집단 퇴장 등으로 시간만 흘려보냈다. 국정조사가 증인 채택도 못한 채 진전이 없자 민주당은 8월의 시작과 함께 원내외 병행 투쟁을 전개한다며 원외로 뛰쳐나갔다.

언론단체들은 정쟁으로 시간만 낭비하고 있는 정치권과 국정원 대선 개입 의혹을 축소하기에 급급한 언론의 행태에 대해 문제를 제기하기 시작했다. 언론노조는 8월 8일 서울 프레스센터에서 국정원 대선 개입을 규탄하는 언론인 시국선언을 하고 "박근혜 대통령이 직접 진실 규명에 나서라"고 촉구했다. 언론노조는 시국선언문에서 "민주주의와 헌정 질서를 파괴한 국가정보원의 대선 개입 사건이 정치권의 진흙탕 싸움과 언론의 외면으로 묻히고 있다"며 "작금에 벌어지고 있는 일련의 사태를 지켜보며 언론인들은 피와 눈물로 이룩한 우리 민주주의가 송두리째 무너지는 상황을 목도하도록 강요당하고 있다"고 개탄했다. 언론노조는 "국정원 사건을 다룬 시사 프로그램과 뉴스가 방송되지 못하는 일이 비일비재하고 독재정권에서 있을 법한 국가기관의 보도 통제가 자행되고 있다"면서 "박근혜 대통령이 직접 진실을 규명하고 국민 앞에 진심으로 사과하라"고 주장했다.[649]

국정조사와 김기춘의 등장

민주당의 원외투쟁에 청와대와 새누리당은 '선거불복'이냐며 으름장을 놓았고, 수구족벌언론들은 때를 만난 듯 맞장구를 치며 민주당을 공격했다. 정권이 궁지에 몰릴 때마다 나타나는 권언유착의 폐해는 박근혜 정권의 독선과 오만을 더욱 심화시켰다. 이후 여야는 진통 끝에 원세훈, 김용판 등 국정조사 증인 29명과 참고인 6명을 합의해 발표했다. 증인에는 국정원 간부와 댓글에 직접 참여했던 국정원 직원, 수사 축소에 관여한 경찰 간부와 직원, 대치 과정에 있었던 경찰 및 선관위 직원과 민주당 관계자, 제보 과정의 보좌관, 회계 관리자 등이었다.[650]

민주당이 장외로 나가고 여야 관계가 극심하게 악화된 상황에서도 '추억 속의 저도'에서 과거를 회상하며 여름휴가를 보낸 박근혜 대통령은 돌아오자마자 청와대비서실을 개편했다. 새 비서실장으로는 유신헌법을 기초했고, 1991년 강기훈 유서대필사건의 공안정국을 주도했으며, 1992년 대선 때는 초원복국집에서 지역감정을 유감없이 부추겼던 김기춘이었다. 김기춘 비서실장의 발탁은 박 대통령의 향후 정치적 행보를 짐작케 했다. 그것은 무덤 속에 있던 유신의 망령들이 활개를 치면서 머지않아 공안의 광풍이 불어 닥칠 것을 예고하고 있었다.

8월 14일 어렵사리 국정조사 청문회가 열렸으나 원세훈과 김용판은 공판 준비기일과 겹친다는 이유로 불참해 이날 청문은 무산되었다. 이틀 후 개최된 1차 청문회에서는 김용판과 원세훈이 증인선서를 거부하는 유래 없는 일이 벌어졌다. 이날 두 사람은 자신의 혐의를 대부분 부인하였다.

8월 19일 2차 청문회에서는 국정원 직원 증인석 앞에 설치된 가림막 때문에 오전 내내 논란이 빚어졌다. 가림막은 증인 4명의 모습이 보이지 않도록 높게 설치되었는데 가림막의 허용 여부, 가림막의 높이 등으로 논쟁이 계속되다가 결국 가림막 아래 30cm를 제거하고 여야 보좌진이 증인들을 감시하기로 합의하였다.[651] 이날 권은희는 2012년 당시 김용판의 '격려전화'는 압수수색을 하지 말라는 '외압'이었고, 서울경찰청이 키워드를 줄여달라고 한 것은 '축소수사' 압력이었으며, 댓글 사건 중간수사 결과 발표는 "대선에 영향을 미치기 위한 부정한 목적으로 한 것"이라고 증언했다.[652] 이날 국정원 직원 김하영과 박원동은 의원들의 질문에 답변을 하지 않거나 사전에 준비한 대로 "말씀 드리기 곤란하다"고 답했다. 연합뉴스 카메라에 잡힌 김 씨의 모범답안에는 '답변' 내용이 빼곡히 적혀 있었고, 두 직원의 답안지는 형식이나 기호 등이 일치해 두 사람이 사전에 모의를 하고 나왔음을 알 수 있었다.[653]

8월 21일 3차 청문회는 추가로 출석한 증인이 없고 새누리당이 불참하여 반쪽으로 열렸다. 결국 국정원 국정조사는 8월 23일 결과보고서 채택 없이 53일간의 조사를 끝냈다. 국정조사 이후 여야는 극한 대립으로 치달았다. 야당이 국정원 선거개입을 3·15부정선거에 빗대자 새누리당 최경환 원내대표는 "'귀태' 발언에 이어 국민들을 상대로 대국민 흑색선동을 한 것"이라며 "불복 의지를 만천하에 드러내며 헌정 질서를 부인한 것"이라고 공격했다. 민주당은 "국정원이 대선 개입으로 지난 대선의 정당성이 훼손된 것은 엄연한 사실"이라고 맞받았고, 김한길 대표는 "노숙투쟁도 불사하겠다"고 선언했다. 이날 민주당의 국민보고대회에는 국회의원 101명과 당원 5천여 명이 참석해 결집력을 보여주었다. 민주당 지도부는 이날 저녁 '국정원 시국회의'의 촛불집회에도 참석했다.[654] 선서 거부, 답변 거부, 거짓 증언 등 국정조사에서 드러난 원세훈, 김용판 등의 비굴하고 오만한 태도와 일심 공판 과정에서 보여준 뻔뻔스런 행태는 촛불 민심에 불을 질렀다.

'내란음모' 광풍에 납작 엎드린 민주당

2013년 8월 28일, 국정원은 통합진보당(통진당) 이석기 의원실을 비롯한 18곳을 압수수색하고 홍순석 통진당 경기도당 부위원장 등 3명을 체포했다. 이틀 후인 8월 30일 수원지방법원은 홍순석 등 3

명에 대해 내란음모·선동 및 국가보안법 위반혐의로 구속영장을 발부했다. 수원지검은 이석기 의원에 대해 같은 혐의로 체포동의 요구서를 국회에 전달했다.

김기춘 비서실장 발탁에서 예견된 것이었지만, 정권의 위기 때마다 등장하는 공안의 광풍은 어김없이 불어 닥쳤다. 통합진보당 내란음모 사건은, 장장 53일 간의 국정조사에서 아무런 소득도 얻지 못하고 청문회 보고서조차 채택하지 못한 채 장외로 뛰쳐나간 야당을 다시 원내로 불러들였다.

이 사건은 국정원이 2010년부터 이석기 및 주변 인물의 내란예비음모, 국가보안법상 찬양·고무 혐의에 대한 내사를 벌여왔던 사건이었다. 국회는 이석기 의원 체포동의안을 접수한 2013년 9월 2일 당일, 본회의를 열고 정부가 제출한 체포동의안을 보고했다. 체포동의안은 국회법상 본회의 보고 24시간 이후 72시간 이내에 표결처리토록 되어 있었다. 이날 국회 본회의는 이석기 의원 체포동의안에 대한 표결처리 여부를 찬성 255표로 통과시켰다. '내란음모'라는 어마어마한 범죄 혐의에 납작 엎드린 민주당은 잔뜩 긴장했다. 경향신문은 9월 2일 국회의 체포동의안 표결 처리를 결정하는 과정과 분위기를 상세히 취재해 보도했다.

(…) 정기국회는 2일 오후 2시 23분 개원했다. 강창희 국회의장은 개회사에서 "현직 국회의원이 내란음모 혐의를 받고 있는 상황에 처하여 우리 모두는 큰 충격을 받고 있다. 빠른 시일 안에 그 진상이 한 점 의혹 없이 밝혀짐으로써 충격과 불안이 해소되기를 바란다"고 밝혔다. 국회는 개원식 직후인 오후 2시 38분 바로 본회의를 열었다. 2시 39

분 전상수 의사국장이 안건을 보고했다. 전 국장은 "9월 2일 정부로부터 통합진보당 이석기 의원에 대한 체포동의안이 제출됐다"고 밝혔다. 체포동의안 보고는 본회의가 열린 지 46초 만에 끝났다. 본회의에 참석한 이석기 의원은 심각한 표정으로 정면만 응시했다.

강 의장은 오후 2시 40분 쯤 정기국회를 9월 2일에서 2월 10일 사이에 여는 회기 결정안을 상정했다. 진보당 김미희 의원은 체포동의안 표결을 위한 본회의 일정을 저지하기 위해 반대 토론에 나섰다. 김 의원은 "이 의원에 대한 내란음모 혐의에 과연 유죄판결이 내려질 수 있다고 판단하느냐. 한국전쟁의 피바람 즉결처분과 같다"고 말했다. 새누리당 의석 여기저기서 "확신한다" "뭐가 유감이야" "국회의원 그만둬"라는 고성이 터져 나왔다.

반대 토론 종결 후 곧바로 회기 결정안이 표결에 부쳐졌다. 재석 264명 중 찬성 255명, 반대 2명, 기권 7명으로 회기 결정안은 가결됐다. 진보당 김미희, 김재연 의원이 반대했다. 민주당 문재인, 이인영, 김용익, 도종환, 유성엽, 은수미, 임수경 의원은 기권했다. 심상정 의원 등 정의당 의원 5명은 찬성했다. 정당 간 '3 대 1'의 진보당 고립 구도가 형성된 것이다. 이석기 의원은 아예 재석 버튼을 누르지 않고 표결에 불참했다. (…)

새누리당은 앞서 최고위원회의와 의원총회를 잇따라 열고 이석기 의원을 규탄했다. 의총에선 규탄 성명서를 채택하려 했으나 이재오 의원이 "지금은 그럴 시기가 아니다. 더 수사를 지켜봐야 한다"고 반대해 무산됐다. (…)

민주당 김한길 대표는 오전 10시 30분 열린 의원총회에서 "대한민국과 민주주의의 가치를 부정하는 세력이 있다면 민주당은 그 상대가

4부 민주화 시대의 언론운동

누구든 결연히 맞서야 한다"고 밝혔다. 전병헌 원내대표는 "헌법적 가치를 부정하는 세력은 그 누구라도 용납하지 않겠다는 것이 우리의 신념이고 확고한 입장"이라고 말했다. (…)[655]

2013년 9월 4일 국회 본회의 안건으로 이석기 의원 체포동의안이 올라왔다. 신상 발언에 나선 이석기 의원은 "국정원이 보수 언론까지 총동원해 마녀사냥을 벌이고 있다"고 일갈하고 "국정원이 100여 명을 투입해 전 방위적인 압수수색을 벌였지만 내란음모를 입증할 증거를 발견하지 못했다"며 표결에 반대해줄 것을 호소했다. 같은 당 오병윤 의원은 국정원의 과거 조작 사건들을 언급하면서 과연 내란죄가 맞는지 대한민국의 법과 헌법을 만드는 국회가 꼭 판단해야 한다고 강조했다. 반면 새누리당 김진태 의원은 국회가 자유민주주의라는 헌법적 가치를 지켜낼 수 있는지 여부를 결정하는 순간이라며 종북 세력을 뿌리 뽑는데 모두 합심해야 한다고 강조했다. 민주당 전병헌 의원도 자유민주주의적 질서를 부정하고 헌법 가치를 침해하는 그 어떤 기조도 용납하지 않겠다면서 당론으로 찬성 가결시키기로 했다고 밝혔다. 표결 결과는 의원 289명이 표결에 참석해 찬성 258명, 반대 14명, 기권 11명, 무효 6표였다. 새누리당은 당론으로 정하지는 않았지만 이견이 없었고, 민주당과 정의당은 당론으로 정했지만 이탈표가 나왔다. 가결 직후 이석기 의원은 국회 본회의장 앞에서 "한국의 정치는 실종되고 국정원의 정치가 시작됐다"고 입장을 밝혔다.[656]

'내란음모사건'은 모든 신문과 방송이 지면과 화면을 도배하다시피 했다. 그러나 '내란'이라는 엄청난 사건치고는 공개된 녹취록의 내용이 초라하고 생뚱맞기 짝이 없었다. 불과 130여 명의 조직원이 총기 몇 자루로 국가기간 시설을 파괴하고 나라를 전복시킨다는 이야기가 허무맹랑하고 비현실적이었다. 목숨을 걸 수도 있는 내란 모의가 그런 공개된 장소에서 강연과 토론 형식으로 아무런 거리낌 없이 이루어졌다는 것도 상식적으로 납득하기 어려운 어처구니없는 일이었다. 핵심 쟁점이었던 지하 혁명 조직 RO의 존재 여부도 규명되지 못했다. 3년 여 동안 내사를 해왔다는 국정원이 하필 이 시점에 사건을 터뜨린 것은 '선거 부정 개입'으로 위기에 몰린 국정원의 처지와 관련되어 있음은 불문가지였다. 그것은 또한 대통령 비서실장으로 화려하게 등극한 유신의 발안자인 공안통 김기춘의 귀환과도 무관하지 않았다.

그러나 통진당 당사자들을 제외하고는, 제1야당인 민주당도, 진보를 표방하는 정의당도 별반 토를 달지 못했다. 한겨레, 경향 등 진보 성향의 신문들조차도 강한 문제제기를 유보했다. 어느 누구도 박근혜 정권, 국정원, 새누리당, 조중동 등 거대한 보수멸공연맹 세력이 만들어낸 공안의 광풍에 정면으로 맞서 저항하려 하지 않았다. 그러나 국제엠네스티는 2015년 2월 25일 연례 인권보고서에서 이석기 사건을 표현의 자유를 침해한 대표적인 사건으로 규정했다. 이어서 그해 6월 25일 미국 국무부는 연례 인권보고서에서 세계인권선언이나 주요 인권 협약을 위반하는 "자의적 체포, 구금"이라고 결정했다.

권언유착에 맞선 검찰

채동욱 찍어내기

채동욱 검찰총장은 국정원 댓글 사건으로 운명의 갈림길에 섰다. 권력에 굴종하여 자리를 지킬 것인가 한 점 의혹 없는 수사로 검찰총장의 수임을 다하여 역사에 남을 것인가. 채 총장은 후자를 선택했다. 황교안 법무부 장관의 견제는 집요했으나 채 총장을 꺾지는 못했다. 국정원 댓글 사건은 원세훈에 대한 선거법 적용과 구속 수사가 가장 큰 쟁점이었고, 채 총장은 이 두 가지를 모두 관철하려 했으나 황교안 법무장관의 끈질긴 견제로 '구속 수사'는 뜻을 이루지 못한 채 불구속 수사로 만족해야 했다. 그러나 이후 수사와 기소, 재판 등의 과정에서 채 총장은 끊임없는 권부의 견제를 받았고, 결국 총장 자리에서 끌려 내려왔다. 임기가 남아 있는 검찰총장을 끌어내릴 방법을 찾던 권부는 채 총장에 대한 '악성 추문'을 만들어낼 계획을 세웠고 조선일보가 그 총대를 멨다. 조짐이 보이기 시작한 것은 '채동욱 검찰총장이 왕따가 된 이유는?'이라는 제목의 8월 29일자 정권현 조선일보 특별취재부장의 칼럼이었다.

제목부터 무엇을 이야기하고자 하는지 짐작케 하는 이 칼럼은 검찰 수사에 대한 청와대의 불만을 그대로 대변하고 있었다. 이 칼럼은 채 총장을 '국정 혼란의 원인 제공자'로 몰아세웠다. 채 총장의 거취를 압박하는 보수단체들의 신문광고 문구를 발췌 인용하면서 "임기를 채우지 못할 것이라는 말이 나올 정도", "그에 대한 점수는 검찰 내부에서도 후한 편은 아닌 듯하다"는 등 채 총장을 깎아내렸다. 채 총장의 검찰개혁에 대해서도, 체제 전복 세력이나 종북 세력에 어떻게 대처할 지에 대해선 언급이 없다고 비난하다가, 급기야 "정권의 비리 수사나 재벌 때리는 일에는 기를 쓰고 달려들면서 '불법집회', '폭력시위', '종북 세력 척결' 등 이른바 공안사건 앞에선 주눅이 든 모습을 보이고 있다"며 본심을 토로한 뒤 "채 총장이 어떤 길을 갈지는 전적으로 자신에게 달려 있다"고 으르댔다. 그러나 칼럼 어느 구석에도 채 총장의 문제가 정확히 무엇인지에 대한 사실과 논거는 찾아볼 수 없었다. 오로지 수구공안세력들의 이런저런 주장과 의견을 나열해 놓았을 뿐이었다.[657]

정권현의 칼럼은 마침 내란음모 사건이 터진 바로 다음 날로 살벌한 공안 분위기가 정치권 전체를 잔뜩 긴장시킨 시점이었다. 그러나 그것은 채 총장에게 경고를 주는 정도의 효과 밖에는 없었다. 채 총장에 대한 조선의 본격적인 선전포고는 그로부터 일주일 가량 뒤에 나온 '혼외자' 보도였다. 2013년 9월 6일 조선일보는 "채동욱 검찰총장에게 혼외 아들이 있다"는 기사를 내보냈다. 이 보도는 채 모라는 아이의 학교 학적부에 부친의 이름이 채동욱으로 기재되어 있다는 사실 외에는 대부분 의혹 수준의 근거 없는 가십 기사에 불과했지만, 조선일보는 '확인되었다', '밝혀졌다'라는 매우 단정적인 표현을 사용해 기정사실화 했다. 채 총장은 이를 강하게 부인하면서 "필요하면 유전자 검증을 받을 용의가 있다"고 반박했다. 혼외자의 생모로 지목된 임 모 씨는 조선일보의 기사가 사실무근임을 주장하는 편지를 조선일보와 한겨레에 각각 보냈다.

뉴스는 '혼외자' 보도로 뒤덮였고, '국정원 선거개입', 'NLL 사건' 등은 어느 새 세인의 기억에서 사라졌다. 2013년 9월 11일 조선일보는 채 총장에 대해 융단폭격을 퍼부었다. 조선은 '검찰총장 혼외 아들 의혹'이라는 큰 제목 하에 "총장 지인들 '채, 한 때 거의 매일 임씨 술집 들러'… '임씨와의 관계 아무 언급 안 하는 것도 이상한 일'", "채동욱 검찰총장 '공직자·가장으로서 한점 부끄러움 없다'", "임 씨가 본지에 보내온 편지 전문", "임 씨 '식구에게도 채 총장이 아이 아버지'라고 얘기해", "임 씨, 본지 취재 들어가자 5일 간 잠적… 채 총장이 정정보도 청구한 당일, 언론사들에 편지", "아이 아버지는 다른 채 모 씨… 채동욱 같은 사람이 되라고 학적부에 아버지로 올려" 등 채 총장 기사로 지면을 도배했고 사설에도 채 총장 관련한 내용을 실었다.

그러나 조선일보의 이러한 보도 행태는 여타 언론이나 여론으로 부터 역풍을 맞았다. 우선 보도의 사실 여부를 떠나서, 채 총장이 공직자라고는 하지만 사안 자체가 직무와 전혀 관계가 없는, 그것도 까마득히 세월이 흐른 오래 전의 일이었는데, 그것이 이처럼 대서특필하고 신문을 도배할 정도의 사안인가 하는 것이었다. 또한 이 사안의 진실은 유전자 감식 외에 다른 확인할 방법이 없는데도 조선은 몇 가지 정황 증거만으로 마치 사실이 확인 된 것처럼 몰아갔다. 게다가 채 총장에 대한 감찰이 실행되더라도 유전자 감식은 강제할 수 없어 사실상 진실을 찾는 것은 불가능했다. 취재윤리의 문제는 더 심각했다. 조선일보가 보도한 내용 중에는 채 모 군의 학적부 및 출국일, 가족관계등록부, 아파트 입주 카드, 임 모 씨 모자의 혈액형 등 언론 기관의 합법적인 취재 활동으로는 결코 얻을 수 없는 정보가 수두룩했다. 이는 조선일보의 취재가 국정원 등 정보기관의 음습한 도움 없이는 이루어질 수 없음을 의미했다.

조선은 채 총장과 관련한 자신들의 보도에 대한 여론의 역풍을 의식했는지 다음 날인 2013년 9월 12일에는 사회면에 "실명 올리고 엉뚱한 사진에 인신공격…'채 총장 혼외 아들' 신상 털기 도 넘었다"라는 제목의 물타기 기사를 내보냈다. 그러나 이 기사의 내용은 채 모 군의 인권을 강조하고 있지만 인터넷과 SNS에 노출된 채 모 군의 인권과 관련된 정보들을 적나라하게 나열하면서 채 모 군의 인권을 다시 한 번 유린했다. 조선은 경찰청 사이버 수사대의 말을 빌려 "근거 없는 내용의 글이나 사진을 유포하는 건 당사자의 명예를 훼손하는 범죄 행위"라고 비판했지만 그 비판이야말로 '누워서 침 뱉기'하는 조선 모습이었다.

채동욱 검찰총장의 '혼외(婚外) 아들' 파문에 연루된 사람들에 대한 '신상 털기'와 인신 공격이 도를 넘고 있다. 채 총장과 부적절한 관계를 유지한 당사자로 지목된 임모(54)씨와 임씨의 아들 채모(11)군의 실명이 인터넷과 SNS에 그대로 노출되면서 이들의 과거 행적이 나열되고, 채군의 경우 엉뚱한 사진이 채군의 모습이라며 떠돌고 있다.

인터넷 검색창에 임씨와 채군의 이름을 입력하면 이들에 대한 게시글 수백 개가 나온다. 실명이 알려지면서 임씨가 부산에서 운영했던 것으로 추측되는 주점 이름과, 채군이 과거에 참가했던 초등학생 대상 프로그램도 뜬다. 채군이 다니던 초등학교 인터넷 홈페이지는 아이들의 단체 사진에서 채군을 찾으려고 수많은 네티즌이 접속을 시도하면서 서버가 마비됐고, 학교 측은 11일 홈페이지를 폐쇄했다. (…)

채군의 학교 기록에 있는 '아버지 직업'이 최근까지 과학자로 되어 있었다는 사실이 알려지면서 채씨 성을 가진 과학자를 찾는다는 게시글도 올라왔다. 경찰청 사이버수사대 관계자는 "근거 없는 내용의 글이 나 사진을 유포하는 건 당사자의 명예를 훼손하는 범죄행위"라고 말했다.[658]

만신창이 된 검찰총장

조선일보의 융단폭격에도 채동욱 총장이 사실을 부인하며 버티자 권부는 마침내 감찰 카드를 꺼내들었다. 황교안 법무장관은 채동욱 총장에 대해 제3의 기관에서 수사할 것을 지시했다. 이에 채동욱 총장은 즉각 청와대에 사표를 제출하고 총장직에서 물러났다. 이후 윤석열 수사팀장도 좌천되어 국정원 사건에서 손을 떼었다. 채 총장은 '검찰총장직을 내려놓으며'라는 다음의 짧은 사퇴문을 발표했다.

> 지난 5개월, 검찰총장으로서 모든 사건마다 공정하고 불편부당한 입장에서 나오는 대로 사실을 밝혔고, 있는 그대로 법률을 적용했으며, 그 외에 다른 어떠한 고려도 없었다. 저의 신상에 관한 모 언론의 보도는 전혀 사실무근임을 다시 한 번 분명하게 밝혀둔다. 근거 없는 의혹 제기로 공직자의 양심적인 직무수행을 어렵게 하는 일이 더 이상 되풀이되지 않기를 바란다.

조선일보의 채 총장에 대한 신상털기는 진실 여부를 떠나서 취재 상식에서 벗어난 질적으로 매우 나쁜 정치적 의도가 깔려 있는 것으로 언론의 가장 심각한 패악 중의 패악이었다. 이 보도는 시기적으로도 '이석기 내란음모', '원전비리', 'NLL대화록 폐기 의혹', '국정원 댓글 사건' 등 굵직굵직한 정치적 사건들에 대한 검찰의 수사와 공소유지가 진행되고 있는 중대한 시점에 나왔다는 점에서 박근혜 정권의 정치적 위기를 해소시킬 목적으로 총장을 찍어낸 것 외에는 생각할 수 없는 기사였다. 채 총장의 사퇴 후 국정원 댓글 사건은 수면 깊숙한 곳으로 침잠했다. 9월 14일 TV조선은 채 총장의 사퇴를 짧게 전했다. TV조선의 보도는 마치 승리를 확인하고 패자의 하소연을 들어주는 전쟁 승자의 당당한 모습을 방불케 했다. 다음은 TV조선 보도를 발췌 요약한 것이다.

2013년 9월 6일 조선일보 보도로 혼외 아들 논란이 일어난 채동욱 검찰총장이 취임 163일 만이자 의혹 보도 일주일 만에 검찰총장 자리에서 물러났다. 그는 짧게 소감을 밝혔다. "그동안 비록 짧은 기간이었지만 법과 원칙에 따라서 검찰을 이끌기 위해 최선을 다했다고 자부한다." 채 총장의 사퇴는 9월 13일 황교안 법무장관이 채 총장에 대한 감찰 지시를 내린 뒤 전격적으로 이뤄졌다. 조상철 법무부 대변인은 "조속히 진상을 밝혀 논란을 종식시키고 검찰 조직의 안정을 도모할 필요가 있다"고 말했다. 그러나 채 총장은 조선일보의 혼외자 의혹 보도는 사실무근임을 강조했다. 대검찰청 김윤상 감찰1과장은 자신이 모르는 상태에서 법무부가 감찰을 결정한 것에 책임을 지고 사의를 표했다. 일부 평검사들도 반발 움직임을 보였다. 서울 서부지방검찰청 평검사들은 13일 긴급 평검사회의를 열고, 평검사 일동 명의로 채 총장의 사퇴 재고를 주장했다.[659]

채 총장 사퇴 사흘 후인 9월 16일, 대통령 박근혜는 김한길 민주당 대표와의 영수회담 자리에서 "법무부 장관의 감찰 지시는 진상 규명을 위한 정당한 조치"라고 강조했다.

집요한 검찰과 법원의 정의

총장의 사퇴로 풀이 죽은 검찰이었지만 검찰은 꿋꿋했다. 이후 검찰은 후속 수사로 인터넷뿐 아니라 트위터 상에서도 국정원이 정치와 선거에 개입한 정황을 포착하고 원세훈과 이종명(전 국정원 3차장), 민병주(전 국정원 심리전단장)에 대해 '트위터 여론조작' 혐의를 추가하여 공소장변경허가신청서를 법원에 제출했다. 검찰은 이에 앞서 국정원 심리전단 직원들의 집을 압수수색해 컴퓨터 하드디스크, 휴대전화 등을 확보하고 게시글과 트위터 계정 아이디를 분석한 결과 이들이 자동 리트위트 프로그램을 통해 수백 개 계정으로 퍼 나른 점을 확인했다.[660] 국정원은 국정원 협조자들에게 검찰의 압수수색 정보를 알려줘 검찰 수사를 방해한 사실이 확인되었고, 국정원이 원하는 내용의 기사를 요청하기 위해 보수 매체에 선물을 보낸 정황도 포착되었다.

수사팀이 추가로 확인한 트위터 글 120만여 건 가운데 대선 관련 글은 50만여 건, 과거 총선 등 다른 선거 관련 글은 70만여 건에 해당되었다. 국정원은 2009년 심리전단을 독립부서로 만들고 사이버팀을 2009년에 2개, 2010년에 3개, 2012년 총선을 앞두고는 4개 팀 70여 명으로 확대했다.[661] 한편, 서울중앙지검은 윤석열 팀장이 윗선에 보고 없이 '부장 전결'로 국정원 심리정보국 직원에 대한 체포와 압수수색을 단행했다는 이유로 윤석열 수사팀장을 재판에 참여할 수 없도록 공소유지 업무에서 배제시켰다.[662]

2013년 11월 20일 검찰 특별수사팀은 원세훈을 추가로 기소하고 다음 날 수사결과를 발표했다. 국정원 직원들은 대선 및 총선 관련한 트윗 총 121만여 건을 통해 선거에 개입했다. 트윗의 글은 선거 관련이 64만여 건, 정치 관련 56만여 건이었으며, 글 원문은 국정원 직원이 작성한 글, 보수 매체의 글, 보수 논객의 글 등 2만 6천여 개로, 이를 자동 리트위트 프로그램을 통해 유포하였다.[663]

2014년 9월 1심 법원은 원 전 원장에 대해 국정원법 위반은 인정했으나 공직선거법위반은 무죄로 판결해 징역 2년 6월에 집행유예 4년, 자격정지 3년을 선고했다. 그러나 2015년 2월 항소심에서 서울고등법원은 공직선거법 위반 혐의도 유죄로 인정하여 징역 3년, 자격정지 3년을 선고하고 원세훈을 법정 구속했다. 이후 5개월 뒤인 7월 대법원 전원합의체는 원심이 법리와 사실관계에서 오류가 있다며 사건을 돌려보냈고 2년 넘는 지루한 공판 끝에 2017년 8월 서울고법은 형량을 더 높여 징역 4년에 자격정지 4년을 선고하고 파기환송심 때 보석으로 풀려난 원세훈을 다시 법정 구속했다. 함께 재판에 넘겨진 국정원 이종명 전 3차장은 징역 2년 6개월에 집행유예 4년, 민병주 전 심리전단장은 자격정지 2년 6개월이 각각 확정됐다. 2012년 대선을 앞두고 부정한 방법으로 박근혜 당선을 도운 혐의로 기소됐던 '국정원 댓글' 사건은 상급심으로 갈수록 형량이 높아졌고 2018년 4월 대법원 전원합의체에서 기소 4년 10개월 만에 원심이 그대로 확정되었다.[664]

이에 반해 국가정보원의 대선 개입 사건 수사에 대해 축소 은폐

지시를 내렸다는 혐의로 기소된 김용판 서울경찰청장은 1심에서부터 무죄를 선고 받았고, 2015년 대법원 최종판결에서도 무죄를 받았다. 이 판결은 김용판에 대한 여론조사에서 55퍼센트가 유죄, 25퍼센트가 무죄로 나온 결과와는 크게 달랐다.[665]

세월호 참사, 언론 참사

참사로 이어진 세월호 침몰

2014년 4월 16일, 전남 진도군 부근 해상에서 여객선 세월호가 침몰해 304명이 사망 실종하는 대형 참사가 발생했다. 특히 수학여행을 떠난 안산 단원고 학생들의 희생이 컸다. 인명 피해가 커진 것은 침몰 초기에 선내 탑승자들에게 "가만히 있어라"는 방송만 하고 자신들만 빠져나오기 급급했던 선장 및 승무원들의 구조의무 불이행과 정부의 안이한 대응, 이후 구조 작업의 부실 때문이었다. 그러나 정부는 진상을 은폐하는 데만 급급했다. 유가족들은 진상규명을 위한 특별법을 요구했으나 정부와 여당의 반대로 계속 지연되다가 600만 명의 국민 서명과 유가족들의 단식농성 등 범국민적 압박이 가해진 뒤에야 2014년 11월 '세월호 참사 진상규명 및 안전사회 건설 등을 위한 특별법(세월호특별법)'이 어렵게 제정되었다. 그러나 세월호특별법은 정부 여당과 보수언론과 방송의 무차별 공격으로 유명무실한 누더기법이 되었다. 이 과정에서 보수언론은 경제위기를 거론하며 논쟁을 끝내라는 주장까지 서슴지 않았다.

정부 여당의 반대로 수사권도 기소권도 없는 채로 출범한 '세월호 특별조사위원회(특조위)'는 할 수 있는 일이 별반 없었다. 새누리당과 보수언론은 특조위를 '세금도둑'이라고 비난하고 수사를 방해하며 지지부진 시간을 끌었다. 시간만 허비한 특조위가 활동기간 연장을 꾀했으나 이조차도 새누리당과 보수언론의 반대로 무산되면서 특조위 활동은 2016년 6월 종료되었다.

세월호는 무리한 증설, 과도한 화물 적재, 운영 미숙 등으로 침몰했지만 침몰이 304명 사망이라는 참사로 이어진 것은 초기 대응의 지연, 선원들의 무책임, 해경의 소극적 구조, 정부의 늑장 대응 등 총체적 부실 때문이었다. 2019년 11월 '검찰 세월호참사 특별수사단'이 구성되어, 사고 직후의 신고 오류, 진도해상교통관제센터VTS의 허술한 대응 등이 추가로 밝혀졌다. 또한 사고 발생 후, 총리실, 해수부, 교육부, 해양경찰청 등 별도의 사고대책본부만 10여개에 달하는 등 통일된 대책 없이 혼란만 거듭했던 것으로 드러났다. 결국 정부의 무능, 혼선, 허술한 대응 시스템이 구조 작업을 지연시키고 사고를 키우게 된 것이었다.

대통령을 비롯한 관료와 정치인들의 무책임한 행태도 큰 문제로 드러났다. 대통령은 사건 발생 7시간 30분이 지난 뒤에 중앙재해대책본부에 나타나 "구명조끼를 학생들은 입었다고 하던데 그렇게 발견하기가 힘듭니까?"라며 마치 딴 세상에서 온 사람처럼 말했다.[666] 관료와 정치인들은 비극의 사고 현장에서 기념 촬영을 하는 등 무책임하고 몰지각한 행위로 빈축을 샀다.

그렇다면 언론은 무엇을 하였던가? 정부를 비판하고 감시해야 할 언론의 기능은 제대로 작동되고 있었던가? 불행하게도 방송은 이미 권부의 나팔수로 전락했고, 신문시장을 장악한 족벌신문들은 부패한 비리 정권의 오랜 친구였다.

2014년 4월 16일 한국의 언론은 그 민낯을 고스란히 보여주었다. 세월호 침몰 초기에 방송, 신문 할 것 없이 모든 언론은 탑승객이 '전원 구조' 되었다는 희대의 오보를 냈다. 이는 '늑장 구조', '전원 사망'으로 이어진 주 원인이 되었으며, 두고두고 후회와 반성을 되새겨야 할 언론 대참사였다. 특히 MBC의 경우, "'전원 구조' 아니다"는 목포MBC 현장 취재 기자의 주장이 있었지만, 서울MBC 본사의 데스크는 이를 묵살했다. 정부 발표를 그대로 받아쓰던 오랜 관행과 눈치보기가, 막을 수도 있었던 '대형오보'와 '구조지연'을 방치한 것이었다. 받아쓰기에 익숙한 언론, 자율을 상실한 언론이 상상할 수도 없는 엄청난 재해로 이어질 수 있음을 보여준 것이었다.

길들여진 언론은 정부의 치부를 감추고 비호하기에 바빴고, 관성적으로 유족들의 정당한 요구와 주장을 왜곡하고 폄훼했다. 언론이 대형 참사를 만들어낸 주범이라고 해도 언론은 할 말이 없었다. 특히 방송의 세월호 보도는 초기 구조를 지연시키고 정부로 하여금 안이한 대처를 하도록 부추겼다고 해도 과언이 아니었다.

사고 첫 날인 4월 16일 컨트롤타워 부재, 소통 부재, 판단 오류 등으로 혼선을 빚은 정부는 단 한 명의 생명도 구하지 못한 채 갈팡질팡하고 있었음에도 불구하고, 방송들은 이러한 팽목항의 '구조 쇼'를 비판하기는커녕 이구동성으로 정부가 구조에 최선을 다하고 있는 것처럼 미화하는데 급급했다. 그날 투입된 잠수사는 16명에 불과했음에도, KBS는 "육해공 총동원, 하늘과 바다서 입체적 구조작업", MBC는 "함정 23척, 병력 1천여 명 동원"이라고 보도했다. SBS 역시 "해군 '가용전력 모두 투입', '장비·인원 총동원… 필사의 수색'"이라며 당국의 허위 발표를 그대로 보도했다. 세월호 침몰 이틀 뒤, YTN은 "세월호 내부 진입 성공, 생존자 확인 중"이라고 보도했으나 실제로 선내 첫 진입은 그로부터 4시간 뒤였다. 방송은 자체적인 취재 없이 정부의 발표를 그대로 받아썼고, 방송의 구조 화면은 그 화려한 영상과 달리 실질적 구조와는 거리가 멀었던 것이다.

특히 MBC는 무책임하고 개념 없는 언어로 슬픔에 젖어 있는 유족들의 가슴을 들쑤셔놓았다. 2014년 5월 6일 민간 잠수사 이광욱 씨가 세월호 수색 작업을 하던 중 가이드라인에 공기호스가 걸려 호흡 곤란으로 사망한 사건과 관련해, MBC 뉴스데스크는 데스크 리포트 '분노와 슬픔을 넘어'에서 "조급증에 걸린 우리 사회가 왜 잠수부를 빨리 투입하지 않느냐며 그를 떠민 건 아닌지 생각해봐야 할 대목"이라며 마치 유족들의 재촉으로 잠수부가 숨지게 된 것인 양 주장해 유족들을 아프게 했다. 또한 정부의 구조 실패와 특별법 제정 거부에 항의해 48일째 단식 중인 유가족 김영오 씨에 대해 MBC는 "김 씨가 딸의 기저귀 한번 갈아준 적 없으며, 이혼 후 10년 간 누나가 혼자 애 둘을 키워 왔다"고 근거 없는 막말을 해 16살 딸을 잃어 슬픔에 잠긴 유가족의 가슴에 대못을 박았다. 2015년

4부 민주화 시대의 언론운동

1월 세월호 배·보상법 여야 합의에 대해서도 '세월호 배·보상법 합의'라는 여타 방송사들의 제목과는 대조적으로, MBC는 '단원고 2학년 대입 특례 합의'라는 제목을 달아 '대입 특례'를 강조함으로써 마치 유가족들이 불공정한 특혜를 받게 된 것처럼 비뚤어진 시각을 보였다.[667]

박근혜정권의 언론 통제와 언론인들의 저항

언론 통제의 증거들

박근혜 정권의 언론 통제는 이명박 정권 때와 판박이였다. 통제는 방송, 특히 직접 통제가 가능한 공영방송사에 주로 집중되었고, 정권에 충성할 낙하산 사장을 앉히는 일이었다. 사장은 인사를 통해 친위대를 구축한 다음, 핵심 저항 세력인 노조를 무력화했고, 프로그램에 개입했으며, 외부 출연자까지 통제하였다. 반발하는 언론인은 전보와 징계 등의 인사 조치로 응징했다. 사장 인사에 대한 청와대의 노골적인 개입은 이명박 정권 때와 똑같았다. 신문에 대한 통제는 정부에 비판적인 기사에 대해 소송을 제기하거나 정부 광고를 배제하는 방식으로 이루어졌다.

2014년 세월호 참사 여파로 임명된 김영한 민정수석의 업무일지에는 KBS사장과 KBS이사장의 선출, 프로그램 등과 관련해 청와대가 직접 개입하고 지시하는 내용들이 고스란히 담겨 있었다. 예컨대 2014년 6월 15일자 업무일지에는 "6/18(수) KBS이사회—사장임명 논의(7/10까지는)", "홍보/미래 KBS상황 파악, 플랜plan 작성"
이라고 적혀 있었다. 6월 18일 KBS이사회가 열리는데, 6월 10일
해임된 길환영 사장 후임을 7월 10일까지는 정해야 하므로 KBS 상
황에 따라 향후의 계획을 홍보수석과 미래전략수석에게 지시한 것
을 기록해 놓은 것이었다. 이는 사장 임명을 제청하는 KBS이사회
와 무관하게 청와대가 사장 선임에 개입해온 정황을 보여주는 것
이었다. 6월 17일자 업무일지에는 "KBS노조 16개 직능단체, 사장
선임절차 提議, 공영放送 英獨日, 受容 곤란, 사추위(김인규 사장)—여
야 按分, 방통위원장과 相議"라고 적혀 있었다. 6월 16일 KBS노조
와 16개 직능단체가 사장추천위원회(사추위) 구성을 요구한 데 대
해, 청와대는 '수용 곤란' 입장이며, 방송통신위원장으로 하여금
KBS이사장에게 그러한 입장을 통보하라는 지시였다. 6월 26일자
업무일지에는 "KBS 추적60분, 천안함 관련 판결·항소抗訴"라고 적
혀 있었다. '천안함 사건' 민군합동조사단 최종보고서에 나타난 여
러 가지 의문점들을 다룬 〈추적60분〉이 방송통신위원회로부터 경
고조치를 받았는데, 6월 13일 서울행정법원이 방통위의 조치가 위
법하다고 판결하자 방통위는 7월 2일 항소했다. 업무일지는 방통
위의 결정에 앞서 청와대가 먼저 항소를 지시한 정황을 보여주고
있었다.[668]

2017년 10월 21일 SBS 〈그것이 알고 싶다〉가 공개한 '청와대 비
서실장 주재 수석비서관 회의 문건'에도 청와대가 언론장악에 깊
숙하게 개입했다는 사실이 나와 있었다. 당시 청와대 수석비서관
회의에서 논의된 언론 관련 내용은 실제로 지상파 저녁 종합뉴스
에 그대로 반영됐다. 한 예로, 2015년 10월 15일 청와대 수석비서

관회의에서 워싱턴타임스의 대통령 방미 특집 보도가 국내로 이어지지 않아 아쉽다는 발언이 나오자, 그날 지상파3사 저녁 종합뉴스의 대통령 방미 관련 보도는 방미 첫 날보다 많아졌고 순서도 앞부분에 배치되었다. 다음 날인 16일에도 청와대 지시가 있었는데, 이날 방미 관련 보도도 한미정상회담이 열린 17일보다 더 많았다.[669] 뉴스에 대한 방송사 고유의 가치 판단은 사라졌고, 청와대의 지시 유무에 따라 뉴스의 비중이 춤을 추는 상황이 되어버린 것이다.

MBC 통제의 실상

미디어스가 2013년 6월 1일부터 6일까지 지상파방송 3사 메인뉴스를 분석한 결과, '국정원 사건' 보도는 SBS 8시뉴스가 5건인데 비해, MBC와 KBS는 각 2건과 1건으로 형편없이 적었다. SBS 8시뉴스는 평균 매일 1건의 리포트를 내보냈으며, 6월 2일에는 원세훈의 개인 비리와 검찰수사 결과 등 2건을 단독보도 했다. 보도 내용에서도 SBS는 "법무부 장관이 선거법 위반 혐의 적용을 막았다"고 사실대로 보도해 법무부의 외압을 부각시킨데 반해, MBC 뉴스데스크는 2건을 보도했는데 20번째 이후의 로컬 시간대여서 MBC를 보는 지역 시청자들은 '국정원 사건'을 아예 접할 수 없었다.[670]

MBC노조 민실위도 김장겸 보도국장 취임 이후 2013년 5월 23일부터 6월 21일까지 한 달 동안 SBS와 MBC의 저녁 메인뉴스를 비교한 결과, '국정원 선거개입 의혹' 보도가 상위 10번째 꼭지 안에 배치된 것은 SBS가 10건인데 반해 MBC는 3건에 불과했다. 김용관의 증거 인멸과 원세훈의 뇌물 비리에 대해 MBC는 아예 리포트를 누락시켰다. 촛불집회나 6.10항쟁 관련 기획보도도 김장겸 보도국장의 지시로 금지되었다. MBC뉴스에는 사건사고와 동물 관련 기사가 넘쳐났고, '전두환·노태우의 재산환수', '원전비리', '이재용 부회장 아들 입학 비리' 등은 삭제 축소되었다. MBC노조 민실위는 "보도국 구성원들이 스스로 위축되고 만다면 MBC뉴스의 신뢰 회복은 아무도 담보해줄 수 없다"고 한탄했지만 권부의 시녀들이 MBC를 완전히 장악한 암담한 현실을 돌파할 대안은 보이지 않았다.[671]

6월 23일 MBC의 〈시사매거진 2580〉에서는 국정원 댓글 사건과 관련 원세훈 검찰 수사와 이후 벌어진 논란을 다룬 아이템이 통째로 빠져 50분 프로그램이 30분 만에 끝나는 일도 발생했다. 이것은 방송 실무 차원에서 중징계를 피하기 어려운 대형 방송사고였다.

2012년 7월 파업에서 복귀한 이후, 한 동안 침체에 빠져 있었던 MBC기자들은 국정원 아이템 불방 사태와 관련 피켓 시위를 벌였다. 〈2580〉기자들은 국정원 아이템 불방 직후 낸 성명에서 담당 부장과 기자들 사이의 불신이 극에 달했다면서 "이런 비정상적인 상황이라면 부장을 교체하든지, 아니면 데스크와 기자들 전원을 교체하는 것이 맞다"고 주장했다.[672] 그러나 이 같은 저항은 그냥 저항으로 끝났을 뿐, 방송의 실질적 변화로 이어지지 않았다. 권부의 낙하산 사장이 지배하고, 그 사장이 배치한 보직자와 책임자가 규정과 사규를 앞세워 지시하고 명령하는 구조 속에서 구성원들은 저항의 한계를 느꼈다. 단체협약이 무력화된 상황 속에 집단적 저항의 힘을 잃어버린 노동조합이 파업 투쟁 외에 법과 제도로 할 수 있는 일은 아무것도 없었다.

백종문 MBC 미래전략본부장이 2014년 극우 인터넷매체 폴리뷰 편집국장과의 저녁식사 자리에서 나눈 대화 내용은 MBC 경영진의 언론장악 기도가 얼마나 극렬하게 이루어졌는지를 잘 보여주고 있었다. 2016년 1월 언론보도로 공개된 대화 녹취록에는 그 동안 MBC가 벌여온 방송 통제와 노조 말살 행위에 대해 마치 무용담처럼 늘어놓는 모습이 들어 있었다. 무고한 사원들을 증거도 없이 해고한 불법징계, 부당전보, 채용 시 사상 및 지역차별, 패소를 알고도 소송 강행, 노조 말살 행위, 출연 청탁 등 MBC경영진의 온갖 비위 사실이 들어 있는 이 녹취록은 정파와 진영과 자리 욕심에 빠져 부끄러움마저 망각한 언론인의 단상과, 그동안 공영방송 MBC가 어떻게 망가졌고 망가질 수밖에 없었는지를 적나라하게 보여주었다.

2012년 파업 이후 2016년 말까지 MBC 부당징계 피해자는 110여 명에 달했으며 파업 전후 노사 간 소송건수는 28건에 달했고 심급별로 하면 82개의 재판이 진행되고 있었다. 이 중 노조 승소율은 82%였으며, 부당징계 건 승소율은 94%였다. 이 소송을 위해 회사가 낭비한 소송비용은 노조 추정 약 57억 원에 달했다.[673]

2020년 8월, 서울고등법원은 노조 활동을 탄압한 혐의로 재판에 넘겨진 전 MBC 사장 김장겸, 안광한, 부사장 백종문, 권재홍 4인에게 모두 유죄를 선고했다. 재판부는 "이 사건은 우리 사회의 워치독, 즉 감시자 역할을 해야 할 언론사가 정작 내부 노사 관계의 기본 원칙을 무시하고 부당노동행위를 한 매우 심각한 사안"이라고 밝혔다. 언론노조 MBC본부는 이에 대해 "과거 MBC를 망쳤던 적폐 경영진의 노조 탄압 행위가 또 다시 단죄를 받았다"고 성명을 냈다. MBC본부는 "사법부의 판결은 언론자유와 공정방송을 위해 바른 길을 가고 있다는 우리의 믿음이 결코 틀리지 않았다는 것을 다시 확인시켜 줬다"며 "MBC의 공정성과 공영성을 침탈해온 부역자들에게 남는 것은 준엄한 역사의 기록과 심판"이라고 밝혔다.[674]

KBS 통제의 실상

KBS에 대한 보도 통제는 다각도로 이루어졌다. 통제의 대부분은 사장의 인사를 통해 이루어졌으나 사장이 보도에 직접 개입하는 일도 자주 있었다. 그것은 매우 세부적이고 노골적이었으며, 통제 영역도 뉴스, 시사고발 등 장르를 불문했다. 통제의 기준은 정권에 유리한가 불리한가 단 하나였다. 사장은 이를 위해 물불을 가리지 않았다. 저널리즘의 원칙이나 KBS의 위상이나 신뢰도 따위는 중요하지 않았다. 때로는 청와대의 언질을 받거나 때로는 스스로 알아서 판단했다. 청와대의 직접 개입도 있었다. 제재를 위해 방송통신심의위원회와 같은 기관이 동원되기도 했다.

2016년 5월 공개된 김시곤 당시 보도국장의 비망록에 따르면, 길환영 사장은 권부의 마음에 들 만한 기사는 가치와 경중을 불문하고 뉴스 앞 부분에 배치하도록 지시했다. 길 사장은 아이템의 순번, 특정 주제의 아이템 횟수, 리포트 여부까지 지시하는 등 5공 시절 보도지침을 내렸던 기관원을 방불케 했다. 보도본부 오찬 자리에서 길 사장은 "기계적 중립을 포기하고 과감하게 경향성을 드러내고 여론을 주도해야 한다"고 주장해 간부들과 마찰을 빚기도 했다. 반대하는 임원이나 간부는 해임하거나 보직을 박탈했다. 윤창중 대변인의 워싱턴 성추문 사건, 국정원 댓글 사건, 민주당 장외집회 등과 같이 정권에 부담되는 기사는 노골적으로 축소, 삭제 또는 뉴스 뒤쪽에 배치하도록 하는가 하면, 대통령 관련 기사는 앞 부분에 배치하라는 부당한 간섭이 일상화되었다.

청와대의 직접적인 개입도 있었다. 2013년 5월 이정현 정무수석은 김시곤 보도국장에 전화를 걸어 '윤창중 성추문'을 줄여달라는 둥, '박 대통령 방미 성과'를 잘 다뤄달라는 등 수시로 개입했고, 그 밖에도 '박 대통령, 코리안 시리즈 깜짝 시구', '청와대 안 뜰서 아리랑 공연' 등 시시콜콜한 대통령 동정 뉴스도 챙겼다.[675]

2013년 6월 22일 '유엔 참전 용사 추모식' 긴급 편성에 대해 KBS 노조는 성명에서 "대통령이 참석한다는 이유 하나만으로 국민들의 시청권을 침해하는 것은 공영방송의 정도가 아니다"고 비판했고, '정전 60주년 특집'을 과도하게 편성한 것에 대해서도 '박근혜 코드 편성'이라고 반발했다. 이에 대해 장행훈 언론광장 대표는 "유신이 선포된 박정희 정권 때에도 기자들은 부적절한 외압이나 사실을 왜곡하는 지침에 대해 항의를 했다"면서 "KBS MBC 기자들이 현재와 같은 편파 보도에도 저항하지 않고 있다면 그것이 더 큰 문제"라고 지적했다.[676]

보도 통제는 옴부즈만 프로그램에까지 영향을 미쳤다. KBS는 2013년 6월 22일 '클로즈업 TV'코너를 통해 〈뉴스9〉이 국정원 대선 개입에 대해 "권력의 눈치를 보는 듯한 태도를 보였다"고 꼬집었고, '국정원 반값등록금 대응 문건', '경찰의 수사 축소 지시' 등 중요한 사안을 단신으로만 짚었다고 지적했다. 이 보도가 나간 후 길환영 사장은 담당 국장과 부장을 보직 해임했다. 이에 대해 KBS 직능단체들과 언론시민단체들은 "KBS의 인사 조치는 자사 비평 프로그램에 재갈을 물리는 처사"라고 반발했다. 이 프로그램 제작을 맡은 현상윤 피디는 게시판에 "법으로 보장된 옴부즈맨 프로그램에서 KBS보도의 문제점을 지적하는 게 그렇게 잘못된 일인가?"라며 "차라리 담당PD인 나를 날리라"고 일갈했다.[677] 현상윤 피디는 1999년 당시 KBS노조 위원장으로 방송악법 저지를 위해 KBS파업을 이끌었던 인물로 어떤 압력에도 소신을 굽히지 않는 언론인이었다. 이를 잘 아는 KBS 경영진은 정작 프로그램을 제작한 현 피디는 놓아두고 그 윗선만 인사조치한 것이다.

특히 국정원 댓글 사건과 관련해서는 수사팀에 대한 세부적인 뉴스까지 통제했다. 길 사장은 수사팀장 윤석열의 직무 배제에 대해 보도하지 말 것을 지시했고, KBS 법조팀이 어렵사리 취재한 '국정원 댓글 작업 11개 파트 더 있다'는 특종을 뉴스에서 빼라고 명령했다. 김시곤 국장이 "안 낼 경우 부하 기자들을 통솔할 수 없다"고 버티며 방송을 강행하자 다음 날 길 사장은 "어떻게 이런 게 나갈 수 있어?"라고 고성을 지르며 화를 냈다. 채동욱 검찰총장의 사퇴에 평검사들이 반발해 모임을 가졌다는 뉴스도 길 사장의 지시로 사라졌다.[678]

권부는 방송 통제를 위해 규제 기구를 동원하기도 했다. 2013년 11월 추적60분의 '서울시 공무원 간첩 사건, 무죄 판결의 전말'은 재판 중인 사건을 보도했다는 이유로 방송통신심의위원회의 '경고'를 받았다. '경고'는 재허가시 감점 사유가 되는 중징계였다. 그러나 '재판 중인 사건'이어서 사전에 심의실과 협의해 문제 부분을 삭제하고 방송했는데도 제재를 가한 것은 납득할 수 없는 일이었다. 특히 과잉 징계에 불복해 청구한 행정심판마저도 길환영 사장의 지시로 중단된 것은 더욱 이해할 수 없는 일이었다. KBS 내부에서는 통진당 내란음모사건 수사 주체인 국정원의 신뢰 하락을 우려한 때문이라는 소문이 돌았다.[679]

제작된 프로그램이 특별한 이유 없이 차일피일 미뤄지다가 불방된 사례도 있었다. '친일과 훈장'은 대한민국 정부 수립 이후 수십 년 간의 '훈장 수여'와 관련해 수여자의 자격, 수여의 사유 등의 문제점을 KBS 탐사보도팀이 2년 동안 분석 정리한 기획보도였다. 그러나 당초 2015년 6월과 7월에 한 편씩 방송되기로 했던 '훈장 2부작'은 메르스 사태로 한 차례 연기되었다가, 석연치 않은 이유로 또한 번 연기되더니, 이후 방송 목록에서 아예 사라져버렸다. 이후 '훈장'은 2016년에서야 핵심 내용이 바뀌어 1부가 방영되었고 2부는 무기 연기되었다.[680]

이정현 수석과 길환영 사장의 편집권 침해는 세월호 참사에서 극한으로 치달았다. 참사 당시 해경의 늑장 대응, 정부의 구조 실패로 배 안에 있던 전원이 죽음에 이른 상황에서도 청와대와 길 사장은 정부와 해경 비판 보도를 일체 금지시켰다. 이정현 홍보수석은 2014년 4월 두 차례나 김시곤 국장에게 전화해 "지금 그렇게 해경하고 정부를 두들겨 패야 하는 게 맞느냐"며 해경 관련 아이템을 빼주거나 다시 제작해줄 것을 요구했다.[681] 이 통화 내용은 김주언 당시 KBS 이사를 통해 폭로됐다. 반면, 그 상황에서도 길 사장은 '세월호 현장 방문', '시진핑과의 통화' 등 대통령 동정 기사를 앞부분에 배치할 것을 지시하는 등 '대통령 챙기기'에 급급했다.

해경에 대한 길 사장의 비판 자제 지시 후 실제로 KBS뉴스9의 해경 비판은 극도로 위축되었다. 애초에 준비된 "첫 신고 전화를 받는 순간부터 해경은 허둥댔다", "세월호 침몰 후에도 우왕좌왕했다"는 등의 구조 실패 내용은 모두 삭제됐고, 그 자리에는 '해경의 역사' 따위의 생뚱맞은 내용이 대신했다.[682]

해경 비판 금지가 논란이 되자 길 사장은 세월호 유가족들의 요청이 있었기 때문이라고 거짓 진술을 했다. 그러나 후일 KBS기자협회의 진상조사에서 해경 비판을 자제해 달라는 유가족들의 요구는 없었던 것으로 밝혀졌고, 국회 대정부 질문에서 정홍원 당시 총리가 이정현과 길환영에게 협조 요청한 것으로 드러났다. 2016년 6월 세월호특조위는 이정현과 길환영을 방송법 위반 혐의로 고발했다. 고발 사흘 뒤 언론노조를 비롯한 7개 언론시민단체들은 기자회견을 열고 KBS에 대한 청와대의 압박 장면이 생생하게 담긴 전화 대화 녹취록을 공개했다.

> 이거 하필이면 또 세상에 (박근혜 대통령이) KBS를 오늘 봤네. 아이 한 번만 도와주시오 국장님, 나 한 번만 도와줘. (…)
> 알겠습니다. 알겠습니다. 말씀하신 거 제가 참고로 하고요. 아니 이 선배, 솔직히 우리만큼 많이 도와준 데가 어디 있습니까. 솔직히.[683]

2014년 5월 7일 KBS 막내급 기자 30여 명은 사내 보도정보 시스템에 단체로 '반성합니다'라는 제목의 글을 올렸다. 여러 기자들이 함께 쓴 해당 글에는 "현장에서 KBS 기자는 기레기 중의 기레기입니다", "개병신 소리 듣기 싫습니다", "현장에 답이 있더라고요", "눈물을 찍지 마세요. 눈물을 닦아주세요" 등등 KBS의 참담한 현실에 대한 분노, 좌절, 자괴감 등을 토로하는 내용들이 가득했고, 돌파구를 찾아야 한다는 각오도 엿보였다.[684]

막내 기자들의 이러한 의견과 입장이 KBS 내에 큰 파장을 일으키고 난 이틀 후, 김시곤 보도국장은 긴급 기자회견을 열어 사퇴 의사를 밝히고 '보도 독립성 침해'를 주장하며 길환영 사장 동반 사퇴를 촉구했다. 김시곤은 기자협회 긴급총회에 참석해 청와대와 길환영 사장의 외압 실체를 폭로했다. 이에 대해 길환영 사장은 사퇴를 거부한 채, 제작 거부와 파업에 대해서는 명분 없는 불법파업이자 '정치선동'이라며 엄중하게 대응하겠다고 밝혔지만 KBS이사회는 그의 해임제청안을 의결했다.[685]

2014년 6월 길환영 후임으로 온 고대영 사장의 행태도 길 사장과 크게 다르지 않았다. 2016년 7월 고대영 사장은 임원회의에서 그날 아침 〈뉴스광장〉에서 방송된 '사드배치 결정… 과제는?'이라는 제목의 뉴스 해설에 대해 "중국 관영매체의 주장과 다름없다", "안보에 있어선 다른 목소리가 있어서는 안 된다"는 등의 불만을 제기하고 관련자에 대한 인사조치를 지시했다. 출연진에 대한 압박도 있었다. 2016년 9월 부동산경제 전문가 선대인이 정부의 부동산 정책을 비판했다는 이유로 출연을 취소당했고, 2017년 1월에는 맛 칼럼니스트 황교익이 문재인 지지 포럼에 참여했다는 이유로 아침마당의 출연 정지 통보를 받았다.[686]

그 밖의 보도 통제와 청와대의 소송 남발

6월 20일 YTN은 "국정원 의심 트위터 계정 가운데 박원순 시장의 반값등록금, 무상보육 등을 비난하는 내용이 2천여 건에 이른다"는 특종 보도를 냈다. YTN은 "이런 글들이 전파되는 리트위트 과정을 보면, 같은 시각에 다른 아이디 40여 개가 리트위트를 하고 몇 분 사이에 150여 개가 한꺼번에 리트위트 되는 등, 사라진 국정원 의심 계정 10개와 별도로 다른 계정들이 트위터에서 조직적으로 정치 활동을 했다고 의심할 수 있는 부분이 있다"고 보도했다. 이 보도는 이날 국회 법사위에서 인용되는 등 관심을 불러일으켰으나 오전 10시 이후로는 더 이상 볼 수 없었다. YTN노조는 성명에서 "편집국 간부의 지시로 방송이 중단됐다"면서 정치적 의혹이 있다고 주장했다. 이밖에도 YTN에서는 '검찰의 수사발표' 생중계가 취소되고, '한국대학생연합(한대련) 소속 학생들 연행', '진보단체와 극우단체 집회' 등의 보도가 빠지는 보도 통제가 계속되었다.[687] 이런 상황에 대해 YTN노조는 긴급 성명을 내고 "국정원이 YTN 보도국 회의에서 비공개로 오고간 내용을 언급했다"며 국정원이 보도국과 내밀하게 유착되어 있음을 폭로했다.[688]

청와대는 언론보도에 대해 불리한 기사에 대해서는 소송을 남발했다. 소송의 대상은 주로 신문이었다. 권부의 이해를 잘 대변하는 종편과 족벌신문은 애초부터 대상이 아니었고 권부의 통제 밖에 있는 신문보도에 대해 조금만 거슬리는 부분이 있으면 청와대는 소송으로 압박했다. 재정적으로 열악한 신문들 처지에서 소송비용은 부담스러운 것이었다. 지상파 방송의 경우 낙하산 사장들이 알아서 권부의 입맛에 맞는 방송을 하고 있었고 가끔씩 비위를 거스르는 보도가 있긴 했지만 그것은 방송사 업무 라인을 통해 시정조치 할 수 있었기 때문에 소송으로까지 이어질 필요는 없었다.

2013년 10월 4일 "진영 복지부 장관, 대통령 면담 요청 묵살 당하자 사퇴 결심"이라는 국민일보의 특종 보도에 대해 청와대는 정정보도와 명예훼손에 따른 손해배상청구소송을 제기했다. 10월 24일에는 법무부 장관의 '삼성 떡값' 의혹을 보도한 한국일보를 상대로 청와대는 1억 원의 손해배상청구소송을 제기했다. 이 소송은 언론사뿐 아니라 해당 기자도 대상이었다. 2014년 4월 19일 한겨레가 박 대통령이 진도체육관에서 세월호 생존자 권 모양을 만난 것에 대한 연출 의혹을 보도했고, 4월 30일에는 CBS가 세월호 안산 분향소 방문 때 조문객을 만난 것에 대한 연출 의혹을 보도했는데 청와대는 이들에 대해서도 각각 손해배상을 청구했다. 이밖에도 2014년 5월 박지만 EG회장과 청와대 비서진이 갈등 관계라는 시사저널의 보도, 2014년 12월 정윤회 국정개입 의혹 문건을 보도한 세계일보 보도, 같은 날 김기춘 비서실장이 정윤회 동향 문건 작성을 지시했다는 동아일보의 의혹 보도 등에 대해 청와대는 손해배상 또는 형사고소를 제기했다. 2015년 9월 참여연대 공익법센터가 분석한 박근혜 정부 전반기 중에 청와대를 비롯한 국가기관이 시민과 언론사를 대상으로 제기한 명예훼손 및 손해배상소송은 모두 22건에 달했다.[689]

권력의 하수인 공영방송의 경영진과 노동조합 사이에도 소송이 남발되었다. 소송은 주로 인사 문제에서 파생되었다. 사측은 인사를 통해 노조를 길들이려 했고 노조는 이를 거부하는 과정에서 부당징계, 부당전보가 남발되고 이는 소송으로 이어졌다. 가장 많은 갈등을 겪었던 MBC의 경우, 2016년 8월 25일 방문진에 제출된 MBC의 소송 현황 자료에 따르면, 박근혜 정권 시기 3년 6개월(2013년~2016년 6월) 동안 노조와 타 언론사에 대한 MBC의 소송 건수는 69건에 달했다.

민심의 이반, 대통령 파면

민중총궐기대회

2015년 11월 14일 박근혜 정권의 임기 절반을 몇 달 넘긴 시점에, 서울 도심에서 민중총궐기대회가 열렸다. 이날 집회는 그동안 여러 가지 정치 사회적 이슈에 대한 산발적 저항들이 한 곳에 총 집결한 성격을 띠고 있었다. 8년에 가까운 이명박근혜 수구보수정권의 폭정에 견디다 못한 국민들이 떨쳐 일어났다. 국민은 박근혜 정권에 대한 원망, 경고, 조롱, 성토를 마음껏 토해냈다. 집회에 나온 연사들은 그동안 수구보수정권이 펼쳤던 정책 하나하나에 대해 날카로운 비판을 쏟아냈고 경험을 통한 구체적 사례를 들어가며 민중에 호소했다. 집회에는 학생, 청년, 직장인, 주부에 이르기까지 다양한 연령, 신분, 직업, 계층의 사람들이 참여했다. 집회는 질서 정연한 가운데 자신들의 주의 주장을 펼치는 직접민주주의의 공론장이었다. 그들은 외치고 노래하고 박수치며 쌓였던 스트레스를 풀었다. 시위와 집회는 대한민국의 민주주의를 발전시키는 중요한 원동력으로 자리를 잡았다. 이들은 민주주의를 이루기 위한 오랜 투쟁 경험을 통해 과격한 행동이 이롭지 못하다는 사실을 터득하고 있었다.

집회에서는 민생과 관련된 것들뿐만 아니라 정치, 경제, 사회, 환경, 외교, 보건, 교육, 교과서, 노동자와 농민 등 다양한 의제와 이슈들이 쏟아져 나왔다. 구체적으로는 4대강, 부자감세, 자원 외교, 국정원 부정 선거, 세월호 참사, 메르스 사태, 사드, 위안부, 한일군사정보보호협정, 개성공단, 친일과 독재 미화, 역사교과서, 쌀 개방, 친 재벌 정책, 노동개악, 공공부문 성과 퇴출제, 전교조·공무원노조 탄압, 통합진보당 강제 해산 등 이명박근혜 정권 기간에 첨예한 갈등을 야기했던 숱한 의제들이 총망라되었다.

그 중에서도 공통적으로 국민의 눈에 띄는 것이 있었는데, 수백억 원 대의 뇌물수수 사건이었다. 2015년 박근혜 정권의 노동정책은 더 많은 비정규직, 더 쉬운 해고, 더 낮은 임금으로 노동현장을 파탄으로 몰아갔다. 박근혜 정권의 노동 개악은 '경제적 노예제도'와 다를 바 없는 것으로 당사자인 임금 노동자들은 말할 것도 없고 대다수 국민들도 납득하기 어려운 우려스러운 조치였다. 그런데 그러한 노동 개악이 그토록 전광석화처럼 신속하게 처리된 이유가 '미르와 K-스포츠'라는 재단을 구성하기 위해 누군가가 재벌들로부터 수백억 원의 뇌물을 받고, 그 대가로 재벌의 민원을 해결하는 차원에서 진행되었다는 사실이 폭로된 것이다. '미르와 K-스포츠' 문제는 후일 여론의 핵심으로 떠올랐고, 박근혜 대통령의 최측근 최순실의 존재와 국정농단을 부각시키면서 결국 박근혜 탄핵으로 이어지는 기폭제가 되었다.[690]

이날 민중총궐기대회에서 '쌀 개방'에 반대하는 농민들의 시위는 절박했다. 2014년 '쌀 개방'으로 쌀값은 계속 떨어져 1980년대 수준으로 폭락했다. 쌀값을 17만원에서 21만원으로 올려주겠다던 박 대통령의 약속은 허언이 되었고, 쌀값은 오히려 14만원으로 떨어졌다. 농민들의 분노는 하늘을 찔렀다. 이 시위 과정에서 청와대로 행진하려던 백남기 농민이 경찰이 쏜 물대포를 맞고 쓰러져 생명이 위독해졌다. 게다가 민중총궐기대회를 주도했던 한상균 민주노총위원장은 이 대회와 세월호 참사 1주기 추모대회를 주도했다는 이유로 입건되어 대법원에서 징역 3년에 처해졌다. 백남기 농민은 사경을 헤매다가 2016년 9월 끝내 숨을 거두었다. 백남기 농민의 죽음이 무리한 공권력 남용에 의한 것이었음은 만천하가 알고 있는 일이었지만, 무도한 박 정권은 사인을 밝히겠다며 유족의 반대에도 불구하고 부검영장을 청구했다.[691]

생명에 대한 존귀함도 죽음에 대한 경건함도 깡그리 외면한 박 정권은 공권력에 의해 살해된 억울한 죽음에 대해 유감 표명 한 마디 할 마지막 기회마저 내팽개쳤다. 백남기 농민의 주검을 지키기 위해 모여든 민중들은 서울대병원 장례식장을 에워쌌다. 그리고 영장 발부 마감일 하루 전인 2016년 10월 24일 JTBC는 최순실의 태블릿PC에 수록된 충격적인 국정농단의 실상을 보도했다. 민중총궐기투쟁본부는 10월 29일 박근혜를 탄핵할 운명의 촛불 대장정을 시작하게 되었다.

2016년 7월 26일 TV조선이 미르재단의 의혹을 최초로 보도했다. TV조선은 '청와대 안종범 수석, 문화재단 미르 500억 모금 지원'이라는 기사에서 "2015년 10월 설립된 민간 문화재단 미르가 설립 두 달 만에 삼성, 현대, SK, LG, 롯데 등 16개 그룹 30개 기업에서 500억 원 가까운 돈을 모았고, 이 과정에서 안종범 정책조정수석이 개입한 정황이 드러났으며, 참여 기업들은 청와대의 요구로 전경련이 모금 활동에 나섰음을 시사했다"고 보도했다. TV조선은 이어서 '재단법인 미르, 30개 기업이 486억 냈다', '미르재단 설립부터 미스터리…이유는?', '미르재단 내분 암투 파행…주인 누굴까?' 등의 제목으로 미르재단 관련 의혹을 집중 보도했다.[692]

이어서 TV조선은 '문화계 황태자 차은택 미르재단 좌우'(2016.7.27.), '미르 모금기업들 정부 기획으로 알고 돈 냈다'(2016.7.27.), '차은택, 대통령 심야 독대 보고 자랑하고 다녀'(2016.7.28.), '안종범, 미르재단 사무총장 사퇴 종용'(2016.7.28.), 'K스포츠-미르재단은 쌍둥이?'(2016.8.3.), '수상한 두 재단… 미르·K스포츠, 회의록까지 똑 같아'(2016.8.4.), '미르·K스포츠 행사마다 등장하는 박 대통령'(2016.8.12.), '미르재단 이사장 문화 행사에 특혜 용역?'(2016.8.16.) 등 미르와 K스포츠 관련 비리 의혹을 쏟아냈다. 박근혜 대통령은 TV조선을 비판했고, 검찰은 대우조선 비리와 연루된 조선일보의 실세 송희영 논설주간의 '요트 접대' 의혹에 대해 조사에 나섰다. 송희영 주필은 대우조선해양 임직원들과 전세 제트기를 타고 이탈리아와 그리스를 여행하면서 하루 대여비가 3천여만 원 하는 초호화 요트를 이용했고, 그 대가로 대우조선해양에 대한 우호적인 사설을 수차례 실은 바 있었다. 이후 TV조선은 미르재단에 대한 취재와 보도를 중단했고 이 사건은 묻히는 듯 했다.

이에 대해 한겨레 김의겸 선임기자는 2016년 9월 26일 '조선일보 방상훈 사장님께'라는 제목의 칼럼에서 조선의 '미르재단' 의혹 보도에 선임기자로서 부끄러움을 느꼈고 조선의 보도에 찬사를 보낸다면서 조선이 물증을 확보한 듯 한 데 송희영 주필 사건 이후 침묵하기 시작한 것은 무엇 때문이냐며 일침을 가했다.[693]

조선의 첫 보도 이후 한 달 여 뒤인 2016년 9월 20일, 한겨레는 이 두 재단 비리의 핵심 인물은 최순실이라고 보도했다. '최순실'이라는 실명이 처음으로 언론에 등장한 것이다. 이어서 K스포츠재단 이사장이 최순실의 측근이라는 보도가 이어지고, 9월 국회 국정감사에서는 청와대와 문체부가 두 재단 설립에 적극 개입한 정황이 드러나면서 이 권력형 비리 사건은 일파만파 퍼져나갔다.[694]

박근혜 대통령은 10월 20일 수석비서관회의에서 "두 재단은 좋은 취지로 만들었고 잘 운영되고 있다"면서 자신은 아무 관련이 없는 듯 "누구라도 불법 행위를 저질렀다면 엄정히 처벌할 것"이라고 말했다. 그러나 박 대통령의 이 말은 10월 24일 JTBC의 '태블릿 PC' 보도로 새빨간 거짓말로 드러났고 이로써 거대한 국정농단의 베일이 벗겨지기 시작했다.

촛불집회가 한창인 상황에서 2016년 10월 24일 다급해진 박근혜는 느닷없이 국회를 방문해 개헌 논의를 요구했다. 박근혜는 국회가 못하면 정부 차원에서라도 추진하겠다고 했다. 애초에 개헌에 부정적이었던 박근혜가 뜬금없이 개헌을 언급한 것은 개헌 정국으로 어려운 국면을 타개해 보고자 하는 심산이었지만 뜻대로 되지 않았다. 바로 그날 저녁, JTBC가 최순실 소유의 태블릿PC를 입수해 보도함으로써 온 나라가 발칵 뒤집힌 것이다.

태블릿PC에 수록된 내용은 충격적이었다. 사인私人인 최순실은 대통령 위에 존재하고 있었다. 최순실은 대통령의 연설문을 무시로 수정했고, 정부 주요 인사, 주요 정책의 의사 결정에 개입했다. 드레스덴 연설문을 포함 44개 연설문 파일과 국가의 극비 문서 파일 200개 가량이 최순실의 태블릿PC에 들어 있었다. 촛불시민들은 그동안 의혹으로만 여겨졌던 대통령과 최순실의 국정농단이 모두 사실이었음을 확인하게 되었다. 태블릿PC 보도는, 촛불로 하여금 향후 어떤 일이 벌어질 것이라는 예지와 촛불이 무엇을 해야 할 것인지에 대한 각오와 그것이 정의로운 일이라는 확신을 갖도록 만들었다.

JTBC가 태블릿PC를 보도하고 있던 그 시간, MBC는 "박근혜 대통령 개헌 전격 선언 '임기내 마무리'"라는 제목의 개헌 관련 뉴스를 내보내고 있었다. 박 대통령은 MBC뉴스에서 "30년 간 시행돼온 지금의 '5년 단임 대통령제'는 이제 몸에 맞지 않는 옷이 되어 버렸다"며 "임기 내에 개헌을 추진하겠다"고 밝히고, "이제는 1987

년 체제를 극복하고 대한민국을 새롭게 도약시킬 2017년 체제를 구상하고 만들어야 할 때"라면서 "대통령 단임제로 인해 정치권이 민생보다는 차기 정권 창출에만 매몰돼 정쟁에만 몰두하는 악순환만 반복하고 있다"고 지적했다. 박 대통령은 "임기 내에 헌법 개정을 완수하기 위해 정부 내에 헌법 개정을 위한 조직을 설치해서 국민의 여망을 담은 개헌안을 마련하도록 하겠다"고 말하고 국회에도 특별위원회를 구성해 개헌의 범위와 내용을 논의해 달라고 요청했다.[695]

그러나 다음 날, 박 대통령은 JTBC 보도에 대한 입장을 밝히지 않을 수 없었고 그에 따른 대국민사과 또한 불가피했다. 대통령은 "연설문 등 홍보물에 대해 개인적인 의견을 들은 적은 있었고, 취임 이후에도 일부 자료들에 대해 의견을 들은 적은 있으나 청와대의 보좌 체계가 완비된 이후에는 그만두었다"고 발뺌했다. 그러나 시민들의 입에서는 "이게 나라냐"는 분노의 탄성이 터져 나왔다. 박근혜 대통령에 대한 탄핵은 어쩔 수 없는 국민적 요구가 되어가고 있었다.

태블릿PC보도 이틀 후인 2016년 10월 26일 박근혜 지지율은 17.5퍼센트로 떨어져 취임 이후 최초로 10퍼센트 대 지지율이 나왔다. 새누리당은 '대통령 사과와 탈당', '내각 총사퇴', '청와대 비서실 전원 사퇴'의 수습책을 내놨다. 공세를 잡은 더불어민주당은 특검을 강력히 주장해 새누리당과 합의에 이르렀다. 그러나 더불어민주당의 상황 인식은 국민의 눈높이에서 한참 떨어져 있었다. 더불어민주당은 '거국중립내각' 수준을 상정하고 있었고 '탄핵'에는 소극적이었다. 대선을 1년 남겨놓은 상황에서 변수를 최대한 줄

여 야권 대선 후보들에게 유리한 구도를 만들겠다는 정치적 계산을 하고 있는 것이 관측되고 있었다.[696]

　11월 4일 박 대통령은 대국민담화를 발표하고 "필요하다면 검찰의 조사에 성실하게 임할 각오이며 특별검사에 의한 수사까지도 수용하겠다"면서 "'내가 이러려고 대통령을 했나'라는 자괴감이 들 정도로 괴롭기만 하다"고 자책했다. 그는 안보 위기와 어려운 경제 상황을 언급하면서 "더 큰 국정 혼란과 공백 상태를 막기 위해 진상 규명과 책임 추궁은 검찰에 맡겨 달라"며 '촛불중단'을 요구하는 듯한 발언을 했다.[697]

돌진하는 촛불, 좌고우면하는 더불어민주당

2016년 10월 29일 1차 촛불이 시작됐다. 청계광장에는 3만여 군중이 운집해 평화로운 시위를 벌였다. 집회 막바지에 청와대 방향으로 진출하려는 시위대와 저지하려는 경찰 사이에 밀고 밀리는 힘겨루기가 있었으나 집회는 큰 불상사 없이 밤 10시경에 마무리되었다. 이날 집회는 언론의 집중 조명을 받아 국정농단 정국에 상당한 영향을 미쳤다.

　11월 2일 1,500여개 시민사회단체들은 비상시국회의를 개최해 박근혜 퇴진 입장을 분명히 했다. 이는 다양한 성격의 시민사회단체들이 자칫 분산될 수도 있는 목소리를 하나로 모으고, 갈팡질팡하는 야당에도 분명한 촛불 시민의 입장을 전하기 위한 것이었다. 이후 일주일 뒤인 11월 9일 민중총궐기투쟁본부는 대표자회의를 열어 전국의 2,382개 단체로 구성된 '박근혜정권 퇴진비상국민행동(퇴진행동)'을 발족하고, 퇴진행동으로 하여금 향후 촛불집회를 실질적으로 이끌어가도록 했다.

11월 12일 광화문광장에는 100만의 3차 촛불이 타올랐다. 민중들은 "이게 나라냐"고 외쳤다. 촛불은 국민의 지지를 받고 있었다. 지하철에서도 촛불을 환영하는 안내방송이 나왔다. CNN, 로이터, BBC 등 외신들도 대한민국의 촛불집회를 놀라운 시각으로 보도하기 시작했다. 그러나 청와대는 "탄핵을 당하더라도 스스로 물러나는 일은 없다"는 완강한 입장을 여전히 고수했다. 100만 촛불의 '퇴진' 민심에 반기를 들고 "탄핵할 테면 해보라"는 배수진을 친 것이었다.

그런 와중에 더불어민주당은 여전히 오락가락 행보를 보였다. 11월 14일 추미애 대표는 대통령과의 단독면담을 덥석 제안했다. 청와대가 기회라고 생각하고 바로 다음 날로 날짜를 잡자 민주당은 의원총회를 열어 이를 전격 철회하고 '대통령 즉각 퇴진'을 촉구했다. 더불어민주당의 기존 입장은 국회가 추천하는 총리로 전권을 이양하고 박 대통령은 2선으로 후퇴한다는 것이었으나 즉각 퇴진으로 수위를 높인 것이었다.[698]

11월 20일 검찰 특별수사본부가 최순실과 박근혜를 공범이라고 발표하자 청와대는 즉각 "탄핵할 수 있으면 탄핵하라"고 반발했다. 사실상 이 무렵의 정치 지형으로 볼 때 '탄핵'은 매우 부담스런 것이었다. 우선 이미 122석을 확보한 새누리당이 당론으로 반대하면 탄핵소추는 불가능했다. 게다가 38석의 국민의당과 11석의 무소속 등도 있어 탄핵 논쟁이 벌어지면 매우 복잡한 논의 구조가 형성될 수도 있어 시간만 보내다가 때를 놓칠 수도 있었다. 게다가 최종적으로 헌법재판관 6인 이상의 찬성을 얻어내는 것도 가늠하기 어려운 문제였다. 그러나 그렇다 하더라도 이처럼 버티기로 일관하는 박근혜를 합법적으로 끌어내릴 다른 방법은 없었다. 결국 퇴진행동은 '즉각 퇴진'을 명확히 하되 탄핵은 언급하지 않는 쪽으로 입장을 정했다.

11월 26일 5차 촛불이 있던 날 전국은 하루 종일 비와 눈이 내렸고 기온도 뚝 떨어졌다. 그러나 촛불은 악천후와 추위 속에서도 뜨겁게 타올랐다. 서울에 150만명, 부산을 비롯한 지역에 40만 명 등 전국적으로 190만 명이 촛불에 참여한 것으로 추산되었다.[699] "탄핵하려면 해보라"고 거세게 반발했던 박근혜는 촛불의 위용에 다시 꼬리를 내렸다. 그는 한 발 물러나 '질서 있는 퇴진', '4월 퇴진, 6월 대선', '개헌 카드' 등의 물타기 꼼수전략을 내놓기 시작했다.

11월 29일 박 대통령은 3차 대국민담화를 통해 "임기 단축을 포함한 진퇴 문제를 국회의 결정에 맡기겠다"며 "정치권이 국정의 혼란과 공백을 최소화하고 안정되게 정권을 이양할 수 있는 방안을 만들어주시면 그 일정과 법 절차에 따라 대통령직에서 물러나겠다"고 밝혔다. 12월 1일에는 새누리당이 '4월 퇴진, 6월 대선'을 당론으로 정했다. 이러한 일련의 움직임은 조중동 등 보수신문들과 새누리당의 비박이 주도했던 '질서있는 퇴진'을 수용한 것이었다. 조선일보는 12월 2일 '박대통령 4월 퇴진 표명하면 국가 위기 고비 넘는다', 중앙일보는 '야, 즉각 협상―박 대통령 4월 하야 선언하길' 등의 보도를 통해 '질서 있는 퇴진'으로 몰아갔다.[700] 그러나 '질서 있는 퇴진'은 정치 세력 간 이해가 복잡해 시간만 끌다가 성사되지 않을 가능성이 높았다. 게다가 이 같은 상황에서 대통령의 위상이나 알량한 명예 따위를 따지는 것 자체가 염치없는 태도가 아닐 수 없었다. 차라리 모든 것을 비우고 진심으로 국민에게 사죄하고 깨끗이 자리에서 내려오는 것만이 대의였으며 국민의 측은지심이라도 얻을 수 있는 길이었다. 그것을 생각하지 못하는 청와대와 당과 그의 오랜 친구요 지지자였던 수구보수신문들의 짧음과 가벼움이 안타까울 뿐이었다.

대통령 파면

퇴진을 결단하지 않은 채 시간 끌기 전략만 펴고 있는 박 대통령에 더불어민주당과 정의당은 마침내 탄핵안을 꺼내들었다. 그러나 12월 2일 탄핵처리안은 국민의당의 반대로 무산됐다. 이 과정에서 추미애 대표는 김무성 의원을 별도로 만나 '1월 조기 사퇴'를 언급한 것으로 알려져 국민의당의 반발을 샀다.[701]

2016년 12월 3일, 퇴진행동은 이 날을 "박근혜 즉각 퇴진의 날"로 선포하고 전국대표자회의 결의문을 발표했다. 결의문은 "명예로운 퇴진, 질서 있는 퇴진은 반대하며 국회는 박근혜를 즉각 대통령직에서 물러나도록 하기 위한 모든 수단을 강구하라"는 내용이었다. 이날은 전날 법원의 결정에 따라 청와대 100m 앞까지 행진이 보장되어 있었다. 광화문에는 232만의 촛불이 운집했다. 사상 최대 규모였다. 박 대통령의 표리부동과 야권의 '갈지자 행보'가 촛불의 분노를 더욱 키웠기 때문이었다.

'즉각 퇴진'이라는 국민의 요구에 박 대통령이 '질서'를 들먹이며 뭉개고 있는 상황에서, 야권이 내릴 수 있는 선택은 탄핵소추뿐이었다. 마침내 더불어민주당, 국민의당, 정의당과 무소속 의원 171명은 '대통령 탄핵소추안'을 발의했다. 탄핵의 사유는 박 대통령이 대통령으로서 대의민주주의 의무를 위배했고, 국민재산권보장·시장경제질서 및 헌법수호 의무를 위반했으며, 세월호 참사에 대한 대응 실패로 헌법 제10조인 '생명권 보장'을 위반했다는 것이었다. 또한 이것은 국민의 생명과 안전을 보호하기 위한 적극적 조치를 취하지 않아 직무 유기에 가깝다고 적시했다. 최순실을 비롯한 측근들로 하여금 정책에 개입하고 국무회의에 영향력을 행사토록 한 것은 대의민주주의 의무의 위배이며, 이들이 인사에 개입하여 직업공무원제를 위반하고, 사기업에 금품 출연을 강요하고, 뇌물을 수수하도록 한 것은 국민재산권보장·시장경제질서 및 헌법수호 의무를 위반한 것이었다. 법률 위반 행위로 국회는 재단법인 미르와 K스포츠에 삼성과 SK, 롯데 등의 기업이 출연한 360억 원을 뇌물로 판단했고, 롯데가 70억 원을 추가로 출연한 것 등에 대해 뇌물죄와 직권남용, 강요죄를 적용했다.

국회는 2016년 12월 8일 대통령 탄핵소추안을 본회의에 보고하였다. 그리고 다음 날인 12월 9일 표결에 들어갔다. 12월 9일은 유엔이 정한 국제반부패의 날이었다. 표결 결과는 최경환 의원을 제외한 투표자 299명 중 찬성 234명, 반대 56명, 기권 2명, 무효 7명으로 탄핵안은 가결되었다. 정세균 국회의장이 "가 234표"라고 말하는 순간 국회 본회의장 방청석에서는 박수와 환호성이 터져 나왔다. 국회는 2016년 12월 9일 오후 4시 10분 탄핵안소추안 가결을 선포했다. 그리고 같은 날 오후 7시 3분에 박근혜 대통령은 국회로부터 탄핵소추 의결서를 받음과 동시에 헌법상 대통령 권한 행사가 정지됐고 황교안 국무총리가 대통령 권한대행을 맡게 되었다.

탄핵 직후 박근혜 대통령은 국무위원 간담회에서 "피눈물이 난다는 게 어떤 의미인지 알겠다"고 말했다. 박 대통령은 "앞으로 헌법과 법률이 정한 절차에 따라 헌재의 탄핵심판과 특검 수사에 차분하고 담담한 마음가짐으로 대응해 나갈 것"이라며 국민이 요구하는 즉각적 퇴진은 없을 것이라고 재차 강조했다.[702]

국회의 탄핵 결정이 내려진 지 3개월 만인 2017년 3월 10일, 헌법재판소는 재판관 8명의 전원일치로 대통령 박근혜 탄핵 소추안을 인용하여 박근혜 대통령을 대통령직에서 파면했다.

"주문, 피청구인 대통령 박근혜를 파면한다."

15

언론운동,
어디로 갈 것인가

자유언론에서 민주언론으로

한반도에 근대신문이 태동했던 1880년대부터 민주대항쟁이 일어났던 1980년대까지, 근 100년 동안의 언론운동은 외세와 권위주의 독재의 지배로부터 벗어나기 위한 기나긴 고통의 여정이었다. 1987년 민주대항쟁 이후 언론은 권부의 직접 통제에서 벗어나 자유를 찾았지만 그것은 불완전한 반 토막의 자유였다. 신문의 자유는 신문사 사주의 자유일 뿐 언론인의 자유가 아니었으며, 방송은 여전히 권부에 복속되어 있었다. 이 상황에서 언론은 또 하나의 제약 세력인 자본의 영향력 하에 놓이게 되었다.

언론 활동 자체가 사회변혁운동이었던 개화기의 언론은 '무지'와 '외세'로부터 탈피하기 위한 이중의 과제를 안고 있었다. 개화기에 생겨난 민영신문들은 수백 년 동안 닫혀 있었던 조선왕조의 낡은 제도와 폐쇄된 사고와 구태의연한 습속을 깨고, 열린 사상과 과학기술의 지식과 정보를 민중에게 전파하는 한편, 외세의 침략으로부터 자유와 독립을 지키기 위해 치열하게 싸웠다. 조선민중은, 이러한 신문의 변혁운동과 독립투쟁에 적극적인 성원과 연대를 보낸 반면, 외세에 종속되어 외세를 옹호하고 아유阿諛를 일삼는 신문에는 격렬하게 항거했으나 끝내 자유언론과 독립언론을 지키지 못한 채 일제 강점기를 맞았다.

1910년 일제 강점기의 시작부터 1919년 3·1운동 이전까지, 조선 땅에 언론은 존재하지 않았다. 국내 언론은 일제의 강제로 모두 사라졌다. 나라 밖에서 국내에 반입되어 조선 민중의 투쟁사를 전했던 박은식의 〈한국통사〉나 신채호의 〈권업신문〉도 일제에 의해 끊겼다. 3·1운동을 계기로 〈조선독립신문〉과 같은 지하신문들이 열혈하게 자유와 독립을 외쳤지만, 그 또한 일제의 탄압과 문화통치에 묻혀 사라지고 말았다. 문화통치의 일환으로 창간된 조선일보와 동아일보는 일제의 법 제도하에서 제한적이나마 조선 민중의 권리 보호를 위하는 듯 했다. 그러나 얼마 가지 못했고, 1920년대 중반부터는 일제에 완전히 동화되어 일제의 선전 홍보지로 전락했다. 그 과정에서 무명회, 철필구락부 등 언론인 단체를 중심으로 언론인들이 집단적으로 저항하고 민중은 친일 언론의 불매운동을 펼쳤으나, 식민 체제를 극복하는 데는 한계가 있었다. 문화정치의 본질은 지배 전략이었고, 채찍과 함께 늘 동반되는 당근 정책이었다.

해방이 되자 조선 인민의 관심과 애정은 좌익과 사회주의 계열의 신문에 집중되었다. 일제의 항복 선언에 바짝 긴장한 친일수구

세력이 침묵하는 가운데, 반일사회주의세력이 조선 민중의 기대에 부응하는 것은 당연한 귀결이었다. 그러나 반공을 내세운 미군이 서울에 진주하면서 상황은 반전되었다. 침묵했던 친일파와 보수우파세력의 신문들이 입을 열기 시작했고, 좌파와 사회주의 계열의 신문은 미 군정의 탄압으로 퇴조했다. 이 시기, 민족통일과 해방독립을 완성하는 것이 언론의 절대적 사명이요 과제였지만, 언론은 정파에 따라 사분오열되어 있었다. 특히, 모스크바 삼상회의 이후 찬탁과 반탁으로 갈라진 언론의 분열은 한반도 분단의 결정적 단초를 제공했다. 이 논란으로 좌익 및 사회주의계열의 언론은 미군정에 유착한 친일수구세력에 밀려 완전히 초토화되고 말았다. 반공, 자본주의, 자유민주주의체제의 수립이라는 미국 조야의 한반도 전략과 통치 이념은 미 군정을 통해 이승만 단독 정부에 그대로 이식되었다. 집권한 이승만은 통일과 친일청산은커녕 친일 부역자들과 손잡고 반민특위를 해체했다. 이후에도 자신의 권력욕을 채우기 위해 정치깡패를 동원하고, 사사오입 개헌 등 억지를 부리며 헌정을 농단한 이승만은 결국 인민의 거센 저항을 불렀고, 자신을 떠받들던 보수언론으로부터도 배척되어 권좌에서 끌려 내려와 망명지에서 쓸쓸한 여생을 보내다가 생을 마쳤다.

한번 잘못 끼워진 단추는 되돌리기 어려운 법이었다. 이승만 이후 혼란기를 틈타 총칼로 권력을 찬탈한 박정희·전두환의 군부독재 시대는 언론의 자유가 압살당한 암흑기였다. 무력으로 삼권을 장악한 군인들은 공포에 떨고 있던 언론을 확실하게 복속시켰다. 엄혹했던 유신의 1970년대 동아투위와 조선투위의 언론인들과, 광주항쟁으로 피에 물든 1980년대 언론인들은, 군부독재에 맞서 자유언론의 불꽃을 피웠지만 이내 언론사에서 쫓겨나고 말았다. 그러나 당시 그들이 지폈던 언론자유를 향한 투쟁의 불씨는 꺼지지 않았고, 1987년 민주대항쟁과 함께 되살아났다. 이 시기 쥐죽은 듯 침묵했던 보수신문들은 군부독재에 짓눌려 때로는 독재자의 시녀로 때로는 권부의 친구요 조력자로 26년을 보내면서 권언복합체를 형성했다.

1987년 6월 민주대항쟁으로 민주주의체제가 들어서고, 언론의 자유는 크게 신장되었다. 이 무렵 언론사 내부의 언론운동은 노동조합이라는 법적 보호 장치 속에서 권력으로부터의 독립과 내적 자유를 확보하는데 집중되었다. 그러나 군부독재와 유착했던 26년 동안 산업적으로 괄목할 성장을 일군 보수신문의 사주들은 피로써 자유를 부여해준 민중의 편이 아니었다. 그들은 언론의 자유를 독점하고 여론을 지배하여 마침내 정권을 창출할 수도 있고 퇴출시킬 수도 있는 언론권력으로 부상했다. 한편, 절차적 민주주의 시대가 왔지만 언론을 통제해왔던 권부의 속성은 여전히 변하지 않았다. 그리하여 방송독립을 위해 권력에 맞선 방송 노동자들의 저항은 계속되었다.

1990년 몇몇 정치인들의 탐욕과 정파적 야합으로 단행된 3당 합당으로 남한사회는 민주와 반민주의 구도가 사라지고 진보와 보수의 구도로 재편되었다. 이와 함께 민주화와 더불어 도래한 친일과 독재 잔재의 청산은 또 다시 해결 난망의 과제가 되었다. 겨우 걸음마를 시작한 민주주의는 보수로 위장된 친일과 독재 부역 언론의 포로가 되었다. 그리하여 수구정권, 수구언론에 자본권력까지 가세한 삼자동맹으로 보수의 철옹성이 구축되었다. 1991년 언론에 대한 자본의 위협을 폭로한 '김중배 선언'은 이러한 배경에서 나온 것이었다. 민주세력은 그 거대한 삼자동맹 앞에 초라하기 그지없었다. 그리하여 진정한 의미의 언론자유는 민중이 주인 되는 민주언론에서 발현된다는 사실을 깨닫게 되었다.

정치와 언론은 보수일색이었지만 민주화는 거스를 수 없는 시대의 흐름이었다. 수구보수언론의 여론 독점은 노태우·김영삼 정권 10년을 거치면서 영향력에 한계를 보였다. 50년만의 정권교체는 민중이 더 이상 수구보수언론의 포로가 아님을 보여준 것이었다. 이로부터 수구보수와 온건보수의 엎치락뒤치락 하는 권력 쟁탈은 계속되었다. 이명박은 수구보수정권의 영속적 집권을 도모하기 위해 족벌재벌신문들에게 방송까지 안겨주면서 여론 독점을 꾀했다. 그러나 수구정권을 이은 박근혜 대통령은 임기 중에 파면되어 권좌에서 끌려 내려왔고, 이명박과 박근혜 양 대통령은 모두 비리 혐의로 감옥에 갔다.

21세기 들어서면서 언론 환경에는 많은 변화가 일어났다. 빠른 속도로 확산된 인터넷은 일반 대중의 목소리를 여과 없이 전파하는 미디어 혁명을 일으켰다. 신문과 방송이라는 전통 미디어의 절대적 영향력은 한계 상황에 왔다. 이와 함께 정치적 의제에 한정되어 있던 민주화 담론은 경제, 노동, 교육, 농촌, 장애, 젠더 등 다양한 분야로 확장되었다. 한편, 전통적인 신문사 사주의 권한은 더욱 강화되었다. 광고를 앞세운 자본권력의 언론 지배력 또한 더욱 거세졌다. 인터넷과 소셜미디어는 견제 장치 없이 넘쳐나는 자유를 만끽하고 있지만 여전히 자본의 영향에서 자유롭지 못하다. 이런 상황 속에서 전통 미디어의 자유와 공정성을 중심으로 활동해 왔던 언론운동 또한 기로에 섰다.

언론운동의 과제

권력자 한 사람이 나머지 모든 사람의 자유를 억압했던 권위주의 시대는 사라졌다. 그러나 표현의 자유가 만인에게 평등하게 주어진 것은 아니다. 정치권력이든 자본권력이든, 지배 권력이 민중의 자유를 더 신장시킬 것이라고 기대하는 것은 산에서 물고기를 구하는 것만큼 헛된 일이다. 과학기술에 따른 미디어의 발달이 민중의 표현의 자유를 확대시키는 데 기여했음은 의심의 여지가 없지만 신문과 방송 등 전통 미디어는 여전히 언론사 사주와 권부와 자본으로부터 자유롭지 못한 것이 현실이다.

여전히 불완전한 언론자유의 상황 속에서 언론의 신뢰도 문제가 심각하게 대두되고 있다. 영국의 로이터저널리즘연구소에서 발간한 〈디지털 뉴스리포트〉에 따르면 한국의 언론 신뢰도는 조사대상 40개국 중 최하위를 기록했다. 언론자유지수가 2019년에 이어 2020년에도 아시아권 1위를 달성한데 반해 신뢰도는 최하위를 기록하고 있는 것이다. 그리하여 폭력의 자유가 자유의 범주 안에 들어가서는 안 되듯, 언론자유 또한 사회적 공동선을 해치지 않는 범주 안에서만 허용되어야 한다는 주장이 나오고 있다.

자유의 제약을 통해 자유를 더 자유롭게 한다는 자유의 패러독스는 어느 시대에나 논쟁거리였다. 과거 방송위원회, 방송심의위원회, 광고공사, 언론중재위원회 등은 모두 전두환 독재정권 시절 언론에 대한 행정적 규제를 강화할 목적으로 만들어진 기구라는 이유로 많은 비판을 받았다. 이 기구들은 정권이 바뀔 때마다 여권과 야권의 서로 다른 시각에서 불공정 논란을 불러왔다. 하지만 오늘날 이 기구들이 언론권력의 여론독과점, 자본권력, 허위보도, 왜곡과 편향 등의 폐해를 방지하는데 기여하고 있는 것은 부인할 수 없는 사실이다.

자유의 패러독스는 가짜뉴스 퇴치를 위해 징벌적 손해배상과 같은 강력한 법적 규제가 필요하다는 주장으로도 나타난다. 허위정보, 오인정보, 근거 없는 루머 등이 독자와 시청자들을 혼란케 하는 일은 과거에도 있었던 일이다. 하지만, 인터넷과 소셜미디어들을 통해 일반 개인의 표현 활동이 늘어나고, 이 정보들이 뉴스로 포장되어 사회적 영향력이 커지면서, 그 역효과가 언론 전체에 끼치는 해악 또한 커졌다. 이를 언론자유 보장을 위한 불가피한 현상으로만 볼 것인가, 해결해야 할 심각한 과제로 볼 것인가의 문제부터 논쟁거리다. 이에 대해 규제를 강화해야 한다는 주장부터, 규제강화는 자유의 위축을 가져온다는 주장까지, 논란은 매우 복잡다기하게 펼쳐지고 있다. 과유불급은 자유의 과도한 팽창에서도, 자유의 과도한 제약에서도 통하는 진리이다. 자유의 과도한 팽창이 우려스러운 것은 분명하지만 그 해결책을 법의 강화에서만 찾으려는 것은 과거에 많이 경험했던 국가 권력의 언론 통제라는 부작용을 가져올 것임은 분명하다.

언론사용자들의 확증 편향이 심화되는 문제도 언론운동의 중요한 과제로 대두되고 있다. 독재정권 시절 언론사용자들은 편향 정도가 아니라 동일한 내용, 동일한 논조, 심지어는 제목까지 똑 같은 획일화된 신문과 방송보도를 접했던 경험이 있다. 독재자들은 그러한 신문과 방송을 통해 권력을 유지하고 강화하는데 이용했다. 민주화가 되고, 신문과 방송이 일정부분 자유를 획득하면서 언론 보도의 논조는 다양해졌다. 특히 개인 미디어들의 활성화는 다양한 정보와 의견을 제공함으로써 편향을 줄여줄 것이라는 일상적 믿음이 있었다. 그러나 현실은 다른 양상으로도 나타났다. 확증 편향은 인간의 관성적 본능이며, 이 본능을 이용해 플랫폼 사업자들은 확증 편향을 더욱 심화시키는 알고리즘을 개발함으로써 상업적 이익을 노려왔다. 이것이 취미나 기호가 아닌 인간의 정치 사회적 사유를 편향되게 이끈다는 것은 위험한 일이다.

가장 큰 문제는 진영에 포박되어 있는 언론이다. 신문이 발행인의 이념과 노선을 펼치는 것은 신문의 자유다. 하지만, 정파적 이익에만 기초해 정보의 진위나 해악을 고려하지 않은 채 한 쪽의 정보만을 마구잡이로 쏟아낸다면 진실과 정의는 왜곡될 수밖에 없다. 과거의 주장과 가치판단이 정파적 이익에 따라 일관성 없이 바뀌는 것 또한 심각한 문제다. 그런 상황에서 언론은 이념과 노선을 말할 자격이 없다. 시청료 문제, 방송통신위원회 및 공영방송 이사회 구성 문제, 위성정당 논란, 무공천 당헌 문제, 특정 언론보도를 놓고 권언유착이냐 검언유착이냐의 쟁투를 벌이고 있는 현실 등 정치권의 당리당략에 따라 휩쓸리는 언론의 현실은 언론이 진영의 늪에 얼마나 깊이 빠져 있는가를 말해주고 있다. 언론진영은 미 군정기에 찬탁과 반탁 논쟁에서 드러난 것처럼 냉철하고 이성적인 논의를 방해한다. 이런 속에서 언론은 사회의 빛과 소금은커녕 나라를 갈라놓는 분열과 파괴의 무기일 뿐이다.

4부 민주화 시대의 언론운동

언론운동에도 다양한 전략을 고민할 때가 되었다. 공격과 비판 일변도의 언론운동 방식은 실질적으로 그 언론사 내 언론인들이나 독자들의 변화를 이끌어내는 데는 역효과를 가져왔다. 안티조선운동은 조선일보의 실상을 알리는 데는 기여했지만 조선일보의 변화를 가져오지 못했고 오히려 내부 결속을 강화시켰다. 과거 조선일보 노조는 조선투위 위원들의 원상회복을 요구했고, 경영의 민주화와 언론독립을 위해 '우리사주'를 주장하기도 했다. 어떤 조직이든 아주 미약할지라도 일말의 건강한 양심세력은 존재한다. 또한 어떤 조직이든 내부의 변화 의지 없이는 변화시키기 어렵다. 언론운동은 메아리 없는 비판에서 끝날 것이 아니라 비판의 대상으로부터 변명이든 반론이든 반성이든 치열한 토론이든 응답이 있는 공론장을 만들어내는 일을 병행하는 것이 필요하다.

이제 누구나 개인의 의사를 공중에 전파할 수 있는 세상이 되었다. 또한 크고 작은 매체들이 자유롭게 생겨나고 사라진다. 따라서 공정성, 객관성 등 저널리즘의 기본적인 원칙과 준수 의무는 교육의 기초교과 과정에 포함되어야 할 만큼 일반적이고 필수적인 사항이 되었다. 세대 간 소통을 어렵게 하는 외국어나 신조어의 무분별한 남발도 심각한 문제로 대두되고 있다. 이러한 때 신문과 방송 등 주류의 전통매체가 건강한 공론장의 모범을 만들어내는 일은 매우 중요하다. 언론운동은 언론의 공정성, 공공성 뿐 아니라 신뢰성 및 다양성의 증대, 진영의 척결, 언론교육 등 더 많은 과제를 짊어지게 되었고, 더 많은 영역으로 확대되었으며, 더 정교한 방법론을 고민해야 할 상황에 처했다.

주
석

1   김해식(1994) 36쪽

2   이광린(1974) 60쪽 [정진석(1995) 28쪽에서 재인용]

3   이광린(1995) 152쪽

4   정진석(1995) 56-57쪽

5   위의 책 36-37쪽

6   위의 책 40-42쪽

7   황현, 허경진(2018) 옮김 106쪽

8   위의 책 103쪽

9   구한말 통리교섭통상사무아문의 으뜸 벼슬

10 정진석(1995) 43-45쪽

11 위의 책 49쪽

12 한국기자협회(1992) "최초신문 한성순보와 한성주보, 사회 경제적 관점 달랐다."
    (유일상) 347-348쪽

13 우윤(1993) 84쪽

14 정진석(1995) 122쪽

15 신용하(1976) 24쪽

16 서재필박사 자서전 214쪽(위의 책 25-26쪽에서 재인용)

17 독립신문 사설 1896.4.7. [김민환(1997) 118쪽에서 재인용]

18 이광린(1995) 152쪽

19 최준(1968) 67쪽 [김민환(1997) 121-122쪽에서 재인용]

20 매일신문 창간호 논설 1899.4.9. [정진석(1995) 176쪽에서 재인용]

21 정진석(1995) 173쪽

22 매일신문 1898.5.16.

23 매일신문 1898.5.17.

24 정진석(1995) 189-191쪽

25 김민환(1997) 124쪽

26 정진석(1995) 166쪽

27 윤치호는 1898년 3월 2일 경성신문을 창간했는데 국호가 대한제국으로 바뀐 뒤
    제호를 <대한황성신문>으로 바꾸었다.

28 공동투자 사업에서 투자자가 내던 자본금으로 오늘날의 주식과 같은 의미를 갖는다.

29 정진석(1995) 170쪽

30 정진석(1995) 169쪽

31 1904년 러일전쟁 직후 일본은 신문을 검열하기 시작했고, 군사나 외교문서 등은 보도가 금지되었다. 신문을 편집하여 인쇄에 들어가기 전에 경무고문실의 검열을 거치는데 검열에서 삭제 지시가 내려지면 그 부분은 활자를 뒤집어 인쇄했다. '벽돌신문'은 뒤집어진 활자를 쌓아둔 모양이 벽돌과 같다고 하여 붙여진 이름이다. 활자의 뒷면은 글자가 안 새겨져서 새카만 형태로 보인다.

32 정진석(1995) 170쪽

33 정진석(1995) 240-241쪽

34 The Korean Repository, Dec. 1897. 473쪽 (위의 책 241쪽에서 재인용)

35 정진석(1995) 230쪽

36 황현, 허경진(2018) 옮김 378-380쪽

37 김민환(1997) 159쪽

38 한국민족문화대백과, <동우회>

39 황현, 허경진(2018) 옮김 365-366쪽

40 한국민족문화대백과, <만세보>

41 조선 말 재무 행정을 관장하던 중앙관청

42 한국민족문화대백과, <대한민보>

43 1891년~1905년 기간 25세에서 39세 사이의 문맹률은 67.65%(출처 : 통계청)

44 정진석(1995) 122쪽

45 정진석(1995) 106-110쪽 요약

46 황현, 허경진(2018) 옮김 103쪽

47 채백(2005), 25-26쪽

48 황현, 허경진(2018) 옮김 151-152쪽

49 채백(2005), 43쪽

50 강만길(1992) 210쪽

51 독립운동사편찬위원회(1983) 436쪽 [채백(2005), 45쪽에서 재인용]

52 채백(2005) 45-46쪽

53 국사편찬위원회(1968) 210쪽 [채백(2005) 46쪽에서 재인용]

54 독립운동사편찬위원회(1983) 438-439쪽 [채백(2005) 47쪽에서 재인용]

55 국사편찬위원회(1968) 205쪽 [채백(2005) 47쪽에서 재인용]

56 채백(1990) 126-171쪽 [채백(2005) 31-33쪽에서 재인용]

57 채백(2005) 35쪽

58 위의 책 36-39쪽

59 황성신문 1907.9.22. '과연창신(果然彰信)' [채백(2005) 40쪽에서 재인용]

60 황성신문 1907.9.24. '여중군자(女中君子)' [채백(2005) 40-41쪽에서 재인용]

61 황성신문 1907.9.26. '각사회열심(各士會熱心)' [채백(2005) 41쪽에서 재인용]

62 채백(2005) 41쪽

63 정진석(1995) 197쪽

64 위의 책 221쪽

65 위의 책 225-226쪽

66 위의 책 52-53쪽

67 박지동(2008) 137-138쪽 [김종철(2013) 18쪽에서 재인용]

68 Robinson(1990) 85쪽 [김민환(1997) 238쪽에서 재인용]

69 김민환(1997) 256쪽

70 동아일보 사설 1921.11.26.

71 최민지·김민주(1978) 376쪽

72 정진석(1979) 130-131쪽

73 위의 책 156-158쪽

74 위의 책 149-154쪽

75 최민지·김민주(1978) 393쪽

76 고등경찰용어사전 253쪽, 고경(高警) 171쪽 (위의 책 380쪽에서 재인용)

77 최민지·김민주(1978) 394쪽

78 정진석(1979) 176쪽

79 위의 책 179-187쪽

80 위의 책 186-187쪽

81 위의 책 189-191쪽

82 위의 책 191-194쪽

83 조선·동아 거짓과 배신의 100년 청산 시민행동(2020) 19쪽

84 채백(2005) 65-66쪽

85 매일신보 1922.2.12. (위의 책 68-69쪽에서 재인용)

86 김준엽·김창순(1986) 100-103쪽 [채백(2005) 70-71쪽에서 재인용]

87 채백(2005) 74쪽

88 매일신보 1923.4.1. (위의 책 79-80쪽에서 재인용)

89 조선총독부 경무국(1930) 123쪽 [채백(2005) 81쪽에서 재인용]

90 김준엽·김창순(1986) 44쪽, 119-120쪽 [채백(2005) 82-83쪽에서 재인용]

91 채백(2005), 83-84쪽

92 최민지·김민주(1978) 126-127쪽

93 참여단체들은 재일본동경조선유학생학우회, 재일본동경조선인유학생여자학흥회, 재일본동경조선교육연구회, 북성회, 동경조선노동동맹회, 형설회, 노우사, 평문사, 조선무산청년회, 대판조선노동동맹회, 전진사 등 11개 단체였다.

94 채백(2005) 86-89쪽, 개벽 1924년 2월호, 12월호, 조선일보 1924.4.22.

95 최민지·김민주(1978) 133쪽

96 동아일보사 편(1975) 235쪽 [채백(2005) 91-92쪽에서 재인용]

97   정진석(1979) 132-134쪽

98   최민지·김민주(1978) 133쪽

99   위의 책 134-135쪽

100 정진석(1979) 138-140쪽

101 최민지·김민주(1978) 135-137쪽

102 위의 책 137-139쪽

103 채백(2005) 94-95쪽

104 위의 책 95-97쪽

105 위의 책 75-78쪽

106 위의 책 111-115쪽 요약

107 위의 책 101-106쪽, 동아일보 1926.7.27., 마산시사편찬위원회(1985) 99-101쪽
     등에서 발췌 요약

108 위의 책 116-117쪽, 조선일보 1927.9.1. <시대일보> 1925.12.15., <별건곤>
     1930년 1월호 148쪽, <별건곤> 1929년 2월호 134-135쪽 등에서 발췌 요약

109 위의 책 131-132쪽

110 위의 책 132-134쪽

111 위의 책 134-135쪽

112 위의 책 137쪽

113 위의 책 138쪽

114 위의 책 140쪽

115 위의 책 122-123쪽

116 개벽 1924년 1월호 37-38쪽 [채백(2005) 123-124쪽에서 재인용]

117 강준만(2012) 299쪽

118 송건호(1990) 12-13쪽

119 이원보(2005) 98쪽

120 송건호(1990) 13쪽

121 김종철(2013) 43-44쪽

122 김민환(1997) 325-338쪽

123 송건호(1990) 12쪽

124 김민남 외(1993) "미 군정기의 언론"(유일상) 271쪽

125 송건호(1990) 14쪽

126 이원보(2005) 108쪽

127 송건호(1990) 19쪽

128 위의 책 20-23쪽

129 김민남(1988) "미 군정기의 언론"(유일상) 276-278쪽

130 송건호(1990) 25-27쪽

131   위의 책 27쪽

132   자유신문 1945.10.13. (위의 책 27-28쪽에서 재인용)

133   송건호(1990) 28쪽

134   위의 책 29쪽

135   위의 책 35쪽

136   자유신문 사설 1945.10.15.

137   중앙신문 사설 1945.11.3.

138   조선일보 사설 1945.12.3.

139   자유신문 사설 1945.11.19.

140   조선일보 사설 1945.12.13.

141   송건호(1990) 39-43쪽

142   동아일보 1945.12.27. 1면

143   조선일보 1945.12.27. 1면

144   신조선보 1945.12.27. 1면

145   중앙신문 1945.12.27. 1면

146   조선·동아 거짓과 배신의 100년 청산 시민행동(2020) 58-59쪽

147   송건호(1990) 44-45쪽

148   위의 책 45-46쪽

149   조선일보 1946.12.27.

150   조선일보 1946.12.29.

151   송건호(1990) 48쪽

152   최장집(1993) 160쪽,162쪽

153   박용상(1983) 167-168쪽, 김민환(1997) 383-384쪽

154   김민환(1997) 385-386쪽

155   위의 책 386쪽

156   계훈모(1987) 1046쪽 [김민환(1997) 387쪽에서 재인용]

157   장룡(1969) 126쪽 [김민환(1997) 387쪽에서 재인용]

158   강준만(2012) 325~326쪽

159   말 1989년 5월, 121-127쪽 [강준만(2012) 326쪽에서 재인용]

160   장룡(1969) 125-126쪽 [김민환(1997) 388-389쪽에서 재인용]

161   최준(1960) 360쪽 [김민환(1997) 389쪽에서 재인용]

162   이원보(2005) 108쪽

163   새언론포럼(2008) 6쪽

164   계훈모(1987) 289, 311, 365, 373, 374, 383, 388, 396쪽 [김민환(1997) 391-
      393쪽에서 재인용

165   위의 책 289, 311, 839-846쪽, 김민환(1997) 391-392쪽

166 안재성(2006) 276쪽 [김종철(2013) 63쪽에서 재인용]

167 송건호(1990) 59-60쪽

168 김민환(1997) 395-396쪽

169 김종철(2013) 64쪽

170 송건호(1990) 71-72쪽

171 서중석(2000) 129쪽 [강준만(2012) 327쪽에서 재인용]

172 김민환(2001) 85쪽 [강준만(2012) 327쪽에서 재인용]

173 동아일보사(2000) 295쪽 [강준만(2012) 328쪽에서 재인용]

174 송건호(1990) 72-73쪽

175 서중석(2013) 80-82쪽

176 강준만(2004) 20-21쪽

177 국가기록원 제주 4·3사건

178 제주4·3사건진상규명 및 희생자명예회복위원회(2003) 162-168쪽

179 국제신문 1948.8.6., 1948.8.7., 1948.8.8.

180 김해식(1994) 273쪽

181 새언론포럼(2008) 3쪽

182 송건호(1990) 75쪽

183 송건호(1990) 78쪽

184 송건호 외(1984) "이승만과 박정희의 언론 통제술"(정대수) 184-185쪽

185 김민환(1997) 398쪽

186 위의 책 398-399쪽

187 제주4·3사건진상규명 및 희생자명예회복위원회(2003) 264, 268쪽

188 위의 자료 332-333쪽

189 위의 자료 340쪽

190 대한매일 2001.6.2.

191 제주4·3사건진상규명 및 희생자명예회복위원회(2003) 281쪽

192 국무회의록 1949.1.21. (위의 자료 287쪽에서 재인용)

193 제주4·3사건진상규명 및 희생자명예회복위원회(2003) 289쪽

194 조선중앙일보 1948.8.8., 1948.8.11., 1948.8.18.

195 제주4·3사건진상규명 및 희생자명예회복위원회(2003) 290-292쪽

196 "Report of the Internal Insurrections after April, 1948, made by Minister of National Defence, Lee Bum Suk," December 14, 1948, RG 338 : Records of US Army Commands, Entry : Provisional Military Advisory Group(1948-1949) and Korean Military Advisory Group(1949-1953), Box 11 : 국회속기록 제1회 제 124호, 1948.12.8. : 국제신문 1948.12.9. (위의 자료 290쪽에서 재인용)

197 박명림(1988), 143-144쪽 [제주4·3사건진상규명 및 희생자명예회복위원회

(2003) 261쪽에서 재인용]

198 서중석(2007a) 66쪽

199 이강수(2003) 223쪽

200 두산백과 <반민족행위특별조사위원회>

201 서중석(2007a) 67쪽

202 김민환(1997) 399쪽

203 오마이뉴스 2020.8.27.

204 김민환(1997) 403쪽

205 두산백과 <사사오입개헌>

206 김민환(1997) 403-404쪽

207 새언론포럼(2008) 4쪽

208 위의 책 5쪽

209 위의 책 6-7쪽

210 언론연구원(1992) "한국의 인쇄매체"(정진석) 52쪽 [김민환(1997) 472쪽에서 재인용]

211 김민환(1997) 410-411쪽

212 김민환(2006) 95-96쪽

213 민족일보 논설 "앤타이 아메리카니즘의 본질" 1961.4.6. (위의 책 97쪽에서 재인용)

214 김민환(2006) 109쪽

215 민족일보 논설 "미국의 대한 경제원조 정책의 본질을 분석함" 1961.3.18. [김민환(2006) 100쪽에서 재인용]

216 민족일보 논설 "일본의 정치경제 대표들의 빈번한 내왕과 우리 민족" 1961.5.9. [김민환(2006) 101쪽에서 재인용]

217 민족일보 논설 "정부의 대일정책은 조국 분단을 전제로 한 굴욕적인 것이다" 1961.5.14. [김민환(2006) 111쪽에서 재인용]

218 민족일보 논설 1961.4.15., 논설 1961.4.20., 논설 1961.4.22. [김민환(2006) 123-128쪽에서 재인용]

219 김민환(2006) 157-161쪽

220 원희복(2004) 104-108쪽

221 위의 책 134-138쪽

222 송건호 외(2012) "박정희 정권하의 언론"(송건호) 241쪽

223 김종철(2013) 130-132쪽

224 원희복(2004) 217-218쪽

225 재일동포 북송운동은 6.25전쟁 후 경제개발을 위해 노동력이 절실히 필요했던 북한과, 재일 한국인 보상 문제로 골치를 앓고 있던 일본의 이해가 맞아 떨어져 벌어진 운동이다. 조총련의 제창에 따라 1956년 일본적십자사와 북한적십자사가 일본에 억류

된 한국인을 각기 북한과 남한으로 송환한다는 각서를 교환했다. 거류민단과 한국정부는 이에 반대하고 북송반대운동을 전개했다.

226 위의 책 223-238쪽

227 한국일보 조간 사설 1961.8.28. (위의 책 241-242쪽에서 재인용)

228 원희복(2004) "추천의 말"

229 김민환(1997) 477-478쪽

230 5·16장학회는 이후 박정희와 육영수의 이름을 따 '정수장학회'로 바뀌었다.

231 채백(2005) 147-148쪽

232 새언론포럼(2008) 8쪽

233 프레시안 2014.8.14.

234 새언론포럼(2008) 8쪽

235 위의 책 8-9쪽

236 위의 책 9쪽

237 송건호 외(2012) "박정희 정권하의 언론"(송건호) 260쪽

238 송건호 외(1984) "이승만과 박정희의 언론 통제술"(정대수) 194-195쪽

239 한국기자협회(1975) 47쪽 (위의 책, 위의 글 196쪽에서 재인용)

240 김종철(2013) 143-144쪽

241 송건호 외(2012) "박정희 정권하의 언론"(송건호) 272-273쪽

242 위의 책, 위의 글 273-274쪽

243 위의 책, 위의 글 267쪽

244 위의 책, 위의 글 275-277쪽

245 새언론포럼(2008) 11쪽

246 한국기자협회보 1969.1.10.

247 새언론포럼(2008) 12쪽

248 동아자유언론수호투쟁위원회(2014) 75-76쪽

249 위의 책 77쪽

250 위의 책 78쪽

251 위의 책 79-80쪽

252 송건호 외(2012) "1970년대 유신 독재와 민주언론의 말살"(박지동) 347쪽

253 김종철(2013) 170쪽

254 위의 책 171-173쪽

255 위의 책 177-180쪽

256 송건호 외(2012) "1970년대 유신 독재와 민주언론의 말살"(박지동) 351쪽

257 위의 책, 위의 글 351-352쪽

258 위의 책, 위의 글 352-353쪽

259 위의 책, 위의 글 354-356쪽

260 위의 책, 위의 글 356쪽

261 김종철(2013) 186-188쪽

262 위의 책 190쪽

263 송건호 외(2012) "1970년대 유신 독재와 민주언론의 말살"(박지동) 359-362쪽

264 위의 책, 위의 글 365-366쪽

265 김종철(2013) 210쪽

266 동아자유언론수호투쟁위원회(2014) 122쪽

267 김종철(2013) 213-215쪽

268 조선자유언론수호투쟁위원회(1993) 39-40쪽

269 김종철(2013) 216-217쪽

270 1974년 10월 26일 기자협회 동아일보사 분회는 각 부서에서 뽑힌 30여 명의 기자
     로 자유언론실천특별위원회(실천특위)를 구성했다.

271 송건호 외(2012) "1970년대 유신 독재와 민주언론의 말살"(박지동) 381-382쪽

272 김종철(2013) 199-204쪽

273 한국일보 '74노조 출판위원회(2005) 127-130쪽

274 송건호 외(2012) "1970년대 유신 독재와 민주언론의 말살"(박지동) 386-387쪽

275 위의 책, 위의 글 392-393쪽

276 김종철(2013) 239-241쪽

277 동아자유언론수호투쟁위원회(2014) 44-45쪽

278 김종철(2013) 242-243쪽

279 동아자유언론수호투쟁위원회(2014) 745-746쪽

280 위의 책 747-748쪽

281 김종철(2013) 235쪽

282 조선자유언론수호투쟁위원회(1993) 41-44쪽 (위의 책 236쪽에서 재인용)

283 김종철(2013) 237-239쪽

284 위의 책 251쪽

285 민주언론운동협의회(1988) 29쪽

286 김종철(2013) 252쪽

287 민주언론운동협의회(1988) 29쪽

288 새언론포럼(2008) 10쪽

289 한국근현대사사전 <서울의 봄; 노동운동>

290 한국언론재단(2002) 162쪽

291 송건호 외(1984) "80년 전후의 자유언론운동"(김태홍) 307, 310, 311쪽

292 위의 책, 위의 글 311쪽

293 한국기자협회·80년해직언론인협의회 공편(1997) "제1장. 기자협회의 검열 및 제작
     거부 결정"(윤석한) 55-56쪽

294 송건호 외(2012) "전두환 정권하의 언론"(윤덕한) 469쪽

295 위의 책, 위의 글 470-471쪽

296 한국기자협회·80년해직언론인협의회 공편(1997) "제1장. 기자협회의 검열 및 제작 거부 결정"(윤석한) 71쪽

297 송건호 외(2012) "전두환 정권하의 언론"(윤덕한) 472-473쪽

298 김대중1(2010) 397-398쪽

299 백낙청·정창열(1989) 187쪽, "1980년대 민중민족운동의 위상"(강만길)

300 김대중1(2010) 412쪽, 김대중은 1980년 7월 10일 그를 회유할 목적으로 찾아온 이학봉 대령(당시 합동수사단장)이 던져준 한 뭉치의 신문을 보고 5·18광주민주항쟁을 알게 되었다고 언급했다.

301 5·18개념재단(2012) "1980년 당시 언론의 5·18항쟁 왜곡"(한선) 133쪽

302 위의 책, 위의 글 140쪽

303 위의 책, 위의 글 129쪽

304 경향신문 1980.5.22.

305 조선일보 1980.5.25.

306 동아일보 1980.5.26.

307 김민환(1997) 502-503쪽

308 한국기자협회 30년사, 한국기자협회·80년해직언론인협의회 공편(1997) "기자협회의 검열 및 제작 거부 결정"(윤석한) 75-78쪽에서 재인용

309 5·18기념재단(2014) 51쪽 "1980년 전남매일신문사 기자들의 언론자유운동"(손정연, 박화강)

310 국방부과거사진상규명위원회(2007) 64-65쪽 [5·18기념재단(2012) "5·18항쟁 당시의 유언비어와 실제"(유경남) 174쪽에서 재인용]

311 한국기자협회·80년해직언론인협의회 공편(1997) "기자협회의 검열 및 제작 거부 결정"(윤석한) 88-89쪽

312 위의 책, 위의 글 89-90쪽

313 한국기자협회·80년해직언론인협의회 공편(1997) "기자협회의 검열 및 제작 거부 결정"(윤석한) 90-91쪽 : 1980년 8월16일 당시 이수정 문공부 공보국장이 작성한 '언론정화 결과'에는 정부가 직접 통보한 대상자가 298명(기자직 278명, 타직종 20명)으로 나와 있는데 여기에 언론사가 자체로 추가한 대상자는 635명(기자직 427명, 타직종 208명)이었다. 따라서 전체 해직자 933명 중 68%가 언론사 자체 판단으로 해직된 셈이다.

314 위의 책, 위의 글 82-83쪽

315 2.12총선 결과는 민정당 148석, 신민당 67석, 민한당 35석이었다.

316 김유진(2017) 126-127쪽(2014년 6월 23일 성유보 선생 인터뷰)

317 민주언론운동협의회(1988) 32쪽

318 5·18기념재단(2014) "5공정권과 80년 저항 언론인들의 언론운동"(고승우) 409쪽

319 한겨레 2014.5.6. 멈출 수 없는 언론자유의 꿈(87)-해직기자들이 세운 '민언협'(성유보)

320 김유진(2017) 129-130쪽

321 한국기자협회·80년해직언론인협의회 공편(1997) "80년 해직언론인협의회와 민주언론운동협의회"(김태홍) 200-201쪽

322 김유진(2017) 132쪽(신홍범 초대 실행위원 인터뷰. 2014.4.17.)

323 위의 책 132-133쪽

324 위의 책 269-274쪽(부록 '민언협 창립선언문')

325 민주언론운동 1997년 5·6월호 "언론과 나-천직을 찾게 해준 민언협의 말지"(박우정)

326 김유진(2017) 135-138쪽

327 한겨레 2014.5.12. "민중의 입이 되고자 한 말지"(성유보)
     http://www.hani.co.kr/arti/society/media/636611.html

328 한국기자협회·80년해직언론인협의회 공편(1997) "80년 해직언론인협의회와 민주언론운동협의회"(김태홍) 204쪽

329 김유진(2017) 255쪽(최민희 당시 민언협 간사의 회고)

330 위의 책 143쪽

331 위의 책 160쪽

332 위의 책 161쪽(이석원 당시 초대 사무처장 인터뷰, 2014.6.20.)

333 위의 책 257쪽

334 김태홍(1999) 112-113쪽 (위의 책 163-164쪽에서 재인용)

335 김유진(2017) 249-250쪽

336 위의 책 251-252쪽

337 위의 책 144-148쪽

338 민주언론운동협의회(1988) 35쪽

339 김주언(2008) 423-424쪽

340 한국기자협회·80년해직언론인협의회 공편(1997) "80년 해직언론인협의회와 민주언론운동협의회"(김태홍) 210쪽

341 김태홍(1999) 116-117쪽 [김유진(2014) 181쪽에서 재인용]

342 김유진(2017) 182쪽

343 김정남(2005) 547-548쪽 (위의 책 182-183쪽에서 재인용)

344 김유진(2017) 183-184쪽

345 한겨레 2014.5.12. "민중의 입이 되고자 한 말지"(성유보)

346 한국향토문화전자대전 <완주군 가톨릭농민회 KBS시청료거부투쟁>

347 동아일보 1986.4.4. [채백(2005) 248쪽에서 재인용]

348 김기태(1989) 105-106쪽 [채백(2005) 248-249쪽에서 재인용]

349 동아일보 1986.4.4. [채백(2005) 249쪽에서 재인용]

350 채백(2005) 249-250쪽

351 위의 책 251쪽

352 동아일보 1986.4.5., 1986.4.7., 1986.4.8., 1986.4.10. (위의 책 251-253쪽에서 재인용)

353 채백(2005) 253쪽

354 위의 책 253쪽

355 동아일보사 편(1990) (신동아, 1990년 1월호 별책부록) 250-252쪽 (위의 책 254-256쪽에서 재인용)

356 조선일보 1986.6.8., 조선일보 1986.6.17. [채백(2005) 260-261쪽에서 재인용]

357 김해식(1994) 215-216쪽

358 채백(2005) 263-264쪽

359 김민남 외(1993) "제6장 정부수립 후의 신문들"(정대수) 400쪽

360 신생 야당 신민당은 2.12총선에서 관제 야당 민한당을 제치고 제일 야당으로 부상했다.

361 동아일보 1987.1.17.

362 이원보(2005) 325-327쪽

363 김민남 외(1993) "정부수립 후의 신문들"(정대수) 393쪽

364 노태우(상)(2011) 258~261쪽 : 노태우 당시 보안사령관은 그의 회고록에서 자신은 언론기본법 제정에는 관여하지 않았지만 언론통폐합과 언론인 해직은 청와대가 보안사령부를 앞세워 단행했기 때문에 부득이 관여하게 되었고 언론사 사주와 발행인들이 보안사령부에 불려와 곤욕을 치렀다고 회고했다. 노태우는 허문도 당시 청와대 정무비서관이 중심이 되어 언론통폐합을 추진했으며 허문도는 이를 위해 보안사에까지 영향력을 행사했다는 것이다.

365 한국언론재단(2002) 166쪽

366 주동황·김해식·박용규(1997) 186쪽 (위의 책 167-168쪽에서 재인용)

367 송건호 외(2012) "전두환 정권하의 언론"(윤덕한) 500-501쪽

368 한국신문방송연감 1980 [5·18기념재단(2012) 121쪽에서 재인용]

369 미디어오늘 2014.9.27.

370 김승수(1997) 616-617쪽

371 동아자유언론수호투쟁위원회(2014) 521쪽

372 위의 책 533쪽

373 김민남 외(1993) "정부수립 후의 신문들"(정대수) 396쪽

374 위의 책, 위의 글 398쪽

375 한겨레신문전국독자주주모임(1998) "언론을 바로세우는 사람들"(박해전) 24쪽

376   위의 책 "언론계를 떠나면서"(송건호) 17-18쪽

377   4·26 총선에서 민정당 125석(득표율 33.9퍼센트), 평민당 70석(득표율 23.8퍼센트), 민주당 59석(득표율 19.2퍼센트), 공화당 35석(득표율 15.5퍼센트)을 얻었다. 이로써 한국 역사상 최초로 125석(득표율 33.9퍼센트) 대 164석(58.5퍼센트)의 여소야대 국면이 만들어졌다.

378   김종철(2013) 340-342쪽

379   김종찬(1991) 304-305쪽 (위의 책 343쪽에서 재인용)

380   새언론포럼(2009) 35쪽

381   문화방송노조 소식지 모음 1987.12.9.-1989.3.28. 161쪽

382   송건호 외(2012) "언론권력의 출현과 언론개혁운동"(손석춘) 508쪽

383   전국언론노동조합연맹(1999) 57-58쪽

384   김민남 외(1993) "정부수립 후의 신문들"(정대수) 395쪽

385   전국언론노동조합연맹(1999) 63-67쪽

386   위의 자료 94쪽

387   위의 자료 95쪽

388   새언론포럼(2009) 88쪽

389   위의 책 89쪽

390   위의 책 89-90쪽

391   위의 책 91-93쪽

392   위의 책 94쪽

393   위의 책 60쪽

394   위의 책 60-61쪽

395   위의 책 62쪽

396   위의 책 71-72쪽

397   새언론포럼(2008) 57-58쪽

398   위의 책 60-61쪽

399   위의 책 71쪽

400   김종철(2013) 345-346쪽

401   새언론포럼(2008) 108-110쪽

402   위의 책 119-122쪽

403   위의 책 122-124쪽

404   위의 책 125쪽

405   위의 책 125쪽

406   김종철(2013) 352쪽

407   문화방송노조 소식지 모음(1987.12.9.-1989.3.28.) 문화노보 창간호(87.12.14)

408   문화방송노조 활동자료집 제2집(1989.3.28.-1990.12.9.) 468쪽, "부당징계 철회

하고 경영진은 퇴진하라"(성명서 1990.9.17.)

409 위의 자료 513쪽, MBC노조특보 87호(1990.10.25.)

410 한겨레신문 1991.1.9.

411 한겨레신문 1990.4.20.

412 문화방송노조 활동자료집(1990.12.6.~1992.8.18.) 312쪽

413 강준만(2012) 593쪽

414 동아일보 1991.1.25.

415 경향신문 1991.5.5.

416 문화방송노조 활동자료집(1990.12.6.-1992.8.18.) 215쪽

417 '92MBC노조파업백서 민주방송햇불되어(1993) 83쪽(쟁의특보 제3호)

418 문화노보 93.3.11.

419 김민남 외(1993) "정부수립 후의 신문들"(정대수) 403쪽

420 위의 책, 위의 글 402쪽

421 선거보도감시연대회의(1992) "14대 총선보도와 시민언론운동" 93쪽

422 김민남 외(1993) "정부수립 후의 신문들"(정대수) 402쪽

423 위의 책, 위의 글 402-403쪽

424 문영희 외2(2014) 361-362쪽

425 문영희 외1(2014) 450-451쪽

426 김종철(2013) 372-373쪽

427 노태우 회고록(하)(2011) 14쪽

428 김해식(1994) 176-177쪽

429 문영희 외2(2014) 373-375쪽

430 김종철(2013) 377쪽

431 조선일보 1993.8.15.

432 조선일보 사설 1993.8.19.

433 동아일보 사설 1993.8.13.

434 동아일보 사설 1993.8.26.

435 조선일보 1994.6.30.

436 조선일보 사설 1994.7.13.

437 조선일보 1994.7.19.

438 조선일보 1994.7.20.

439 새언론포럼(2009) 94-95쪽

440 위의 책 95-96쪽

441 위의 책 100쪽

442 위의 책 101-103쪽

443 위의 책 104-105쪽

444 위의 책 105-107쪽

445 위의 책 50-51쪽

446 한국일보노보 소식 1997.9.23.

447 새언론포럼(2009) 52쪽

448 위의 책 62-64쪽

449 위의 책 65-68쪽

450 새언론포럼(2008) 92-93쪽

451 위의 책 93쪽

452 새언론포럼(2009) 253쪽

453 위의 책 254쪽

454 조선일보 1996.12.11.

455 문영희 외1(2014) 577쪽

456 조선일보 1996.12.17.

457 새언론포럼(2008) 171-173쪽

458 이원보(2005) 375쪽

459 새언론포럼(2008) 174-175쪽

460 위의 책 176-177쪽

461 문영희 외1(2014) 581쪽

462 조선일보 사설 1997.1.8.

463 새언론포럼(2008) 176-193쪽에서 발췌 요약

464 문영희 외1(2014) 584-585쪽

465 위의 책 585쪽

466 미디어오늘 1997.2.27.

467 김종철(2013) 397쪽

468 조선·동아 거짓과 배신의 100년 청산 시민행동(2020) 125-126쪽

469 중앙일보 1997.10.17.

470 중앙일보 1997.10.22.

471 조선일보 1997.11.12.

472 한겨레 1997.12.18.

473 조선일보 1997.12.16.

474 기자협회보 1997.12.20.

475 언론개혁시민연대 10년사 편찬위원회(2008) 56-57쪽

476 강준만(2006) 105-106쪽 [한윤형(2010) 72-73쪽에서 재인용]

477 총 유효투표 2천 564만여 표 중 1천 32만 6천여 표(40.3퍼센트)를 얻었고, 한나라
당 이회창 후보는 이보다 39만 표 뒤진 993만여 표(38.7퍼센트)를 얻었으며, 국민신
당 이인제 후보는 492만여 표(19.2퍼센트)를 얻어 이인제 완주 효과가 크게 작용했

음이 입증되었다.

478 내일신문 1998.12.21.

479 김종철(2013) 416쪽

480 언론개혁시민연대 10년사 편찬위원회(2008) 76쪽

481 대한매일은 1904년 창간된 대한매일신보가 그 뿌리였다. 대한매일신보는 일제강점기에 총독부 기관지 매일신보로 바뀌었다가 1945년 해방과 더불어 관영 서울신문으로, 김대중 정부 때인 1998년 11월 대한매일로, 노무현 정부 때인 2004년 1월 다시 서울신문으로 바뀌었다.

482 새언론포럼(2009) 108-109쪽

483 위의 책 109쪽

484 언론개혁시민연대 10년사 편찬위원회(2008) 60쪽

485 위의 자료 61, 63, 64, 68-71쪽에서 요약

486 위의 자료 82-89쪽에서 발췌 요약

487 위의 자료 72쪽

488 위의 자료 87쪽

489 전국문화방송노동조합활동사III(1999.3~2001.2) 459쪽

490 위의 자료 411쪽

491 위의 자료 390쪽

492 위의 자료 397쪽

493 언론개혁시민연대 10년사 편찬위원회(2008) 99-105쪽에서 발췌 요약

494 시사저널 1999.10.14.

495 강준만(2012) 651쪽

496 연합뉴스 1999.6.22.

497 한윤형(2010) 105쪽

498 위의 책 106쪽

499 위의 책 147쪽

500 위의 책 168쪽

501 미디어오늘 2017.6.24.

502 한윤형(2010) 175쪽

503 위의 책 288-289쪽

504 위의 책 289-291쪽

505 옥천신문 소개 http://www.okinews.com/com/com-1.html

506 한윤형(2010) 185-186쪽

507 이원보(2005) 90쪽

508 새언론포럼(2009) 113-114쪽

509 위의 책 114쪽

510 위의 책 114-117쪽

511 박강호(1999) 59쪽

512 새언론포럼(2009) 124쪽

513 언론노보 2000.11.24., "전국언론노동조합 출범에 부쳐"

514 새언론포럼(2009) 125쪽

515 언론개혁시민연대 10년사 편찬위원회(2008) 105쪽

516 조선일보 2001.2.10.

517 김종철(2013) 429쪽

518 미디어오늘 2017.6.24.

519 언론개혁시민연대 10년사 편찬위원회(2008) 106-107쪽

520 미디어오늘 2017.6.24.

521 미디어오늘 2017.11.21.

522 조선일보 사설 2002.2.9.

523 시사상식 사전 <신문고시>

524 조선일보 1991.9.17.

525 유시민(2002) 47-48쪽

526 강준만(2012) 666쪽

527 유시민(2002) 73-78쪽

528 경향신문 사설 2001.2.9.

529 유시민(2002) 80쪽

530 미디어오늘 2001.6.7.

531 김종철(2013) 449쪽

532 국정홍보처(2007) 256쪽

533 위의 자료 260쪽

534 미디어오늘 2002.1.3.

535 국정홍보처(2007) 257쪽

536 위의 자료 265-266쪽

537 위의 자료 266-267쪽

538 위의 자료 268-269쪽

539 한국신문방송편집인협회(2008) 195-196쪽

540 미디어오늘 2007.5.25.

541 미디어오늘 2007.6.18.

542 프레시안 2007.7.10.

543 국정홍보처(2007) 274-275쪽

544 위의 자료 275-276쪽

545 한국신문방송편집인협회(2008) 236-237쪽

546 언론개혁시민연대 10년사 편찬위원회(2008) 108-109쪽

547 위의 자료 109-110쪽

548 국정홍보처(2007) 278쪽

549 언론개혁시민연대 10년사 편찬위원회(2008) 110-111쪽

550 국정홍보처(2007) 278-279쪽

551 새언론포럼(2009) 127쪽

552 국정홍보처(2007) 279쪽

553 위의 자료 280쪽

554 위의 자료 284쪽

555 위의 자료 285-289쪽

556 한국신문방송편집인협회(2008) 240쪽

557 위의 자료 240-241쪽

558 위의 자료 242쪽

559 한겨레 2005.6.14., 경향신문 2005.6.14.

560 한국신문방송편집인협회(2008) 244쪽

561 한학수(2006) 403-404쪽

562 위의 책 425-427쪽

563 위의 책 436쪽

564 위의 책 474쪽

565 위의 책 468쪽

566 위의 책 441쪽

567 경향신문 2005.12.24.

568 오마이뉴스 2005.12.26.

569 김종철(2013) 462-463쪽

570 위의 책 469-471쪽

571 가축 부위 중 프리온 질병을 전염시킬 가능성이 높은 부분(쇠고기의 경우 뇌, 눈, 척수, 창자 등)

572 중앙일보 2007.8.3.

573 중앙일보 2008.5.9.

574 세계일보 2008.5.4.

575 미디어오늘 2008.5.29.

576 SBS 2008.7.31.

577 YTN 2008.8.13.

578 SBS 2008.8.13.

579 민주언론시민연합(2017a) "이명박 정부 정치검찰의 언론 통제와 PD수첩 형사기소"(조능희) 144쪽

580 연합뉴스 2009.6.17.

581 YTN 2019.1.9.

582 한겨레 2008.8.29.

583 조선일보 2013·11.4.

584 한겨레 2009.6.9.

585 한겨레 사설 2009.6.10.

586 한겨레 2009.6.21.

587 조선일보 2009.6.12.

588 한겨레 2009.6.12.

589 조선일보 2009.6.15.

590 한겨레 2009.10.30.

591 동아일보 사설 2009.10.30.

592 한겨레 2012.1.12.

593 민주언론시민연합(2017b) 100-101쪽

594 미디어오늘 2012.9.30.

595 신동아 2010년 4월호

596 민주언론시민연합(2017b) 103쪽

597 민주언론시민연합(2017a) "'이명박근혜'시대 '신보도지침'을 구현한 KBS"(김용진) 162-163쪽

598 위의 책, 위의 글 165쪽

599 경향신문 2017.11.15.

600 민주언론시민연합(2017a) "'보도지침의 부활', 이명박이 시작하고 박근혜가 완성하다"(박제선) 242-243쪽

601 스타투데이 2017.9.13.

602 김종철(2013) 486쪽

603 김종철(2013) 487쪽

604 미디어법 날치기, 헌법재판소 2009.10.29. 선고 2009헌라8·9·10(병합) 전원재판부

605 경향신문 미디어뉴스 2010.11.2.

606 한겨레 2012.6.13.

607 민주언론시민연합(2017a) "MBC의 '공영방송 유전자'를 없애라"(강지웅) 171쪽

608 위의 책, 위의 글 172쪽

609 위의 책 "'이명박근혜'정권과 언론의 잃어버린 10년"(이정환) 123쪽

610 경향신문 2012.2.8.

611 민주언론시민연합(2017a) "MBC의 '공영방송 유전자'를 없애라"(강지웅) 173-174쪽

612 기자협회보 2012.2.8.

613 연합뉴스 2012.3.13.

614 경향신문 2012.3.5.

615 경향신문 2017.4.28.

616 프레시안 2012.3.15.

617 미디어오늘 2012.6.22.

618 민주언론시민연합(2017a) "YTN, MB정권의 첫 번째 목표"(김도원) 183-184쪽

619 위의 책, 위의 글 184-185쪽

620 위의 책, 위의 글 185-186쪽

621 위의 책, 위의 글 187-189쪽

622 위의 책, 위의 글 190쪽

623 부산일보 2012.1.9.

624 민주언론시민연합(2017a) "'이명박근혜' 정권과 언론의 잃어버린 10년"(이정환) 125쪽

625 한겨레 2012.1.20.

626 ICIJ(International Consortium of Investigative Journalists) : 국제탐사언론인협회

627 GIJN(Global Investigative Journalism Network) : 글로벌탐사저널리즘네트워크

628 고발뉴스 2013.1.20.

629 고발뉴스 2013.3.3.

630 폴리뉴스 2012.12.12.

631 한겨레 2013.6.10.

632 연합뉴스 2012.12.13.

633 미디어오늘 2012.12.17.

634 경향신문 2012.12.12.

635 이 법은 2012년 10월 15일부터 시행되었다.

636 YTN 2013.5.8.

637 중앙일보 2013.6.6.

638 문화일보 2013.6.11.

639 CBS노컷뉴스 2013.6.11.

640 조선일보 2013.6.14.

641 국민일보 2013.6.14.

642 뉴시스 2013.6.17.

643 뉴시스 2013.4.19.

644 폴리뉴스 2013.7.9.

645 한겨레신문 2013.7.6.

646 오마이뉴스 2013.6.26.

647 미디어오늘 2013.7.19.

648 TV조선 2013.7.12.

649 머니투데이 2018.8.8.

650 한겨레 2013.8.8

651 한국일보 2013.8.20.

652 뉴스1 2013.8.19.

653 CBS노컷뉴스 2013.8.19.

654 경향신문 2013.8.24.

655 경향신문 2013.9.2.

656 YTN 2013.9.4.

657 조선일보 2013.8.29.

658 조선일보 2013.9.12.

659 TV조선 2013.9.14.

660 뉴시스 2013.10.18.

661 한겨레 2013.11.21.

662 뉴스1 2013.10.18.

663 연합뉴스 2013.11.21.

664 국민일보 2018.4.19.

665 시사위크 2015.1.29.

666 박근혜정권퇴진비상국민행동 기록기념위원회1(2018) 53쪽

667 민주언론시민연합(2017b) 94-95쪽

668 민주언론시민연합(2017a) "'김영한 업무일지'로 본 청와대의 KBS방송 개입과 통제"(정수영) 225-230쪽

669 민주언론시민연합(2017a) "'보도지침의 부활', 이명박이 시작하고 박근혜가 완성하다"(박제선) 243쪽

670 미디어스 2013.6.7.

671 미디어오늘 2013.6.24.

672 미디어오늘 2013.7.24.

673 민주언론시민연합(2017a) "MBC의 '공영방송 유전자'를 없애라"(강지웅) 180쪽

674 미디어오늘 2020.8.27.

675 민주언론시민연합(2017a) "박근혜 KBS를 어떻게 통제했나"(김시곤) 209쪽

676 미디어오늘 2013.7.24.

677 경향신문 2013.6.30.

678 민주언론시민연합(2017a) "박근혜 KBS를 어떻게 통제했나"(김시곤) 209쪽

679 민주언론시민연합(2017b) 93쪽

680 위의 자료 97-98쪽

681 민주언론시민연합(2017a) "'이명박근혜' 정권과 언론의 잃어버린 10년"(이정환) 130-131쪽

682 민주언론시민연합(2017b) 98-99쪽

683 민주언론시민연합(2017a) "'이명박근혜' 정권과 언론의 잃어버린 10년"(이정환) 131쪽

684 경향신문 2014.5.7.

685 민주언론시민연합(2017b) 95쪽

686 위의 자료 99-100쪽

687 경남도민일보 2013.6.23.

688 한겨레 2013.6.24.

689 민주언론시민연합(2017b) 96-97쪽

690 박근혜정권퇴진비상국민행동 기록기념위원회1(2018) 55쪽

691 위의 자료 55-56쪽

692 TV조선 2016.7.26.

693 한겨레 2016.9.29.

694 박근혜정권퇴진비상국민행동 기록기념위원회1(2018) 60쪽

695 MBC 2016.10.24.

696 박근혜정권퇴진비상국민행동 기록기념위원회1(2018) 63쪽

697 위의 자료 75쪽

698 위의 자료 103쪽

699 위의 자료 130쪽

700 위의 자료 136-137쪽

701 위의 자료 138쪽

702 위의 자료 159쪽

참고 문헌

단행본 및 논문

- 5·18기념재단(2012), 『5·18왜곡의 기원과 진실』, 도서출판 심미안
- 5·18기념재단(2014), 『5·18민주화운동과 언론투쟁』, 도서출판 심미안
- 강만길(1992), 『한국근대사』, 창작과비평사
- 강준만(2004), 『한국현대사산책 1940년대편 2권』, 인물과사상사
- 강준만(2006), 『한국현대사산책 1990년대편 3권』, 인물과사상사
- 강준만(2012), 『한국대중매체사』, 인물과사상사
- 국사편찬위원회(1968), 『한국독립운동사 1』, 정음문화사
- 김기태(1989), 「한국 언론 수용자 운동의 성격과 방향에 관한 연구, 시청료 거부 운동을 중심으로」, 서강대학교 대학원 박사학위 논문
- 김대중1(2010), 『김대중자서전1』, (주)도서출판 삼인
- 김민남 외(1993), 『새로 쓰는 한국언론사』, 도서출판 아침
- 김민환(1997), 『한국언론사』, 사회비평사
- 김민환(2001), 『미군정기 신문의 사회사상』, 나남
- 김민환(2006), 『민족일보 연구』, ㈜나남출판
- 김승수(1997), 『매체경제분석-언론경제학의 관점에서』, 커뮤니케이션북스
- 김유진(2017), 『민주언론, 새로운 도전』, 민주언론시민연합
- 김정남(2005), 『진실, 광장에 서다』, 창비
- 김종찬(1991) 『6공화국 언론조작』, 아침
- 김종철(2013), 『폭력의 자유』, ㈜참언론 시사IN북
- 김주언(2008), 『한국의 언론통제』, 리북
- 김준엽·김창순(1986) 『한국공산주의 운동사2』, 청계연구소
- 김태홍(1999), 『작은 만족이 아름답다』, 인동
- 김해식(1994), 『한국 언론의 사회학』, 나남
- 노태우(상)(2011), 『노태우 회고록 上卷』, 조선뉴스프레스(주)
- 독립운동사편찬위원회(1983), 『독립운동사 제1권 의병항쟁사』, 고려서림

- 동아자유언론수호투쟁위원회(2014), 『자유언론 40년』, 다섯수레
- 문영희 외1(2014), 『조선일보 대해부4』, (사)안중근평화연구원
- 문영희 외2(2014), 『동아일보 대해부4』, (사)안중근평화연구원
- 민주언론시민연합(2017a), 『보도지침 1986 그리고 2016』, 도서출판 두레
- 민주언론운동협의회(1988), 『보도지침』, 도서출판 두레
- 박강호(1999), 『언론산별노조』, 전국언론노동조합연맹
- 박명림(1988), 「제주도 4·3 민중항쟁에 관한 연구(고려대 석사학위 논문)」
- 박성래(1983), 『신문연구』
- 박용상(1983), 『신문연구』(1983년 겨울)
- 박지동(2008), 『한국언론실증사 1』, 도서출판 아침
- 배진한(1988), 「1920년대 조선 동아 두 신문의 사회경제적 성격에 관한 연구」, 서울대학교 대학원 석사 학위 논문
- 백낙청·정창열(1989), 『한국민족민중운동연구』, 도서출판 두레
- 새언론포럼(2008), 『현장기록, 방송노조 민주화운동 20년』 커뮤니케이션북스(주)
- 새언론포럼(2009), 『현장기록, 신문노조 민주화운동 20년』 커뮤니케이션북스(주)
- 서중석(2000), 『우사 김규식 생애와 사상2 : 남북협상 – 김규식의 길, 김구의 길』, 한울
- 서중석(2007a), 『이승만과 제1공화국』, ㈜한국커뮤니케이션
- 서중석(2013), 『사진과 그림으로 보는 한국현대사』, 웅진지식하우스
- 송건호 외(1984), 『민중과 자유언론』, 도서출판 아침
- 송건호 외(2012), 『한국언론 바로보기 100년』, 다섯수레
- 송건호(1990), 『한국 현대언론사』, 삼민사
- 신용하(1976), 『독립협회 연구』, 일조각
- 안재성(2006) 『이관술 1902-1950』, 사회평론
- 우윤(1993), 『한국현대인물연구1 전봉준과 갑오농민전쟁』, 창작과비평사
- 원희복(2004), 『조용수와 민족일보』, 도서출판 새누리
- 유시민(2002), 『노무현은 왜 조선일보와 싸우는가』, 개마고원
- 이강수(2003), 『반민특위연구』, 나남출판
- 이광린(1974), 『한국개화사연구』, 일조각
- 이광린(1995), 『한국개화사상연구』, 일조각
- 이원보(2005), 『한국노동운동사 100년의 기록』, 한국노동사회연구소

- 장룡(1969), 『언론과 인권』, 선명문화사
- 정진석(1979), 『한국언론투쟁사』, 정음사
- 정진석(1995), 『한국언론사』, 나남신서
- 조선·동아 거짓과 배신의 100년 청산 시민행동(2020), 『조선·동아 거짓과 배신의 100년 최악보도 100선』, 자유언론실천재단
- 조선자유언론수호투쟁위원회(1993), 『자유언론, 내릴 수 없는 깃발』, 두레출판사
- 주동황·김해식·박용규(1997), 『한국 언론사의 이해』, 전국언론노동조합연맹
- 채백(1990), 「한국 근대신문 형성과정에 있어서 일본의 역할에 관한 연구」, 서울대학교 박사학위 논문
- 채백(2005), 『한국언론수용자 운동사』, 도서출판 한나래
- 최민지·김민주(1978), 『일제하 민족언론사론』, 일월서각
- 최장집(1993), 『한국민주주의의 이론』, 한길사
- 최준(1960), 『한국신문사』, 일조각
- 한겨레신문전국독자주주모임(1998), 『언론을 바로세우는 사람들』, 살림터
- 한국기자협회(1992), 『저널리즘 1992 가을호·통권 26호』, 한국기자협회
- 한국기자협회·80년해직언론인협의회 공편(1997), 『80년 5월의 민주언론 - 80년 언론인 해직백서』, 나남출판
- 한국언론재단(2002), 『편집권 독립, 반세기의 고민』, 커뮤니케이션북스
- 한국일보 '74노조출판위원회(2005), 『유신치하 한국일보기자노조투쟁사 1974년 겨울』, 미디어집
- 한윤형(2010) 『안티조선운동사』, 도서출판 텍스트
- 한학수(2006), 『여러분! 이 뉴스를 어떻게 전해드려야 할까요?』, ㈜사회평론
- 황현(2018), 『매천야록』, 허경진 옮김, 서해문집
- Michael E. Robinson(1990), 『일제하 문화적 민족주의』, 김민환 역, 나남

자료집

- '92MBC노조파업백서 『민주방송햇불되어(1993)』 83쪽(쟁의특보 제3호)
- 고대아세아문제연구소, 『구한국외교문서 제6권』, 고대아세아문제연구소
- 계훈모(1987), 『한국언론연표 2』, 관훈클럽 신영연구기금

- 국가기록원, 제주 4·3사건
- 국방부과거사진상규명위원회(2007), 『12.12, 5.17, 5.18사건 조사결과보고서』, 국방부과거사진상규명위원회 – 자료
- 국정홍보처(2007), 『참여정부 5년 정책홍보백서』, (사)용산구립장애인보호작업장
- 동아일보사 편(1990), 『신동아, 1990년 1월호 별책부록』, 동아일보사
- 동아일보사(2000), 『민족과 더불어 80년: 동아일보 1920~2000』, 동아일보사
- 문교부 국사편찬위원회(1970), 『자료:대한민국사3』
- 문화노보(1993.3.11.)
- 문화노보 창간호(1987.12.14.)
- 문화방송노조 소식지 모음(1987.12.9.-1989.3.28.)
- 문화방송노조특보 87호(1990.10.25.)
- 문화방송노조활동자료집(1989.3.28.-1990.12.9.)
- 문화방송노조활동자료집(1990.12.6.-1992.8.18.)
- 민주언론시민연합(2017b), 『이명박·박근혜 정권 시기 언론장악백서』, 민주언론시민연합
- 박근혜정권퇴진 비상국민행동 기록기념위원회1(2018), 『박근혜정권퇴진 촛불의 기록 1』, 박근혜정권퇴진 비상국민행동 기록기념위원회
- 선거보도감시연대회의(1992), 『14대 총선보도와 시민언론운동』, 선거보도감시연대회의
- 언론개혁시민연대 10년사 편찬위원회(2008), 『언론개혁시민연대 10년사』, 언론개혁시민연대
- 언론연구원(1992), 『한국의 언론 II』, 언론연구원
- 이광린(1986), 『동방학지 제53집』, 연세대학교 국학연구원
- 이구현(1996), 『한국언론학회 1996년 봄철 정기 학술 발표회 자료집(1996.5)』, 한국언론학회
- 전국문화방송노동조합활동사III(1999.3~2001.2)
- 전국언론노동조합연맹(1999), 『언론노련 10년사 2』, 전국언론노동조합연맹
- 제주4·3사건진상규명 및 희생자명예회복위원회(2003), 『제주 4.3사건 진상조사 보고서』, 제주4·3사건진상규명 및 희생자명예회복위원회
- 조선일보사, 『조선일보70년사 제1권』, 조선일보사
- 조선총독부 경무국(1930), 『고등경찰관계연표』, 조선총독부 경무국

- 한국기자협회(1975), 『기자협회 10년사』, 한국기자협회
- 한국신문방송편집인협회(2008), 『노무현 정권 언론탄압 백서』, 한국신문편집인협회
- 한국신문연구소(1980), 『80한국신문방송연감』, 한국신문연구소
- 한국일보노보 〈소식〉 1997.9.23.

신문, 잡지

- 경향신문 1980.5.22./ 1991.5.5./ 2001.2.9./ 2005.6.14., 8.16., 12.24./ 2017.11.15.
- 국제신문 1948.8.6., 8.7., 8.8.
- 내일신문 1998.12.21.
- 대한매일 2001.6.2.
- 독립신문 1896.4.7.
- 동아일보 1921.11.26./ 1923.12.17./ 1926.7.27./ 1945.12.27./ 1980.5.26./ 1986.4.4., 4.5., 4.7., 4.8., 4.10./ 1987.1.17./ 1991.1.25./ 1993.8.13./ 1993.8.26./ 2005.11.8.
- 매일신문 1898.5.16./ 1898.5.17./1899.4.9./ 1922.2.12./1923.4.1.
- 문화일보 2013.6.11.
- 미디어오늘 1997.2.27./ 2001.6.7./ 2002.1.3./ 2012.9.30./ 2013.7.19./ 2017.11.21.
- 민족일보 1961.4.6./ 1961.3.18./ 1961.4.15./ 1961.4.20./ 1961.4.22./ 1961.5.9./ 1961.5.14.
- 부산일보 2012.1.9.
- 시대일보 1925.12.15.
- 신조선보 1945.12.27.
- 언론노보 2000.11.24.
- 연합뉴스 2013.12.13.
- 자유신문 1945.10.13./ 1945.10.15./ 1945.11.19.
- 조선일보 1924.4.22./ 1927.9.1./ 1945.12.3., 12.13., 12.27./ 1946.12.27., 12.29./ 1962.6.7./ 1980.5.25./ 1986.6.8., 6.17./ 1991.9.17./ 1993.8.15., 8.19./ 1994.6.30., 7.13., 7.19., 7.20./ 1996.12.11., 12.17./ 1997.1.8., 11.12., 12.16./ 2001.2.10./ 2002.2.9./ 2005.11.5./ 2006.11.21./ 2013.6.14./ 2013.8.29.

- 조선중앙일보 1948.8.8., 8.11., 8.18.
- 중앙신문 1945.11.3., 12.27.
- 중앙일보 1997.10.17., 10.22./ 2007.8.3./ 2008.5.9./ 2010.8.13., 12.18./ 2013.6.6.
- 한겨레신문 1990.4.20./ 1991.1.9./ 1997.12.18./ 2005.6.14./ 2009.10.30./ 2012.
  6.13./ 2013.7.6./ 2013.8.8./ 2014.5.6.
- 한국기자협회보 1969.1.10./ 1997.12.20.
- 한국일보 1961.8.28./ 2013.8.20.
- 한성일보 1947.9.29.
- 한성주보 1886.1.25., 8.16., 9.27.
- 황성신문 1899.1.12., 9.1./ 1900.8.8./ 1903.2.5./ 1904.2.24./ 1907.9.22., 9.24.,
  9.26.
- The Korean Repositary, Dec. 1897
- 〈개벽〉 1924년 1월호, 2월호, 12월호
- 〈말〉 1989년 5월
- 〈별건곤〉 1929년 2월호
- 〈별건곤〉 1930년 1월호
- 〈민주언론운동〉 1997년 5·6월호
- 〈신동아〉 2010년 4월호

인터넷

- 경남도민일보 2013.6.23.
  http://www.idomin.com/news/articleView.html?idxno=417240
- 경향신문 2010.11.2.
  https://media.khan.kr/entry/
- 경향신문 2012.2.8.
  http://news.khan.co.kr/kh_news/khan_art_view.html?artid=
  201202071909135&code=940705#csidxd16a246270e54b1acdc917a1e6bc98a
- 경향신문 2012.3.5.
  http://news.khan.co.kr/kh_news/khan_art_view.html?artid=201203052224165

- 경향신문 2012.12.12.
  https://news.naver.com/main/read.nhn?mode=LSD&mid=sec&sid1=100&oid=032&aid=0002284999
- 경향신문 2013.6.30.
  https://news.naver.com/main/read.nhn?mode=LSD&mid=sec&sid1=102&oid=032&aid=0002354756
- 경향신문 2013.8.24.
  https://news.naver.com/main/read.nhn?mode=LSD&mid=sec&sid1=100&oid=032&aid=0002374122
- 경향신문 2013.9.2.
  http://news.khan.co.kr/kh_news/khan_art_view.html?artid=201309022229225&code=910402
- 경향신문 2014.5.7.
  http://news.khan.co.kr/kh_news/khan_art_view.html?artid=201405071127031
- 경향신문 2017.4.28.
  http://news.khan.co.kr/kh_news/khan_art_view.html?artid=201704281531001
- 고발뉴스 2013.1.20.
  http://www.gobalnews.com/news/articleView.html?idxno=721
- 고발뉴스 2013.3.3.
  http://www.gobalnews.com/news/articleView.html?idxno=1424
- 국민일보 2013.6.14.
  http://news.kukinews.com/newsView/kuk201306140041
- 국민일보 2018.4.19.
  http://news.kmib.co.kr/article/view.asp?arcid=0012293191&code=61121311&cp=nv
- 기자협회보 2012.2.8.
  http://www.journalist.or.kr/news/article.html?no=27944
- 뉴스1 2013.8.19.
  https://www.news1.kr/articles/1285553
- 뉴스1 2013.10.18.
  https://www.news1.kr/articles/1367264

- 뉴시스 2013.4.19
  https://news.naver.com/main/read.nhn?mode=LSD&mid=sec&sid1=102&oid=003&aid=0005098347
- 뉴시스 2013.6.17.
  https://newsis.com/ar_detail/view.html?ar_id=NISX20130617_0012167838&cID=10203&pID=10200
- 뉴시스 2013.10.18.
  https://news.naver.com/main/read.nhn?mode=LSD&mid=sec&sid1=102&oid=003&aid=0005443806
- 동아일보 2009.10.30.
  https://www.donga.com/news/article/all/20091030/23778988/1
- 머니투데이 2018.8.8.
  https://news.naver.com/main/read.nhn?mode=LSD&mid=sec&sid1=102&oid=008&aid=0003096565
- 미디어스 2013.6.7.
  http://www.mediaus.co.kr/news/articleView.html?idxno=34788
- 미디어오늘 2007.5.25.
  http://www.mediatoday.co.kr/news/articleView.html?idxno=57458
- 미디어오늘 2007.6.18.
  https://blog.naver.com/chilship/140039459415
- 미디어오늘 2008.5.29.
  http://www.mediatoday.co.kr/news/articleView.html?idxno=68838
- 미디어오늘 2012.6.22.
  http://www.mediatoday.co.kr/news/articleView.html?idxno=103354
- 미디어오늘 2012.12.17.
  http://www.mediatoday.co.kr/news/articleView.html?idxno=106646
- 미디어오늘 2013.6.24.
  http://www.mediatoday.co.kr/news/articleView.html?idxno=110344
- 미디어오늘 2013.7.24.
  http://www.mediatoday.co.kr/news/articleView.html?idxno=111080
- 미디어오늘 2014.9.27.
  http://www.mediatoday.co.kr/news/articleView.html?idxno=119010

- 미디어오늘 2017.6.24.

  http://www.mediatoday.co.kr/?mod=news&act=articleView&idxno=137522# csidxdb860b283aad65b84fdd2795a23456a

- 미디어오늘 2017.11.21.

  http://www.mediatoday.co.kr/?mod=news&act=articleView&idxno=139904

- 세계일보 2008.5.4.

  http://www.segye.com/newsView/20080504001294

- 스타투데이 2017.9.13.

  https://www.mk.co.kr/star/hot-issues/view/2017/09/614920/

- 시사위크 2015.1.29.

  http://www.sisaweek.com/news/articleView.html?idxno=35870

- 시사저널 1999.10.14.

  http://www.sisajournal.com/news/articleView.html?idxno=81563

- 연합뉴스 1999.6.22.

  https://news.naver.com/main/read.nhn?mode=LSD&mid=sec&sid1=102&oid= 001&aid=0004543791

- 연합뉴스 2009.6.17.

  https://news.naver.com/main/read.nhn?mode=LPOD&mid=tvh&oid=001&aid= 0002720041

- 연합뉴스 2012.3.13.

  https://www.yna.co.kr/view/AKR20120313062000005

- 연합뉴스 2013.11.21.

  https://news.naver.com/main/read.nhn?mode=LSD&mid=sec&sid1=100&oid= 001&aid=0006610712

- 오마이뉴스 2005.12.26.

  http://www.ohmynews.com/nws_web/view/at_pg.aspx?CNTN_CD= A0000300730

- 오마이뉴스 2013.6.26.

  http://www.ohmynews.com/NWS_Web/View/at_pg.aspx?CNTN_CD= A0001879865&CMPT_CD=P0001

- 오마이뉴스 2020.8.27.

  http://www.ohmynews.com/NWS_Web/View/at_pg.aspx?CNTN_CD=

  A0002668587

- 조선일보 2009.6.12.

  http://news.chosun.com/site/data/html_dir/2009/06/12/2009061200103.

  html?srchCol=news&srchUrl=news2

- 조선일보 2013.9.12.

  http://news.chosun.com/site/data/html_dir/2013/09/12/2013091200110.html

- 조선일보 2013.11.4.

  http://news.chosun.com/site/data/html_dir/2009/02/20/2009022000024.html

- 조선일보 2019.6.15

  http://news.chosun.com/site/data/html_dir/2009/06/15/2009061500331.

  html?related_all

- 폴리뉴스 2012.12.12.

  http://www.polinews.co.kr/news/article.html?no=164054

- 폴리뉴스 2013.7.9.

  http://www.polinews.co.kr/news/article.html?no=180579

- 프레시안 2007.7.10.

  https://www.pressian.com/pages/articles/12016

- 프레시안 2012.3.15.

  https://www.pressian.com/pages/articles/38343

- 프레시안 2014.8.14.

  https://www.pressian.com/pages/articles/119473?no=119473

- 한겨레 2008.8.29.

  http://www.hani.co.kr/arti/society/society_general/307403.html

- 한겨레 2009.6.9.

  http://www.hani.co.kr/arti/society/media/359408.html

- 한겨레 2009.6.10.

  http://www.hani.co.kr/arti/opinion/editorial/359844.html

- 한겨레 2009.6.12.

  http://www.hani.co.kr/arti/society/society_general/360162.html

- 한겨레 2009.6.21.

  http://www.hani.co.kr/arti/society/society_general/361610.html

- 한겨레 2012.1.12.

  http://www.hani.co.kr/arti/society/society_general/514445.html

- 한겨레 2012.1.20.

  http://www.hani.co.kr/arti/society/society_general/515644.html

- 한겨레 2013.6.10.

  http://www.hani.co.kr/arti/society/society_general/590199.html

- 한겨레 2013.6.24.

  http://www.hani.co.kr/arti/culture/entertainment/593035.html

- 한겨레 2013.11.21.

  https://news.naver.com/main/read.nhn?mode=LSD&mid=sec&sid1=100&oid=028&aid=0002210503

- 한겨레 2014.5.12. "민중의 입이 되고자 한 〈말〉지"(성유보)

  http://www.hani.co.kr/arti/society/media/636611.html

- 한겨레 2016.9.29.

  http://m.hani.co.kr/arti/opinion/column/763217.html#cb

- CBS노컷뉴스 2013.6.11.

  https://www.nocutnews.co.kr/news/1049152

- CBS노컷뉴스 2013.8.19.

  https://news.naver.com/main/read.nhn?mode=LSD&mid=sec&sid1=100&oid=079&aid=0002502734

- MBC 2016.10.24.

  https://news.naver.com/main/read.nhn?mode=LSD&mid=sec&oid=214&aid=0000688007&sid1=001

- SBS 2008.7.31.

  https://news.naver.com/main/read.nhn?mode=LPOD&mid=tvh&oid=055&aid=0000136341

- TV조선 2013.7.12.

  http://news.tvchosun.com/site/data/html_dir/2013/07/12/2013071290330.html

- TV조선 2013.9.14.
  http://news.tvchosun.com/site/data/html_dir/2013/09/14/2013091490131.html
- TV조선 2016.7.26.
  https://news.naver.com/main/read.nhn?mode=LSD&mid=shm&sid1=100&oid=
  448&aid=0000173134
- YTN 2008.8.13.
  https://news.naver.com/main/read.nhn?mode=LPOD&mid=tvh&oid=052&aid=
  0000212061
- YTN 2013.5.8.
  https://news.naver.com/main/read.nhn?mode=LPOD&mid=tvh&oid=052&aid=
  0000455538
- YTN 2013.9.4.
  https://news.naver.com/main/read.nhn?mode=LPOD&mid=tvh&oid=052&aid=
  0000474263
- YTN 2019.1.9.
  https://www.ytn.co.kr/_ln/0103_201901091518378893
- 〈대한민보〉
  https://terms.naver.com/entry.nhn?docId=535519&cid=46668&categoryId=46668
- 〈대한자강회〉
  https://terms.naver.com/entry.nhn?docId=543160&cid=46623&categoryId=46623
- 〈동우회〉
  https://terms.naver.com/entry.nhn?docId=544479&cid=46623&categoryId=46623
- 〈모스크바 3상회의 [―三相會議]〉
  https://terms.naver.com/entry.nhn?docId=1093733&cid=40942&categoryId
  =31659
- 〈미디어법 날치기〉 헌법재판소 2009.10.29. 선고2009헌라8·9·10(병합)
  전원재판부
  https://terms.naver.com/entry.nhn?docId=2275850&cid=42238&categoryId
  =51181
- 〈박종철 고문치사 사건〉
  http://terms.naver.com/entry.nhn?docId=1098378&cid=40942&categoryId

=31778

- 〈반민족행위특별조사위원회〉

  https://terms.naver.com/entry.nhn?docId=1098677&cid=40942&categoryId
  =34709

- 〈발췌개헌 [拔萃改憲]〉

  https://terms.naver.com/entry.nhn?docId=556576&cid=46626&categoryId
  =46626

- 〈사사오입개헌 [四捨五入改憲]〉

  https://terms.naver.com/entry.nhn?docId=1107471&cid=40942&categoryId
  =31778

- 〈서울의 봄·노동운동〉

  http://terms.naver.com/entry.nhn?docId=920496&cid=42958&categoryId
  =42958

- 〈시천교〉

  https://terms.naver.com/entry.nhn?docId=559798&cid=46651&categoryId
  =46651

- 〈신문고시〉

  https://terms.naver.com/entry.nhn?docId=935818&cid=43667&categoryId
  =43667

- 〈옥천신문 소개〉

  http://www.okinews.com/com/com-1.html

- 〈완주군 가톨릭농민회 KBS시청료거부투쟁〉

  https://terms.naver.com/entry.nhn?docId=5869698&cid=65973&categoryId
  =66008

- 〈유신정우회 [維新政友會]〉

  https://terms.naver.com/entry.nhn?docId=539435&cid=46626&categoryId
  =46626

- 〈일장기말소사건[日章旗抹消事件]〉

  https://terms.naver.com/entry.nhn?docId=1136756&cid=40942&categoryId
  =31778

- 〈통계청〉

  https://cafe.naver.com/booheong/153451

- 〈한일 신협약(정미 7조약)〉

  https://terms.naver.com/entry.nhn?docId=3560047&cid=47306&categoryId
  =47306